Mainczyk
Bundeskleingartengesetz

Bitte beachten Sie unseren neuen Online-Service zu diesem Buch!

Änderungen der enthaltenen Vorschriften, die nach Erscheinen des Buches stattgefunden haben, finden Sie ab sofort unter

http://www.huethig-jehle-rehm.de

Bundes-kleingartengesetz

Praktiker-Kommentar mit ergänzenden Vorschriften

bearbeitet von

Dr. Lorenz Mainczyk
Ministerialrat a. D., vormals im Bundesministerium
für Raumordnung, Bauwesen und Städtebau,
Rechtsanwalt, Bonn

9., ergänzte und erweiterte Auflage, 2006

Bibliographische Information Der Deutschen Bibliothek

Die Deutsche Bibliothek verzeichnet diese Publikation in der Deutschen
Nationalbibliographie; detaillierte Daten sind im Internet über
http://dnb.ddb.de abrufbar.

Bei der Herstellung des Buches haben wir uns zukunftsbewusst für
umweltverträgliche und wiederverwertbare Materialien entschieden.
Der Inhalt ist auf elementar chlorfreiem Papier gedruckt.

ISBN 13: 978-3-8073-2292-6
ISBN 10: 3-8073-2292-2

Verlagsgruppe Hüthig Jehle Rehm GmbH
Heidelberg/München/Landsberg/Berlin

Satz: Typodata GmbH, München
Druck und Verarbeitung: Danuvia Druckhaus, Neuburg/Donau

Vorwort zur 9. Auflage

Seit dem Erscheinen der 8. inzwischen vergriffenen Auflage des Praktiker-Kommentars sind 4 Jahre vergangen. In diesem Zeitraum sind zahlreiche Rechtsänderungen eingetreten. Das BauGB ist novelliert und andere Vorschriften, die das Kleingartenrecht betreffen, sind geändert worden. Die Neuauflage beinhaltet alle aktuellen Änderungen der einschlägigen Gesetze und Vorschriften. Erläutert werden vor allem die neuen Regelungen, die sich unmittelbar auf das Kleingartenrecht auswirken. Das betrifft insbesondere den Wegfall der Teilungsgenehmigung und die Einführung des neuen Instrumentariums der befristeten und bedingten Festsetzungsmöglichkeiten im Bebauungsplan.

Darüber hinaus sind zahlreiche höchstrichterliche Entscheidungen ergangen, die das Kleingartenrecht fortentwickelt und in der Praxis strittige Fragen geklärt haben. Das betrifft zunächst die zentralen Merkmale der kleingärtnerischen Nutzung, die das Erscheinungsbild der Kleingartenanlage prägen, die Kleingarteneigenschaft begründen und als Abgrenzungsmerkmal gegenüber anderen Gartenkomplexen – Erholungs- und Freizeitanlagen – dienen. Ebenso bedeutsam im Hinblick auf die Anwendbarkeit des BKleingG sind die Entscheidungen zur Problematik der Bebauung der Gartenparzellen mit Eigenheimen oder ihnen nahe kommenden Baulichkeiten. Für die neuen Länder hat ferner die Rechtsprechung des BGH zu den Voraussetzungen für die Rechtsnachfolge eines Kleingartenverbandes in die Zwischenpächterposition eines Kreisverbandes des VKSK eine wesentliche Bedeutung.

In der vorliegenden 9. Auflage wird die gesamte seit der Vorauflage ergangene höchstrichterliche Rechtsprechung eingehend erläutert und die sich daraus ergebenden Konsequenzen für die Praxis dargestellt. Darüber hinaus ist die Neuauflage unter Berücksichtigung der Erfahrungen und Erkenntnisse in der Praxis in wesentlichen Teilen ergänzt, erweitert und überarbeitet worden. Erweitert und vertieft wurde u. a. die Kommentierung zur Überwälzung der öffentlich-rechtlichen Abgaben. Erstmalig wurde in diesem Zusammenhang auch die Problematik der Vorteilsgerechtigkeit bei Beiträgen und der Billigkeitsmaßnahmen bei der Heranziehung zu kommunalen Abgaben behandelt. Ebenso auch die Frage der Verjährung und der Verwirkung. Neu bearbeitet und erweitert wurden ferner die Erläuterungen zum Bestandsschutz.

Der Kommentar ist für die Praxis geschrieben. Er bringt in verlässlicher, gestraffter und verständlicher Weise vor allem Pächtern und Verpächtern,

Kleingärtnerorganisationen und Gemeinden sowie allen, die mit dem Klein-gartenrecht befasst sind, zuverlässige und umfassende Informationen zur Anwendung des BKleingG. Diesem Ziel dienen auch die im Anhang ab-gedruckten Auszüge der einschlägigen Gesetze, die in der kleingartenrecht-lichen Praxis von Bedeutung sind, sowie Querverweisungen, die darauf aufmerksam machen, welche Kommentarstellen für das Verständnis einer bestimmten Norm zu berücksichtigen sind.

Bonn im Mai 2006   Der Verfasser

Inhaltsverzeichnis

Abkürzungsverzeichnis

A. (a.) A.	anderer Ansicht
a. a. O.	am angegebenen Ort
ABl	Amtsblatt
Abs.	Absatz
a. F.	alte Fassung
AG	Amtsgericht
AllMBl	Allgemeines Ministerialblatt
Amtl. Anz	Amtlicher Anzeiger
AmtsBl	Amtsblatt
AO	Abgabenordnung
AöR	Archiv für öffentliches Recht
Art.	Artikel
BauGB	Baugesetzbuch
BauNVO	Baunutzungsverordnung
BauO	Bauordnung
BauR	Baurecht, Zeitschrift für das gesamte öffentliche und private Baurecht (Jahr, Seite)
BauROG	Bau- und Raumordnungsgesetz
BauZVO	Verordnung zur Sicherung einer geordneten städtebaulichen Entwicklung und der Investitionen in den Gemeinden (Bauplanungs- und Zulassungsverordnung) vom 20. 6. 1990 – GBl I DDR S. 739 –
BayBO	Bayerische Bauordnung
BayVBl	Bayerische Verwaltungsblätter (Jahr, Seite)
Bay. VGH	Bayerischer Verwaltungsgerichtshof
BO	Bauordnung
BBauBl	Bundesbaublatt
BBauG	Bundesbaugesetz
BDG	Bundesverband Deutscher Gartenfreunde e. V.
Bek.	Bekanntmachung
BewG	Bewertungsgesetz
BFH	Bundesfinanzhof
BGB	Bürgerliches Gesetzbuch
BGBl	Bundesgesetzblatt
BGH	Bundesgerichtshof

BGHZ	Entscheidungen des BGH in Zivilsachen (Band, Seite)
BKleingÄndG	Gesetz zur Änderung des Bundeskleingartengesetzes
BKleingG	Bundeskleingartengesetz
BMBau	Bundesministerium für Raumordnung, Bauwesen und Städtebau
BNatschG	Bundesnaturschutzgesetz, Gesetz über Naturschutz und Landschaftspflege
BR	Bundesrat
BReg	Bundesregierung
BremBauO	Bremische Landesbauordnung
BRS	Baurechtssammlung
BStBl	Bundessteuerblatt
BT-Drs.	Bundestags-Drucksache
BVerfG	Bundesverfassungsgericht
BVerfGE	Entscheidungen des Bundesverfassungsgerichts (Band, Seite)
BVerwG	Bundesverwaltungsgericht
BVerwGE	Entscheidungen des Bundesverwaltungsgerichts
DÖV	Die Öffentliche Verwaltung (Jahr, Seite)
DtZ	Deutsch-Deutsche Rechtszeitschrift (Jahr, Seite)
DVBl	Deutsches Verwaltungsblatt (Jahr, Seite)
DWW	Zeitschrift für deutsche Wohnungswirtschaft (Jahr, Seite)
EAGBau	Europarechtsanpassungsgesetz Bau
EGBGB	Einführungsgesetz zum Bürgerlichen Gesetzbuch
EGZGB	Einführungsgesetz zum Zivilgesetzbuch
EPlaR	Entscheidungen zum Planungsrecht (Bonath)
f.	folgende(r)
ff.	fortfolgende
Fachberater	Der Fachberater, Zeitschrift für das Kleingartenwesen, für Grünpolitik und Umweltschutz (Jahr, Seite)
GBl	Gesetzblatt
GG	Grundgesetz
ggf.	gegebenenfalls
GMBl	Gemeinsames Ministerialblatt
GS	Preußische Gesetzessammlung
GuG	Grundstücksmarkt und Grundstückswert (Jahr, Seite)
GVBl	Gesetz- und Verordnungsblatt
hrsg	herausgegeben

i. d. F.	in der Fassung
i. S.	im Sinne
i. V. m.	in Verbindung mit
JMBl	Justizministerialblatt
JZ	Juristen-Zeitung
KAG	Kommunalabgabengesetz
KÄndG	Gesetz zur Änderung und Ergänzung kleingartenrechtlicher Vorschriften v. 28. 7. 1969
KGO	Kleingarten- und Kleinpachtlandordnung vom 31. 7. 1919
KSchVO	Verordnung über Kündigungsschutz und andere kleingartenrechtliche Vorschriften vom 23. 5. 1942 i. d. F. der Bekanntmachung vom 15. 12. 1945
KStZ	Kommunale Steuer-Zeitschrift (Jahr, Seite)
LandAnpG	Landwirtschaftsanpassungsgesetz
LBG	Landesbeschaffungsgesetz
LBO	Landesbauordnung
LG	Landgericht
LPG	Landwirtschaftliche Produktionsgenossenschaft
MinBl	Ministerialblatt
MDR	Monatsschrift für Deutsches Recht (Jahr, Seite)
MV	Mecklenburg-Vorpommern
n. F.	neue Fassung
NJ	Neue Justiz (Jahr, Seite)
NJW	Neue Juristische Wochenschrift (Jahr, Seite)
NJW-RR	NJW-Rechtsprechungsreport – Zivilrecht (Jahr, Seite)
Nr.	Nummer
NuR	Natur und Recht
n. v.	nicht veröffentlicht
NVwZ	Neue Zeitschrift für Verwaltungsrecht (Jahr, Seite)
NVwZ-RR	NVwZ-Rechtsprechungsreport (Jahr, Seite)
NW	Nordrhein-Westfalen
OLG	Oberlandesgericht
OVG	Oberverwaltungsgericht
PlanzV	Planzeichenverordnung von 1990
RdL	Recht der Landwirtschaft (Jahr, Seite)
Rn.	Randnummer
RdE	Runderlass
RegBl	Regierungsblatt
RGBl	Reichsgesetzblatt

RGZ	Entscheidungssammlung des Reichsgerichts in Zivilsachen (Band, Seite)
s.	siehe
S.	Satz (Sätze)/Seite
SA	Sachsen-Anhalt
SachenRBerG	Sachenrechtsbereinigungsgesetz, Gesetz zur Sachenrechtsbereinigung im Beitrittsgebiet
StAnz.	Staatsanzeiger
StBauFG	Städtebauförderungsgesetz
SchuldRAnpG	Schuldrechtsanpassungsgesetz, Gesetz zur Anpassung schuldrechtlicher Nutzungsverhältnisse an Grundstücke im Beitrittsgebiet
SchuldRÄndG	Schuldrechtsänderungsgesetz, Gesetz zur Änderung schuldrechtlicher Bestimmungen im Beitrittsgebiet
UPR	Umwelt- und Planungsrecht (Jahr, Seite)
Urt.	Urteil
UStG	Umsatzsteuergesetz
VBl	Verwaltungsblätter (Jahr, Seite)
VermG	Gesetz zur Regelung offener Vermögensfragen (Vermögensgesetz)
VGH	Verwaltungsgerichtshof
vgl.	vergleiche
VIZ	Zeitschrift für Vermögens- und Investitionsrecht (Jahr, Seite)
VKSK	Verband der Kleingärtner, Siedler und Kleintierzüchter (in der ehemaligen DDR)
V/VO	Verordnung
VOPR	Verordnung auf dem Gebiet des Preisrechts
Vorbem	Vorbemerkung
VwVfG	Verwaltungsverfahrensgesetz
WM	Wertpapiermitteilungen (Jahr, Seite)
II. WoBauG	Zweites Wohnungsbaugesetz
z. B.	zum Beispiel
ZGB	Zivilgesetzbuch der ehemaligen DDR
ZfBR	Zeitschrift für deutsches und internationales Baurecht (Jahr, Seite)
ZIP	Zeitschrift für Wirtschaftsrecht (Jahr, Seite)
ZMR	Zeitschrift für Miet- und Raumrecht (Jahr, Seite)
ZOV	Zeitschrift für offene Vermögensfragen (Jahr, Seite)
ZPO	Zivilprozessordnung

Literaturverzeichnis

Battis, U./
Krieger, H.-J.
Bauplanungsrechtliche Neuordnung der Kleingärten, NuR 1981, 83 ff.

Bielenberg, W./
Mainczyk, L.
Städtebauliche und eigentumsrechtliche Anforderungen bei der Neuregelung des Kleingartenrechts, AöR 1982, 513 ff.

Bork, G.
Neues Kleingartenrecht, Städte und Gemeindebund, 1983, 98 ff.

Bundeskleingartenrecht, Textausgabe mit Einführung, in: Schwartz – Gesetzestexte, Heft 66, 4. Aufl. 1994

Bundes-
bauministerium
Rechtslage der Kleingärten in den neuen Bundesländern, in: Infodienst Kommunal, Informationen der Bundesregierung für Städte, Gemeinden, Kreise in den neuen Ländern, Bonn 1992, Heft 47 S. 23 ff.

Bundesverband
Deutscher Garten-
freunde e. V.
Schriftenreihe des BDG (Vorträge in Schulungsveranstaltungen zu Rechtsfragen)

– Erschließung von Kleingartenanlagen, 1990, Heft Nr. 62

– Das BKleingG in den neuen Bundesländern, 1991, Heft Nr. 71

– Rechtslage der Kleingärten in den neuen Ländern, 1992, Heft Nr. 78

– Kleingartenanlagen in den neuen Ländern und in Berlin (Ost) – Aktuelle Rechtsfragen – 1992, Heft Nr. 85

– Aktuelle Rechtsfragen zu Kleingärten in den neuen Ländern und Berlin (Ost), 1993, Heft Nr. 90

– Kleingartenpachtverträge in den alten und neuen Bundesländern, 1993 Heft Nr. 94

– Aktuelle Rechtsprobleme zum BKleingG 1994, Heft Nr. 100

– Aktuelle Rechtsfragen nach der Novellierung des BKleingG 1995, Heft Nr. 106

– Kleingartenrecht und Vereinsrecht in der Praxis, 1995, Heft Nr. 107

- Kleingarten- und Vereinsrecht in Theorie und Praxis, 1995, Heft Nr. 112
- Die Novellierung des § 3 Abs. 1 BKleingG und deren Auswirkungen auf die Nutzung und Bewirtschaftung des Kleingartens, 1996, Heft Nr. 118
- Aktuelle Fragen des Vereins- und Kleingartenrechts, 1996, Heft Nr. 115
- Probleme des Kleingartenrechts in Theorie und Praxis, 1996, Heft Nr. 121
- Aktuelle kleingartenrechtliche Fragen, 1997, Heft Nr. 128; 1998, Heft Nr. 138
- (Kleine) Rechtskunde für Kleingärtner, 1999, Heft Nr. 137
- Zukunft Kleingarten, 1999, Heft Nr. 142
- Recht und Steuern 2000, Heft Nr. 143
- Aktuelle Kleingarten- und vereinsrechtliche Probleme, 2000, Heft Nr. 147
- Kleingartenpachtverhältnisse 2002, Heft Nr. 157
- Inhalt und Ausgestaltung des Kleingartenpachtvertrages 2000, Heft Nr. 162
- Die Wertermittlung, 2003, Heft Nr. 167
- Kleingärtnerische Nutzung 2004, Heft Nr. 169
- Recht aktuell, 2004, Heft Nr. 174
- Haftungsrecht, 2005, Heft Nr. 177
- Naturschutzgesetzgebung und Kleingartenanlagen 2005, Heft Nr. 181
- Kommunalabgaben, 2005, Heft Nr. 182

Cupei, J. Verkehrslärmschutz für Kleingärten? – Zwei wichtige Entscheidungen –, Der Fachberater 1993, 132 f.

Deckert, K. Das Kleingartenwesen, Gartenamt 1992, 549 ff.

Ehrenforth, W. Das geltende Kleingartenrecht und seine Reform, RdL 1950, 132 ff.

Friedrich, Achim Kleingärtnerische Nutzung nach dem BKleingG, NJ 2003, 12 ff.

Ganschezian-Finck Grabeland, RdL 1953, 287 ff.

Gassner, E. u. a.	Sozialpolitische und städtebauliche Bedeutung des Kleingartenwesens, in: Schriftenreihe 03 „Städtebauliche Forschung" des BMBau, Bonn 1976, Heft 03.045
Gisbertz, W.	Das Deutsche Kleingartenrecht, Frankfurt/O., 1938
Göttlicher, M.	Gärten im Städtebau, Dokumentation zum 1.–14. Bundeswettbewerb, in: Schriftenreihe des BMBau „Bundeswettbewerbe", Bonn 1981, Heft 05.011
Jekewitz, J.	Anmerkung zum Beschluss des Bundesverfassungsgerichts vom 23. 9. 1992 – 1 BvL 15/85 u. 36/87, DVBl 1993, 250 ff.
Kaisenberg, G.	Kleingarten- und Kleinpachtlandordnung, 3. Aufl., Berlin 1924
Kärsten, U.	Rechtsstreitigkeiten im Kleingartenwesen der neuen Bundesländer, NJ 1994, 104 ff.
Kalb, W.	Rechtsprechung zu Baurechtsfragen in bremischen Kleingartengebieten, RdL 1987, 141 ff.
Katsch, G./Walz, J.	Kleingärten und Kleingärtner im 19. und 20. Jahrhundert – Bilder und Dokumente – hrsg. BDG, Leipzig 1996
Klepatz	Lärmschutz für Kleingartenanlagen, Der Fachberater 1989, 7 ff.
Landesverband Sachsen der Kleingärtner e.V.	– Handbuch für den Gartenfachberater im sächsischen Kleingärtnerverein, Dresden, 2001 – Handbuch für den sächsischen Kleingärtnerverein – Gesetze, Verordnungen, Erfahrungen, Dresden, 1998, 3. Aufl. – Lexikon für den sächsischen Kleingärtnerverein, Dresden, 1999, 2. Aufl.
Landfermann, H.-G.	Zum neuen Bundeskleingartengesetz, NJW 1983, 2670 ff.
Mainczyk, L.	Zur Reform des Kleingartenrechts, BBauBl 1981, 765 ff. Die Novellierung des Kleingartenrechts, Zum Gesetzentwurf der Bundesregierung, BBauBl 1982, 301 ff. Neuregelungen des Kleingartenrechts vom Bundestag beschlossen, BBauBl 1983, 18 ff. Die Neuregelung des Kleingartenrechts, ZfBR 1983, 106 ff.

Schwerpunkte des neuen Kleingartenrechts, BBauBl 1983, 724 ff., 1984, 14 ff.

Schwerpunkte des Bundeskleingartengesetzes, Überleitung bestehender Kleingartenpachtverhältnisse auf das neue Recht u. a., Der Fachberater 1983, Heft 4, 81 ff. und 1984, Heft 1, 15 ff.

Aktuelle Probleme im Kleingartenrecht, die vierjährige Übergangsfrist nach § 16 Abs. 3 BKleingG, Der Fachberater 1986, Heft 2, 16 ff., und 1987, Heft 2, 3 ff.

Kleingärten in der Bauleitplanung, BBauBl 1988, 62 ff. sowie Der Fachberater 1989, Heft 3, 13 ff. und Heft 4, 12 ff.

Die kleingärtnerische Nutzung – Begriff und Bedeutung für Erschließungsanlagen –, Der Fachberater 1990 Heft 1, 11 ff.

Einigungsvertrag, Bundeskleingartengesetz, Übernahme des Gesetzes in den neuen Bundesländern, BBauBl 1991, 78 ff.

Der Beschluss des Bundesverfassungsgerichts vom 23. September 1992 zum Bundeskleingartengesetz – Zur Neuregelung der Pachtzinsen –, ZfBR 1993, 151 ff.

Neuregelung der Pachtzinsen im Kleingartenrecht – Zur Änderung des Bundeskleingartengesetzes – ZfBR 1994, 203 ff.

Bundeskleingartengesetz, Neuregelung der Pachtzinsen im Kleingartenrecht, BBauBl 1994, 514 ff.

Zur Frage der „Rechtsnachfolge" der ehemaligen Kleingärtnerorganisation (VKSK) in der DDR und des Fortbestandes der Kleingartenpachtverträge, GuG 2002, 229 ff.

Baurechtlicher Bestandsschutz im Kleingartenrecht, NJ 2003, 518 ff.

Baulichkeiten in Kleingartenanlagen, NJ 2005, 241 ff.

Maskow, D. Ausgewählte Entwicklungen des Kleingartenrechts in den neuen Bundesländern, NJ 2004, 5 ff.

Mollnau Zur Anwendung des BKleingG und des SachenRBerG auf Grundstücksnutzungsverhältnisse im Beitrittsgebiet, NJ 1997, 466 ff.

Müller, B. Erschließungsbeitragspflicht nun auch für Kleingärten, KStZ 1983, 47

Niethammer, R.	Rechtslage im Kleingartenrecht nach dem Beschluss des Bundesverfassungsgerichts, BBauBl 1980, 75 f.
	Schlussfolgerungen aus dem Beschluss des Bundesverfassungsgerichts zum Kleingartenrecht vom 12. Juni 1979, ZfBR 1980, 64 ff.
	Verfassungsrechtliche Zulässigkeit einer künftigen Pachtpreisbindung im Kleingartenrecht, DVBl 1980, 906 ff.
Nordalm, D.	Problemfälle aus dem Kleingartenrecht, RdL 1979, 181 ff.
Otte, E.	Das neue Bundeskleingartengesetz, Änderungen auch in den Aufgaben der Kreisbehörden, Der Landkreis 1983, 165 ff.
	Neues Kleingartenrecht, Praxisgerechte Auslegung und Handhabung, Der Städtetag 1983, 404 ff.
	Praxisgerechte Anwendung des Bundeskleingartengesetzes, Städte- und Gemeindebund 1983, 231 ff.
	Kommentar zum Bundeskleingartengesetz, in: Ernst/Zinkahn/Bielenberg, Baugesetzbuch, Loseblatt-Kommentar, Verlag C.H. Beck, München, 1998
Richter, G.	Kleingärten in der Raumordnung und Bauleitplanung, Der Fachberater 1986, Heft 2, 3 ff.
	Bebauungspläne für Dauer-Kleingartenanlagen nach dem neuen Bundeskleingartengesetz, Der Fachberater, 1988, Heft 2, 7 ff.
	Naturgarten – Nutzgarten – Kleingarten, Der Fachberater 1989, Heft 3, 12 ff.
Rothe, K.-H.	Bundeskleingartengesetz, Kommentar mit Auszügen aus anderen Gesetzen, Wiesbaden und Berlin, 1983
Schnabel, G.	Datschen: Wann gilt das Bundeskleingartengesetz? Das Grundeigentum 1994, 478
Sokolowski-Mirels, J.	Das deutsche Kleingartenrecht, Kommentar, Berlin 1930
Stang, G.	Bundeskleingartengesetz, Kommentar, Karl Heymanns Verlag KG, Köln, Berlin, München, 2. Aufl., 1995
	Entwicklung des neuen Kleingartenrechts, RdL 1987, 113 ff.

Strack, H.	Eingriffsregelungen nach dem Naturschutzrecht und Dauerkleingärten, Der Fachberater, 1995, 209 ff.
	Städtebauliche, ökologische und soziale Bedeutung des Kleingartenwesens – Untersuchung im Auftrag des BMBau – Bonn, 1998
Theobald, Ch.	Rechtliche Grundlage des Lärmschutzes in Kleingartenanlagen, Der Fachberater 1993, 130 ff.
Zepf, U.	Tücken bei der Überplanung von Kleingartenanlagen, UPR 2003, 168 ff.

Einleitung

Das am 1. April 1983 in Kraft getretene **Bundeskleingartengesetz** (BKleingG) **1**
löste das alte Kleingartenrecht ab. Das frühere Kleingartenrecht stammte zu
wesentlichen Teilen aus Kriegs- und Notzeiten, in denen der Kleingarten für
die Ernährung einzelner Bevölkerungsgruppen von großer Bedeutung gewesen ist. Dementsprechend enthielt es Regelungen, die auf die damaligen
Verhältnisse abgestellt waren. Das gilt insbesondere für den Kündigungs-
und Pachtpreisschutz des Kleingärtners, den Ausschluss befristeter Verträge
und die Ersatzlandverpflichtung. Das Bundeskleingartengesetz baut zwar
auf früheren Rechtsetzungen und einer alten Tradition im Kleingartenwesen
auf, passt das Kleingartenrecht aber den heutigen städtebaulichen und sozialpolitischen Anforderungen an.

I. Entwicklung des Kleingartenwesens

Das Kleingartenwesen blickt auf eine lange Tradition zurück. Vorläufer der **2**
heutigen Kleingärten waren die so genannten „Armengärten" aus der Mitte
des 19. Jahrhunderts. Mit ihnen sollten Bedürftige anstelle einer Barunterstüt-
zung in die Lage versetzt werden, ihren Bedarf an Gartenfrüchten selbst zu
decken. Eine weitere Wurzel der Kleingartenbewegung geht auf die Ideen
des Leipziger Arztes Dr. Schreber zurück. Hier standen die körperliche
Ertüchtigung und die Heranziehung der Kinder an die Natur im Vordergrund, die Dr. Schreber aus volkspädagogischen Gründen gefordert hatte.
Später wurden dann die Arbeitergärten des Roten Kreuzes eingerichtet, die
insbesondere auf gesundheitspolitische Gesichtspunkte zurückzuführen
sind. Auch kirchliche Kleingartenkolonien wurden gegründet. Zahlreiche
Kleingartenkolonien schließlich entstanden aus Initiative der Kleingärtner
selbst.

Während des 1. Weltkrieges und der darauf folgenden Zeit erlangten
Kleingärten vor allem Bedeutung für die Ernährung einzelner Bevölkerungsgruppen in den Städten. In der Weltwirtschaftskrise trat die existenz-
sichernde Bedeutung des Kleingartens in den Vordergrund. Auf dem
Höhepunkt dieser Krise wurde im Jahre 1931 durch die Verordnung des
Reichspräsidenten die Bereitstellung von Kleingärten für Erwerbslose angeordnet. Gleichzeitig erhielten die Gemeinden zusätzliche Mittel für die Beschaffung und Einrichtung von Kleingartenanlagen. Unmittelbar nach dem

Zweiten Weltkrieg wurden Kleingärten nicht nur zur Deckung des Nahrungsbedarfs, sondern auch zur Wohnraumbeschaffung genutzt. Im Laufe der Zeit hat sich die Funktion der Kleingärten gewandelt. Zum wirtschaftlichen Nutzen ist der Freizeit- und Erholungswert dazugetreten. Die Entwicklung des Kleingartenwesens zeigt allerdings auch, dass in wirtschaftlich schwierigen Zeiten der praktische Nutzen stets wieder in den Vordergrund tritt. Siehe hierzu die zusammenfassende Darstellung mit umfangreichem Literatur- und Quellennachweis: Geschichtliche Entwicklung und Bedeutung des Kleingartenwesens im Städtebau von Prof. Dr.-Ing. Edmund Gassner, Schriftenreihe des Instituts für Städtebau, Bodenordnung und Kulturtechnik der Universität Bonn (Nußallee 1), Bonn 1987.

II. Kleingärten heute

3 Kleingärten haben heute in unserer arbeitsteiligen Industriegesellschaft eine wichtige sozialpolitische Bedeutung. Sie stellen einen notwendigen Ausgleich zu den Mängeln im Wohnbereich und im Wohnumfeld dar und verbessern wesentlich die Lebensverhältnisse des Kleingärtners und seiner Familie. Das gilt in ganz besonderem Maße für die Großstädte mit ihrem hohen Anteil an Mietwohnungen. Kleingärten vermitteln ein Stück Natur in den Großstädten. Nach wie vor leben viele Menschen auf unzureichender Wohnfläche in Stadtquartieren mit hoher Bevölkerungskonzentration und verhältnismäßig wenig Freiraum. Heute ist auch der Anteil der Rentner, Vorruheständler und Arbeitslosen unter den Kleingärtnern besonders groß (BT-Drs. 12/6154 S. 6). Dem berufstätigen Kleingärtner bieten die Gärten einen Ausgleich gegenüber seiner häufig einseitigen Berufstätigkeit, womit im weitesten Sinne auch die Gesundheit der Bevölkerung gefördert wird (BT-Drs. 9/1900 S. 9 f.). Besondere Vorteile bietet der Kleingarten für die Entwicklung der Kinder.

4 Kleingärten sind darüber hinaus auch ein wichtiges Element zur Durchgrünung und Auflockerung der Bebauung. Sie leisten einen wirksamen Beitrag für mehr Grün in den Städten und verbessern ihre ökologischen Grundlagen (s. BT-Drs. 9/1900 S. 9 f.). Sie erfüllen im Städtebau als Teil des Gesamt-Grünflächensystems wichtige Ausgleichs- und Erholungsfunktionen, auch bezogen auf das städtische Klima – Veränderung der Luftfeuchtigkeit, Beeinflussung der Einstrahlung sowie der Temperatur und des Luftaustausches –, den Wasserhaushalt sowie als Lebensraum für Pflanzen und Tiere. Sie erfüllen insoweit auch Aufgaben des Natur- und Umweltschutzes.

5 Die Kleingartengrundstücke stehen in den alten Ländern zum überwiegenden Teil im Eigentum der Gemeinden, der Kirchen und der sonstigen Körper-

schaften des öffentlichen Rechts sowie der Deutschen Bahn. Der Anteil an Kleingartenflächen, die Privatpersonen gehören, liegt bei rund 10 v. H. (s. Sozialpolitische und städtebauliche Bedeutung des Kleingartenwesens – Schriftenreihe des BMBau Heft 03.045 – S. 37). In den neuen Ländern ist der Anteil privater Kleingartenflächen erheblich höher. Die vor dem 3. Oktober geschlossenen Kleingartenpachtverträge wurden gemäß § 20 a Nr. 1 in das BKleingG übergeleitet. Nach der Herstellung der Einheit Deutschlands gibt es etwa eine Million Kleingärten in Deutschland.

Kleingartenanlagen werden zunehmend in Bebauungsplänen als Dauerklein- 6
gärten ausgewiesen. Die rechtliche Grundlage hierfür bietet das Baugesetzbuch, das den Gemeinden die Möglichkeit gibt, Flächen für Dauerkleingärten
im Bebauungsplan festzusetzen. Kleingartenanlagen können auf diese Weise
mit den Erfordernissen des Städtebaues in Einklang gebracht und im städtischen Nutzungsgefüge abgesichert werden.

Der Bedarf an Kleingartenland ist ein Abwägungselement bei der Bauleit- 7
planung (§ 1 Abs. 7 BauGB). Die Vorschrift des § 1 Abs. 5 BauGB fordert als
Ziel der Bauleitplanung u. a. die Gewährleistung einer sozial gerechten
Bodennutzung und die Sicherung einer menschenwürdigen Umwelt. Bei der
Aufstellung der Bauleitpläne sind daher auch die Belange des Kleingarten-
wesens zu berücksichtigen (Näheres hierzu unter § 1 Rn. 35 ff.).

III. Grundzüge des alten Kleingartenrechts

Das alte Kleingartenrecht in den alten Ländern beruhte teils auf früherem 8
Reichsrecht, das gemäß Art. 123 Abs. 1 GG fortgalt, teils auf landesrechtlichen
Vorschriften, die – soweit sie früheres Reichsrecht abgeändert haben – nach
Art. 125 Nr. 2 GG Bundesrecht geworden sind, und teils auf dem Gesetz
zur Änderung und Ergänzung kleingartenrechtlicher Vorschriften vom
28. 7. 1969 – KÄndG – (BGBl I S. 1013).

Zum fortgeltenden Bundesrecht gehörten

- die Kleingarten- und Kleinpachtlandordnung vom 31. Juli 1919 (RGBl
  S. 1371) in der im Bundesgesetzblatt Teil III, Gliederungsnummer 235-1
  veröffentlichten bereinigten Fassung (BGBl III Nr. 235-1) – KGO –,

- das Gesetz zur Ergänzung der Kleingarten- und Kleinpachtlandordnung
  vom 26. Juni 1935 (RGBl I S. 809; BGBl III Nr. 235-2),

- die Verordnung über Kündigungsschutz und andere kleingartenrechtliche Vorschriften vom 23. Mai 1942 (RGBl I. S. 343) i. d. F. der Bekanntmachung vom 15. Dezember 1944 (RGBl I S. 345; BGBl III Nr. 235-4)
  – KSchVO –,

- die Anordnung über eine erweiterte Kündigungsmöglichkeit von kleingärtnerisch bewirtschaftetem Land vom 23. Januar 1945 (Reichsanzeiger Nr. 26, 1945; BGBl III Nr. 235-5),

- die Verordnung des Landwirtschaftsministeriums (für das ehemalige Land Württemberg-Hohenzollern) über Kündigungsschutz von Kleingärten vom 28. Juli 1947 (RegBl S. 104; BGBl III Nr. 235-8),

- die Landesverordnung (für das ehemalige Land Baden) über die Auflockerung des Kündigungsschutzes von Kleingärten vom 19. November 1948 (GVBl 1949 S. 50; BGBl III Nr. 235-7),

- das Landesgesetz des Landes Rheinland-Pfalz über Kündigungsschutz für Kleingärten und andere kleingartenrechtliche Vorschriften vom 23. November 1948 (GVBl S. 410; BGBl III Nr. 235-10),

- das Kleingartengesetz des Landes Schleswig-Holstein vom 3. Februar 1948 (GVBl S. 59) i. d. F. des Änderungsgesetzes vom 5. Mai 1948 (GVBl S. 148; BGBl III Nr. 235-3) nebst der Verfahrensordnung für Kleingartensachen vom 16. August 1948 (GVBl S. 192; BGBl III Nr. 235-3-1).

8 a Das frühere gemeinsame Kleingartenrecht hat sich nach 1945 in Ost und West getrennt fortentwickelt. Das Kleingartenrecht der ehemaligen DDR ist mit Wirkung vom 3. 10. 1990 nach Art. 8 des Einigungsvertrages vom 31. 8. 1990 (BGBl II S. 885 ff., 892) außer Kraft getreten.

Hierzu gehörten insbesondere

- die Verordnung über das Kleingarten- und Siedlungswesen und über die Kleintierzucht vom 3. Dezember 1959 (GBl I 1960 S. 1),

- das Zivilgesetzbuch der Deutschen Demokratischen Republik vom 19. Juni 1975 (GBl I 1975, S. 465) – Vierter Teil, Fünftes Kapitel,

- die Verordnung über die Verantwortung der Räte der Gemeinden, Stadtbezirke und Städte bei der Errichtung und Veränderung von Bauwerken durch die Bevölkerung – Verordnung über Bevölkerungsbauwerke – vom 8. November 1984 (GBl I 1984 S. 433),

- Zweite VO über Bevölkerungsbauwerke vom 13. Juli 1989 (GBl I S. 191)

und zahlreiche andere Vorschriften und Regelungen betr. den Verband der Kleingärtner, Siedler und Kleintierzüchter (VKSK), die kleingärtnerische Bodennutzung, den Pflanzen-, Versicherungs-, Gesundheits- und Arbeitsschutz, die Kleintierzucht und Kleintierhaltung sowie die Bestimmungen über Abgaben, Steuern und Gebühren. Beschlüsse des VKSK über die Kleingartenordnung vom 15. März 1983 i. d. F. vom 18. April 1985 und die Schätzungsrichtlinie für die Ermittlung der Entschädigung bei Nutzerwechsel eines Kleingartens (1985) sind durch neue Regelungen innerhalb der neuen Organisationsstruktur im Kleingartenwesen ersetzt worden.

Das frühere Kleingartenrecht in den alten Ländern war – ebenso wie das **9** geltende – **Sonderrecht.** Es fand Anwendung nur auf Verträge, die die vertragliche Überlassung von Grundstücken zur kleingärtnerischen Nutzung zum Gegenstand hatten (§ 1 Abs. 1 KGO). Der Begriff der **„kleingärtnerischen Nutzung"** war gesetzlich nicht definiert; er ist im Wesentlichen durch Ländererlasse und durch die Rechtsprechung entwickelt worden, wobei hierunter **die Bewirtschaftung von Grund und Boden zur Gewinnung von Gartenfrüchten aller Art durch eigene Arbeit für den eigenen Bedarf** verstanden wurde (vgl. die Bestimmungen über die Förderung von Dauerkleingärten durch Landesmittel, RdErl. d. nordrh.-westf. M. f. Wohnungsbau u. öff. Arbeiten in MinBl NW 1968 S. 1152; BGHZ 32, 8; OVG Lüneburg RdL 1962, 294).

Die Zweckbestimmung „kleingärtnerische Nutzung" konnte ausdrücklich in **10** den Vertragswillen der Parteien aufgenommen werden. Die Begründung der „kleingärtnerischen Nutzung" mit den sich daraus ergebenden Schutzfolgen des Kleingartenrechts konnte aber auch in einer geduldeten Nutzungsumwandlung beispielsweise von **Grabeland (kurzfristige Nutzung mit einjährigen Kulturen)** in Kleingartenland liegen. Maßgebend war die tatsächliche kleingärtnerische Nutzung, sofern sie nicht gegen den Willen oder ohne Wissen des Berechtigten geschah (BGH, NJW 1960, 916; Wiethaup, ZMR 1970, 193 f.).

Auf so genannte **Hausgärten,** die mit der Wohnung zusammen als deren **11** Zubehör vermietet wurden und das mietrechtliche Schicksal der Wohnung teilten, fand das Kleingartenrecht keine Anwendung, auch nicht auf **Gärten, die im Zusammenhang mit einem Arbeitsvertrag** überlassen wurden (Wiethaup a. a. O. S. 194).

Die **vertraglichen Beziehungen** zwischen den Parteien von Kleingarten- **12** pachtverträgen richteten sich grundsätzlich **nach den Vorschriften des BGB über die Pacht.** Einer Verpachtung standen alle sonstigen Vereinbarungen gleich, die die Überlassung von Land zur kleingärtnerischen Nutzung zum Gegenstand hatten. Das Kleingartenrecht selbst enthielt Regelungen über die

– Zwischenpacht

– Pachtzinsen

– Kündigung

– Ersatzleistungen im Falle der Kündigung durch den Verpächter

– Begründung von Pachtverhältnissen durch Enteignung.

Die Zwischenpacht ist ein weit verbreitetes Instrument im Kleingartenwe- **13** sen. Sie besteht im Wesentlichen darin, dass ein Zwischenpächter (General-pächter) eine größere Grundstücksfläche anpachtet, um sie in einzelne Parzellen aufzuteilen und an einzelne Kleingärtner weiterzuverpachten. Aufgrund des so genannten **Zwischenpachtprivilegs (§ 5 KGO)** durften als Zwischenpächter nur Körperschaften oder Anstalten des öffentlichen Rechts oder als gemeinnützig anerkannte Unternehmen zur Förderung des Kleingartenwesens auftreten. Entgegenstehende Vereinbarungen waren nichtig. Diese Regelung war eingeführt worden, um die erwerbsmäßige Zwischenpacht zu verhindern, die vor In-Kraft-Treten der KGO zu Missständen im Kleingartenwesen geführt hatte (z. B. die Errichtung von Schankwirtschaften durch den Zwischenpächter auf dem Kleingartengelände).

Nach § 5 KGO konnten also auch Kleingärtnervereine als Zwischenpächter auftreten. Voraussetzung für die Tätigkeit als Zwischenpächter war die Anerkennung des Kleingärtnervereins als gemeinnützig. Damit war die **kleingärtnerische Gemeinnützigkeit** eingeführt. Sie ist von der **steuerlichen Gemeinnützigkeit** zu unterscheiden. Die steuerliche Gemeinnützigkeit richtet sich nach den Vorschriften der Abgabenordnung. Danach wird eine Steuervergünstigung gewährt, wenn eine Körperschaft ausschließlich und unmittelbar gemeinnützige, mildtätige oder kirchliche Zwecke (steuerbegünstigte Zwecke) verfolgt. Die kleingärtnerische Gemeinnützigkeit und ihre Voraussetzungen waren vom Gesetzgeber selbst nicht festgelegt worden. In einigen Ländern sind jedoch aufgrund des in § 5 KGO geregelten Zwischenpachtprivilegs **Verwaltungsvorschriften über die Anerkennung und den Widerruf der kleingärtnerischen Gemeinnützigkeit sowie über das Anerkennungs- und Widerrufverfahren** erlassen worden.

Nach den Bestimmungen über die **Anerkennung der kleingärtnerischen Gemeinnützigkeit** und Ausübung der Aufsicht des **Landes Nordrhein-Westfalen** (MinBl 1957 Sp. 513) wurden für die Anerkennung folgende Voraussetzungen gefordert:

1. Der Zweck des Vereins muss satzungsgemäß und tatsächlich auf die Förderung des Kleingartenwesens und die diesbezügliche Betreuung seiner Mitglieder beschränkt sein;

2. die Zwischenpacht darf nicht gewerbsmäßig erfolgen; etwaige erzielte Gewinne sind ausschließlich für Kleingartenzwecke zu verwenden;

3. Mitglieder der Vereine dürfen nur Pächter von Kleingärten oder Bewerber um Kleingärten sein;

4. der Verein muss Gewähr bieten für die ordnungsgemäße Bewirtschaftung der Anlage sowie die fachliche Beratung der Mitglieder.

Die Anerkennung erfolgt nach diesen Bestimmungen stets widerruflich und ist durch geeignete Maßnahmen in Bezug auf die Wahrung des gemeinnützigen Charakters laufend zu überwachen. Die Ausübung der Aufsicht obliegt den Anerkennungsbehörden. Die Anerkennungsbehörden haben in eigener Zuständigkeit und Verantwortung dafür zu sorgen, dass festgestellte Mängel innerhalb einer angemessenen Frist beseitigt werden. Kommt der betreffende Verein dieser Forderung nicht nach, so ist ihm die Gemeinnützigkeit abzuerkennen.

Im Grundsatz ähnliche Regelungen enthalten die **Gemeinnützigkeitsrichtlinien in Schleswig-Holstein** (ABl 1950 S. 215) und die Bestimmungen über die **Anerkennung der Gemeinnützigkeit im Kleingartenwesen in Hamburg** (Amtl. Anz. 1955 S. 1141).

Kleingärtnerisch genutzte Grundstücke durften nicht zu höheren als den von **14** der unteren Verwaltungsbehörde festgesetzten Preisen verpachtet werden (§ 1 Abs. 1 KGO). Die **Festsetzung der Pachtpreise** erfolgte unter **Berücksichtigung der örtlichen Verhältnisse und des Ertragswerts der Grundstücke** nach Anhörung von landwirtschaftlichen, gärtnerischen oder kleingärtnerischen Sachverständigen. Mit dieser Regelung wurden ernährungs- und sozialpolitische Ziele verfolgt, die ihren Vorgänger in der Bundesratsverordnung über die Festsetzung von Pachtpreisen für Kleingärten vom 4. April 1916 (RGBl S. 23) hatten; sie galt jedoch nur in Gemeinden mit mehr als 10 000 Einwohnern. Die KGO hat die Pachtpreisbindung auf alle kleingärtnerisch genutzten Grundstücke erweitert. Dies wurde „im Hinblick auf die nicht zu unterschätzende Bedeutung des Kleingartenbaues für die Nahrungsmittelversorgung der Bevölkerung und zum Schutze der anerkennenswerten Betätigung der Kleingärtner für notwendig angesehen" (Begründung zum Entwurf einer Kleingarten- und Kleinpachtlandordnung, Verfassungsgebende deutsche Nationalversammlung, Aktenstück Nr. 321 S. 196). Diese Pachtzinsregelung führte zu äußerst niedrigen Pachtzinsen. Sie wurde seit vielen Jahren als unbefriedigend angesehen.

Während der Geltungsdauer der Preisvorschriften für die Vermietung und Verpachtung von Grundstücken war den zuständigen Stellen eine Anpassung der Pachtpreise an die veränderten allgemeinen Wertverhältnisse grundsätzlich verwehrt, da die hierzu erforderliche Genehmigung der Preisbehörden nur in besonders gelagerten Ausnahmefällen erteilt werden konnte. Soweit nach der Aufhebung dieser Preisvorschriften (Verordnung PR Nr. 12/64 vom 27. 11. 1964 – BAnz. 1964 Nr. 229 S. 1 –) die Pachten für Kleingärten neu festgesetzt wurden, konnte bei den zuvor abgeschlossenen Pachtverträgen der Verpächter den höheren Pachtzins nicht beanspruchen, da eine Kündigung aus diesem Grunde nicht möglich war. Dies führte im Ergebnis dazu, dass die Pachtzinsen häufig nicht einmal die Grundstücksabgaben des Eigentümers deckten. Eine **teilweise Änderung brachte das Gesetz zur Änderung und Ergänzung kleingartenrechtlicher Vorschriften vom 28. Juli 1969** – Kleingartenrechtsänderungsgesetz 1969 – KÄndG – (BGBl I S. 1013). Es gab dem Verpächter das **Recht, durch einseitige ver-**

tragsgestaltende Erklärung den bisherigen Pachtzins bis zur Höhe des Pachtzinses anzuheben, der von der zuständigen Stelle festgesetzt worden war. Im Übrigen ließ das KÄndG 1969 die Preisregelung der KGO unberührt.

15 Für die ständige Benutzung von „**Wohnlauben**" in Kleingärten konnte der Verpächter neben dem Entgelt für die kleingärtnerische Nutzung des Grundstücks ein zusätzliches Entgelt verlangen. Höchstbeträge für das so genannte „**Wohnlaubenentgelt**" setzte die untere Verwaltungsbehörde fest (§ 2 des Gesetzes zur Ergänzung der Kleingarten- und Kleinpachtlandordnung vom 26. 6. 1935).

16 Das frühere Recht sah einen umfassenden **Kündigungsschutz** für alle Kleingartenpachtverhältnisse vor. Kleingartenpachtverträge durften **vom Verpächter nur in eng begrenzten Fällen gekündigt werden**. Die **Kündigungsgründe waren enumerativ** in § 1 Abs. 2 KSchVO, in der Anordnung über eine erweiterte Kündigungsmöglichkeit vom 23. 1. 1945 und in § 2 des Kleingartenrechtsänderungsgesetzes 1969 aufgezählt. Der Kündigungsschutz wurde noch dadurch verstärkt, dass durch Zeitablauf endende Pachtverträge als auf unbestimmte Zeit verlängert galten (§ 1 Abs. 1 Satz 2 KSchVO).

Nach § 1 Abs. 2 KSchVO konnte der Verpächter nur kündigen, wenn der Pächter (Kleingärtner) 3 Monate mit der Zahlung des Pachtzinses in **Verzug** war oder trotz Abmahnung die ihm obliegenden **Pflichten gröblich verletzt** hatte oder wenn das **Grundstück zur Durchführung öffentlicher Aufgaben benötigt wurde** (§ 1 Abs. 2 a, b und e KSchVO). Einen Zwischenpachtvertrag konnte der Verpächter kündigen, wenn der **Zwischenpächter gröbliche Vertragsverletzungen der Kleingärtner** duldete (§ 1 Abs. 2 c KSchVO). Nach der Anordnung über eine erweiterte Kündigungsmöglichkeit von kleingärtnerisch bewirtschaftetem Land durfte ein Pachtvertrag ferner gekündigt werden, wenn der **Inhaber des Kleingartens einen weiteren Kleingarten besaß oder über einen so großen Kleingarten verfügte,** dass der ihm zu belassende Restteil des Gartens noch mindestens 300 m² umfasste, oder wenn der **Kleingärtner seinen Wohnsitz nicht nur vorübergehend in eine andere Gemeinde verlegte,** die über 10 km von der früheren Wohnsitzgemeinde entfernt lag.

In den früheren Ländern Baden und Württemberg-Hohenzollern sind die Kündigungsgründe erweitert worden. Vor allem war hier die so genannte Eigenbedarfskündigung zugelassen. Dies galt auch für die Länder Rheinland-Pfalz und Schleswig-Holstein.

Das **KÄndG 1969** hatte die **Kündigungsmöglichkeiten erweitert**. Der Verpächter konnte nach § 2 Abs. 1 Nr. 1 kündigen, wenn ihm im Interesse der

Schaffung oder Aufrechterhaltung seiner **wirtschaftlichen Lebensgrundlage die Fortsetzung des Pachtverhältnisses nicht mehr zugemutet** werden konnte, **es sei denn, dass das öffentliche Interesse an dem Fortbestand des Pachtverhältnisses überwog.** Er musste hiernach also aus zwingenden wirtschaftlichen Gründen auf eine anderweitige Verwertung des Grundstücks angewiesen sein. Diese Kündigungsmöglichkeit ist eingeführt worden, um die sich aus den Kündigungsschutzvorschriften ergebenden Beschränkungen der Eigentümerbefugnisse zu mildern. In der Begründung zum Regierungsentwurf des Kleingartenrechtsänderungsgesetzes (BT-Drs. V/2221 S. 5) wird hierzu ausgeführt, dass erfahrungsgemäß die Grundstücke, die an Kleingärtner verpachtet seien, in der Regel weder einen Kaufinteressenten fänden noch beliehen werden könnten. Es sei daher denkbar, dass die sich aus den Kündigungsschutzvorschriften ergebenden Beschränkungen der Eigentümerbefugnisse die Grenzen der verfassungsrechtlich zulässigen Eigentumsbindung überschritten, wenn der Eigentümer aus zwingenden wirtschaftlichen Gründen auf eine anderweitige Verwertung des Grundstücks angewiesen sei. Diesen verfassungsrechtlichen Bedenken sollte durch die Einführung dieses neuen Kündigungsgrundes Rechnung getragen werden.

Die Belange des Verpächters mussten jedoch zurücktreten, wenn das öffentliche Interesse an der Erhaltung der Kleingartenanlage überwog. Zur Wahrung der Verfassungskonformität dieser Kündigungseinschränkung wurde dem Verpächter in diesem Falle ein Anspruch auf Übernahme des Grundstücks durch die Gemeinde zugebilligt (§ 3 Abs. 1 KÄndG).

Darüber hinaus führte das Kleingartenrechtsänderungsgesetz 1969 einen weiteren neuen Kündigungstatbestand ein, der die Schwierigkeiten ausräumen sollte, die sich bei der Durchführung von Bebauungsplänen ergeben hatten. Nach § 2 Abs. 1 Nr. 2 konnte ein Kleingartenpachtvertrag auch dann gekündigt werden, wenn glaubhaft gemacht wurde, dass das **Grundstück alsbald einer im Bebauungsplan festgesetzten anderen Nutzung zugeführt oder für diese Nutzung vorbereitet werden sollte und dem Verpächter oder demjenigen, der das Grundstück planungsgemäß verwenden wollte, ein anderes in gleicher Weise geeignetes Grundstück nicht zur Verfügung stand.** Unter diesen Voraussetzungen wurde das öffentliche Interesse am Vollzug des Bebauungsplans als vorrangig behandelt, auch im Hinblick darauf, dass den kleingärtnerischen Belangen bereits im Bebauungsplanverfahren durch die dort vorgeschriebene Interessenabwägung (§ 1 Abs. 6, 7 BBauG) das ihnen gebührende Gewicht zugebilligt wurde.

Im Interesse der Rechtsklarheit und der Rechtsvereinheitlichung ist durch das Kleingartenrechtsänderungsgesetz 1969 der Kündigungstatbestand des § 1 Abs. 2 d der KSchVO **(Inanspruchnahme von Grundstücken für Zwecke der Reichsverteidigung) durch eine Neuregelung ersetzt worden, die auf** die Voraussetzungen für die Grundstücksbeschaffung nach § 1 Landbeschaffungsgesetz vom 23. 2. 1957 (BGBl I S. 133, zuletzt geändert durch Art. 12 des Gesetzes vom 9. 6. 1998 (BGBl I S. 1242) abgestimmt war.

Die Kündigung wegen Verschuldens des Pächters bedurfte der Genehmigung der unteren Verwaltungsbehörde, die Kündigung wegen Eigenbedarfs des Verpächters und zur Verwirklichung des Bebauungsplans der Genehmigung der höheren Verwaltungsbehörde.

Die Kündigung war unter Einhaltung einer Frist von 3 Monaten zum 31. Oktober eines Jahres zulässig. Erforderten zwingende Gründe eine vorzeitige Inanspruchnahme des Grundstücks, so konnte die Verwaltungsbehörde auf Antrag gestatten, dass die Kündigung zu einem früheren Zeitpunkt zulässig war; auch die Kündigungsfrist konnte hierbei abgekürzt werden.

17 Die kündigungsrechtlichen Vorschriften wurden ergänzt durch Bestimmungen, die die **Entschädigung des Pächters und die Ersatzlandbeschaffung** regelten.

Das alte Kleingartenrecht hatte unterschieden zwischen der **Entschädigung bei der Verschuldenskündigung** und der **Entschädigung bei Kündigung aus anderen Gründen.** Bei der so genannten Verschuldenskündigung war die untere Verwaltungsbehörde berechtigt, dem Pächter eine Entschädigung zuzugestehen, soweit dies nach Lage der Sache der Billigkeit entsprach (§ 3 Abs. 5 KSchVO). Die Beschränkung auf die **Billigkeitsentschädigung** sollte dem Umstand Rechnung tragen, dass z. B. durch Bewirtschaftungsmängel notwendig gewordene Maßnahmen zur Wiederherstellung eines geordneten Zustandes bei der Entschädigung berücksichtigt werden mussten. Auch war gegebenenfalls der Aufwand zur Beseitigung nicht genehmigter Anlagen dem Pächter anzulasten. In anderen Kündigungsfällen hatte der Pächter einen Anspruch auf **angemessene Entschädigung,** wobei der Umfang **durch die „übliche kleingärtnerische Nutzung"** bestimmt war.

18 Bei **Kündigung** von Kleingartenland **aus überwiegenden Gründen des Gemeinwohls** (§ 3 Abs. 1 und 2 KSchVO), **zur Verwirklichung eines Bebauungsplans** sowie **zum Zwecke der Grundstücksbeschaffung nach dem Landbeschaffungsgesetz** (§ 3 Abs. 3 Kleingartenrechtsänderungsgesetz) war der Verpächter verpflichtet, neben einer angemessenen Entschädigung eine **geeignete Ersatzfläche** auf einem zur dauernden kleingärtnerischen Nutzung vorgesehenen Gelände zur Verfügung zu stellen. War dem Begünstigten die Beschaffung von Ersatzland nicht möglich oder nicht zumutbar, so hatte er 20 % der Kosten der in diesem Falle von der Gemeinde durchzuführenden

Ersatzlandbeschaffung zu tragen. Konnte die Gemeinde das Ersatzland in angemessener Zeit nicht beschaffen, war die höhere Verwaltungsbehörde befugt, sie von dieser Verpflichtung freizustellen.

Nach § 4 KÄndG konnten an Flächen, die in einem Bebauungsplan als **19** **Dauerkleingärten festgesetzt** worden waren, **durch Enteignung Pachtverhältnisse zugunsten Nutzungswilliger begründet** werden, wenn eine Einigung zwischen dem Eigentümer und dem Nutzungswilligen nicht zustandegekommen war. Diese Vorschrift ermöglichte den Vollzug der planerischen Festsetzung „Dauerkleingarten", auch wenn die Voraussetzungen für eine Entziehung des Eigentums nicht gegeben waren.

Durch die Novelle 1976 zum Bundesbaugesetz ist das sog. Nutzungsgebot **20** (§ 39 c BBauG) eingeführt worden. Es ermächtigte die Gemeinde, im Geltungsbereich eines qualifizierten Bebauungsplans den Eigentümer durch Bescheid zu verpflichten, die als Dauerkleingärten festgesetzten Flächen der im Bebauungsplan vorgesehenen Nutzung zuzuführen. Im Geltungsbereich eines einfachen Bebauungsplans konnte die festgesetzte kleingärtnerische Nutzung nur über § 4 KÄndG durchgesetzt werden. Das BauGB hat das Nutzungsgebot nicht übernommen.

Zum alten Kleingartenrecht s. Gisbertz, Das deutsche Kleingartenrecht, Frankfurt/O., 1938, Ergänzungsheft 1940; Kaisenberg, Kleingartenund Kleinpachtlandordnung, Handbuch des Deutschen Kleingartenrechts, 3. Aufl. Berlin 1924; Sackers, Wegweiser durch das Kleingartenrecht, Karlsruhe, 1969; Sokolowski-Mirels, Das Deutsche Kleingartenrecht, Kommentar, Berlin 1930.

IV. Kritik am früheren Kleingartenrecht

Nach dem In-Kraft-Treten des Grundgesetzes wurde zunehmend Kritik an **21** den Regelungen des Kleingartenrechts laut (Ehrenforth, Das geltende Kleingartenrecht und seine Reform, RdL 1950, 132; Wiethaup, Kritische Gedanken zum Kleingartenrecht, DÖV 1953, 335; Wiethaup, Zum geltenden Kleingartenrecht, ZMR 1970, 193). **Bemängelt** wurden insbesondere der äußerst weitreichende Kündigungsschutz und der Ausschluss befristeter **Kleingartenpachtverträge.** Durch das Kleingartenrechtsänderungsgesetz von 1969 wurde das kleingartenrechtliche Regelungssystem nur teilweise novelliert, eine Gesamtreform des Kleingartenrechts aber bereits damals in Aussicht genommen.

Im schriftlichen Bericht des federführenden Bundestagsausschusses heißt es **22** hierzu:

„Der Ausschuss hat zunächst sehr eingehend darüber beraten, ob nicht von vornherein auf eine Gesamtreform des Kleingartenrechts hingewirkt werden soll. Er hat sich nach sehr sorgfältiger Abwägung den von der Bundesregierung vorgebrachten Argumenten angeschlossen, dass die Zeit für eine Gesamtreform wegen der zu überbrückenden gegensätzlichen Interessen von Kleingärtnern, Grundeigentümern und Gemeinden noch nicht reif ist. Eine Konzeption zu finden, die allen Interessen in sozial gerechter Weise Rechnung trägt, wird umfassender Überlegungen und Untersuchungen bedürfen, die eine längere Zeitspanne in Anspruch nehmen.

Unter diesen Umständen ist eine gesetzliche Zwischenlösung bis zu der in Aussicht genommenen Gesamtreform des Kleingartenrechts erforderlich. Dieses Ziel strebt der Gesetzentwurf an."
(BT-Drs. V/2221)

Auch der Bundesrat hat in einer Entschließung zum KÄndG auf die Notwendigkeit einer Reform des gesamten Kleingartenrechts hingewiesen.

23 Im Städtebaubericht 1970 (S. 74) hat auch die Bundesregierung die Notwendigkeit einer Neuregelung des Kleingartenrechts betont und festgestellt, dass das KÄndG von 1969 nur einen Schritt in Richtung auf die erforderliche Gesamtreform darstellt. Es heißt dort:

„Die Reform muss einerseits die aus verschiedenen Gründen anzustrebende Förderung des Kleingartenwesens in ausreichendem Maße weiterhin ermöglichen, andererseits muss jedoch das Kleingartenwesen stärker mit den Erfordernissen des Städtebaus in Einklang gebracht werden. Die Gemeinden müssen sich entsprechend der Verpflichtung des Bundesbaugesetzes bemühen, erforderliche Dauerkleingartenflächen in Bebauungsplänen festzusetzen; die Gemeinden müssen zugleich aber auch in die Lage versetzt werden, die sich daraus ergebenden finanziellen Verpflichtungen zu erfüllen."

V. Der Beschluss des Bundesverfassungsgerichts vom 12. 6. 1979 zum Kleingartenrecht

24 Durch den Beschluss des Bundesverfassungsgerichts vom 12. Juni 1979 musste das frühere Kleingartenrecht auch aus **verfassungsrechtlichen Gründen** novelliert werden. Der 1. Senat des Bundesverfassungsgerichts hatte auf Vorlage des Bayerischen Verwaltungsgerichtshofs das geltende Kleingartenrecht auf seine Verfassungsmäßigkeit zu prüfen (BVerfGE 52, 1 ff.). Er hat festgestellt,

1. dass der weitgehende Ausschluss der Kündigungsbefugnis privater Verpächter von Kleingärten im Rahmen des Regelungssystems des Kleingartenrechts (Ausschluss befristeter Verträge, Pachtpreisbindung) mit dem Grundgesetz nicht zu vereinbaren ist und

2. dass die Bestimmungen, die für die Kündigung des Verpächters eine behördliche Genehmigung vorschreiben, wegen Verstoßes gegen das Rechtsstaatsprinzip nichtig sind.

25 Das verfassungsrechtliche Schwergewicht der Entscheidung liegt in den Darlegungen zur Abgrenzung der Enteignung (Art. 14 Abs. 3 GG) von der gesetzgeberischen Befugnis zur Inhaltsbestimmung und Schrankenziehung des Eigentums (Art. 14 Abs. 1 Satz 2 GG).

Enteignung ist nach der Rechtsprechung des BVerfG der (teilweise oder vollständige) Entzug einer durch Art. 14 Abs. 1 Satz 1 GG gewährleisteten Rechtsposition (BVerfGE 52, 27). Die Enteignung setzt also danach ein enteignungsfähiges Recht voraus, d. h. eine den Anforderungen des Art. 14 GG entsprechende und damit rechtswirksame Rechtsposition. **Werden die für die Inhalts- und Schrankenbestimmung festgelegten Grenzen überschritten, so sei die gesetzliche Regelung unwirksam; sie könne nicht in eine Enteignung i. S. des Art. 14 Abs. 3 umgedeutet werden.** Inhaltsbestimmung und Legalenteignung seien jeweils eigenständige Rechtsinstitute und nur dann gültig, wenn sie den jeweiligen Normen der Verfassung entsprächen. Diese Ausführungen richten sich an die Adresse des BGH zum sog. enteignungsgleichen Eingriff (s. auch BVerfGE 58, 319 ff.).

Der Gesetzgeber sei bei der Inhaltsbestimmung und Schrankenziehung des Eigentums nicht frei. Er müsse der grundgesetzlichen Anerkennung des Privateigentums durch Art. 14 Abs. 1 Satz 1 GG und dem Sozialgebot des Art. 14 Abs. 2 GG in gleicher Weise Rechnung tragen (vgl. auch BVerfGE 37, 140). Beschränkungen des Eigentums müssten vom geregelten Sachbereich her geboten sein und dürften nicht weitergehen als der Schutzzweck reiche, dem die Regelung diene. Die bei der Beurteilung der Verfassungsmäßigkeit von Eigentumsbelastungen anzulegenden Maßstäbe müssten nicht zu jeder Zeit und in jedem Zusammenhang dasselbe Gewicht haben. „Regelungen, die in Kriegs- und Notzeiten gerechtfertigt sind, können unter anderen wirtschaftlichen und gesellschaftlichen Verhältnissen eine andere Beurteilung erfahren" (BVerfGE 52, 30). Diese Aussagen des Bundesverfassungsgerichts entsprechen im Kern seinen früheren Entscheidungen zur „Vergänglichkeit von Eigentumspositionen" (vgl. BVerfGE 31, 288; 20, 361).

Diesen Grundsätzen entsprach das (alte) kleingartenrechtliche Regelungssystem nicht. **26**

Die Kombination von (praktischem) Kündigungsverbot, Ausschluss befristeter Verträge und Pachtpreisbindung belaste die Verpächter von Kleingartenland in einem Maße, das durch die schutzwürdigen Belange der Pächter nicht gerechtfertigt sei. Das Kleingartenrecht stamme aus einer Zeit, als der Kleingarten für die Ernährung der ärmeren Bevölkerungsschichten von entscheidender Bedeutung gewesen sei. Heute dienten Kleingärten ganz überwiegend der Erholung und der Freizeitgestaltung. Zwar sei auch dies ein berechtigtes Anliegen, doch rechtfertige es nicht die Beibehaltung eines Regelungssystems, das in Kriegs- und Notzeiten zum Schutz lebenswichtiger Interessen eingeführt worden sei (BVerfGE 52, 35 ff.).

Die verfassungsrechtliche Gewährleistung des Eigentums werde durch den praktischen Ausschluss der Kündigung und den nahezu unbegrenzten Bestandsschutz des Pachtvertrages, auch wenn er zeitlich befristet abgeschlossen worden sei, verletzt. Die Beschränkungen des Eigentümers würden durch die Pachtzinsregelung noch verschärft. Diese weitgehende Einengung der Eigentümerbefugnisse sei auch nicht durch das Sozialgebot des Art. 14 Abs. 2 GG gerechtfertigt. Maß und Umfang der Bindungen des Eigentums seien davon abhängig, ob und in welchem Ausmaß das Eigentumsobjekt in einem sozialen Bezug und einer sozialen Funktion stehe. Je stärker der einzelne auf die Nutzung fremden Eigentums angewiesen sei, um so weiter sei der Gestaltungsbereich des Gesetzgebers. Artikel 14 Abs. 2 GG rechtfertige nicht eine übermäßige, durch die sozialen Belange nicht gebotene Begrenzung privatrechtlicher Befugnisse. Die Entwicklung des Kleingartenwesens zeige, dass es einen Funktionswandel erfahren habe. Die ernährungspolitische Funktion des (früheren) kleingartenrechtlichen Regelungssystems sei heute entfallen. Es sei daher nicht mehr gerechtfertigt, dieses Regelungssystem beizubehalten.

Auch mit dem Mangel an Kleingartenflächen lasse sich das (alte) Kleingartenrecht nicht begründen. Die ausreichende Versorgung mit Kleingärten sei eine öffentliche Aufgabe der Gemeinden. Die unzureichende Erfüllung dieser Aufgabe rechtfertige es jedoch nicht, private Eigentümerbefugnisse auf Dauer zu beschränken.

27   Das Bundesverfassungsgericht hat die Vorschriften, die das Genehmigungserfordernis für Kündigungen betreffen, und zwar § 1 Abs. 3 KSchVO und § 2 Abs. 2 KÄndG, wegen mangelnder Bestimmtheit der Normen für nichtig erklärt, hingegen für die übrigen Vorschriften des früheren Kleingartenrechts ausgesprochen, dass sie als „Regelungssystem mit dem Grundgesetz nicht vereinbar seien" (BVerfGE 52, 18 f.). Dieses Regelungssystem war im Wesentlichen durch folgende Grundsätze gekennzeichnet: Der Pachtzins wird behördlich festgesetzt; Pachtverträge sind grundsätzlich unkündbar; sie können nur aus den enumerativ festgelegten Gründen aufgelöst werden; im Falle der Kündigung hat der Verpächter grundsätzlich Entschädigung zu leisten und ggf. Ersatzland zur Verfügung zu stellen; zeitlich befristete Verträge gelten als auf unbestimmte Zeit verlängert (BVerfGE 52, 18 f.).

Es handelt sich hier um eine „System-Beanstandung". Die Unvereinbarkeit des früheren Kleingartenrechts mit dem Grundgesetz liegt also im Zusammentreffen mehrerer Ursachen. Damit hat das BVerfG dem Gesetzgeber mehrere Möglichkeiten eingeräumt, die Unvereinbarkeit mit dem Grundgesetz zu beseitigen.

Der Gesetzgeber hat sich im Interesse der Kleingärtner dafür entschieden, die Pachtpreisbindung und die Begrenzung der Kündigungsmöglichkeiten des Verpächters beizubehalten, Zeitverträge dagegen wieder herzustellen bzw. der ursprünglich vereinbarten Befristung wieder Geltung zu verschaffen. Dieses Regelungssystem unterscheidet sich vom früheren Recht vor allem dadurch, dass es entsprechend dem Grundsatz der Vertragsfreiheit – unter bestimmten Voraussetzungen – zeitlich befristete Verträge nicht ausschließt bzw. „wiederherstellt". Damit hat der Gesetzgeber sowohl der Wertentscheidung des Grundgesetzes zugunsten des Privateigentums Rechnung getragen als auch allen übrigen Wertentscheidungen der Verfassung.

Die schutzwürdigen Interessen der Pächter werden in § 16 Abs. 3 BKleingG in erster Linie dadurch berücksichtigt, dass die dort genannten Kleingartenpachtverträge erst nach einer Übergangsfrist von 4 Jahren auslaufen. In dieser Übergangsfrist haben die Beteiligten die Möglichkeit, den Pachtvertrag zu verlängern. Darüber hinaus kann die Gemeinde, wenn städtebauliche Gründe nicht entgegenstehen, die auf Privatgelände angelegten planerisch noch nicht abgesicherten Kleingärten im Bebauungsplan als Dauerkleingärten festsetzen und damit die bestehenden Pachtverträge auf unbestimmte Dauer verlängern. Eine Bestandsgarantie für sog. Altverträge, die vor In-Kraft-Treten des BKleingG **nur** für eine befristete Zeit abgeschlossen worden waren, würde im Ergebnis zu einer Rechtslage führen, die bereits vor dem Beschluss des Bundesverfassungsgerichts bestanden hatte. Eine solche Rechtslage ist aber vom Bundesverfassungsgericht als mit dem Grundgesetz nicht vereinbar erklärt worden. Zum Beschluss des BVerfG s. Niethammer, Rechtslage im Kleingartenrecht nach dem Beschluss des BVerfG, BBauBl 1980, 75 f.; derselbe, Schlussfolgerungen aus dem Beschluss des BVerfG, ZfBR 1980, 64 ff.; derselbe, Verfassungsrechtliche Zulässigkeit einer künftigen Pachtpreisbindung im Kleingartenrecht, DVBl 1980, 906 ff.; Weyreuther, Anmerkung zum Beschluss des BVerfG vom 12. Juni 1979 in: EPlaR II 1 6.79 S. 24 ff.

VI. Vorarbeiten zum neuen Kleingartenrecht

Nach der Entscheidung des BVerfG vom 12. Juni 1979 ist beim Bundesministerium für Raumordnung, Bauwesen und Städtebau eine „Arbeitsgruppe Kleingartenrecht" gebildet worden, der unter anderem Sachverständige aus Ländern und Gemeinden sowie des Bundesverbandes Deutscher Gartenfreunde e.V. angehörten. Dieses Weisungen nicht unterworfene unabhängige Gremium erhielt den Auftrag, das geltende Kleingartenrecht im Hinblick auf die Folgerungen, die aus dem Spruch des BVerfG zu ziehen waren, zu überprüfen und Vorschläge für eine Neuregelung zu erarbeiten. Die Sachverständigen kamen übereinstimmend zu dem Ergebnis, dass das **gesamte** 28

Kleingartenrecht novelliert werden müsse, um es den heutigen verfassungsrechtlichen und städtebaulichen Anforderungen anzupassen. Teiländerungen, wie das Kleingartenrechtsänderungsgesetz von 1969, seien zur Lösung der anstehenden Probleme nicht geeignet. Ein neues Kleingartenrecht müsse dem Funktionswandel, den das Kleingartenwesen im Laufe der Entwicklung erfahren habe, Rechnung tragen. Ursprünglich habe der wirtschaftliche Nutzen des Kleingartens im Vordergrund gestanden; später sei der Freizeitund Erholungswert dazugekommen. Die Entwicklung des Kleingartenwesens zeige aber auch, dass in wirtschaftlich schwierigeren Zeiten der wirtschaftliche Nutzen in den Vordergrund trete.

Auch in unserer Zeit **hätten die Kleingärten eine wichtige sozialpolitische und städtebauliche Aufgabe.** Besonders in Ballungsgebieten spielten Kleingartenanlagen, die in vielen Fällen für die erholungsuchende Bevölkerung geöffnet seien, als Naherholungs- und Freizeitbereiche eine nicht zu unterschätzende Rolle. Kleingartenanlagen erfüllten auch Aufgaben des Landschaftsschutzes und der Stadtbildpflege. Sie müssten daher stärker als bisher in städtebauliche Funktionen einbezogen werden.

Die sozialpolitische und städtebauliche Funktion des Kleingartens rechtfertige und erfordere es, das **Kleingartenrecht weiterhin als Sonderrecht** mit den Bindungen des Eigentums, die sich notwendigerweise aus den Aufgaben des Kleingartenwesens ergäben, beizubehalten.

29 Die „Arbeitsgruppe Kleingartenrecht" hat ihre Arbeiten mit einem Bericht und Vorschlägen zur Neuregelung des Kleingartenrechts im Juni 1981 abgeschlossen. Auf der Grundlage dieser Vorschläge ist der Referentenentwurf erarbeitet worden. Hauptprobleme bei den Beratungen des Referentenentwurfs waren die Pachtpreisbindung und der Ausschluss befristeter Kleingartenpachtverträge bei Dauerkleingärten. Nach eingehenden Erörterungen ist die bereits von der Sachverständigenkommission vorgeschlagene Pachtpreisbindung in die Regierungsvorlage eingegangen. Das Gleiche gilt auch für den Anschluss befristeter Verträge über im Bebauungsplan festgesetzte Dauerkleingärten.

VII. Gang des Gesetzgebungsverfahrens

30 Am 7. April 1982 hat die **Bundesregierung** den Entwurf eines Bundeskleingartengesetzes beschlossen. Der **Bundesrat** hat am 28. Mai 1982 im ersten Durchgang zum Regierungsentwurf Stellung genommen. Der Gesetzentwurf der Bundesregierung ist – nachdem die Bundesregierung ihre Auffassung zu der Stellungnahme des Bundesrates in der Gegenäußerung dargelegt hat – dem **Deutschen Bundestag** zur Beschlussfassung zugeleitet worden (BT-Drs. 9/1900).

Am 30. September 1982 hat der **Bundestag** den Entwurf eines Bundesklein- **31** gartengesetzes **in erster Lesung** beraten und nach Aussprache an den Ausschuss für Raumordnung, Bauwesen und Städtebau zur federführenden Beratung und an den Rechtsausschuss sowie an den Ausschuss für Ernährung, Landwirtschaft und Forsten zur Mitberatung überwiesen.

Der Ausschuss für Raumordnung, Bauwesen und Städtebau hat den **32** Gesetzentwurf am 27. Oktober 1982, am 24. November 1982 sowie am 1. Dezember 1982 beraten. Er hat dabei Vertreter der **Bundesvereinigung der Kommunalen Spitzenverbände** und des **Bundesverbandes Deutscher Gartenfreunde e.V.** in einer nichtöffentlichen Sitzung am 24. November 1982 **angehört** (s. Beschlussempfehlung und Bericht des Ausschusses für Raumordnung, Bauwesen und Städtebau [16. Ausschuss] zu dem von der Bundesregierung eingebrachten Entwurf eines BKleingG – BT-Drs. 9/2232).

In den Ausschussberatungen hat der Regierungsentwurf **einige Änderungen** erfahren. Bis auf die Frage, ob die Öffnung von Kleingartenanlagen für die Bevölkerung gesetzlich geregelt werden soll, sind alle Änderungen im Einvernehmen zwischen den Fraktionen erzielt worden.

Der federführende Bundestagsausschuss hat sich eingehend mit der Frage **33** der **Zugänglichkeit der Kleingartenanlagen für die Allgemeinheit** befasst. Einvernehmen bestand darüber, dass **Kleingartenanlagen für die Bevölkerung geöffnet sein sollen.** Zur Frage, ob die Öffnung gesetzlich geregelt werden soll, gab es unterschiedliche Auffassungen. Die Koalitionsfraktionen der CDU/CSU und der FDP sowie die – inzwischen neue – Bundesregierung lehnten eine solche gesetzliche Verpflichtung mit folgender Begründung ab:

> Kleingartenanlagen seien heute bereits ohne gesetzliche Verpflichtung in vielen Fällen für die Bevölkerung geöffnet. In einigen Teilen der Bundesrepublik sei die Zugänglichkeit der Anlagen für die Bevölkerung bereits die Regel. Diese Entwicklung zeige die Aufgeschlossenheit und das Verständnis der Kleingärtner und ihrer Organisationen für die Notwendigkeit, das Kleingartenwesen den heutigen Bedingungen anzupassen. Die Bundesregierung und die Koalitionsfraktionen begrüßten diese Entwicklung ausdrücklich, zumal die Kleingärtner damit einen wichtigen Beitrag zur Ergänzung der örtlich vorhandenen Grünanlagen leisteten.
>
> In Anbetracht dieser von den Kleingärtnern selbst eingeleiteten Entwicklung sähen Bundesregierung und Koalitionsfraktionen keine Notwendigkeit, die Öffnung der Kleingartenanlagen gesetzlich vorzuschreiben. Die freiwillige Öffnung der Anlagen, die sich in der Praxis bewährt habe, wie die Ergebnisse der Kleingartenwettbewerbe zeigten, sei daher einer verordneten Öffnung vorzuziehen. Hinzu komme, dass die Frage der Verkehrssicherungspflicht bei einer freiwilligen Öffnung der Anlagen von den Kleingärtnervereinen selbst gelöst würde. Hierfür hätten die Kleingärtnervereine entsprechende Lösungen durch Abschluss von Versicherungsverträgen, die die Haftung im Rahmen der Verkehrssicherungspflicht abdeckten, gefunden.
>
> Bundesregierung und Koalitionsfraktionen gingen bei dem Verzicht auf eine gesetzliche Regelung der Öffnung von Kleingartenanlagen davon aus, dass auch künftig bestehende und neu geschaffene Anlagen der Allgemeinheit zugänglich gemacht werden, soweit es die örtlichen Gegebenheiten zulassen.

34 Ein **verfassungsrechtliches Gebot,** die Kleingartenanlagen der Allgemeinheit zugänglich zu machen und dies gesetzlich festzulegen, lässt sich **weder aus der Sozialbindung des Eigentums** noch aus dem **Sozialstaatsprinzip herleiten.** Die im Gesetz vorgesehenen Beschränkungen der Eigentümerbefugnisse, und zwar die

– Begrenzung der Kündigungsmöglichkeiten für den Verpächter, die
– Pachtpreisbindung und der
– Ausschluss befristeter Verträge bei Dauerkleingärten

sind verfassungsrechtlich gerechtfertigt im Hinblick auf die auch vom Bundesverfassungsgericht anerkannte sozialpolitische und städtebauliche Funktion des Kleingartens. Sie betreffen das Verhältnis zwischen Verpächter und Pächter; sie dienen unmittelbar dem Schutz des Kleingärtners und mittelbar gleichzeitig auch den städtebaulichen Zielsetzungen. Der Zugang der Allgemeinheit zu Kleingartenanlagen ist aber kein ausschließliches Kriterium der städtebaulichen Funktion von Kleingärten. Er ist lediglich ein weiteres Element der städtebaulichen Bedeutung von Kleingartenanlagen neben anderen, wie zum Beispiel Durchgrünung und Auflockerung der Bebauung, Verbesserung der ökologischen Grundlagen in den Städten usw.

35 Am 9. Dezember 1982 hat der **Deutsche Bundestag in zweiter und dritter Lesung** den Entwurf eines Bundeskleingartengesetzes beschlossen. Am 1. April 1983 ist das Gesetz in Kraft getreten.

36 Das Bundeskleingartengesetz hebt das alte Kleingartenrecht auf und fasst das **materielle** Kleingartenrecht in einem **Sondergesetz** zusammen. Verfahrens- und organisationsrechtliche Fragen werden den Ländern überlassen.

37 Der **Regierungsentwurf** war als **nicht zustimmungsbedürftiges Gesetz ausgestaltet.** Nach Auffassung des **Bundesrates** war das Bundeskleingartengesetz zustimmungsbedürftig. Die Zustimmungsbedürftigkeit sei durch den Beschluss des Deutschen Bundestages vom 9. Dezember 1982 ausgelöst worden. Danach hat die Ermittlung des Höchstpachtzinses nicht mehr – wie im Regierungsentwurf vorgesehen – nach Maßgabe einer Rechtsverordnung der Landesregierung zu erfolgen, sondern auf Antrag einer Vertragspartei durch den örtlich zuständigen Gutachterausschuss (§ 137 BBauG = § 192 BauGB). Durch diese Regelung werde die Verwaltungstätigkeit der von den Ländern eingerichteten Gutachterausschüsse berührt. Da es sich bei diesen Ausschüssen um Behörden im Sinne des Verwaltungsverfahrensgesetzes handle, bedürfe das Gesetz der Zustimmung des Bundesrates. Diese **Zustimmung hat der Bundesrat** in seiner Sitzung **am 4. Februar 1983** erteilt (BR – Stenographischer Bericht, 519. Sitzung, S. 20). Das BKleingG wurde am 28. Februar ausgefertigt und am 4. März 1983 im Bundesgesetzblatt (BGBl I S. 210) verkündet.

VIII. Überleitung des BKleingG in den neuen Ländern

Gemäß Art. 8 des Einigungsvertrages vom 31. August 1990 (BGBl II S. 885, **37 a**
892) ist mit Wirkung vom 3. Oktober 1990 in den neuen Ländern **Brandenburg, Mecklenburg-Vorpommern, Sachsen, Sachsen-Anhalt** und **Thüringen** sowie in **Berlin (Ost)** das Bundesrecht der Bundesrepublik Deutschland
in Kraft getreten, soweit der Einigungsvertrag und seine Anlagen nichts
anderes bestimmen. Mit dem 3. Oktober 1990 findet also auch das BKleingG
in den neuen Ländern Anwendung mit Maßgaben, die der durch den Einigungsvertrag in das BKleingG eingefügte § 20 a enthält. Die in dieser Vorschrift enthaltenen Überleitungsregelungen aus Anlass der Herstellung der
Einheit Deutschlands tragen der Entwicklung des Kleingartenwesens im
Gebiet der ehemaligen DDR Rechnung.

IX. Die Entscheidung des Bundesverfassungsgerichts
vom 23. September 1992 zum Überleitungsrecht und zur Pachtzins-
regelung (BVerfGE 87, 114 ff.)

Am 23. September 1992 hat der Erste Senat des BVerfG zwei Entscheidungen **38**
zum Kleingartenrecht getroffen, und zwar zum Überleitungsrecht des
BKleingG (§ 16 Abs. 3 und 4 Satz 1) und zur Höchstpachtzinsregelung (§ 5
Abs. 1 Satz 1). Die Überleitungsregelungen hat das BVerfG für verfassungs-
konform erklärt, § 16 Abs. 3 mit Maßgaben, die Pachtzinsbegrenzung in § 5
Abs. 1 Satz 1 dagegen für unvereinbar mit Art. 14 Abs. 1 Satz 1 GG, soweit sie
Pachtverhältnisse mit privaten Verpächtern betrifft.

Das BKleingG hat, anders als das frühere Recht, die Kleingartenpachtverhält- **39**
nisse unterschiedlich ausgestaltet, je nach dem, ob das Grundstück durch
einen Bebauungsplan als Fläche für Dauerkleingärten festgesetzt worden ist
oder nicht (vgl. § 9 Abs. 1 Nr. 15 BBauG/BauGB). Im ersteren Fall stärkt das
Gesetz die Rechtsstellung der Pächter zu Lasten der Verpächter dadurch,
dass es eine Befristung der Pachtverhältnisse nicht zulässt und befristete Verträge als auf unbestimmte Dauer geschlossen behandelt.

Mit den **Überleitungsregelungen in § 16 Abs. 3 und in § 16 Abs. 4 Satz 1
BKleingG** wollte der Gesetzgeber ermöglichen, dass auch für solche Kleingartenanlagen, die im Zeitpunkt des In-Kraft-Tretens des BKleingG nicht als
Flächen für Dauerkleingärten festgesetzt waren, bei denen aber die Voraussetzungen hierfür vorlagen, die bauplanerische Festsetzung nachgeholt werden konnte mit der Folge, dass in diesen Fällen die Pachtverhältnisse auf
bestimmte Zeit weiterliefen.

Nach § 16 Abs. 3 BKleingG endeten daher Pachtverträge über Kleingärten, die nicht im Eigentum der Gemeinde standen, nicht mit dem In-Kraft-Treten des BKleingG am 1. April 1983, sondern erst mit dem Ablauf des 31. März 1987, wenn der Vertrag befristet und die vereinbarte Pachtzeit bis zu diesem Zeitpunkt abgelaufen war. In diesem Zeitraum konnten die Gemeinden die kleingärtnerisch genutzten Grundstücke als Flächen für Dauerkleingärten im Bebauungsplan festsetzen (§ 9 Abs. 1 Nr. 15 BBauG/BauGB). Hat die Gemeinde vor Ablauf dieser Frist das Kleingartenland im Bebauungsplan als Fläche für Dauerkleingärten festgesetzt, galt der Vertrag als auf unbestimmte Zeit verlängert (§ 16 Abs. 4 Satz 1 BKleingG). Diese Regelung sollte den Bestand der Kleingartenanlagen und die weitere Nutzung der Kleingärten durch die bisherigen Pächter sicherstellen.

Das BVerfG hat **diese Überleitungsvorschriften für verfassungsmäßig erklärt**, § 16 Abs. 3 BKleingG jedoch mit der Maßgabe, dass während der Verlängerungszeit des Pachtvertrages, also vom 1. April 1983 bis zum 31. März 1987, dem Verpächter die im BKleingG vorgesehenen Kündigungsmöglichkeiten in gleicher Weise wie bei einem unbefristeten Vertrag offen standen. Das bedeutet, dass auch die Kündigung wegen Eigenbedarfs des Eigentümers (§ 9 Abs. 1 Nr. 3 BKleingG) und die Kündigung wegen anderer wirtschaftlicher Verwertung (§ 9 Abs. 1 Nr. 4 BKleingG) zulässig waren. Diese Kündigungsgründe sind nach § 9 Abs. 3 BKleingG bei zeitlich befristeten Kleingartenpachtverträgen ausgeschlossen. Ihr Ausschluss beruhe – so das BVerfG – auf einem entsprechenden Bindungswillen der Parteien, zu dem eine Kündigung aus den oben genannten Gründen in Widerspruch stehen könne. Die gesetzliche Verlängerung der Alt-Pachtverträge werde den Parteien dagegen aufgezwungen, so dass die Einräumung dieser Kündigungsmöglichkeiten damit nicht unvereinbar sei. Der Regelungszweck stehe einer verfassungskonformen Auslegung i. d. S. nicht entgegen.

40 Die **Pachtzinsbegrenzung in § 5 Abs. 1 Satz 1 BKleingG** hat das BVerfG in ihrem Ausmaß für private Verpächter für **unvereinbar mit Art. 14 Abs. 1 Satz 1 GG** erklärt. Die Unvereinbarerklärung hatte die Wirkung, dass Gerichte und Verwaltung die beanstandeten Vorschriften nicht mehr anwenden durften, sondern in anhängigen Verfahren die Neuregelung des Gesetzgebers abwarten mussten. Es trat insoweit ein Schwebezustand ein, der erst durch die gesetzliche Neuregelung beseitigt wurde.

Das BVerfG begründet die Verfassungswidrigkeit des § 5 Abs. 1 Satz 1 BKleingG mit den extrem niedrigen Pachtzinsen als Folge dieser Regelung. Es kommt unter Zugrundelegung der Daten im Materialband zum Agrarbericht 1991 zu einem (Durchschnitts-)Pachtzins von monatlich 5,75 DM für einen 400 m² großen Kleingarten. Durch das Ausmaß der gesetzlichen Pachtzinsbeschränkung – so das BVerfG – seien die Grundstückseigentümer in unzumutbarer Weise beschwert. Das Regelungsziel, die sozial schwächeren Schichten der Bevölkerung zu schützen, rechtfertige eine so weitgehende Pachtzinsbeschränkung nicht. Der Gesetzgeber dürfe sich nicht allein an der Leistungsfähigkeit der Kleingärtner mit besonders niedrigem Einkommen, die nur einen geringen Anteil ausmachten, orientieren.

In der Sache handelt es sich um eine Überraschungsentscheidung. Der Be- **41** schluss des BVerfG ist zu zwei Richtervorlagen ergangen (Vorlagebeschluss des BGH vom 24. 5. 1985 – V ZR 11/85 – [BGH NJW 1985, 3096] und Vorlagebeschlüsse des OLG Hamm vom 26. 6. 1987 und vom 6. 3. 1992 – 30 U 21/86). Die schließlich mit dem Grundgesetz für unvereinbar erklärte Höchstpachtzinsregelung in § 5 Abs. 1 Satz 1 BKleingG war gar nicht Gegenstand der Richtervorlagen, die zum Beschluss des BVerfG führten. Der vorlegende Senat des BGH hatte vielmehr gerade die Pachtzinsregelung in § 5 Abs. 1 BKleingG in zwei zeitlich seinem Vorlagebeschluss folgenden Entscheidungen (23. 6. 1989 – V ZR 289/87 – und 5. 7. 1991 – V ZR 117/90) nicht beanstandet (BGHZ 108, 147 = NJW 1989, 2470; BGH MDR 1991, 1168). In die Überprüfung einbezogen wurde § 5 Abs. 1 Satz 1 BKleingG durch die Fragestellung des BVerfG an die zu den Vorlagen gehörten Verbände. Das BVerfG hat die Einbeziehung des § 5 Abs. 1 Satz 1 BKleingG damit begründet, dass in die zur Prüfung gestellte Übergangsregelung auch die Pachtzinsbegrenzung für die Zeit der Verlängerung der befristeten Alt-Pachtverhältnisse eingreife. Insoweit sei die Beschränkung, die die Pachtzinsregelung für die Verpächter mit sich bringe, damit zugleich Teil der Beschwer, die die zur Prüfung gestellte Übergangsregelung enthalte (näheres hierzu, Jekewitz, DVBl 1993, 92 f.).

Nicht behandelt worden ist vom BVerfG die Fallgestaltung, die sich speziell **42** für die fünf neuen Bundesländer und Berlin (Ost) ergibt. Durch Anlage I Kap. XIV Abschnitt II Nr. 4 zum Einigungsvertrag vom 23. September 1990 (BGBl II S. 885, 1125 f.) ist im BKleingG § 20 a mit bestimmten Maßgaben für das Beitrittsgebiet hinzugefügt worden, der in Bezug auf den Pachtzins in Nr. 6 nur eine schrittweise Anhebung „unter Berücksichtigung der Einkommensverhältnisse der Pächter" bis zur – limitierten – Höhe des § 5 Abs. 1 BKleingG nach Ablauf von 3 Jahren seit Wirksamwerden des Beitritts – also ab dem 3. 10. 1993 – erlaubt.

X. Vorarbeiten an der Novellierung des BKleingG

43 Nach der Entscheidung des BVerfG vom 23. September 1992 ist beim Bundesministerium für Raumordnung, Bauwesen und Städtebau eine **Arbeitsgruppe** gebildet worden, der **Vertreter der Verbände der Verpächter und Pächter von Kleingärten sowie Sachverständige aus den Ländern und Gemeinden** angehörten. Dieses Weisungen nicht unterworfene unabhängige Gremium hatte die Aufgabe, die sich aus dem Beschluss des BVerfG zur Höchstpachtzinsregelung ergebenden Konsequenzen einschließlich der in Betracht zu ziehenden Lösungsmöglichkeiten aufzuzeigen und ggf. einen entsprechenden Regelungsvorschlag für das anstehende Gesetzgebungsvorhaben zu empfehlen.

Die Mitglieder der Arbeitsgruppe führten in die Beratung zahlreiche Unterlagen, Stellungnahmen und Materialien ein. Die Arbeitsgruppe hat ihre Arbeiten mit einem Bericht und Vorschlägen zur Neuregelung der Pachtzinsen abgeschlossen. Sie kam nicht zu einem einheitlichen Votum. Von Anbeginn der Beratungen zeigten sich fast durchgängig wesentliche Auffassungsunterschiede, zumeist zwischen dem Vertreter des Bundesverbandes der Verpächter auf der einen Seite und den übrigen Mitgliedern der Arbeitsgruppe auf der anderen Seite.

44 Die **wesentlichen Ergebnisse des Mehrheitsvotums** der Arbeitsgruppe lassen sich wie folgt zusammenfassen:

– Beibehaltung der Pachtpreisbindung und der Bemessungsgrundlage für die Pachtzinsen,

– Verdoppelung des bisherigen Höchstpachtzinses,

– Rückwirkung der Pachtzinsneuregelung,

– Einführung einer Kostenüberwälzung für öffentliche Lasten, die auf dem Kleingartengrundstück ruhen, auf die Pächter.

45 Für eine grundsätzliche Freigabe der Pachtzinsen für Kleingärten sprach sich der Vertreter des Bundesverbandes der Verpächter aus und kündigte eigene Vorschläge für das Gesetzgebungsverfahren an.

46 Auf der Grundlage der Vorschläge der Mehrheit in der Arbeitsgruppe ist der Gesetzentwurf erarbeitet worden, der im Gesetzgebungsverfahren nur noch geringfügig – zumeist redaktionell – geändert bzw. ergänzt worden ist.

XI. Verlauf des Novellierungsverfahrens

Die **Bundesregierung** hat am 2. September 1993 den Entwurf eines Gesetzes 47
zur Änderung des Bundeskleingartengesetzes beschlossen. Am 15. Oktober
1993 hat der **Bundesrat** im ersten Durchgang zum Regierungsentwurf Stellung genommen. Nachdem die Bundesregierung ihre Auffassung zu der
Stellungnahme des Bundesrates in der Gegenäußerung dargelegt hat, ist der
von der Bundesregierung beschlossene Gesetzentwurf am 11. November
1993 dem **Deutschen Bundestag** zur Beschlussfassung zugeleitet worden
(BT-Drucks. 12/6154). Die Stellungnahme des Bundesrates und die Gegenäußerung der Bundesregierung sind in der o. g. BT-Drucks. enthalten.

Der Deutsche Bundestag hat den Gesetzentwurf am 2. Dezember 1993 im 48
vereinfachten Verfahren an den Ausschuss für Raumordnung, Bauwesen und
Städtebau zur federführenden Beratung und an den Ausschuss für Ernährung, Landwirtschaft und Forsten zur Mitberatung überwiesen.

Der **Ausschuss für Ernährung, Landwirtschaft und Forsten** hat dem Gesetz- 49
entwurf am 19. Januar 1994 mehrheitlich mit der Maßgabe zugestimmt, dass
keine Begrenzung der Pachtpreisbindung in § 5 BKleingG erfolgt.

Der **federführende Ausschuss** hat den Gesetzentwurf am 1. Dezember 1993 50
und am 2. Februar 1994 beraten.

Am 12. Januar 1994 hat der federführende Ausschuss eine **nichtöffentliche** 51
Anhörung von Sachverständigen durchgeführt. Dabei wurde die im Gesetzentwurf vorgesehene Änderung der Pachtzinsregelung ganz überwiegend
gebilligt, und zwar sowohl hinsichtlich der Bemessungsgrundlage als auch
hinsichtlich der Höhe. Lediglich der Bundesverband der Verpächter von
Kleingartenland und der Deutsche Städtetag gaben abweichende Stellungnahmen ab. Der **Bundesverband der Verpächter** war gegen jede Pachtpreisbindung, der **Städtetag** forderte eine Verdreifachung der bisherigen Höchstgrenze an Stelle der im Gesetzentwurf vorgesehenen Verdoppelung, da die
Kleingärten heute Freizeitanlagen gleichkämen. Vorzuziehen wäre nach
Ansicht des Städtetages eine Orientierung am jeweiligen Bodenwert. In einer
schriftlichen Stellungnahme hat auch der Deutsche Bauernverband die
völlige Freigabe der Pachtzinsen für Kleingärten gefordert. Der Vertreter des
Städtetages hat sich in der Anhörung auch gegen die im Gesetzentwurf vorgesehene Stundung der Erschließungsbeiträge gewandt.

Weitere Novellierungswünsche trug der **Interessenverband der Kleingärt-**
ner NRW vor. Er verlangte, in § 3 Abs. 2 eine ausdrückliche Bestimmung,
dass der **Anschluss der Gartenlaube an das Strom- und Wassernetz** sowie die
Abwasserentsorgung zulässig sind. Dieses Votum wurde von der Vertreterin

der **Stadt Essen** unterstützt, die darauf hinwies, den Städten müsse ermöglicht werden, in Kleingartenanlagen ordnungsmäßige Zustände zu schaffen.

Dieser Wunsch wurde in der Anhörung weder vom **Bundesverband der Gartenfreunde** noch vom **Sächsischen Landesverband der Kleingärtner** unterstützt. Die Vertreter der **Kommunalen Spitzenverbände** und der **Vertreter des Freistaats Bayern** traten dieser Forderung nach Aufweichung des Begriffs „einfache Ausstattung" mit dem Hinweis auf das Bauplanungsrecht und die Gefährdung der Verfassungsmäßigkeit der Pachtpreisbindung sowie im Hinblick auf die soziale Funktion der Kleingärtner entgegen.

52 Der federführende Ausschuss des Deutschen Bundestages **begrüßte einmütig** die im Gesetzentwurf vorgesehene Änderung der **Höchstpachtzinsregelung**. Sie trage sowohl den Interessen der Kleingärtner als auch den Belangen der Verpächter Rechnung und entspreche dem im Beschluss des Bundesverfassungsgerichts vom 23. September 1992 aufgestellten verfassungsrechtlichen Grundsätzen. Eine Freigabe der Pachtzinsen, wie sie der Bundesverband der Verpächter von Kleingartenland und der Deutsche Bauernverband forderten, seien mit der sozialpolitischen Funktion des Kleingartenwesens nicht vereinbar.

Der Ausschuss hielt auch die im Gesetzentwurf vorgesehene Stundung von Erschließungsbeiträgen angesichts des sozialpolitischen Charakters der Kleingärten einvernehmlich für angemessen.

53 Keine Einigkeit konnte im Ausschuss in der Frage der Zulässigkeit von **Ver- und Entsorgungsanlagen in Gartenlauben** erzielt werden. Ein entsprechender Antrag der Fraktion der SPD im Ausschuss, § 3 Abs. 2 Satz 1 BKleingG durch die Worte „sowie Elektrizitäts-, Wasserversorgung und Abwasserentsorgung" zu ergänzen, ist mit den Stimmen der Koalitionsfraktionen gegen die Stimmen der Antragsteller und des Vertreters der Gruppe der PDS/ Linke Liste abgelehnt worden. Nach Ansicht der Ausschussmehrheit birgt eine großzügigere Ausstattung der Gartenlaube die Gefahr in sich, dass dann das Prinzip der Pachtpreisbindung verfassungsrechtlich nicht mehr zu halten sei. Der Verpächter erleide bei einer Pachtpreisbindung einen Renditeverlust, der sich nur unter dem Gesichtspunkt der Sozialpflichtigkeit des Eigentumsrechts rechtfertigen lässt. Dies setze nach Ansicht der Ausschussmehrheit voraus, dass die soziale Ausrichtung der Kleingärten gewahrt bleibe. Die bessere Ausstattung der Laube mit Ver- und Entsorgungsanlagen mache aber einen höheren Kapitaleinsatz erforderlich und schließe bei einem Pächterwechsel von vornherein diejenigen Bewerber aus, die sozial schwach seien. Diese verfassungsrechtlichen und sozialpolitischen Zusammenhänge verbieten nach Ansicht der Ausschussmehrheit eine Änderung der Anforderungen für die Gartenlaube.

Der **Deutsche Bundestag** hat in seiner 210. Sitzung am 24. Februar 1994 auf- **54**
grund der Beschlussempfehlung und des Berichts des Ausschusses für Raumordnung, Bauwesen und Städtebau (19. Ausschuss) – Drucks.
12/6782 –
{sn9,13}den von der Bundesregierung eingebrachten Entwurf eines Gesetzes
zur Änderung des Bundeskleingartengesetzes (BKleingÄndG) – Drucks.
12/6154 – in zweiter und dritter Lesung beschlossen. Der in dieser Sitzung
erneut eingebrachte Antrag der SPD-Fraktion, die Elektrizitäts-, Wasserversorgung und Abwasserentsorgung in Gartenlauben für zulässig zu erklären
ist mit Mehrheit abgelehnt worden. Der Bundesrat hat am 18. März 1994
im zweiten Durchgang beschlossen, dem vom Deutschen Bundestag am
24. Februar 1994 verabschiedeten Gesetz zuzustimmen. Das Gesetz wurde
am 24. April 1994 im Bundesgesetzblatt (BGBl I S. 766) verkündet und ist am
1. Mai 1994 in Kraft getreten.

XII. Änderungen des BKleingG durch das Schuldrechtsänderungsgesetz

In der ehemaligen DDR schlossen landwirtschaftliche Produktionsgenossen- **55**
schaften (LPG) mit dem Verband der Kleingärtner, Siedler und Kleintierzüchter (VKSK) als Zwischenpächter zahlreiche Nutzungsverträge, mit
denen Flächen zur Errichtung von Kleingartenanlagen überlassen worden
sind. Hierzu waren die LPGs nach § 18 Abs. 2 LPG-Gesetz berechtigt. Infolge
der ersatzlosen Aufhebung des § 18 LPG-Gesetz durch § 7 des Gesetzes über
die Aufhebung oder Änderung von Gesetzen der DDR vom 28. Juni 1990
(GBl I S. 483) ist das von der LPG abgeleitete Besitz- und Nutzungsrecht der
Kleingärtner erloschen. Bis zum 31. Dezember 1994 waren die Kleingärtner in
diesen Fällen durch Moratorien in ihren Rechten geschützt. Darüber hinaus
waren die mit den Räten der Kreise geschlossenen Verträge (sog. Kreispachtverträge) gemäß § 51 des Landwirtschaftsanpassungsgesetzes vom 29. Juni
1990 (GBl I S. 642) innerhalb eines Jahres nach In-Kraft-Treten dieses Gesetzes, also bis zum 20. Juli 1991, aufzulösen. Auch nach Beendigung der Kreispachtverträge waren die aus diesen Verträgen abgeleiteten Besitz- und Nutzungsrechte der Kleingärtner durch das Vertrags- und das Besitzschutzmoratorium geschützt.

Die abschließende Regelung der gestörten Besitz- und Nutzungsverhältnisse **56**
ist durch das Schuldrechtsänderungsgesetz (SchuldRÄndG) vom 21. September 1994 (BGBl I S. 2538) erfolgt. Der durch Art. 5 SchuldRÄndG eingefügte
neue § 20 b ordnet durch Verweisung auf die entsprechenden Regelungen in
Art. 1 des Schuldrechtsänderungsgesetzes den gesetzlichen **Eintritt der**
Eigentümer in die Zwischenpachtverträge mit den Kleingärtnerorganisationen bzw. **Einzelpachtverträge** mit den Nutzern an. Das Schuldrechtsänderungsgesetz ist am 1. Januar 1995 in Kraft getreten.

XIII. Perspektiven des Kleingartenwesens und gesetzgeberischer Handlungsbedarf

57 Auf eine **Kleine Anfrage** der CDU/CSU-Fraktion des Deutschen Bundestages (BT-Drs. 14/5174) hat die Bundesregierung in ihrer Antwort mit Schreiben vom 9. Februar 2001 zur **Problematik des Kleingartenwesens und des Kleingartenrechts nach der Novellierung des BKleingG im Jahre 1994** grundsätzlich Stellung genommen (BT-Drs. 14/5310). Unter Bezugnahme auf die im Auftrag des damaligen Bundesministers für Raumordnung, Bauwesen und Städtebau vorgelegte **Forschungsstudie** „Städtebauliche, ökologische und soziale Bedeutung des Kleingartenwesens" hat die Bundesregierung festgestellt, dass das Kleingartenwesen auch in der heutigen Zeit seine städtebauliche, soziale und ökologische Funktion in keiner Weise eingebüßt hat. In städtebaulicher Hinsicht sind die **Kleingärten nach wie vor wichtige Bestandteile** der kommunalen Frei- und Grünflächen. Kleingärten besitzen ein **hohes ökologisches Potenzial** und haben für die Grünflächenvernetzung innerhalb des Gemeindegebiets eine große Bedeutung. Die Studie belegt eindrucksvoll – so die Bundesregierung –, dass sich das **Kleingartenwesen** im gegebenen rechtlichen Rahmen **den heutigen gesellschaftlichen Rahmenbedingungen angepasst** hat. Allerdings zeigt die Studie auch die Aspekte auf, die zur Fortentwicklung des Kleingartenwesens einer Neuregelung bedürfen. Hierzu gehören die sozial und ökologisch erträgliche Umgestaltung der Entschädigungsregelungen, die Privilegierung sozial schwacher Bevölkerungskreise beim Zugang zum Kleingarten, der Abbau überzogener Standards bei der Laubenerstellung sowie die Vermeidung der Verlegung von Kleingartenanlagen. Diese Aspekte betreffen sämtlich die Durchführung des Gesetzes, nicht die Gesetzgebung. Die Bundesregierung sieht daher **keinen Anlass, das Kleingartenrecht zu novellieren.**

58 Nach Auffassung der Bundesregierung muss Maßstab für künftiges Handeln die zeitgemäße Erhaltung des Kleingartenwesens in seiner aktuellen städtebaulichen, sozialen und ökologischen Funktion sein. Entwicklungen, die zum Verlust der klaren Abgrenzungsmöglichkeiten zwischen den Kleingärten und den Wochenend- bzw. Ferienhausgebieten führen, sind schon aus verfassungsrechtlichen Gründen zu vermeiden. Bei einer ausstattungsmäßigen Anpassung der Kleingartenanlagen an die Wochenend- und Ferienhausgebiete würden der im Kleingartenrecht bestehende Kündigungsschutz und die Pachtzinsbegrenzung nicht mehr zu rechtfertigen sein. An der Forderung des Gesetzes nach einer einfachen Ausstattung der Laube, die das dauernde Wohnen nicht ermöglicht, muss daher festgehalten werden. Hinsichtlich des **Ausstattungsstandards der Kleingärten** bedeutet dies nach Auffassung der Bundesregierung

– die Versorgung mit Strom ist zulässig, soweit es sich um Arbeitsstrom handelt. Hierbei spielt es keine Rolle, ob der Arbeitsstrom leitungs- oder nicht leitungsgebunden ist.

– Die für eine kleingärtnerische Nutzung erforderliche Wasserversorgung ist auf das unbedingt notwendige Maß zu beschränken.

– Die Abwasserentsorgung ist äußerst restriktiv zu handhaben und im Grundsatz nicht zulässig, ausgenommen in den Fällen, in denen das Wasserhaushaltsgesetz bzw. andere landesrechtliche Vorschriften dies erfordern.

Im Übrigen lehnt es die Bundesregierung ab, abgesehen von den in den §§ 18 Abs. 1 und 20 a Nr. 7 BKleingG vorgesehenen Fällen des Bestandsschutzes auch einen allgemeinen objektiven Bestandsschutz hinsichtlich des Wohnens aufzunehmen. Kleingärten mit Dauerwohnnutzung widersprechen den verfassungsrechtlichen Vorgaben des Kleingartenrechts.

Erster Teil
Gesetzestext

Bundeskleingartengesetz
(BKleingG)

Vom 28. Februar 1983 (BGBl I S. 210), zuletzt geändert durch Gesetz
vom 13. September 2001 (BGBl I S. 2376)

ERSTER ABSCHNITT

Allgemeine Vorschriften

§ 1
Begriffsbestimmungen

(1) Ein Kleingarten ist ein Garten, der

1. dem Nutzer (Kleingärtner) zur nichterwerbsmäßigen gärtnerischen Nutzung, insbesondere zur Gewinnung von Gartenbauerzeugnissen für den Eigenbedarf, und zur Erholung dient (kleingärtnerische Nutzung) und

2. in einer Anlage liegt, in der mehrere Einzelgärten mit gemeinschaftlichen Einrichtungen, zum Beispiel Wegen, Spielflächen und Vereinshäusern, zusammengefasst sind (Kleingartenanlage).

(2) Kein Kleingarten ist

1. ein Garten, der zwar die Voraussetzungen des Absatzes 1 erfüllt, aber vom Eigentümer oder einem seiner Haushaltsangehörigen im Sinne des § 18 des Wohnraumförderungsgesetzes genutzt wird (Eigentümergarten);

2. ein Garten, der einem zur Nutzung einer Wohnung Berechtigten im Zusammenhang mit der Wohnung überlassen ist (Wohnungsgarten);

3. ein Garten, der einem Arbeitnehmer im Zusammenhang mit dem Arbeitsvertrag überlassen ist (Arbeitnehmergarten);

4. ein Grundstück, auf dem vertraglich nur bestimmte Gartenbauerzeugnisse angebaut werden dürfen;

5. ein Grundstück, das vertraglich nur mit einjährigen Pflanzen bestellt werden darf (Grabeland).

(3) Ein Dauerkleingarten ist ein Kleingarten auf einer Fläche, die im Bebauungsplan für Dauerkleingärten festgesetzt ist.

§ 2
Kleingärtnerische Gemeinnützigkeit

Eine Kleingärtnerorganisation wird von der zuständigen Landesbehörde als gemeinnützig anerkannt, wenn sie im Vereinsregister eingetragen ist, sich der regelmäßigen Prüfung der Geschäftsführung unterwirft und wenn die Satzung bestimmt, dass

1. die Organisation ausschließlich oder überwiegend die Förderung des Kleingartenwesens sowie die fachliche Betreuung ihrer Mitglieder bezweckt,

2. erzielte Einnahmen kleingärtnerischen Zwecken zugeführt werden und

3. bei der Auflösung der Organisation deren Vermögen für kleingärtnerische Zwecke verwendet wird.

§ 3
Kleingarten und Gartenlaube

(1) Ein Kleingarten soll nicht größer als 400 Quadratmeter sein. Die Belange des Umweltschutzes, des Naturschutzes und der Landschaftspflege sollen bei der Nutzung und Bewirtschaftung des Kleingartens berücksichtigt werden.

(2) Im Kleingarten ist eine Laube in einfacher Ausführung mit höchstens 24 Quadratmetern Grundfläche einschließlich überdachtem Freisitz zulässig; die §§ 29 bis 36 des Baugesetzbuchs bleiben unberührt. Sie darf nach ihrer Beschaffenheit, insbesondere nach ihrer Ausstattung und Einrichtung, nicht zum dauernden Wohnen geeignet sein.

(3) Die Absätze 1 und 2 gelten entsprechend für Eigentümergärten.

ZWEITER ABSCHNITT
Kleingartenpacht

§ 4
Kleingartenpachtverträge

(1) Für Kleingartenpachtverträge gelten die Vorschriften des Bürgerlichen Gesetzbuchs über die Pacht, soweit sich aus diesem Gesetz nichts anderes ergibt.

(2) Die Vorschriften über Kleingartenpachtverträge gelten, soweit nichts anderes bestimmt ist, auch für Pachtverträge über Grundstücke zu dem Zweck, die Grundstücke aufgrund einzelner Kleingartenpachtverträge weiterzuverpachten (Zwischenpacht). Ein Zwischenpachtvertrag, der nicht mit einer als gemeinnützig anerkannten Kleingärtnerorganisation oder der Gemeinde geschlossen wird, ist nichtig. Nichtig ist auch ein Vertrag zur Übertragung der Verwaltung einer Kleingartenanlage, der nicht mit einer in Satz 2 bezeichneten Kleingärtnerorganisation geschlossen wird.

(3) Wenn öffentliche Interessen dies erfordern, insbesondere wenn die ordnungsgemäße Bewirtschaftung oder Nutzung der Kleingärten oder der Kleingartenanlage nicht mehr gewährleistet ist, hat der Verpächter die Verwaltung der Kleingartenanlage einer in Absatz 2 Satz 2 bezeichneten Kleingärtnerorganisation zu übertragen.

§ 5

Pacht

(1) Als Pacht darf höchstens der vierfache Betrag der ortsüblichen Pacht im erwerbsmäßigen Obst- und Gemüseanbau, bezogen auf die Gesamtfläche der Kleingartenanlage, verlangt werden. Die auf die gemeinschaftlichen Einrichtungen entfallenden Flächen werden bei der Ermittlung der Pacht für den einzelnen Kleingarten anteilig berücksichtigt. Liegen ortsübliche Pachtbeträge im erwerbsmäßigen Obst- und Gemüseanbau nicht vor, so ist die entsprechende Pacht in einer vergleichbaren Gemeinde als Bemessungsgrundlage zugrunde zu legen. Ortsüblich im erwerbsmäßigen Obst- und Gemüseanbau ist die in der Gemeinde durchschnittlich gezahlte Pacht.

(2) Auf Antrag einer Vertragspartei hat der nach § 192 des Baugesetzbuchs eingerichtete Gutachterausschuss ein Gutachten über die ortsübliche Pacht im erwerbsmäßigen Obst- und Gemüseanbau zu erstatten. Die für die Anzeige von Landpachtverträgen zuständigen Behörden haben auf Verlangen des Gutachterausschusses Auskünfte über die ortsübliche Pacht im erwerbsmäßigen Obst- und Gemüseanbau zu erteilen. Liegen anonymisierbare Daten im Sinne des Bundesdatenschutzgesetzes nicht vor, ist ergänzend die Pacht im erwerbsmäßigen Obst- und Gemüseanbau in einer vergleichbaren Gemeinde als Bemessungsgrundlage heranzuziehen.

(3) Ist die vereinbarte Pacht niedriger oder höher als die sich nach den Absätzen 1 und 2 ergebende Höchstpacht, kann die jeweilige Vertragspartei der anderen Vertragspartei in Textform erklären, dass die Pacht bis zur Höhe des Höchstpachtzinses herauf- oder herabgesetzt wird. Aufgrund der Erklärung ist vom ersten Tage des auf die Erklärung folgenden Zahlungszeitraumes an die höhere oder niedrigere Pacht zu zahlen. Die Vertragsparteien

können die Anpassung frühestens nach Ablauf von drei Jahren seit Vertragsschluss oder der vorhergehenden Anpassung verlangen. Im Falle einer Erklärung des Verpächters über eine Pachterhöhung ist der Pächter berechtigt, das Pachtverhältnis spätestens am fünfzehnten Werktag des Zahlungszeitraums, von dem an die Pacht erhöht werden soll, für den Ablauf des nächsten Kalendermonats zu kündigen. Kündigt der Pächter, so tritt eine Erhöhung der Pacht nicht ein.

(4) Der Verpächter kann für von ihm geleistete Aufwendungen für die Kleingartenanlage, insbesondere für Bodenverbesserungen, Wege, Einfriedungen und Parkplätze, vom Pächter Erstattung verlangen, soweit die Aufwendungen nicht durch Leistungen der Kleingärtner oder ihrer Organisationen oder durch Zuschüsse aus öffentlichen Haushalten gedeckt worden sind und soweit sie im Rahmen der kleingärtnerischen Nutzung üblich sind. Die Erstattungspflicht eines Kleingärtners ist auf den Teil der ersatzfähigen Aufwendungen beschränkt, der dem Flächenverhältnis zwischen seinem Kleingarten und der Kleingartenanlage entspricht; die auf die gemeinschaftlichen Einrichtungen entfallenden Flächen werden der Kleingartenfläche anteilig zugerechnet. Der Pächter ist berechtigt, den Erstattungsbetrag in Teilleistungen in Höhe der Pacht zugleich mit der Pacht zu entrichten.

(5) Der Verpächter kann vom Pächter Erstattung der öffentlich-rechtlichen Lasten verlangen, die auf dem Kleingartengrundstück ruhen. Absatz 4 Satz 2 ist entsprechend anzuwenden. Der Pächter ist berechtigt, den Erstattungsbetrag einer einmalig erhobenen Abgabe in Teilleistungen, höchstens in fünf Jahresleistungen, zu entrichten.

§ 6

Vertragsdauer

Kleingartenpachtverträge über Dauerkleingärten können nur auf unbestimmte Zeit geschlossen werden; befristete Verträge gelten als auf unbestimmte Zeit geschlossen.

§ 7

Schriftform der Kündigung

Die Kündigung des Kleingartenpachtvertrages bedarf der schriftlichen Form.

§ 8

Kündigung ohne Einhaltung einer Kündigungsfrist

Der Verpächter kann den Kleingartenpachtvertrag ohne Einhaltung einer Kündigungsfrist kündigen, wenn

1. der Pächter mit der Entrichtung der Pacht für mindestens ein Vierteljahr in Verzug ist und nicht innerhalb von zwei Monaten nach Mahnung in Textform die fällige Pachtzinsforderung erfüllt oder

2. der Pächter oder von ihm auf dem Kleingartengrundstück geduldete Personen so schwerwiegende Pflichtverletzungen begehen, insbesondere den Frieden in der Kleingärtnergemeinschaft so nachhaltig stören, dass dem Verpächter die Fortsetzung des Vertragsverhältnisses nicht zugemutet werden kann.

§ 9

Ordentliche Kündigung

(1) Der Verpächter kann den Kleingartenpachtvertrag kündigen, wenn

1. der Pächter ungeachtet einer in Textform abgegebenen Abmahnung des Verpächters eine nicht kleingärtnerische Nutzung fortsetzt oder andere Verpflichtungen, die die Nutzung des Kleingartens betreffen, nicht unerheblich verletzt, insbesondere die Laube zum dauernden Wohnen benutzt, das Grundstück unbefugt einem Dritten überlässt, erhebliche Bewirtschaftungsmängel nicht innerhalb einer angemessenen Frist abstellt oder geldliche oder sonstige Gemeinschaftsleistungen für die Kleingartenanlage verweigert;

2. die Beendigung des Pachtverhältnisses erforderlich ist, um die Kleingartenanlage neu zu ordnen, insbesondere um Kleingärten auf die im § 3 Abs. 1 vorgesehene Größe zu beschränken, die Wege zu verbessern oder Spiel- oder Parkplätze zu errichten;

3. der Eigentümer selbst oder einer seiner Haushaltsangehörigen im Sinne des § 18 des Wohnraumförderungsgesetzes einen Garten kleingärtnerisch nutzen will und ihm anderes geeignetes Gartenland nicht zur Verfügung steht; der Garten ist unter Berücksichtigung der Belange der Kleingärtner auszuwählen;

4. planungsrechtlich eine andere als die kleingärtnerische Nutzung zulässig ist und der Eigentümer durch die Fortsetzung des Pachtverhältnisses an einer anderen wirtschaftlichen Verwertung gehindert ist und dadurch erhebliche Nachteile erleiden würde;

5. die als Kleingarten genutzte Grundstücksfläche alsbald der im Bebauungsplan festgesetzten anderen Nutzung zugeführt oder alsbald für diese

Nutzung vorbereitet werden soll; die Kündigung ist auch vor Rechtsverbindlichkeit des Bebauungsplans zulässig, wenn die Gemeinde seine Aufstellung, Änderung oder Ergänzung beschlossen hat, nach dem Stand der Planungsarbeiten anzunehmen ist, dass die beabsichtigte andere Nutzung festgesetzt wird, und dringende Gründe des öffentlichen Interesses die Vorbereitung oder die Verwirklichung der anderen Nutzung vor Rechtsverbindlichkeit des Bebauungsplans erfordern, oder

6. die als Kleingartenanlage genutzte Grundstücksfläche

   a) nach abgeschlossener Planfeststellung für die festgesetzte Nutzung oder

   b) für die in § 1 Abs. 1 des Landbeschaffungsgesetzes in der im Bundesgesetzblatt Teil III, Gliederungsnummer 54-3, veröffentlichten bereinigten Fassung, das zuletzt durch Art. 12 des Gesetzes vom 9. Juni 1998 (BGBl I S. 1242) geändert worden ist, genannten Zwecke

   alsbald benötigt wird.

(2) Die Kündigung ist nur für den 30. November eines Jahres zulässig; sie hat spätestens zu erfolgen

1. in den Fällen des Absatzes 1 Nr. 1 am dritten Werktag im August,

2. in den Fällen des Absatzes 1 Nr. 2 bis 6 am dritten Werktag im Februar

dieses Jahres. Wenn dringende Gründe die vorzeitige Inanspruchnahme der kleingärtnerisch genutzten Fläche erfordern, ist eine Kündigung in den Fällen des Absatzes 1 Nr. 5 und 6 spätestens am dritten Werktag eines Kalendermonats für den Ablauf des nächsten Monats zulässig.

(3) Ist der Kleingartenpachtvertrag auf bestimmte Zeit eingegangen, ist die Kündigung nach Absatz 1 Nr. 3 oder 4 unzulässig.

§ 10

Kündigung von Zwischenpachtverträgen

(1) Der Verpächter kann einen Zwischenpachtvertrag auch kündigen, wenn

1. der Zwischenpächter Pflichtverletzungen im Sinne des § 8 Nr. 2 oder des § 9 Abs. 1 Nr. 1 ungeachtet einer Abmahnung des Verpächters duldet oder

2. dem Zwischenpächter die kleingärtnerische Gemeinnützigkeit aberkannt ist.

(2) Durch eine Kündigung nach § 9 Abs. 1 Nr. 3 bis 6, die nur Teile der Kleingartenanlage betrifft, wird der Zwischenpachtvertrag auf die übrigen Teile der Kleingartenanlage beschränkt.

(3) Wird ein Zwischenpachtvertrag durch eine Kündigung des Verpächters beendet, tritt der Verpächter in die Verträge des Zwischenpächters mit den Kleingärtnern ein.

§ 11
Kündigungsentschädigung

(1) Wird ein Kleingartenpachtvertrag nach § 9 Abs. 1 Nr. 2 bis 6 gekündigt, hat der Pächter einen Anspruch auf angemessene Entschädigung für die von ihm eingebrachten oder gegen Entgelt übernommenen Anpflanzungen und Anlagen, soweit diese im Rahmen der kleingärtnerischen Nutzung üblich sind. Soweit Regeln für die Bewertung von Anpflanzungen und Anlagen von den Ländern aufgestellt oder von einer Kleingärtnerorganisation beschlossen und durch die zuständige Behörde genehmigt worden sind, sind diese bei der Bemessung der Höhe der Entschädigung zugrunde zu legen. Bei einer Kündigung nach § 9 Abs. 1 Nr. 5 oder 6 sind darüber hinaus die für die Enteignungsentschädigung geltenden Grundsätze zu beachten.

(2) Zur Entschädigung ist der Verpächter verpflichtet, wenn der Vertrag nach § 9 Abs. 1 Nr. 2 bis 4 gekündigt worden ist. Bei einer Kündigung nach § 9 Abs. 1 Nr. 5 oder 6 ist derjenige zur Entschädigung verpflichtet, der die als Kleingarten genutzte Fläche in Anspruch nimmt.

(3) Der Anspruch ist fällig, sobald das Pachtverhältnis beendet und der Kleingarten geräumt ist.

§ 12
Beendigung des Kleingartenpachtvertrages bei Tod des Kleingärtners

(1) Stirbt der Kleingärtner, endet der Kleingartenpachtvertrag mit dem Ablauf des Kalendermonats, der auf den Tod des Kleingärtners folgt.

(2) Ein Kleingartenpachtvertrag, den Eheleute oder Lebenspartner gemeinschaftlich geschlossen haben, wird beim Tode eines Ehegatten oder Lebenspartners mit dem überlebenden Ehegatten oder Lebenspartner fortgesetzt. Erklärt der überlebende Ehegatte oder Lebenspartner binnen eines Monats nach dem Todesfall in Textform gegenüber dem Verpächter, dass er den Kleingartenpachtvertrag nicht fortsetzen will, gilt Absatz 1 entsprechend.

(3) Im Falle des Absatzes 2 Satz 1 ist § 563 b Abs. 1 und 2 des Bürgerlichen Gesetzbuchs über die Haftung und über die Anrechnung des geleisteten Mietzinses entsprechend anzuwenden.

§ 13
Abweichende Vereinbarungen

Vereinbarungen, durch die zum Nachteil des Pächters von den Vorschriften dieses Abschnitts abgewichen wird, sind nichtig.

DRITTER ABSCHNITT

Dauerkleingärten

§ 14

Bereitstellung und Beschaffung von Ersatzland

(1) Wird ein Kleingartenpachtvertrag über einen Dauerkleingarten nach § 9 Abs. 1 Nr. 5 oder 6 gekündigt, hat die Gemeinde geeignetes Ersatzland bereitzustellen oder zu beschaffen, es sei denn, sie ist zur Erfüllung der Verpflichtung außerstande.

(2) Hat die Gemeinde Ersatzland bereitgestellt oder beschafft, hat der Bedarfsträger an die Gemeinde einen Ausgleichsbetrag zu leisten, der dem Wertunterschied zwischen der in Anspruch genommenen kleingärtnerisch genutzten Fläche und dem Ersatzland entspricht.

(3) Das Ersatzland soll im Zeitpunkt der Räumung des Dauerkleingartens für die kleingärtnerische Nutzung zur Verfügung stehen.

§ 15

Begründung von Kleingartenpachtverträgen durch Enteignung

(1) An Flächen, die in einem Bebauungsplan für Dauerkleingärten festgesetzt sind, können durch Enteignung Kleingartenpachtverträge zugunsten Pachtwilliger begründet werden.

(2) Die Enteignung setzt voraus, dass

1. das Wohl der Allgemeinheit sie erfordert,

2. der Enteignungszweck auf andere zumutbare Weise nicht erreicht werden kann und

3. dem Eigentümer ein angemessenes Angebot zur Begründung der Kleingartenpachtverträge gemacht worden ist; das Angebot ist in Bezug auf die Pacht als angemessen anzusehen, wenn sie der Pacht nach § 5 entspricht.

(3) Die als Entschädigung festzusetzende Pacht bemisst sich nach § 5.

(4) Im Übrigen gilt das Landesenteignungsrecht.

VIERTER ABSCHNITT
Überleitungs- und Schlussvorschriften

§ 16
Überleitungsvorschriften für bestehende Kleingärten

(1) Kleingartenpachtverhältnisse, die im Zeitpunkt des In-Kraft-Tretens dieses Gesetzes bestehen, richten sich von diesem Zeitpunkt an nach dem neuen Recht.

(2) Vor In-Kraft-Treten dieses Gesetzes geschlossene Pachtverträge über Kleingärten, die bei In-Kraft-Treten dieses Gesetzes keine Dauerkleingärten sind, sind wie Verträge über Dauerkleingärten zu behandeln, wenn die Gemeinde Eigentümerin der Grundstücke ist.

(3) Stehen bei Verträgen der in Absatz 2 bezeichneten Art die Grundstücke nicht im Eigentum der Gemeinde, enden die Pachtverhältnisse mit Ablauf des 31. März 1987, wenn der Vertrag befristet und die vereinbarte Pachtzeit bis zu diesem Zeitpunkt abgelaufen ist; im Übrigen verbleibt es bei der vereinbarten Pachtzeit.

(4) Ist die Kleingartenanlage vor Ablauf der in Absatz 3 bestimmten Pachtzeit im Bebauungsplan als Fläche für Dauerkleingärten festgesetzt worden, gilt der Vertrag als auf unbestimmte Zeit verlängert. Hat die Gemeinde vor Ablauf des 31. März 1987 beschlossen, einen Bebauungsplan aufzustellen mit dem Ziel, die Fläche für Dauerkleingärten festzusetzen, und den Beschluss nach § 2 Abs. 1 Satz 2 des Bundesbaugesetzes bekannt gemacht, verlängert sich der Vertrag vom Zeitpunkt der Bekanntmachung an um vier Jahre; der vom Zeitpunkt der vereinbarten Beendigung der Pachtzeit bis zum 31. März 1987 abgelaufene Zeitraum ist hierbei anzurechnen. Vom Zeitpunkt der Rechtsverbindlichkeit des Bebauungsplans an sind die Vorschriften über Dauerkleingärten anzuwenden.

§ 17
Überleitungsvorschrift für die kleingärtnerische Gemeinnützigkeit

Anerkennungen der kleingärtnerischen Gemeinnützigkeit, die vor In-Kraft-Treten dieses Gesetzes ausgesprochen worden sind, bleiben unberührt.

§ 18
Überleitungsvorschriften für Lauben

(1) Vor In-Kraft-Treten dieses Gesetzes rechtmäßig errichtete Lauben, die die in § 3 Abs. 2 vorgesehene Größe überschreiten, können unverändert genutzt werden.

(2) Eine bei In-Kraft-Treten dieses Gesetzes bestehende Befugnis des Kleingärtners, seine Laube zu Wohnzwecken zu nutzen, bleibt unberührt, soweit andere Vorschriften der Wohnnutzung nicht entgegenstehen. Für die Nutzung der Laube kann der Verpächter zusätzlich ein angemessenes Entgelt verlangen.

§ 19
Stadtstaatenklausel

Die Freie und Hansestadt Hamburg gilt für die Anwendung des Gesetzes auch als Gemeinde.

§ 20
Aufhebung von Vorschriften

(1) Mit In-Kraft-Treten dieses Gesetzes treten außer Kraft:

1. Kleingarten- und Kleinpachtlandordnung in der im Bundesgesetzblatt Teil III, Gliederungsnummer 235-1, veröffentlichten bereinigten Fassung;

2. Gesetz zur Ergänzung der Kleingarten- und Kleinpachtlandordnung in der im Bundesgesetzblatt Teil III, Gliederungsnummer 235-2, veröffentlichten bereinigten Fassung;

3. Verordnung über Kündigungsschutz und andere kleingartenrechtliche Vorschriften in der im Bundesgesetzblatt Teil III, Gliederungsnummer 235-4, veröffentlichten bereinigten Fassung;

4. Bestimmungen über die Förderung von Kleingärten vom 22. März 1938 (Reichsanzeiger 1938 Nr. 74), Bundesgesetzblatt Teil III, Gliederungsnummer 235-6;

5. Anordnung über eine erweiterte Kündigungsmöglichkeit von kleingärtnerisch bewirtschaftetem Land in der im Bundesgesetzblatt Teil III, Gliederungsnummer 235-5, veröffentlichten bereinigten Fassung;

6. Gesetz zur Änderung und Ergänzung kleingartenrechtlicher Vorschriften vom 28. Juli 1969 (BGBl I S. 1013);

7. Artikel 4 des Gesetzes zur Änderung des Berlinhilfegesetzes und anderer Vorschriften vom 23. Juni 1970 (BGBl I S. 826);

8. Baden-Württemberg (für das ehemalige Land Württemberg-Hohenzollern): Verordnung des Landwirtschaftsministeriums über Kündigungsschutz von Kleingärten vom 28. Juli 1947 (Regierungsbl. S. 104), Bundesgesetzblatt Teil III, Gliederungsnummer 235-8;

9. Baden-Württemberg (für das ehemalige Land Baden): Landesverordnung über die Auflockerung des Kündigungsschutzes von Kleingärten

vom 19. November 1948 (Gesetz- und Verordnungsbl. 1949 S. 50), Bundesgesetzblatt Teil III, Gliederungsnummer 235-7;

10. Hamburg: Verordnung über Pachtpreise für Kleingärten vom 28. März 1961 (Hamburgisches Gesetz- und Verordnungsbl. S. 115), geändert durch die Verordnung zur Änderung der Verordnung über Pachtpreise für Kleingärten vom 18. Februar 1969 (Hamburgisches Gesetz- und Verordnungsbl. S. 22);

11. Rheinland-Pfalz: Landesgesetz über Kündigungsschutz für Kleingärten und andere kleingartenrechtliche Vorschriften vom 23. November 1948 (Gesetz- und Verordnungsbl. S. 410), Bundesgesetzblatt Teil III, Gliederungsnummer 235-10;

12. Schleswig-Holstein: Kleingartengesetz vom 3. Februar 1948 (Gesetz- und Verordnungsbl. S. 59) in der Fassung vom 5. Mai 1948 (Gesetz- und Verordnungsbl. S. 148), mit Ausnahme der §§ 24 bis 26, Bundesgesetzblatt Teil III, Gliederungsnummer 235-3;

13. Schleswig-Holstein: Schleswig-Holsteinische Verfahrensordnung für Kleingartensachen vom 16. August 1948 (Gesetz- und Verordnungsbl. S. 192), Bundesgesetzblatt Teil III, Gliederungsnummer 235-3-1.

(2) Mit In-Kraft-Treten dieses Gesetzes erlöschen beschränkte persönliche Dienstbarkeiten, die aufgrund von § 5 Abs. 1 Satz 5 des nach Absatz 1 Nr. 12 außer Kraft tretenden Kleingartengesetzes von Schleswig-Holstein im Grundbuch eingetragen worden sind. Für die Berichtigung des Grundbuchs werden Kosten nicht erhoben.

§ 20 a

Überleitungsregelungen aus Anlass der Herstellung der Einheit Deutschlands

In dem in Artikel 3 des Einigungsvertrages genannten Gebiet ist dieses Gesetz mit folgenden Maßgaben anzuwenden:

1. Kleingartennutzungsverhältnisse, die vor dem Wirksamwerden des Beitritts begründet worden und nicht beendet sind, richten sich von diesem Zeitpunkt an nach diesem Gesetz.

2. Vor dem Wirksamwerden des Beitritts geschlossene Nutzungsverträge über Kleingärten sind wie Kleingartenpachtverträge über Dauerkleingärten zu behandeln, wenn die Gemeinde bei Wirksamwerden des Beitritts Eigentümerin der Grundstücke ist oder nach diesem Zeitpunkt das Eigentum an diesen Grundstücken erwirbt.

3. Bei Nutzungsverträgen über Kleingärten, die nicht im Eigentum der Gemeinde stehen, verbleibt es bei der vereinbarten Nutzungsdauer. Sind

die Kleingärten im Bebauungsplan als Flächen für Dauerkleingärten festgesetzt worden, gilt der Vertrag als auf unbestimmte Zeit verlängert. Hat die Gemeinde vor Ablauf der vereinbarten Nutzungsdauer beschlossen, einen Bebauungsplan aufzustellen mit dem Ziel, die Fläche für Dauerkleingärten festzusetzen, und den Beschluss nach § 2 Abs. 1 Satz 2 des Baugesetzbuchs bekannt gemacht, verlängert sich der Vertrag vom Zeitpunkt der Bekanntmachung an um sechs Jahre. Vom Zeitpunkt der Rechtsverbindlichkeit des Bebauungsplans an sind die Vorschriften über Dauerkleingärten anzuwenden. Unter den in § 8 Abs. 4 Satz 1 des Baugesetzbuchs genannten Voraussetzungen kann ein vorzeitiger Bebauungsplan aufgestellt werden.

4. Die vor dem Wirksamwerden des Beitritts Kleingärtnerorganisationen verliehene Befugnis, Grundstücke zum Zwecke der Vergabe an Kleingärtner anzupachten, kann unter den für die Aberkennung der kleingärtnerischen Gemeinnützigkeit geltenden Voraussetzungen entzogen werden. Das Verfahren der Anerkennung und des Entzugs der kleingärtnerischen Gemeinnützigkeit regeln die Länder.

5. Anerkennungen der kleingärtnerischen Gemeinnützigkeit, die vor dem Wirksamwerden des Beitritts ausgesprochen worden sind, bleiben unberührt.

6. Die bei In-Kraft-Treten des Gesetzes zur Änderung des Bundeskleingartengesetzes zu leistende Pacht kann bis zur Höhe der nach § 5 Abs. 1 zulässigen Höchstpacht in folgenden Schritten erhöht werden:

1. ab 1. Mai 1994 auf das Doppelte,

2. ab 1. Januar 1996 auf das Dreifache,

3. ab 1. Januar 1998 auf das Vierfache

der ortsüblichen Pacht im erwerbsmäßigen Obst- und Gemüseanbau. Liegt eine ortsübliche Pacht im erwerbsmäßigen Obst- und Gemüseanbau nicht vor, ist die entsprechende Pacht in einer vergleichbaren Gemeinde als Bemessungsgrundlage zugrunde zu legen. Bis zum 1. Januar 1998 geltend gemachte Erstattungsbeträge gemäß § 5 Abs. 5 Satz 3 können vom Pächter in Teilleistungen, höchstens in acht Jahresleistungen, entrichtet werden.

7. Vor dem Wirksamwerden des Beitritts rechtmäßig errichtete Gartenlauben, die die in § 3 Abs. 2 vorgesehene Größe überschreiten, oder andere der kleingärtnerischen Nutzung dienende bauliche Anlagen können unverändert genutzt werden. Die Kleintierhaltung in Kleingartenanlagen bleibt unberührt, soweit sie die Kleingärtnergemeinschaft nicht wesentlich stört und der kleingärtnerischen Nutzung nicht widerspricht.

8. Eine vor dem Wirksamwerden des Beitritts bestehende Befugnis des Kleingärtners, seine Laube dauernd zu Wohnzwecken zu nutzen, bleibt unberührt, soweit andere Vorschriften der Wohnnutzung nicht entgegenstehen. Für die dauernde Nutzung der Laube kann der Verpächter zusätzlich ein angemessenes Entgelt verlangen.

§ 20 b

Sonderregelungen für Zwischenpachtverhältnisse im Beitrittsgebiet

Auf Zwischenpachtverträge über Grundstücke in dem in Artikel 3 des Einigungsvertrages genannten Gebiet, die innerhalb von Kleingartenanlagen genutzt werden, sind die §§ 8 bis 10 und § 19 des Schuldrechtsanpassungsgesetzes entsprechend anzuwenden.

§ 21

Berlin-Klausel[1])

– gegenstandslos –

§ 22

In-Kraft-Treten[2])

Dieses Gesetz tritt am 1. April 1983 in Kraft.

---

1) Die Berlin-Klausel ist gegenstandslos geworden. Durch § 4 Abs. 1 Nr. 2 des Sechsten Überleitungsgesetzes (BGBl I S. 2106) ist die Vorschrift des § 13 des Dritten Überleitungsgesetzes außer Kraft gesetzt worden, nachdem die Alliierten durch Erklärung vom 1. Oktober 1990 ihre Vorbehaltsrechte in Bezug auf Berlin zum 3. Oktober 1990 suspendiert haben. Ein Entwurf zur Streichung der Vorschrift liegt derzeit im Gesetzgebungsverfahren vor.

2) Der Zeitpunkt des In-Kraft-Tretens der Änderungen des BKleingG aufgrund des Gesetzes zur Änderung des BKleingG (BKleingÄndG) ergibt sich aus Art. 4 dieses Gesetzes. Danach sind die Änderungen am 1. Mai 1994 in Kraft getreten.

Gesetz
zur Änderung des Bundeskleingartengesetzes (BKleingÄndG)

Vom 8. April 1994 (BGBl I S. 766), geändert durch Gesetz
vom 13. Juli 2001 (BGBl I S. 1542)

Artikel 1
Änderung des Bundeskleingartengesetzes

Das Bundeskleingartengesetz vom 28. Februar 1983 (BGBl I S. 210), zuletzt
geändert durch Anlage I Kapitel XIV Abschnitt II Nr. 4 des Einigungsvertrages
vom 31. August 1990 in Verbindung mit Artikel 1 des Gesetzes vom 23. September 1990 (BGBl II S. 885, 1125), wird wie folgt geändert:

...

– Die Änderungen sind in den Text des Bundeskleingartengesetzes eingearbeitet. –

Artikel 2
Änderung des Baugesetzbuchs

Dem § 135 Abs. 4 des Baugesetzbuchs, das zuletzt durch Artikel 6 Abs. 29
des Gesetzes vom 27. Dezember 1993 (BGBl I S. 2378) geändert worden ist,
wird folgender Satz 3 angefügt:

„Der Beitrag ist auch zinslos zu stunden, solange Grundstücke als Kleingärten im Sinne des Bundeskleingartengesetzes genutzt werden."

Artikel 3
Überleitungsregelungen

Für private Verpächter von Kleingärten findet Artikel 1 Nr. 4 Buchstabe a[1])

1. im Falle am 1. November 1992 nicht bestandskräftig entschiedener Rechtsstreitigkeiten über die Höhe des Pachtzinses rückwirkend vom ersten Tage des auf die Rechtshängigkeit folgenden Monats,

2. im Übrigen ab 1. November 1992

Anwendung. Das gilt nicht für den Anwendungsbereich des § 20 a des
Bundeskleingartengesetzes. § 5 Abs. 3 Satz 1 und 4 des Bundeskleingarten-

---

1) S. § 5 Abs. 1 Satz 1 BKleingG.

gesetzes gilt entsprechend. Die in Textform abgegebene Erklärung des Verpächters hat die Wirkung, dass mit dem vom Verpächter genannten Zeitpunkt an die Stelle der bisherigen Pacht die erhöhte Pacht tritt.

Artikel 4

In-Kraft-Treten

Dieses Gesetz tritt am 1. Mai 1994 in Kraft.

Gesetz
zur Änderung schuldrechtlicher Bestimmungen im Beitrittsgebiet
(Schuldrechtsänderungsgesetz – SchuldRÄndG)

vom 21. September 1994 (BGBl I S. 2538),
zuletzt geändert durch Gesetz vom 17. Mai 2002 (BGBl I S. 1580)

– Auszug –

Artikel 1
Gesetz zur Anpassung schuldrechtlicher Nutzungsverhältnisse
an Grundstücken im Beitrittsgebiet
(Schuldrechtsanpassungsgesetz – SchuldRAnpG)

§ 8
Vertragseintritt

(1) Der Grundstückseigentümer tritt in die sich ab dem 1. Januar 1995 ergebenden Rechte und Pflichten aus einem Vertragsverhältnis über den Gebrauch oder die Nutzung seines Grundstücks ein, das landwirtschaftliche Produktionsgenossenschaften bis zum Ablauf des 30. Juni 1990 oder staatliche Stellen im Sinne des § 10 Abs. 1 des Sachenrechtsbereinigungsgesetzes bis zum Ablauf des 2. Oktober 1990 im eigenen oder in seinem Namen mit dem Nutzer abgeschlossen haben. Die in § 46 des Gesetzes über die landwirtschaftlichen Produktionsgenossenschaften vom 2. Juli 1982 (GBl I Nr. 25 S. 443) bezeichneten Genossenschaften und Kooperationsbeziehungen stehen landwirtschaftlichen Produktionsgenossenschaften gleich. Die Regelungen zum Vertragsübergang in § 17 des Vermögensgesetzes bleiben unberührt.

(2) Ist der Vertrag mit einem Zwischenpächter abgeschlossen worden, tritt der Grundstückseigentümer in dieses Vertragsverhältnis ein.

(3) Absatz 1 Satz 1 gilt nicht, wenn der andere Vertragschließende zur Überlassung des Grundstücks nicht berechtigt war und der Nutzer beim Vertragsabschluss den Mangel der Berechtigung des anderen Vertragschließenden kannte. Kannte nur der Zwischenpächter den Mangel der Berechtigung des anderen Vertragschließenden, tritt der Grundstückseigentümer in den vom Zwischenpächter mit dem unmittelbar Nutzungsberechtigten geschlossenen Vertrag ein. Ein Verstoß gegen die in § 18 Abs. 2 Satz 2 des

Gesetzes über die landwirtschaftlichen Produktionsgenossenschaften vom 2. Juli 1982 genannten Voraussetzungen ist nicht beachtlich.

(4) Abweichende rechtskräftige Entscheidungen bleiben unberührt.

§ 9
Vertragliche Nebenpflichten

Grundstückseigentümer und Nutzer können die Erfüllung solcher Pflichten verweigern, die nicht unmittelbar die Nutzung des Grundstücks betreffen und nach ihrem Inhalt von oder gegenüber dem anderen Vertragschließenden zu erbringen waren. Dies gilt insbesondere für die Unterhaltung von Gemeinschaftsanlagen in Wochenendhausgebieten und die Verpflichtung des Nutzers zur Mitarbeit in einer landwirtschaftlichen Produktionsgenossenschaft.

§ 10
Verantwortlichkeit für Fehler oder Schäden

(1) Der Grundstückseigentümer haftet dem Nutzer nicht für Fehler oder Schäden, die infolge eines Umstandes eingetreten sind, den der andere Vertragschließende zu vertreten hat.

(2) Soweit der Grundstückseigentümer nach Absatz 1 nicht haftet, kann der Nutzer unbeschadet des gesetzlichen Vertragseintritts Schadensersatz von dem anderen Vertragschließenden verlangen.

. . .

§ 19
Heilung von Mängeln

(1) Ein Vertrag nach § 1 Abs. 1 Nr. 1 ist nicht deshalb unwirksam, weil die nach § 312 Abs. 1 Satz 2 des Zivilgesetzbuchs der Deutschen Demokratischen Republik vorgesehene Schriftform nicht eingehalten worden ist.

(2) Das Fehlen der Zustimmung zur Bebauung nach § 313 Abs. 2 des Zivilgesetzbuchs ist unbeachtlich, wenn der Nutzungsvertrag von einer staatlichen Stelle abgeschlossen worden ist und eine Behörde dieser Körperschaft dem Nutzer eine Bauzustimmung erteilt hat.

(3) Abweichende rechtskräftige Entscheidungen bleiben unberührt.

Zweiter Teil
Kommentar

ERSTES KAPITEL

Bundeskleingartengesetz (BKleingG)

ERSTER ABSCHNITT

Allgemeine Vorschriften

§ 1

Begriffsbestimmungen

(1) Ein Kleingarten ist ein Garten, der

1. dem Nutzer (Kleingärtner) zur nichterwerbsmäßigen gärtnerischen Nutzung, insbesondere zur Gewinnung von Gartenbauerzeugnissen für den Eigenbedarf, und zur Erholung dient (kleingärtnerische Nutzung) und

2. in einer Anlage liegt, in der mehrere Einzelgärten mit gemeinschaftlichen Einrichtungen, zum Beispiel Wegen, Spielflächen und Vereinshäusern, zusammengefasst sind (Kleingartenanlage).

(2) Kein Kleingarten ist

1. ein Garten, der zwar die Voraussetzungen des Absatzes 1 erfüllt, aber vom Eigentümer oder einem seiner Haushaltsangehörigen im Sinne des § 18 des Wohnraumförderungsgesetzes genutzt wird (Eigentümergarten);

2. ein Garten, der einem zur Nutzung einer Wohnung Berechtigten im Zusammenhang mit der Wohnung überlassen ist (Wohnungsgarten);

3. ein Garten, der einem Arbeitnehmer im Zusammenhang mit dem Arbeitsvertrag überlassen ist (Arbeitnehmergarten);

4. ein Grundstück, auf dem vertraglich nur bestimmte Gartenbauerzeugnisse angebaut werden dürfen;

5. ein Grundstück, das vertraglich nur mit einjährigen Pflanzen bestellt werden darf (Grabeland).

(3) Ein Dauerkleingarten ist ein Kleingarten auf einer Fläche, die im Bebauungsplan für Dauerkleingärten festgesetzt ist.

Übersicht

1. Anwendungsbereich

1 Das BKleingG ist **Sonderrecht**. Es fasst das materielle Kleingartenrecht in einem Gesetz zusammen. Es ist ein in sich geschlossenes, stark vom öffentlichen Recht her bestimmtes einheitliches Rechtsgebiet. Im Laufe der Entwicklung ist es zunehmend durch städtebauliche Bezüge geprägt worden. Das Bundeskleingartengesetz weist daher eine Mischung von privat- und öffentlich-rechtlichen Regelungen auf, die wegen des Sachzusammenhangs aufeinander bezogen und abgestimmt sind.

2 Den **sachlichen Geltungsbereich** legen die Vorschriften des § 1 Abs. 1 und 2 i. V. m. § 4 fest. § 1 enthält die Begriffsbestimmung des Kleingartens (s. Rn. 3 ff.), § 4 regelt die vertraglich vereinbarte Überlassung von Kleingarten (s. Rn. 16 ff. und § 4 Rn. 1 ff.). Danach findet das BKleingG nur auf Verträge über Gärten Anwendung, die den in Abs. 1 Nr. 1 und 2 genannten Begriffsmerkmalen entsprechen und die weder den in Abs. 2 aufgezählten Gärten (Nr. 1 bis 3) noch Grundstücksnutzungen (Nr. 4 und 5) zuzurechnen sind. Dauerkleingärten (Abs. 3) sind nach der gesetzlichen Definition Kleingärten im Sinne des Abs. 1. Maßgeblich ist also die Vereinbarung, die vertraglich überlassene Fläche als Kleingarten i. S. d. § 1 Abs. 1 zu nutzen oder zu diesem Zweck weiterzuverpachten (§ 4 Abs. 2 S. 1). Wird die überlassene Fläche nicht als Kleingarten genutzt, kann der Verpächter den Kleingartenpachtvertrag gemäß § 9 Abs. 1 Nr. 1 kündigen. Das ist der Fall, wenn die tatsächlich ausgeübte Nutzung im Widerspruch zu der vereinbarten Nutzung steht – bei Kleingartenanlagen kommt es darauf an, welche Nutzung in der Anlage vorherrschend ist – oder wenn die Anlageneigenschaft i. S. d. § 1 Abs. 1 Nr. 2 fehlt (s. Rn. 10 ff.). Eine nichtkleingärtnerische Nutzung kann zur Vertragsänderung führen, wenn der Vertragspartner die vertragswidrige Nutzung wissentlich duldet (s. zur Nutzungsumwandlung § 1 Rn. 34, § 4 Rn. 44).

2. Kleingartenbegriff

Nach Abs. 1 ist der Kleingarten eine Grundstücksfläche, die kleingärtnerisch genutzt 3 wird (Nr. 1) und in einer Kleingartenanlage liegt, in der mehrere Einzelgärten mit gemeinschaftlichen Einrichtungen, z. B. Wegen, Spielflächen, Vereinshäusern u. a. zusammengefasst sind (Nr. 2). Dabei geht das Gesetz – ohne dies ausdrücklich zu regeln – von der allgemein anerkannten Rechtsansicht aus, dass Kleingärten vertraglich, in der Regel aufgrund eines Pachtvertrages, überlassene Gärten sind (s. BT-Drs. 9/1900 S. 13). Näheres zur Frage der Rechtsform der kleingärtnerischen Nutzung s. Rn. 16 ff. **Wesensmerkmal des Kleingartens ist die Nutzung fremden Landes** (BVerfGE 52, 1, 32 f.; BVerwG, NVwZ 1984, 581 = BBauBl 1984, 199 = BRS 40, 119). Das ergibt sich auch aus der Regelung des § 1 Abs. 2 Nr. 1. Danach sind nämlich vom Eigentümer selbst oder seinen Familienangehörigen kleingärtnerisch genutzte Grundstücksflächen (Eigentümergärten) keine Kleingärten im Sinne des BKleingG.

Kleingärten im Sinne des BKleingG sind durch zwei Begriffsmerkmale gekennzeichnet, und zwar durch die **kleingärtnerische Nutzung** und die Zusammenfassung der Kleingärten zu einer **Kleingartenanlage**.

2.1 Kleingärtnerische Nutzung

Die kleingärtnerische Nutzung (§ 1 Abs. 1 Nr. 1) umfasst die 4
– nicht erwerbsmäßige gärtnerische Nutzung, insbesondere zur Gewinnung von Gartenbauerzeugnissen für den Eigenbedarf, und die
– Erholungsnutzung.

Die **nicht erwerbsmäßige gärtnerische Nutzung** als ein Element der kleingärtnerischen 5 Nutzung ist ein zentrales Merkmal des Kleingartens (so auch BGH VIZ 2000, 159; BGH NJ 2004, 510 f. = NJW-RR 2004, 1241). Mit diesem Begriffsmerkmal knüpft § 1 Abs. 1 Nr. 1 an die „nicht gewerbsmäßige gärtnerische Nutzung" als Kennzeichnung des Kleingartens im früheren Kleingartenrecht an (§ 1 Abs. 1 KGO). In den Richtlinien zur KGO (veröffentlicht im Rundschreiben des Reichswirtschaftsministers vom 1. 10. 1919 – VI 5/12 –) wird die „nicht gewerbsmäßige gärtnerische Nutzung" konkretisiert als eine Nutzung, die die Erzeugung von Gemüse, Obst und anderen Früchten oder von Futter für Kleintierhaltung durch Selbstarbeit des Gartenbesitzers oder seiner Familie zwecks Versorgung seines und seiner Familie Eigenbedarfs zum Gegenstand hat.

6 Diese Auslegung des Begriffs „nicht gewerbsmäßige gärtnerische Nutzung" („kleingärtnerische Nutzung") im **früheren Recht** liegt auch der „nicht erwerbsmäßigen gärtnerischen Nutzung" im Sinne des § 1 Abs. 1 Nr. 1 zugrunde. Verdeutlicht wird dies durch die sich aus der „Insbesondere-Regelung" ergebende Erläuterung dieser Nutzung, nämlich „zur Gewinnung von Gartenbauerzeugnissen für den Eigenbedarf". Gartenbauerzeugnisse sind Obst und Gemüse, Kräuter und andere Früchte, auch Feldfrüchte, z. B. Kartoffeln sowie Blumen (BGH, VIZ 2000, 159; BGH NJ 2004, 510 = NJW-RR 2004, 1241).

6 a Aus dieser Begriffsbestimmung ergibt sich bereits, dass unter „**Gartenbauerzeugnissen einjährige und mehrjährige Gartenprodukte**" zu verstehen sind. Eine **einschränkende Auslegung des Gesetzeswortlauts** „Gewinnung von Gartenbauerzeugnissen" auf die überwiegende Erzeugung von einjährigen Produkten – wie vereinzelt im Schrifttum (s. Mollnau, Zur Anwendung des BKleingG und des SachenRBerG aufgrundstücksnutzungsverhältnisse im Beitrittsgebiet, NJ 1997, 466 ff.) geäußert und vom LG Potsdam (Urt. v. 16. 5. 2000 – 6 S 15/99 –) übernommen – lässt sich aus dieser in § 1 Abs. 1 Nr. 1 verwendeten Formulierung **nicht begründen**. Dafür bieten weder diese Vorschrift noch der Begriff „Gartenbauerzeugnisse" irgendwelche Anhaltspunkte. Ob diese Auslegung noch vertretbar ist, wie das Verfassungsgericht des Landes Brandenburg in seinem Beschluss vom 12. 10. 2000 – VfG Bbg 35/00 meint, mag dahinstehen. Sie ist jedenfalls nicht in Einklang zu bringen mit den Zielen, Zwecken und der Entstehungsgeschichte des BKleingG sowie mit dem Begriff „Gartenbauerzeugnisse", der Obst und Gemüse, einjährige und mehrjährige Gartenprodukte umfasst. Das Verfassungsgericht hat allerdings – unter Berufung auf das BVerfG und die Gesetzesmaterialien (BVerfGE 87, 147; BT-Drs. 9/1900, S. 9) anerkannt, dass sich „aus dem Gesetzeszweck durchaus Argumente für eine pächterfreundlichere Auslegung des Anwendungsbereiches des BKleingG gewinnen" ließen. In Anbetracht dieser Erwägungen lassen sich aus dem Beschluss des Verfassungsgerichts keine die Auslegung des Begriffs „Gartenbauerzeugnisse" bestimmende Merkmale oder Kriterien entnehmen. Nach dem Beschluss ist lediglich der Beschwerdeführer nicht in den Grundrechten der Landesverfassung verletzt. Das LG Potsdam hat jedenfalls nicht klar und eindeutig zwischen dem Anbau von Obst und Gemüse einerseits und der Erholungsnutzung andererseits differenziert, die kleingärtnerische Nutzung mit der Gewinnung von Gartenbauerzeugnissen verwechselt und ist so zu objektiv nicht haltbaren Ergebnissen gekommen. S. hierzu auch § 20 a Rn. 2 f.

7 Aus der „Insbesondere-Regelung" in § 1 Abs. 1 Nr. 1 ist zu entnehmen, dass sich die „nicht erwerbsmäßige gärtnerische Nutzung" nicht nur auf die Erzeugung von Obst, Gemüse und anderen Früchten erstreckt, sondern neben der Gewinnung von Gartenbauerzeugnissen **auch eine andere gärtnerische Nutzung** nicht ausschließt. Hierzu gehören die Bepflanzung von Gartenflächen mit Zierbäumen, Sträuchern, die Anlage von Rasenflächen oder kleinen der Größe des Kleingartens entsprechenden Gartenteichen/Biotopen; **Waldbäume** und sonstige hochstämmige Bäume gehören **nicht** hierzu. Zur Problematik des Baumschutzes und der kleingärtnerischen Nutzung s. Rn. 61 ff. Dabei bleibt aber die Gewinnung von Gartenbauerzeugnissen unabdingbares Begriffsmerkmal der kleingärtnerischen Nutzung. Reine Zierbepflanzung erfüllt nicht die gesetzliche Voraussetzung der kleingärtnerischen Nutzung. Die Gewinnung von Gartenbauerzeugnissen gehört nach § 1 Abs. 1 Nr. 1 zwingend zur kleingärtnerischen Nutzung. Wegen der erforderlichen Vielfalt von Gartenbauerzeugnissen reichen auch Dauerkulturen, z. B. Obstbäume und Beerensträucher, auf Rasenflächen nicht für eine kleingärtnerische Nutzung aus (vgl. Schriftenreihe Landes- und Stadtentwicklungsforschung des Landes NW Bd. 0.031, „Kleingartenbedarf in NW", S. 11; Otte, in: Ernst/Zinkahn/Bielenberg, BauGB, Teil H, Kommentar zum BKleingG, § 1 Rn. 7).

Die „nicht erwerbsmäßige gärtnerische Nutzung" i. S. des BKleingG **umfasst danach** **7 a** **die Erzeugung von Obst, Gemüse und anderen Früchten durch Selbstarbeit des Kleingärtners oder seiner Familienangehörigen.** Kennzeichnend für diese Nutzungsart ist die Vielfalt der Gartenbauerzeugnisse (BGH VIZ 2000, 159; BGH NJ 2004, 510 = NJW-RR 2004, 1241). Sie ist eine zwingende Voraussetzung der Kleingarteneigenschaft. Das ergibt sich bereits aus den verfassungsrechtlichen Anforderungen an die Beschränkungen, denen Eigentümern von Kleingartenland unterliegen, insbesondere aus dem höchstzulässigem Pachtzins, der sich am Pachtzins im erwerbsmäßigen Obst- und Gemüseanbau orientiert (BGH NJW-RR 2004, 1241 f.). Diese Beschränkungen beziehen ihre Rechtfertigung im Lichte des Grundrechts aus Art. 14 Abs. 1 GG zu einem wesentlichen Teil aus dem Nutzungszweck. Denn bei der Gewinnung von Gartenbauerzeugnissen ist der Gartennutzer notwendig auf die ausschließliche Nutzung eines Grundstücks angewiesen. Demgegenüber fordert der Erholungszweck dies nicht in gleichem Maße. Die Erholung ist nicht in vergleichbar intensiver Weise an ein zur alleinigen Nutzung überlassenen Grundstück gebunden (BGH NJW-RR 2004, 1241 f.; BVerfGE 52, 1, 36 = NJW 1980, 985). Dem Erholungssuchenden stehen insoweit auch öffentlich zugängliche Parks, Gärten und Wälder zur Verfügung, die vielfältige Möglichkeiten der Entspannung und körperlichen Ertüchtigung bieten.

Die Erholungsnutzung ist zwar unter verfassungsrechtlichen Gesichtspunkten ein die Sozialbindung mittragender Umstand. Er allein würde jedoch die Eigentümerbeschränkungen bei Kleingartenland nicht rechtfertigen (BGH a. a. O.).

Die Gewinnung von Gartenbauerzeugnissen darf **nicht erwerbsmäßig** betrieben werden, also in der Absicht, sich aus ihrem Ertrag eine ständige Einnahmequelle zu verschaffen. Gelegenheitsverkäufe bei reicher Ernte sind insoweit unschädlich. Die gewonnenen Erzeugnisse müssen aber überwiegend der Selbstversorgung des Kleingärtners und seiner Familie dienen. Im Gesetz wird daher ausdrücklich hervorgehoben, dass die Gewinnung von Gartenbauerzeugnissen dem „Eigenbedarf" dienen muss. Bei Belastung von Kleingärten mit Schwermetallen können Nutzungsauflagen erforderlich werden. Zur Problematik der kontaminierten Gartenflächen s. § 4 Rn. 13. **7 b**

Die **Kleintierhaltung gehört grundsätzlich nicht zur kleingärtnerischen Nutzung.** **7 c** Der Kleingarten ist keine Kleinsiedlung i. S. d. § 2 BauNVO. Für die neuen Bundesländer hat der Gesetzgeber in § 20 a Nr. 7 eine Sonderregelung getroffen. Danach bleibt die Kleintierhaltung unberührt, soweit sie bis zum 3. Oktober 1990 zulässig war, unter der Voraussetzung, dass sie in bescheidenem Umfang betrieben wird. Sie darf die Kleingärtnergemeinschaft nicht stören, der kleingärtnerischen Nutzung nicht widersprechen und nicht erwerbsmäßig betrieben werden. Die gärtnerische Nutzung muss überwiegen (s. § 20 a Rn. 29). **Zulässig ist dagegen die Bienenhaltung.** Sie dient schon wegen des Nutzens der Bienen für die Bestäubung der kleingärtnerischen Nutzung.

8 Zweites Element der kleingärtnerischen Nutzung ist die **Nutzung** des Kleingartens **zu Erholungszwecken.** Die gesetzliche Festlegung, dass der Kleingarten auch zur Erholung dient und die Erholung ein Element der kleingärtnerischen Nutzung ist, berücksichtigt die Entwicklung in den letzten Jahrzehnten im Kleingartenwesen und beseitigt vor allem die in der Praxis aufgetretenen Zweifelsfragen, ob nur der Anbau von Obst und Gemüse zur kleingärtnerischen Nutzung gehört. Der Freizeit- und Erholungswert des Kleingartens hat infolge des Wandels in den ökonomischen Verhältnissen einen besonderen Stellenwert gewonnen. Als „Erholung" wird dabei nicht nur die gärtnerische Betätigung gesehen. Erholung als Wiederherstellung des normalen körperlichen Kräftezustands und des geistig-seelischen Gleichgewichts kann auf mannigfache Weise erfolgen durch Gartenarbeit oder durch Ruhe und Entspannung. Dem hat sich auch die gärtnerische Gestaltung des Kleingartens angepasst. In vielen Fällen weist ein beträchtlicher Teil der Gartenfläche anstelle von Gemüse- und Obstkulturen Rasenbewuchs und Zierbepflanzung auf.

9 Mit der gesetzlichen Begriffsbestimmung der kleingärtnerischen Nutzung wird der heutigen Funktion des Kleingartens als Nutz- und Erholungsgarten Rechnung getragen. Der einzelne Kleingarten kann danach ein ausschließlicher Obst- und Gemüsegarten (Nutzgarten) sein oder ein Nutz- und Ziergarten. Die Gartenfläche muss aber – wenn es ein Kleingarten sein soll – nicht allein aus Rasenbewuchs und Zierbepflanzung bestehen. Der „wirtschaftliche" Nutzen und der Erholungswert eines Kleingartens stehen in § 1 Abs. 1 Nr. 1 nicht alternativ nebeneinander in dem Sinne, dass die Gartenfläche entweder als „Ziergarten" oder als „Nutzgarten" ausgestaltet werden kann. Die Erzeugung von Obst, Gemüse und anderen pflanzlichen Produkten ist vielmehr ein notwendiger Bestandteil der kleingärtnerischen Nutzung, für die ein Teil der Gartenfläche verwendet werden muss. Das ergibt sich bereits aus der gesetzlichen Definition der kleingärtnerischen Nutzung. Danach besteht diese aus zwei durch das Wort „und" miteinander verbundenen Elementen, nämlich der „gärtnerischen Nutzung, insbesondere zur Gewinnung von Gartenbauerzeugnissen für den Eigenbedarf", **und** der „Erholung". Es widerspricht aber der kleingärtnerischen Nutzung nicht, wenn der Kleingarten ausschließlich zur Erzeugung von Obst und Gemüse verwendet wird (BGH NJW-RR 2004, 1241 f.). Rasen und/oder Zierbepflanzung sind nicht Voraussetzung der Kleingarteneigenschaft. Andererseits ist eine Nutzung des Gartens nur zur „Erholung" ohne Gewinnung von Gartenbauerzeugnissen keine kleingärtnerische Nutzung. Sie stellt einen Verstoß gegen § 1 Abs. 1 Nr. 1 und den Vertragszweck dar und berechtigt daher nach Abmahnung zur Kündigung des Kleingartenpachtvertrages (s. § 9 Rn. 3 ff.). Zur Abgrenzung der Kleingartenanlagen von anderen Gartenkomplexen s. Rn. 11 b.

9 a Der Flächenanteil, der der Erzeugung von Gemüse, Obst und anderen pflanzlichen Kulturen dient, ist gesetzlich nicht festgelegt. Nach höchstrichterlicher Rechtsprechung muss **die Gewinnung von Gartenbauerzeugnissen die Nutzung der Parzellen maßgeblich prägen** (BGH NJW-RR 2004, 1241 f.). Das bedeutet jedoch nicht, dass sie in den

Gartenparzellen flächenmäßig überwiegen bzw. mindestens 50 % der Gartenfläche ausmachen muss. Es genügt, wenn diese Nutzung den Kleingarten maßgeblich bestimmt. Das ist in der Regel anzunehmen, wenn **mindestens ein Drittel der gesamten Gartenparzelle zum Anbau von Gartenbauerzeugnissen** für den Eingenbedarf genutzt wird (BGH a. a. O.). Das bedeutet also, dass z. B. bei einem 300 m² großen Garten 100 m² der Erzeugung von Obst, Gemüse und anderen Früchten dienen müssen.

Besonderheiten, wie atypische Größe der Gartenparzellen oder topographische Eigentümlichkeiten oder eine Bodenqualität, die den Anbau von Obst, Gemüse und anderen Früchten teilweise nicht zulässt, können eine vom Regelfall abweichende Beurteilung rechtfertigen (BGH a. a. O.). Mit dieser Entscheidung des BGH sind die im Schrifttum und teilweise auch in der Rechtsprechung vertretenen teils strengeren teils liberaleren Maßstäbe der Kleingarteneigenschaft überholt.

2.2 Kleingartenanlage

Als weiteres Begriffsmerkmal kommt nach § 1 Abs. 1 Nr. 2 hinzu, dass nur solche Gärten als Kleingärten anzusehen sind, die in einer **Kleingartenanlage** liegen, in der mehrere Einzelgärten mit gemeinschaftlichen Einrichtungen zusammengefasst sind. Kleingärtnerisch genutzte Flächen außerhalb einer Kleingartenanlage sind keine Kleingärten im Sinne des BKleingG. **10**

Wie viele einzelne Kleingärten eine Anlage umfassen muss, ist gesetzlich nicht geregelt. Eine Kleingartenanlage kann aus 20 Einzelgärten, aber auch aus 100 und mehr Einzelgärten bestehen. Hierüber entscheidet die örtliche Kleingartenplanung. Die Größe der Kleingartenanlage kann also den örtlichen Verhältnissen angepasst werden. In der Untersuchung „Sozialpolitische und städtebauliche Bedeutung des Kleingartenwesens" (Schriftenreihe des BMBau „Städtebauliche Forschung" 03.045 S. 80) wird eine optimale Größe bei 50 bis 150 Kleingärten angenommen.

> „Um einerseits überschaubar zu bleiben und andererseits wirtschaftlich erschlossen werden zu können, sollten die Kleingartenanlagen in der Größenordnung von 50 bis 150 Gärten ausgewiesen werden; das entspricht einem Besucherkreis von regelmäßig 250 bis 1200 Personen und einer Gesamtfläche von 2,5 bis 7,5 ha je Anlage."

Im Einzelfall kann es bei einer geringen Anzahl von Kleingärten (z. B. bei weniger als 20 Gärten) Abgrenzungsschwierigkeiten geben, ob eine Kleingartenanlage i. S. des § 1 Abs. 1 Nr. 2 anzunehmen ist oder nicht. Die Rechtsprechung sieht das Kriterium der „Zusammenfassung mehrerer Einzelgärten" bei 16 bzw. 13 Einzelgärten als erfüllt an (AG Potsdam – 28 C 187/94; 29 C 104/94 n. v.; AG Freiberg – 2 C 0293/94 n. v.). Im Schrifttum wird die Ansicht vertreten, dass bereits fünf Einzelgärten eine Anlage bilden können (Otte, in: Ernst/Zinkahn/Bielenberg, BauGB, Teil H, Kommentar zum BKleingG, § 1 Rn. 10; Stang, BKleingG, Kommentar, 2. Aufl. § 1 Rn. 14). Dieser Auffassung ist der BGH beigetreten mit der Maßgabe, dass dies die absolute Untergrenze darstellt (BGH U. v. 27. 10. 2005 – III ZR 31/05). In diesen Fällen gewinnen die übrigen Gesichtspunkte, die zur Feststellung einer Anlage nach § 1 Abs. 1 Nr. 2 heranzuziehen sind (Gemeinschaftseinrichtungen), besondere Bedeutung (BGH a. a. O.).

Zur Beurteilung bedarf es einer Wertung und Bewertung des konkreten Sachverhalts. Ein Bewertungskriterium stellt eine die Einzelgärten zusammenfassende Außeneinfriedung dar. Dabei ist zu berücksichtigen, dass die „Zusammenfassung mehrerer Einzelgärten" nur ein Kriterium der Kleingartenanlage ist. Das zweite – **entscheidende** – Kriterium ist das Vorhandensein von „gemeinschaftlichen Einrichtungen". Ist keine Gemeinschaftseinrichtung vorhanden, kommt es auf die Anzahl der aneinander grenzenden Gärten nicht mehr an.

11 Das BKleingG setzt gemeinschaftliche Einrichtungen als Begriffsmerkmal der Kleingartenanlage zwingend voraus. Als **gemeinschaftliche Einrichtungen** werden in Abs. 1 Nr. 2 Wege, Spielflächen und Vereinshäuser genannt. Es handelt sich hier nur um eine beispielhafte Aufzählung von gemeinschaftlichen Einrichtungen. Auch andere Einrichtungen begründen die Anlageneigenschaft, wenn sie den Kleingärtnern einer Anlage zur Verfügung stehen (so auch Stang, BKleingG, Kommentar, 2. Aufl. § 1 Rn. 15). Es muss sich nur um Einrichtungen handeln, die dem Kleingartenzweck im weitesten Sinne dienen.

Wege sind als Gemeinschaftseinrichtungen grundsätzlich unverzichtbar (s. OVG Lüneburg, ZfBR 1990, 211). Sie sind grundsätzlich nur dann gemeinschaftliche Einrichtungen i. S. des § 1 Abs. 1 Nr. 2, wenn sie innerhalb der Kleingartenanlage liegen. Außerhalb der Kleingartenanlage verlaufende Wege können gemeinschaftliche Einrichtungen sein, wenn es sich um nichtöffentliche Wege handelt, die den Zugang zu den Einzelgärten – durch Widmung gedeckt oder grundbuchrechtlich abgesichert – ermöglichen. Eine Kleingartenanlage kann also schon dann gegeben sein, wenn beispielsweise mehrere Einzelgärten durch Wege innerhalb der Anlage erschlossen sind. Der BGH hat diese Frage in seinem Urteil vom 27. 10. 2005 – III ZR 31/05 – ausdrücklich offen gelassen. Ein Weg, dessen Funktion sich im Wesentlichen in der Ermöglichung des Zugangs zu einzelnen Parzellen erschöpft, sei kein spezifisches Merkmal einer Kleingartenanlage (BGH a. a. O.).

Zu den traditionellen Gemeinschaftseinrichtungen in Kleingartenanlagen gehören das Vereinsheim und vor allem der Spielplatz für Kinder. Sie sind deshalb auch bei der beispielhaften Aufzählung der Gemeinschaftseinrichtungen ausdrücklich genannt. Weitere Gemeinschaftseinrichtungen sind insbesondere im Zuge der Entwicklung des Kleingartenwesens und der Übernahme von städtebaulichen Funktionen der Anlage hinzugekommen, wie zum Beispiel Verweilmöglichkeiten in Form von Bänken und Sitzecken, Kommunikationsangebote in Form von Skattischen und weitere Erholungsmöglichkeiten wie etwa Liegewiesen, Spiel- und Sportflächen.

Einrichtungen i. S. des § 1 Abs. 1 Nr. 2 sind auch die gemeinschaftliche Wasserversorgunganlage, der gemeinsame Parkplatz, die Außeneinfriedung (a. A. Otte, in: Ernst/Zinkahn/Bielenberg, BauGB, Teil H, Kommentar zum BKleingG, § 1 Rn. 11). Neben diesen kommen als Gemeinschaftseinrichtungen ferner in Betracht Teichanlagen und Pflanzenkläranlagen. Jede dieser Einrichtungen genügt, um die Eigenschaft „Kleingartenanlage" im Sinne des BKleingG zu begründen, wenn sie von den Kleingärtnern einer Anlage genutzt werden können.

§ 1 Abs. 1 Nr. 2 fordert insoweit grundsätzlich nichts Neues von Kleingartenanlagen, sondern greift auf bestehende Ausstattungen von Kleingartenanlagen, die in der Regel irgendeine gemeinschaftliche Einrichtung nach diesem Gesetz aufweisen, zurück.

11 a Kleingartenanlagen gehören zu den gegen Verkehrslärm schutzbedürftigen Gebieten (vgl. BVerwG, GuG 1992, S. 222 f.). Die kleingärtnerische Nutzung verlangt Lärmschutz, weil Kleingärten sonst ihre Erholungsfunktion (s. Rn. 8) nicht erfüllen könnten und insoweit in ihrer Nutzbarkeit beeinträchtigt wären. Dabei ist der Tagesimmissionsgrenzwert für Dorfgebiete anzusetzen. Dieser liegt nach § 2 Abs. 1 Nr. 3 der 16. BImSchV bei 64 dB(A). Als Lärmschutzmaßnahmen kommen in Betracht Lärmschutzwälle, Steilwälle oder Lärmschutzwände. Näheres hierzu § 4 Rn. 14 a.

Kleingartenanlagen i. S. d. § 1 Abs. 1 Nr. 2 BKleingG sind abzugrenzen von Erholungs- und Freizeitgartenanlagen sowie sonstigen Gartenkomplexen. Bei der rechtlichen Beurteilung einer Kleingartenanlage ist auf den Charakter der gesamten Anlage abzustellen (BGH, VIZ 2000, 149 = WM 2000, 779; BGH NJW-RR 2004, 1241. Das ist schon deshalb erforderlich, weil in Fällen, in denen die gesamte Anlage Vertragsgegenstand eines Zwischenpachtverhältnisses ist, dieser Vertrag nur einheitlich entweder den Regelungen des BKleingG oder denen des BGB bzw. des SchuldRAnpG unterworfen sein kann (BGH a. a. O.). **11 b**

Abzugrenzen sind die Kleingartenanlagen von anderen Gartenkomplexen **nach dem äußeren Erscheinungsbild,** und zwar danach, welchen **Anteil die Gartenbau-** und die **reine Erholungsnutzung** haben (BGH NJW-RR 2004, 1241 f.). Eine Kleingartenanlage liegt nur dann vor, wenn die **Nutzung der Parzellen zur Gewinnung von Gartenbauerzeugnissen den Charakter der Anlage maßgeblich prägt.** Die Kleingarteneigenschaft einer Anlage ist zu verneinen, wenn die Verwendung der Grundfläche als Nutzgärten innerhalb der Anlage nur eine untergeordnete Funktion hat. Das folgt aus dem Kernmerkmal des Kleingartens der nicht erwerbsmäßigen gärtnerischen Nutzung zur Erzeugung von Obst, Gemüse und anderen Früchten durch Selbstarbeit des Kleingärtners und/oder seiner Familienangehörigen. Das bedeutet aber nicht, dass mindestens die Hälfte der Fläche der Anlage zur Gewinnung von Gartenbauerzeugnissen für den Eigenbedarf genutzt wird um diese als Kleingartenanlage i. S. d. BKleingG zu qualifizieren. Aus § 1 Abs. 1 BKleingG lässt sich eine solche Vorgabe nicht entnehmen (BGH a. a. O.). Aus Verfassungsgründen ist dies auch nicht geboten. Das BVerfG hat die Erholungsfunktion der Kleingärtner als Gemeinwohlbelang i. S. d. Art. 14 Abs. 2 GG ausdrücklich anerkannt (BVerfGE 87, 114, 141), mag auch dieser nicht dasselbe Gewicht haben wie die Gewinnung von Gartenbauerzeugnissen für den Eigenbedarf. S. hierzu auch Rn. 9 a.

Eine Kleingartenanlage i. S. d. BKleingG ist in der Regel bereits dann anzunehmen, wenn mindestens ein **Drittel der Gesamtfläche der Anlage** unter Einbeziehung der Flächen für Gemeinschaftseinrichtungen für den Anbau von Obst, Gemüse und anderen Früchten verwendet wird. In Einzelfällen mag die Nutzung weniger als ein Drittel der Gesamtfläche in Anspruch nehmen, etwa wenn die Fläche der Kleingartenanlage atypisch groß ist, z. B. bei Kleingartenparks, oder wenn sonstige Besonderheiten, z. B. topographische Bedingungen oder die Bodenqualität, eine andere Beurteilung rechtfertigen (BGH a. a. O.)

Die Zugänglichkeit der Kleingartenanlage für die Öffentlichkeit ist kein Beurteilungskriterium, auch dann nicht, wenn der Bebauungsplan für eine Dauerkleingartenanlage Festsetzungen getroffen hat, die den Zugang der Bevölkerung zur Kleingartenanlage ermöglichen soll, durch Festsetzung öffentlicher Verkehrsflächen (Wege) innerhalb der Anlage gemäß § 9 Abs. 1 Nr. 11 BauGB oder durch Festsetzung von mit Gehrechten zugunsten der Allgemeinheit zu belastenden Flächen (Wege) gemäß § 9 Abs. 1 Nr. 21 BauGB. Die Festsetzung von Gehrechten schafft die Rechtsgrundlage dafür, private **11 c**

Flächen – auch gegen den Willen des Eigentümers in Anspruch zu nehmen. Sie bedarf aber auch der dinglichen Umsetzung. Als solche dinglichen Rechte kommen in Betracht Grunddienstbarkeiten nach §§ 1018 ff. BGB. Der Regierungsentwurf des BKleingG von 1982 (BT-Drs. 9/1900) sah vor, dass Kleingartenanlagen der Allgemeinheit zugänglich sein müssen. S. hierzu auch Einleitung Rn. 33. Die Öffnung der Anlage war aber auch kein Merkmal der Kleingartenanlage nach dem Entwurf.

2.3 Kleingärtnerische und bauliche Bodennutzung

11 d Die kleingärtnerische Nutzung ist ein zentrales Merkmal des Kleingartens (s. Rn. 5) und damit auch ein wesentliches Abgrenzungsmerkmal zu anderen Bodennutzungen. Bauplanungsrechtlich ist die kleingärtnerische Nutzung als Grünflächennutzung zu bewerten (s. § 3 Rn. 14). Sie schließt aber auch eine ihr dienende und im Umfang und Art beschränkte bauliche Nutzung nicht aus. Zulässig sind jedoch nur solche baulichen Anlagen, die der kleingärtnerischen Nutzung dienen und von ihrer Funktion der kleingärtnerischen Nutzung auch räumlich-gegenständlich zu- und untergeordnet sind. Hierbei handelt es sich also um bauliche Anlagen, die im Hinblick auf die Hauptnutzung, die kleingärtnerische Bodennutzung, lediglich eine Hilfsfunktion haben. Das sind vor allem Gartenlauben, die den Anforderungen des § 3 Abs. 3 BKleingG entsprechen und sonstige der kleingärtnerischen Nutzung dienende bauliche Anlagen, z. B. Gewächshäuser, mit Steinplatten befestigte Wege, Einfriedungen u. a. (s. § 3 Rn. 12 a).

11 e Nicht zulässig sind dem Wohnen dienende Gebäude (Eigenheime) und vergleichbare Baulichkeiten. Diese können die Anlage derart beeinflussen, dass der Gartenkomplex nicht mehr als Kleingartenanlage i. S. d. § 1 Abs. 1 BKleingG angesehen werden kann (s. hierzu § 20 a „2.5 Eigenheime und vergleichbare Baulichkeiten in Kleingartenanlagen; Abgrenzung zu Freizeit- und Erholungsanlagen", Rn. 3 e – 3 n). Zu bestandsgeschützten Baulichkeiten s. § 18 Rn. 1 ff., 20 a Rn. 27 ff.

3. Erschließung von Kleingartenanlagen

12 Jede ordnungsgemäße Nutzung von Grundstücken setzt deren Erschließung voraus. Die Erschließung soll die **bestimmungsgemäße Bodennutzung** ermöglichen bzw. ihr dienen. Den Umfang der Erschließung und die Anforderungen an diese bestimmt die Art der Bodennutzung. Bebaubare Flächen, die der Wohnnutzung oder einer gewerblichen Nutzung dienen, sind anders zu erschließen als etwa landwirtschaftlich oder gärtnerisch genutzte Flächen. Da das BKleingG selbst keine Regelungen über die für die kleingärtnerische Nutzung notwendigen und zulässigen Erschließungsanlagen enthält, ist für eine Kleingartenanlage das an **Erschließungsanlagen bereitzustellen, was zu ihrer funktionsgerechten Nutzung erforderlich ist.** Zur Erschließung s. auch § 3 Rn. 22 ff.

13 Unabdingbare Voraussetzung für die Nutzung einer Kleingartenanlage ist ihre **verkehrsmäßige Erschließung**, d. h. ihre Anbindung an das öffentliche Straßennetz der Gemeinde, also ihre Erreichbarkeit in Form einer Zufahrt. Die verkehrsmäßige Erschließung einer Kleingartenanlage setzt voraus, dass mit Kraftfahrzeugen an ihre Grenze herangefahren und sie von da ab betreten werden kann (BVerwG NVwZ 1987, 56 = KStZ 1986, 211). Der Begriff „Zufahrt" ist dabei straßenrechtlich zu verstehen und stellt ab auf eine für die Benutzung mit Fahrzeugen geeignete Verbindung zwischen

Grundstücken und einer öffentlichen Straße. Grundlage für die Art, Bemessung und Qualität der verkehrsmäßigen Erschließung ist der von Kleingärten ausgehende **Ziel- und Quellverkehr.** Einzelheiten zur Problematik der Verkehrserschließung s. Kötter, Verkehrserschließung von Kleingartenanlagen, in Schriftenreihe des BDG Nr. 62 „Erschließung von Kleingartenanlagen" S. 51 ff., „Vor- und Entsorgung in Kleingärten". Zur Frage der Verkehrsmittelwahl für den Weg zum Kleingarten, auf die sich maßgeblich die Entfernung zwischen Wohnung und Kleingarten auswirkt, liegen empirische Untersuchungen vor, die im Gutachten „Städtebauliche, ökologische und soziale Bedeutung des Kleingartenwesens" (S. 48 ff.), erarbeitet im Auftrag des BMBau vom Institut für Städtebau, Bodenordnung und Kulturtechnik der Universität Bonn, Prof. Dr. Strack, Bonn 1998, dargelegt wurden.

Zur Verkehrserschließung gehört auch die Bereitstellung einer angemessenen Anzahl **13 a** von **Stellplätzen.** Die Stellplatzquote muss für jede Kleingartenanlage gesondert ermittelt werden. Die ständige Konferenz der Gartenamtsleiter der kommunalen Spitzenverbände empfiehlt (1971) die Ausweisung je eines Stellplatzes pro drei Parzellen. Die Anzahl der (tatsächlich) für Kfz zur Verfügung stehenden Stellplätze an der Kleingartenanlage entspricht nach dem Gutachten „Städtebauliche, ökologische und soziale Bedeutung des Kleingartenwesens" diesem Richtwert (S. 51). Dieser Wert wird aber variiert werden müssen nach der Entfernung der Kleingartenanlage zum Siedlungsbereich. Er ist ferner abhängig vom Angebot des öffentlichen Nahverkehrs und von der (möglichen) Kombination mit anderen Freizeitangeboten. So werden z. B. Stellplätze bei Kleingartenanlagen mit ergänzenden Freizeitangeboten und – in noch größerem Maße – bei Kleingartenparks entsprechend erhöht werden müssen (Kötter, Verkehrserschließung von Kleingartenanlagen, Schriftenreihe des BDG Nr. 62 S. 57 f.; Dokumentation Gärten im Städtebau, Schriftenreihe des BMBau, 05.011, 1981 S. 118).

Stellplätze können als **öffentliche** oder **private Erschließungsanlagen** hergestellt werden.

Selbstständige Parkplätze als **öffentliche Erschließungsanlagen** i. S. d. § 127 Abs. 2 Nr. 4 BauGB sind außerhalb der für die Kleingartenanlage bestimmten Fläche anzulegen. Sofern **(private) Parkplätze** in den Grenzen der gepachteten Fläche für die Kleingartenanlage angelegt werden, sind diese peripher, am Rande der Kleingartenanlage anzuordnen und durch entsprechende Randbepflanzung von der Anlage abzutrennen. Bei Neuplanungen empfiehlt es sich, Stellplatzanlagen in überschaubare Bereiche zu gliedern und in eine Rahmenbepflanzung einzubinden.

Die Erschließung umfasst auch Anlagen und Einrichtungen, die der **Ver- und Entsor- 14 gung** von Grundstücken dienen. Zu den Versorgungseinrichtungen gehören insbesondere Anlagen, die der Versorgung mit Wasser, Gas, Wärme und Elektrizität dienen, ferner Solarstromanlagen und Fernsprechanschlüsse. Die Entsorgung umfasst Anlagen und Einrichtungen für die Abwasser- und Abfallbeseitigung.

Der Anschluss **von Kleingartenanlagen an Ver- und Entsorgungseinrichtungen** ist **14 a** wegen der Abhängigkeit der Erschließung von der Art der Bodennutzung **nur eingeschränkt** zulässig (vgl. Rn. 12). Zur Ausstattung der Gartenlaube mit Ver- und Entsorgungsanlagen s. § 3 Rn. 10 ff. **Kleingartenanlagen** sind **bauplanungsrechtlich Grün-**

flächen i. S. d. § 9 Abs. 1 Nr. 15 BauGB, wenn sie im Bebauungsplan als Flächen für Dauerkleingärten festgesetzt sind, **oder Außenbereich** (§ 35 BauGB), wenn sie nicht im Bebauungsplan als Dauerkleingarten ausgewiesen sind (Näheres zur planungsrechtlichen Qualifizierung von Kleingartenanlagen s. § 3 Rn. 13 ff.).

Kleingartenanlagen sind keine Baugebiete, die der Erholung dienen, wie z. B. Wochenend-, Ferien- oder sonstige Gartenhausgebiete (§ 10 BauNVO). Sie **unterscheiden sich** vielmehr von ihrer Zweckbestimmung und der Art der Bodennutzung **grundlegend von Baugebieten** (§§ 2–11 BauNVO), in denen sich die bauliche Entwicklung der Gemeinde vollzieht sowie von den im Zusammenhang bebauten Ortsteilen, § 34 BauGB (s. § 3 Rn. 16 f.). Hieraus ergeben sich auch Konsequenzen im Hinblick auf die Ver- und Entsorgung der kleingärtnerisch genutzten Flächen. Kleingartenanlagen können **nicht in der gleichen Weise ver- und entsorgt** (erschlossen) werden, wie **Grundstücke in Baugebieten, die der Erholung dienen.**

Maßstab und Kriterium für den Anschluss einer Kleingartenanlage an Ver- und Entsorgungseinrichtungen ist die **kleingärtnerische Nutzung**. Die Ver- und Entsorgungseinrichtungen sollen diese **Nutzung ermöglichen und auf Dauer sicherstellen.** Es ist daher zu differenzieren zwischen Ver- und Entsorgungsanlagen, die notwendig sind, weil sie die kleingärtnerische Nutzung **ermöglichen** oder ihr **dienen**, einerseits, und andererseits Anlagen, die mit dieser Nutzung in **keinem Zusammenhang** stehen.

14 b Zu den Anlagen, die die kleingärtnerische Nutzung ermöglichen oder ihr dienen, gehört die **Wasserversorgung**. Die entsprechenden Einrichtungen sind daher zulässig. Diese Versorgung wird erreicht durch den Anschluss der Kleingartenanlage an das Wasserversorgungsnetz der Gemeinde. Über diesen Anschluss können dann die einzelnen Gartenparzellen mit Wasser versorgt werden. Wie die Wasserversorgung im Einzelnen organisiert ist, ob z. B. jeder Garten einen Wasseranschluss hat oder ob sich mehrere Kleingärten eine Wasserzapfstelle teilen, bleibt der Entscheidung vor Ort überlassen. Hiervon zu unterscheiden ist der Anschluss der Gartenlaube an die Wasserversorgung. Ein Wasseranschluss in der Gartenlaube ist für die kleingärtnerische Nutzung nicht erforderlich. Es genügt ein Wasseranschluss auf der Gartenparzelle, um den Erschließungserfordernissen, die sich aus der Art der Bodennutzung ergeben, gerecht zu werden. Näheres hierzu s. § 3 Rn. 10 ff. Vereinsheime sind – im Unterschied zu Gartenlauben – schon aus Gründen der funktionsgerechten Nutzungsmöglichkeit mit Wasser zu versorgen.

14 c Anlagen zur Versorgung der Kleingartenanlagen mit **Gas oder Wärme** sind weder Voraussetzung der kleingärtnerischen Nutzung noch dienen sie ihr. Sie sind insoweit funktions- und bedeutungslos und stehen in keinem Zusammenhang mit der kleingärtnerischen Nutzung. Zulässig sind solche Anlagen nur im **Vereinsheim**. Insoweit ist der Anschluss der **Kleingartenanlage** an das Netz zur Versorgung mit Gas und Wärme zulässig.

14 d Differenzierter zu beurteilen ist die **Versorgung** der **Kleingartenanlage** (nicht der Einzelgärten) **mit Elektrizität.** Strom ist zwar nicht unabdingbare Voraussetzung für die kleingärtnerische Nutzung, kann aber als **Arbeitsstrom** auch der Gartennutzung dienen, z. B. zum Einsatz eines mit Elektromotor betriebenen Gartenhäckslers. Insoweit kann er die kleingärtnerische Nutzung erleichtern und ihr damit im weitesten Sinne dienen. Der Anschluss der Kleingartenanlage an das Stromnetz ist insoweit zulässig. Dabei muss jedoch **sichergestellt werden**, dass **Einzelgärten nicht auf Dauer mit Elektrizität versorgt** werden. Das kann dadurch geschehen, dass z. B. auf den Wegen innerhalb der Kleingartenanlage, die keinem Einzelgarten zuzuordnen sind, Anschlusseinrichtungen hergestellt werden, die z. B. zu bestimmten Zeiten zentral gesteuert, etwa vom Vereinsheim aus, Arbeitsstrom liefern. Voraussetzung für solche Anschlusseinrichtungen ist das Einvernehmen zwischen Pächter und Verpächter (Eigentümer). Grundsätzlich hat nämlich weder der Pächter einen Anspruch auf Arbeitsstrom noch ist der Verpächter verpflichtet, entsprechenden Wünschen der Pächter auf Arbeitsstrom nachzukommen. Die Stromversorgung des Vereinsheims gehört dagegen zur funktionsgerechten Nutzbarkeit dieser baulichen Anlage.

Der Anschluss der Kleingartenanlage an das **Telefonnetz** ist keine Voraussetzung für die kleingärtnerische Nutzung. Er kann aber dieser Nutzung insoweit „dienen" als er z. B. in großen Anlagen die Errichtung von **Münzfernsprechern** für Notfälle – z. B. an zentralen Stellen – innerhalb der Kleingartenanlage – ermöglicht. In Gartenlauben selbst sind Fernsprechanschlüsse nicht zulässig (s. § 3 Rn. 10 c). Wie die Stromversorgung gehört aber der Anschluss des Vereinsheims an das Telefonnetz zur funktionsgerechten Nutzbarkeit dieser Baulichkeit.
14 e

Soweit die o. g. Versorgungsanlagen (in Gartenlauben) rechtmäßig errichtet worden sind, genießen sie **Bestandsschutz** (s. § 3 Rn. 11).
14 f

Zur Erschließung gehört auch die unschädliche **Beseitigung der Abwässer und Abfallstoffe**. Näheres hierzu s. Mainczyk, Die kleingärtnerische Nutzung als Maßstab für die Ausstattung der Kleingärten mit Ver- und Entsorgungsanlagen, in: Schriftenreihe des BDG Nr. 62 S. 33 ff.; Berger, Abwasserbeseitigung in Kleingärten und Kleingartenanlagen, in: Schriftenreihe des BDG, Nr. 62 S. 43 ff. Die gesicherte einwandfreie Entsorgung muss in der Kleingartenanlage als Ganzes gewährleistet sein. Die Anforderungen ergeben sich vor allem aus dem Wasserhaushaltsgesetz und dem Abfallbeseitigungsgesetz des Bundes sowie aus dem Wasser- und Abfallbeseitigungsrecht der Länder. Diese Vorschriften gelten selbstständig neben dem Kleingarten- und neben dem Baurecht. Die Entsorgung ist dann einwandfrei, wenn vor allem die aus Gründen der Hygiene und Gesundheit zu stellenden Anforderungen erfüllt sind. So darf z. B. die vorgesehene Art der Wasserbeseitigung keine schädliche Verunreinigung von Gewässern verursachen. Die Beseitigung der **Abwässer und Abfallstoffe** in Kleingartenanlagen spielt eine nicht unerhebliche Rolle, weil sich aus ihrer unsachgemäßen Behandlung besondere Gefahren ergeben können. Hierbei kommt der Abwasserbeseitigung eine besondere Bedeutung zu.
15

Als Abwasser definieren die Landesgesetze das durch häuslichen, gewerblichen oder sonstigen Gebrauch in seinen Eigenschaften verändertes Wasser (Schmutzwasser/Grauwasser) sowie das von Niederschlägen aus dem Bereich von bebauten oder befestigten Flächen abfließende Wasser (Niederschlagswasser). Niederschlagswasser kann auf dem Kleingartengelände unmittelbar beseitigt werden. Es kann zum Gießen der Pflanzen verwendet oder in den Untergrund verrieselt oder versickert werden. Schmutzwasser ist grundsätzlich in eine Abwasseranlage einzuleiten, damit es gereinigt wieder dem natürlichen Wasser-, Stoff- und Energiekreislauf unschädlich zugeführt werden kann. Die Anforderungen an die Abwasserbeseitigung ergeben sich insbesondere aus den Landeswassergesetzen.

Anlagen zur **Abwasserbeseitigung in Kleingartenanlagen sind erforderlich**, soweit dort **Abwasser anfällt. Das ist in Vereinshäusern immer der Fall** (s. Rn. 14 b). In Gartenlauben sind Anschlüsse an die Wasserversorgung grundsätzlich nicht zulässig (s. Rn. 14 b). Ein Anschluss der Gartenlaube an eine Abwasserbeseitigungsanlage kommt daher nicht in Betracht. Eine Ausnahme gilt nur für den Fall des Bestandsschutzes. Zur Entsorgung von Einzelgärten s. § 3 Rn. 10 f.

15 a

15 b Die Beseitigung der in **Vereinshäusern anfallenden Abwässer** kann durch den Anschluss an die **öffentliche Kanalisation** der Gemeinde erfolgen. Insoweit bestehen gegen den Anschluss der als Kleingartenanlage genutzten Grundstücksfläche keine Bedenken, wenn die Aufwendungen hierfür nicht unwirtschaftlich sind, also im Verhältnis zum erstrebten Zweck nicht unangemessen hoch sind (vgl. hierzu BVerwG BauR 1972, 222). Das gilt insbesondere für Kleingartenanlagen im Außenbereich. Das anfallende Abwasser kann aber auch bei ungünstigen Verhältnissen in **wasserdichten Gruben** gesammelt werden. Der Betrieb solcher Gruben setzt eine ausreichend große Dimensionierung, die regelmäßige Abfuhr des anfallenden Abwassers zu einer Kläranlage, eine in regelmäßigen Abständen durchzuführende Wasserdichtigkeitsprüfung sowie die Überwachung des Füllstandes durch eine geeignete Füllstandsanzeige voraus. Da die Gefährdung des Grundwassers beim Betrieb von Abwassergruben höher ist als beim Betrieb von Kleinkläranlagen oder auch wegen der Schwierigkeiten, die mit der ordnungsgemäßen Abfuhr und unschädlichen Beseitigung des Grubeninhalts ergeben, kommen Abwassergruben erst in Frage, wenn feststeht, dass eine Kleinkläranlage ausgeschlossen ist.

Die Abwasserbeseitigung über **Kleinkläranlagen** setzt voraus, dass eine ausreichende Bemessung dieser Anlage nach DIN 4261 erfolgt, ausreichende Flächen für die Verrieselung oder Nachbehandlung des mechanisch geklärten Abwassers vorhanden sind, die Abfuhr des anfallenden Fäkalienschlammes durch die Gemeinde und die ordnungsgemäße Beseitigung sichergestellt und die regelmäßige Wartung der Kleinkläranlage auf Dichtigkeit gewährleistet ist.

Die **Abfallbeseitigung** kann durch **Kompostierung** erfolgen, wenn dadurch die Allgemeinheit nicht beeinträchtigt wird. Das gesamte kompostfähige Material ist daher grundsätzlich in entsprechenden Kompostecken zu lagern und im Garten wieder zu verwenden. **Nicht kompostierbares Material** dagegen ist zu sammeln und abzutransportieren ggf. auch zu verbrennen. Bei der Entsorgung über Trockentoiletten ist Voraussetzung, dass kein Wasser für die Spülung eingesetzt wird. Nur in diesem Falle handelt es sich um eine Abfallbeseitigung, die entsprechend den gesetzlichen Vorschriften durchzuführen ist.

15 c Soweit der Grundstückseigentümer zu den Erschließungskosten als Beitrags- oder Gebührenpflichtiger nach Maßgabe der Kommunalabgabengesetze der Länder herangezogen wird, kann er vom Pächter gemäß § 5 Abs. 5 Erstattung der Aufwendungen verlangen.

4. Rechtsformen der kleingärtnerischen Nutzung

4.1 Pacht

16 Das BKleingG geht von der allgemein anerkannten Rechtsansicht aus, dass Kleingärten vertraglich (in der Regel) aufgrund eines Pachtvertrages oder eines vergleichbaren Schuldverhältnisses überlassene, nicht erwerbsmäßig genutzte Gärten sind. Kleingärten werden auf der Grundlage schuldrechtlicher Beziehungen bewirtschaftet (BT-Drs. 9/1900 S. 13; BVerfGE 52, 1, 32 f.; BVerwG BBauBl 1984, 199 = NVwZ 1984, 581; Ehrenforth, RdL 1950, 132; Wiethaup, ZMR 1970, 193). S. auch oben Rn. 3.

Die auf schuldrechtlichen Beziehungen beruhende Nutzung von Kleingärten hat vor allem sozialpolitische Gründe. Ursprünglich lag ihr der Gedanke einer Verbesserung der Ernährungsgrundlage bestimmter Bevölkerungsschichten zugrunde. Heute dient der Kleingarten nicht nur dem Anbau von Obst und Gemüse (s. o. Rn. 8 f.). Ungeachtet des Funktionswandels hat das Bundesverfassungsgericht den Kleingarten als Pachtgarten nicht in Frage gestellt. Es hat vielmehr die überkommene Begriffsbestimmung, dass Kleingärten vertraglich genutzte Gärten seien, übernommen und festgestellt, dass Kleingärtner nach wie vor auf die Nutzung fremden Eigentums, wenn auch nicht in dem Maße wie dies bei Wohnungen der Fall sei, angewiesen seien (BVerfGE 52, 33, 35 f.). Der Gesetzgeber hat mit der Bestimmung, dass Eigentümergärten keine Kleingärten sind, der anerkannten sozialpolitischen Bedeutung des Kleingartens Rechnung getragen und damit gleichzeitig die überkommene Nutzungsform – die pachtweise Nutzung von Kleingartenland – sichergestellt (s. auch BVerwG, BBauBl 1984, 199 = NVwZ 1984, 581). Näheres zur Kleingartenpacht § 4 Rn. 1 ff., 31 ff.

4.2 Verknüpfung der Überlassung eines Kleingartens mit der Mitgliedschaft in der Kleingärtnerorganisation

17 In der Praxis ist die Überlassung eines Kleingartens häufig mit der Mitgliedschaft in der Kleingärtnerorganisation dergestalt gekoppelt, dass ein Kleingarten nur an ein Mitglied der Kleingärtnerorganisation „vergeben" wird. Diese Art der Überlassung eines Kleingartens wird auch als **„mitgliedschaftsrechtliche Überlassung"** bezeichnet. Hierbei sind zwei Fallgestaltungen zu unterscheiden, und zwar die Mitgliedschaft als Voraussetzung (nur) für die Überlassung eines Kleingartens und die Mitgliedschaft als Voraussetzung für die Überlassung und (fortdauernde) Nutzung des Kleingartens mit der Folge, dass mit der Beendigung der Mitgliedschaft auch das Nutzungsrecht erlöschen soll.

4.2.1 Mitgliedschaft als Voraussetzung für die Überlassung eines Kleingartens

18 Gegen die **Mitgliedschaft als Voraussetzung für die Überlassung** eines Gartens bestehen keine Bedenken. Der Verpächter (Zwischenpächter) ist in der Auswahl seiner Vertragspartner frei. Er kann (als Verein) festlegen, dass Kleingärten nur Vereinsmitgliedern überlassen werden. Das ist eine Erscheinungsform der Vertragsfreiheit. Die Abschlussfreiheit wird nur in bestimmten Fällen durch das Institut des Abschlusszwangs (Kontrahierungszwang) beschränkt. Das gilt für bestimmte Bereiche z. B. der Daseinsvorsorge, für den Personentransport, die Pflegeversicherung, Kfz-Pflichtversicherung. Die Überlassung eines Kleingartens kann durch den Abschluss eines förmlichen schuldrechtlichen Vertrages, und zwar eines Kleingartenpachtvertrages, mit dem Bewerber (s. hierzu § 4 Rn. 1) oder durch Zuteilung/Zuweisung des hierfür zuständigen Organs der Kleingärtnerorganisation erfolgen.

Erfolgt die Überlassung des Kleingartens durch Zuteilung (Zuweisung), dann erwächst dem Erwerber hieraus das Recht, den ihm zugeteilten (zugewiesenen) Kleingarten in Anspruch zu nehmen. Mit der Zuteilungserklärung bindet sich die als Zwischenpächter (durch ihre Organe) handelnde Kleingärtnerorganisation insoweit gegenüber dem Bewerber. Ob in der Zuteilungserklärung und der Inanspruchnahme des Gartens eine Willenseinigung i. S. eines Vertrages liegt, kann letztlich dahinstehen. Die gegenseitigen Rechte und Pflichten des Kleingärtners und des Zwischenpächters, die sich aus dieser Art der Überlassung des Kleingartens ergeben, dürfen jedenfalls den zwingenden Vorschriften des BKleingG nicht widersprechen. Das gilt sowohl für die Nutzung und Bewirtschaftung des Gartens sowie für die Nutzung der Gartenlaube als auch für die Dauer und Beendigung des Nutzungsrechts einschließlich der sich daraus ergebenden Folgen. Das durch diese Überlassungsart begründete Nutzungsverhältnis darf die Schutzvorschriften des BKleingG zugunsten des Kleingärtners nicht unterlaufen (BGH, NJW 1987, 2865). Regelungen, durch die zum Nachteil des Kleingärtners von den Vorschriften über die Kleingartenpacht (§§ 4 ff.) abgewichen wird, sind in entsprechender Anwendung des § 13 BKleingG nichtig. Die Beendigung des Nutzungsrechts durch einseitige Erklärung der Kleingärtnerorganisation ist nur in den in den §§ 8 und 9 genannten Fällen rechtlich möglich.

4.2.2 Überlassung und Nutzung von Kleingärten aufgrund der Mitgliedschaft

19   Eine „reine" mitgliedschaftsrechtliche Nutzungsüberlassung liegt in den Fällen vor, in denen der Kleingärtner **allein aufgrund seiner Zugehörigkeit zur Kleingärtnerorganisation das kleingärtnerische Nutzungsrecht erlangt und ausüben darf, solange die Mitgliedschaft besteht**, mit der sich daraus ergebenden Folge, dass mit der Beendigung der Mitgliedschaft auch das kleingärtnerische Nutzungsrecht erlöschen soll. Die Rechtsbeziehungen zwischen dem Kleingärtner und der Kleingärtnerorganisation sollen sich danach – zumindest im Hinblick auf die Dauer der Nutzung des Kleingartens – nicht nach kleingartenpachtrechtlichen Vorschriften des BKleingG richten, sondern nach vereinsrechtlichen Regelungen. Das bedeutet letztlich, dass das BKleingG – zumindest partiell – keine Anwendung finden soll. Das hätte zur Folge, dass sich die Kleingärtner auf die Schutzbestimmung des BKleingG nicht berufen könnten. Eine solche „reine" mitgliedschaftrechtliche Ausgestaltung der Nutzungsüberlassung, bei der die Ausübung des Nutzungsrechts vom Fortbestand der Mitgliedschaft abhängen soll, widerspricht den Zielsetzungen des BKleingG, insbesondere den Schutzvorschriften des BKleingG im Hinblick auf die Beendigung des Nutzungsrechts. **Soweit Regelungen im Rahmen einer mitgliedschaftlichen Überlassung den nicht abdingbaren Vorschriften des BKleingG widersprechen, sind sie unwirksam** (vgl. BGH, NJW 1987, 2865).

20   Das BKleingG findet Anwendung auf alle Nutzungsrechtsverhältnisse über Kleingärten i. S. d. § 1 Abs. 1 BKleingG, d. h. also auf Gärten, die den dort genannten Begriffsmerkmalen entsprechen und die weder den in § 1 Abs. 2 aufgezählten Gärten

(Nr. 1 bis 3) noch Grundstücksnutzungen (Nr. 4 und 5) zuzurechnen sind. Durch eine „reine" mitgliedschaftsrechtliche Ausgestaltung der Nutzungsüberlassung kann der **sachliche Geltungsbereich des BKleingG nicht eingeschränkt** werden. Die Kleingärtnerorganisation als Zwischenpächter kann daher nicht durch Überlassung von Kleingärten auf mitgliedschaftsrechtlicher Grundlage den Schutzzweck des Gesetzes verhindern. Mit dem Zwischenpachtvertrag werden Grundstücke angepachtet zu dem Zweck, sie aufgrund einzelner Kleingartenpachtverträge weiterzuverpachten (§ 4 Abs. 2 Satz 1), d. h. **den einzelnen Pächtern (Kleingärtnern) auch den Schutz des BKleingG zu vermitteln.** Dieser Schutzzweck würde bei der in Rn. 19 beschriebenen „reinen" mitgliedschaftsrechtlichen Nutzungsüberlassung von Kleingärten vereitelt. Die Zielsetzungen der gesetzlichen Zwischenpachtregelung würden insoweit nicht erfüllt. Weigerte sich der Zwischenpächter, den vollen Schutz des BKleingG zu vermitteln, könnte ihm die kleingärtnerische Gemeinnützigkeit aberkannt werden.

Diese Bindung der mitgliedschaftlichen Überlassung von Kleingärten an den Schutz-   **20 a**
zweck des Gesetzes wird durch die Rechtsprechung des BGH bestätigt (BGH, NJW 1987, 2865). Der Begriff „Weiterverpachtung" i. S. d. § 4 Abs. 2 Satz 1 ist nach dieser Rechtsprechung **entsprechend dem Schutzzweck des BKleingG weit** auszulegen. Er umfasst alle Vereinbarungen, die eine kleingärtnerische Nutzung i. S. d. § 1 Nr. 1 zum Gegenstand haben. Mitgliedschaftsrechtliche Überlassung bedeutet daher nur die Verknüpfung der Begründung des kleingärtnerischen Nutzungsrechts mit der Mitgliedschaft, nicht dagegen die Abhängigkeit dieses Nutzungsrechts vom Fortbestehen der Mitgliedschaft.

4.3 Genossenschaftskleingärten

Ein Sonderproblem bilden die **„genossenschaftlichen Kleingärten"**. Hierbei handelt   **21**
es sich um Kleingärten i. S. des § 1 Abs. 1, die im Eigentum der Genossenschaft stehen, an der die Kleingärtner als Genossen mit Geschäftsanteilen beteiligt sind. Im Vordergrund steht die Frage, ob „genossenschaftliche Kleingärten" den Schutz des BKleingG genießen.

Die Genossenschaft wird mit der Eintragung in das Genossenschaftsregister juristische   **22**
Person. Als juristische Person ist die Genossenschaft selbstständige Trägerin von Rechten und Pflichten. Eigentümer der „genossenschaftlichen Kleingärten" ist die Genossenschaft. Die einzelnen Genossen sind Rechtsinhaber des Genossenschaftsanteils, nicht des der Genossenschaft gehörenden Kleingartengrundstücks. Von den Genossen genutzte Einzelgärten sind also, wenn die Voraussetzungen des § 1 Abs. 1 vorliegen, keine Eigentümergärten i. S. des § 1 Abs. 2 Nr. 1.

Damit allein ist jedoch die Frage, ob auf „genossenschaftliche Kleingärten" das   **23**
BKleingG Anwendung findet, noch nicht endgültig beantwortet. Es kommt auf die Ausgestaltung der Überlassung von Kleingärten an Genossen an. Es ist rechtlich möglich, das Nutzungsrecht rein körperschaftsrechtlich auszugestalten, etwa in der Weise, dass mit dem Erwerb von entsprechenden Anteilen an der Genossenschaft das Recht auf Nutzung eines der Genossenschaft gehörenden Kleingartens verknüpft ist. Rechtsgrundlage für das Nutzungsrecht ist dann allein der Geschäftsanteil an der Genossenschaft. In diesem Falle liegt ein Kleingarten i. S. des § 1 Abs. 1 nicht vor. Das BKleingG findet keine Anwendung.

Das Nutzungsrecht kann den Genossen aber auch durch einen (individualrechtlichen) Vertrag eingeräumt werden, wobei der Erwerb eines Geschäftsanteils Voraussetzung für den Vertragsabschluss ist. Die Vorschriften des BKleingG finden in diesem Fall uneingeschränkt Anwendung, auch wenn der Überlassungs-(Nutzungs-)Vertrag mit dem Mitgliedschaftsverhältnis wesensmäßig verbunden und durch die mitgliedschaftsrechtlichen Beziehungen und Bindungen des Genossen geprägt ist. Das bedeutet, dass die Kündigung durch die Genossenschaft bzw. ihre Organe als Verpächterin nur in den im BKleingG genannten Fällen zulässig ist. Eine Erweiterung der Kündigungsgründe kann durch die Satzung nicht herbeigeführt werden. Das Ausscheiden aus der Genossenschaft ist dann allein noch kein Kündigungsgrund (s. auch § 9 Rn. 9).

5. Abgrenzung des Kleingartens von anderen ähnlichen Nutzungsarten

25 Keine Kleingärten i. S. des § 1 Abs. 1 BKleingG sind nach Abs. 2

- Eigentümergärten

- Wohnungsgärten

- Arbeitnehmergärten

- Gärten für bestimmte Gartenbauerzeugnisse

- Grabeland

- Wochenendsiedlergärten (in den neuen Ländern).

Auf Verträge über Gärten, die kleingärtnerisch genutzt werden, aber keine Kleingärten i. S. des BKleingG sind, weil sie nicht eine Kleingartenanlage mit gemeinschaftlichen Einrichtungen bilden, finden die Vorschriften des BKleingG keine Anwendung. Es gilt das Pachtrecht des BGB bzw. das SchuldRÄndG v. 21. 9. 1994 (BGBl I S. 2538) i. d. F. vom 17. 5. 2002 (BGBl I S. 1580).

5.1 Eigentümergärten; Teilung von Kleingartengrundstücken

26 Ein vom Eigentümer oder von einem seiner Haushaltsangehörigen im Sinne des § 18 des Wohnraumförderungsgesetzes (WoFG) genutzer Garten ist kein Kleingarten i. S. des BKleingG, auch wenn alle Voraussetzungen des Abs. 1 vorliegen, d. h. die Grundstücksfläche kleingärtnerisch genutzt wird und innerhalb einer Kleingartenanlage liegt. Diese Fläche ist zwar faktisch „Bestandteil" der Kleingartenanlage, rechtlich aber aus dem verpachteten übrigen Kleingartenland ausgesondert. Das BKleingG definiert einen solchen Garten als **Eigentümergarten.** Es geht von der allgemein anerkannten Begriffsbestimmung aus, dass Kleingärten vertraglich überlassene, nicht erwerbsmäßig genutzte Gärten sind. Wesensmerkmal des Kleingartens ist die Nutzung fremden Landes (s. Rn. 3, 16).

Wer Eigentümer ist, ergibt sich aus dem Grundbuch. Zum Haushalt des Eigentümers gehören die Personen, die miteinander eine Wohn- und Wirtschaftsgemeinschaft führen (Haushaltsangehörige). Als Haushaltsangehörige gelten der Ehegatte, der Lebenspartner und der Partner einer sonstigen auf Dauer angelegten Lebensgemeinschaft sowie deren Verwandte in gerader Linie und zweiten Grades in der Seitenlinie, Verschwägerte in gerader Linie und zweiten Grades in der Seitenlinie, Pflegekinder ohne Rücksicht auf ihr Alter und Pflegeeltern (§ 18 Abs. 2 WoFG). Zum Haushalt rechnen auch die in § 18 Abs. 2 WoFG genannten Personen, die alsbald in dem Haushalt aufgenommen werden sollen.

Aus der Bestimmung des § 1 Abs. 2 Nr. 1, dass Eigentümergärten keine Kleingärten im Sinne des BKleingG sind, ergeben sich folgende Konsequenzen für das Bauplanungsrecht:

Eine im Bebauungsplan für Dauerkleingärten ausgewiesene Fläche darf nur aufgrund von Pachtverträgen oder vergleichbaren schuldrechtlichen Beziehungen bewirtschaftet werden. Der Dauerkleingarten ist ein Pachtgarten. Wird er wegen Eigenbedarfs gemäß § 9 Abs. 1 Nr. 3 gekündigt, verliert er die Kleingarteneigenschaft. Mit der Beendigung der Eigennutzung lebt sie wieder auf mit der Folge der Verpachtungspflicht. Eigentümergärten müssen als solche im Bebauungsplan ausgewiesen werden, wenn sie nicht einem Pächter (Kleingärtner) überlassen werden sollen. S. auch Rn. 43 ff. Soweit der Eigentümer diese Fläche nicht selbst verpachtet, kann nach § 15 ein Zwangspachtvertrag begründet werden.

Die Teilung eines Kleingartengrundstücks mit dem Ziel der Übereignung an einzelne **26 a** nutzungswillige Erwerber ist mit der Festsetzung „Dauerkleingärten" nicht vereinbar (vgl. BVerwG NVwZ 1984, 581 = BBauBl 1984, 199 = BRS 40, 119; BVerwG BauR 1992, 592 = ZfBR 1992, 241). Nach § 19 Abs. 1 BauGB ist die Teilung die dem Grundbuchamt gegenüber abgegebene oder sonstwie erkennbar gemachte Erklärung des Eigentümers, dass ein Grundstücksteil grundbuchmäßig abgeschrieben und als selbstständiges Grundstück oder als ein Grundstück zusammen mit anderen Grundstücken oder mit Teilen anderer Grundstücke eingetragen werden soll. Die sonstwie erkennbar gemachte Erklärung ist auch der Antrag des Eigentümers an die Vermessungs- oder Katasterbehörde, wenn die Vermessung zum Zwecke einer grundbuchmäßigen Abschreibung vorgenommen werden soll.

Die Vorschrift der § 19 Abs. 2 BauGB bestimmt ausdrücklich, dass durch die Teilung eines Grundstücks im Geltungsbereich eines Bebauungsplans keine Verhältnisse entstehen, die den Festsetzungen des Bebauungsplans widersprechen. Gegen diese gesetzliche Regelung verstößt die Teilung eines Kleingartengrundstücks mit dem Ziel, die aufgrund der Teilung entstandenen Grundstücksparzellen an einzelne Kleingärtner oder sonstige nutzungswillige Erwerber zu veräußern. Kleingärten sind Gärten, die aufgrund von Pachtverträgen oder vergleichbaren schuldrechtlichen Beziehungen bewirtschaftet werden. Die bundesrechtliche Genehmigungspflicht der Teilung ist durch das Europarechtsanpassungsgesetz vom 20. 7. 2004 (BGBl I S. 1359) ersatzlos entfallen.

5.2 Wohnungsgärten; Arbeitnehmergärten; Gärten für bestimmte Gartenbauerzeugnisse

Nach § 1 Abs. 2 Nr. 2 sind Gärten auch dann, wenn die äußeren Merkmale eines Klein- **27** gartens erfüllt sind (vgl. § 1 Abs. 1), keine Kleingärten, wenn sie mit der Wohnung zusammen als deren Zubehör dem Nutzer überlassen werden. Sie teilen das mietrechtliche Schicksal der Wohnung („Wohnungsgärten"); das Kleingartenrecht findet keine Anwendung. Es kommt also entscheidend darauf an, ob mit dem Mietvertrag gleichzeitig auch ein Garten überlassen wird, der zur Wohnung „gehört". Der Vermieter soll in diesen Fällen bei Mieterwechsel über den Garten wie über die Wohnung verfügen dürfen und nicht auf die Kündigungsmöglichkeiten nach dem BKleingG angewiesen sein, weil der Gleichlauf von Wohnungs- und Gartennutzungsverhältnis gefährdet wäre, wenn für diese Nutzungsverhältnisse unterschiedliche Kündigungsmöglichkeiten bestünden, also eine Kündigung des Wohnungsmietvertrages nach den §§ 568 ff. BGB n. F., die Kündigung des Gartenpachtvertrages nach den §§ 8 ff. zu beurteilen wäre (BGH NJ 2003, 534 ff.). Die bestandsgeschützte Nutzung der Laube zu Wohnzwecken begründet keinen Wohnungsgarten i. S. d. § 1 Abs. 2 Nr. 2, schon allein deshalb nicht, weil Baulichkeiten im Kleingarten Scheinbestandteile i. S. des § 95 Abs. 1 BGB sind. Näheres hierzu s. § 3 Rn. 43.

27 a Die Bereitstellung von Wohnungsgärten im mehrgeschossigen Mietwohnungsneubau gehört heute vielfach zum Bestandteil des Sozialwohnungsbaus. Hierzu hat auch der experimentelle Wohnungs- und Städtebau des Bundes und der Länder beigetragen. Wohnungsgärten stellen insbesondere in verdichteten Wohngebieten ein wichtiges Element zur Durchgrünung und Auflockerung der Bebauung dar. Interessante Beispiele enthält der Schlussbericht zum Bundeswettbewerb 1990 „Gärten im Städtebau". Wohnungsgärten sind häufig Erdgeschosswohnungen zugeordnet.

28 Auch Gärten, die im Zusammenhang mit einem Arbeits- oder Dienstvertrag dem Arbeitnehmer überlassen werden, sind keine Kleingärten i. S. d. BKleingG. Die Vorschrift des § 1 Abs. 2 Nr. 3 nennt diese Art von Gärten **„Arbeitnehmergärten"**. Die Rechtsverhältnisse hinsichtlich des überlassenen Gartens richten sich nach den für das Hauptvertragsverhältnis geltenden Vorschriften. In diesen Fällen handelt es sich um Gärten, die mit dem Arbeitsplatz „verbunden" sind. Nach Beendigung des Arbeitsverhältnisses werden sie frei und können dem nachfolgenden Arbeitnehmer überlassen werden. Es kommt also nicht entscheidend darauf an, ob der Verpächter Arbeitgeber ist, sondern darauf, ob der überlassene Garten an einen Arbeitsplatz gebunden ist. Die von der Bahn-Landwirtschaft verpachteten Gärten sind daher keine Arbeitnehmergärten, sondern Kleingärten, weil das kleingärtnerische Nutzungsrecht nicht an die Beschäftigung im Unternehmen „Deutsche Bahn" gekoppelt ist.

29 Ein wesentliches Merkmal des Kleingartens i. S. des § 1 Abs. 1 ist die Gewinnung von Gemüse, Obst oder anderen Früchten durch eigene Arbeit für den Eigenbedarf. Das Vorhandensein verschiedener Kulturen ist für die kleingärtnerische Nutzung charakteristisch. Grundstücke, auf denen vertraglich **nur bestimmte Gartenbauerzeugnisse** angebaut werden dürfen, sind keine Kleingärten, so zum Beispiel Obstplantagen. Aus dem Überlassungsvertrag muss sich eindeutig ergeben, auf welche Gartenbauerzeugnisse die Nutzung beschränkt ist. Unter dem Begriff „bestimmte Gartenbauerzeugnisse" sind einzelne näher zu bezeichnende Arten zu verstehen, z. B. Obstbäume, Beerensträucher, Erdbeeren usw. Nicht eindeutig genug im Sinne des Begriffs „bestimmte Gartenbauerzeugnisse" sind dagegen „Obst" oder auch „Gemüse". Beide Worte lassen die von § 1 Abs. 2 Nr. 4 geforderte Beschränkung auf bestimmte Gartenbauerzeugnisse nicht erkennen. Die Nutzungsbeschränkung muss sich aus dem Vertrag selbst ergeben. S. auch oben Rn. 4 ff., 6 f.

5.3 Grabeland

30 Keine Kleingärten sind nach § 1 Abs. 2 Nr. 5 auch Grundstücke, die vertraglich nur mit einjährigen Pflanzen bestellt werden dürfen. In Anlehnung an die Rechtsprechung und das Schrifttum unter der Geltung des alten Rechts bezeichnet das BKleingG Grundstücke der in Nr. 5 genannten Art als **Grabeland**. Der Begriff Grabeland ist wiederholt behandelt und umgrenzt worden. Als wesentlich ist hervorgehoben worden, dass es sich bei Grabeland um eine gärtnerische Nutzung von nur kurzer und vorübergehender Dauer handle, und zwar in der Art, dass Bepflanzung und Ernte im gleichen Jahr erfolgen und somit praktisch in jedem Jahr die Nutzung unschwer beendet werden kann (vgl. BGH NJW 1960, 914 ff.; OLG Hamm, B. v. 22. 4. 1953, JMBl NW 1953 S. 176; Wiethaup ZMR 1970, 194). Bei der kleingärtnerischen Nutzung dagegen werde von einer regelmäßigen längeren Vertragsdauer ausgegangen. Dies komme auch dadurch zum Ausdruck, dass in Kleingärten Dauereinrichtungen wie beispielsweise Lauben, feste Einfriedungen, Hecken angelegt, Obstbäume und Sträucher usw. angepflanzt werden.

Die Unterscheidung zwischen **Kleingartenland und Grabeland** spielte im alten Recht **31** eine wesentliche Rolle. Vom äußerst strengen Kündigungsschutz und der Regelung, dass durch Zeitablauf endende Pachtverträge als auf unbestimmte Dauer verlängert galten, waren nur Kleingärten betroffen. Für Grabeland galten diese Regelungen nicht. Das Grabeland bot insoweit eine Gelegenheit, Ländereien einer vorübergehenden gärtnerischen Bewirtschaftung zuzuführen. Bei Grabeland konnte der Eigentümer darauf vertrauen, dass die Freimachung des Landes im Bedarfsfalle auf keine Schwierigkeiten stoßen werde.

Unter der Geltung des neuen Rechts dürfte die Unterscheidung zwischen Kleingarten- **32** land und Grabeland nicht mehr die gleiche Rolle spielen, weil das BKleingG befristete Verträge für Kleingärten zulässt und dem Verpächter die Möglichkeit einräumt, auch bei unbefristeten Verträgen die kleingärtnerisch genutzte Fläche wegen Eigenbedarfs oder anderweitiger wirtschaftlicher Verwertung zu kündigen (§ 9 Abs. 1 Nr. 3 und 4). Bedeutsam bleibt jedoch die Unterscheidung zwischen diesen beiden Nutzungsarten im Hinblick auf die Überleitungsvorschriften für bestehende Kleingärten, insbesondere wenn die Gemeinde Eigentümerin der Grundstücke ist (§ 16 Abs. 2).

Ob das gärtnerisch genutzte Grundstück Grabeland oder Kleingartenland ist, hängt **33** zunächst einmal vom Inhalt des Vertrags ab. Die Bezeichnung des Grundstücks im Vertrag als Grabeland wird in der Regel genügen, es sei denn, dass sich aus dem sonstigen Inhalt des Vertrages etwas Gegenteiliges ergibt. Entscheidend ist, ob in dem Vertrag mit hinreichender Deutlichkeit die vom Gesetz vorgesehene Nutzungsbeschränkung – „nur mit einjährigen Pflanzen bestellt werden darf" – zum Ausdruck kommt und somit praktisch in jedem Jahr die Nutzung unschwer beendet werden kann. Das wird zum Beispiel dann der Fall sein, wenn im Vertrag die Schaffung von Daueranlagen beziehungsweise Daueranpflanzungen nicht gestattet wird (vgl. hierzu Ganschezian-Finck, Grabeland, RdL 1953, 287 ff.; BGH NJW 1960, 914 ff.). Aus der Überlassung des Grundstücks auf begrenzte Zeit allein kann jedoch nicht auf eine Nutzungsbeschränkung im Sinne des § 1 Abs. 2 Nr. 5 geschlossen werden.

Das als Grabeland verpachtete Grundstück kann jedoch auch ohne ausdrückliche Ver- **34** tragsänderung unter bestimmten Voraussetzungen dem Kleingartenland zugerechnet werden. So kann zum Beispiel die vertragswidrige Errichtung von Daueranlagen durch den Pächter zu einer Umwandlung des Grabelandvertrages in einen Kleingartenpachtvertrag führen, wenn der Verpächter wissentlich dieses Verhalten des Pächters duldet (Otte, in Ernst/Zinkahn/Bielenberg, BKleingG, § 1 Rn. 19). Eine solche „stillschweigende Zustimmung" des Verpächters zur „Vertragsänderung" kann aber nur angenommen werden, wenn der Verpächter von dem Verhalten des Pächters positive Kenntnis hat. Darauf, ob der Verpächter diese Kenntnis hätte haben können oder müssen, kommt es nicht an. Das Unterlassen von Kontrollen rechtfertigt nicht den Schluss auf einen rechtsgeschäftlichen Willen des Verpächters, sich mit allen etwaigen Vertragswidrigkeiten des Verpächters einverstanden zu erklären. Ist der Verpächter zum Beispiel die Gemeinde, so muss das vertragswidrige Verhalten des Pächters derjenigen Dienststelle zur Kenntnis gelangt sein, die für die Verpachtung von Kleingartenland zuständig ist (s. Ganschezian-Finck, Grabeland, RdL 1953, 289). Der Verpächter muss ferner, nachdem er positive Kenntnis von dem vertragswidrigen Verhalten erlangt hat, durch eigenes Verhalten eindeutig zum Ausdruck bringen, dass er dem Vorgehen des Pächters nachträglich zustimmt. Regelmäßig werden hier nur Handlungen des Verpächters als Äußerung seines Zustimmungswillens in Frage kommen, die einen Schluss auf einen bestimmten Rechtsfolgewillen zulassen. Das Schweigen ist in der Regel keine Willenserklärung und kann daher grundsätzlich nicht als nachträgliche Zustimmung ausgelegt werden. Es steht allerdings einer Willenserklärung dann gleich, wenn der Verpächter nach Treu und Glauben unter Berücksichtigung der Verkehrssitte verpflichtet gewesen wäre, seinen abweichenden Willen zu äußern und der Vertragspartner nach Treu und Glauben mit einer Willenserklärung rechnen durfte. Der vertragsbrüchige Pächter wird sich aber nur ausnahmsweise auf einen Verstoß des Verpächters gegen Treu und Glauben berufen können, etwa wenn der Verpächter der Errichtung von Daueranlagen, die sich über einen längeren Zeitraum erstrecken, schweigend zusieht.

5.4 Wochenendsiedlergärten

34 a Die Wochenendsiedlergärten in den neuen Ländern sind ebenfalls keine Kleingärten i. S. d. BKleingG. Nach der Ordnung für Wochenendsiedlungen des VKSK dienten diese Einrichtungen der Naherholung und dementsprechend auch die Bodennutzung „der Erholung und Freizeitgestaltung". Dabei waren „die Möglichkeiten zur Erzeugung von Obst, Gemüse, Bienenhonig u. a. tierischen Produkten zu nutzen und zu fördern" (Nr. 1 der Ordnung für Wochenendsiedlungen des VKSK). Näheres hierzu s. unter § 20 a Rn. 3 a ff.

6. Dauerkleingärten

35 Absatz 3 definiert den Begriff des **„Dauerkleingartens"**. Dauerkleingärten sind danach nur die im **Bebauungsplan** festgesetzten Flächen für Kleingärten, § 9 Abs. 1 Nr. 15 BauGB (s. Gesetzestext Anhang 2). Alle anderen als Kleingärten genutzte Grundstücke, auch die im Flächennutzungsplan dargestellten „Dauerkleingärten" (§ 5 Abs. 2 Nr. 5 BauGB – a. a. O.), sind sonstige Kleingärten. Das BKleingG unterscheidet insoweit zwischen **Dauerkleingärten** und **anderen Kleingärten** i. S. d. § 1 Abs. 1. Im Bauplanungsrecht wird dagegen der Begriff „Dauerkleingärten" sowohl für im Bebauungsplan festgesetzte als auch im Flächennutzungsplan dargestellte Flächen verwendet. Die §§ 9 Abs. 1 Nr. 15 und 5 Abs. 2 Nr. 5 BauGB erfassen Dauerkleingärten unter dem Oberbegriff „Grünfläche". Dauerkleingärten unterscheiden sich nicht nur von anderen vergleichbar genutzten Gärten, z. B. Eigentümergärten (s. oben Rn. 26), sondern auch von Flächen/(Bau-)Gebieten, die der Erholung dienen, wie Wochenend-haus-, Ferienhaus- oder Gartenhausgebieten (s. oben Rn. 14 a und § 3 Rn. 13 f.). Der planungsrechtliche Begriff „Dauerkleingärten" in den §§ 5 Abs. 2 Nr. 5 und 9 Abs. 1 Nr. 15 BauGB entspricht hier dem Kleingartenbegriff des § 1 Abs. 1 BKleingG. Er hat insoweit keinen anderen Inhalt (vgl. BVerwG, NVwZ 1984, 581 = BBauBl 1984, 199 = BRS 40, 119). Das bedeutet, dass der Begriff „Dauerkleingärten" in § 5 Abs. 2 Nr. 5 und § 9 Abs. 1 Nr. 15 BauGB nur Gärten umfasst, die aufgrund von Pacht- oder ähnlichen Verträgen von Kleingärtnern bewirtschaftet werden.

Die **kleingartenrechtliche Differenzierung** zwischen Dauerkleingärten und sonstigen Kleingärten rechtfertigt sich aus der unterschiedlichen **rechtlichen Natur** des Flächen-nutzungsplans und des Bebauungsplans. **36**

Der **Flächennutzungsplan** ist seinem Wesen nach ein nur vorbereitender Plan (§ 1 Abs. 2 BauGB). Er stellt für das ganze Gemeindegebiet die beabsichtigte Art der Bodennutzung nach den voraussehbaren Bedürfnissen der Gemeinde in den Grund-zügen dar (§ 5 Abs. 1 BauGB). Der Flächennutzungsplan enthält keine rechtsver-bindlichen Bodennutzungsregelungen, sondern lediglich (richtungweisende) Darstel-lungen, aus denen die rechtsverbindlichen Festsetzungen im Bebauungsplan zu ent-wickeln sind (§ 8 Abs. 2 Satz 1 BauGB). Er soll weitere konkretere Planungen mit Rechtswirkungen nach außen vorbereiten. Das BVerwG hat mit Beschluss vom 20. 7. 1990 (BauR 1990, 685 = NVwZ 1991, 262 = NJ 1991, 88) noch einmal den Rechts-normcharakter des Flächennutzungsplans verneint. Gleichwohl äußert auch der Flächennutzungsplan Wirkungen. Er bindet die Gemeinde bei der Entwicklung der Bebauungspläne aus dem Flächennutzungsplan und die bei seiner Aufstellung be-teiligten öffentlichen Planungsträger, die ihm nicht widersprochen haben (§ 7 BauGB). Daneben hat der Flächennutzungsplan auch Rechtswirkungen im sog. Außen-bereich (§ 35 BauGB). Als öffentlicher Belang i. S. des § 35 Abs. 3 Satz 1 Nr. 1 BauGB können Darstellungen eines Flächennutzungsplans einem Vorhaben entgegengehalten werden, z. B. die Ausweisung einer Fläche für Dauerkleingarten einem Bauvorhaben. **37**

Der Flächennutzungsplan wird durch Beschluss der Gemeindevertretung aufgestellt. Der Beschluss ist kein Satzungsbeschluss, gegen den Flächennutzungsplan ist daher auch kein verwaltungsgerichtliches Normenkontrollverfahren nach § 47 VwGO zulässig.

Demgegenüber ist der **Bebauungsplan** ein „verbindlicher Bauleitplan" (§ 1 Abs. 2 BauGB), der die „rechtsverbindlichen Festsetzungen für die städtebauliche Ordnung enthält und die Grundlage für weitere zum Vollzug des Baugesetzbuchs erforderlichen Maßnahmen bildet" (§ 8 Abs. 1 BauGB). Er beschränkt sich nicht – wie der Flächen-nutzungsplan – auf „Darstellungen", sondern trifft ins einzelne gehende verbindliche Bodennutzungsregelungen (Festsetzungen) nach Maßgabe des § 9 BauGB. Der Katalog der möglichen Festsetzungen nach § 9 BauGB ist abschließend. Der Bebauungsplan wird von der Gemeinde als Satzung beschlossen (§ 10 BauGB). Satzungen sind Gesetze im materiellen Sinne. Die Gemeinde wird insoweit als Ortsgesetzgeber tätig. Dem Bebauungsplan kommt daher Rechtsnormcharakter zu. Im Rahmen der Grenzen seines räumlichen Geltungsbereichs wirkt der Bebauungsplan für und gegen jedermann. Auch für juristische Personen des öffentlichen Rechts mit ihren Behörden sind die Bebauungspläne bindende Rechtsnormen. **38**

38 a   Enthält der Bebauungsplan zumindest Festsetzungen über die Art der baulichen Nutzung (§§ 1–15 BauNVO) und das Maß der baulichen Nutzung (§§ 16–21 a BauNVO), ferner über die überbaubaren Grundstücksflächen (§ 23 BauNVO) sowie über die örtlichen Verkehrsflächen (**qualifizierter Bebauungsplan,** § 30 Abs. 1 BauGB) oder regelt er die Zulässigkeit eines (konkreten) Vorhabens mit gleicher Intensität (**vorhabenbezogener Bebauungsplan,** § 30 Abs. 2 BauGB), so entscheidet er abschließend und ausschließlich über die planungsrechtliche Zulässigkeit von Vorhaben. Bleibt sein Regelungsgehalt dahinter zurück (**einfacher Bebauungsplan,** § 30 Abs. 3 BauGB) so beurteilt sich die planungsrechtliche Zulässigkeit von Vorhaben nur soweit nach den Festsetzungen des Bebauungsplans, wie diese reichen, im Übrigen nach den Vorschriften des § 34 BauGB für den im Zusammenhang bebauten Ortsteil (nicht beplanter Innenbereich) oder des § 35 BauGB für den Außenbereich.

38 b   Grundsätzlich gelten die im Bebauungsplan getroffenen Festsetzungen unmittelbar und diese Geltung endet in zeitlicher Hinsicht, wenn der Bebauungsplan entsprechend geändert oder aufgehoben wird. Das Europarechtsanpassungsgesetz Bau – EAGBau – vom 24. 6. 2004 (BGBl. I S. 1359) hat den Gemeinden die Möglichkeit eingeräumt, **Nutzungen befristet oder auflösend bedingt** festzusetzen. Nach bisherigem Recht waren solche Festsetzungen nicht vorgesehen. Mit dieser Festsetzungsmöglichkeit soll einem Bedürfnis in der Planungspraxis Rechnung getragen werden, in Anbetracht der zunehmenden Dynamik im Wirtschaftsleben und den damit verbundenen kürzeren Nutzungszyklen von Vorhaben, die zeitliche Nutzungsfolge berücksichtigen zu können (BT-Drs. 15/2250 S. 34, 49).

38 c   Nach § 9 Abs. 2 BauGB kann in besonderen Fällen im Bebauungsplan festgesetzt werden, dass **bestimmte Nutzungen nur für einen bestimmten Zeitraum zulässig sind oder bis zum Eintritt bestimmter Umstände zulässig oder unzulässig sind.** Diese Festsetzungen sollen mit der Festsetzung der Folgenutzung verbunden werden. Diese Festsetzungsmöglichkeiten gestatten, **Zwischennutzungen** vorzusehen, grundsätzlich auch für Dauerkleingärten. Ob jedoch eine solche Zwischennutzung als Dauerkleingartenfläche konkret in Betracht kommt, erscheint zweifelhaft. Allenfalls in Ausnahmefällen dürfte eine solche befristete oder bedingte Nutzungsfestsetzung städtebaulich und kleingartenrechtlich sachgerecht sein. Das ergibt sich bereits aus dem Wortlaut des § 9 Abs. 2 BauGB. Denn bedingte und befristete Nutzungsfestsetzungen können nur „in besonderen Fällen" getroffen werden, es müssen also städtebauliche Gründe für eine solche Festsetzung vorliegen. Das kann der Fall sein, wenn die Nutzungsdauer von vornherein feststeht oder zumindest (zeitlich) absehbar ist oder wenn nach der Planungskonzeption die Errichtung von störbedürftigen wohngenutzten baulichen Anlagen erst zulässig sein soll, wenn die Errichtung von im Bebauungsplan festgesetzten schallschützenden Maßnahmen gesichert ist (BT-Drs. 15/2250, S. 49).

38 d   Städtebauliche Gründe, die eine **befristete oder auflösend bedingte Festsetzung von Flächen als Dauerkleingärten** rechtfertigen, sind nicht erkennbar. **Hiergegen spricht schon die städtebauliche Funktion der Kleingärten.** Kleingärten sind ein wichtiges Element zur Durchgrünung und Auflockerung der Bebauung. Sie leisten einen wirksamen Beitrag für mehr Grün in den Städten und verbessern ihre ökologischen Grundlagen (BVerfGE 52, 1, 38). Kleingärten erfüllen als Teil des städtischen Grundflächensystems wichtige Ausgleichsfunktionen, auch bezogen auf das städtische Kleinklima, den

Wasserhaushalt sowie den Lebensraum für Pflanzen und Tiere. Diese städtebauliche Funktion ist eine auf Dauer angelegte Wirkung, die von der Festsetzung „Dauerkleingärten" ausgeht. Die befristete oder auflösend bedingte Festsetzung einer Fläche für Dauerkleingartenanlagen wird dieser Funktion nicht gerecht. Werden in Einzelfällen dennoch solche Flächen im Bebauungsplan festgesetzt, so sind diese als Dauerkleingärten i. S. des § 1 Abs. 3 zu qualifizieren mit den sich daraus ergebenden kleingartenrechtlichen Folgen im Hinblick auf den Wegfall der Kündigungsmöglichkeit des Verpächters wegen anderer wirtschaftlicher Verwertung (§ 9 Abs. 1 Nr. 4) und die Ersatzlandverpflichtung gemäß § 14. Die Vertragsdauer ist dagegen an die befristete bzw. bedingte Festsetzung bebunden. § 6 findet keine Anwendung.

Als zeitlich nicht beschränkte **Folgenutzung** kann dagegen die Festsetzung „Dauerkleingärten" in Betracht kommen. Das kann z. B. bei Festsetzungen von Flächen in Sondergebieten i. S. d. § 10 BauNVO – „Gebiet für Messen, Ausstellungen" –, die nur für eine bestimmte Zeit einer bestimmten Nutzung dienen sollen, der Fall sein. Im Regelfall („soll") ist eine Folgenutzung festzusetzen.   **38 e**

6.1 Darstellung von „Dauerkleingärten" im Flächennutzungsplan

§ 5 Abs. 2 Nr. 5 BauGB, der die Ausweisung von Dauerkleingärten ausdrücklich vorsieht, erfasst diese unter dem Oberbegriff „Grünfläche". Beispielhaft werden in dieser Vorschrift als Grünfläche neben Dauerkleingärten auch Parkanlagen, Sport-, Spiel-, Zelt- und Badeplätze sowie Friedhöfe genannt. In diesem Zusammenhang stellt sich daher die Frage, ob es regelmäßig ausreicht, im Flächennutzungsplan lediglich Grünflächen darzustellen und die nähere Zweckbestimmung (Konkretisierung) dem Bebauungsplan zu überlassen oder ob bereits im Flächennutzungsplan die nähere Konkretisierung der „Grünflächennutzung" erforderlich oder auch (nur) zweckmäßig ist.   **39**

Für den **Bebauungsplan** ist bereits durch höchstrichterliche Rechtsprechung entschieden, dass die nicht näher konkretisierte Festsetzung einer Grünfläche lediglich die Anlage und Unterhaltung einer begrünten Fläche gestattet. **Eine nähere konkretisierte Festsetzung im Bebauungsplan ist jedoch erforderlich, sobald und soweit eine der in § 9 Abs. 1 Nr. 15 BauGB vorgesehenen, nicht lediglich begrünten Anlagen geplant ist** (BVerwGE 42, 5 = NJW 1973, 1710 = DÖV 1973, 712). Das Bedürfnis nach Bestimmtheit planerischer Festsetzungen ergibt sich bereits aus der Rechtsnatur, dem Sinn und dem Zweck des Bebauungsplans. Für die örtliche Planung allgemein wie auch für die betroffenen Grundeigentümer ist es von erheblicher Bedeutung, ob lediglich eine begrünte Fläche oder ob auf ihr Dauerkleingärten, Sport-, Spiel-, Zelt- oder Badeplätze errichtet werden sollen und dürfen. Dem Sinn und Zweck der Bebauungsplanung würde eine Festsetzung „Grünfläche" nicht gerecht, die dem Eigentümer die freie Wahl unter den nach § 9 Abs. 1 Nr. 15 BauGB in Betracht kommenden sehr verschiedenen Nutzungen ermöglicht und damit die Planung allgemein wie auch die Nachbarn insoweit im Ungewissen lässt. Für die Notwendigkeit, den Verwendungszweck der Festsetzung anzugeben spricht auch die Beteiligung der Bürger am Planaufstellungsverfahren. Anregungen zum Bebauungsplanentwurf können in sachdienlicher Weise nur vorgebracht und von der Gemeinde und der höheren Verwaltungsbehörde berücksichtigt werden, wenn die beabsichtigten Festsetzungen hinreichend bestimmt sind. Das Erfordernis, die Festsetzung „Grünfläche" näher zu konkretisieren und den   **40**

Verwendungszweck anzugeben, ergibt sich ferner aus dem Abwägungsgebot des § 1 Abs. 6 BauGB. Die Abwägung der öffentlichen und privaten Belange gegeneinander und untereinander führt in der Regel zu durchaus unterschiedlichen Ergebnissen, je nachdem, ob nur eine schlicht begrünte Fläche oder ob z. B. Dauerkleingärten beabsichtigt sind. Konkretere Festsetzungen sind auch erforderlich, weil der Bebauungsplan die Grundlage für weitere, zum Vollzug des Baugesetzbuchs erforderliche Maßnahmen bildet. Dem Bestimmtheitsgebot genügt in jedem Fall ein Bebauungsplan, der das für Dauerkleingärten vorgesehene Planzeichen (Anlage zur PlanV 90 Nr. 9 – Zweckbestimmung: Dauerkleingärten) verwendet (vgl. BVerwG, NVwZ 1998, 1179).

41   Diese Rechtsprechung des Bundesverwaltungsgerichts zu den Festsetzungen des Bebauungsplans kann zwar nicht schlechthin auf den Flächennutzungsplan übertragen werden, weil dieser Plan nur einen vorbereitenden Charakter hat. Eine **ausreichende Konkretisierung der dargestellten Grünflächen ist aber bereits im Flächennutzungsplan zweckmäßig**, um die sich aus der beabsichtigten städtebaulichen Entwicklung ergebende Art der Bodennutzung zu erkennen und sachdienliche Anregungen in der Bürgerbeteiligung zu ermöglichen (Mainczyk, BauGB, Kommentar, 2. Aufl. § 5 Rn. 13; Gaentzsch, BauGB, Kommentar, § 5 Rn. 17).

Eine **Zweckbestimmung der Darstellung ist in jedem Fall erforderlich, wenn mit der Ausweisung „Grünfläche" beabsichtigt ist, Flächen für Dauerkleingärten planungsrechtlich bereitzustellen** (vgl. Ernst/Zinkahn/Bielenberg, BauGB, Kommentar, § 5 Rn. 43; Mainczyk, BauGB, Kommentar, 2. Aufl. § 5 Rn. 13). Eine solche Zweckbestimmung kann vor allem sicherstellen, dass einem ihr widersprechenden Vorhaben (im Außenbereich) die Darstellung im Flächennutzungsplan als öffentlicher Belang (§ 35 Abs. 3 Nr. 1 BauGB) entgegengehalten werden kann (vergl. BVerwG, NJW 1984, 1367). Aus der Darstellung muss dann erkennbar sein, ob z. B. eine Parkanlage, ein Sportplatz oder Dauerkleingärten beabsichtigt sind. Nur dann können auch die Bürger sachdienlich zu Ausweisungen im Flächennutzungsplan Stellung nehmen. Es kann auch keine sachgerechte fehlerfreie Abwägung stattfinden (s. unten Rn. 52 ff.), wenn im konkreten Einzelfall die beabsichtigte Art der Bodennutzung – z. B. Sportplatz oder kleingärtnerische Nutzung – nicht feststeht. Erfolgt im Flächennutzungsplan eine Ausweisung **„Grünfläche/kleingärtnerische Nutzung"**, so ist zwar die künftige Bodennutzung erkennbar. Nicht erkennbar ist jedoch, ob die kleingärtnerische Nutzung auf der Grundlage schuldrechtlicher Beziehungen erfolgen soll, ob also Dauerkleingärten oder Eigentümergärten beabsichtigt sind. Kleingärtnerisch genutzt werden auch Eigentümergärten im Sinne des § 1 Abs. 2 Nr. 1, obwohl sie keine Kleingärten im Sinne des BKleingG sind. Die Darstellung „Grünfläche/kleingärtnerische Nutzung" **konkretisiert zwar (ausreichend) planungsrechtlich den Nutzungszweck, ist aber unter dem Blickwinkel des BKleingG insoweit nicht eindeutig genug, als sie künftig sowohl Kleingärten als auch Eigentümergärten zulässt. Die ausreichende kleingärtnerische Konkretisierung ist daher nur gewährleistet, wenn ausdrücklich Dauerkleingärten ausgewiesen werden** (s. Mainczyk, BBauBl 1988, 62). Weitergehende Differenzierungen der Nutzung innerhalb der für Dauerkleingartenanlagen vorgesehenen Fläche, etwa für gemeinschaftliche Einrichtungen, z. B. Spielflächen, sind nicht erforderlich. Bei sog. Kleingartenparks können im Einzelfall jedoch weitere Nutzungsdifferenzierungen der Dauerkleingartenfläche zweckmäßig sein.

Dabei ist auch die Belastung des für die kleingärtnerische Nutzung vorgesehenen Bodens **41 a** mit Schwermetallen zu berücksichtigen. Sind Flächen ehemaliger Deponien, alte Industrieflächen immissionsträchtiger Gewerbebetriebe, Uferbereiche von Fließgewässern oder Umfeldbereiche von Kläranlagen als Kleingartenland vorgesehen, besteht ein Untersuchungsbedarf solcher Flächen. Eine Ausweisung setzt insoweit entsprechende Prüfungen voraus. Nach § 5 Abs. 3 Nr. 3 BauGB ist die Gemeinde ohnehin verpflichtet, für bauliche Nutzungen vorgesehene Flächen, deren Böden mit umweltgefährdenden Stoffen belastet sind, im Flächennutzungsplan zu kennzeichnen. Flächen, die für eine bauliche Nutzung vorgesehen sind, sind außer Bauflächen und Baugebieten (§§ 2 ff. BauNVO) auch sonstige Flächen, auf denen bauliche Anlagen errichtet werden sollen oder können. Hierunter fallen auch Flächen für Dauerkleingärten. Es wäre daher abwägungsfehlerhaft, Überlegungen darüber, ob Dauerkleingärten auf diesen Flächen in Betracht kommen, beiseite zu schieben und die Belastung lediglich zu kennzeichnen. Zu kennzeichnen sind nur Flächen, bei denen über die Belastung gesicherte Erkenntnisse bestehen, nicht bloße Verdachtsflächen (Mainczyk, BauGB, Kommentar, 2. Aufl., § 5 Rn. 19). Liegen Anhaltspunkte für die konkrete Möglichkeit von Altlasten vor, so ergibt sich aus dem Abwägungsgebot die Pflicht der Gemeinde, diesen Anhaltspunkten ggf. durch gezielte Untersuchungen nachzugehen. Die Kennzeichnungspflicht erfüllt lediglich eine Warnfunktion (Gaentzsch, BauGB, Kommentar, § 5 Rn. 27). Zur Problematik kontaminierter Flächen s. auch § 4 Rn. 13.

6.2 Festsetzung von Dauerkleingärten im Bebauungsplan

Das BauGB geht von einer Stufenfolge der Planung aus, und zwar von einem die **42** beabsichtigte Bodennutzung betreffenden gemeindlichen Gesamtplan (Flächennutzungsplan), aus dem für einzelne Grundstücke der die Bodennutzung verbindlich regelnde Bebauungsplan entwickelt wird (§ 8 Abs. 2 Satz 1 BauGB). Der Begriff „Entwickeln" räumt aber auch gestalterische Freiheit ein, nicht nur das, was im Flächennutzungsplan vorgeplant ist, auszuführen, sondern in dem durch diesen Plan vorgegebenen Rahmen „eigenständig" zu planen. „Bebauungspläne" sind nämlich nach § 8 Abs. 2 Satz 1 BauGB **aus den ihnen vorgegebenen Flächennutzungsplänen** in der Weise **„zu entwickeln",** dass durch ihre Festsetzungen die zugrunde liegenden Darstellungen des Flächennutzungsplans konkreter ausgestaltet und damit zugleich verdeutlicht werden (BVerwGE 48, 70 = NJW 1975, 1985 = DVBl 1975, 661). Je konkreter die Darstellungen des Flächennutzungsplans sind, desto weniger Spielraum bleibt der Gemeinde bei der Bebauungsplanung (Bielenberg in: Ernst/Zinkahn/Bielenberg, BauGB Kommentar, § 8 Rn. 5). Bei einer Darstellung im Flächennutzungsplan „Grünfläche/kleingärtnerische Nutzung" kann die Gemeinde im Bebauungsplan sowohl Dauerkleingärten (§ 1 Abs. 3) festsetzen als auch Eigentümergärten (§ 1 Abs. 2 Nr. 1). In beiden Fällen wäre das „Entwicklungsgebot" erfüllt. Hat dagegen die Gemeinde im Flächennutzungsplan eine Fläche als Dauerkleingärten ausgewiesen, dann würde die Festsetzung „Eigentümergärten" im Bebauungsplan der Darstellung im Flächennutzungsplan nicht mehr entsprechen und eine Überschreitung des „Entwickelns" bedeuten, weil dies der im Flächennutzungsplan nach – sachgerechter – Abwägung (§ 1 Abs. 6 BauGB) getroffenen Zweckbestimmung – Dauerkleingärten – widerspricht. Verstöße gegen das Entwicklungsgebot führen grundsätzlich zur Unwirksamkeit des Bebauungsplans. Sie sind nur dann unbeachtlich, wenn sie die geordnete städtebauliche Entwicklung nicht beeinträchtigen. Das hängt vom Einzelfall ab. Die geordnete städtebauliche Entwicklung ist jedenfalls beeinträchtigt, wenn die Abweichungen im Bebauungsplan Auswirkungen auf einen größeren Raum haben (VGH Kassel NVwZ 1988, 541 f.) Dazu gehören auch die Auswirkungen im Hinblick auf die Versorgung der Bevölkerung mit Kleingärten. Ist die Versorgung mit Kleingärten nicht gewährleistet, dann ist auch die geordnete städtebauliche Entwicklung beeinträchtigt.

43 Die Festsetzung einer **Grünfläche** im Bebauungsplan erfordert grundsätzlich zugleich eine Festsetzung der **öffentlichen oder privaten Zweckbestimmung.** Für die Bauleitplanung wie auch für die betroffenen Grundstückseigentümer ist es von erheblicher Bedeutung, ob eine Grünfläche einer privaten oder öffentlichen Nutzung zugeführt werden soll. Je nachdem, ob eine private oder öffentliche Grünfläche vorgesehen ist, sind andere Anregungen im Auslegungsverfahren zu erwarten. Von Bedeutung ist ferner die öffentliche oder private Zweckbestimmung für weitere Vollzugsmaßnahmen, so z. B. für ein Enteignungsverfahren im Hinblick auf den Enteignungszweck oder im Umlegungsverfahren im Rahmen der Vorwegausscheidung nach § 55 Abs. 2 BauGB oder der Ausscheidung und Zuteilung von Flächen für öffentliche Zwecke gegen geeignetes Ersatzland nach § 55 Abs. 5 BauGB (BayVGH, BayVBl 1984, 339). Eine ausdrückliche Festsetzung der öffentlichen oder privaten Zweckbestimmung der Grünfläche ist jedoch dann nicht erforderlich, wenn sich die Zweckbestimmung bereits aus der Festsetzung selbst ergibt (BayVGH, a. a. O.). Zur Belastung der als Dauerkleingärten auszuweisenden Flächen s. oben Rn. 41 a und § 4 Rn. 13.

Kriterium für die Unterscheidung zwischen privaten und öffentlichen Grünflächen ist die öffentliche oder private Nutzung. Öffentliche Grünflächen sind solche, die der Öffentlichkeit, d. h. der Nutzung durch die Allgemeinheit gewidmet sind oder werden sollen; private Grünflächen dagegen solche, die für private Nutzungen bestimmt sind. Unterscheidungsmerkmal ist insoweit die Widmungszweck (vgl. Gaentzsch, Berl. Komm. zum BauGB, § 9 Rn. 36). **Kleingärten dienen privaten Zwecken,** sie dienen nämlich den Kleingärtnern zur nicht erwerbsmäßigen gärtnerischen Nutzung und zur Erholung (§ 1 Abs. 1 Nr. 1). Das Gleiche gilt auch für Dauerkleingärten (§ 1 Abs. 3). Die kleingärtnerische Nutzung erfolgt auf der Grundlage eines Pachtvertrages (s. hierzu § 4 Rn. 1). Durch diesen Vertrag verpflichtet sich der Verpächter (Zwischenpächter), das Kleingartenland dem Pächter (Kleingärtner) zur kleingärtnerischen Nutzung zu überlassen. Der Pächter verpflichtet sich, als Gegenleistung den vereinbarten Pachtzins zu zahlen. Kleingärten sind eindeutig private Grünflächen im Sinne des § 9 Abs. 1 Nr. 15 BauGB (s. Gaentzsch, a. a. O.; Mainczyk, Zum Problem der Kleingärten in der Bauleitplanung, BBauBl 1988, 62; OVG Münster, U. v. 6. 8. 90 – NVwZ-RR 1991, 175).

Die private Zweckbestimmung ergibt sich also bereits aus dem Begriff „Dauerkleingarten". Die Festsetzung „Grünfläche/Dauerkleingarten" beinhaltet insoweit gleichzeitig die private Zweckbestimmung. Eine weitere Konkretisierung durch die zusätzliche Kennzeichnung „private Zweckbestimmung" oder „private Grünfläche" ist nicht erforderlich.

44 Die Öffnung von Gemeinschaftseinrichtungen in einer Kleingartenanlage für die Allgemeinheit, z. B. der Spielflächen oder der Wege, verändern den privaten Charakter der einzelnen (Dauer-)Kleingärten nicht. Sie bleiben auch in diesem Fall der privaten Nutzung gewidmet und sind daher als private Grünflächen zu qualifizieren.

Die alleinige Festsetzung „**Grünfläche für private Nutzung**" genügt als Ausweisung   **45**
von Dauerkleingartenland den Anforderungen **nicht,** die an die Bestimmtheit der Festsetzungen zu stellen sind. Der Begriff „private Grünfläche" umfasst einerseits sowohl Pachtgärten als auch Eigentümergärten und andererseits private Spiel- oder Sportflächen. Hinweise in der Begründung zum Bebauungsplan, dass unter privaten Grünflächen Dauerkleingärten gemeint sind, reichen für die erforderliche Bestimmtheit der Festsetzungen nicht aus. Die Begründung ist nicht Bestandteil des Bebauungsplans; sie nimmt an seinem Rechtscharakter nicht teil.

Beabsichtigt also die Gemeinde Flächen planungsrechtlich abzusichern, die auf der   **45 a**
Grundlage von Pacht- oder ähnlichen schuldrechtlichen Verträgen kleingärtnerisch innerhalb einer Kleingartenanlage bewirtschaftet werden sollen, muss sie diese Flächen als Dauerkleingartenland ausweisen. Zur Problematik der Teilung von Kleingartengrundstücken s. oben Rn. 26 und 26 a.

6.3 Ausweisung von Dauerkleingärten im einfachen Bebauungsplan

Der einfache Bebauungsplan (s. Rn. 38 a) unterscheidet sich vom qualifizierten   **46**
(§ 30 Abs. 1 BauGB) einzig und allein dadurch, dass er die für den qualifizierten Bebauungsplan geforderten Mindestfestsetzungen, nämlich über die Art und das Maß der baulichen Nutzung, über die überbaubaren Grundstücksflächen und über die örtlichen Verkehrsflächen nicht (oder nicht alle Mindestfestsetzungen) enthält. Im Übrigen entfaltet der einfache Bebauungsplan die gleichen Wirkungen wie der qualifizierte Plan.

Für die Ausweisung von Dauerkleingärten wird häufig ein einfacher Bebauungsplan (vgl. § 30 Abs. 3 BauGB – s. Anhang 2) ausreichen, um eine geordnete städtebauliche Entwicklung zu gewährleisten. Ob das der Fall ist, beurteilt sich allein nach Maßgabe des § 1 BauGB, insbesondere nach Maßgabe der planerischen Konzeption der Gemeinde (§ 1 Abs. 3 BauGB), der Pflicht zur Berücksichtigung der Belange und des Abwägungsgebots (§ 1 Abs. 5 und 6 BauGB). Der einfache Bebauungsplan verändert nicht den Gebietscharakter (s. § 3 Rn. 16 ff.). Einfach beplante Flächen für Dauerkleingärten sind bauplanungsrechtlich als Außenbereich zu qualifizieren. Die Zulässigkeit von Vorhaben (s. § 3 Rn. 12) beurteilt sich nach § 35 BauGB, sofern der einfache Bebauungsplan keine Festsetzungen für die beabsichtigten Vorhaben, z. B. Geräteschuppen, Gewächshäuser oder ähnliche Nebenanlagen enthält. Der einfache Bebauungsplan verdrängt aber die Zulässigkeitsvoraussetzungen nach § 35 BauGB, soweit er entsprechende Festsetzungen trifft.

6.4 Planungsbedürfnis

Die Bauleitplanung ist eine Selbstverwaltungsaufgabe der Gemeinde (§ 2 Abs. 1 Satz 1   **47**
BauGB). Diese Vollmacht zur Ordnung der städtebaulichen Entwicklung wird durch das BauGB in materieller und formeller Hinsicht bestimmt und begrenzt. Die Planung ist aber nicht nur ein Recht der Gemeinde, sondern kann auch ihre Pflicht sein. Nach § 1 Abs. 3 BauGB haben die Gemeinden Bauleitpläne aufzustellen, sobald und soweit es für die städtebauliche Entwicklung und Ordnung erforderlich ist.

Ob und in welchem Umfang eine Bauleitplanung erforderlich ist, bestimmt sich nach   **47 a**
städtebaulichen Bedürfnissen. Die grundlegenden Entscheidungen über die städtebauliche Entwicklung und Ordnung der Gemeinde werden im Flächennutzungsplan

getroffen und in Bebauungsplänen fortentwickelt. **Das Bedürfnis, Kleingärten in Bauleitplänen auszuweisen, ergibt sich aus dem (konkreten) Kleingartenlandbedarf in der Gemeinde.** Spätestens im Zusammenhang mit der Aufstellung (vor allem in den neuen Ländern) bzw. der Überarbeitung (alte Länder) der Flächennutzungspläne werden die Gemeinden gezwungen, Überlegungen auch zum künftigen Bedarf an Kleingärten anzustellen. Vielfach werden für diese Zwecke Kleingartenentwicklungspläne erarbeitet (s. hierzu Gutachten „Städtebauliche, ökologische und soziale Bedeutung des Kleingartenwesens", 1998, erarbeitet vom Institut für Städtebau, Bodenordnung und Kulturtechnik der Universität Bonn – Prof. Dr.-Ing. Herbert Strack, Dr.-Ing. Norbert Gerhards und Dipl.-Ing. Klaus Heider – herausgegeben vom BMBau, S. 43 f.).

47 b   Bei der Ermittlung des Kleingartenlandbedarfs wird in der Regel von bestimmten Richtwerten bezogen auf die Einwohnerzahl oder die Zahl der gartenlosen Geschosswohnungen auszugehen sein. Die ständige Konferenz der Gartenbauamtsleiter beim Deutschen Städtetag hat in ihrem Gutachten „Das Kleingartenwesen als Teil der Stadtentwicklung" 1971 einen Richtwert von 7–10 hausgartenlosen Wohnungen (= 10–15 %) je Kleingarten empfohlen (Schriftenreihe BMBau 05.011 Bundeswettbewerbe – Gärten im Städtebau", S. 83). Gebräuchlich sind auch andere Richtwerte, z. B. Zahl der Einwohner je Kleingarten, Kleingartenfläche je Einwohner.

47 c   Entscheidendes Kriterium für die planungsrechtliche Festsetzung (Bereitstellung) von Kleingärten ist das Verhältnis zwischen Angebot und Nachfrage nach ihnen. Die Nachfragesituation ist regional unterschiedlich. Ein bundesweiter Trend ist derzeit nicht erkennbar (Gutachten „Städtebauliche, ökologische und soziale Bedeutung des Kleingartenwesens", 1998, S. 45). Örtlich gibt es attraktive, verkehrsgünstig gelegene Kleingartenanlagen, für die lange Wartelisten bestehen, und daneben ungünstige durch Emissionen belastete Standorte mit Leerständen. Auch zu hohe Ablösesummen können zu Leerständen führen. Planerische Entscheidungen, die aufgrund einer prognostischen Einschätzung zu künftigen tatsächlichen Entwicklungen getroffen werden müssen, sind hinsichtlich ihrer Prognose rechtmäßig, wenn diese unter Berücksichtigung aller verfügbaren Daten in einer dem Kleingartenwesen angemessenen und methodisch einwandfreien Weise erarbeitet worden ist (BVerwGE 56, 110).

6.5 Anpassung an die Ziele der Raumordnung

47 d   Bauleitpläne sind den Zielen der Raumordnung anzupassen, § 1 Abs. 4 BauGB. Diese Ziele werden in den Programmen und Plänen der Landesplanung – landesweit – festgelegt. In den Stadtstaaten Berlin, Bremen, Hamburg tritt die Flächennutzungsplanung an die Stelle der Landesplanung. Ziele der Raumordnung sind z. B. die Abgrenzung von Verdichtungsräumen und ländlichen Räumen, die Festlegung von zentralen Orten, von Freiräumen und Räumen für besondere Funktionen von Landesbedeutung. Konkrete Ziele enthalten die Regionalpläne. Sie formen die landesweit festgelegten Ziele näher aus. Regionalplanung bleibt aber überörtliche Planung für Teilräume des Landes.

6.6 Aufstellungsverfahren

48   Das förmliche Planverfahren, das für den Flächennutzungs- und Bebauungsplan grundsätzlich in gleicher Weise abläuft, beginnt mit dem Beschluss, einen Bauleitplan aufzustellen (§ 2 Abs. 1 BauGB – s. Anhang 2 –). Das Fehlen des Aufstellungsbeschlusses ist jedoch für die Wirksamkeit des Bauleitplans unerheblich (BVerwG NVwZ 1988, 916).

Bei der Aufstellung von Bauleitplänen sind die Gemeinden verpflichtet, die **Behörden** 49 und sonstige **Träger öffentlicher Belange,** deren Aufgabenbereich von der Planung berührt werden kann, zu beteiligen (§ 4 BauGB). Behörden sind – als institutionell selbstständige und damit in ihrer Existenz von der jeweiligen personellen Besetzung unabhängige Einheiten (Stellen), die Aufgaben der öffentlichen Verwaltung wahrnehmen. Hierzu gehören Verwaltungseinheiten der unmittelbaren Staatsverwaltung, sowie natürliche oder juristische Personen des Privatrechts, denen hoheitliche Befugnisse durch Gesetz oder aufgrund eines Gesetzes übertragen sind (beliehene Privatpersonen oder privatrechtliche Unternehmen, die durch örtliche Konzessionen berechtigt sind, öffentliche Aufgaben zu erfüllen, für die sich der Staat Beleihungsrechte vorbehalten hat).

Der Begriff „Träger öffentlicher Belange" umfasst nicht nur öffentliche Planungsträger, sondern auch Stellen, die nicht Träger von Planungsaufgaben sind, denen aber die Wahrnehmung eines öffentlichen Belanges zur Erledigung im eigenen Namen mit Wirkung nach außen zugewiesen ist. Der Begriff Behördenbeteiligung bildet den Oberbegriff, der im BauGB um sonstige Träger öffentlicher Belange in § 4 BauGB ergänzt wird. Eine inhaltliche Unterscheidung besteht – abgesehen von § 4 Abs. 3 BauGB im Hinblick auf die Informationsverpflichtung – nicht. Träger öffentlicher Belange kann also nur sein, wer eine mit solchen Belangen zusammenhängende öffentliche Aufgabe zu erfüllen hat.

Stellen, die im Wesentlichen private Belange verfolgen, sind Interessenverbände und nicht Träger öffentlicher Belange i. S. d. § 4 BauGB. Insoweit sind auch die **Kleingärtnerorganisationen keine Träger öffentlicher Belange.** Kleingärtnerorganisationen vertreten primär die Interessen der Kleingärtner. Das Zwischenpachtprivileg der als gemeinnützig geltenden Kleingärtnerorganisationen nach §§ 2, 4 Abs. 2 verleiht den (gemeinnützigen) Kleingärtnerorganisationen nicht die Stellung von Trägern öffentlicher Belange. Die Wahrung der Belange des Kleingartenwesens im Rahmen der Aufstellung der Bauleitpläne obliegt den für das Kleingartenwesen zuständigen Behörden. Unbeschadet dieser Rechtslage können die Gemeinden die Kleingärtnerorganisationen wie Träger öffentlicher Belange behandeln und diese zur Stellungnahme auffordern, wenn z. B. Kleingartenland in Bauleitplänen ausgewiesen werden soll. In einigen Gemeinden wird bereits so verfahren. Einen Anspruch auf eine Trägern öffentlicher Belange vergleichbare Behandlung haben die Kleingärtnerorganisationen aber nicht.

Kleingärtnerorganisationen können in jedem Falle ihre Belange im Rahmen der 50 **Beteiligung der Bürger an der Bauleitplanung geltend machen,** und zwar sowohl im Rahmen der vorgezogenen Bürgerbeteiligung (§ 3 Abs. 1 Satz 1 BauGB) als auch im förmlichen Auslegungs- und Beteiligungsverfahren (§ 3 Abs. 1 Satz 3, Abs. 2 BauGB). Die **vorgezogene Bürgerbeteiligung** (§ 3 Abs. 1 Satz 1 BauGB) dient der allgemeinen Unterrichtung über die allgemeinen Ziele und Zwecke der Planung. Die Unterrichtung durch die Gemeinde hat möglichst frühzeitig zu erfolgen, also zu einem Zeitpunkt, in dem die Planung noch offen ist, die beabsichtigten Ausweisungen sich noch nicht verfestigt haben. In bestimmten Fällen kann die Gemeinde von der vorgezogenen Bürgerbeteiligung absehen (§ 3 Abs. 1 Satz 2 BauGB).

Im Rahmen der förmlichen Bürgerbeteiligung (§ 3 Abs. 2 BauGB) können Stellungnahmen abgegeben werden, die von der Gemeinde zu prüfen sind. Die Ablehnung der Stellungnahme ist keine im Rechtsmittelwege angreifbare Verwaltungsentscheidung. Die von der Gemeinde nicht berücksichtigten Stellungnahmen sind, soweit die Bauleitpläne genehmigungsbedürftig sind (§§ 6, 10 Abs. 2 BauGB) mit einer Stellungnahme der Gemeinde der Genehmigungsbehörde vorzulegen. Genehmigungsbedürftig sind Flächennutzungspläne sowie selbstständige Bebauungspläne (§ 8 Abs. 2 Satz 2 BauGB), Bebauungspläne, die gleichzeitig (parallel) mit dem Flächennutzungsplan aufgestellt und vor dem Flächennutzungsplan bekannt gemacht werden (§ 8 Abs. 3 Satz 2 BauGB) sowie vorzeitige Bebauungspläne (§ 8 Abs. 4 BauGB). Genehmigungsbehörde ist die höhere Verwaltungsbehörde. In diesen Fällen handelt es sich um eine Ausnahme vom Grundsatz, dass der Bebauungsplan aus dem (von der höheren Verwaltungsbehörde genehmigten) Flächennutzungsplan zu entwickeln ist.

51 Nach § 1 Abs. 3 Satz 2 BauGB hat niemand einen Anspruch auf Aufstellung von Bauleitplänen. Diese Regelung gestattet keine Ausnahme (BVerwG, NJW 1977, 1979 = BauR 1977, 241; BVerwG, NVwZ 1983, 92 = DÖV 1982, 941 = BRS 39, 392; BGH, NJW 1990, 245; BVerwG, NVwZ-RR 1998, 357). Eine Verpflichtungserklärung einer Gemeinde, innerhalb bestimmter Frist einen Bebauungsplan aufzustellen, ist nichtig (BGHZ 76, 16 = NJW 1980, 826 = BauR 1980, 527). Es gibt auch keinen Anspruch darauf, dass ein einmal in Kraft getretener Bauleitplan unverändert in dieser Form bestehen bleibt (BVerwG, NJW 1970, 626). Die Gemeinde kann ihre Bauleitplanung ändern, ergänzen oder aufheben ggf. unter Entschädigung für eingetretene Rechtsverluste.

Die Vorschriften über die Aufstellung von Bauleitplänen finden gemäß § 1 Abs. 8 BauGB auch auf die Änderung, Ergänzung und Aufhebung von Bauleitplänen Anwendung. Zur Genehmigungsunfähigkeit einer Festsetzung von Lauben, die die Höchstgrenze des § 3 Abs. 2 überschreitet s. § 3 Rn. 6.

6.7 Abwägungsgebot

52 § 1 Abs. 7 BauGB verpflichtet die Gemeinden, bei der Aufstellung von Bauleitplänen die öffentlichen und privaten Belange gegeneinander und untereinander gerecht abzuwägen. Die Belange sind in § 1 Abs. 6 BauGB nur beispielhaft angesprochen. § 2 Abs. 3 BauGB regelt ausdrücklich, dass bei der Aufstellung der Bauleitpläne die Belange, die für die Abwägung von Bedeutung sind (Abwägungsmaterial) zu ermitteln und zu bewerten sind. Der Begriff „Belange" ist weit auszulegen. Insgesamt ist bei der Abwägung alles einzustellen, was nach Lage der Dinge im konkreten Einzelfall zu beachten ist (BVerwG, DVBl 1975, 492; BVerwGE 59, 87, 101; BVerwGE 75, 214, 253 f.; BGHZ 66, 322). Hierzu gehören auch die Belange des Kleingartenwesens. Tendenziell ist das Abwägungsmaterial eher weit als eng abzugrenzen. Ziel der Abwägung ist es, einen Ausgleich der komplexen öffentlichen und privaten Interessen herbeizuführen und die Interessenkonflikte, die sich aus den unterschiedlichen Bodennutzungsansprüchen ergeben, zu bewältigen. Das kann dazu führen, dass Kleingärten anderen Nutzungen weichen müssen und bestehende Kleingartenanlagen in städtische Randbereiche verlagert werden. S. hierzu Strack, Kleingartenanlagen in der städtebaulichen Planung, Der Fachberater 1995, 77 ff.

Dass ein öffentliches Interesse an Kleingärten besteht, hat bereits das BVerfG in seinem Beschluss vom 12. Juni 1979 ausdrücklich festgestellt (BVerfGE 52, 1, 37 f.). Kleingärten haben eine wichtige städtebauliche und sozialpolitische Bedeutung. Sie stellen ein Element zur Durchgrünung und Auflockerung der Bebauung dar und verbessern das ökologische Gleichgewicht in den Städten. Sie sind insoweit eine notwendige Ergänzung des mehrgeschossigen Wohnungsbaues. Kleingärten sind aber auch von großer sozialer Bedeutung für die Volksgesundheit, insbesondere in ihrer Ausgleichsfunktion zu einer einseitigen Berufstätigkeit, welcher der Mensch in der industriellen Massengesellschaft oft ausgesetzt ist, und können wesentlich zu einer Verbesserung der Lebensverhältnisse beitragen. Die Gemeinden haben daher die städtebauliche Verpflichtung, ausreichend Kleingartengelände bereitzustellen (BVerfGE a. a. O.; VGH Bad.-Württ. BRS 39, 14, OVG Lüneburg BRS 44, 17 = ZfBR 1985, 299). Dieser Verpflichtung kommen sie (auch) durch Festsetzung von Dauerkleingärten in Bebauungsplänen nach.

Im Rahmen der Abwägung sind aber auch alle anderen Belange zu berücksichtigen, 53 insbesondere diejenigen, die sich aus dem Grundeigentum ergeben. Im Vordergrund stehen hierbei die von der Bauleitplanung unmittelbar berührten Nutzungsinteressen. In die Abwägung sind daher auch die Auswirkungen einzustellen, die die Ausweisung der Dauerkleingärten für den Eigentümer und ggf. auch für einen diese Fläche nutzenden Pächter hat (VGH Baden-Württ. BRS 39, 14).

In diesem Zusammenhang muss die Gemeinde prüfen, ob Dauerkleingärten auf gemeindeeigenen Grundstücken festgesetzt werden können (zur Frage, inwieweit gemeindeeigene Flächen für private Grundstücken in Anspruch genommen sind vgl. VGH Baden-Württ. BRS 29, 4). Gesichtspunkte, die hierbei zu berücksichtigen sind, sind u. a. die Einbettung der Kleingartenanlage in die städtebauliche Entwicklung, Größe der auszuweisenden Anlage, Standortvor- oder Nachteile auch in Bezug auf das mit Kleingärten zu versorgende Einzugsgebiet.

Bei der Abwägung kommt keinem Belang von vornherein ein Vorrang gegenüber ent- 54 gegenstehenden Belangen zu (BVerwG, BauR 1975, 35). Stehen mehrere Belange im Widerstreit, z. B. die Schaffung neuer Verkehrswege auf der einen und die Erhaltung oder Errichtung einer Kleingartenanlage auf der anderen Seite, muss die Gemeinde prüfen, welcher Belang aus welchem Grund den Vorrang genießt. In einem Fall kann die Ausweisung von Dauerkleingärten Vorrang haben, um z. B. das Kleinklima zu verbessern, im anderen Fall der Immissionsschutz ausschlaggebend für die Schaffung der Verkehrsanlage sein.

Das Abwägungsgebot ist dann verletzt, wenn eine (sachgerechte) Abwägung überhaupt nicht stattfindet, wenn in die Abwägung an Belangen nicht eingestellt wird, was eingestellt werden muss, oder wenn die Bedeutung der betroffenen Belange verkannt oder wenn der Ausgleich zwischen den von der Planung berührten öffentlichen Belangen in einer Weise vorgenommen wird, der zu objektiver Gewichtigkeit einzelner Belange außer Verhältnis steht. Innerhalb dieses Rahmens wird das Abwägungsgebot nicht verletzt, wenn sich die Gemeinde in der Kollision zwischen verschiedenen Belangen für die Bevorzugung des einen und damit notwendig für die Zurückstellung des anderen entscheidet (BVerwGE 34, 301 = DÖV 1970, 277 = DVBl 1970, 414).

55 Abwägungsfehler führen grundsätzlich zur Nichtigkeit des Bauleitplans, Fehler im Abwägungsvorgang jedoch nur, wenn sie offensichtlich und auf das Abwägungsergebnis von Einfluss sind (§ 214 Abs. 3 Satz 2, Halbs. 2 BauGB; vgl. auch BVerwG, DVBl 1982, 354 = DÖV 1982, 280). Nach § 214 Abs. 3 Satz 2 beachtliche Abwägungsmängel sind aber gem. § 215 Abs. 1 Nr. 3 BauGB (s. Anhang 2) nach Ablauf von 2 Jahren seit Bekanntmachung des Bauleitplans unbeachtlich, wenn sie nicht innerhalb dieser Frist gegenüber der Gemeinde geltend gemacht werden.

6.8 Naturschutzrechtliche Eingriffsregelungen

56 Belange des Natur- und Landschaftsschutzes gehörten – wie auch die Belange des Kleingartenwesens – schon immer zu den Richtpunkten der planerischen Abwägung. Mit In-Kraft-Treten des Bundesnaturschutzgesetzes (BNatSchG) am 20. 12. 1976 (BGBl I S. 3574) wurde erstmals eine sog. „naturschutzrechtliche Eingriffsregelung" als eines der wichtigsten **Instrumente des Naturschutzrechts** eingeführt. Rechtlich liegt ihr das Verursacherprinzip zugrunde. Ziel dieser Regelung war es, den **Verursacher eines Eingriffs** zu verpflichten, vermeidbare Beeinträchtigungen von Natur und Landschaft zu unterlassen, bzw. unvermeidbare Beeinträchtigungen auszugleichen (§ 8 Abs. 2 BNatSchG a. F.) und unvermeidbare, grundsätzlich nicht ausgleichbare Eingriffe zu untersagen, wenn die Belange des Natur- und Landschaftsschutzes vorgehen (§ 8 Abs. 3 BNatschG a. F.). Nach Landesrecht konnte aufgrund von § 8 Abs. 9 BNatSchG a. F. dem Verursacher eine Geldzahlung auferlegt werden, wenn ein Eingriff zwar nicht ausgleichbar, aber aufgrund öffentlicher Belange gleichwohl erforderlich war (s. statt vieler Lange, Auswirkungen der §§ 8 a bis 8 c BNatSchG auf naturschutzrechtliche Ausgleichsabgabenregelungen der Länder, DÖV 1994, 313).

57 Dieses Ausgleichsystem ist durch das Investitionserleichterungs- und Wohnbaulandgesetz vom 23. 4. 1993 (BGBl I S. 466) in Teilbereichen grundsätzlich umgestaltet worden. Die Prüfung der Eingriffsregelung ist auf das Stadium der Bauleitplanung „vorverlagert" worden (BVerwG NuR 1994, 229 f.). Sind aufgrund der Aufstellung, Änderung, Ergänzung oder Aufhebung von Bauleitplänen Eingriffe in Natur und Landschaft zu erwarten, ist zwingend über die Kompensation im Rahmen der bauleitplanerischen Abwägung zu entscheiden. Eingriffe in diesem Sinne sind Veränderungen in der Gestalt oder Nutzung von Grundflächen, die die Leistungsfähigkeit des Naturhaushalts oder das Landschaftsbild erheblich oder nachteilig beeinträchtigen können. Im Rahmen der Bauleitplanung erfordert dies zunächst eine Bestandsaufnahme und Prognose der Beeinträchtigungen mit Bewertung und Integration Landschaftsplanung.

57 a Mit dem Gesetz zur Änderung des BauGB und zur Neuregelung des Rechts der Raumordnung (Bau- und RaumordnungsG 1998 – BauROG) v. 18. 8. 1997 wurde die naturschutzrechtliche Eingriffsregelung weiterentwickelt.

57 b Auswirkungen auf alle umweltrechtlichen Bestimmungen hat das „Gesetz zur Umsetzung der UVP-Änderungsrichtlinie, der IVU-Richtlinie und weiterer EG-Richtlinien zum Umweltschutz" vom 27. 7. 2001 (BGBl I S. 1950) gebracht. Art. 12 dieses Gesetzes enthält die Änderungen des BauGB. Durch diese Novelle wurde die bereits im BauGB i. d. F.

vom 27. 8. 1997 vorstrukturierte Verzahnung von Bebauungsplanung und Umweltverträglichkeitsprüfung entsprechend den EU-rechtlichen Vorgaben fortentwickelt.

Mit dem Europarechtsanpassungsgesetz vom 24. 6. 2004 (BGBl. I S. 1359) wird das nationale Recht an die Vorgaben des Gemeinschaftsrechts im Bereich des Umweltrechts angepasst. Dabei wird an die bestehenden Regelungen zur Behandlung der Umweltbelange in der Bauleitplanung weitgehend angeknüpft. Ergänzende Vorschriften zum Umweltschutz enthält der neu gefasste § 1 a BauGB. Für die Planungspraxis ergeben sich daraus keine neuen materiellen Anforderungen. Die Vermeidung und der Ausgleich von voraussichtlich erheblichen Beeinträchtigungen des Landschaftsbildes sowie der Leistungs- und Funktionsfähigkeit des Naturhaushalts sind in der planerischen Abwägung nach § 1 Abs. 7 zu bewältigen. Wie bisher erfolgt der Ausgleich durch geeignete Darstellungen und Festsetzungen im Flächennutzungsplan und im Bebauungsplan. Hier hat sich gegenüber dem bisherigen § 1 Abs. 3 BauGB a. F. nichts geändert.   **57 c**

Als bauleitplanerische Kompensationsmaßnahmen kommen gemäß § 1 a Abs. 3 BauGB Darstellungs- und Festsetzungsmöglichkeiten in Flächennutzungsplänen nach § 5 BauGB und in Bebauungsplänen nach § 9 BauGB in Betracht, z. B. die Ausweisung einer Ausgleichsfläche als Grünfläche (§ 5 Abs. 2 Nr. 5 BauGB; § 9 Abs. 1 Nr. 15 BauGB) oder als Fläche für Maßnahmen zum Schutz, zur Pflege und zur Entwicklung von Natur und Landschaft (§ 5 Abs. 2 Nr. 10 BauGB; § 9 Abs. 1 Nr. 20 BauGB).   **58**

Der Tatbestand des Eingriffs in Natur und Landschaft in § 18 Abs. 1 BNatSchG – in der geltenden Fassung vom 25. 3. 2002 (BGBl I S. 1193), zuletzt geändert durch Art. 40 des G vom 21. 6. 2005 (BGBl I S. 1818) – ist weit gefasst. Der Eingriff liegt in der Änderung von Grundflächen durch Gestalt- oder Nutzungsänderungen. Schutzgüter sind die Leistungsfähigkeit des Naturhaushalts und das Landschaftsbild. Ihre Beeinträchtigung muss erheblich sein. Sie muss nicht konkret nachgewiesen sein, aber eine gewisse Wahrscheinlichkeit besitzen. Unter Zugrundelegung dieses weit gefassten Eingriffsbegriffs ist festzustellen, dass **auch die Errichtung von Dauerkleingartenanlagen mit Eingriffen in den Naturhaushalt und das Landschaftsbild verbunden** ist, und zwar durch die Zulässigkeit von Vereinsheimen in diesen Anlagen und Gartenlauben auf den einzelnen Parzellen sowie durch befestigte (versiegelte) Wege innerhalb der Anlage. Diese Eingriffe, die gemessen an dem Verhältnis der Größenordnung der baulichen Anlagen zur Fläche der Kleingartenanlage geringfügig (begrenzt) sind, **lassen sich innerhalb der Anlage durch entsprechende Ausgleichsmaßnahmen** ohne Schwierigkeiten kompensieren.   **59**

Andererseits können **Dauerkleingärten auch als Ausgleichsflächen für Baugebiete**, z. B. Wohngebiete mit einer starken Bebauungsdichte, in Betracht kommen. Dauerkleingärten sind bauplanungsrechtlich Grünflächen (§ 9 Abs. Nr. 15 BauGB). Grundsätzlich bestehen also keine rechtlichen Bedenken, Dauerkleingartenanlagen als Kompensationsflächen im Bebauungsplan festzusetzen. Ob und inwieweit eine Dauerkleingartenanlage hierzu geeignet ist, hängt von den konkreten Umständen und Bedingungen des Einzelfalles ab. Es kann jedenfalls nicht von vornherein ausgeschlossen werden, dass Dauerkleingartenanlagen als Ausgleichsflächen i. S. d. § 1 a Abs. 3 BauGB nicht in Betracht kommen können.   **60**

Näheres hierzu s. Strack, Eingriffsregelungen nach dem Naturschutzrecht und Dauerkleingärten, Der Fachberater, 1995, 209 f.

7. Sonstige Kleingärten

60 a Das BKleingG differenziert aus bauplanungsrechtlichen Gründen zwischen Kleingärten, die im Bebauungsplan als Dauerkleingärten festgesetzt sind (§ 1 Abs. 3) und anderen im Bebauungsplan nicht ausgewiesenen Kleingärten. Diese bauplanungsrechtliche Unterscheidung hat auch kleingartenrechtliche Auswirkungen. Sie zeigen sich in den Regelungen über die Vertragsdauer (§ 6), die Bereitstellung und Beschaffung von Ersatzland (§ 14) und in der Vorschrift über die Begründung von Kleingartenpachtverträgen durch Enteignung (§ 15).

Nach § 6 können Kleingartenpachtverträge über Dauerkleingärten nur auf unbestimmte Zeit geschlossen werden; befristete Verträge gelten als auf unbestimmte Zeit geschlossen. Dagegen können Kleingartenpachtverträge über sonstige Kleingärten befristet oder unbefristet geschlossen werden. Nach § 14 Abs. 1 ist die Gemeinde verpflichtet, geeignetes Ersatzland bereitzustellen oder zu beschaffen, wenn ein Kleingartenpachtvertrag über einen Dauerkleingarten nach § 9 Abs. 1 Nr. 5 oder 6 gekündigt wird, es sei denn, sie ist zur Erfüllung der Verpflichtung außerstande. Bei Kündigung von Kleingartenpachtverträgen über sonstige Kleingärten besteht eine solche Verpflichtung der Gemeinde nicht. § 15 regelt die zwangsweise Begründung von Kleingartenpachtverhältnissen für Dauerkleingärten. Danach kann die Gemeinde durch Enteignung Kleingartenpachtverträge begründen an Flächen, die in einem Bebauungsplan für Dauerkleingärten festgesetzt sind. Die zwangsweise Begründung von Kleingartenpachtverträgen besteht nur an im Bebauungsplan ausgewiesenen Dauerkleingartenflächen. Im Übrigen bestehen zwischen Verträgen über Dauerkleingärten und sonstigen Kleingärten keine Unterschiede. Zur Zulässigkeit von Vorhaben in Kleingartenanlagen und in Einzelgärten s. § 3 Rn. 13 ff. (Dauerkleingärten) und Rn. 16 ff. (sonstige Kleingärten/Kleingärten im Außenbereich).

8. Baumschutzregelungen und Kleingärten

61 Baumschutzsatzungen und -verordnungen sind **naturschutzrechtliche Instrumente** zur Erhaltung des Baumbestandes. Ermächtigungen zum Erlass von Baumschutzvorschriften enthalten die Landesnaturschutzgesetze. Daneben kann Baumschutz in der Gemeinde auch aufgrund bauplanungsrechtlicher Rechtsgrundlagen erfolgen. So kann nach § 9 Abs. 1 Nr. 25 BauGB im Bebauungsplan festgesetzt werden, dass Bäume und Sträucher im Geltungsbereich des Bebauungsplans zu erhalten sind.

Rechtsgrundlage für den Erlass von Baumschutzvorschriften sind die entsprechenden landesrechtlichen Naturschutzregelungen.

62 Die **landesrechtlichen Ermächtigungen** zum Schutz des Baumbestandes sind **Ausführungsbestimmungen zu § 29 BNatSchG**, der bundesrechtlichen Rahmenbestimmung über geschützte Landschaftsbestandteile (s. LG Koblenz, NUR 1989, 145). Beim Erlass derartiger Regelungen sind die Länder daher an die Vorgaben des § 29 BNatSchG gebunden. Baumschutzsatzungen und -verordnungen können ergehen, wenn der Schutz der Bäume aus den in § 29 BNatSchG genannten Gründen erforderlich ist. Das ist der Fall, wenn der Schutz zur Erhaltung, Entwicklung oder Wiederherstellung der Leistungs- und Funktionsfähigkeit des Naturhaushaltes, zur Belebung, Gliederung oder Pflege des Orts- und Landschaftsbildes, zur Abwehr schädlicher Einwirkungen oder wegen ihrer Bedeutung als Lebensstätten bestimmter wild lebender Tier- und Pflanzenarten erforderlich ist. Wegen der besonderen ökologischen und klimatischen Bedeutung von Bäumen wird der Schutz in der Regel als erforderlich i. S. d. § 29 BNatSchG angesehen werden können. Unabweisbar muss er nicht sein. Es reicht aus, dass der Schutz vernünftigerweise geboten ist. Diese Voraussetzungen lassen sich angesichts der positiven klimatischen Wirkungen von Bäumen und vielfältigen Gefährdungen ihres Bestandes in städtebaulichen Verdichtungsgebieten regelmäßig bejahen (vgl. OVG Bremen, DÖV 1985, 729 f.; OLG Düsseldorf, NJW 1989, 1807 f.).

Baumschutzregelungen müssen – wie alle Rechtsnormen – den Grundsätzen der **63** Bestimmtheit und Normenklarheit entsprechen. Zu den wesentlichen erforderlichen Bestimmungen gehören: die Festlegung des räumlichen und sachlichen Geltungsbereichs, die Verbots- und Anordnungsmaßnahmen, Ausnahmen und Befreiungen für den Fall, dass von einem Baum Gefahren für die öffentliche Sicherheit ausgehen oder dass zulässige Bodennutzungen nicht ausgeübt werden können (BVerwG, NVwZ 1994, 1099). Baumschutzsatzungen bestimmen in der Regel auch, dass für den Fall der genehmigten oder sonst zulässigen Entfernung von Bäumen eine Ersatzpflanzung oder Ausgleichszahlung zu leisten ist. Zur Gültigkeit von Baumschutzsatzungen BGH, NJW 1996, 1482 = NVwZ 1996, 728).

Soweit sich der **räumliche Geltungsbereich einer Baumschutzsatzung oder -verord- 64 nung auf Bebauungsplangebiete** erstreckt, in denen Dauerkleingärten liegen, können Baumschutz und kleingärtnerische Nutzung im Widerstreit stehen, wenn Dauerkleingartenanlagen nicht ausdrücklich aus dem Geltungsbereich der Baumschutzregelungen ausgenommen oder Ausnahmen vom Verbot, geschützte Bäume zu entfernen zugelassen sind, und diese Bäume die kleingärtnerische Nutzung z. B. den Gemüseanbau durch Beschattung beeinträchtigen. In solchen Fällen liegt eine Normenkollision vor. Es stellt sich daher die Frage nach der sachlichen Reichweite der Baumschutzregelungen und der bauplanerischen Festsetzung „Dauerkleingärten". Derartige und ähnliche Konkurrenzprobleme treten in der Rechtsordnung häufiger auf. In diesen Fällen gilt es, die Widerspruchsfreiheit unterschiedlicher Normenbereiche herzustellen. Es muss also entschieden werden, welche Regelung gegenüber der jeweils anderen Vorrang genießt.

Als **konkurrenzabgrenzendes Merkmal** kommt vor allem der **Normzweck** in **65** Betracht. **Normzweck der Festsetzungen im Bebauungsplan** ist die abschließende Regelung der Grundstücksnutzung im Planbereich. Der Bebauungsplan – nach Durchführung eines förmlichen Verfahrens und nach Abwägung aller Belange von der Gemeinde beschlossen – regelt verbindlich mit Rechtswirkung gegenüber jedermann die Bodennutzung in seinem Geltungsbereich. Die Rechtsverbindlichkeit der festgesetzten Bodennutzung ist auch normativer Maßstab für alle hoheitlichen Maßnahmen, die auf die durch den Bebauungsplan verbindlich festgelegte städtebauliche Ordnung Einfluss nehmen (vgl. BVerwGE 47, 144 = DVBl 1975, 492 = NJW 1975, 841).

Die **Baumschutzsatzung bzw. -verordnung regelt nicht die Bodennutzung**. Sie verfolgt einen anderen Zweck, und zwar die Bäume aus naturschutzrechtlichen Gründen zu schützen. Verhindern oder beeinträchtigen die so geschützten Bäume z. B. den Anbau von Obst und Gemüse durch Beschattung, welcher wesentlicher Bestandteil der kleingärtnerischen Bodennutzung ist, dann steht die Baumschutzsatzung bzw. -verordnung der Realisierung der rechtsverbindlich festgesetzten Bodennutzung entgegen. Sie nimmt damit Einfluss auf die Bodennutzung, obwohl dies weder ihr Zweck noch ihre Aufgabe ist. Sie „verstößt" insoweit gegen rechtsverbindliche Bodennutzungsregelungen. In diesen Kollisionsfällen genießt die im Bebauungsplan festgesetzte Bodennutzung Vorrang vor Baumschutzregelungen.

66   Das Gleiche gilt auch für den **Baumbestand auf Gemeinschaftsflächen**, wenn und soweit durch diesen die kleingärtnerische Nutzung gestört wird.

67   **Ersatzpflanzungen oder Ausgleichsleistungen** für die Beseitigung von Bäumen, die der Ausübung der kleingärtnerischen Nutzung entgegenstehen, können aus Rechtsgründen nicht verlangt werden. Die Baumschutzsatzung bzw. -verordnung kann (schon wegen fehlender Ermächtigungsnorm) keine „Nutzungssperre" für die Realisierung der kleingärtnerischen Nutzung, hier den Anbau von Obst und Gemüse, begründen, die erst durch Ersatzpflanzungen oder Ausgleichsleistungen beseitigt wird.

68   Unabhängig hiervon werden örtliche Kleingärtnerorganisationen den Zielsetzungen der Baumschutzregelungen in der Regel durch Anpflanzung von Bäumen auf Gemeinschaftseinrichtungen, die den Anbau von Obst und Gemüse nicht beeinträchtigen, Rechnung tragen, soweit die Gemeinde nicht bereits im Bebauungsplan entsprechende Festsetzungen für die Dauerkleingartenanlage getroffen hat.

69   Kleingartenanlagen leisten ohnehin – auch ohne besondere Baumschutzregelungen – einen Beitrag für mehr Grün in den Städten, verbessern ihre ökologischen Grundlagen, erfüllen im Städtebau als Grünflächen wichtige Ausgleichs- und Erholungsfunktion, auch bezogen auf das städtische Klima und den Wasserhaushalt und dienen als Lebensraum für Pflanzen und Tiere. Sie erfüllen insoweit auch die Funktionen, denen Baumschutzregelungen dienen.

70   **Kleingartenanlagen, die nicht im Bebauungsplan als Dauerkleingärten festgesetzt sind**, sind kein „im Zusammenhang bebauter Ortsteil", sondern Außenbereich (BVerwG, NJW 1984, 1576; s. hierzu Rn. 61 a und § 3 Rn. 16). Soweit Baumschutzregelungen sich auf nicht beplante Innenbereiche erstrecken, stellt sich also die Frage des Verhältnisses zwischen kleingärtnerischer Nutzung einerseits und Baumschutz auf der anderen Seite nicht. Im Außenbereich ist die kleingärtnerische Nutzung eine bauplanungsrechtlich zulässige Bodennutzung. Sie muss dort also auch ausgeübt werden können. Insoweit geht sie „dem Baumschutz vor" d. h., dass die kleingärtnerische Nutzung nicht beeinträchtigt werden darf. Beeinträchtigen geschützte Bäume die kleingärtnerische Nutzung durch Verschattung können diese beseitigt werden. Für die Beseitigung der Bäume auf Gemeinschaftseinrichtungen, die der kleingärtnerischen Nutzung entgegenstehen, können Ersatzpflanzungen in Betracht kommen, wenn die Bäume bereits vor Aufnahme der kleingärtnerischen Nutzung vorhanden bzw. geschützt waren, ein geeigneter Standort in der Kleingartenanlage gefunden werden kann und wenn keine unbillige Härte vorliegt. Eine unbillige Härte ist anzunehmen, wenn die Ersatzpflanzung – unter Berücksichtigung der Fällkosten – insgesamt Kosten verursacht, die den Verpflichteten unangemessen belasten. Die Kosten müssen in einem sachgerechten, dem Wert des kleingärtnerischen Nutzungsrechts entsprechendem Verhältnis stehen.

9. Grundsteuerliche Bewertung von Kleingärten

Rechtsgrundlage für die grundsteuerliche Bewertung von Kleingärten ist das Bewertungsgesetz (BewG). Das BewG unterscheidet 3 Vermögensmassen. Das sind das land- und forstwirtschaftliche Vermögen, das Grundvermögen und das Betriebsvermögen. **71**

Die Abgrenzung zwischen den Vermögensarten Grundvermögen und land- und forstwirtschaftliches Vermögen ergibt sich aus den §§ 68, 33 BewG. Zum Grundvermögen gehören nach § 68 Abs. 1 BewG der Grund und Boden, die Gebäude, die sonstigen Bestandteile und das Zubehör, soweit es sich nicht gemäß § 33 BewG um land- und forstwirtschaftliches Vermögen oder um Betriebsgrundstücke (§ 99) handelt. Der Begriff des Grundvermögens wird also zum Begriff des land- und forstwirtschaftlichen Vermögens negativ abgegrenzt, während § 33 BewG positiv bestimmt, welcher Grundbesitz als land- und forstwirtschaftliches Vermögen anzusehen ist (BFHE 133, 212, 215). Zu Letzterem gehören alle Wirtschaftsgüter, die einem Betrieb der Land- und Forstwirtschaft dauernd zu dienen bestimmt sind, insbesondere der Grund und Boden, die Wohn- und Wirtschaftsgebäude, die stehenden Betriebsmittel und ein normaler Bestand an umlaufenden Betriebsmitteln. **71 a**

Unter Landwirtschaft wird die Nutzung des Grund und Bodens zur Gewinnung pflanzlicher oder tierischer Erzeugnisse verstanden sowie deren unmittelbare Verwertung. Der bewertungsrechtliche Begriff des Betriebs der Land- und Forstwirtschaft setzt keine Mindestgröße voraus. Entscheidend ist vielmehr die tatsächliche nachhaltige Nutzung und deren Zweckbestimmung durch den Eigentümer (BFHE 149, 71, 74). Ein landwirtschaftlicher Betrieb ist auch dann gegeben, wenn der Landwirt für den eigenen Bedarf erzeugt. Zum land- und forstwirtschaftlichen Vermögen gehört auch der Grund und Boden, der gärtnerisch genutzt wird. **72 b**

Grundstücksflächen, die als Kleingartenland verpachtet und genutzt werden, sind in der Regel wegen des weitgehenden Pachtschutzes als land- und forstwirtschaftliches Vermögen zu bewerten, es sei denn, dass aus besonderen Umständen zu entnehmen ist, dass das Land demnächst einer Bebauung oder einer anderen nichtgärtnerischen Nutzung zugeführt werden soll. Näheres hierzu § 5 Rn. 39 ff. **73**

10. Lärmschutz

Kleingartenanlagen gehören nach der höchstrichterlichen Rechtsprechung zu den gegen Verkehrslärm schutzbedürftigen Gebieten (BVerwG, GuG 1992, 222 f.; s. auch BayVGH BayVBl 1992 S. 657 f.). Kleingärten könnten ihrer Erholungsfunktion nicht gerecht werden, wären sie ungeschützt dem von einer in unmittelbarer Nähe entlang führenden Straße ausgehenden Verkehrslärm ausgesetzt (BVerwG, a. a. O. S. 223). Die Schutzbedürftigkeit ergibt sich aus § 2 Abs. 2 der 16. BImSchV. In § 2 der Verordnung sind für die in der Praxis häufigsten Anlagen und Baugebiete, wie z. B. Wohngebiete, Immissionsgrenzwerte festgelegt. Für den Lärmschutz „sonstiger" Gebiete in der Nachbarschaft von Straßen und Schienenwegen bestimmt § 2 Abs. 2 Satz 2 dieser VO allgemein, dass diese Gebiete entsprechend ihrer Schutzbedürftigkeit nach **74**

Absatz 1 zu beurteilen sind. Danach ist eine situationsgemäße Einordnung der Kleingartenanlagen nach ihrer sich aus den örtlichen Verhältnissen ergebenden Schutzwürdigkeit erforderlich. Nach der Rechtsprechung kann eine Kleingartenanlage entsprechend dem Tagesimmissionsgrenzwert für ein Dorfgebiet schutzbedürftig sein (BVerwG, GuG 1992, 657).

75 Schalltechnische Orientierungswerte für die städtebauliche Planung, die auch im Rahmen der Folgewirkung für Mängel i. S. d. § 536 Abs. 1 und 2 BGB n. F. Bedeutung erlangen können, enthält auch das Beiblatt 1 zu DIN 18 005. Der Orientierungswert für die ausdrücklich dort genannten Kleingartenanlagen beträgt tags und nachts 55 dB(A). S. auch § 4 Rn. 14.

§ 2
Kleingärtnerische Gemeinnützigkeit

Eine Kleingärtnerorganisation wird von der zuständigen Landesbehörde als gemeinnützig anerkannt, wenn sie im Vereinsregister eingetragen ist, sich der regelmäßigen Prüfung der Geschäftsführung unterwirft und wenn die Satzung bestimmt, dass

1. die Organisation ausschließlich oder überwiegend die Förderung des Kleingartenwesens sowie die fachliche Betreuung ihrer Mitglieder bezweckt,

2. erzielte Einnahmen kleingärtnerischen Zwecken zugeführt werden und

3. bei der Auflösung der Organisation deren Vermögen für kleingärtnerische Zwecke verwendet wird.

Übersicht

1. Allgemeines

Die kleingärtnerische Gemeinnützigkeit ist durch die Kleingarten- und Klein- **1** pachtlandordnung (§ 5 KGO) von 1919 eingeführt worden. In einigen Ländern sind bereits aufgrund des in § 5 KGO geregelten Zwischenpachtprivilegs Bestimmungen über die Anerkennung und den Widerruf der kleingärtnerischen Gemeinnützigkeit sowie über das Anerkennungs- und Widerrufsverfahren erlassen worden. Die landesrechtlichen Regelungen waren jedoch in der Regel überholt. Der Gesetzgeber des BKleingG hat daher die materiellen Voraussetzungen für die Anerkennung einer Kleingärtnerorganisation als kleingärtnerisch gemeinnützig einheitlich ausgestaltet und unter Berücksichtigung der bisherigen landesrechtlichen Prämissen neu gefasst (BT-Drs. 9/2232 S. 17). Aus Klarstellungsgründen hat das Gesetz zur Änderung des BKleingG § 2 redaktionell geändert und ausdrücklich bestimmt, dass die Anerkennung von der zuständigen Landesbehörde ausgesprochen wird (BT-Drs. 12/6782 S. 4, 9). Bisher enthielt § 4 Abs. 2 eine entsprechende Regelung.

Als gemeinnützig anerkannte Kleingärtnerorganisationen bieten eine Gewähr dafür, **2** dass die Aufgaben, die ein Zwischenpächter zu erfüllen hat, sachgerecht und im Interesse der Kleingärtner und des Kleingartenwesens wahrgenommen werden.

Eine Kleingärtnerorganisation i. S. des § 2 ist ein Zusammenschluss von Kleingärtnern in einem Verein oder ein Zusammenschluss von Kleingärtnervereinen in einem Verband (Vereinsverband).

2. Begriff der Gemeinnützigkeit

Der Begriff der **Gemeinnützigkeit** wird im Kleingartenrecht und im Steuerrecht **3** (Abgabenordnung) verwendet. Beide Arten der Gemeinnützigkeit sind voneinander zu unterscheiden (s. unten Rn. 17 f.). Gemeinsam ist ihnen das Prinzip der Selbstlosigkeit. Ganz allgemein wird unter „Gemeinnützigkeit" ein **bestimmtes wirtschaftliches und soziales Verhalten verstanden, das entweder auf die selbstlose Förderung des Kleingartenwesens (kleingärtnerische Gemeinnützigkeit) oder auf die selbstlose Förderung der Allgemeinheit (steuerliche Gemeinnützigkeit) gerichtet ist.** Die selbstlose Förderung ist in beiden Fällen das entscheidende Merkmal.

Selbstlos ist eine Förderung, wenn dadurch nicht in erster Linie eigenwirtschaftliche Zwecke verfolgt werden (BFH, BStBl 1979, II 482). Das sind solche Zwecke, die der Mehrung der eigenen Einkünfte oder der eigenen Vermögenssubstanz dienen. Die Selbstlosigkeit wird durch die Verfolgung eigenwirtschaftlicher Zwecke nicht schlechthin beseitigt; diese dürfen nur nicht Hauptzweck sein. Eine Kleingärtnerorganisation handelt z. B. noch nicht eigennützig, wenn sie aus der Verfolgung (kleingärtnerisch) gemeinnütziger Zwecke nebenbei auch geringe, hinter dem uneigennützigen Zweck in der Bedeutung zurücktretende Vorteile zieht (vgl. Kühn/Kutter/Hofmann, Abgabenordnung – Kommentar – § 55 Rn. 2). Eine solche Gewinnerzielung ist unschädlich, weil diese „Gewinne" satzungsgemäß in ihrer Verwendung für kleingärtnerische Zwecke gebunden sind (§ 2 Nr. 2 und 3).

3. Kleingärtnerische Gemeinnützigkeit im früheren Recht

4 Der Gedanke der selbstlosen Förderung lag bereits der kleingärtnerischen Gemeinnützigkeit nach altem Recht zugrunde. Nach § 5 KGO durften Grundstücke zum Zwecke der Weiterverpachtung als Kleingärten nur durch Körperschaften oder Anstalten des öffentlichen Rechts oder durch ein **als gemeinnützig anerkanntes Unternehmen zur Förderung des Kleingartenwesens** gepachtet und nur an solche verpachtet werden.

Von den Körperschaften und Anstalten des öffentlichen Rechts haben lediglich die Gemeinden praktische Bedeutung als Zwischenpächter erlangt. Andere juristische Personen des öffentlichen Rechts, die nach dieser Gesetzesfassung ebenfalls zum Kreis der Zwischenpachtprivilegierten gehörten, wie z. B. Zweckverbände, Berufsgenossenschaften, u. a. hatten kaum Bedeutung. Der in § 5 Abs. 1 KGO verwendete Begriff „**Unternehmen zur Förderung des Kleingartenwesens**" entspricht der in den §§ 2, 4 Abs. 2 Satz 2 genannten gemeinnützigen Kleingartenorganisation. Als Unternehmen i. S. des § 5 Abs. 1 KGO galten nämlich Organisationen der Kleingärtner, deren Aufgabe und Zweck darin bestand, Grundstücke anzupachten und an eigene Vereinsmitglieder oder andere Kleingärtner weiter zu verpachten.

Die Berechtigung zur Zwischenpacht wurde durch eine ausdrückliche Anerkennung der kleingärtnerischen Gemeinnützigkeit erworben. Die Anerkennung konnte, wenn ihre Voraussetzungen nicht mehr erfüllt waren, widerrufen werden. In einigen Bundesländern sind aufgrund des in § 5 KGO geregelten Zwischenpachtprivilegs Bestimmungen über die Anerkennung und den Widerruf der kleingärtnerischen Gemeinnützigkeit sowie über das Anerkennungs- und Widerrufsverfahren erlassen worden.

5 Die aufgrund des § 5 KGO sowie aufgrund der dazu ergangenen Ausführungsvorschriften ausgesprochenen Anerkennungen der kleingärtnerischen Gemeinnützigkeit bleiben gemäß § 17 BKleingG unberührt. Die kleingärtnerische Gemeinnützigkeit dieser Organisationen gilt unverändert fort, solange sie ihnen nicht entzogen wird. Die Aberkennung der kleingärtnerischen Gemeinnützigkeit kann nur aufgrund des neuen Rechts folgen. S. auch § 17 Rn. 1 ff.

4. Begriff, Anerkennung und Entzug der kleingärtnerischen Gemeinnützigkeit

6 Das BKleingG enthält keine Begriffsbestimmung der kleingärtnerischen Gemeinnützigkeit. Es geht von dem überkommenen Verständnis der Gemeinnützigkeit als einem selbstlosen wirtschaftlichen und sozialen Verhalten aus, das im Kleingartenwesen grundsätzlich darauf gerichtet ist, ohne Gewinnerzielung Kleingärten anzupachten und an Pachtwillige weiterzuverpachten.

Die Vorschriften des § 2 über die kleingärtnerische Gemeinnützigkeit und des § 4 Abs. 2 über die Zwischenpacht stehen in einem engen Zusammenhang. § 2 BKleingG enthält eine Regelung darüber, unter welchen Voraussetzungen einer Kleingärtnerorganisation die Gemeinnützigkeit zuzuerkennen ist; § 4 Abs. 2 Satz 2 BKleingG bestimmt dagegen, dass Zwischenpachtverträge wirksam nur mit gemeinnützigen Kleingärtnerorganisationen oder mit Gemeinden abgeschlossen werden können. Die Regelung des § 4 Abs. 2 Satz 2 verhindert die erwerbsmäßige Zwischenpacht, die vor

In-Kraft-Treten der KGO zu erheblichen Missständen im Kleingartenwesen geführt hat (s. Kaisenberg, Kleingarten- und Kleinpachtlandordnung, § 5 Anm. 1, 1920). Aus dem Zusammenhang der §§ 2 und 4 Abs. 2 Satz 2 ergibt sich der Sinn und Zweck der kleingärtnerischen Gemeinnützigkeit, nämlich sicherzustellen, dass das Zwischenpachtprivileg nur einem Zusammenschluss zusteht, der die Gewähr für die Verwirklichung der durch das Gesetz geförderten Ziele bietet.

4.1 Anerkennungsvoraussetzungen

Die **kleingärtnerische Gemeinnützigkeit** tritt nicht „automatisch" ein, sobald die materiellen Voraussetzungen erfüllt sind. Sie **setzt vielmehr die behördliche Anerkennung voraus** (vgl. BGH, NJW 1987, 2865 = MDR 1987, 1012). Sie wird auf Antrag der Kleingärtnerorganisation erteilt. Das Gesetz zur Änderung des BKleingG hat dies ausdrücklich klargestellt (BT-Drs. 12/6782 S. 9). Das ergibt sich auch aus dem Zusammenhang dieser Vorschrift mit § 4 Abs. 2 Satz 2, der bestimmt, dass ein Zwischenpachtvertrag, der nicht mit einer nach Landesrecht als gemeinnützig anerkannten Kleingärtnerorganisation oder der Gemeinde geschlossen wird, nichtig ist. § 2 ordnet an, dass jede Kleingärtnerorganisation, die die Voraussetzungen der Gemeinnützigkeit erfüllt, als gemeinnützig anzuerkennen ist, wenn sie den Antrag auf Anerkennung stellt. Die Kleingärtnerorganisation hat danach also einen Rechtsanspruch, als (kleingärtnerisch) gemeinnützig anerkannt zu werden, wenn die gesetzlich vorgeschriebenen Bedingungen erfüllt sind. **7**

Die Anerkennung hat konstitutive, rechtsbegründende Wirkung. Die Ausgestaltung des Anerkennungsverfahrens bleibt den Ländern überlassen (s. unten Rn. 15). Die Anerkennung setzt folgende Prämissen voraus.

4.1.1 Eintragung in das Vereinsregister

Das BGB unterscheidet zwischen rechtsfähigen und nicht rechtsfähigen Vereinen. Die Rechtsfähigkeit erlangt der Verein durch Eintragung in das Vereinsregister des zuständigen Amtsgerichts (§ 21 BGB). Sie ist eine Voraussetzung der kleingärtnerischen Gemeinnützigkeit. Die Rechtsfähigkeit stellt den Verein auf eine Stufe mit der natürlichen Person mit Ausnahme der Bereiche, in denen Rechte und Verantwortung nach der Natur der Sache nur ein Mensch und nicht eine künstlich geschaffene Rechtsperson haben kann. Sie bewirkt, dass der Verein Träger von Rechten und Pflichten ist. Das bedeutet, dass der rechtsfähige Verein vermögensfähig ist, eigenes von den Mitgliedern getrenntes Vermögen erwerben oder erben kann. Das Vereinsvermögen kann auch Gegenstand der Zwangsvollstreckung sein. Im Prozess ist er parteifähig; er kann also klagen und verklagt werden. **8**

Die Eintragung setzt eine Anmeldung voraus. Die Anmeldung muss in öffentlich beglaubigter Erklärung erfolgen (§ 77 BGB). Die Erstanmeldung muss durch die Vorstandsmitglieder erfolgen (Hamm OLGZ 80, 389; 84, 15). In allen anderen Fällen durch den Vorstand in vertretungsberechtigter Zahl (BGHZ 96, 245). Gesetzwidrige, d. h. den Erfordernissen der §§ 56–59 BGB nicht genügende Anmeldungen sind zurückzuweisen (§ 60 BGB). Im Übrigen besteht ein Anspruch auf Eintragung. **8 a**

Die Eintragung hat bei dem Amtsgericht zu erfolgen, in dessen Bezirk der Verein seinen Sitz hat. Sie setzt eine Satzung voraus, die Zweck, Namen und Sitz des Vereins **8 b** enthält und ergibt, dass der Verein eingetragen werden soll. Ferner sind bei der Eintragung eine Reihe von Ordnungsvorschriften (Sollvorschriften) zu beachten. S. hierzu die §§ 56, 58, 59. BGB. Die Vorschriften sind im Anhang 4, S. 331 abgedruckt. Die Nichtbeachtung der Ordnungsvorschriften verpflichtet zwar das Registergericht zur Zurückweisung des Eintragungsantrages, bei einem Verstoß gegen die Ordnungsvorschriften ist die Eintragung gleichwohl voll gültig.

8 c   Die **Mitgliedschaft** im Verein wird erworben entweder durch Teilnahme an der Vereinsgründung oder durch späteren Beitritt, dessen Voraussetzungen sich nach der Satzung bestimmen. Der Beitritt ist ein Vertrag mit dem Verein. Die Mitgliedschaft ist, sofern nichts anderes durch die Satzung bestimmt ist, unübertragbar und unvererblich. Auch die Ausübung der Mitgliederrechte kann, von besonderen Bestimmungen abgesehen, nicht einem anderen überlassen werden. Ein Recht auf Aufnahme in einen Verein besteht im Allgemeinen nicht. Eine Aufnahmepflicht kann jedoch durch einen Vorvertrag mit dem Aufzunehmenden oder durch Vertrag mit einem Dritten, durch die Satzung oder aus dem Gesichtspunkt der missbräuchlichen Ausnutzung einer Monopolstellung ausnahmsweise begründet sein. Die Mitgliedschaft ist zunächst nichts anderes als die persönliche Rechtsstellung innerhalb des Vereins, also ein personenrechtliches Rechtsverhältnis. Vgl. die allgemeinen Vorschriften über Vereine, §§ 21 ff. BGB und die Bestimmungen über eingetragene Vereine, §§ 55 ff. BGB (Anhang 4, S. 331).

4.1.2 Prüfung der Geschäftsführung

9   Wesentliche Voraussetzung für die Anerkennung ist, dass sich die Kleingärtnerorganisation „der regelmäßigen Prüfung der Geschäftsführung unterwirft". Hierunter fällt nicht nur die Kassen- und Rechnungsprüfung, sondern die Prüfung der gesamten Tätigkeit der Kleingärtnerorganisation.

9 a   Zur Kassenprüfung gehört die Überprüfung des gesamten Vermögensbestandes, d. h. Überprüfung der Einnahmen des Vereins und der Ausgaben. Zu prüfen ist, aus welchen Quellen die Kleingärtnerorganisation Einnahmen erzielt hat. Im Einzelnen handelt es sich hierbei um Mitgliedsbeiträge, Spenden, Zuschüsse, Erträge aus dem Vereinsvermögen (Zinsen), aus Veranstaltungen und sonstigen Quellen. Zu prüfen ist ferner, für welche Zwecke die Einnahmen verwendet worden sind, z. B. Kosten des Bürobetriebes, Entschädigungen, Fortbildungsveranstaltungen und sonstige gesellige Veranstaltungen, Pflege und Unterhaltung der Anlage und sonstige Ausgaben. Die Rechnungsprüfung umfasst nicht nur die Belegprüfung, sondern auch die Prüfung der Kassenberichte durch Prüfer der Kleingärtnerorganisation, ferner die Prüfung der Protokolle der Mitgliederversammlung über die Entlastung des Vorstandes.

9 b   Darüber hinaus erstreckt sich die Prüfung auf die gesamte Tätigkeit der Kleingärtnerorganisation: Abschluss und die Beendigung von Verträgen unter Einbeziehung der Pachtzinsregelung, Kündigungsentschädigung bzw. Ablösezahlungen, Überprüfung des Vertragsverhaltens im Hinblick auf die kleingärtnerische Nutzung (Abmahnung oder Duldung von Pflichtverletzungen), die Übertragung von Aufgaben an Dritte, z. B. die Ermächtigung von örtlichen Kleingartenvereinen zum Abschluss von Einzelpachtverträgen oder Überlassung der Verwaltung der Kleingartenanlage, ferner die Überprüfung, ob und inwieweit nicht kleingärtnerische Tätigkeiten verfolgt werden.

Die Prüfung der Geschäftsführung ist in regelmäßigen Zeitabständen durchzuführen. **9 c**
In der Regel dürfte eine Prüfung in einem Rhythmus von 3 Jahren ausreichend sein, auch aus verwaltungstechnischen Gründen. Im Einzelfall können, sofern entsprechende Gründe vorliegen, auch kürzere Fristen angemessen sein. Hiervon unberührt bleiben Prüfungen aus konkret gegebenen Anlässen. Die regelmäßige Prüfung erfasst alle Jahre bis zur letzten Prüfung.

Wer die Prüfung durchzuführen hat, entscheidet die Behörde. Es bestehen keine Bedenken die Prüfung der Anerkennungsvoraussetzungen und die Prüfung der Geschäftsführung demselben Personenkreis zu übertragen. **9 d**

Die Unterwerfung unter die regelmäßige Prüfung der Geschäftsführung muss bereits im Antrag auf Anerkennung erfolgen. Die verbandsinterne Aufsicht bleibt hiervon unberührt. Die sachliche Zuständigkeit und das Prüfungsverfahren regeln die Länder (s. auch unten Rn. 15 f.).

4.1.3 Satzungsbestimmungen

Der Zweck der Kleingärtnerorganisation muss ferner auf die ausschließliche oder **10** überwiegende **Förderung des Kleingartenwesens** im Allgemeinen und der Vereinsmitglieder im Besonderen gerichtet sein (§ 2 Nr. 1). Diese Förderung muss mit besonderen Regelungen und Zielsetzungen des BKleingG übereinstimmen. Dazu gehört insbesondere die selbstlose An- und Weiterpachtung (§ 4 Abs. 2 Satz 1) von Kleingartenland, die Beratung und Betreuung der Kleingärtner in Fragen der Gartenbewirtschaftung, die Unterstützung und Hilfeleistung bei der Verwaltung von Kleingartenanlagen und die Wahrnehmung ähnlicher Aufgaben, etwa im Bereich der Sicherstellung der kleingärtnerischen Nutzung, der Einhaltung der Gartenordnung u. a. m. Dass die Kleingärtnerorganisation diesen Zielen nachstrebt, muss sich in erster Linie aus der Satzung ergeben. Dies allein genügt jedoch noch nicht; erforderlich ist darüber hinaus, dass die Kleingärtnerorganisation diese Ziele auch tatsächlich verfolgt. Ob das der Fall ist, wird sich aus der regelmäßigen Prüfung der Geschäftsführung ergeben. Welche andere Zwecke die Kleingärtnerorganisation verfolgen darf, ist im Gesetz nicht geregelt und unterliegt daher auch keiner gesetzlichen Einschränkung. Kleingärtnerorganisationen dürfen daher z. B. auch Siedler betreuen.

Die in § 2 Nr. 2 und 3 genannten Voraussetzungen der kleingärtnerischen Gemeinnüt- **11** zigkeit, nämlich die Zuführung erzielter Einnahmen für kleingärtnerische Zwecke und die Verwendung des Vermögens bei Auflösung der Organisation für kleingärtnerische Zwecke sind lediglich Teilaspekte der grundsätzlichen Zielsetzung „Förderung des Kleingartenwesens". Die in Nr. 2 geregelte Voraussetzung hinsichtlich der Einnahmenverwendung ist als erfüllt anzusehen, wenn die Satzung bestimmt, dass die Einnahmen überwiegend kleingärtnerischen Zwecken zugeführt werden (so auch Stang, BKleingG, 2. Aufl. § 2 Rn. 10; Otte, in: Ernst/Zinkahn/Bielenberg, BKleingG § 2 Rn. 9; a. A. Rothe, BKleingG § 2 Rn. 9).

Die Satzung kann noch weitere Regelungen enthalten. § 2 bestimmt nur den Mindest- **12** inhalt der für die Anerkennung als kleingärtnerisch gemeinnützig erforderlich ist. Es empfiehlt sich, in die Satzung Bestimmungen über die Verpachtung von Kleingärten nach bestimmten Gesichtspunkten, z. B. nach sozialen Kriterien (Kinderzahl u. Ä.) aufzunehmen, um eine einheitliche und durchschaubare Vergabepraxis sicherzustellen. Ferner können Bestimmungen darüber aufgenommen werden, dass der Verein sich (bestimmten) Entschädigungsrichtlinien unterwirft.

4.2 Entzug der kleingärtnerischen Gemeinnützigkeit

13   Das BKleingG regelt die Voraussetzungen, unter denen die kleingärtnerische Gemeinnützigkeit entzogen wird, nicht ausdrücklich. Diese ergeben sich aber im Wege des „Umkehrschlusses" aus den Anerkennungsvoraussetzungen. Danach kann also die Anerkennung entzogen werden, wenn festgestellt wird, dass die Anerkennungsvoraussetzungen von Anfang an nicht vorgelegen haben oder später entfallen, insbesondere, wenn die Kleingärtnerorganisation ihre Rechtsfähigkeit verliert, in erheblichem Umfang nicht kleingärtnerische Tätigkeiten ausübt oder nicht mehr ihrem Zweck gemäß tätig ist.

14   Die Anerkennung kann ferner entzogen werden, wenn erhebliche Verstöße gegen Grundsätze kleingärtnerischer Gemeinnützigkeit festgestellt und nicht behoben werden, insbesondere wenn die finanzielle Verwaltungsführung nicht mit dem Prinzip der Selbstlosigkeit zu vereinbaren ist (s. auch § 10 Rn. 3).

14 a   Der Entzug der kleingärtnerischen Gemeinnützigkeit erfolgt nach Maßgabe der in den Verwaltungsverfahrensgesetzen der Länder enthaltenen Vorschriften über die Rücknahme bzw. den Widerruf von Verwaltungsakten.

4.3 Verfahren; Gemeinnützigkeitsaufsicht

15   Die materiellen Voraussetzungen der kleingärtnerischen Gemeinnützigkeit sind abschließend in § 2 geregelt. Das **Verfahren** der Anerkennung und des Entzugs der kleingärtnerischen Gemeinnützigkeit erfolgt nach Landesrecht. Über das bereits geltende Landesverwaltungsverfahrensrecht, können die Länder weitergehende Verfahrensregelungen treffen. Hiervon haben fast alle Länder Gebrauch gemacht (s. hierzu Anhang 1).

Die Bestimmungen der Länder sehen ausdrücklich vor, dass eine Kleingärtnerorganisation nur auf ihren Antrag als gemeinnützig anerkannt wird. Die Richtlinien einiger Länder verlangen über den Satzungsmindestinhalt des § 2 hinaus auch Satzungsbestimmungen über die Vergabe neu zu verpachtender Kleingärten nach darin festgelegten Gesichtspunkten. Solche Regelungen sind zulässig, sie sind aber keine Voraussetzung für die Anerkennung der kleingärtnerischen Gemeinnützigkeit (s. Rn. 12). Die Anerkennung erfolgt durch schriftlichen Bescheid. Sie kann mit einem Widerrufsvorbehalt versehen werden. Liegen die materiellen Voraussetzungen des § 2 nicht vor, wird die Anerkennung durch Bescheid abgelehnt, wenn die eingeräumte Frist, die Anerkennungsvoraussetzungen nachzuholen, erfolglos verstreicht.

Die vor dem 3. 10. 1990 den Kleingärtnerorganisationen in den neuen Ländern verliehene Befugnis, Grundstücke zum Zwecke der Weiterverpachtung an Kleingärtner anzupachten, bleibt gemäß § 20 a Nr. 4 unberührt. Eine Anerkennung nach § 2 ist daher nicht erforderlich, kann aber verlangt werden.

Die Wirkungen der kleingärtnerischen Gemeinnützigkeit treten nach den landesrechtlichen Regelungen zu dem im Anerkennungsbescheid genannten Zeitpunkt ein. Entsprechendes gilt für den Widerruf der Anerkennung.

In den landesrechtlichen Verfahrensbestimmungen über die Anerkennung und den 16
Widerruf der kleingärtnerischen Gemeinnützigkeit ist auch die **Gemeinnützigkeits-**
aufsicht geregelt. Danach unterliegen die anerkannten Kleingärtnerorganisationen der
Aufsicht durch die Anerkennungsbehörde. Die Aufsicht erstreckt sich auf die Einhal-
tung der materiellen Anerkennungsvoraussetzungen, insbesondere auch darauf, ob die
Führung der Geschäfte mit den Bestimmungen der Satzung in Übereinstimmung steht.
Die Anerkennungsbehörde ist berechtigt, in die Unterlagen der als gemeinnützig anerkannten Kleingärtnerorganisation Einblick zu nehmen bzw. ihre Vorlage zu verlangen,
Kassenprüfungen durchzuführen oder durchführen zu lassen, Einzelvorgänge zum
Gegenstand einer Nachprüfung zu machen. Über ihre Tätigkeit hat die Kleingärtnerorganisation regelmäßig der Anerkennungsbehörde zu berichten. Die Anerkennungsbe-
hörde kann auch einen außerordentlichen Bericht anfordern.

5. Steuerliche Gemeinnützigkeit

Die kleingärtnerische Gemeinnützigkeit ist mit der steuerlichen Gemeinnützigkeit 17
nicht identisch (s. oben Rn. 3). Die steuerliche Gemeinnützigkeit begünstigt steuerlich
den Einsatz von Kapital und Arbeit zur Erfüllung gemeinnütziger Zwecke, sofern
dieser Einsatz selbstlos, d. h. nicht zu Erwerbszwecken erfolgt. Die Ausgestaltung der
Steuervergünstigung ist den Einzelsteuergesetzen vorbehalten.

Die Begriffsbestimmung der steuerlichen Gemeinnützigkeit enthält § 52 der Abgabenordnung 1977 (AO). Danach verfolgt eine Körperschaft gemeinnützige Zwecke, wenn
ihre Tätigkeit darauf gerichtet ist, die Allgemeinheit auf materiellem, geistigem oder
sittlichem Gebiet selbstlos zu fördern. In § 52 Abs. 2 Nr. 4 AO wird die Förderung der
Kleingärtnerei ausdrücklich als Förderung der Allgemeinheit i. S. d. § 52 Abs. 1 Satz 1
AO beispielhaft genannt. Als begünstigte Zwecke waren schon immer insbesondere die
Förderung der Volksgesundheit und der Erziehung der Jugend zur Naturverbundenheit
anerkannt. Das BVerfG hat den Gesichtspunkt der Förderung der Volksgesundheit, den
der Kleingarten in seiner Ausgleichsfunktion zu einer einseitigen Berufstätigkeit in der
heutigen industriellen Massengesellschaft hat, besonders hervorgehoben, auch als
Rechtfertigung der Einschränkung der Eigentümerbefugnisse (BVerfGE 52, 1, 35). Der
Begriff **Körperschaft** umfasst auch Personenvereinigungen. Dazu gehören auch Vereine
des Privatrechts, d. h. also auch Kleingärtnerorganisationen. Aus der Satzung muss sich
ergeben, welchen Zweck die Körperschaft verfolgt. Der Satzungszweck und die Art
ihrer Verwirklichung müssen so genau bestimmt werden, dass aufgrund der Satzung
geprüft werden kann, ob die satzungsgemäßen Voraussetzungen für die Steuervergünstigung gegeben sind (§§ 59, 60 AO). Eine allgemeine Zweckangabe, dass gemeinnützige Zwecke verfolgt werden, genügt nicht. Es muss vielmehr gesagt werden,
welcher gemeinnützige Zweck und in welcher Form verfolgt wird.

§ 52 Abs. 1 Satz 2 AO grenzt den Begriff der Allgemeinheit negativ ab. Danach ist eine 18
Förderung der Allgemeinheit nicht gegeben, wenn der Kreis der Personen, dem die
Förderung zugute kommt, fest abgeschlossen ist oder dauernd nur klein sein kann. Die
Förderung der Allgemeinheit muss ferner selbstlos erfolgen. Selbstlosigkeit liegt nach
§ 55 AO vor, wenn nicht in erster Linie eigenwirtschaftliche Zwecke, z. B. gewerbliche
oder sonstige Erwerbszwecke verfolgt werden und wenn die Mittel der Körperschaft
nur für satzungsgemäße Zwecke verwendet werden.

In Einzelfällen werden Kleingärtnerorganisationen auch steuerbegünstigte Zwecke in diesem Sinne verfolgen. Das kann zum Beispiel der Fall sein, wenn sich die Organisation um die Erhaltung und Schaffung von Kleingartenanlagen bemüht, die der Allgemeinheit zugänglich sind und ihr damit als Erholungsgrün dienen können oder wenn sie die Naturverbundenheit insbesondere der Jugend fördert. Ob diese Voraussetzungen bei einer Kleingärtnerorganisation vorliegen, ist von Fall zu Fall durch die für die steuerliche Gemeinnützigkeit zuständige Behörde zu prüfen.

§ 3
Kleingarten und Gartenlaube

(1) Ein Kleingarten soll nicht größer als 400 Quadratmeter sein. Die Belange des Umweltschutzes, des Naturschutzes und der Landschaftspflege sollen bei der Nutzung und Bewirtschaftung des Kleingartens berücksichtigt werden.

(2) Im Kleingarten ist eine Laube in einfacher Ausführung mit höchstens 24 Quadratmetern Grundfläche einschließlich überdachtem Freisitz zulässig; die §§ 29 bis 36 des Baugesetzbuches bleiben unberührt. Sie darf nach ihrer Beschaffenheit, insbesondere nach ihrer Ausstattung und Einrichtung, nicht zum dauernden Wohnen geeignet sein.

(3) Die Absätze 1 und 2 gelten entsprechend für Eigentümergärten.

Übersicht

1. Gartengröße

Die in Abs. 1 Satz 1 vorgesehene **Größe eines Einzelgartens** entspricht den heutigen **1**
Empfehlungen und ermöglicht eine optimale Gartennutzung. Sie kommt auch der im
Rahmen der Auswertung der Befragung von Gemeinden als durchschnittlich ermittel-
ten Gartengröße sehr nahe (Dokumentation Gärten im Städtebau; Schriftenreihe
Bundeswettbewerbe des BMBau 05.011, S. 111 f.; Städtebauliche, ökologische und sozi-
ale Bedeutung des Kleingartenwesens, Gutachten, 1998, S. 26). Empfehlungen für die
Gartengröße haben sich bei 350 +/– 50 m² eingependelt.

Bei der Festlegung der Nettogartengröße wird selbstverständlich auch die Angebots- **2**
und Nachfragesituation zu berücksichtigen sein. In Gemeinden mit hohen konkurrie-
renden Flächenansprüchen und knappen Flächenreserven bei entsprechend hohem
Bedarf an Kleingartenflächen wird versucht werden müssen, mit kleineren Gartenflächen auszukommen. Entsprechende Modelle sind in der Praxis bereits erprobt
worden.

Die gesetzlich vorgesehene **Gartengröße** ist in einer **Soll-Vorschrift** geregelt. Sollvor- **3**
schriften beinhalten eine Verpflichtung für den Regelfall. Abweichungen von der Regel
sind bei Vorliegen wichtiger Gründe zulässig, etwa wenn die örtlichen Verhältnisse
Ausnahmen rechtfertigen. § 3 Abs. 1 Satz 1 gilt für neu zu errichtende Kleingartenanlagen. Bestehende Anlagen werden durch diese Vorschrift nicht berührt, solange nicht
eine Neuordnung der Anlage, z. B. Beseitigung von Behelfswohnungen, Verbreiterung
des Wegenetzes oder Errichtung von Gemeinschaftseinrichtungen (§ 9 Abs. 1 Nr. 2)
durchgeführt wird. Die Neuordnung kann auch darin liegen, dass neue Kleingärten
durch Verkleinerung der Gartenparzellen geschaffen werden.

Die **Größe der Einzelgärten** kann nicht im Bebauungsplan festgesetzt werden (so
auch Otte, a. a. O., § 3 Rn. 6). Die Festsetzungsmöglichkeiten im Bebauungsplan sind in
§ 9 Abs. 1 BauGB abschließend aufgezählt. In diesem Katalog ist die Möglichkeit, die
Kleingartengröße festzusetzen, nicht genannt. Festgesetzt werden kann zwar die Größe
der Baugrundstücke, Kleingärten sind aber kein Baugrundstück, sondern Grünflächen.
§ 9 Abs. 1 Nr. 15 BauGB ermöglicht nur, Flächen für Dauerkleingärten auszuweisen,
d. h. konkret die Größe von Dauerkleingartenanlagen. Mittelbar kann die Festlegung
der Gartengröße über die Förderung von Kleingartenanlagen erfolgen.

2. Belange des Umwelt- und Naturschutzes
sowie der Landschaftspflege

Die Vorschrift des § 3 Abs. 1 Satz 2 über die Berücksichtigung der Belange des Umwelt- **3 a**
und Naturschutzes sowie der Landschaftspflege bei der Nutzung und Bewirtschaftung
von Kleingärten ist durch das Gesetz zur Änderung des Bundeskleingartengesetzes
(BKleingÄndG) vom 8. April 1994 (BGBl I S. 766) in das Bundeskleingartengesetz neu
eingefügt worden. Damit soll die bisherige Entwicklung zugunsten einer zunehmend
umweltbewusst gestalteten Nutzung und Bewirtschaftung der Kleingärten verstärken
(BT-Drs. 12/6154 S. 8). Hinweise und Anregungen enthält das vom BDG als Loseblattsammlung herausgegebene Handbuch „Neuartige Formen der Umweltfachberatung
durch Verbände im Kleingartenwesen – Gute fachliche Praxis –".

Abs. 1 Satz 2 erfasst unter den Begriffen „Umweltschutz, Naturschutz und Landschaftspflege" alle für die Nutzung und Bewirtschaftung von Kleingärten umweltschutzrelevanten Belange. Umweltschutz kann als Oberbegriff für die Aufgaben der Erhaltung und des Schutzes der natürlichen Lebensbedingungen verstanden werden. Insoweit ergeben sich Überschneidungen mit den Belangen des Naturschutzes und der Landschaftspflege. Die Belange des Umweltschutzes dienen so als partielle Generalklausel. Zum Umweltschutz im engeren Sinne gehören u. a. die Abfall- und Abwasserbeseitigung, die Luftreinhaltung und Lärmbekämpfung sowie der Boden- und Pflanzenschutz. Die Belange des Naturschutzes der Landschaftspflege sind im umfassenden Sinne zu verstehen, soweit sie kleingärtnerisch von Bedeutung sind. Sie ergeben sich im Einzelnen aus dem Bundesnaturschutzgesetz (§ 1 Abs. 1 BNatSchG) sowie aus den landesrechtlichen Naturschutz- und Landschaftsschutzgesetzen bzw. -verordnungen. Diese Gesetze bzw. Verordnungen enthalten insbesondere Ziele und Grundsätze des Naturschutzes und der Landschaftspflege, Regelungen über Landschaftsprogramme, Landschaftsrahmenpläne oder Landschafts- und Grünordnungspläne. § 1 Abs. 1 BNatSchG nennt als Ziele den nachhaltigen Schutz, die Pflege, Entwicklung und soweit erforderlich die Wiederherstellung der Leistungs- und Funktionsfähigkeit des Naturhaushalts, der Regenerationsfähigkeit und der nachhaltigen Nutzungsfähigkeit der Naturgüter, der Tier- und Pflanzenwelt einschließlich ihrer Lebensstätten und Lebensräume sowie der Vielfalt, Eigenart und Schönheit sowie des Erholungswertes von Natur und Landschaft. Durch Rückgriff auf die Bestimmungen und Zielsetzungen in den spezialgesetzlichen Vorschriften zum Umwelt- und Naturschutz sowie zur Landschaftspflege werden die in Satz 2 genannten Belange hinreichend bestimmbar und justiziabel.

3 b Die Belange berücksichtigen bedeutet, sie in die Entscheidung über Maßnahmen im Rahmen der kleingärtnerischen Bewirtschaftung und Nutzungsweise einzustellen und zu verwirklichen. Das setzt voraus, dass diese Belange den Pächtern hinreichend bekannt sind. Eine wesentliche Rolle spielt hierbei die Gartenfachberatung.

Die im Einzelnen zu berücksichtigenden Belange sind vielfältig. Sie reichen von der Bodenbearbeitung mit dem Ziel der Erhaltung und Mehrung der natürlichen Bodenfruchtbarkeit über die Art der Düngung des Bodens, den Pflanzenschutz einschließlich fachgerechter Pflege, der Förderung und Schonung von Nützlingen, Schnittmaßnahmen und vieles andere mehr bis zur Kompostierung hierfür geeigneter Abfälle. Diese sind insbesondere in den Kriterien einer Gartenbewirtschaftung nach guter fachlicher Praxis und in den Grundsätzen eines umweltbewussten Gärtners ausreichend beschrieben. Näheres hierzu: Handbuch „Neuartige Formen der Umweltfachberatung durch Verbände – Gute fachliche Praxis"; Natur-, Umwelt- und Landschaftsschutz – ein wesentliches Element der kleingärtnerischen Nutzung, Schriftenreihe des BDG Heft Nr. 102; Novellierung des § 3 Abs. 1 BKleingG und deren Auswirkung auf die Nutzung und Bewirtschaftung des Kleingartens, Schriftenreihe des BDG Heft Nr. 118.

3 c Diese Vorschrift bietet auch den Ansatzpunkt für eine Umsetzung der Berücksichtigungsverpflichtung durch die Kleingärtnervereine im Rahmen der Ausgestaltung der Vereinssatzungen bzw. Gartenordnungen.

Die Berücksichtigungspflicht ist als Sollvorschrift ausgestaltet (s. oben Rn. 3). Sollvorschriften gelten für den Regelfall, schließen aber kleingartenrechtlich vertretbare

Ausnahmen nicht aus. Die Berücksichtigungspflicht nach § 3 Abs. 1 Satz 2 ergänzt die in § 1 Abs. 1 definierte kleingärtnerische Nutzung insoweit, als sie festlegt, welche Belange bei der kleingärtnerischen Nutzung zu beachten sind. Eine Verletzung dieser Berücksichtigungspflichten kann daher ein Kündigungsgrund nach Maßgabe des § 9 Abs. 1 Nr. 1 (Bewirtschaftungsmängel) sein (s. § 9 Rn. 8).

3. Größe und Ausstattung der Lauben

Die Vorschrift des § 3 Abs. 2 normiert aus kleingartenrechtlicher Sicht **Größe und Aus-** 4 **stattung der Laube**. Sie regelt nicht die baurechtliche Zulässigkeit von Gartenlauben. Dem § 3 Abs. 2 liegt der Gedanke zugrunde, dass Lauben als der kleingärtnerischen Nutzung dienende (und untergeordnete) Nebenanlagen in Kleingärten üblich sind, dem Kleingärtner einen vorübergehenden Aufenthalt – auch gelegentliche behelfsmäßige Übernachtungen – ermöglichen und darüber hinaus dem Aufbewahren von Gerätschaften und Gartenbauerzeugnissen dienen sollen (BVerwG, DÖV 1984, 855 = ZfBR 1984, 254 = BRS 42, 94). Rechtlich wird diese Funktion der Gartenlaube durch die Regelungen des § 3 Abs. 2 sichergestellt: Größe, einfache Ausführung, Ungeeignetheit zum dauernden Wohnen, d. h. Ausschluss von Anlagen und Einrichtungen, die dem Wohnen dienen. Wohnen in Lauben stellt eine Zweckentfremdung dar (s. § 9 Rn. 6).

3.1 Grundfläche und Höhe

Der **Regierungsentwurf** sah ursprünglich eine Begrenzung der Laube auf eine Grund- 5 fläche von 20 m² und des Freisitzes auf 6 m² vor. Eine Begrenzung der Laubengröße ist erforderlich, um eine Entwicklung von Kleingartenanlagen hin zu Wochenendhaus-, Ferienhaus- oder Gartenhausgebieten zu verhindern. Im Bericht des federführenden Bundestagsausschusses zum Entwurf eines BKleingG (BT-Drs. 9/2232 S. 14) heißt es hierzu:

> „Eine solche Entwicklung wäre – ganz abgesehen von dem Widerspruch zu den Festsetzungen eines vorhandenen Bebauungsplans – den Interessen der Allgemeinheit insofern abträglich, als die Anlage als Element der Durchgrünung und Auflockerung der städtischen Bebauung an Wert verlöre; sie wäre andererseits auch nicht im Hinblick auf die Interessen des Verpächters gerechtfertigt. Schließlich widerspräche die allzu großzügige Bemessung der Lauben, worauf die Vertreter des Bundesverbandes Deutscher Gartenfreunde im Ausschuss hingewiesen haben, der sozialpolitischen Intention des Kleingartenwesens: Je größer die Lauben sind, desto höher ist die Ablösungssumme beim Pächterwechsel zu bemessen. Es erleichtert daher die Übernahme eines Kleingartens, wenn die höchstzulässige Laubengrundfläche nicht zu großzügig bemessen wird."

§ 3 Abs. 2 sieht eine kleingartenrechtliche Höchstgrenze für die **Grundfläche der** 6 **Laube** vor. Der Begriff „Grundfläche" entspricht der von einer baulichen Anlage überdeckten Fläche i. S. d. § 19 Abs. 2 BauNVO. Grundfläche ist danach die mit einer Laube – einschließlich überdachtem Freisitz – überbaubare Fläche des Kleingartens. Das ist diejenige Fläche, die durch die senkrechte Grundrissprojektion der Laube bedeckt wird. Maßgebend sind die als **Außenmaße** zugrunde zu legende Rohbaumaße. Untergeordnete Bauteile wie Dachüberstände, Gesimse, ein bis drei vorgelagerte Stufen, Fensterbänke usw. sind nicht anzurechnen. **Dachüberstände** müssen allerdings ausschließlich dazu dienen, den Regen von der Laube fernzuhalten.

6 a Soweit im Bebauungsplan für den Freisitz keine besondere Festsetzung getroffen worden ist, umfasst die Festsetzung der Grundfläche der Gartenlaube auch den überdachten Freisitz entsprechend der Regelung des § 3 Abs. 2. Bei den Freisitz **erweiternden Dachformen** stellt sich unabhängig von der Grundfläche die Frage der Unzulässigkeit auch unter dem Blickwinkel der **Gestaltung der baulichen Anlage.** Nach den Landesbauordnungen müssen bauliche Anlagen nach Form, Maßstab, Verhältnis der Baumassen und Bauteile zueinander, Werkstoff und Farbe so gestaltet sein, dass sie nicht verunstaltet wirken (Verunstaltungsverbot). Darüber hinaus sind bauliche Anlagen mit ihrer Umgebung derartig in Einklang zu bringen, dass sie das **Orts- und Landschaftsbild** nicht verunstalten oder deren beabsichtigte Gestaltung nicht stören. Diese Anforderungen können bei ungewöhnlichen den Freisitz erweiternden Dachformen verletzt sein und Rückbaupflichten begründen.

6 b Im Rahmen der kleingartenrechtlich vorgegebenen Höchstgrenze ist das Verhältnis zwischen Gartenlaube und überdachtem Freisitz variabel. Auf einen Freisitz kann auch völlig verzichtet werden. Die **Höchstgrenze der Grundfläche** der Laube kann durch **Festsetzungen im Bebauungsplan** (BVerwG, DÖV 1984, 855 = NJW 1984, 1576 = ZfBR 1984, 254) oder durch **vertragliche Vereinbarungen** unterschritten werden. Eine Überschreitung der Höchstgrenze widerspricht der Regelung des § 3 Abs. 2. Insoweit hat diese Bestimmung abschließenden Charakter. Die bauaufsichtliche Genehmigungsfreiheit für die Errichtung der Laube lässt die kleingärtnerische Höchstgrenze unberührt. Eine Überschreitung der Höchstgrenze bleibt rechtswidrig. Rechtswidrig ist auch eine die Höchstgrenze nach § 3 Abs. 2 überschreitende Festsetzung im Bebauungsplan. Der Bebauungsplan ist insoweit fehlerhaft und kann im verwaltungsgerichtlichen Normenkontrollverfahren innerhalb von 2 Jahren nach Bekanntmachung angegriffen werden. Antragsbefugt ist jede natürliche oder juristische Person, die geltend machen kann durch den Bebauungsplan oder dessen Anwendung in seinen Rechten verletzt zu sein oder in absehbarer Zeit verletzt zu werden sowie jede Behörde (§ 47 Abs. 2 VwGO). Bei Verstoß gegen die Regelung in § 3 Abs. 2 hat die Bauaufsichtsbehörde die erforderlichen Maßnahmen zu treffen (OVG Lüneburg, NuR 1988, 397). Die Festsetzung von Lauben in einem Bebauungsplan, die die Höchstgrenzen des § 3 Abs. 2 überschreitet, ist wegen eines Widerspruchs zu „sonstigen Rechtsvorschriften" i. S. des § 6 Abs. 2 i. V. mit § 10 BauGB **nicht genehmigungsfähig** (OVG Lüneburg, ZfBR 1990, 211), soweit der Bebauungsplan der Genehmigung bedarf (s. hierzu § 1 Rn. 50). Im Genehmigungsverfahren (§ 10 Abs. 2 BauGB) hat die höhere Verwaltungsbehörde die Verletzung des § 3 Abs. 2 geltend zu machen.

6 c Im Rahmen planungsrechtlicher Entscheidungen wird unter Berücksichtigung der Zweckbestimmung der Laube und des Kleingartens auch das Flächenverhältnis zwischen (der Grundfläche der) Laube und Einzelgarten zu beachten sein. Lauben und Gartengröße müssen in einem angemessenen Verhältnis zueinander stehen. Maßgebend ist die Festsetzung im Bebauungsplan, wenn eine entsprechende Ausweisung getroffen worden ist. Der Bebauungsplan kann eine unter der Höchstgrenze liegende Grundfläche für Lauben festsetzen (BVerwG, DÖV 1984, 855 = BBauBl 1984, 498 = ZfBR 1984, 254 = BRS 42, 94). Ausnahmen und Befreiungen von der Festsetzung sind nur nach Maßgabe des § 31 BauGB möglich, wenn der mit der Planung verfolgte

Zweck, z. B. Sicherstellung eines angemessenen Verhältnisses zwischen Lauben- und Gartengröße noch gewahrt bleibt. Ausnahmen sind Abweichungen von den Festsetzungen eines Bebauungsplans, die dort nach Art und Umfang ausdrücklich zugelassen und vom planerischen Willen umfasst sind (BVerwG BauR 1999, 603 = DÖV 1999, 599). Die Befreiung ist eine im Bebauungsplan nicht geregelte Möglichkeit, in besonderen Fällen von der Festsetzung im Bebauungsplan abzuweichen, wenn Gründe des Allgemeinwohls die Befreiung erfordern oder die Abweichung städtebaulich vertretbar ist oder die Durchführung des Bebauungsplans zu einer offenbar nicht beabsichtigten Härte führen würde und wenn die Grundzüge der Planung nicht berührt werden und die Abweichung auch unter Würdigung nachbarlicher Interessen mit den öffentlichen Belangen vereinbar ist. Voraussetzung für die Erteilung einer Ausnahme oder Befreiung ist ein hierauf gerichteter Antrag. Liegt ein Bebauungsplan nicht vor, sind Gartenlauben nur nach Maßgabe des § 35 Abs. 2 BauGB zulässig (s. unten Rn. 19). Die kleingartenrechtliche Höchstgrenze für die Grundfläche der Laube darf nicht überschritten werden.

Die **Höhe der Laube** ist im Gesetz nicht geregelt. Höhenbegrenzungen ergeben sich **7** aber bereits aus der (kleingärtnerischen) Funktion der Laube im Zusammenhang mit den baurechtlichen Zulässigkeitsbestimmungen. Lauben dürfen keine Höhe haben, die sie nach landesrechtlichen Vorschriften dazu geeignet machten, den Dachraum als eigenes Geschoss ausbauen zu können, um diesen als Aufenthaltsraum zu nutzen. Lauben dürfen nur eingeschossig sein. Das BVerwG hat es demzufolge als im Einklang mit § 3 Abs. 2 stehend angesehen, dass die Genehmigungsbehörde nur Lauben mit einer Traufhöhe von nicht mehr als 2,25 m und einer Dachhöhe von nicht mehr als 3,50 m zulässt (BVerwG, DÖV 1984, 855 = BBauBl 1984, 498 = ZfBR 1984, 254 = BRS 42, 94).

Grundsätzlich **unzulässig** ist auch die **Unterkellerung** einer Laube, die geeignet ist, **7 a** dem Aufenthalt von Menschen zu dienen. Insoweit sind Kellergeschosse in Gartenlauben unzulässig (OVG Bremen, BRS 38, 74). Keine Bedenken bestehen gegen sog. Kleinkeller, die eine bestimmte Größe und gewisse Tiefe nicht überschreiten (OVG Bremen a. a. O.). Kleinkeller können der Lagerung von Gartenfrüchten dienen und haben damit eine der kleingärtnerischen Nutzung dienende Hilfsfunktion (Otter, in: Ernst/Zinkahn/Bielenberg, BauGB, Kommentar zum § 3, Rn. 9).

3.2 Einfache Ausführung

Zulässig ist nach § 3 Abs. 2 Satz 1 nur eine Laube in **einfacher Ausführung**, d. h. unter **8** Verwendung **kostengünstiger Baustoffe und Bauteile** mit konstruktiv einfachen, auf die Funktion der Laube abgestellten Ausbaumaßnahmen. Grundsätzlich geeignet ist jeder Baustoff, der den Laubencharakter nicht beeinträchtigt, aber dauerhaft ist; das kann Holz oder Mauerstein sein. Im Übrigen ist die Materialfrage wesentlich eine Frage der Örtlichkeit, der landschaftlichen Gegebenheiten, des (einheitlichen) Erscheinungsbildes in einer Kleingartenanlage. Auch die **Inneneinrichtung** der Laube ist nach § 3 Abs. 2 Satz 1 nur in einfacher Ausführung zulässig, also unter Verwendung preiswerter Materialien. Teure Wand- und Deckenverkleidungen widersprechen der Regelung des § 3 Abs. 2 Satz 1.

8 a Das Merkmal „**einfache Ausführung**" der Laube in § 3 Abs. 2 Satz 1 knüpft an die **Funktion der Laube** an und steht auch im engen Zusammenhang mit § 3 Abs. 2 Satz 2, wonach die Laube nach ihrer Beschaffenheit, insbesondere nach ihrer Ausstattung und Einrichtung, nicht zum dauernden Wohnen geeignet sein darf. S. hierzu unten Rn. 9 ff. Darüber hinaus trägt dieses Merkmal auch der sozialpolitischen Funktion des Kleingartens Rechnung (BVerfGE 87, 114, 146). Je besser, aufwendiger die Ausführung, desto höher der hierfür notwendige Kapitaleinsatz. Das widerspricht der sozialpolitischen Funktion des Kleingartens und schließt bei einem Pächterwechsel in Gebieten mit weiterhin hoher Nachfrage nach Kleingärten diejenigen Bewerber aus, die sozial schwach sind und daher die Ablösungssumme für die Gartenlaube nicht erbringen können (s. auch Beschlussempfehlung und Bericht des Ausschusses für Raumordnung, Bauwesen und Städtebau, BT-Drs. 12/6782 S. 8; s. auch städtebauliche, ökologischee und soziale Bedeutung des Kleingartenwesens, Gutachten, 1998, S. 94 ff.). Die einfache Ausführung dagegen gewährleistet einerseits, dass die Ablösungssumme beim Pächterwechsel kleingartenrechtlich und sozialpolitisch vertretbar bleibt, und andererseits trägt sie dazu bei, dauerndes Wohnen in der Gartenlaube nicht zu fördern.

8 b Darüber hinaus führt die einfache Ausführung der Laube im Zusammenhang mit ihrer bestimmungsgemäßen Nutzung zu sozialpolitisch und kleingartenrechtlich sachgerechten und angemessenen Beiträgen der Kleingärtner in der Kleingarten-Sachversicherung (Feuer-, Einbruch-/Diebstahl-, Glasbruch-, Sturm- und Vandalismusversicherung). Der Jahresbeitrag für die sog. Grundversicherung beträgt derzeit 24,– Euro; bei einer Grundversicherungssumme für Laube und Inhalt von insgesamt 7000,– Euro (5000,– Euro für die Laube und 2000,– Euro für den Inhalt); s. Merkblätter des Securitas Kleingartenversicherungsdienstes. Dabei gilt der Inhalt als versichert, der „zur Gartenbewirtschaftung sowie dem kurzen Aufenthalt im Garten dient. Über den Rahmen des Üblichen hinaus vorhandener Inhalt ist nicht mitversichert." Die Gegenstände müssen also „dem Charakter des Kleingartens entsprechen" (s. Merkblätter Stand: 1. 1. 2001).

3.3 Ungeeignetheit zum dauernden Wohnen; Ver- und Entsorgungseinrichtungen

9 Die Gartenlaube darf nach ihrer Beschaffenheit, insbesondere nach ihrer Ausstattung und Einrichtung, nicht zum dauernden Wohnen geeignet sein (§ 3 Abs. 2 Satz 2). Mit „Wohnen" ist nach dem sprachgebräuchlichen Verständnis der Inbegriff des häuslichen Lebens umschrieben. **Wohnen umfasst die Gesamtheit der mit der (selbstständigen) Führung des Haushalts und des häuslichen Lebens verbundenen Tätigkeiten.** Unter dem Begriff „Wohnen" ist eine auf (gewisse) Dauer angelegte Häuslichkeit zu verstehen, d. h. ein häusliches Leben, das die Wohnbedürfnisse und übliche Wohngewohnheiten umfasst. Ein Raum ist also geeignet, dem Wohnen zu dienen, wenn die häuslichen Tätigkeiten auf Dauer oder in sich wiederholenden Abständen regelmäßig dort ausgeübt werden können, und zwar zu allen Jahreszeiten (vgl. OVG Saarl. BRS 27, 33; Bielenberg, in: Ernst/Zinkahn/Bielenberg, BauNVO, § 3 Rn. 8). Die **auf Dauer angelegte Häuslichkeit** als Inbegriff des Wohnens unterscheidet nicht zwischen „erstem Wohnsitz" und „Zweitwohnung". Entscheidend ist allein, ob der (die) zum Wohnen bestimmte(n) Raum (Räume) eine auf Dauer angelegte Häuslichkeit, wenn auch in unregelmäßigen Abständen, ermöglicht. Lauben dürfen daher nur so ausgestattet und eingerichtet sein, dass nur ein **vorübergehender Aufenthalt** und keine mit der Führung des häuslichen Lebens verbundenen Tätigkeiten möglich sind (s. auch oben Rn. 4). Die (kleingärtnerische) Nutzung einer Laube besteht sowohl in der Aufbewahrung von Geräten für die Gartenbearbeitung und von Gartenerzeugnissen, als auch in kurzfristigen Aufenthalten des Kleingärtners und seiner Familie aus Anlass von Arbeiten oder der Freizeiterholung im Garten (BVerwG, DÖV 1984, 855 = BBauBl 1984, 498 = ZfBR 1984, 254 = BRS 42, 94). Als **kurzfristiger Aufenthalt** dürften auch gelegentliche behelfsmäßige Übernachtungen des Kleingärtners und seiner Familienangehörigen in der Laube anzusehen sein. Gartenlauben dürfen jedoch nicht eine Ausstattung und Einrichtung haben, die zu einer regelmäßigen Wohnnutzung, etwa an den Wochenenden, einladen (BVerwG, a. a. O.).

Ausgeschlossen sind daher Anlagen und Einrichtungen der Ver- und Entsorgung, die dem Wohnen dienen. Denn eine mit Ver- und Entsorgungsanlagen ausgestattete Laube verliert den Charakter einer Nebenanlage zur gärtnerischen Nutzung. Sie könnte vielmehr als sog. **Kleinwochenendhaus** genutzt werden und unterschiede sich dann insoweit nicht von entsprechenden Unterkünften in Baugebieten mit Erholungsfunktion. Kleingartenanlagen mit solchen **„Luxuslauben"** wären faktisch **Sondergebiete,** die der Erholung dienen (§ 10 BauNVO), also planungsrechtlich Baugebiete und **keine Grünflächen.** Der entscheidende Unterschied zwischen Kleingartenanlagen und Baugebieten, die der Erholung dienen, würde dann nur noch in der Höhe des Entgelts für die überlassene Fläche bestehen. In beiden Fällen wären die gleichen baulichen Anlagen mit gleichen Ausstattungsmerkmalen und Nutzungsmöglichkeiten zulässig, in einem Falle als „Gartenlaube" mit Pachtpreisbindung, im anderen als „Kleinwochenendhaus" ohne Pachtpreisbindung. Dann würden aber die **Verfassungsmäßigkeit des Pachtzinses** (s. hierzu § 5 Rn. 3 ff., 6 f.) und die **bauplanungsrechtliche Qualifizierung** von Kleingärten/Kleingartenanlagen als Grünflächen in Frage gestellt. | **9 a**

Im Gesetzgebungsverfahren zur Novelle des BKleingG ist der Antrag, die Strom- und Wasserversorgung sowie die Abwasserentsorgung der Gartenlauben gesetzlich zuzulassen, abgelehnt worden (BT-Drs. 12/6782, S. 8). S. hierzu auch Einleitung Rn. 51, 54. | **9 b**

Das **Bundesverfassungsgericht** hat zur Ver- und Entsorgung von Gartenlauben im Zusammenhang mit der zu prüfenden Frage der Verfassungsmäßigkeit der Pachtzinsregelung des § 5 Stellung genommen. Es hat die Ausstattung der Laube als Kriterium der Verfassungsmäßigkeit der Pachtzinsregelung anerkannt und in seinem Beschluss vom 25. 2. 1998 (1 BvR 207/97) die Verfassungsmäßigkeit der Pachtpreisbindung in § 5 u. a. damit begründet, dass Gartenlauben typischerweise **nicht** mit Ver- und Entsorgungseinrichtungen ausgestattet seien (BVerfG, NJW-RR 1998, 1166 f.). Der Gesetzgeber habe **„eine Verstärkung des Freizeitelements der Kleingärten dadurch verhindert, dass er den Ausbau der Gartenlauben zu kleinen Eigenheimen mit umfassender Erschließung (Elektrizität, Wasser und Abwasser) ausdrücklich abgelehnt hat."** Mit dieser Entscheidung hat das BVerfG die Zulässigkeit von Ver- und Entsorgungseinrichtungen in Gartenlauben im geltenden kleingartenrechtlichen Regelungssystem verfassungsrechtlich grundsätzlich ausgeschlossen. | **9 c**

Bestandsgeschützte Ver- und Entsorgungseinrichtungen in Gartenlauben (s. unten Rn. 10 ff.) bleiben unberührt. Der Bestandsschutz erfasst alle rechtmäßig errichteten Ver- und Entsorgungseinrichtungen aus der Zeit vor In-Kraft-Treten des BKleingG, also | **9 d**

vor dem 1. 4. 1983 in den alten Ländern, und aus der Zeit vor dem 3. 10. 1990 in den neuen Ländern. Rechtmäßig sind die Einrichtungen, wenn ihre Errichtung nach den damals geltenden Vorschriften erlaubt war. Der Bestandsschutz von Ver- und Entsorgungseinrichtungen ist zwar nicht im BKleingG geregelt, er ergibt sich aber unmittelbar aus Art. 14 Abs. 1 Satz 1 GG. Denn der Bestandsschutz wird begründet, wenn und weil eine schutzwürdige materiell rechtmäßige Eigentumsausübung bzw. eine aus dem Eigentumsrecht abgeleitete Ausübung der Nutzung vorliegt (BVerwG, BauR 1972, 152 ff.). S. hierzu auch § 18 Rn. 1 ff. und § 20 a Rn. 27 ff.

10   Das Gesetz (§ 3 Abs. 2 Satz 2) will bereits durch die **Ausstattung und Einrichtung der Laube** dauerndes Wohnen verhindern und damit der Entwicklung von Kleingartenanlagen zu Baugebieten – Gartenhaus-, Wochenendhaus- oder Ferienhausgebieten – vorbeugen. Die Gartenlaube ist kein verkleinertes Eigenheim. Sie ist auch kein Wochenend- oder Ferienhaus, sondern eine von Gesetzes wegen im Kleingarten zulässige bauliche Anlage, die **der kleingärtnerischen Nutzung zu dienen** bestimmt und **ihr** daher auch **untergeordnet ist. Diese Funktion der Gartenlaube bestimmt, was an Ausstattung und Einrichtung erforderlich und zulässig** ist, um die ordnungsgemäße und zweckentsprechende Nutzung der Laube sicherzustellen. „Eine bessere Ausstattung der Laube hin zu einem verkleinerten Eigenheim würde die Entwicklung zu einem Wochenendhausgebiet bedeuten, obwohl die Kleingartenflächen planungsrechtlich als Grünflächen zu bewerten sind. Als Folge einer solchen Entwicklung kämen auf die Gemeinden zwangsläufig Folgelasten bei der Entsorgung zu" (Beschlussempfehlung und Bericht des Ausschusses für Raumordnung, Bauwesen und Städtebau, BT-Drs. 12/6782 S. 8).

Die kleingartenrechtlich bestimmungsgemäße Nutzung der Laube besteht in kurzfristigen vorübergehenden Aufenthalten des Kleingärtners und seiner Familie im Garten sowie in der Aufbewahrung von Gartengeräten und Gartenerzeugnissen (s. o. Rn. 9). An diese kleingartenrechtliche Nutzung der Gartenlaube knüpft Abs. 2 Satz 2 an, indem er bestimmt, dass die Beschaffenheit der Laube, insbesondere nach ihrer Ausstattung und Einrichtung, nicht zum dauernden Wohnen geeignet sein darf. Mit dieser gesetzlichen Vorgabe **nicht vereinbar sind alle Anschlüsse und Anschlusseinrichtungen der Gartenlaube, die die Wohnnutzung fördern und infolge ihrer Vorbildwirkung Ansatz zu einer Nutzungserweiterung oder -änderung** der Gartenlaube (und des Kleingartens) sein können (so auch Otter, Bauliche Nutzung und Erschließung von Kleingärten, Bestandsschutz, in: Kleingartenpachtverträge in den neuen Bundesländern – Fragen und Probleme zum BKleingG –, Schriftenreihe des Bundesverbandes Deutscher Gartenfreunde [BDG] Heft Nr. 94, S. 52 ff.). Zulässig sind daher nur solche Anlagen und Einrichtungen, die die kleingärtnerische Nutzung ermöglichen oder ihr (zumindest) dienen (s. auch § 1 Rn. 12 ff.). Die kleingärtnerische Nutzung erfordert die verkehrsmäßige Anbindung der Kleingärten an das öffentliche Straßennetz, um den Zugang sicherzustellen; der kleingärtnerischen Nutzung dient ferner der Wasseranschluss in Kleingärten, nicht in der Laube.

Der Anschluss der Gartenlaube an Anlagen zur Versorgung mit **Wasser, Gas, Wärme und Elektrizität** ist weder Voraussetzung für die bestimmungsgemäße Nutzung der Laube noch dient er der kleingärtnerischen Nutzung. Das Gleiche gilt auch für den **Telefonanschluss** sowie **Abwasserbeseitigungsanlagen.**

Die Gartenlaube ist kein dem Wohnen dienendes Gebäude, das mit **Trink- und Brauch-** **10 a**
wasser zu versorgen ist. Die Wasserversorgung der Gartenlaube ist im Unterschied zu
Wohngebäuden – nach dem Bauordnungsrecht der Länder – auch keine Voraussetzung
weder für die Errichtung noch für die Nutzung. Aus dem gleichen Grund ist daher
auch eine **Abwasserbeseitigungsanlage** nicht erforderlich. Diese Einrichtungen sind
entbehrlich, weil sie nicht der kleingärtnerischen Funktion der Laube dienen. Die Entsorgung kann im Übrigen über zentrale Einrichtungen in der Kleingartenanlage
und/oder (ergänzend) auch über sog. Trockentoiletten in den Gärten erfolgen. Zur Entsorgung von Kleingärten: s. Berger, Entsorgungsverfahren im Kleingarten, in: Der
Kleingarten, Fachzeitschrift für das Kleingartenwesen – Ausgabe Rheinland – 1990,
61 f.; Entsorgungsproblematik in Kleingartenanlagen – Bericht über die gemeinsame
Tagung der Gartenamtsleiter des Landes NW und der Landesverbände Rheinland und
Westfalen-Lippe, in: Der Kleingarten 1993, 5 f. Zulässig ist dagegen der Wasseranschluss im Kleingarten, weil er der kleingärtnerischen Nutzung dient (s. hierzu § 1
Rn. 14 b).

Unzulässig ist ferner der Anschluss einer Laube an das **Elektrizitätsnetz**. Er fördert in **10 b**
ganz besonderer Weise die planungsrechtlich unerwünschte Entwicklung von Kleingartenanlagen zu Baugebieten (Gartenhaus-, Wochenendhaus- und Ferienhausgebieten). Er ermöglicht nicht nur die elektrische Beleuchtung der Laube, sondern auch den
Betrieb von Elektrogeräten verschiedenster Art einschließlich einer Elektroheizung.
Das gleiche gilt auch für **Solaranlagen**. Hierbei handelt es sich lediglich um eine andere
Art der Stromgewinnung. Solaranlagen ermöglichen, begünstigen und fördern – wie
der Anschluss der Laube an das Stromnetz – nicht nur die Wohnnutzung der Laube,
und begründen die Gefahr, dass sich Kleingartenanlagen im Laufe der Zeit zu Baugebieten entwickeln. Solaranlagen gehen auch über eine einfache Ausführung der Laube
(§ 3 Abs. 2 Satz 1) hinaus. Die Frage nach einer umweltfreundlichen Energie stellt sich
in diesem Zusammenhang nicht, weil diese Anlagen nicht der bestimmungsgemäßen
Nutzung der Laube dienen.

Soweit Elektrizität als „**Arbeitsstrom**" zum Betrieb von Gartengeräten genutzt wird,
dient sie der kleingärtnerischen Nutzung und ist aus kleingartenrechtlicher Sicht zulässig. Der Anschluss kann durch entsprechende Einrichtungen innerhalb der Kleingartenanlage, die keinem Einzelgarten zuzuordnen sind, sichergestellt werden
(s. hierzu § 1 Rn. 14 d).

Unzulässig ist auch der **Telefonanschluss** in der Laube (BT-Drs. 9/1900 S. 13; BT- **10 c**
Drs. 9/2232 S. 17; LG Bremen, U. v. 28. 10. 1980 – 1 S 360/80 –, Schriftenreihe BMBau
05.011 S. 119). Er dient nicht der kleingärtnerischen Nutzung. Für Notfälle kann ein
Münzfernsprecher in der Kleingartenanlage errichtet werden (s. auch § 1 Rn. 14 e). Im
Übrigen hat die Problematik durch die technische Entwicklung (Mobilfunk) an Bedeu-
tung verloren.

Insgesamt ist festzustellen, dass eine mit Ver- und Entsorgungseinrichtungen ausge- **10 d**
stattete Laube den Charakter einer der kleingärtnerischen Nutzung dienende Nebenanlage verliert. Sie kann – so ausgestattet – als **Kleinwochenendhaus** oder als **Wohn-**
gelegenheit genutzt werden und unterscheidet sich insoweit nicht von entsprechenden
Unterkünften in **Baugebieten mit Erholungsfunktion** (§ 10 BauNVO). Im Gesetzge-

bungsverfahren zur Novellierung des BKleingG (BKleingÄndG) ist daher auch ein Antrag, Ver- und Entsorgungseinrichtungen in Gartenlauben gesetzlich zuzulassen, abgelehnt worden, vor allem wegen der Gefahr, dass „dann das Prinzip der Pachtpreisbindung nicht mehr zu halten" sei (s. Beschluss und Bericht des BT-Ausschusses für Raumordnung, Bauwesen und Städtebau zum Entwurf des BKleingÄndG in BT-Drs. 12/6782 S. 8). S. hierzu Rn. 9 a bis 9 c.

10 e Die weitere sich hieraus ergebende Folge wäre eine notwendige Änderung des bauplanungsrechtlichen Charakters der Kleingärten. Diese könnten nicht mehr als Grünflächen (§§ 5 Abs. 2 Nr. 5; 9 Abs. 1 Nr. 15 BauGB) qualifiziert werden, sondern als Baugebiete (Sondergebiete), die der Erholung dienen (vgl. § 10 BauNVO).

11 **Nicht betroffen** von diesen Einschränkungen sind rechtmäßig zum Wohnen genutzte Lauben (**Wohnlauben,** § 18 Abs. 2; § 20 a Nr. 8).

11 a **Rechtmäßig hergestellte Ver- und Entsorgungseinrichtungen** in der Gartenlaube **genießen Bestandsschutz.** S. hierzu Rn. 9 d. Zum Bestandsschutz s. § 18 Rn. 1 ff., § 20 a Rn. 27 ff.

4. Baurechtliche Zulässigkeitsvoraussetzungen
für die Errichtung von Lauben und anderen baulichen Anlagen

12 Die Vorschrift des § 3 Abs. 2 **ersetzt weder die planungsrechtlichen noch die bauordnungsrechtlichen Zulässigkeitsvoraussetzungen** für die Errichtung oder Änderung von Gartenlauben und anderen baulichen Anlagen. Sie regelt – auch in öffentlichrechtlicher Beziehung – lediglich die Zulässigkeit von Lauben, soweit nicht das Bebauungsrecht engere Zulässigkeitsanforderungen stellt (BVerwG, DÖV 1984, 855 = NJW 1984, 1576 – BBauBl 1984, 498 – ZfBR 1984, 254 = BRS 42, 94). § 3 Abs. 2 Satz 1 Halbs. 2 stellt dies durch die Bestimmung, dass die §§ 29 bis 36 BauGB unberührt bleiben, ausdrücklich klar. Diese Vorschriften regeln die bauplanungsrechtliche Zulässigkeit von Vorhaben, die die Errichtung, Änderung oder Nutzungsänderung von baulichen Anlagen zum Inhalt haben.

12 a Bauliche Anlagen (Bauten) sind aus künstlichen Stoffen oder Bauteilen hergestellte Einrichtungen, die mit dem Erdboden in einer auf Dauer gedachten Weise verbunden sind (BVerwG, DÖV 1974, 200). Eine Verbindung mit dem Boden besteht auch dann, wenn die Einrichtung durch eigene Schwere auf dem Boden ruht. Die Verbindung mit dem Erdboden wird nicht dadurch aufgehoben, dass die Einrichtung jederzeit abgebaut und anderswo wieder aufgestellt werden kann. Dem Erfordernis der Dauer genügt ein Zustand, der jeweils für mehrere Monate besteht (BVerwG, BauR 1977, 109 ff.). Bauliche Anlagen sind danach nicht nur Gartenlauben und Vereinsheime, sondern auch Gewächshäuser, Geräteschuppen, mit dem Boden verbundene Bänke, Tische und Sitzgruppen, Pergolen, befestigte (z. B. mit Steinplatten) Wege, Einfriedungen. **Keine baulichen Anlagen** sind dagegen gelegentlich und nur vorübergehend aufgestellte **Partyzelte.** Begriffsdefinitionen enthalten die Bauordnungen der jeweiligen Länder.

12 b Auch **Kleingartenanlagen** i. S. des § 1 Abs. 1 Nr. 2 (als Einheit) mit Lauben, Einfriedungen, befestigten Wegen und Plätzen sind **bauliche Anlagen.** Einzelne, für sich genommen genehmigungsfreie Anlagen (Baulichkeiten) unterliegen den planungsrechtlichen Bestimmungen der §§ 30 bis 37 BauGB, wenn sie Teil einer Kleingartenanlage sind (OVG Münster, NWVBl 1988, 115).

Die Bauordnungen der Länder fingieren auch Anlagen, die nach dem Regelbegriff keine baulichen Anlagen sind, als bauliche Anlagen. Hierzu gehören auch Aufschüttungen und Abgrabungen, Stellplätze für Kraftfahrzeuge (vgl. z. B. § 2 BauO NW; § 2 ThürBO). Ob eine bauliche Anlage errichtet oder geändert werden darf, ergibt sich im Einzelfall aus den planungsrechtlichen Bestimmungen, also aus den Festsetzungen des Bebauungsplans oder aus § 35 BauGB, der die planungsrechtliche Zulässigkeit von Vorhaben im (nicht beplanten) Außenbereich regelt, sowie aus anderen öffentlichrechtlichen Vorschriften, insbesondere den Regelungen des Bauordnungsrechts der Länder.   **12 c**

4.1 Kleingärten in Plangebieten – Dauerkleingärten – (§ 30 BauGB)

Im Bebauungsplan festgesezte Flächen für Kleingärten sind Dauerkleingärten (§ 1 Abs. 3). S. hierzu § 1 Rn. 35 ff.   **13**

Im Geltungsbereich eines **qualifizierten Bebauungsplans** (§ 30 Abs. 1 BauGB) richtet sich die Zulässigkeit von baulichen Anlagen **nach dessen Festsetzungen**. Ein qualifizierter Bebauungsplan muss mindestens Festsetzungen über die Art und das Maß der baulichen Nutzung, die überbaubaren Grundstücksflächen und die örtlichen Verkehrsflächen aus dem in § 9 Abs. 1 genannten Katalog der zulässigen Festsetzungen enthalten. Im Geltungsbereich eines **einfachen Bebauungsplans** (§ 30 Abs. 3 BauGB) richtet sich die Zulässigkeit von baulichen Anlagen nach den **gesetzlichen Zulässigkeitsbestimmungen** (§ 35 BauGB), **soweit der Bebauungsplan selbst nicht entsprechende Festsetzungen** enthält. Der einfache Bebauungsplan unterscheidet sich vom qualifizierten Bebauungsplan nur dadurch, dass er nicht oder nicht alle Mindestanforderungen nach § 30 Abs. 1 BauGB enthält. Er verändert aber den Gebietscharakter des Außenbereichs (§ 35 BauGB) oder Innenbereichs (§ 34 BauGB) nicht. Er verdrängt lediglich mit seinen Festsetzungen die Zulässigkeitsvoraussetzungen nach diesen Vorschriften. Im Übrigen hat der einfache Bebauungsplan die gleichen Wirkungen wie der qualifizierte Bebauungsplan (s. hierzu § 1 Rn. 46).

Im (qualifizierten oder einfachen) Bebauungsplan festgesetzte Dauerkleingartenflächen sind bauplanungsrechtlich **Grünflächen** (s. hierzu auch § 1 Rn. 43). „Grünfläche" ist ein Oberbegriff, der in der Bauleitplanung der Konkretisierung bedarf. Die Vorschriften der §§ 5 Abs. 2 Nr. 5 und 9 Abs. 1 Nr. 15 BauGB zählen beispielhaft als Grünflächen auf: Parkanlagen, Dauerkleingärten, Sport-, Spiel-, Zelt- und Badeplätze, Friedhöfe. Dabei unterscheidet das BauGB noch zwischen öffentlichen und privaten Grünflächen. Im Bebauungsplan sind Grünflächen als öffentliche oder private Grünflächen besonders zu bezeichnen (PlanzV 90 – Anlage Nr. 9 –). Näheres hierzu s. § 1 Rn. 35 ff., 43.   **14**

Grundsätzlich ist eine **Bebauung der Grünfläche** unzulässig. Die Festsetzung einer Grünfläche schließt jedoch die Errichtung einer **baulichen Anlage** dann nicht aus, wenn diese **der Grünfläche von ihrer Funktion her zugeordnet** ist. In Dauerkleingärten sind **Gartenlauben**, obwohl sie kein Begriffsmerkmal des Kleingartens sind, üblich und planungsrechtlich zulässig, wenn sie der kleingärtnerischen Nutzung dienen. Diese Voraussetzung gilt als erfüllt, wenn die Gartenlaube den Anforderungen des

§ 3 Abs. 2 genügt. Zulässig ist danach eine Laube in einfacher Ausführung mit höchstens 24 m² Grundfläche einschließlich überdachtem Freisitz. Der Bebauungsplan kann jedoch engere Zulässigkeitsanforderungen stellen. Darüber hinaus dürfen Lauben nach ihrer Beschaffenheit auch nicht zum dauernden Wohnen geeignet, d. h. nicht mit Ver- und Entsorgungseinrichtungen ausgestattet sein (s. Rn. 10 ff.).

15 Die **Zulässigkeit anderer baulicher Anlagen** beurteilt sich entsprechend den baurechtlichen Vorschriften nach ihrer Funktion im Rahmen der kleingärtnerischen Nutzung. Als andere bauliche Anlagen sind alle Anlagen anzusehen, die in einer auf Dauer gedachten Weise künstlich mit dem Erdboden verbunden sind (BVerwG, DÖV 1974, 200 = BRS 27, 122). Bei der Beurteilung der Zulässigkeit kommt es entscheidend darauf an, ob diese baulichen Anlagen der Zweckbestimmung der Festsetzung „Dauerkleingärten" dienen oder widersprechen. Zulässig sind grundsätzlich nur solche Baulichkeiten, die eine der kleingärtnerischen Nutzung dienende Hilfsfunktion haben. Im Wesentlichen wird es sich hierbei um **Nebenanlagen handeln, die der kleingärtnerischen Nutzung im weitesten Sinne förderlich** sind (so auch Otter, a. a. O., S. 57). Unter Berücksichtigung dieser Voraussetzungen dienen **Gewächshäuser** der kleingärtnerischen Nutzung, wenn sie eine bestimmte Größe nicht überschreiten. Das Gleiche gilt im Grundsatz auch für **Pergolen** sowie **mit dem Boden verbundene Bänke** und **Tische** und sonstige bauliche Anlagen. Sie sind zulässig, wenn sie – als Nebenanlagen – keine die gärtnerische Nutzung beeinträchtigende Fläche („Erholungsfläche") beanspruchen. Es muss sichergestellt sein, dass mindestens ein Drittel der gesamten Fläche des Einzelgartens für die gärtnerische Nutzung, die Erzeugung von Obst, Gemüse und anderen Gartenprodukten verwendet wird (BGH, NJW-RR 2004, 1241 f.). Anders zu behandeln sind dagegen z. B. **Geräteschuppen** und **Kleintierställe**. Geräteschuppen dienen zwar der kleingärtnerischen Nutzung, sie sind aber nicht erforderlich, wenn eine Laube vorhanden ist, weil diese bereits der Aufbewahrung von Geräten für die Gartenbearbeitung dient (BVerwG, DÖV 1984, 855 = BBauBl 1984, 498 = ZfBR 1984, 254 = BRS 42, 94). Kleintierställe dienen nicht der kleingärtnerischen Nutzung, weil die Kleintierhaltung grundsätzlich nicht zur kleingärtnerischen Nutzung gehört (s. § 1 Rn. 7 b); sie sind daher grundsätzlich nicht zulässig. Für die neuen Länder gilt die Sonderregelung des § 20 a Nr. 7 Satz 2 (s. § 20 a Rn. 29).

4.2 Kleingärten im Außenbereich (§ 35 BauGB)

16 **Kleingartenanlagen sind planungsrechtlich als Außenbereich zu qualifizieren,** wenn sie nicht im Bebauungsplan als Dauerkleingärten festgesetzt sind. **Sie sind kein „im Zusammenhang bebauter Ortsteil"** (§ 34 BauGB), auch dann nicht, wenn sie mit Gartenlauben bebaut sind (BVerwG, NJW 1984, 1576 = DÖV 1984, 855 = BRS 42, 94). Zum Außenbereich gehören alle Grundstücke (Flächen), die außerhalb des räumlichen Geltungsbereiches eines qualifizierten Bebauungsplans und außerhalb der im Zusammenhang bebauten Ortsteile liegen. Außenbereich können auch größere Freiflächen innerhalb des im Zusammenhang bebauten Ortsteils sein. Das ist dann der Fall, wenn diese Freifläche so groß ist, dass sie einer gesonderten städtebaulichen Planung zugänglich ist (Außenbereich im Innenbereich).

Ein „im Zusammenhang bebauter Ortsteil" ist nach der höchstrichterlichen Rechtsprechung anzunehmen, wenn ein Gebiet einen Komplex von Bauten aufweist, die zueinander in einem engen räumlichen Zusammenhang stehen, und der den Eindruck der Geschlossenheit vermittelt, ein gewisses Gewicht besitzt und damit Ausdruck einer organischen Siedlungsstruktur ist (ständige Rechtsprechung seit BVerwG, BBauBl 1969, 404; BVerwG, BBauBl 1969, 289; NVwZ 1997, 899). Auch eine größere Anzahl von Gartenlauben auf einem Kleingartengelände erfüllt diese Voraussetzungen nicht. Gartenlauben sind dazu bestimmt, der kleingärtnerischen Nutzung zu dienen. Sie haben eine der kleingärtnerischen Nutzung dienende Hilfsfunktion. Sie sind deshalb für sich genommen keine Bauten, die einen im Zusammenhang bebauten Ortsteil bilden können. Mit den Begriffen „Bauten", „Bebauung", „Siedlung" ist nichts anderes gemeint, als dass diese Anlagen dem ständigen Aufenthalt von Menschen dienen sollen. Die Tatsache, dass Lauben häufig massiv gemauert sind, führt ebenso wenig zum Entstehen eines Ortsteils wie der Umstand, dass die Lauben von Kleingärtnern zeitweise auch zum Übernachten genutzt werden (BVerwG, NJW 1984, 1576 = DÖV 1984, 855 = BRS 42, 94).

Kleingartenanlagen sind auch nicht Bestandteil eines im Zusammenhang bebauten **16 a** Ortsteils, der durch die umgebende Wohn- oder gewerbliche Bebauung gebildet würde. Eine ringsum von Bebauung umgebene Kleingartenanlage ist als „Außenbereich im Innenbereich" zu beurteilen (vgl. BVerwG, NJW 1984, 1576). Eine andere bodenrechtliche Qualifizierung kann nur bei einzelnen kleingärtnerisch genutzten Flächen in Betracht kommen, die als Baulücke einen vorhandenen Bebauungszusammenhang unterbrechen. Das kann allenfalls dann zutreffen, wenn schon wegen der geringen Zahl der Kleingärten, z. B. bei etwa 5 Kleingärten, und wegen der außer einem Zugang zu den Gärten fehlenden Gemeinschaftseinrichtungen (s. § 1 Rn. 10 f.) zweifelhaft ist, ob überhaupt eine Kleingartenanlage i. S. des § 1 BKleingG vorliegt, und diese Flächen auch von der sie umgebenden Bebauung städtebaulich (entscheidend) geprägt sind. Es muss sich um eine Situation handeln, in der das Kleingartenland den Bebauungszusammenhang „zerschneidet", die kleingärtnerisch genutzten Flächen von der umgebenden Bebauung erfasst werden und **gemeinsam** mit dieser den Eindruck der Zusammengehörigkeit und Geschlossenheit vermitteln. Das kann bei einer Kleingartenanlage mit 16 bzw. 13 Einzelgärten mit einer durchschnittlichen Gartengröße von 250 bis 300 m² nicht mehr angenommen werden. In diesen Fällen handelt es sich nicht mehr um eine Baulücke i. S. des § 34 Abs. 1 BauGB, die den Bebauungszusammenhang unterbricht. Näheres zur Kleingartenanlage § 1 Rn. 10.

Im Außenbereich sind bauliche Anlagen (Nebenanlagen) nur nach Maßgabe des § 35 **17** BauGB zulässig. § 35 BauG unterscheidet zwischen privilegierten (§ 35 Abs. 1 BauGB) und nicht privilegierten sonstigen Vorhaben (§ 35 Abs. 2 BauGB). Zum Begriff des Vorhabens s. Rn. 12 f. Privilegierte Vorhaben sind bevorrechtigt im Außenbereich zulässig. Sie sind zulässig, wenn öffentliche Belange nicht entgegenstehen und die ausreichende Erschließung gesichert ist. Sonstige Vorhaben dagegen unterliegen schärferen Beschränkungen; sie dürfen nur dann errichtet werden, wenn öffentliche Belange nicht beeinträchtigt werden. § 35 Abs. 3 BauGB zählt beispielhaft die öffentlichen Belange auf.

Gartenlauben und sonstige bauliche Nebenanlagen in Kleingärten gehören **nicht** zu **18** den privilegierten Vorhaben i. S. des § 35 Abs. 1 BauGB. Privilegiert sind nur Vorhaben, die einem land- oder forstwirtschaftlichen Betrieb, einem Betrieb der gartenbaulichen

Erzeugung oder der öffentlichen Versorgung oder einem ortsgebundenen Betrieb dienen und schließlich Vorhaben, die wegen ihrer besonderen Anforderungen, Wirkungen oder Zweckbestimmung nur im Außenbereich ausgeführt werden sollen, Vorhaben der energetischen Nutzung von Biomasse im Rahmen land- oder forstwirtschaftlicher und der gartenbaulichen Erzeugung dienender Betriebe, die Tierhaltung betreiben, sowie dem Anschluss solcher Anlagen an das öffentliche Vorsorgungsnetz dienender Vorhaben unter bestimmten Voraussetzungen, ferner Vorhaben, die der Erforschung, Entwicklung oder Nutzung der Kernenergie zu friedlichen Zwecken oder der Entsorgung radioaktiver Abfälle oder der Wind- und Wasserenergie dienen.

Keiner dieser Privilegierungstatbestände trifft auf Gartenlauben und andere bauliche Nebenanlagen in Kleingärten zu. Die kleingärtnerische Nutzung setzt schon begrifflich den nichterwerbsmäßigen Gartenbau voraus und kann daher nicht der Landwirtschaft/dem Gartenbau i. S. des § 201 BauGB (s. Anhang 2) zugerechnet werden. Die übrigen Privilegierungstatbestände liegen evident nicht vor. Landwirtschaft im baurechtlichen Sinne ist mit dem Begriff „land- und forstwirtschaftliches Vermögen" i. S. d. (steuerlichen) Bewertungsrechts nicht identisch. Zum Begriff „Landwirtschaft" s. auch § 4 Rn. 9.

19   **Gartenlauben** sind als **nichtprivilegierte, sonstige Vorhaben** gemäß § 35 Abs. 2 und 3 BauGB zulässig, wenn sie die im BKleingG ausdrücklich zugelassene Größe von 24 m² Grundfläche nicht überschreiten, gemäß § 3 Abs. 2 Satz 2 nach ihrer Beschaffenheit **nicht zum dauernden Wohnen geeignet** sind und wenn **öffentliche Belange nicht beeinträchtigt** werden. Sie sind dagegen unzulässig, wenn sie die gesetzlich geregelte Größe überschreiten oder zum dauernden Wohnen geeignet sind. In diesem Falle beeinträchtigen sie nämlich öffentliche Belange i. S. d. § 35 Abs. 2 und 3 BauGB, weil sie die Entstehung einer Splittersiedlung befürchten lassen. Solche Gebäude können z. B. als Wochenendhäuser genutzt werden und infolge ihrer Vorbildwirkung Ansatz zu einer Umnutzung der Kleingartenanlage zu einer Wochenend- oder gar einer Wohnsiedlung werden (BVerwG, NJW 1984, 1576).

19 a   Eine **Beeinträchtigung öffentlicher Belange liegt** nach § 35 Abs. 3 BauGB **insbesondere vor,** wenn das Vorhaben den Darstellungen eines Flächennutzungsplans, eines Landschaftsplans oder sonstigen Plans, insbesondere des Wasser-, Abfall- oder Immissionsschutzrechts widerspricht, schädlichen Umwelteinwirkungen ausgesetzt ist, unwirtschaftliche Aufwendungen für Verkehrsanlagen, für Anlagen der Ver- und Entsorgung erfordert, die Belange des Naturschutzes und der Landschaftspflege, des Bodenschutzes, des Denkmalschutzes oder die natürliche Eigenart der Landschaft und ihren Erholungswert beeinträchtigt oder das Orts- und Landschaftsbild verunstaltet, die Entstehung, Verfestigung oder Erweiterung einer Splittersiedlung befürchten lässt oder die Funktionsfähigkeit von Funkstellen und Radaranlagen stört. Der Natur- und Landschaftsschutz ist schon beeinträchtigt, wenn die bauliche Anlage mit der naturgegebenen Bodennutzung nicht im Einklang steht (BVerwG, DÖV 1974, 565). Das Orts- und Landschaftsbild ist verunstaltet, wenn mit der Schaffung der Anlage der landschaftliche Gesamteindruck erheblich gestört würde. Der Begriff der natürlichen Eigenart der Landschaft umfasst auch den Schutz einer im Einzelfall schutzwürdigen Landschaft vor ästhetischer Beeinträchtigung (BVerwG, DVBl 1972, 865). Der Belang der Wahrung der natürlichen Eigenart der Landschaft soll auch dazu dienen, das reizvolle

Landschaftsbild gegen Verunstaltung durch bauliche Anlagen zu schützen. Zur Frage der Einfriedung kleingärtnerisch genutzter Grundstücke im Außenbereich s. BVerwG, BRS 44, 166. In diesem Urteil hat das BVerwG entschieden, dass eine Einfriedung nicht zulässig ist, wenn das kleingärtnerisch genutzte Grundstück im Flächennutzungsplan als Fläche für die Landwirtschaft dargestellt ist. „Mit einer solchen Nutzung hängt seine Einfriedung aber nicht zusammen. Sie begünstigt neben anderen Einfriedungen in der näheren Umgebung die der vorgegebenen Nutzung fremde Verdrahtung und Zerstückelung dieser Landschaft" (BVerwG, a. a. O.).

Das Gleiche gilt auch für andere bauliche Anlagen. **Vereinsheime und Nebenanlagen,**   **20** wie Gewächshäuser und andere Anlagen (s. Rn. 15) sind zulässig, wenn sie der kleingärtnerischen Nutzung dienen und wenn ihre Ausführung oder Benutzung öffentliche Belange nicht beeinträchtigt (s. Rn. 19 a).

Gartenlauben und sonstige bauliche Nebenanlagen in **Kleingärten** einerseits und die   **21** **kleingärtnerische Nutzung als (reine) Bodennutzung** andererseits werden planungsrechtlich unterschiedlich behandelt. Wesensmerkmal der kleingärtnerischen Nutzung ist die nicht erwerbsmäßige Bewirtschaftung fremden Landes zur Gewinnung von Gartenfrüchten aller Art und die Erholungsnutzung. Das Vorhandensein von Gartenlauben (und häufig auch anderen Nebenanlagen) in Kleingärten ist zwar durchweg üblich, aber kein Begriffsmerkmal der kleingärtnerischen Nutzung. Die **kleingärtnerische Nutzung** ist daher keine bauliche, sondern eine **sonstige Nutzung** im Sinne der §§ 29 ff. BauGB. Sie ist deshalb nicht von § 29 BauGB erfasst, mit der Folge, dass auch § 35 BauGB für kleingärtnerische Nutzung als Bodennutzung selbst nicht zur Anwendung kommt (Weyreuther, Bauen im Außenbereich, kleingärtnerische Dauernutzung). Im Außenbereich kann also der Grund und Boden jederzeit kleingärtnerisch genutzt werden, Gartenlauben und andere Nebenanlagen dürfen dagegen nur errichtet werden, wenn öffentliche Belange nicht beeinträchtigt werden.

4.3 Sicherung der Erschließung

Die **Erschließung ist immer Voraussetzung für die Zulässigkeit eines Vorhabens**   **22** sowohl im Geltungsbereich eines (qualifizierten) Bebauungsplans (§ 30 Abs. 1 BauGB) als auch im Außenbereich (§ 35 BauGB). Zum Begriff des Vorhabens i. S. d. §§ 30, 35 BauGB s. Rn. 12 f.

Das gilt uneingeschränkt für das **Vereinsheim.** Im räumlichen Geltungsbereich eines   **23** Bebauungsplans bestimmt sich der **Umfang der Erschließung** nach Maßgabe des Bebauungsplans. Die Erschließung muss jedoch mindestens den Anschluss an das öffentliche Straßennetz, d. h. eine auch für Kraftfahrzeuge geeignete Zuwegung, die Versorgung mit Elektrizität und Wasser und die Abwasserbeseitigung umfassen. Im Außenbereich richtet sich die Erschließung nach den Auswirkungen und Bedürfnissen des jeweiligen Vorhabens. Es genügt, wenn die Mindesterfordernisse zur Befriedigung des durch dieses Vorhaben ausgelösten Erschließungsbedürfnisses erfüllt sind. Die Erschließung soll gewährleisten, dass die Nutzung der baulichen Anlage möglich ist (s. hierzu § 1 Rn. 12 ff.). Dazu gehören die Zufahrt (mit Kraftfahrzeugen) und die Mindesteinrichtungen für die Ver- und Entsorgung, also Strom, Wasser- und Abwasserleitungen oder entsprechende Anlagen auf dem Grundstück. Das Vorliegen aller dieser Merkmale der Erschließung ändert aber an der Ablehnung des Vorhabens nichts, wenn es öffentliche Belange beeinträchtigt.

24 Im Übrigen bestimmt die kleingärtnerische Nutzung den Umfang der Erschließungsmaßnahmen, die erforderlich sind, um die Gartenlaube im Kleingarten bestimmungsgemäß zu nutzen. In **verkehrsmäßiger** Hinsicht bedeutet dies, dass die Kleingartenanlage einen **Zugang zum öffentlichen Verkehrsnetz** haben muss; der einzelne Kleingarten über die (Erschließungs-)Wege innerhalb der Kleingartenanlage. Das Wegenetz innerhalb der Kleingartenanlage kann sich aus den Festsetzungen des Bebauungsplans selbst ergeben oder aus den örtlichen Bedürfnissen. Zur Ver- und Entsorgung der Laube s. Rn. 10 ff.

5. Geltung anderer öffentlich-rechtlicher Vorschriften

25 Neben den kleingarten- und planungsrechtlichen Bestimmungen gelten für Vereinsheime, Lauben und sonstige Nebenanlagen auch andere öffentlich-rechtliche Vorschriften, die sich auf die Zulässigkeit von Bauvorhaben beziehen. § 29 Abs. 2 BauGB, auf den das BKleingG in § 3 Abs. 2 Halbs. 2 Bezug nimmt, stellt dies ausdrücklich klar. Diese Vorschriften können weitere **Voraussetzungen für die Zulässigkeit** aufstellen.

26 Zu diesen öffentlich-rechtlichen Vorschriften i. S. des § 29 Abs. 2 BauGB gehören insbesondere das **Bauordnungsrecht** der Länder **(s. Anhang 3)** und die zur Durchführung des Baugesetzbuchs ergangenen Gesetze und Verordnungen, z. B. die Verordnung über Baugestaltung oder die Landschaftspflegegesetze. Die materiellen Vorschriften der Bauordnungen der Länder gelten im Rahmen ihres Anwendungsbereichs unabhängig davon, ob das Vorhaben genehmigungspflichtig ist oder nicht. Genehmigungsfreie Vorhaben sind zwar vom Baugenehmigungsverfahren befreit und unterliegen auch nicht der Bauüberwachung oder der Bauzustandsbesichtigung. Die Genehmigungsfreiheit lässt aber die Pflicht zur Einhaltung öffentlich-rechtlicher Vorschriften unberührt. Das zuständige Bauordnungsamt kann daher die teilweise oder vollständige Beseitigung solcher baulicher Anlagen verlangen, die im Widerspruch zu öffentlichrechtlichen Vorschriften errichtet oder geändert worden sind (s. hierzu OVG Bremen, Der Fachberater 1981, 78; OVG Lüneburg, NuR 1988, 397). S. Rn. 29 ff.

6. Anwendung der Vorschriften des § 3 auf Eigentümergärten

27 Nach Abs. 3 gelten die Regelungen des § 3 Abs. 1 und 2 über die Größe des Kleingartens sowie über die Größe und Beschaffenheit der Gartenlaube auch für Eigentümergärten in einer Kleingartenanlage. Kleingärten sind zwar *Pacht*gärten (§ 1 Rn. 16), doch auch der Eigentümer des Kleingartengrundstücks soll einen in der Kleingartenanlage liegenden Garten kleingärtnerisch nutzen können. § 9 Abs. 1 Nr. 3 sieht ausdrücklich vor, dass der Eigentümer einen Kleingartenpachtvertrag kündigen kann, wenn er selbst oder einer seiner Haushaltsangehörigen i. S. des § 18 WoFG (s. § 1 Rn. 26) einen Garten kleingärtnerisch nutzen will und ihm anderes geeignetes Gartenland nicht zur Verfügung steht. Abs. 3 stellt für diese Fälle sicher, dass der Eigentümergarten, insbesondere bezüglich der Laube wie ein Kleingarten zu behandeln ist. Der Eigentümer hat

insoweit keine größeren, aber auch keine geringeren Rechte als der Pächter eines Kleingartens.

Über die Beteiligung des Eigentümers an Gemeinschaftsleistungen der Kleingärtner enthält das BKleingG keine Regelung. Ob und auf welche Art und Weise sich der Eigentümer an diesen Gemeinschaftsleistungen beteiligt, bleibt insoweit den Vereinbarungen der Betroffenen überlassen.

7. Rechtswidrige bauliche Anlagen und Folgen der Rechtswidrigkeit

Rechtswidrig sind Anlagen, die gegen die geltende Rechtsverordnung verstoßen und die niemals rechtmäßig waren. Hierbei handelt es sich um Verstöße gegen Baurecht und sonstige (öffentlich-rechtliche) Vorschriften und Verstöße gegen vertragliche Vereinbarungen.   **28**

7.1 Verstöße gegen das Baurecht und gegen sonstige Rechtsvorschriften

Zu unterscheiden ist zwischen **formeller und materieller Rechtswidrigkeit. Formell** **29**
rechtswidrig ist eine bauliche Anlage, wenn für sie die erforderliche Baugenehmigung nicht vorliegt. Die Genehmigungspflicht regelt das Bauordnungsrecht. Die Baugenehmigung ist die formelle Voraussetzung für rechtlich erlaubtes Bauen. Sie ist die Erklärung der Behörde, dass der beabsichtigten Bauausführung nach dem z. Zt. der Entscheidung geltenden öffentlichen Recht Hindernisse nicht entgegenstehen und zugleich die Gestattung der Bauführung nach Maßgabe der ausgesprochenen inhaltlichen Beschränkungen und Nebenbestimmungen. Grundsätzlich ist nach den Bauordnungen der Länder für die Errichtung, Änderung, Nutzungsänderung und für den Abbruch von baulichen Anlagen eine Genehmigung erforderlich. Einige bauliche Anlagen sind genehmigungsfrei. Dazu gehören auch Gartenlauben in Kleingärten. Die **Genehmigungsfreiheit ist in den Landesbauordnungen** unterschiedlich ausgestaltet. In einigen Landesbauordnungen bedürfen Gartenlauben in Kleingartenanlagen generell keiner Baugenehmigung (z. B. Berlin, Mecklenburg-Vorpommern, Nordrhein-Westfalen, Schleswig-Holstein), in anderen nur Gartenlauben in einer Dauerkleingartenanlage oder in Kleingartenanlagen, für die eine Baugenehmigung erteilt ist (Baden-Württemberg, Brandenburg, Hessen, Rheinland-Pfalz, Saarland, Sachsen-Anhalt und Thüringen). Genehmigungsfrei sind auch sonstige bauliche Anlagen in Kleingärten, die der Gartennutzung dienen, z. B. Gewächshäuser, Pergolen und andere der kleingärtnerischen Nutzung dienende Einrichtungen.

In der ehemaligen DDR waren bauliche Anlagen bis zum 31. 7. 1990 auf der Grundlage **30**
der Verordnung über Bevölkerungsbauwerke vom 8. 11. 1984 (GBl I Nr. 36 S. 438) zustimmungspflichtig, die größer als 5 m², höher als 3 m und tiefer als 1 m waren. Die Entscheidung über den Antrag auf Zustimmung traf der für den Standort des Bauwerks zuständige Rat. Er war verpflichtet, vor Erteilung der Zustimmung die Baugenehmigung der staatlichen Bauaufsicht einzuholen. Die Zustimmungsbefugnis konnte auch auf den VKSK übertragen werden. Ab 1. 8. 1990 galt für die Zustimmung die Bauordnung der ehemaligen DDR, später die Bauordnungen der Länder.

Die formelle Rechtswidrigkeit allein reicht für den Erlass einer Rückbau- oder Beseiti- **31**
gungsanordnung nicht aus. Denn wenn es nur an der erforderlichen Genehmigung,

nicht aber an der Genehmigungsfähigkeit fehlt, können ohne weiteres rechtmäßige Zustände durch (nachträgliche) Erteilung einer Baugenehmigung hergestellt werden. Formelle Rechtsverstöße liegen ohnehin dann nicht vor, wenn für die bauliche Anlage eine Genehmigung nicht erforderlich ist.

32 **Materiell rechtswidrig** ist eine bauliche Anlage, wenn sie in Kleingärten nicht zulässig ist, also nicht genehmigungsfähig ist oder wäre und auch niemals genehmigungsfähig gewesen war. Die **Anforderungen an die materielle Rechtmäßigkeit** ergeben sich aus dem BKleingG (§ 1 Abs. 1 und § 3 Abs. 2), aus dem Bebauungsplan bzw. den Vorschriften über die Zulässigkeit von Vorhaben im Außenbereich (§ 35 BauGB) und aus der Bauordnung des jeweiligen Landes. Zur bauplanungsrechtlichen Zulässigkeit von Vorhaben im Geltungsbereich eines Bebauungsplans s. Rn. 13 ff., im Außenbereich s. Rn. 16 ff. Rechtswidrig ist z. B. eine Gartenlaube, wenn sie die in § 3 Abs. 2 vorgeschriebene Größe (24 m² Grundfläche) oder die im Bebauungsplan festgesetzte Grundfläche für Lauben überschreitet.

33 Jeder Verstoß gegen dieses Recht stellt eine Störung der öffentlichen Ordnung dar. Die zuständige Bauaufsichtsbehörde ist deshalb gehalten, für die **Beseitigung gesetzwidriger Zustände** Sorge zu tragen. In Betracht kommen der **Rückbau** (auf die zulässige Größe) oder die **Beseitigung der baulichen Anlagen.** Beide Maßnahmen setzen einen entsprechenden Verwaltungsakt voraus. Rechtsgrundlage hierfür sind die entsprechenden Bestimmungen über den Rückbau bzw. die Beseitigung baulicher Anlagen in den jeweiligen Landesbauordnungen. In mehr oder weniger gleichlautenden Fassungen sehen diese Bestimmungen vor, dass die Bauaufsichtsbehörde die teilweise oder vollständige Beseitigung der baulichen Anlagen anordnen kann, wenn diese im Widerspruch zu öffentlich-rechtlichen Vorschriften errichtet oder geändert worden sind und nicht auf andere Weise rechtmäßige Zustände wiederhergestellt werden können.

34 Der Erlass einer Rückbau- bzw. Beseitigungsanordnung stellt eine **Ermessensentscheidung** („Kann-Vorschrift") dar. Eine Ermessensentscheidung ist nicht dem Belieben der Behörde überlassen. Die Behörde ist vielmehr verpflichtet, über das Ob und das Wie eine auf sachlichen Erwägungen beruhende Entscheidung zu treffen. Der Ermessensspielraum, den die Landesbauordnungen den Behörden einräumen, soll ein flexibles Vorgehen und die Beachtung der Besonderheiten des Einzelfalles ermöglichen.

35 Es gibt rechtswidrige Anlagen, die die **Behörde ausnahmsweise dulden** kann oder muss, z. B. bei Zusagen in Bagatellfällen. In bestimmten Fällen kann sogar eine von zuständigen Behörden bekundete Duldung einer rechtswidrigen baulichen Anlage einen Rechtsstatus herbeiführen, der einem Bestandschutz gleichkommt (s. OVG Berlin, MDR 1983, 16; LG Hannover, ZMR 1987, 23 f.).

36 Die Handhabung des Ermessens bei der Rückbau- bzw. Beseitigungsanordnung muss vom **Grundsatz der Verhältnismäßigkeit** und vom **Gleichheitsgrundsatz** beherrscht sein. Die Forderung, ein rechtswidriges Bauwerk zu beseitigen, verstößt in aller Regel nicht gegen den Grundsatz der Verhältnismäßigkeit, es sei denn, dass die Rechtmäßigkeit durch mildere Mittel erreichbar ist, z. B. durch Rückbau. Persönliche (wirtschaftliche) Verhältnisse oder soziale Gesichtspunkte können einer Beseitigungsanordnung

nicht entgegengehalten werden. Das Baurecht ist boden- und grundstücksbezogen. Persönliche wirtschaftliche Verhältnisse können aber im Rahmen der Entscheidung über die Vollstreckung der jeweiligen Maßnahme berücksichtigt werden.

Die Beachtung des Gleichheitssatzes soll verhindern, dass gleichliegende Tatbestände ohne sachlichen Grund unterschiedlich behandelt werden. Soll in einer Kleingartenanlage, in der rechtswidrige Zustände sich häufen, Ordnung geschaffen werden, so erfordert es der Grundsatz des pflichtgemäßen Ermessens zur Vermeidung von Willkür, alle baurechtswidrigen Anlagen in die Rückbau- bzw. Beseitigungsmaßnahmen einzubeziehen. Das setzt eine systematische Erfassung des rechtswidrigen Baubestandes voraus und erfordert ein gleichartiges Vorgehen gegen vergleichbare Anlagen in einem zeitlichen Zusammenhang. Die zuständige Behörde braucht also nicht schlagartig gegen alle rechtswidrigen baulichen Anlagen vorzugehen. Das System, rechtmäßige Zustände wiederherzustellen, muss aber auf der Absicht beruhen, alle rechtswidrigen baulichen Anlagen zurückzubauen oder zu beseitigen.

7.2 Vertragsverstöße

Im Rahmen der gesetzlichen Regelungen können die Vertragsparteien untereinander ihre Beziehungen frei bestimmen. Die Parteien können also z. B. vereinbaren, dass nur Gartenlauben mit einer Grundfläche von höchstens 20 m² errichtet werden dürfen. Errichtet der Pächter trotz vertraglicher Abrede eine Laube mit einer Grundfläche von 24 m², so ist diese Laube zwar gesetzeskonform, widerspricht aber den vertraglichen Vereinbarungen und ist somit vertragswidrig. Diese Vertragsverletzung ist relativ rechtswidrig, denn sie wäre es nicht, wenn diese besondere vertragliche Bindung nicht bestünde. Lässt der Vertrag Gartenlauben mit einer Grundfläche von mehr als 24 m² zu, so widerspricht eine solche Vereinbarung der zwingenden gesetzlichen Bestimmung des § 3 Abs. 2 Satz 1 BKleingG über die Laubengröße. Eine solche Vereinbarung ist gemäß § 134 BGB nichtig. Der Vertrag ist in einem solchen Fall so zu behandeln, als ob eine Vereinbarung über die Größe der Laube nicht getroffen worden wäre. Es gilt die gesetzliche Regelung über die Laubengröße. **37**

Die gleichen Grundsätze gelten auch für Vereinbarungen über andere bauliche Anlagen, z. B. über Gewächshäuser, sowie über die Ausstattung und Einrichtung der Laube, z. B. mit Ver- und Entsorgungseinrichtungen. Soweit diese Vereinbarungen den gesetzlichen Regelungen widersprechen, haben sie zwischen den Vertragsparteien keine Bindungswirkung. **38**

Bei Verstößen gegen (rechtmäßige) Vertragsvereinbarungen hat der Verpächter wegen vertragswidrigen Gebrauchs einen **Rückbau- bzw. Beseitigungsanspruch gemäß § 541 BGB n. F.** Anspruchsvoraussetzung ist die Abmahnung des Verpächters und die Fortsetzung des vertragswidrigen Gebrauchs. **39**

In Einzelfällen kann dem Rückbau- bzw. Beseitigungsverlangen des Verpächters der **Einwand der unzulässigen Rechtsausübung gemäß § 242 BGB** und der **vereinsrechtliche Gleichbehandlungsgrundsatz** entgegengehalten werden. **40**

41   Eine **unzulässige Rechtsausübung** liegt vor, wenn der Verpächter sich widersprüch-
lich verhält, wenn er also einen vertragswidrigen Zustand über eine längere Zeit wissentlich geduldet und damit gegenüber dem Pächter einen Vertrauenstatbestand
begründet hat und nunmehr im Widerspruch zu seinem früheren Verhalten die Beseitigung des vertragswidrigen Zustands verlangt. Auch der Grundsatz der **gleich-
mäßigen Behandlung aller Kleingärtner** kann im Einzelfall dazu führen, dass der
Rückbau- bzw. Beseitigungsanspruch nach § 541 BGB n. F. gegenüber einem einzelnen
Kleingärtner nicht durchgreift, wenn vergleichbare Verletzungen anderer Kleingärtner
folgenlos bleiben, denn ein exemplarisches Vorgehen gegen einzelne beseitigt nicht den
vertragswidrigen Zustand in einer Kleingartenanlage. In einem solchen Fall stellt sich
das Problem der Umwandlung des Kleingartenpachtvertrages in einen anderen Vertrag, etwa einen „Erholungsnutzungsvertrag" mit der Folge der Nichtanwendbarkeit
des BKleingG (s. hierzu auch § 1 Rn. 33 f.). Zur Frage zum Rückbauverlangen über-
großer Lauben s. Besprechung des Urteils des OLG Hamm vom 22. 11. 1994 –
7 U 44/94 – in: Der Fachberater 1995, 152 f.

42   Hat der Verpächter ein Urteil erwirkt, dann kann er die Durchsetzung seines Anspruchs auf Rückbau bzw. Beseitigung im Wege der Zwangsvollstreckung betreiben.

8. Eigentum an Baulichkeiten in Kleingärten; Scheinbestandteile

43   Baulichkeiten in Kleingärten, wie z. B. Lauben oder Gewächshäuser, sind sog. **Schein-
bestandteile i. S. des § 95 Abs. 1 BGB** und infolgedessen **Eigentum des Nutzers
(Kleingärtners)**. Nach § 95 Abs. 1 BGB gehören Sachen, die nur zu einem **vorüber-
gehenden Zweck** mit dem Grund und Boden verbunden sind, nicht zu den wesent-
lichen Bestandteilen i. S. d. §§ 93, 94 BGB. Eine **vorübergehende Verbindung** mit
Grund und Boden ist anzunehmen, wenn der obligatorisch Berechtigte, also der
Pächter (Kleingärtner), eine Baulichkeit auf dem von ihm genutzten Grundstück
(Grundstücksteil) errichtet bzw. der Nachfolger beim Pächterwechsel diese übernimmt
(BGHZ 8, 1 ff.; BGHZ 92, 70; BGH, NJW 1996, 916; BGH NJ 2003, 534 ff.). Denn wer als
Pächter (Kleingärtner) Gegenstände in die ihm überlassene Sache einfügt, hat eine tatsächliche Vermutung für sich, dass das Einfügen nur zu einem vorübergehenden
Zweck erfolgt (BGHZ 8, 5; BGH NJ 2003, 534 ff.). Diese Vermutung gilt selbst dann,
wenn es sich um ein massives Gebäude handelt, das ohne Zerstörung nicht entfernt
werden kann. Sie wird auch nicht bei langer Dauer des Vertrages entkräftet oder wenn
die Vertragsdauer nicht abzuschätzen ist (BGHZ 92, 70, 74; BGH LM § 94 Nr. 16). Dabei
bilden die Baulichkeit, die Laube und das Fundament auf dem sie aufgestellt worden
ist, rechtlich eine Einheit, auch wenn sich die Laube ohne weiteres vom Fundament
trennen lässt. Das Fundament – als Betonplatte oder als Betonhöcker – einer Gartenlaube ist Teil eines einheitlichen Bauwerks. Kein vorübergehender Zweck ist anzunehmen, wenn zwischen den Parteien vereinbart wurde, dass der Grundstückseigentümer nach Beendigung des Nutzungsrechts die Baulichkeit(en) übernehmen soll
(BGHZ 104, 298, BGH, NJW-RR 1990, 411). Das ist bei Kleingartenpachtverträgen
grundsätzlich nicht der Fall. Es genügt nicht, wenn der Pächter lediglich hofft, der
Eigentümer des Kleingartens werde die Baulichkeit nach Beendigung des Pachtvertrages übernehmen. S. hierzu auch § 4 Rn. 21 und § 11 Rn. 1. Diese Rechtslage gilt auch
in den neuen Ländern (s. hierzu § 20 a Rn. 4 d).

ZWEITER ABSCHNITT

Kleingartenpacht

§ 4

Kleingartenpachtverträge

(1) Für Kleingartenpachtverträge gelten die Vorschriften des Bürgerlichen Gesetzbuches über den Pachtvertrag, soweit sich aus diesem Gesetz nichts anderes ergibt.

(2) Die Vorschriften über Kleingartenpachtverträge gelten, soweit nichts anderes bestimmt ist, auch für Pachtverträge über Grundstücke zu dem Zweck, die Grundstücke aufgrund einzelner Kleingartenpachtverträge weiterzuverpachten (Zwischenpacht). Ein Zwischenpachtvertrag, der nicht mit einer als gemeinnützig anerkannten Kleingärtnerorganisation oder der Gemeinde geschlossen wird, ist nichtig. Nichtig ist auch ein Vertrag zur Übertragung der Verwaltung einer Kleingartenanlage, der nicht mit einer in Satz 2 bezeichneten Kleingärtnerorganisation geschlossen wird.

(3) Wenn öffentliche Interessen dies erfordern, insbesondere wenn die ordnungsgemäße Bewirtschaftung oder Nutzung der Kleingärten oder der Kleingartenanlage nicht mehr gewährleistet ist, hat der Verpächter die Verwaltung der Kleingartenanlage einer in Absatz 2 Satz 2 bezeichneten Kleingärtnerorganisation zu übertragen.

Übersicht

1. Begriff der Kleingartenpacht

1   Unter dem Begriff „Kleingartenpacht" ist die **vertragliche Überlassung von Grundstücken zur Nutzung** als Kleingarten i. S. des § 1 Abs. 1 gegen Entgelt zu verstehen (s. § 1 Rn. 16 f.). Auf die Bezeichnung des Vertrages kommt es nicht an. Entscheidend ist allein der von den Parteien gewollte Zweck, dass also das Grundstück zur Nutzung als Kleingarten i. S. des § 1 Abs. 1 überlassen wird. S. hierzu § 1 Rn. 17 ff., 20 – „mitgliedschaftsrechtliche Überlassung" –; § 20 a Rn. 3. Der federführende BT-Ausschuss hat in seinem Bericht ausdrücklich darauf hingewiesen, dass unter dem Begriff „Kleingartenpachtverträge" alle schuldrechtlichen Verträge fallen, die die Überlassung von Land zur kleingärtnerischen Nutzung zum Gegenstand haben (BT-Drs. 9/2232 S. 18).

2   Die Kleingartenpacht ist wegen der sozialpolitischen und städtebaulichen Funktion des Kleingartenwesens – soweit erforderlich – sondergesetzlich geregelt. Zur sozialpolitischen und städtebaulichen Bedeutung der Kleingärten s. Einleitung Rn. 3 ff. Die kleingartenpachtrechtlichen Sonderregelungen sind im 2. Abschnitt zusammengefasst. Sie gehen dem allgemeinen Pachtrecht des BGB vor. Nach § 4 Abs. 1 gelten die Vorschriften des Bürgerlichen Gesetzbuchs über die Pacht, soweit sich aus dem Bundeskleingartengesetz nichts anderes ergibt.

3   Kleingartenpachtrechtliche **Sonderregelung** enthält das BKleingG über

- die Zwischenpacht (§ 4 Abs. 2 Satz 1 und 2),
- die Übertragung der Verwaltung einer Kleingartenanlage (§ 4 Abs. 2 Satz 3, § 4 Abs. 3),
- den Pachtzins (§ 5),
- die Anpassung des Pachtzinses an den Höchstpachtzins; Kündigungsrecht des Pächters (§ 5 Abs. 3 Satz 4 BKleingG; Art. 3 Satz 3 BKleingÄndG),
- die Vertragsdauer bei Dauerkleingärten (§ 6),
- die Schriftform der Kündigung (§ 7),
- die Kündigung des Kleingartenpachtvertrages durch den Verpächter (§§ 8 bis 10),
- die Kündigungsentschädigung (§ 11),
- die Beendigung des Kleingartenpachtvertrages bei Tod des Kleingärtners (§ 12),
- die Nichtigkeit von Vereinbarungen zum Nachteil des Pächters (§ 13).

2. Anwendbare Vorschriften des BGB über den Pachtvertrag

4   Soweit sich aus dem Sonderrecht des BKleingG nichts anderes ergibt, richten sich die vertraglichen Beziehungen zwischen Verpächter und Pächter nach den Vorschriften des BGB über den Pachtvertrag (§§ 581 bis 584 b BGB). Die Vorschriften über den Landpachtvertrag finden keine Anwendung (§§ 585 bis 597 BGB). Für die Kleingartenpacht haben neben den Regelungen des BGB über die Pflichten des Verpächters insbesondere die Vorschriften über die Kündigungsfrist (§ 584 BGB) – soweit es um Kündigungen des Pächters geht –, über die Unterpacht (§ 584 a Abs. 1 BGB) und über die verspätete Rückgabe (§ 584 b BGB) Bedeutung. Darüber hinaus finden gemäß § 581 Abs. 2 BGB die Vorschriften über die Miete (§§ 535 ff. BGB) entsprechende Anwendung mit den aus dem Wesen des Pachtvertrages sich ergebenden Änderungen.

Die Vorschriften des BGB über die Pacht und die Miete sind in Anhang 4 abgedruckt.

§ 584 BGB regelt die **Kündigungsfrist bei der Grundstückspacht**. Diese Vorschrift 5 kommt nur für die Kündigung durch den Pächter in Betracht, weil die Kündigung eines Pachtvertrages durch den Verpächter sondergesetzlich geregelt ist. Nach § 584 Abs. 1 BGB ist die Kündigung in den Fällen, in denen die Pachtzeit nicht bestimmt ist, nur für den Schluss eines Pachtjahres zulässig; sie hat spätestens am 1. Werktag des halben Jahres zu erfolgen, mit dessen Ablauf die Pacht endigen soll. Das Gleiche gilt auch für die Fälle, in denen das Pachtverhältnis unter Einhaltung der gesetzlichen Frist vorzeitig gekündigt werden kann. Ist über den Beginn des Pachtjahres nichts bestimmt, so wird die Regelung des § 9 Abs. 2 über die Kündigung durch den Verpächter zugrunde zu legen sein. Danach beginnt das Pachtjahr am 1. Dezember eines Jahres und endet am 30. November. § 584 BGB ist abdingbar; im Pachtvertrag kann eine abweichende Vereinbarung getroffen werden.

Die Vorschrift des § 584 a BGB enthält **Sonderregelungen** für bestimmte **vorzeitige** 6 **Kündigungsrechte**. Abs. 1 schließt das Recht des Pächters zur vorzeitigen Kündigung für den Fall aus, dass der Verpächter die Erlaubnis zur Unterverpachtung verweigert. Eine trotzdem erklärte Kündigung ist wirkungslos. Diese Bestimmung hat lediglich für den Einzelpachtvertrag Bedeutung. Auch das BKleingG geht davon aus, dass die Überlassung eines Kleingartens an einen Dritten ohne Erlaubnis des Verpächters nicht gestattet ist. § 9 Abs. 1 Nr. 1 räumt dem Verpächter in diesen Fällen ein Kündigungsrecht ein. Auf Zwischenpachtverträge findet § 584 a Abs. 1 BGB keine Anwendung, weil Gegenstand dieser Verträge gerade die Weiterverpachtung von Kleingartenland ist. Nur zu diesem Zweck werden Zwischenpachtverträge abgeschlossen. § 584 a Abs. 2 BGB ist für Kleingartenpachtverträge bedeutungslos. Er wird durch die Vorschrift des § 12 über die Beendigung von Kleingartenpachtverträgen bei Tod des Kleingärtners verdrängt.

§ 584 b BGB regelt die **Entschädigung des Verpächters bei verspäteter Rückgabe** des 7 Pachtgegenstandes durch den Pächter. Danach kann der Verpächter für die Dauer der Vorenthaltung als Entschädigung den vereinbarten Pachtzins nach dem Verhältnis verlangen, in dem die Zeit der Vorenthaltung des Kleingartenlandes zur Jahrespacht steht. Der Entschädigungsanspruch ist unabhängig vom Verschulden des Pächters und davon, ob das Kleingartenland weiter genutzt wird (BGH NJW-RR 1996, 460). Voraussetzung für den Entschädigungsanspruch ist lediglich die Beendigung des Kleingartenpachtverhältnisses und die Vorenthaltung des gepachteten Kleingartenlandes gegen den Willen des Verpächters, d. h. also die nicht rechtzeitige Räumung der Fläche. Die Vorschrift ist abdingbar. Sie ist eine Sonderregelung zu § 546 a BGB n. F. Darüber hinaus können die während der Vorenthaltung anfallenden öffentlich-rechtlichen Lasten auf den Pächter überwälzt werden. Verschulden ist für die Entschädigung nach § 584 b BGB keine Voraussetzung. Der Verpächter darf nicht schlechter stehen als bei Fortdauer der Pacht. Darüber hinaus kann ein Schadensersatzanspruch wegen Verzögerung der Leistung in Betracht kommen (§ 280 Abs. 2 BGB n. F.). Ein Verzögerungsschaden nach § 280 Abs. 1 BGB n. F. ist aber nur zu ersetzen, wenn die zusätzlichen Voraussetzungen des § 286 BGB n. F. über den Schuldnerverzug gegeben sind. Dieser Anspruch setzt stets Verschulden voraus.

8   Die §§ 582 bis 583 a BGB enthalten besondere Regelungen für die **Verpachtung von Grundstücken mit Inventar.** Als Inventar ist die Gesamtheit der beweglichen Sachen anzusehen, die der Nutzung des Grundstücks dienen und zu diesem in einem entsprechenden räumlichen Verhältnis stehen (Putzo, in Palandt, BGB § 582 Rn. 1 b). Für die Verpachtung von Grundstücken zu kleingärtnerischen Zwecken kommen diese Vorschriften nicht in Betracht, weil Inventar i. S. d. Vorschrift grundsätzlich nicht verpachtet wird.

9   Die Vorschriften über den **Landpachtvertrag (§§ 585 bis 597 BGB),** die durch das Gesetz zur Neuordnung des landwirtschaftlichen Pachtrechts vom 8. 11. 1985 (BGBl I S. 2065) mit Wirkung vom 1. 7. 1986 in das BGB eingefügt worden sind, finden auf den Kleingartenpachtvertrag **keine Anwendung.** Ein **Landpachtvertrag** liegt vor, wenn die Verpachtung eines Grundstücks überwiegend zu **landwirtschaftlichen Zwecken** erfolgt. Der Begriff „Landwirtschaft" wird in den einzelnen Rechtsbereichen unterschiedlich definiert. Das Pachtrecht versteht unter Landwirtschaft die Bodenbewirtschaftung (z. B. Ackerbau, Wiesen- und Weidewirtschaft, Erwerbsobstbau, Weinbau) und die mit der Bodennutzung verbundene Tierhaltung, um pflanzliche und tierische Erzeugnisse zu gewinnen, sowie die gartenbauliche Erzeugung. Mit dem Begriff „gartenbauliche Erzeugung" wird der Erwerbsgartenbau erfasst.

3. Anwendbarkeit des Mietrechts

10   Nach § 581 Abs. 2 BGB sind auf den Pachtvertrag die Vorschriften über den Mietvertrag entsprechend anzuwenden, d. h. also mit den aus dem Wesen der Pacht sich ergebenden Änderungen. Das bedeutet, dass auf Kleingartenpachtverträge die mietrechtlichen Vorschriften des BGB analog Anwendung finden. Das Mietrecht ist durch das Gesetz zur Neugliederung, Vereinfachung und Reform des Mietrechts – Mietrechtsreformgesetz – vom 19. Juni 2001 geändert worden (BGBl. I S. 1149) und am 1. September 2001 in Kraft getreten **(Anhang 4).** Im Einzelnen handelt es sich um nachfolgende Bereiche.

3.1 Überlassungs- und Erhaltungspflicht des Verpächters

11   § 535 Abs. 1 Satz 2 BGB n. F. ergänzt die Hauptpflicht des Verpächters nach § 581 Abs. 1 Satz 1 BGB, dem Pächter den Gebrauch der Pachtsache und den Genuss der Früchte während der Pachtzeit zu gewähren. Danach hat der Verpächter den Pachtgegenstand in einem zu dem vertragsmäßigen Gebrauch geeigneten Zustand zu überlassen und ihn während der Pachtzeit in diesem Zustand zu erhalten. Der Inhalt dieser Pflichten bestimmt sich in erster Linie nach dem Vertrag. Fehlt eine entsprechende vertragliche Bestimmung, ist der übliche Gebrauch zu gewähren; das bedeutet für den Kleingartenpachtvertrag, dem Pächter das Grundstück so zu überlassen, dass er in die Lage gesetzt wird, es kleingärtnerisch nutzen bzw. zum Zwecke der kleingärtnerischen Nutzung weiterverpachten zu können.

12   Das BKleingG geht davon aus, dass der Pächter (Kleingärtner) zur **Bewirtschaftung des Kleingartens** und zu Gemeinschaftsleistungen zum Erhalt der Kleingartenanlage verpflichtet ist. § 9 Abs. 1 Nr. 1 räumt dem Verpächter insoweit sogar ein Kündigungsrecht ein. Daraus folgt, dass die Erhaltungspflicht des Verpächters nach § 535 Abs. 1 Satz 2 BGB nicht besteht, soweit vertraglich nichts anderes vereinbart ist.

3.2 Haftung des Verpächters für Mängel

Hat der Pachtgegenstand z. Z. der Überlassung an den Pächter **Mängel, die die Taug-** 13 **lichkeit zu dem vertragsmäßigen Gebrauch aufheben oder mindern** oder entsteht im Laufe der Pacht ein solcher Mangel, so ist der Pächter für die Zeit, in der die Tauglichkeit aufgehoben ist, vom Pachtzins befreit; er kann den Pachtzins mindern, wenn die Tauglichkeit erheblich gemindert ist (§ 536 Abs. 1 BGB n. F.). Eine unerhebliche Minderung ist nur bei zugesicherten Eigenschaften bedeutsam. Eine Zusicherung liegt vor, wenn der Verpächter zu erkennen gibt, dass er für den Bestand der betreffenden Eigenschaft und die Folgen ihres Fehlens einstehen will (Weidenkaff, in: Palandt, BGB, Kommentar 63. Aufl., § 536 Rn. 25). Die Kenntnis des Verwendungszwecks der Pachtsache genügt nicht, um eine stillschweigende Zusicherung anzunehmen (BGH, NJW 1980, 777). Eigenschaft i. S. d. § 536 ist jede Beschaffenheit der Pachtsache selbst und jedes tatsächliche oder rechtliche Verhältnis, das für die Brauchbarkeit oder den Wert dieser Sache von Bedeutung ist (BGH NJW 2000, 1714). Fehlt eine Eigenschaft, die nicht zugesichert ist, kann ein Mangel vorliegen. Ein **Mangel i. S. d. § 536 Abs. 1 BGB n. F.** liegt z. B. vor, wenn die Kleingartenfläche mit **umweltgefährdenden Stoffen** derart belastet ist, dass sie kleingärtnerisch nicht genutzt werden kann oder in ihrem Nutzungswert beeinträchtigt ist. Hierbei handelt es sich um sog. „kontaminierte Standorte", das sind z. B. Verfüllungen mit umweltgefährdenden Produktionsrückständen, ehemalige Industriestandorte, Kontaminationen durch Korrosionen, defekte Abwasserkanäle, abgelagerte Kampfstoffe und andere Ursachen (s. Bodenschutzkonzeption der BReg, BT-Drs. 10/2977 S. 27 f.). Zu Kontaminationen kann es auch im Bereich (früher) landwirtschaftlich genutzter Flächen durch Rückstände von Pflanzenschutzmitteln kommen. Diese Verunreinigungen gefährden nicht nur Böden, Grund- und Oberflächenwässer und schränken mögliche Folgenutzungen ein; sie können auch unmittelbare Gesundheitsgefahren bilden (BT-Drs. a. a. O.). Ob im Einzelfall eine die kleingärtnerische Nutzung ausschließende Gesundheitsgefährdung vorliegt oder „nur" eine erhebliche Beeinträchtigung, die nach Stärke und Intensität das übliche und zumutbare Maß überschreitet und insoweit die „Tauglichkeit" des Kleingartens mindert, lässt sich durch Einholung eines Gutachtens feststellen. Gefährdungen sind bei Schwellenwertüberschreitungen anzunehmen. Die tatsächliche Gefährdung muss nachgewiesen werden. Erst danach können (rechtliche) Folgerungen abgeleitet werden. Das kann dazu führen, dass im Bauleitplan eine für Dauerkleingärten vorgesehene Fläche nicht ausgewiesen, der Bauleitplan wegen erkannter Schwellenwertüberschreitungen geändert wird, Anbaubeschränkungen verfügt oder Sanierungsmaßnahmen eingeleitet werden. Zur Problematik der kontaminierten Standorte im Rahmen der Bauleitplanung (s. Grauvogel in: Kohlham. Kom. § 5 Rn. 129 ff.; Löhr, NVwZ 1987, 364; Hoppenberg, NJW 1987, 748 ff.; Lenz, BauR 1987, 391 ff.; Schink, BauR 1987, 397 ff.).

Einen Mangel i. S. des § 536 Abs. 1 BGB begründen auch äußere **Einwirkungen,** insbe- 14 sondere von **Lärm, Luftverschmutzung** und **Geruch,** wenn sie die Tauglichkeit des Kleingartengrundstücks zum vertragsgemäßen Gebrauch aufheben oder mindern. Während früher Kleingärten häufig als Pufferzone zwischen störenden Anlagen und der Wohnbebauung empfohlen wurden, gehören sie heute selbst zu den zu schützenden Einrichtungen, um Gewähr für Ruhe und Erholung zu bieten (s. Kleingartenbedarf in NW, Bd. 0.031, S. 33; Schallschutz im Städtebau, RdE des Innenministeriums NW v. 8. 11. 1973, MBl NW S. 1918; Richtlinien für die Gewährung von Zuwendungen zur Förderung von Dauerkleingärten durch Landesmittel, RdE des Ministers für Umwelt, Raumordnung und Landwirtschaft v. 30. 6. 1987, MBl NW S. 1142). Zum Lärmschutz in Kleingartenanlagen s. § 1 Rn. 74 f.

Auch von emittierenden Anlagen können Einwirkungen ausgehen, die die kleingärtnerische Nutzung beeinträchtigen. Durch Ablagerungen von Stäuben kann der Boden z. B. durch Schwermetalle geschädigt und damit die gärtnerische Nutzung gefährdet sein.

15 Wie ein Mangel, der die Tauglichkeit des Kleingartens zum vertragsgemäßen Gebrauch aufhebt oder mindert ist das Fehlen oder der Wegfall einer **zugesicherten Eigenschaft** zu behandeln (§ 536 Abs. 2 BGB n. F.). Die Bedeutung dieser Regelung liegt in der Beweiserleichterung für den Pächter. Der Pächter ist für das Vorliegen des Mangels und Beeinträchtigung der Nutzung des Kleingartenlandes beweispflichtig. Dies umfasst nicht das Maß der Minderung (BGH, NJW-RR 1991, 779). Dem Verpächter obliegt die Beweislast für die Unerheblichkeit der Tauglichkeitsminderung, Verschulden des Pächters und Verursachung durch diesen.

16 Liegt ein Mangel i. S. d. § 536 BGB n. F. vor, tritt **Minderung oder vollständige Befreiung von der Pachtzinspflicht** kraft Gesetzes ein. Es handelt sich hierbei um eine von Gesetzes wegen eintretende Änderung der Vertragspflichten (BGH, ständige Rspr. NJW 1987, 432 f.; BGH NJW-RR 1991, 779). Nach § 536 a Abs. 1 BGB n. F. kann der Pächter bei Vorliegen eines Mangels i. S. d. § 536 BGB n. F. unbeschadet der Rechte aus dieser Vorschrift auch Schadensersatz wegen Nichterfüllung verlangen, wenn ein Sachmangel bei Vertragsschluss vorlag ohne Rücksicht auf das Verschulden des Verpächters, wenn ein Mangel nach Vertragsabschluss auftritt, soweit der Verpächter den Mangel zu vertreten hat, oder wenn der Verpächter mit der Beseitigung des Mangels in Verzug ist. Zu ersetzen ist der Nichterfüllungsschaden. Zum „Nichterfüllungsschaden" gehören insbesondere der Minderwert der zur kleingärtnerischen Nutzung überlassenen Fläche, die Mängelbeseitigungskosten und die Vertragskosten. Kenntnis des Mangels bei Vertragsabschluss oder bei Vertragsverlängerung beseitigt gemäß § 536 b BGB n. F. die Rechte des Pächters aus § 536 sowie den Schadensersatzanspruch § 536 a BGB n. F. auch dann, wenn der Verpächter den Mangel arglistig verschwiegen hatte (BGH, NJW 1972, 249). Der Ausschluss der Gewährleistung tritt auch ein, wenn der Pächter den Mangel bei Vertragsabschluss grob fahrlässig nicht erkannte, es sei denn, dass der Verpächter den Mangel arglistig verschwiegen hatte (§ 536 b Satz 2 BGB n. F.). Nimmt der Pächter mangelhaftes Kleingartenland an, obwohl er den Mangel kennt, so kann er die Pachtminderung (§ 536 BGB n. F.) und den Schadens- und Aufwendungsersatzanspruch (§ 536 a BGB n. F.) nur geltend machen, wenn er sich seine Rechte vorbehält, wenn er etwa in der erkennbaren oder mitgeteilten Erwartung zahlt, dass der Mangel demnächst beseitigt wird.

17 Die **Gewährleistung von Rechtsmängeln** (§ 536 Abs. 3 BGB n. F.) entspricht in der Sache der Gewährleistung für Sachmängel mit der Ausnahme, dass ein Rechtsmangel erst vorliegt, wenn der Dritte sein Recht auf das verpachtete Kleingartenland geltend macht und dadurch die Nutzung des Kleingartenlandes verhindert oder die Fläche der Nutzung entzieht. Das kann z. B. bei Doppelverpachtung von (Teil-)Flächen der Fall sein.

3.3 Außerordentliches Kündigungsrecht des Pächters

Die Vorschrift des § 543 Abs. 2 Nr. 1 BGB n. F. gewährt dem Pächter ein **außerordent-** **18** **liches (fristloses) Kündigungsrecht**, wenn er an der Ausübung des Nutzungsrechts gehindert wird (Vorenthaltung des Gebrauchs der gepachteten Sache). Verschulden des Verpächters ist nicht erforderlich. Es genügt, wenn der Mangel durch erhebliche Störungen Dritter oder andere zufällige Ereignisse verursacht wird, z. B. Immissionen (vgl. AG Jever, NJW 1971, 1086) oder durch erhebliche Zugangserschwerungen (vgl. OLG Köln, NJW 1972, 1814). Bei unerheblichen Behinderungen ist die Kündigung ausgeschlossen.

3.4 Lasten, die auf dem Kleingartengrundstück ruhen

Die **Lasten**, die auf dem Kleingartengrundstück ruhen, kann der Verpächter gemäß § 5 **19** Abs. 5 auf die Pächter übertragen. § 535 Abs. 3 BGB n. F. findet auf Kleingartenpachtverhältnisse keine Anwendung. S. hierzu § 5 Rn. 36 ff., 43 ff., 45 f.

Zum Erschließungsbeitrag s. Erläuterungen zu Art. 2 BKleingÄndG, S. 195. **20**

3.5 Wegnahmerecht des Pächters; Verpächterpfandrecht

§ 539 Abs. 2 BGB n. F. gilt auch für den Kleingartenpachtvertrag. Der Pächter (Kleingärt- **21** ner) ist danach zur **Wegnahme von Einrichtungen** berechtigt. Einrichtungen sind bewegliche Sachen, die mit der Pachtsache fest verbunden sind, aber wieder abgetrennt werden können und die dazu bestimmt sind, dem wirtschaftlichen Zweck der Pachtsache zu dienen, z. B. Anlagen und Anpflanzungen. Dazu gehört auch die Gartenlaube (s. hierzu auch BGH, NJW 1981, 2564). Nach höchstrichterlicher Rechtsprechung bleiben vom Pächter auf dem gepachteten Grundstück errichtete bauliche Anlagen sein Eigentum (BGHZ 8, 1 ff.; BGHZ 92, 70, 73 f.; BGH, NJW-RR 1990, 916) s. hierzu auch § 3 Rn. 43. Das gilt insbesondere für die vom Kleingärtner errichtete Laube, aber auch für andere der kleingärtnerischen Nutzung dienende bauliche Anlagen im Kleingarten. Verbindet ein Pächter Sachen mit Grund und Boden, ist regelmäßig davon auszugehen, dass dies mangels besonderer Vereinbarungen mit dem Verpächter nur in seinem Interesse für die Dauer des Pachtverhältnisses und damit zu einem vorübergehenden Zweck i. S. d. § 95 Abs. 1 BGB (Scheinbestandteile) geschieht (BGHZ 8, 1 ff.; BGHZ 92, 74; LM BGB § 95 Nr. 6; BGH, WM 1965, 1028 f.; BGH, NJW-RR 1990, 916). Diese Regel gilt auch bei einer massiven Bauart des Bauwerks oder bei langer Dauer des Vertrages (BGHZ 8, 5; BGHZ 10, 176; BGH, VersR 1960, 365). Wird der Kleingartenpachtvertrag beendet, kann daher der weichende Pächter das Eigentum an der Gartenlaube und an anderen der kleingärtnerischen Nutzung dienende Nebenanlagen auf seinen Nachfolger übertragen oder in entsprechender Anwendung des § 539 Abs. 2 BGB n. F. wegnehmen.

Die Vorschriften über das **Vermieterpfandrecht** (§§ 562 bis 562 d BGB n. F.) gelten auch **22** für die Kleingartenpacht.

3.6 Form des Kleingartenpachtvertrages

22 a Der Kleingartenpachtvertrag kann schriftlich oder formlos geschlossen werden, also auch mündlich. Die Kündigung bedarf jedoch der Schriftform (§ 7). Nach § 550 BGB n. F. i. V. m. § 578 Abs. 1 BGB n. F., bedarf der Pachtvertrag, der für längere Zeit als ein Jahr geschlossen wird, der schriftlichen Form. Das gilt sowohl für Zwischenpacht – als auch für Einzelpachtverträge. Wird diese nicht eingehalten, gilt der Vertrag für unbestimmte Zeit. Zur Vertragsdauer von Kleingartenpachtverträgen über Dauerkleingärten s. § 6 Rn. 3 ff.

3.7 Stillschweigende Verlängerung des Pachtverhältnisses

23 Nach Ablauf der vereinbarten Pachtdauer gilt gemäß § 545 BGB n. F. der Kleingartenpachtvertrag als auf unbestimmte Zeit verlängert, wenn der Pächter die kleingärtnerische Nutzung fortsetzt, sofern der Verpächter nicht seinen entgegenstehenden Willen binnen einer Frist von zwei Wochen dem Pächter gegenüber erklärt (BGH, NJW 1991, 1349 f.). Zweck der Regelung ist es, die Rechtsverhältnisse nach Fortsetzung der Nutzung durch den Kleingärtner klarzustellen. Die Frist beginnt für den Verpächter mit dem Zeitpunkt, in dem er von der Fortsetzung der kleingärtnerischen Nutzung Kenntnis erhält. Die Willenserklärung kann schon vor Ablauf der Pachtzeit abgegeben werden, insbesondere schon im Kündigungsschreiben. Sie liegt auch im Räumungsverlangen oder in der dem Pächter angekündigten Räumungsklage.

24 Die Vorschriften der §§ 566 bis 567 b BGB n. F. i. V. m. § 578 Abs. 1 BGB n. F. („**Kauf bricht nicht Miete**") sind auch auf Kleingartenpachtverhältnisse entsprechend anwendbar.

4. Anwendbarkeit der sonstigen einschlägigen Vorschriften des BGB

25 Auf Kleingartenpachtverhältnisse finden – neben den Vorschriften des Miet- und Pachtrechts – auch die anderen einschlägigen Bestimmungen des BGB Anwendung. Das gilt insbesondere für die Vorschriften des Allgemeinen Teils, des Rechts der Schuldverhältnisse und des Sachenrechts des BGB.

4.1 Allgemeiner Teil des BGB

26 Der Allgemeine Teil des BGB stellt Regeln auf, die für alle oder bestimmte Gruppen von Rechtsverhältnissen Bedeutung haben. Die drei wichtigsten Abschnitte des allgemeinen Teils behandeln die Personen als Subjekte des Rechtslebens, Sachen als Objekte des Rechtsverkehrs und das Rechtsgeschäft. Für Kleingartenpachtverhältnisse haben insbesondere Bedeutung die Bestimmungen über Sachen (§§ 90 bis 103), hier vor allem die Regelungen über **die wesentlichen Bestandteile (§ 94 BGB)**, die **Scheinbestandteile (§ 95 BGB)** und das **Zubehör (§ 97 BGB)**, ferner die Vorschriften über **Rechtsgeschäfte (§§ 104 bis 185 BGB)**, hierzu gehören vor allem die Regelungen über Willenserklärungen, Zustandekommen von Verträgen, Beendigung und Zeitbestimmung, Vertretung, Einwilligung und Genehmigung und schließlich die Vorschriften über die **Fristen und Termine (§§ 186 bis 193 BGB) sowie** die Bestimmungen über die **Verjährung (§§ 194 bis 218 BGB)**. Die einschlägigen Vorschriften sind im Anhang 4 – Bürgerliches Gesetzbuch (BGB) – abgedruckt.

4.2 Verjährung

Das Verjährungsrecht des BGB ist durch das am **1. 1. 2002 in Kraft getretene Gesetz zur** **27**
Modernisierung des Schuldrechts vom 26. 11. 2001 (BGBl I S. 2001, 3138) wesentlich
verändert worden. Das **neue Verjährungsrecht** findet nach Art. 229 § 6 EGBGB auf
nach dem 31. 12. 2001 **bestehende** und noch **nicht verjährte Ansprüche** Anwendung
mit folgenden Einschränkungen:

1. Beginn, Neubeginn und Hemmung der Verjährung richten sich für den Zeitraum
   bis zum 31. 12. 2001 nach altem Recht. Dies gilt auch für nach dem 31. 12. 2001
   eintretende Umstände, nach denen die Unterbrechung als eingetreten, bzw. nicht
   eingetreten gilt (§ 212 Abs. 2 BGB). Eine nach bisherigem Recht eingetretene
   Unterbrechung der Verjährung wird ab 1. 1. 2002 als Hemmung angesehen
   (Art. 229 § 6 Abs. 2 EGBGB).
2. Bei längerer Verjährungsfrist nach neuem Recht bleibt die kürzere Frist des bisherigen Rechts maßgebend (Art. 229 § 6 Abs. 3 EGBGB).
3. Bei abgekürzter Verjährungsfrist durch das neue Recht beginnt die kürzere Frist erst
   ab dem 1. 1. 2002 zu laufen. Allerdings bleibt die längere Frist des alten Rechts maßgebend, falls sie vor der kürzeren Frist des neuen Rechts abläuft.

Gemäß § 195 BGB n. F. beträgt die **regelmäßige Verjährungsfrist 3 Jahre**. Sie gilt für **28**
alle Ansprüche sowohl auf gesetzlicher wie vertraglicher Grundlage. Auch Ansprüche
aus Delikt, Gefährdungshaftung, Geschäftsführung ohne Auftrag und ungerechtfertig-
ter Bereicherung werden von dieser Vorschrift erfasst. Indes darf nicht übersehen werden, dass sowohl innerhalb als auch außerhalb des BGB weiterhin eine nicht unbe-
trächtliche Anzahl von Sondervorschriften bestehen bleibt, die weiterhin zu beachten
sind. Dazu gehören auch die Vorschriften über die Verjährung der mietrechtlichen
Ersatzansprüche und des Wegnahmerechts (§ 548 BGB n. F.). Gemäß § 581 Abs. 2 BGB
n. F. sind diese Vorschriften auch auf Pachtverhältnisse entsprechend anzuwenden.

Nach **§ 548 Abs. 1 BGB n. F.** verjähren die **Ersatzansprüche des Verpächters** wegen **28 a**
Veränderungen oder Verschlechterungen der Pachtsache in sechs Monaten. Die Verjährung beginnt mit dem Zeitpunkt, in dem der Verpächter die Pachtsache zurückerhält. Mit der Verjährung des Anspruchs des Verpächters auf Rückgabe der Pachtsache
verjähren auch seine Ersatzansprüche. Erfasst werden von der kurzen Verjährungsfrist
u. a. der Anspruch des Verpächters auf Wiederherstellung des ursprünglichen Zustands
der Pachtsache und der Anspruch auf Schadensersatz wegen Verzugs mit dieser Verpflichtung (BGHZ 128, 74). Nach **§ 548 Abs. 2 BGB n. F.** verjähren die **Ansprüche des**
Pächters auf Ersatz von Aufwendungen oder Gestattung der Wegnahme einer Einrichtung in sechs Monaten nach Beendigung des Pachtverhältnisses. Die kurze Verjährungsfrist erstreckt sich aber nicht auf den Entschädigungsanspruch nach § 11 Abs. 1 Satz 1
(Kündigungsentschädigung) wegen seiner Nähe zum öffentlich-rechtlichen Anspruch
auf Enteignungsentschädigung (BGH NJW-RR 2002, 1203 f.). Näheres hierzu § 11 Rn. 26.

Gemäß § 197 Abs. 1 BGB n. F. bleibt die **Verjährungsfrist von 30 Jahren** in einigen Fäl- **28 b**
len erhalten. Dies gilt für

– Herausgabeansprüche aus Eigentum und anderen dinglichen Rechten,

– familien- und erbrechtliche Ansprüche,

– rechtskräftig festgestellte Ansprüche,

– Ansprüche aus vollstreckbaren Vergleichen oder vollstreckbaren Urkunden und

– Ansprüche, die durch die in Insolvenzverfahren erfolgte Feststellung vollstreckbar geworden sind.

Für **regelmäßig wiederkehrende Leistungen** und Unterhaltsleistungen tritt an die Stelle der Verjährungsfrist von 30 Jahren die **dreijährige regelmäßige Verjährungsfrist.**

Nach § 199 Abs. 1 BGB n. F. **beginnt die regelmäßige Verjährungsfrist** mit dem Schluss des Jahres, in dem

– der Anspruch entstanden ist und

– der Gläubiger von den den Anspruch begründenden Umständen und der Person des Schuldners Kenntnis erlangt oder ohne grobe Fahrlässigkeit erlangen müsste.

4.3 Recht der Schuldverhältnisse

29 Das Recht der Schuldverhältnisse enthält Vorschriften über **Begründung, Inhalt und Erlöschen von Schuldverhältnissen,** über **Veränderungen auf Gläubiger- und Schuldnerseite** und die Beteiligung **mehrerer Gläubiger und Schuldner.**

29 a Unter einem Schuldverhältnis ist ein Rechtsverhältnis zu verstehen, kraft dessen der Gläubiger vom Schuldner eine Leistung fordern kann. **Kleingartenpachtverträge sind Schuldverhältnisse.** Das Schuldrecht stellt die Voraussetzungen auf, unter denen zwischen den Beteiligten im Rahmen ihrer Rechtsbeziehungen Ansprüche entstehen oder eingeschränkt werden, z. B. wegen unzulässiger Rechtsausübung, insbesondere des Sonderfalles der Verwirkung (§ 242 BGB). S. hierzu § 5 Rn. 35 b. Für diese Verträge haben insbesondere Bedeutung die Bestimmungen über die **Verpflichtung zur Leistung (nach Treu und Glauben – § 242 BGB –)** und **Leistungsstörungen (§§ 241 bis 304 BGB n. F.),** über die **Störung (Wegfall) der Geschäftsgrundlage (§§ 313 und 314 BGB n. F.)** sowie über das **Erlöschen der Schuldverhältnisse** aus Erfüllung, Hinterlegung, Aufrechnung und Erlass (§§ 372 bis 397 BGB) und schließlich die Bestimmungen über die **Übertragung einer Forderung (§§ 398 bis 413 BGB),** die **Schuldübernahme (§§ 414 bis 418)** und über die **Mehrheit von Schuldnern und Gläubigern (§§ 420 bis 432 BGB).**

29 b Das Recht der Schuldverhältnisse ist durch das Gesetz zur Modernisierung des Schuldrechts vom 26. 11. 2001 (BGBl I S. 2001 31, 38) – am 1. 1. 2002 in Kraft getreten – in wesentlichen Punkten verändert worden. Das neue Recht ist auf alle ab dem 1. 1. 2002 entstehenden Schuldverhältnisse anzuwenden. Für vor dem 1. 1. 2002 also nach altem Recht begründete Schuldverhältnisse gilt das alte Recht fort, es sei denn, es handelt sich um Dauerschuldverhältnisse. Kleingartenpachtverträge sind Dauerschuldverhältnisse. Für diese Schuldverhältnisse gilt das neue Schuldrecht ab dem 1. 1. 2003 (Art. 229 § 5 Abs. 1 Satz 2 EGBGB).

29 c Kernstück dieser Veränderungen sind die Neuregelungen des Rechts der Leistungsstörungen. **Zentraler Tatbestand** ist die **Pflichtverletzung** (§ 280 Abs. 1 Satz 1 BGB n. F.), die zum Schadensersatzanspruch führt, wenn sie zu vertreten ist. Mit dem Begriff „Pflichtverletzung" werden **alle Formen der Leistungsstörungen,** also die Verletzung

von Haupt- und Nebenleistungspflichten sowohl aus gesetzlichen als auch aus vertraglichen Schuldverhältnissen erfasst, auch die positive Vertragsverletzung. Neu geregelt wurde auch die Unmöglichkeit der Leistung (§ 275 BGB n. F.). Nach § 275 Abs. 1 BGB n. F. ist der Anspruch auf die Leistung ausgeschlossen, wenn die Leistung dem Schuldner oder jedermann unmöglich ist. Nach Abs. 2 dieser Vorschrift kann der Schuldner die Leistung verweigern, soweit diese einen Aufwand erfordert, der unter Beachtung des Inhalts des Schuldverhältnisses und der Gebote von Treu und Glauben in einem groben Missverhältnis zu dem Leistungsinteresse des Gläubigers steht. Bei der Bestimmung der dem Schuldner zuzumutenden Anstrengungen ist auch zu berücksichtigen, ob der Schuldner das Leistungshindernis zu vertreten hat. Der Schuldner kann auch die Leistung verweigern, wenn er diese persönlich zu erbringen hat und sie ihm unter Abwägung des seiner Leistung entgegenstehenden Hindernisses mit dem Leistungsinteresse des Gläubigers nicht zugemutet werden kann.

Die **Verzugsvoraussetzungen** sind nunmehr in § 286 BGB n. F. zusammengefasst. Es **29 d** bleibt bei dem Grundsatz, dass der Schuldner in Verzug gerät, wenn der Gläubiger nach Eintritt der Fälligkeit mahnt und diese Mahnung erfolglos bleibt (Abs. 1), es sei denn, dass die Leistung infolge eines Umstandes unterbleibt, den der Schuldner nicht zu vertreten hat (Abs. 4). Wie bisher bedarf es der Mahnung nicht, wenn für die Leistung eine Zeit nach dem Kalender bestimmt ist.

4.4 Störung der Geschäftsgrundlage

Die Störung der Geschäftsgrundlage ist in § 313 BGB n. F. geregelt. Diese Norm **30** nimmt die Rechtsgrundsätze auf, die in der Rechtsprechung und in der Lehre seit langem entwickelt worden sind. In diesem Bereich **kann also auch weiterhin auf die bisherige Rechtsprechung zurückgegriffen werden.** In Abs. 1 werden die an das Fehlen oder den Wegfall der Geschäftsgrundlage zu stellenden Anforderungen festgelegt. Zugleich wird als **vorrangige Rechtsfolge** die **Anpassung** an die veränderten Umstände bestimmt. Nur wenn eine **Anpassung nicht möglich** oder nicht zumutbar ist, kommt eine **Aufhebung des Vertrages** in Betracht. Bei den Voraussetzungen werden mehrere Merkmale aufgeführt, die kumulativ vorliegen müssen:

– Es müssen sich nach Vertragsschluss die Umstände entscheidend verändert haben.

– Diese Umstände dürfen nicht Inhalt des Vertrages geworden sein.

– Die Parteien müssten, wenn sie die Änderung vorausgesehen hätten, den Vertrag nicht oder mit einem anderen Inhalt geschlossen haben.

– Das Festhalten am unveränderten Vertrag muss für den einen Teil unter Berücksichtigung aller Umstände des Einzelfalles, insbesondere der vertraglichen oder gesetzlichen Risikoverteilung, unzumutbar sein.

Liegen diese strengen Voraussetzungen, die bisher an einen Wegfall der Geschäftsgrundlage gestellt wurden, vor, so kann die benachteiligte Vertragspartei die Anpassung des Vertrages verlangen.

§ 313 Abs. 2 BGB n. F. betrifft das ursprüngliche Fehlen der **subjektiven Geschäfts-** **30 a** **grundlage.** Dabei geht es um die Fälle des gemeinschaftlichen Motivirrtums sowie solche Fälle, in denen sich nur eine Partei falsche Vorstellungen macht, die andere Partei im Irrtum ist, aber ohne eigene Vorstellungen hingenommen hat. Dabei werden diese

Fälle, deren Zuordnung bisher z. T. umstritten war, ausdrücklich als Anwendungsfall des Wegfalls der Geschäftsgrundlage eingeordnet.

30 b Die Vorschrift des § 313 Abs. 3 BGB n. F. bestimmt, dass eine **Aufhebung des Vertrages nur dann verlangt** werden kann, wenn eine Anpassung nicht möglich oder nicht zumutbar ist. In diesem Fall kann der benachteiligte Teil vom Vertrag zurücktreten. An die Stelle des Rücktrittrechts tritt für Dauerschuldverhältnisse, also auch für Kleingartenpachtverhältnisse, das Recht zur Kündigung.

30 c Die Prinzipien der Vertragstreue und der Rechtssicherheit fordern, dass Verträge – auch Kleingartenpachtverträge – grundsätzlich Bestand haben und von den Parteien erfüllt werden. Nur unter bestimmten Umständen können schwerwiegende Gründe einen Einbruch in die Vertragsordnung und in die Rechtssicherheit geboten erscheinen lassen, wenn ein Festhalten am Vertrag zu untragbaren, mit Recht und Gerechtigkeit schlechthin unvereinbaren Ergebnissen führen würde. Das kann z. B. der Fall sein, wenn die Parteien die Übernahme der Gartenlaube durch den Zwischenpächter gegen Zahlung einer Ablösesumme bei Beendigung des Kleingartenpachtvertrages vereinbart haben und dabei davon ausgegangen sind, dass ein nachfolgender Pächter die Ablösesumme zahlt, im Zeitpunkt der tatsächlichen Vertragsbeendigung die Verpachtungsmöglichkeiten sich aber grundlegend geändert haben, weil Kleingärten nicht mehr nachgefragt werden. In solchen Fällen kommen Vertragsanpassungen wegen Wegfalls der Geschäftsgrundlage in Betracht.

30 d **Geschäftsgrundlage kann auch die im Zeitpunkt des Vertragsschlusses geltende Rechtsordnung sein; bei Kleingartenpachtverträgen also das kleingartenrechtliche Regelungssystem bei Vertragsabschluss, so dass Gesetzesänderungen zu erheblichen Störungen der Geschäftsgrundlage führen können.** So kann z. B. die Geschäftsgrundlage einer vertraglichen Vereinbarung, dass der Verpächter die Lasten, die auf dem Kleingartengrundstück ruhen, teilweise trägt, weggefallen sein, wenn die Abrede getroffen wurde in der Erwartung, dass eine Überwälzung der öffentlichen Lasten nur durch Vertrag – wie nach früherem Recht – fortdauern würde.

30 e Eine Vertragsanpassung wegen Wegfalls der Geschäftsbedingungen kann auch für den Zeitraum vor In-Kraft-Treten des BKleingG vor allem wegen einer durch Geldwertschwund eingetretenen Äquivalenzstörung in Betracht kommen. Sie darf aber nicht dazu führen, dass der Verpächter für die Zeit vor In-Kraft-Treten des BKleingG einen höheren Pachtzins verlangen kann als für die Zeit danach (BGH, NJW RR 1996, 143). Insgesamt darf das Regelungssystem des BKleingG nicht mit Hilfe des Rechtsinstituts des Fehlens bzw. Wegfalls der Geschäftsgrundlage „aus den Angeln" gehoben werden (BGH a. a. O.).

5. Zwischenpachtverträge; Zwischenpachtprivileg

31 Kleingartenpachtverträge können geschlossen werden zwischen dem Eigentümer und einzelnen Kleingärtnern oder zwischen dem Zwischenpächter und einzelnen Kleingärtnern **(Einzelpachtverträge)** sowie zwischen dem Eigentümer und einer Gemeinde oder einer als gemeinnützig anerkannten Kleingärtnerorganisation zu dem Zweck, die Grundstücke aufgrund einzelner Kleingartenpachtverträge weiterzuverpachten **(Zwi-**

schenpachtverträge). § 4 Abs. 2 Satz 1 erklärt die Vorschriften über Kleingartenpachtverträge auch für Zwischenpachtverhältnisse für anwendbar, soweit das Gesetz nichts anderes bestimmt. D. h. also, dass die Bestimmungen der §§ 4 Abs. 1 und 5 bis 13 auf Zwischenpachtverträge und Einzelpachtverträge anzuwenden sind. Für die Kündigung enthält § 10 eine Sonderregelung, die nur auf Zwischenpachtverträge Anwendung findet. Das BKleingG geht von nur einem zwischengeschalteten Vertrag aus. Aber auch mehrfach gestufte Pachtverhältnisse sind in der Praxis üblich und rechtlich zulässig (vgl. BGHZ 119, 300 = BGH, NJW 1993, 55 ff.). In der Regel werden Grundstücke über Zwischenpachtverträge der kleingärtnerischen Nutzung zugeführt. Das BKleingG greift diese Praxis auf. Als Zwischenpachtverträge definiert § 4 Abs. 2 Satz 1 solche Verträge, deren Gegenstand die Weiterverpachtung von Grundstücken zu kleingärtnerischen Zwecken aufgrund einzelner Kleingartenpachtverträge ist.

Der Begriff „weiterverpachten" im Sinne des Zwischenpächterprivilegs ist entsprechend dem Schutzzweck des Gesetzes weit auszulegen und umfasst alle Vereinbarungen, die eine kleingärtnerische Nutzung i. S. von § 1 Nr. 1 zum Gegenstand haben (BGH, NJW 1987, 2865 = MDR 1987, 1012 = RdL 1987, 2063). S. § 1 Rn. 19 ff. Beim Zwischenpachtvertrag leitet also der Kleingärtner sein Besitz- und Nutzungsrecht aus der Vertragskette Zwischenpachtvertrag/Einzelpachtvertrag ab. **32**

Der Zwischenpächter kann sich selbstverständlich auch eines **Beauftragten/Bevollmächtigten**, z. B. des örtlichen Kleingärtnervereins, zum Zwecke der **Weiterverpachtung** der kleingärtnerisch zu nutzenden Fläche an Kleingärtner und/oder zur **Verwaltung einer Kleingartenanlage** bedienen. In der Praxis wird häufig so verfahren; das BKleingG lässt diese Praxis unberührt. In diesen Fällen bleibt der Zwischenpächter Verpächter in den Einzelpachtverhältnissen; der bevollmächtigte/beauftragte örtliche Kleingärtnerverein ist lediglich Vertreter des Zwischenpächters. Wie weit die Vertretungsmacht reicht, ergibt sich aus dem Umfang des Aufgabenbereichs, der dem Vertreter übertragen wurde. Die Übertragung der Vollmacht, Einzelpachtverträge abzuschließen, umfasst z. B. nicht das Kündigungsrecht. Es kommt auf die im konkreten Einzelfall der örtlichen Kleingärtnerorganisation übertragenen Rechte und Pflichten des Zwischenpächters an. **33**

Zwischenpächter kann die **Gemeinde** oder eine als **kleingärtnerisch gemeinnützig** anerkannte Kleingärtnerorganisation sein (s. § 2 Rn. 6 ff., 9 ff.). **33a**

Bei der Einschaltung eines Zwischenpächters bestehen zwei – bei mehrfach gestuften Pachtverhältnissen mehrere – selbstständige Verträge mit unterschiedlichen Vertragsgegenständen. **Gegenstand des Zwischenpachtvertrages** ist die Anpachtung von Grundstücken zum Zwecke der Weiterverpachtung an einzelne Kleingärtner, **Gegenstand des Einzelpachtvertrages** die Überlassung von Flächen an einzelne Kleingärtner zur kleingärtnerischen Nutzung. Vertragliche Beziehungen bestehen nur zwischen den jeweiligen Vertragspartnern des Zwischenpachtvertrages beziehungsweise des Einzelpachtvertrages. Bei gestuften Pachtverhältnissen bestehen also zwischen den Kleingärtnern und dem Eigentümer keine unmittelbaren Rechtsbeziehungen. **34**

Der **Zwischenpächter** hat eine **doppelte Rechtsstellung**; er ist Pächter beim Zwischenpachtvertrag und Verpächter beim Einzelpachtvertrag. Dies wirkt sich auf die Kündi- **35** gung wie folgt aus: Als Verpächter steht ihm das Kündigungsrecht nur in den im BKleingG einzelnen aufgeführten Fällen zu; als Pächter beim Zwischenpachtvertrag richten sich seine Kündigungsmöglichkeiten nach dem Vertrag und den Vorschriften des BGB über die Pacht (s. Lehmann, Zum Kleingartenrecht – Gibt es ein generelles Eintrittsrecht des Unterpächters bei Auflösung des Zwischenpachtvertrages durch den Zwischenpächter?, DVBl 1960, 843 ff.). Damit stellt sich die Frage, **ob der einzelne Kleingärtner** das Besitz- und Nutzungsrecht verliert, wenn der Zwischenpächter den Zwischenpachtvertrag gekündigt hat und infolgedessen nach § 985 BGB bzw. nach §§ 546 Abs. 2, 581 Abs. 2 BGB n. F., § 4 Abs. 1 BKleingG zur Herausgabe der kleingärtnerisch genutzten Flächen an den Verpächter verpflichtet ist. Das BKleingG enthält hierzu keine Regelung. Es hat in § 10 Abs. 3 – weil es die Kündigung durch den Verpächter abschließend sondergesetzlich regelt – für die Fälle, in denen der Zwischenpachtvertrag durch **Kündigung des Verpächters** nach § 10 Abs. 1 beendet wird, eine Regelung getroffen, dass der kündigende **Verpächter** in die **Einzelpachtverträge** mit den Kleingärtnern **eintritt** (BGHZ 119, 300 ff. = BGH, NJW 1993, 56; BGH, MDR 1994, 1212 f.). Sinn und Zweck dieser Regelung ist es, die vertraglichen Besitz- und Nutzungsrechte der Kleingärtner zu erhalten, wenn nur der Zwischenpachtvertrag beendet werden soll (s. § 10 Rn. 5). In der Begründung zur Regierungsvorlage heißt es hierzu:

> „Der in Abs. 3 vorgesehene Eintritt des Verpächters in die Verträge mit den Kleingärtnern soll sicherstellen, dass die Kleingärtner, die ihre Pflichten erfüllen, ihren Kleingarten durch die Kündigung nicht verlieren. Sie sollen nicht die Folgen tragen, die sich aus Pflichtverletzungen des Zwischenpächters ergeben." (BT-Drs. 9/1900 S. 17)

36 Die Interessenlage ist insoweit im einen wie im anderen Kündigungsfall vergleichbar. In beiden Fällen wird der Zwischenpachtvertrag beendet und den Einzelpachtverträgen ihre Rechtsgrundlage entzogen, obwohl die Kleingärtner ihre Pflichten erfüllen und die Beendigung des Zwischenpachtvertrages ausschließlich auf das Verhalten des Zwischenpächters zurückzuführen ist. Dennoch kommt § 10 Abs. 3 nicht zur Anwendung. Er gilt nur für eine Kündigung des Verpächters (vgl. BGH, NJW 1993, 859). Die von einer Kündigung des Zwischenpachtvertrages durch den Zwischenpächter betroffenen einzelnen Kleingärtner können sich gegenüber dem Eigentümer auf den Grundsatz der unzulässigen Rechtsausübung (durch den Zwischenpächter § 242 BGB) berufen. S. hierzu auch § 10 Rn. 6 f.

37 **Zwischenpachtverträge** sind nach Abs. 2 Satz 2 **nichtig,** wenn sie nicht mit der Gemeinde oder einer nach Landesrecht als gemeinnützig anerkannten Kleingärtnerorganisation geschlossen werden (hierzu auch BGH, NJW 1987, 2865). Diese Vorschrift schränkt insoweit das Vertragsrecht ein. Sie tastet jedoch das Grundrecht der freien Entfaltung der Persönlichkeit und die darin enthaltene Vertragsfreiheit nicht im Wesensgehalt an, so dass keine verfassungsrechtlichen Bedenken gegen das Zwischenpachtprivileg bestehen. Das BKleingG hat dieses **„Zwischenpachtprivileg"** im Wesentlichen aus dem alten Recht übernommen. Nach § 5 KGO durften als Zwischenpächter nur Körperschaften oder Anstalten des öffentlichen Rechts oder ein als gemeinnützig anerkanntes Unternehmen zur Förderung des Kleingartenwesens auftreten. Diese Beschränkung ist seinerzeit eingeführt worden, um die gewerbsmäßige Zwischenpacht zu verhindern, die vor In-Kraft-Treten der KGO zu Missständen im Kleingartenwesen (zum Beispiel Errichtung von Schankwirtschaften durch den Zwischenpächter) geführt hat. In der Begründung zum Regierungsentwurf wird hierzu ferner ausgeführt, dass

> „als gemeinnützig anerkannte Kleingärtnerorganisationen eine Gewähr dafür bieten, dass die Aufgaben, die ein Zwischenpächter zu erfüllen hat, sachgerecht und im Interesse der Kleingärtner und des Kleingartenwesens wahrgenommen werden." (BT-Drs. 9/1900 S. 14)

Die Gewähr für eine sachgerechte Aufgabenerfüllung will das Gesetz durch die Voraussetzungen für die kleingärtnerische Gemeinnützigkeit sicherstellen. Diese sind in § 2 geregelt (s. auch Erläuterungen zu § 2).

Der mit einer nicht gemeinnützigen Kleingärtnerorganisation geschlossene Vertrag **38** wird wirksam, wenn die Gemeinnützigkeit nachträglich anerkannt wird und der Vertrag vollzogen ist (s. BGH, NJW 1987, 2865). Das BKleingG enthält zwar keine ausdrückliche Heilungsvorschrift, die Heilung ergibt sich aber aus dem Sinn und Zweck des Gesetzes. Das Zwischenpachtprivileg soll die Kleingärtner schützen vor der Ausnützung durch einen gewerbsmäßigen Zwischenpächter. Ist der Zwischenpächter nachträglich als gemeinnützig anerkannt, so verlangt der Schutz der einzelnen Kleingärtner die Nichtigkeit des – dann mit einem „vertrauenswürdigen" Zwischenpächter geschlossenen – Vertrages nicht mehr (BGH a. a. O.).

Die Nichtigkeit gilt zwar nur für den Zwischenpachtvertrag. Die Nichtigkeitsfolgen **39** treffen aber auch Einzelpachtverträge, die ein nicht gemeinnütziger Zwischenpächter geschlossen hat. Sie vermitteln nämlich den Pächtern keine Besitz- und Nutzungsrechte dem Eigentümer gegenüber. Der Eigentümer kann das Kleingartenland von den Kleingärtnern oder vom mittelbaren Besitzer (Verpächter im Rahmen des Einzelpachtvertrages), § 868 BGB, gemäß § 985 BGB herausverlangen (BGH, NJW 1987, 2865). Allerdings kann nur die Abtretung des Herausgabeanspruches verlangt werden, wenn der mittelbare Besitzer außerstande ist, die Sache vom unmittelbaren Besitzer zurückzuverlangen, es sei denn, der mittelbare Besitzer hat sein Unvermögen zur Rückgabe gegenüber dem Eigentümer nach den §§ 989 ff. BGB zu vertreten (BGH, NJW 1987, 2866; BGHZ 53, 29, 33). Die Vorschrift des § 10 Abs. 3 kann auf den Fall der Nichtigkeit eines Zwischenpachtvertrages wegen Verstoßes gegen das Zwischenpächterprivileg (§ 4 Abs. 2 Satz 2) nicht entsprechend angewendet werden, denn es handelt sich hierbei nicht um vergleichbare Fallgestaltungen. Im Gesetzgebungsverfahren wurde ein solcher Vorschlag des Bundesrates zwar erwogen, schließlich aber abgelehnt (s. BT-Drs. 9/1900 S. 21, 26). Der nichtige Vertrag wird aber durch die nachträgliche Anerkennung der kleingärtnerischen Gemeinnützigkeit geheilt (s. Rn. 38).

Zum Zwischenpachtprivileg der Kleingärtnerorganisationen in den neuen Ländern und zur Überleitung dieses Privilegs s. § 20 a Nr. 4 Rn. 19 ff.

6. Übertragung der Verwaltung der Kleingartenanlage

Das **Zwischenpachtprivileg** gilt auch für die Übertragung der Verwaltung einer Klein- **40** gartenanlage (§ 4 Abs. 2 Satz 3). Unter **Verwaltung** ist die selbstständige Erledigung aller Aufgaben zu verstehen, die im Zusammenhang mit dem Betrieb einer Kleingartenanlage anfallen. Verwalter i. S. d. § 4 Abs. 2 Satz 3 kann nur eine gemeinnützige Kleingärtnerorganisation sein, nicht die Gemeinde.

41 Der Verpächter, der die Kleingartenanlage selbst verwaltet, ist **öffentlich-rechtlich verpflichtet,** die Verwaltung der Anlage einer als gemeinnützig anerkannten Kleingärtnerorganisation zu übertragen, wenn öffentliche Interessen dies erfordern. Das Gesetz spricht hier nur vom Verpächter, gemeint ist aber der private Verpächter, d. h. also der Eigentümer des Kleingartenlandes. Privater Verpächter kann aber auch ein Zwischenpächter sein, der nach Vertragsschluss die kleingärtnerische Gemeinnützigkeit verloren hat, wenn das Zwischenpachtverhältnis nicht gekündigt worden ist.

42 Das Gesetz sagt nicht, was unter **„öffentlichen Interessen"** zu verstehen ist. Diese lassen sich aber **aus den dem BKleingG zugrunde liegenden Zielsetzungen entnehmen,** die in den Bestimmungen über die Nutzung des Kleingartens und der Gartenlaube (§§ 1 und 3), das Zwischenpachtprivileg (§§ 2 und 4 Abs. 2) und die Kündigung durch den Verpächter wegen Pflichtverletzungen des Pächters (§ 9 Abs. 1 Nr. 1) ihren Niederschlag gefunden haben und schließlich aus der städtebaulichen und sozialen Funktion des Kleingartens. Dass öffentliche und private Interessen sich überlagern oder im Einzelfall gar deckungsgleich sein können, ist unschädlich. Nach § 4 Abs. 3 liegen die Voraussetzungen für die Übertragung der Verwaltung vor, wenn z. B. eine ordnungsgemäße Bewirtschaftung oder Nutzung der einzelnen Kleingärten oder der gesamten Kleingartenanlage nicht gewährleistet ist. In der Begründung des RegE heißt es hierzu:

> „Hierbei handelt es sich im Wesentlichen um solche Fälle, in denen die zur Erhaltung der Funktionsfähigkeit der Anlage notwendigen Gemeinschaftsleistungen nicht mehr oder nicht in dem erforderlichen Umfang erbracht werden und die Anlage dadurch zu „verfallen" droht, die Gärten nicht mehr kleingärtnerisch genutzt werden oder Lauben zum dauernden Wohnen verwandt werden und der Verpächter keine Maßnahmen zur Beseitigung dieser Mängel ergreift." (BT-Drs. 9/1900 S. 14)

43 Die **Pflicht zur Übertragung** der Verwaltung nach § 4 Abs. 3 stellt sich im konkreten Einzelfall als **Pflicht zum Abschluss eines Vertrages** dar, durch den die als „kleingärtnerisch" gemeinnützig anerkannte Kleingärtnerorganisation die Verwaltung der Anlage übernimmt. In Betracht kommt der Auftrag gemäß § 662 BGB, d. h. also die unentgeltliche Geschäftsbesorgung gegen Erstattung von Aufwendungen entweder über Mitgliedsbeiträge, sofern die Pächter der Kleingärten in der Anlage vereinsmäßig organisiert sind, oder über sog. Verwaltungszuschläge (s. § 5 Rn. 15 f.). Die **Durchsetzung der Übertragung** der Verwaltung ist im BKleingG nicht geregelt. Es bleibt insoweit Aufgabe der für das Kleingartenwesen zuständigen Behörde, die Einhaltung dieser Vorschrift durch Erlass eines **Verwaltungsaktes** sicherzustellen. Auf die **Vollstreckung des Verwaltungsaktes** findet das Landesrecht, hier Verwaltungsvollstreckungsrecht des Landes, Anwendung.

§ 5
Pacht

(1) Als Pacht darf höchstens der vierfache Betrag der ortsüblichen Pacht im erwerbsmäßigen Obst- und Gemüseanbau, bezogen auf die Gesamtfläche der Kleingartenanlage, verlangt werden. Die auf die gemeinschaftlichen Einrichtungen entfallenden Flächen werden bei der Ermittlung der Pacht für den einzelnen Kleingarten anteilig berücksichtigt. Liegen ortsübliche Pachtbeträge im erwerbsmäßigen Obst- und Gemüseanbau nicht vor, so ist die entsprechende Pacht in einer vergleichbaren Gemeinde als Bemessungsgrundlage zugrunde zu legen. Ortsüblich im erwerbsmäßigen Obst- und Gemüseanbau ist die in der Gemeinde durchschnittlich gezahlte Pacht.

(2) Auf Antrag einer Vertragspartei hat der nach § 192 des Baugesetzbuches eingerichtete Gutachterausschuss ein Gutachten über die ortsübliche Pacht im erwerbsmäßigen Obst- und Gemüseanbau zu erstatten. Die für die Anzeige von Landpachtverträgen zuständigen Behörden haben auf Verlangen des Gutachterausschusses Auskünfte über die ortsübliche Pacht im erwerbsmäßigen Obst- und Gemüseanbau zu erteilen. Liegen anonymisierbare Daten im Sinne des Bundesdatenschutzgesetzes nicht vor, ist ergänzend die Pacht im erwerbsmäßigen Obst- und Gemüseanbau in einer vergleichbaren Gemeinde als Bemessungsgrundlage heranzuziehen.

(3) Ist die vereinbarte Pacht niedriger oder höher als die sich nach den Absätzen 1 und 2 ergebende Höchstpacht, kann die jeweilige Vertragspartei der anderen Vertragspartei in Textform erklären, dass die Pacht bis zur Höhe der Höchstpacht herauf- oder herabgesetzt wird. Aufgrund der Erklärung ist vom ersten Tage des auf die Erklärung folgenden Zahlungszeitraumes an die höhere oder niedrigere Pacht zu zahlen. Die Vertragsparteien können die Anpassung frühestens nach Ablauf von drei Jahren seit Vertragsschluss oder der vorhergehenden Anpassung verlangen. Im Falle einer Erklärung des Verpächters über eine Pachterhöhung ist der Pächter berechtigt, das Pachtverhältnis spätestens am fünfzehnten Werktag des Zahlungszeitraums, von dem an die Pacht erhöht werden soll, für den Ablauf des nächsten Kalendermonats zu kündigen. Kündigt der Pächter, so tritt eine Erhöhung der Pacht nicht ein.

(4) Der Verpächter kann für von ihm geleistete Aufwendungen für die Kleingartenanlage insbesondere für Bodenverbesserungen, Wege, Einfriedigungen und Parkplätze, vom Pächter Erstattung verlangen, soweit die Aufwendungen nicht durch Leistungen der Kleingärtner oder ihrer Organisationen oder durch Zuschüsse aus öffentlichen Haushalten gedeckt worden sind und soweit sie im Rahmen der kleingärtnerischen Nutzung üblich sind. Die Erstattungspflicht eines Kleingärtners ist auf den Teil der ersatzfähigen Auf-

wendungen beschränkt, der dem Flächenverhältnis zwischen seinem Kleingarten und der Kleingartenanlage entspricht; die auf die gemeinschaftlichen
Einrichtungen entfallenden Flächen werden der Kleingartenfläche anteilig
zugerechnet. Der Pächter ist berechtigt, den Erstattungsbetrag in Teilleistungen in Höhe der Pacht zugleich mit der Pacht zu entrichten.

(5) Der Verpächter kann vom Pächter Erstattung der öffentlich-rechtlichen
Lasten verlangen, die auf dem Kleingartengrundstück ruhen. Absatz 4 Satz 2
ist entsprechend anzuwenden. Der Pächter ist berechtigt, den Erstattungsbetrag einer einmalig erhobenen Abgabe in Teilleistungen, höchstens in fünf
Jahresleistungen, zu entrichten.

Übersicht

1. Pachtpreisbindung; verfassungsrechtliche Grundlagen

1 Durch den Kleingartenpachtvertrag wird der Pächter unter anderem verpflichtet, die
vereinbarte Pacht zu entrichten (§ 581 Abs. 1 Satz 2 BGB; § 4 Abs. 1 BKleingG). Verein-

barungen über die Pacht unterliegen nach Maßgabe des § 5 Beschränkungen. Kernstück der Pachtzinsregelung des § 5 ist dessen Absatz 1 Satz 1. Er legt die zulässige Höhe des Pachtzinses fest. Danach kann der Verpächter höchstens den vierfachen Betrag der ortsüblichen Pacht im erwerbsmäßigen Obst- und Gemüseanbau, bezogen auf die Gesamtfläche der Kleingartenanlage verlangen.

Abs. 1 Satz 1 ist durch das BKleingÄndG neu gefasst worden. Unter Beibehaltung der **2** Bemessungsgrundlage ist der Multiplikator gegenüber der früheren Regelung verdoppelt worden (vierfacher Betrag). Zur neuen Pachtzinsregelung s. Mainczyk, Neuregelung der Pachtzinsen im Kleingartenrecht, ZfBR 1994, 203 ff.; Theobald, ZAP Fach 4, 333. Die Gesetzesänderung war durch den Beschluss des BVerfG vom 23. September 1992 erforderlich geworden (BVerfGE 87, 114 ff.). Siehe hierzu Einleitung Rn. 38 ff.

Das BVerfG hat in seiner Entscheidung vom 23. September 1992 die Begrenzung des **3** Pachtzinses für Kleingärten in § 5 Abs. 1 Satz 1 BKleingG a. F. **in ihrem Ausmaß für unvereinbar mit Art. 14 Abs. 1 Satz 1 GG erklärt**, soweit sie **private Verpächter betrifft** (BVerfGE 87, 114 ff.). Es hat die Bemessungsgrundlage, nämlich die pauschale Anknüpfung an den Bodenpachtmarkt für den erwerbsmäßigen Obst- und Gemüseanbau nicht beanstandet, sondern lediglich den in § 5 Abs. 1 Satz 1 a. F. enthaltenen Multiplikator (den doppelten Betrag) für zu niedrig erachtet, da dieser, bezogen auf den Bundesdurchschnitt, für einen 400 m² großen Kleingarten lediglich einen monatlichen Höchstpachtzins von 4,67 DM (auf der Grundlage des Agrarberichts 1982) ergebe und damit die Nutzungsbefugnis des Eigentümers allzusehr einschränke (BVerfGE 87, 114, 148). Näheres zur Entscheidung des BVerfG s. Mainczyk, Der Beschluss des BVerfG vom 23. September 1992 zum BKleingG, ZfBR 1993, 151 ff. Der Änderungsgesetzgeber, der sich unter eingehender Würdigung der tatsächlichen Verhältnisse mit der Entscheidung des BVerfG auseinandergesetzt hat (s. BT-Drs. 12/6154 S. 6 f.) hat dieser Entscheidung nicht nur durch eine Verdoppelung des Multiplikators Rechnung getragen, sondern auch die Möglichkeit einer Kostenüberwälzung für öffentlich-rechtliche Lasten, die auf dem Kleingartengrundstück ruhen, auf den Pächter geschaffen (§ 5 Abs. 5 n. F.). Damit hat er ein weiteres Bedenken gegen die Verfassungsmäßigkeit der früheren Pachtzinsregelung ausgeräumt (vgl. BVerfGE 87, 114, 150). Dem Verpächter wird durch die neuen Regelungen ein hinreichender Ertrag ermöglicht. Die neue Regelung des § 5 Abs. 1 Satz 1 stellt keine verfassungswidrige Beschränkung der Eigentümerrechte dar (s. BGH, NJW-RR 1996, 143 f.). Eine Vorlage an das BVerfG wegen Verfassungswidrigkeit des § 5 Abs. 1 n. F. hat der BGH abgelehnt (BGH a. a. O.). Das Regelungssystem des BKleingG, das zulässigerweise Einschränkungen der Vertragsfreiheit hinsichtlich der Festlegung der Vertragsdauer, der Kündigungsmöglichkeiten und des Pachtzinses vorsieht, ist auch als solches von Verfassungs wegen nicht zu beanstanden und nie obsolet geworden (BGH, NJW-RR 1996, 143 ff.).

Nach der Entscheidung des BVerfG vom 23. September 1992 war der Gesetzgeber von **4** Verfassungs wegen nicht gehindert, eine Pachtzinsbegrenzung einzuführen. Das BVerfG hat in diesem Beschluss die Voraussetzungen für eine Preisbindung näher dargelegt. Danach sind preisrechtliche Vorschriften verfassungsrechtlich nicht ausgeschlossen, wenn sie durch **sozialpolitische Ziele** hinreichend legitimiert werden. Sie **konkretisieren** insoweit im Rahmen von Art. 14 GG die **Sozialbindung des Eigentums** (BVerfGE 87, 114, 146; BVerfGE 21, 87, 90). Das gilt **insbesondere für Grundstücke**, weil bei diesen sowohl das Angebot als auch die Nachfrage weniger flexibel sind als bei anderen vermögenswerten Gütern, ihre **soziale Bedeutung** aber besonders groß ist. Da Grund und Boden nicht vermehrbar sind und Grundstücke für bestimmte Nutzungen auch nicht ohne weiteres ausgetauscht werden können, kann sich am Markt ein Preis bilden, der im Hinblick auf die soziale Funktion des Eigentumsobjekts nicht mehr angemessen ist (BVerfGE 87, 114, 146).

5   Diese Erwägungen gelten nach dem Spruch des BVerfG auch für **Kleingärten**. Für Kleingartenanlagen werden überwiegend **Grundstücke** benötigt, die **innerhalb des Stadtgebiets** oder in seiner **unmittelbaren Nähe** liegen und verkehrsmäßig (den heutigen städtebaulichen Anforderungen entsprechend) **erschlossen** sind. **Grundstücke**, die diesen Anforderungen entsprechen, **sind knapp**, und die **Nachfrage** nach ihnen **groß**. Durch Ausweisung von Kleingartenland in Bauleitplänen kann das Angebot nur in engen Grenzen erhöht werden. In Ballungsgebieten ist nach Aussagen der Kleingärtnerorganisationen und der Sachverständigen der Länder und der kommunalen Spitzenverbände ein ausgeprägter Mangel an Kleingärten festzustellen. Bewerber müssten nicht selten fünf bis acht Jahre Wartezeit hinnehmen bevor sie einen Kleingarten pachten könnten (vgl. BT-Drs. 12/6154 S. 6).

6   Unter Berücksichtigung der **sozialen Funktion des Kleingartens** und der **Nachfrage nach Kleingärten**, hat der Gesetzgeber entschieden, die Preisbildung nicht völlig dem freien Spiel der Kräfte zu überlassen, insbesondere auch deshalb, weil durch § 5 Abs. 5 gleichzeitig sichergestellt wird, dass die öffentlich-rechtlichen Lasten, die auf dem Kleingartengrundstück ruhen, auf die Kleingärtner überwälzt werden können. Mit dieser Regelung soll einer nicht absehbaren Preisentwicklung vorgebeugt werden, die aufgrund der **Unausgewogenheit von Angebot und Nachfrage** Verdrängungsprozesse in unteren und mittleren Einkommensschichten der Kleingärtner nach sich ziehen könnte. Hierbei hat der Gesetzgeber berücksichtigt, dass der Anteil der Rentner, Vorruheständler und Arbeitslosen unter den Kleingärtnern – wie von den Kleingärtnerorganisationen in der Arbeitsgruppe dargelegt wurde (s. o. Einleitung Rn. 43) – erheblich ist (BT-Drs. 12/6154 S. 6).

7   Die neue Pachtzinsregelung **unterscheidet nicht** – wie die alte übrigens auch – zwischen **privaten Verpächtern** und der **Gemeinde** als Verpächterin von Kleingartenland sowie allen **anderen juristischen Personen des öffentlichen Rechts** (z. B. Bund, Länder, die Flächen für Kleingärten verpachtet haben), obwohl das BVerfG die frühere Pachtzinsregelung nur für verfassungswidrig erklärt hat, soweit private Verpächter betroffen sind. Der Gesetzgeber war danach also nicht gehindert, die alte Regelung für Kleingartenpachtverhältnisse mit juristischen Personen des öffentlichen Rechts aufrechtzuerhalten. Die Folge wäre jedoch ein unterschiedlicher, ein „gespaltener Pachtzins" einerseits für Privatland und andererseits für sonstiges Kleingartenland. Eine Beschränkung der Reichweite der Neuregelung lediglich auf private Verpächter hat der Gesetzgeber aus grundsätzlichen Erwägungen für nicht vertretbar gehalten. Ein **gespaltener Pachtzins** würde den sozialen Frieden unter den Kleingärtnern gefährden, insbesondere in sog. **gemischten Kleingartenanlagen**, die aus privaten und gemeindlichen Grundstücken bestehen. Vor allem in den neuen Ländern sind gemischte Eigentümerstrukturen häufig anzutreffen.

Die (rückwirkende) **Erhöhung des Pachtzinses auf den vierfachen Betrag** des orts- **7 a**
üblichen Pachtpreises im erwerbsmäßigen Obst- und Gemüseanbau regelt das
BKleingÄndG in Art. 3 (Überleitungsregelungen). Diese Bestimmung gilt nur in den
alten Ländern. Für die neuen Länder hat der Gesetzgeber eine Sonderregelung in § 20 a
– neu – getroffen. Zur Erhöhung des Pachtzinses nach Art. 3 s. Erläuterungen zu Art. 3
BKleingÄndG, S. 258 f.

Gegen die Neuregelung des Höchstpachtzinsens ist **Verfassungsbeschwerde** erhoben **7 b**
worden mit der Begründung, auch diese Vorschrift verstoße gegen Art. 14 Abs. 1 Satz 1
GG, weil die Verdoppelung des Pachtzinses gegenüber der früheren Regelung weiterhin nicht auf einer gerechten Interessenabwägung beruhe und die Eigentümer unzumutbar belaste. Soweit das BVerfG in einer Entscheidung zur vorausgegangenen Regelung eine Pachtzinsbindung für zulässig erachtet habe, müsse sich diese „an dem
Anknüpfungspunkt Freizeitpacht" orientieren und damit zu einem wesentlich höheren
Pachtzins führen.

Die erste Kammer des 1. Senats des BVerfG hat diese **Verfassungsbeschwerde nicht
zur Entscheidung angenommen,** da die Annahmevoraussetzungen des § 93 a Abs. 2
BVerfGG nicht vorliegen (BVerfG NJW-RR 1998, 1166 f.). Die **Angriffe der Beschwerdeführer, gegen die gesetzliche Neuregelung des Höchstpachtzinses** bieten – so das
BVerfG – **keine Aussicht auf Erfolg.** Damit hat das BVerfG festgestellt, dass die Neuregelung des Pachtzinses in § 5 Abs. 1 Satz 1 i. d. F. des BKleingÄndG vom 8. 4. 1994
verfassungsrechtlich nicht zu beanstanden ist.

In der Begründung zu dieser Entscheidung führt das BVerfG aus, dass der Gesetzgeber bei der Ausgestaltung der Pachtpreisbindung die Grenzen seines Gestaltungsspiel-
raums im Rahmen des Art. 14 Abs. 1 GG nicht überschritten hat. Er stehe bei der Erfüllung des ihm in Art. 14 Abs. 1 Satz 2 GG erteilten Auftrags, Inhalt und Schranken des
Eigentums zu bestimmen, vor der Aufgabe, das Sozialmodell zu verwirklichen, dessen
normative Elemente sich einerseits aus der grundgesetzlichen Anerkennung des Privateigentums durch Art. 14 Abs. 1 Satz 1 GG und andererseits aus dem Sozialgebot des
Art. 14 Abs. 2 GG ergeben. Er müsse dabei die schutzwürdigen Interessen der Beteiligten in einen gerechten Ausgleich und in ein ausgewogenes Verhältnis bringen. Dieser
Verpflichtung sei der Gesetzgeber gerecht geworden. Da Kleingärten teils der gärtnerischen Nutzung und teils der Freizeitgestaltung dienen, habe der Gesetzgeber Pachtzinsen im erwerbsmäßigen Obst- und Gemüseanbau als Bemessungsgrundlage heran-
ziehen dürfen.

Die Anknüpfung an die Bodenpachtpreise im Erwerbsgartenbau wäre nur dann
sachwidrig, wenn der gewerbliche Obst- und Gemüseanbau aufgrund spezifischer
landwirtschaftlicher Entwicklungen nicht mehr als Gradmesser für die allgemeine
Preisentwicklung dienen könnte oder wenn das gärtnerische Element in den Kleingartenanlagen in solchem Maße zurückträte, dass kein wesentlicher Unterschied
mehr zu reinen Freizeitanlagen bestünde. Dies könne derzeit nicht festgestellt werden.
Denn die durchschnittlichen Pachtzinsen halten mit den allgemeinen Lebens-
haltungskosten mindestens Schritt (vgl. BT-Drs. 12/6154, S. 7), und der **Gesetzgeber
habe eine Verstärkung des Freizeitelements der Kleingärten dadurch verhindert,
dass er den Ausbau der Gartenlauben zu kleinen Eigenheimen mit umfassender**

Erschließung (Elektrizität, Wasser und Abwasser) ausdrücklich abgelehnt hat (BT-Drs. 12/6782, S. 2).

Auch von der Höhe der Pachtzinsbeträge könne nicht auf eine unzumutbare Belastung der Eigentümer geschlossen werden. Planungsrechtlich stellten **Dauerkleingärten Grünflächen dar, die entweder landwirtschaftlich oder kleingärtnerisch genutzt werden können.** Eine andere **Nutzungsmöglichkeit, etwa als Baufläche oder als reines Erholungsgebiet (§ 10 BauNVO) scheidet aus.** Somit stehen Kleingartenflächen nach ihrer Nutzbarkeit eher stadtnahen und insoweit begünstigten Ackerlandflächen nahe. Ziehe man dies in Rechnung, dann könne die durch Kleingartenpachten erzielbare Kapitalrendite nicht als unangemessen niedrig angesehen werden, zumal durch die Einfügung des § 5 Abs. 5 den Eigentümern die volle Abwälzung der öffentlich-rechtlichen Grundstückslasten auf die Pächter möglich ist.

2. Ortsübliche Pacht im erwerbsmäßigen Obst- und Gemüseanbau

8 Grundlage für die Ermittlung der nach Abs. 1 zulässigen Höchstpacht ist die ortsübliche Pacht im **erwerbsmäßigen Obst- und Gemüseanbau.** Zum **Obstbau** gehören die Aufzucht und Pflege von Obstbäumen und Obststräuchern einschließlich des Beerenobstes, zum **Gemüseanbau,** der Anbau der üblichen Gemüsekulturen (s. Picallo-Bendel, Grundstücksverkehrsgesetz S. 185). Der Blumen- und Zierpflanzenbau, die Samen- und Pilzzucht, Garten- und Obstbaumschulen fallen zwar unter den Begriff des Erwerbsgartenbaues, nicht aber unter den Obst- und Gemüseanbau. Pachtflächen, auf denen weder Obst- noch Gemüseanbau der oben beschriebenen Art betrieben werden, können nicht als Maßstab für die Ermittlung der zulässigen Höchstpacht nach § 5 Abs. 1 herangezogen werden. Obst- und Gemüseanbau müssen gewerbsmäßig betrieben werden, das heißt also in der Absicht ständiger Gewinnerzielung. Die Nutzung des Bodens muss über die Deckung des Eigenbedarfs hinausgehen. Dient das gewonnene Obst und Gemüse nur der Selbstversorgung des Nutzungsberechtigten, liegt kein erwerbsmäßiger Obst- und Gemüseanbau vor.

Zum Pachtzins der nach § 16 Abs. 1 übergeleiteten Kleingartenpachtverträge s. § 16 Rn. 2 a.

9 Zu ermitteln ist die **ortsübliche Pacht,** d. i. der in der betreffenden Gemeinde tatsächlich durchschnittlich gezahlte Pachtpreis (§ 5 Abs. 1 Satz 4). Die Bemessungsgrundlage stellt damit auf den Bodenpachtmarkt ab, setzt also einen aufgrund von Angebot und Nachfrage frei vereinbarten Pachtpreis voraus, der im gewöhnlichen Geschäftsverkehr erzielt wird. Zur Ermittlung des ortsüblichen Pachtzinses sind nur solche Pachtpreise heranzuziehen, bei denen anzunehmen ist, dass sie nicht durch ungewöhnliche Verhältnisse beeinflusst sind, z. B. durch besondere Schwierigkeiten bei der Nutzungsvorbereitung oder durch verwandtschaftliche Beziehungen zwischen den Vertragsparteien. Als Ermittlungsgrundlage ist diejenige Pacht heranzuziehen, die der kleingärtnerischen Nutzung am nächsten liegt, d. i. der Freilandgemüseund Obstanbau.

9 a Liegen ortsübliche Pachtzinsen im erwerbsmäßigen Obst- und Gemüseanbau nicht vor, ist ersatzweise der entsprechende Pachtzins in einer vergleichbaren Gemeinde als Bemessungsgrundlage zugrunde zu legen. Vergleichbar sind Gemeinden gleicher

Größenordnung und gleicher Wirtschaftsstruktur z. B. in einer Industrieregion oder in einer Region mit großer Verdichtung oder Verdichtungsansätzen. Weitere Kriterien für die Vergleichbarkeit können sich aus raumordnerischen und landesplanungsrechtlichen Gesichtspunkten ergeben in Hinblick auf Wirtschaftsleistung, Einkommen, Beschäftigung, Branchenstruktur (BT-Drs. 12/6154 S. 9). Die Vergleichbarkeit ist nicht auf das Land beschränkt, in dem der Pachtpreis ermittelt werden soll. Vergleichbar sind auch Gemeinden in anderen Bundesländern, und zwar sowohl in den alten als auch in den neuen Ländern.

Auskünfte über ortsübliche Pachtzinsen im erwerbsmäßigen Obst- und Gemüseanbau **10** können die für die Anzeige von Landpachtverträgen zuständigen Behörden erteilen. Nach § 2 LPachtVG (= Landpachtverkehrsgesetz vom 8. 11. 1985 – BGBl I S. 2075, zuletzt geändert durch das Mietrechtsreformgesetz vom 19. 6. 2001 – BGBl I S. 1149, 1173) ist die Anzeige gegenüber der Landwirtschaftsbehörde binnen eines Monats nach Abschluss der Vereinbarung zu erklären. Die Anzeige kann durch Zwangsgeld erzwungen werden. Die Landwirtschaftsbehörde kann u. a. den vereinbarten Pachtzins beanstanden, wenn er nicht in einem angemessenen Verhältnis zu dem bei ordnungsgemäßer Bewirtschaftung nachhaltig zu erzielenden Ertrag steht. Die zuständige Behörde für die Anzeige bestimmen die Länder. Das sind in der Regel die Ämter für Landwirtschaft.

In der Begründung zur Regierungsvorlage des BKleingG wird zur Frage der Höhe des Pachtzinses im erwerbsmäßigen Obst- und Gemüseanbau ausgeführt:

> „Die Pachtpreise für erwerbsmäßig genutzte Flächen liegen beim Obstbau im Bundesdurchschnitt bei 656,– DM/ha und Jahr und Freilandgemüseanbau unter Berücksichtigung der verschiedenen Intensitätsstufen bei 717,– DM/ha, im Schnitt somit bei 686,– DM/ha oder 0,07 DM/m² und Jahr (Quelle: Material zum Agrarbericht 1982 – BT-Drs. 9/1341, S. 238, 252 –). Regional schwanken die Angaben zur Pachthöhe. Das hängt u. a. davon ab, ob viele Gartenbaubetriebe insgesamt in der Region ihren Sitz haben und damit der Grundstücksmarkt für Pachtland stärker belastet ist. Im Bereich der Landwirtschaftskammern Rheinland und Westfalen-Lippe im Lande Nordrhein-Westfalen liegen die Pachtpreise für den Obst- und Gemüseanbau zwischen 0,08 DM/m² und 0,16 DM/m² und Jahr je nach Intensitätsstufe und Nachfragesituation." (BT-Drs. 9/1900 S. 14)

Nach dem Materialband zum Agrarbericht 1996 lagen die Pachtzinsen in den alten **11** Ländern für 1994/1995 für Freilandgemüseanbau bei 1027,– DM/ha, für Obstbau bei 816,– DM/ha (BT-Drs. 13/3681 S. 256, 260, 178). Die Agrarberichte in den letzten Jahren enthalten keine Angaben zu Pachtzinsen.

Die tatsächlichen Kleingartenpachtzinsen sind regional sehr unterschiedlich. In Ballungsräumen liegen sie erheblich über den Pachtzinsen im ländlichen Bereich. Unter der Geltung des § 5 Abs. 1 BKleingG a. F. (doppelter Betrag des ortsüblichen Pachtzinses im erwerbsmäßigen Obst- und Gemüseanbau) lagen die Pachtzinsen z. B. in Düren bei 0,10 DM/m²/Jahr und in Düsseldorf bei 0,35 DM/m²/Jahr nach dem vom Bundesverband Deutscher Gartenfreunde e.V. herausgegebenen Pachtzins-Spiegel – Stand Februar 1992 – (Der Fachberater 1992, 20 f.).

3. Pachtobergrenze; anteilige Beteiligung der Kleingärtner an der Pacht für die Kleingartenanlage

Zulässige Höchstpacht ist nach § 5 Abs. 1 Satz 1 der vierfache Betrag der ortsüblichen **12** Pacht im erwerbsmäßigen Obst- und Gemüseanbau, **bezogen auf die Gesamtfläche**

der Kleingartenanlage. Dabei sind die auf die gemeinschaftlichen Einrichtungen entfallenden Flächen bei der Ermittlung des Pachtzinses für den einzelnen Kleingarten **anteilig zu berücksichtigen** (Abs. 1 Satz 2). Der Zwischenpächter entrichtet danach dem Verpächter die Pacht für die gesamte Fläche der Kleingartenanlage, der einzelne Kleingärtner die für seinen Kleingarten und anteilig die Pacht für die auf die gemeinschaftlichen Einrichtungen (z. B. Wege, Spielflächen und Vereinshäuser, § 1 Abs. 1 Nr. 2) entfallenden Flächen. Liegen in der Kleingartenanlage auch Eigentümergärten, dann sind die Flächen dieser Gärten nicht verpachtet. Der Pachtzins für die Anlage vermindert sich also um diese Fläche. Nach welchen Maßstäben die anteilige Berücksichtigung erfolgen soll, ist in Abs. 1 Satz 2 nicht geregelt. In Anlehnung an den Grundgedanken der Erstattungspflicht eines Kleingärtners für die vom Verpächter geleisteten Aufwendungen für die Kleingartenanlage (§ 5 Abs. 4) ist der anteilige Berücksichtigung nach dem **Flächenverhältnis zwischen dem einzelnen Kleingarten** und der auf die **gemeinschaftlichen Einrichtungen entfallenden Flächen vorzunehmen** (so auch Stang, § 5 Rn. 19). Von der Verteilung nach dem Flächenverhältnis geht auch die Begründung des Entwurfs eines Gesetzes zur Änderung des BKleingG aus (BT-Drs. 12/6154 S. 9). Diese pauschale, an dem Flächenverhältnis zwischen Kleingarten und den Gemeinschaftsflächen orientierte Heranziehung der Kleingärtner ist auch gerechtfertigt, weil diese Gemeinschaftseinrichtungen elementarer Bestandteil der Kleingartenanlage und damit Voraussetzung der Kleingarteneigenschaft i. S. des BKleingG sind mit den sich daraus ergebenden Vorteilen – Pachtzinsbegrenzung und Kündigungsschutz – für die Kleingärtner.

13 Die Größe der Fläche für Gemeinschaftseinrichtungen, z. B. der Wege, Spiel- und Sportflächen und sonstiger Flächen für Freizeitangebote (s. § 1 Rn. 11) beeinflusst nicht die gesetzlich vorgeschriebene anteilsmäßige Verteilung des Pachtzinses für diese Flächen auf die Einzelgärten. Denn der eine Beteiligung der einzelnen Kleingärtner einer Anlage am Pachtzins für die Flächen für Gemeinschaftseinrichtungen rechtfertigende Grund liegt in ihrer die Kleingarteneigenschaft begründenden Funktion einerseits sowie in ihrer Inanspruchnahme- und Benutzungsmöglichkeit andererseits. Auf einen konkreten Vorteil des einzelnen Kleingärtners kommt es nicht an. Wird eine Fläche innerhalb der Kleingartenanlage gesondert an einen Dritten verpachtet, z. B. das Vereinsheim, kommt eine anteilige Beteiligung der Kleingärtner am Pachtzins für diese Fläche nicht in Betracht, weil die „anteilige Beteiligung" durch die Pacht des Dritten bereits „gedeckt" ist.

Der Grundsatz der anteiligen Berücksichtigung der Einzelgärten (Abs. 1 Satz 2) gilt auch dann, wenn die Kleingartenanlage für die Allgemeinheit geöffnet ist (a. A. [wohl] Otte, in: Ernst/Zinkahn/Bielenberg, BKleingG, § 5 Rn. 8; Stang, BKleingG, § 5 Rn. 20 bei „übermäßig großen Wege- und Grünflächen"). Die Öffnung der Kleingartenanlagen für die Allgemeinheit ist gesetzlich nicht vorgeschrieben. Die Vorschrift des Abs. 1 Satz 2 sieht Ausnahmen von der anteiligen Beteiligung der Kleingärtner nicht vor. Es bleibt der Entscheidung der Kleingärtner bzw. ihren Organisationen oder auch den Partnern des Kleingartenpachtvertrages überlassen, der Allgemeinheit die Zugänglichkeit der Gemeinschaftseinrichtungen zu ermöglichen. Dies kann auch bei Vertragsvereinbarungen berücksichtigt werden. Das Gesetz steht solchen Abreden nicht entgegen. Die Vertragsparteien können z. B. bei der Pachtzinsvereinbarung Abmachungen treffen, die die Öffnung der Anlage für die Allgemeinheit oder/und die

Übernahme der Pflege dieser Flächen berücksichtigen, etwa durch Abschläge vom (an sich zulässigen) Höchstpachtzins. Der federführende Bundestagsausschuss hat sich während der parlamentarischen Beratungen des Entwurfs eines BKleingG eingehend mit der Frage befasst, ob eine Regelung notwendig ist, die Abschläge in den Fällen vorsieht, in denen die Kleingärtner und die Vereine die Pflege der Fläche übernommen haben, die für die Bevölkerung zugänglich sind.

> „Der Ausschuss hält eine solche Regelung einvernehmlich für entbehrlich, da § 4 Abs. 1 (jetzt § 5 Abs. 1) keinen festen Regelpachtzins vorschreibt, sondern nur eine Höchstgrenze angibt. Es wird also der Preisvereinbarung zwischen den Parteien überlassen bleiben, bestimmte Sonderleistungen der Kleingärtner zu berücksichtigen." (BT-Drs. 9/2232 S. 16)

Anders zu behandeln sind die Fälle, in denen durch hoheitliche Maßnahmen innerhalb **13 a** einer Kleingartenanlage liegende Flächen (für Gemeinschafteinrichtungen) der Öffentlichkeit gewidmet werden. Sind z. B. im Bebauungsplan Wege innerhalb der Dauerkleingartenanlage als (öffentliche) Verkehrsflächen nach § 9 Abs. 1 Nr. 11 BauGB festgesetzt oder spielflächen als öffentliche Grünflächen nach § 9 Abs. 1 Nr. 15 BauGB, bleiben diese Gemeinschaftsflächen bei der Ermittlung des Pachtzinses unberücksichtigt. In beiden Fällen handelt es sich um sog. entschädigungspflichtige Festsetzungen. Der Eigentümer dieser Flächen kann nach Maßgabe des § 40 BauGB Entschädigungen in Geld verlangen.

Die Vorschrift des § 5 Abs. 1 Satz 1 regelt lediglich den zulässigen Höchstpachtzins. Die **14** Vertragsparteien können (selbstverständlich) auch Pachtzinsen vereinbaren, die unter der gesetzlich zulässigen Höchstpacht liegen. Überschreitet der vereinbarte Pachtzins den gesetzlich zulässigen Höchstpachtpreis, ist die Vereinbarung insoweit nichtig (§ 13). An die Stelle des vereinbarten (überhöhten) Pachtzinses tritt der Höchstpachtzins nach Abs. 1 (vgl. BGHZ 108, 147, 150 = BGH, NJW 1989, 2470 ff.). Das gilt auch für vor dem 1. 4. 1983 abgeschlossene Verträge, in denen eine höhere als die nach Abs. 1 zulässige vereinbart wurde. Die gesetzliche Herabsetzung der Pachtzinsen ist verfassungsrechtlich unbedenklich (BGHZ a. a. O.). Im Übrigen bleibt der Pachtvertrag unverändert wirksam. Den über den zulässigen Höchstpachtzins hinausgehenden Betrag kann der Pächter nach § 812 Abs. 1 BGB zurückverlangen (so auch zum früheren Recht RGZ 97, 82; BGHZ 51, 181; 108, 147, 150).

Neben dem Pachtzins kann der Zwischenpächter von den einzelnen Kleingärtnern **15** einer Kleingartenanlage einen Verwaltungszuschlag zum Pachtzins erheben, um seinen Verwaltungsaufwand für die Kleingartenanlage(n) zu decken. Das BKleingG enthält hierüber zwar keine Bestimmung. Solche Zuschläge sind aber zulässig, wenn die zulässige Höchstpacht dadurch nicht überschritten wird. Der Zwischenpächter wird deshalb bei Vertragsschluss darauf zu achten haben, dass ein Pachtpreis vereinbart wird, der es ermöglicht, einen Zwischenpächterzuschlag zu erheben. Ist ein Zwischenpächterzuschlag nicht mehr möglich, weil die Höchstgrenze für die Pacht bereits erreicht ist, dann wird der Zwischenpächter seine Aufwendungen für die Kleingartenanlage – aus Gründen des § 13 – nur über Mitgliedsbeiträge – gegebenenfalls durch Erhöhung der Mitgliedsbeiträge – oder über Verwaltungszuschläge, sofern Kleingärtner nicht Mitglieder der Kleingärtnerorganisation sind, finanzieren können. Zur Leistungspflicht s. § 9 Rn. 9 und 9 c; zum Umfang und zur Bemessungsgrundlage § 9 Rn. 9 a, 9 d und 9 e.

15 a Geldliche oder sonstige Gemeinschaftsleistungen, die der Kleingärtner zur Verwaltung, Instandhaltung, Erneuerung oder Verbesserung der Kleingartenanlage vertraglich zu erbringen hat, sind nicht Teil des Pachtzinses und können auf diesen auch nicht angerechnet werden. Der Leistungsgrund ist in beiden Fällen ein anderer. Der Pachtzins wird geleistet für die Nutzungsüberlassung der Kleingartenfläche und für den Genuss der Früchte, der durch die Nutzungsüberlassung ermöglicht wird, die Gemeinschaftsleistungen werden erbracht für den „Betrieb" der Kleingartenanlage, für die Kleingärtnergemeinschaft der Anlage (teilw. a. M. Stang, § 5 Rn. 23).

4. Gutachten über die örtliche Pacht

16 Abs. 2 räumt den Vertragsparteien die Möglichkeit ein, ein Gutachten beim Gutachterausschuss (§ 192 BauGB) einzuholen. Gutachterausschüsse sind staatliche Einrichtungen (Behörden) des jeweiligen Landes, auch wenn sie mit ihren Geschäftsstellen bei kommunalen Körperschaften gebildet werden. Sie sind nach § 192 Abs. 1 BauGB selbstständig, d. h. nicht Bestandteil einer anderen Behörde, und unabhängig, d. h. bei der Ausübung ihrer Aufgaben nicht gebunden. Sie haben Anspruch auf Rechts- und Amtshilfe gegenüber Gerichten und Behörden (§ 197 Abs. 2 BauGB). Für welchen räumlichen Bereich sie zu bilden und welcher Behörde sie mit ihrer Geschäftsstelle organisatorisch anzugliedern sind, regeln die Länder (§ 199 Abs. 2 Nr. 1 BauGB). In der Regel sind Gutachterausschüsse den Kreisen und kreisfreien Städten organisatorisch angegliedert, ausnahmsweise den kreisangehörigen Gemeinden. Aufgabe der Gutachterausschüsse ist die Ermittlung von Grundstückswerten und die Vornahme anderer Wertermittlungen. Abs. 2 hat ihnen auch die Aufgabe übertragen, Pachtzinsen in erwerbsmäßigem Obst- und Gemüseanbau zu ermitteln.

17 Gutachterausschüsse bestehen aus einem Vorsitzenden und ehrenamtlichen weiteren Gutachtern. Es sollen nur sachkundige und erfahrene Personen als Gutachter bestellt werden. Sie dürfen nicht hauptamtlich mit der Verwaltung von Grundstücken der Gebietskörperschaft befasst sein, für deren Bereich der Gutachterausschuss gebildet ist. Gutachterausschüsse bedienen sich einer Geschäftsstelle zur Vorbereitung ihrer Gutachtertätigkeit.

18 Die Parteien sind nicht verpflichtet, ein Gutachten über die ortsüblichen Pachtzinsen einzuholen. Abs. 2 verpflichtet lediglich den Gutachterausschuss, ein Gutachten zu erstatten, wenn ein solcher Antrag gestellt wird. Antragsberechtigt ist jede Vertragspartei eines Kleingartenpachtvertrages. Die Antragstellung kann zum Beispiel aktuell werden, wenn die Vertragspartner über den ortsüblichen Pachtzins keine Einigkeit erzielen. Diese Gutachten haben **keine bindende Wirkung, soweit nichts anderes vereinbart** wird (vgl. § 193 Abs. 4 BauGB). Auch wenn sie keine rechtlich bindende Wirkung haben, sind sie faktisch von erheblicher Bedeutung. Wer vom Gutachten des Gutachterausschusses abweichen will, muss die Fehlerhaftigkeit des Gutachtens nachweisen bzw. Zweifel an seiner Richtigkeit begründen. Im Streitfall entscheiden die ordentlichen Gerichte über den zulässigen Höchstpachtzins.

Will ein Gericht von einem Sachverständigengutachen ohne Gegengutachten abweichen, muss es über die nötige eigene Sachkunde verfügen und diese in den Entscheidungsgründen darlegen (BGHZ 117, 394 = NJW 1992, 1832).

Das Gutachten des Gutachterausschusses ist in einem gerichtlichen Verfahren als Sachverständigenbeweis i. S. der §§ 402 ff. ZPO zu behandeln (BGHZ 62, 93). Die Kosten für das Gutachten richten sich nach Landesrecht. Die Vertragsparteien können auch einen **privaten Sachverständigen** beauftragen, die ortsübliche Pacht im erwerbsmäßigen Obst- und Gemüseanbau zu ermitteln. Die Rechtswirkungen eines „privaten" Gutachtens sind dieselben wie die eines Gutachtens des Gutachterausschusses. Zur Art und Weise der Ermittlung der ortsüblichen Pachtzinsen s. oben Rn. 8 f.

Der durch das BKleingÄndG neu eingefügte Satz 2 in Abs. 2 stellt ausdrücklich klar, **18 a** dass die für die Anzeige von Landpachtverträgen zuständigen Landwirtschaftsbehörde auf Verlangen des Gutachterausschusses verpflichtet sind, Auskünfte über die von ihnen gesammelten Daten über Pachtzinsen im erwerbsmäßigen Obst- und Gemüseanbau zu erteilen. Diese Vorschrift ergänzt insoweit § 197 Abs. 2 BauGB. Danach sind die Behörden zur Rechts- und Amtshilfe gegenüber dem Gutachterausschuss verpflichtet.

Aus datenschutzrechtlichen Gründen wurde auch Satz 3 durch das BKleingÄndG in **18 b** die Vorschrift über die Erstellung von Gutachten zum Pachtzins neu eingefügt. Liegen danach anonymisierbare Daten i. S. d. Bundesdatenschutzgesetzes nicht vor, sind ergänzend Pachtzinsen im erwerbsmäßigen Obst- und Gemüseanbau in einer vergleichbaren Gemeinde (s. oben Rn. 9 a) als Bemessungsgrundlage heranzuziehen. Dadurch sollen Rückschlüsse auf personenbezogene Daten verhindert werden, z. B. auf Pachteinnahmen, wenn nur ein Verpächter in der Gemeinde Kleingartenland zur Verfügung gestellt hat. Die Verbreiterung der Datengrundlagen trägt auch dazu bei, ausgewogene Ergebnisse bei der Datenermittlung zu erlangen.

5. Anpassung der Pacht an den veränderten Pachtmarkt

§ 5 Abs. 1 regelt die Höchstpacht. Der Höchstpachtzins seinerseits knüpft an den **19** Bodenpachtmarkt an. Um diese Anknüpfung auf Dauer sicherzustellen, muss eine Anpassung an die veränderten Marktverhältnisse möglich sein. § 5 Abs. 3 regelt diese Anpassung. Nach § 5 Abs. 3 Satz 3 können die Vertragsparteien die **Anpassung frühestens nach Ablauf von drei Jahren** seit Vertragsschluss oder der vorhergehenden Anpassung verlangen. Die Anpassung betrifft nicht den Fall des von vornherein (vereinbarten) überhöhten Pachtzinses (s. hierzu oben Rn. 12). Abs. 3 regelt nur die Anpassung einer nach Abs. 1 zulässigen Pachtzinsvereinbarung (BGHZ 108, 147, 150 f. = BGH, NJW 1989, 2470 ff.). Für Pachtzinsvereinbarungen, die vor dem 1. 4. 1983 geschlossen wurden, gilt im Hinblick auf den Anpassungsrhythmus nichts anderes. Gemäß Art. 3 des Bundeskleingartenänderungsgesetzes (BKleingÄndG) können private Verpächter im Falle am 1. 11. 1992 (noch) nicht rechtskräftig entschiedener Rechtsstreitigkeiten über die Höhe des Pachtzinses rückwirkend vom ersten Tage des auf die Rechtshängigkeit folgenden Monats, im Übrigen ab 1. 11. 1992 den vierfachen Betrag des ortsüblichen Pachtzinses im erwerbsmäßigen Obst- und Gemüseanbau verlangen (§ 5 Abs. 1 Satz 1 – neu). Soweit das BKleingG zu einer Herabsetzung vereinbarter und gezahlter Pachten führt, ist es verfassungsrechtlich unbedenklich. Die Sperrfrist beginnt mit dem Zeitpunkt zu laufen, in dem der Vertrag abgeschlossen oder die vorhergehende Anpassung erklärt worden ist. A. A. gegen den eindeutigen Gesetzeswortlaut Stang, a. a. O. § 5 Rn. 52. Der Anpassungsrhythmus von drei Jahren lehnt sich insoweit an die Erbbaurechts-Verordnung an. Die Sperrfrist von drei Jahren ist zwingendes Recht; sie ist nicht abdingbar. Eine vertragliche Vereinbarung, die diese Frist abkürzt oder ausschließt, ist nach § 13 nichtig.

19 a   Bis zum In-Kraft-Treten des BKleingG (1. 4. 1983) konnte der Verpächter von Kleingartenland bei Fehlen besonderer (verfassungsgemäßer) Pachtzinsbegrenzungsbestimmungen Zahlung eines erhöhten Pachtzinses wegen Wegfalls der Geschäftsgrundlage nach Maßgabe der vom BGH für die Zahlung erhöhten Erbbauzinses aufgestellten Grundsätze (Äquivalenzstörung infolge Geldwerterschwundes) verlangen.

Soweit für den Zeitraum vor In-Kraft-Treten des BKleingG eine Pachtzinserhöhung wegen Wegfalls der Geschäftsgrundlage, vor allem wegen einer durch Geldwertschwund eingetretenen Äquivalenzstörung erfolgt, darf sie nicht dazu führen, dass der Verpächter für die Zeit vor dem In-Kraft-Treten des BKleingG einen höheren Pachtzins verlangen kann als für die Zeit danach (BGH, NJW-RR 1996, 142 f.). Maßstab ist § 5 i. d. F. des Gesetzes zur Änderung des BKleingG vom 8. 4. 1994, der im Unterschied zur alten Fassung verfassungsgemäß ist. S. hierzu Rn. 7 b. § 5 ist insoweit Orientierungshilfe auch für die Zeit vor In-Kraft-Treten des BKleingG und entfaltet daher für einen möglichen Erhöhungsanspruch eine gewisse Vorwirkung (BGH a. a. O.; NJW-RR 1996, 143 f.; BGH NJW-RR 1999, 237 ff.). Für den Zeitraum nach dem In-Kraft-Treten des BKleingG ist für eine Pachtzinserhöhung entsprechend den Grundsätzen über den Wegfall der Geschäftsgrundlage angesichts der Regelung des § 5 Abs. 3 keinerlei Raum mehr.

20   Abs. 3 Satz 1 ermächtigt die Vertragsparteien, durch **einseitige vertragsgestaltende Erklärung** den bisherigen Pachtzins bis zur Höhe des in § 5 Abs. 1 vorgesehenen **Pachtzinses anzuheben oder,** sofern der bisherige Pachtzins darüber liegt, **herabzusetzen.** Den Nachweis der Veränderung auf dem Pachtzinsmarkt hat derjenige zu erbringen, der eine Herauf- oder Herabsetzung des Pachtzinses erklärt. Abs. 3 Satz 1 stellt ab auf die nach Absatz 1 zulässige Pachtzinsvereinbarung (BGHZ 108, 147, 150 f.; BGH, NJW 1989, 2470 ff.). Zum Nachweis der zulässigen Höchstpacht können die Vertragsparteien ein Gutachten einholen (s. oben Rn. 18 ff.). Im Streitfall über die Richtigkeit des ermittelten Pachtzinses entscheiden die ordentlichen Gerichte über den zulässigen Höchstpachtzins (s. auch oben Rn. 18). Die einseitige Pachtzinsänderung knüpft an den Rechtsgedanken des § 1 KÄndG von 1969 an; danach konnte der Pachtzins durch einseitige Erklärung des Verpächters angehoben werden.

21   Die „Anpassungserklärung" hat in Textform zu erfolgen, d. h. die **Erklärung muss in einer Urkunde oder auf andere zur dauerhaften Wiedergabe in Schriftzeichen geeignete Weise abgegeben,** die **Person der Erklärenden genannt** und **der Abschluss der Erklärung durch Nachbildung der Namensunterschrift** oder **anders erkennbar gemacht** werden (§ 126 b BGB). Sie ist unwirksam, wenn die Form nicht eingehalten wird. Die Wirksamkeit der Anpassungserklärung setzt voraus, dass sie der anderen Vertragspartei zugegangen ist, d. h. in ihren Machtbereich gelangt ist (s. Vorbemerkungen zu den §§ 7 bis 10 Rn. 2). Nach Abs. 3 Satz 2 schuldet der Pächter vom ersten Tage des auf die Anpassungserklärung folgenden (viertel-, halb-, jährlichen) Zahlungszeitraumes an – anstelle des bisher zu entrichtenden Pachtzinses – den höheren oder niedrigeren Pachtzins. Bei jährlicher Zahlungsweise wirkt sich also die Anpassungserklärung erst auf die Pachtzinszahlung im nächsten Jahr aus. Hat der Verpächter einen zu hohen oder der Pächter einen zu niedrigen Pachtzins verlangt, so verliert die Erklärung des Verpächters oder Pächters dadurch zwar nicht ihre Gültigkeit, sie wird aber nur in der zulässigen Höhe nach § 5 Abs. 1 wirksam (s. auch oben Rn. 14).

§ 126 b BGB (Erklärung in Textform) ist durch das Gesetz zur Anpassung der Formvorschriften des Privatrechts und anderer Vorschriften an den modernen Rechtsgeschäftsverkehr vom 13. 7. 2000 (BGBl I S. 1542) in das BGB eingefügt worden. Mit der „Textform" wird ein neuer Formtyp des lesbaren, aber unterschriftslosen Erklärung eingeführt. Die Erklärung kann dem Empfänger per Post oder Fax übermittelt werden. Ausreichend ist auch eine am Computer abgefasste und per E-Mail zugeleitete Erklärung. Dem Lesbarkeitserfordernis ist Genüge getan, wenn der Empfänger den Text auf seinem Bildschirm lesen kann (BT-Drs. 14/4987 S. 19). Die Übermittlung durch Fax oder E-Mail genügt aber nur dann den **Erfordernissen des § 130 BGB**, wenn der Empfänger durch Mitteilung seiner Fax-Nr. oder E-Mail-Anschrift oder in sonstiger Weise zu erkennen gegeben hat, dass er mit einer telekommunikationstechnischen Übermittlung von rechtserheblichen Erklärungen einverstanden ist (Heinrichs, in: Palandt, BGB-Kommentar, 65. Aufl., § 126 b Rn. 3). **21 a**

Die Anpassungserklärung einer Vertragspartei ist zweifellos ein Eingriff in den Grundsatz „Verträge müssen gehalten werden", hat aber den Vorteil, dass der Vertrag im Übrigen nicht berührt wird. Der Pachtvertrag gilt – mit Ausnahme des Pachtzinses – unverändert fort. **22**

Im Falle einer Pachtzinserhöhung räumt § 5 Abs. 3 Satz 4 dem Pächter ein **vorzeitiges Kündigungsrecht** ein. Diese Regelung knüpft an den Rechtsgedanken des § 11 Wohnungsbindungsgesetz und des § 561 BGB n. F. an. Durch die **Ausübung des Kündigungsrechts kann sich der Pächter den Wirkungen der Pachterhöhung entziehen.** Das Kündigungsrecht besteht bei allen Kleingartenpachtverträgen. Die Kündigung des Pächters muss schriftlich erfolgen. Macht der Pächter rechtzeitig Gebrauch von der Kündigung, wird die Pachtzinserhöhung nicht wirksam. Bis zur Beendigung des Vertragsverhältnisses schuldet der Verpächter die bisherige Pacht. Eine verspätete Kündigung ist unwirksam und kann höchstens in eine ordentliche Kündigung umgedeutet werden, jedoch bleibt in diesem Falle die Wirksamkeit der Erhöhung bestehen. **23**

Da die Wirksamkeit der Anpassungserklärung immer mit dem Beginn des nachfolgenden Zahlungszeitraums eintritt – also zum Beispiel eine am Tag vor einem neuen Zahlungszeitraum eingehende Erklärung bereits Wirkungen für diesen Zeitraum begründen kann – hat der Pächter eine Überlegungsfrist von zwei Wochen. Nach Abs. 3 Satz 4 ist der Pächter berechtigt, das Pachtverhältnis spätestens am fünfzehnten Werktag des Zahlungszeitraums, von dem an die Pacht erhöht werden soll, für den Ablauf des nächsten Kalendermonats zu kündigen.

Beispiel:
Jährliche Zahlungsweise – Zahlungszeitraum 1. Dezember bis 30. November (Pachtjahr)
Wirksam werdende Anpassungserklärung: 29. November
Neuer Pachtzins: ab 1. Dezember
Kündigung (spätestens) am 15. Dezember zum 31. Januar.

Die Ausübung des vorzeitigen Kündigungsrechts durch den Pächter hat die Wirkung, dass das Pachtverhältnis zu dem entsprechenden Zeitpunkt beendet wird. Die Pachtzinserhöhung tritt nicht ein. Bis zur Beendigung des Pachtverhältnisses ist die bisherige Pacht zu zahlen.

24 Entsprechend § 4 Abs. 2 Satz 1 gelten die Regelungen über die einseitige Pachtzinsänderung auch für den Zwischenpachtvertrag.

25 Schuldrechtliche Vereinbarungen (Wertsicherungsklauseln), die zum Nachteil des Pächters oder an andere als in § 5 vorgeschriebene Maßstäbe anknüpfende Pachtzinsanpassungen vorsehen, sind gemäß § 13 nichtig.

6. Nebenleistungen des Pächters

26 **Der Pachtzins i. S. des § 5 Abs. 1 ist das Entgelt für die Überlassung (Bereitstellung) von Grund und Boden zur kleingärtnerischen Nutzung. Er umfasst nicht die sog. Nebenleistungen,** zu denen der Pächter unter bestimmten Voraussetzungen neben dem Pachtzins – verpflichtet sein kann.

Zu den Nebenleistungen gehören die Erstattung von bestimmten Aufwendungen des Verpächters (Abs. 4), ferner die öffentlich-rechtlichen Lasten, die auf dem Kleingartengrundstück ruhen (Abs. 5), und schließlich die Entrichtung von Beiträgen zur Finanzierung des Verwaltungsaufwands des Zwischenpächters. Die Erstattungsansprüche nach § 5 Abs. 4 und Abs. 5 sind gesetzliche Ansprüche und benötigen daher keine Grundlage im Vertrag. Der Geltendmachung der Erstattungsansprüche können Verwirkung und Verjährung entgegenstehen. S. Rn. 35 a f. Vor In-Kraft-Treten des BKleingG getroffene Abreden, dass der Verpächter die in den Absätzen 4 und 5 genannten Aufwendungen und Lasten trägt, werden durch die gesetzlichen Regelungen überlagert und hindern den Verpächter nicht, entsprechende Erstattungsansprüche geltend zu machen. Ein vertraglicher Ausschluss der Nebenleistungen nach In-Kraft-Treten des BKleingG ist möglich (BGH NJW 1997, 1071 f.).

6.1 Erstattung von Aufwendungen für die Kleingartenanlage (Abs. 4)

27 Nach § 5 Abs. 4 Satz 1 kann der **Verpächter für von ihm geleistete Aufwendungen für die Kleingartenanlage vom Pächter Erstattung verlangen,** soweit die Aufwendungen nicht durch Leistungen der Kleingärtner oder ihrer Organisationen oder durch Zuschüsse aus öffentlichen Haushalten gedeckt worden sind und soweit sie im Rahmen der kleingärtnerischen Nutzung üblich sind. Erstattungsfähig sind nur die vom Verpächter geleisteten Aufwendungen, das heißt die Kosten, die er für die Maßnahmen erbracht hat. Unter **„Aufwendungen** für die Kleingartenanlage" sind Aufopferungen von Vermögenswerten zu verstehen, **die der Errichtung und Nutzung einer Kleingartenanlage dienen** (vgl. BGH, NJW 1960, 1568). Kosten für Erschließungsmaßnahmen nach dem Baugesetzbuch oder nach landesrechtlichen Vorschriften gehören nicht hierzu.

In Satz 1 werden beispielhaft einige Aufwendungen für die Kleingartenanlage genannt **28**
und zwar für

– Bodenverbesserungen,

– Wege,

– Einfriedungen und

– Parkplätze.

Hierbei handelt es sich nicht um eine erschöpfende Aufzählung; das Gesetz will aber
mit diesen Beispielen den Kreis der in Betracht kommenden erstattungsfähigen Aufwendungen abstecken. Erstattungsfähig sind nicht nur Maßnahmen zur Herrichtung
des Geländes, wie Rodung und Dränage, insgesamt Maßnahmen zur Übergabe der Fläche in einem für die kleingärtnerische Nutzung vorbereiteten Zustand, sondern auch
Maßnahmen, die der Pflege und Unterhaltung der Kleingartenanlage dienen. Hierzu
gehört auch die Pflege und Instandhaltung der Randbepflanzung von öffentlichen
Wegen, wenn die Bepflanzung z. B. den Einzelparzellen als Sicht- und Windschutz
dient. Es kommt maßgeblich darauf an, ob die Randbepflanzung die kleingärtnerische
Nutzung zu fördern bestimmt und geeignet ist (BGH, 1997, 1071).

Die Aufwendungen für die Kleingartenanlage müssen ferner **im Rahmen der klein-** **29**
gärtnerischen Nutzung üblich sein. Der Verpächter kann also nicht die Kleingartenanlage nach freiem Ermessen ausstatten, um dann von den Pächtern die hierfür erbrachten Aufwendungen erstattet zu verlangen. Das Gesetz selbst begrenzt den Erstattungsanspruch auf das heute im Kleingartenwesen Übliche; die Kleingartenanlage soll normalen Anforderungen genügen. Es besteht kein Erstattungsanspruch für einen Ausbau
der Kleingartenanlage, der über das hinausgeht, was üblich ist, beispielsweise für ein
zu aufwendig gestaltetes Wegenetz, das in dieser Art für die Anlage nicht erforderlich
ist, für **zu großzügig bemessene Freiflächen mit einem Überangebot von Freizeitein-**
richtungen und Ähnliches. Was im Einzelnen im Rahmen der kleingärtnerischen Nutzung üblich ist, kann durch Vergleich von – in der Gemeinde vorhandenen – Kleingartenanlagen ermittelt werden. Dabei wird sich der Verpächter nicht „sklavisch" an die
Ausstattung bereits vorhandener Kleingartenanlagen halten müssen, insbesondere
dann nicht, wenn es sich um ältere Kleingartenanlagen handelt. Es wird noch kein
Übermaß sein, wenn ein Verpächter über diese – durch Vergleich ermittelte – Ausstattung hinausgeht und bei den Aufwendungen für die Kleingartenanlage die Entwicklungen im Kleingartenwesen in den letzten Jahren mit in Rechnung stellt.

Im Rahmen des kleingärtnerisch **Üblichen** halten sich auch **Maßnahmen der Pflege** **29 a**
und Unterhaltung der Kleingartenanlage, z. B. Gehölzschnitte. Das gilt auch dann,
wenn diese Maßnahmen (möglicherweise) zugleich aus Gründen der Verkehrswegesi-
cherungspflicht von der Gemeinde als Verpächterin vorgenommen worden sind (BGH,
NJW 1997, 1071, 1072).

Die Vorschrift des Absatzes 4 Satz 1 bestimmt gleichzeitig klarstellend, dass eine Erstat- **29 b**
tung der Aufwendungen ausgeschlossen ist, wenn die Aufwendungen durch Leistungen der Kleingärtner oder ihrer Organisationen gedeckt worden sind. Darüber hinaus
sind auch Zuschüsse aus öffentlichen Haushalten nicht erstattungsfähig. Das Gesetz
definiert den Begriff **„Zuschuss"** nicht. Die Bestimmung des Absatzes 4 knüpft hier

aber – wie aus dem Regelungszusammenhang zu entnehmen ist – an die in der Förderungspraxis üblichen Differenzierung zwischen „verlorenen" und rückzahlbaren Förderungsmitteln an. Zuschüsse i. S. des Abs. 4 Satz 1 sind „verlorene" Förderungsmittel und als solche nicht erstattungsfähig.

30   Abs. 4 Satz 1 gilt sowohl für den **Verpächter bei Zwischenpachtverträgen** als auch für den **Verpächter bei Einzelpachtverträgen.** Auch der Zwischenpächter – als Verpächter bei Einzelpachtverträgen – hat einen Erstattungsanspruch, wenn er Aufwendungen für die Kleingartenanlage geleistet, das heißt die Kosten getragen hat, soweit die Aufwendungen im Rahmen der kleingärtnerischen Nutzung üblich sind. Für die **Gemeinde als Verpächterin von Kleingartenland** gilt diese Bestimmung mit folgenden Maßgaben:

31   **Landesmittel** zur Förderung des Kleingartenwesens **sind keine Aufwendungen** der Gemeinde, auch wenn sie der Gemeinde (als Verpächterin von Kleingartenland) zur Ausstattung von Kleingartenanlagen zur Verfügung gestellt werden und über die Gemeinde den Kleingartenanlagen „zufließen". Die Gemeinde als Verpächterin von Kleingartenland kann diese Mittel nicht über den Erstattungsanspruch nach Abs. 4 Satz 1 zurückverlangen, auch nicht um andere Kleingartenanlagen zu fördern. Zuwendungen Dritter für Kleingartenanlagen sind keine Leistungen (Aufwendungen) der Gemeinde.

Unter welchen Bedingungen und mit welchen Auflagen diese Mittel vergeben werden, ist eine andere Frage; sie berühren jedenfalls nicht den Erstattungsanspruch nach Abs. 4 Satz 1. Das Gleiche gilt auch für die Mittel der Gemeinde, die sie neben den Landesmitteln komplementär zur Verfügung zu stellen hat bzw. zur Verfügung stellt.

32   Die Gemeinde als Verpächterin von Kleingartenflächen hat auch **keinen Erstattungsanspruch** nach Abs. 4 Satz 1 für „kommunale Mittel", die als **Zuschuss aus dem gemeindlichen Haushalt** für Kleingartenanlagen bewilligt und vergeben worden sind. Abs. 4 Satz 1 bestimmt ausdrücklich, dass die Aufwendungen des Verpächters nicht durch Zuschüsse aus öffentlichen Haushalten gedeckt sein dürfen. Unter den Begriff **„Zuschüsse aus öffentlichen Haushalten" fallen alle zweckgebundenen nicht rückzahlbaren Leistungen (Zuwendungen, Zuweisungen), die im Haushaltsplan der Gemeinde veranschlagt sind oder außerplanmäßig verausgabt werden.** Hierbei kommt es nicht darauf an, ob diese Leistungen als zweckgebundener Geldbetrag dem Pächter zur Verfügung gestellt worden ist oder ob die Gemeinde selbst die Kleingartenanlage hergerichtet hat (BGH, NJW 1997, 1071 f.; Otte, § 5 Rn. 23). Maßgebend ist allein, ob es sich um „verlorene" Zuschüsse oder um rückzahlbare Darlehen handelt. Das hängt von der politischen Entscheidung der Gemeinde ab. Einen Erstattungsanspruch kann die Gemeinde als Verpächterin von Kleingärten nur dann geltend machen, wenn sie diese Mittel ausdrücklich als erstattungsfähige Aufwendungen nach Abs. 4 vergeben hat. Die Gemeinde ist beweispflichtig. Sind die Mittel z. B. im Haushaltsplan als rückzahlbare zweckgebundene Darlehen ausgewiesen, dann ist ihre Erstattungsfähigkeit anzunehmen (ebenso Otte, § 5 Rn. 23; a. M. Stang, § 5 Rn. 64). S. hierzu BGH NJW 1997, 1071.

33   Erstattungspflichtig ist der Pächter, letztendlich der Kleingärtner. Bei einem Pächterwechsel geht die Erstattungspflicht in Höhe des noch zu leistenden Betrages auf den neuen Pächter (Kleingärtner) über, wenn der Erstattungsanspruch vom Verpächter bereits geltend gemacht worden ist. Bei Zwischenpachtverträgen wird der Zwischen-pächter die ihm obliegende Erstattungspflicht an die Kleingärtner weitergeben. Satz 2 legt daher zur Vermeidung von Unsicherheiten den Umfang der Erstattungspflicht im Einzelnen fest. Danach erstreckt sich die **Erstattungspflicht eines Kleingärtners auf den Teil der ersatzfähigen Aufwendungen, der dem Flächenverhältnis zwischen seinem Kleingarten und der Kleingartenanlage entspricht.** Die auf die gemeinschaft-lichen Einrichtungen entfallenden Flächen werden der Kleingartenfläche anteilig zu-gerechnet. Diese Bestimmung schließt eine andere „privatrechtliche" Verteilung der Aufwendungen auf die einzelnen Kleingärtner aus.

Der Pächter kann den Erstattungsbetrag in **Teilleistungen** in Höhe des Pachtzinses **34** und zugleich mit dem Pachtzins entrichten. Der Erstattungsanspruch erlischt, wenn die geschuldete Leistung bewirkt wird, wenn also der Erstattungsbetrag bezahlt ist.

Die Erstattungspflicht nach § 5 Abs. 4 ist eine kleingartenrechtliche Sonderregelung, **35** auf die § 256 BGB über die Verzinsung von Aufwendungen keine Anwendung findet (so auch Otte, in: Ernst/Zinkahn/Bielenberg, BKleingG, § 5 Rn. 21; a. A. Stang, BKleingG, § 5 Rn. 62). Der Aufwendungsersatz i. S. des § 256 BGB knüpft an das Beste-hen eines Schuldverhältnisses an. Er ist ein aus dem Schuldverhältnis fließender Anspruch; er setzt eine auf Vertrag oder Rechtsgeschäft beruhende Pflicht zum Ersatz von Aufwendungen voraus. Die Erstattungspflicht nach § 5 Abs. 4 beruht nicht auf ver-traglichen Vereinbarungen, sondern auf gesetzlicher Grundlage. Auch die Aufwendun-gen nach § 5 Abs. 4 sind keine Leistungen, die im Rahmen eines Schuldverhältnisses für den Vertragspartner erbracht werden; sie setzen auch kein Schuldverhältnis voraus. Sie sind vielmehr vom Schuldverhältnis unabhängig. Die Aufwendungen kommen zwar den späteren Nutzern (Kleingärtnern) im Ergebnis insoweit zugute als eine bereits hergerichtete Kleingartenanlage „wertvoller" ist. Eben weil diese Aufwendun-gen im Pachtpreis nicht berücksichtigt werden, sieht Absatz 4 eine Erstattungspflicht vor.

Der Erstattungsanspruch **verjährt** gemäß § 195 BGB in 3 Jahren. Das gilt für den Er- **35 a** stattungsanspruch insgesamt als auch hinsichtlich der einzelnen nach Abs. 4 Satz 3 zulässigen Teilleistungen. In der Dreijahresfrist verjähren auch rechtskräftig festge-stellte Erstattungsansprüche.

Eine zeitliche Grenze für die Ausübung von Rechten begründet auch die **Verwirkung.** **35 b** Ein Recht ist verwirkt, wenn der Berechtigte es längere Zeit hindurch nicht geltend macht und der Verpflichtete sich nach dem gesamten Verhalten des Berechtigten darauf einrichten durfte und auch eingerichtet hat, dass dieser das Recht auch in Zukunft nicht geltend machen wird (BGHZ 84, 281; BGHZ 105, 298). Die Verwirkung ist ein Fall der unzulässigen Rechtsausübung wegen widersprüchlichen Verhaltens. Der Verstoß liegt in der illegalen Verspätung der Rechtsausübung (BGH NJW 1984, 1684). Für die Verwirkung genügt daher Ablauf einer längeren Zeit allein nicht, im Unterschied zur Verjährung. Es müssen weitere Umstände hinzutreten, die die **verspätete Geltendma-chung des Erstattungsanspruchs** als **treuwidrig** erscheinen lassen (BGH NJW 1984, 1684). Das kann z. B. ein Verhalten des Verpächters sein, das einem konkludenten Ver-zicht nahe kommt, etwa die Nichtgeltendmachung des Erstattungsanspruchs bei einer Abrechnung oder bei Verhandlungen über den dem Anspruch zugrunde liegenden

Sachverhalt oder die widerspruchslose Hinnahme einer Zurückweisung des Anspruchs. Eine Verwirkung ist dagegen ausgeschlossen, wenn der erstattungsberechtigte Verpächter durch Mahnung oder in sonstiger Weise zu erkennen gegeben hat, dass er auf seinem Recht beharrt (BGHZ 132, 95). Wegen der kurzen Verjährungsfrist von drei Jahren kommt der Einwand der Verwirkung vor allem in Betracht, wenn der Pächter aus welchen Gründen auch immer die Einrede der Verjährung nicht erhebt. Auch gegenüber einem verjährten Anspruch kann der Einwand der Verwirkung durchgreifen.

6.2 Erstattung der öffentlich-rechtlichen Lasten, die auf dem Kleingartengrundstück ruhen (Abs. 5)

36 Nach Abs. 5 kann der Verpächter die Erstattung der öffentlich-rechtlichen Lasten, die auf dem Kleingartengrundstück ruhen, verlangen. Diese Vorschrift ist durch das BKleingÄndG in das BKleingG eingefügt worden.

37 Nach früherem Recht hatte gemäß §§ 546 a. F., 581 Abs. 2 BGB, § 4 Abs. 1 BKleingG der Verpächter die Lasten, die auf dem Kleingartengrundstück ruhen, zu tragen, soweit vertraglich nichts anderes vereinbart worden war. Das BVerfG hat in seiner Entscheidung vom 23. September 1992 (BVerfGE 114, 148 f.) die Verfassungswidrigkeit der bisherigen Pachtzinsbegrenzung u. a. damit begründet, dass der Eigentümer ggf. sogar Verluste hinnehmen müsse, wenn er keine Möglichkeit habe, öffentliche Lasten, die für ein Kleingartengrundstück in beträchtlicher Höhe anfallen könnten, in angemessener Weise bei der Bemessung des Pachtzinses zu berücksichtigen. Der Gesetzgeber hat daher im Zusammenhang mit der Neugestaltung der Pachtzinsregelung auch die Überwälzbarkeit der öffentlich-rechtlichen Lasten, die auf dem Kleingartengrundstück ruhen, auf den Pächter geregelt. Die Kostenüberwälzung verbessert zusätzlich die Rendite des Verpächters; umgekehrt wird für den Pächter des Kleingartens deutlich, dass diese von ihm zu tragende Mehrbelastung auf unmittelbar anfallende Kosten zurückzuführen ist.

38 Zu den **öffentlich-rechtlichen Lasten**, die auf dem Kleingartengrundstück ruhen, gehören die **Grundsteuer, Beiträge** (Anschluss- und Straßenausbaubeiträge) nach den Kommunalabgabengesetzen der Länder und grundstücksbezogene **Gebühren**. Für **Erschließungsbeiträge nach dem BauGB (§§ 127 ff.) trifft das BKleingÄndG in Art. 2 (Änderung des BauGB) eine Sonderregelung.** Danach wird die Vorschrift des § 135 BauGB über die Fälligkeit und Zahlung des Erschließungsbeitrages in Abs. 4 mit der Maßgabe geändert, dass Erschließungsbeiträge für Grundstücke, die als Kleingärten i. S. d. BKleingG genutzt werden, solange **zinslos gestundet** werden, bis das Kleingartengrundstück einer anderen Nutzung zugeführt wird. S. hierzu Kommentierung des BKleingÄndG, S. 257 f.

6.2.1 Grundsteuer

39 Die Grundsteuer ist eine Abgabe, die auf dem Grundbesitz ruht (§ 1 Abs. 1 GrStG). Grundbesitz ist der Sammelbegriff für das **land- und forstwirtschaftliche Vermögen**, ferner für **Grundstücke des Grundvermögens** sowie für **Betriebsgrundstücke**.

Zum **land- und forstwirtschaftlichen Vermögen** gehören alle Wirtschaftsgüter, die einem Betrieb der Land- und Forstwirtschaft dauernd zu dienen bestimmt sind (§ 33

BewG), insbesondere der Grund und Boden. Die land- und forstwirtschaftliche Nutzung umfasst auch die gärtnerische Nutzung.

Zum **Grundvermögen** gehören nach § 68 BewG der Grund und Boden, die Gebäude, die sonstigen Bestandteile und das Zubehör, soweit es sich nicht um land- und forstwirtschaftliches Vermögen oder um Betriebsgrundstücke handelt.

Steuerschuldner ist gemäß § 10 GrStG derjenige, dem der Steuergegenstand bei der Feststellung des Einheitswertes zugerechnet ist. Ist der Steuergegenstand mehreren Personen zugerechnet, sind sie Gesamtschuldner. Schuldner der Grundsteuer ist **grundsätzlich der Eigentümer.** In den **neuen Ländern** ist der **Nutzer** des land- und forstwirtschaftlichen Vermögens anstelle des Eigentümers Grundsteuerschuldner (§ 40 GrStG) für dieses Vermögen. Mehrere Nutzer des land- und forstwirtschaftlichen Vermögens sind Gesamtschuldner. **Zusammenhängende Flächen von Kleingartenland,** die einheitlich verwaltet werden, durch Vereine, Verbände oder Gemeinden, bilden eine **Nutzungseinheit** und sind der Nutzungsgemeinschaft **zuzuordnen.** Als **Nutzer** gilt die **verwaltende Körperschaft** (gleichlautende Erlasse der obersten Finanzbehörden der Länder Berlin, Brandenburg, Mecklenburg-Vorpommern, Sachsen, Sachsen-Anhalt und Thüringen vom 11. 12. 1990 – BStBl 1990, Teil I, S. 838). Nutzer in diesem Sinne ist entweder der Zwischenpächter oder der die Kleingartenanlage verwaltende Verein.

39 a

Kleingärten i. S. d. BKleingG sind – für die **Grundsteuer** – nach den Richtlinien für die Bewertung des Grundvermögens vom 19. September 1960 (BStBl I S. 890) und nach der Rechtsprechung des Bundesfinanzhofs (BFH) in der Regel wegen des weitgehenden Pachtschutzes als land- und forstwirtschaftliches Vermögen zu bewerten, es sei denn, dass aus besonderen Umständen zu entnehmen ist, dass das Land demnächst einer Bebauung oder einer anderen nicht gärtnerischen Nutzung zugeführt werden soll (BFH, U. v. 9. August 1989 – II R 116/86 – BStBl II S. 870 = BFHE 158, 90 ff.). Zur Abgrenzung der Vermögensarten aus steuerlicher Sicht s. auch § 1 Rn. 71 f. Dauerkleingärten (§ 1 Abs. 3) sind stets als land- und forstwirtschaftliches Vermögen zu bewerten (Rössler/Troll, Bewertungsgesetz und Vermögensteuergesetz, § 69 Rn. 44). Das bedeutet, dass ein **Einheitswert** durch Anwendung des sog. **Ertragswertverfahrens zu ermitteln** ist. Hierbei ergeben sich vergleichsweise **niedrige Einheitswerte** und dementsprechend geringe Grundsteuerbeträge. Zur Bewertung von Kleingartenland und Gartenlauben in den neuen Ländern s. Rn. 41 e ff.

39 b

Nur ausnahmsweise ist Kleingartenland dem Grundvermögen zuzurechnen (§ 69 BewG). In Betracht kommen zwei Fallgestaltungen, und zwar, wenn

40

– Kleingartenland im Bebauungsplan für eine andere Nutzung vorgesehen ist (§ 69 Abs. 3 BewG)

und

– eine anderweitige Verwertung von Kleingartenland in absehbarer Zeit aufgrund sonstiger Umstände zu erwarten ist (§ 69 Abs. 1 BewG).

Nach § 69 Abs. 3 BewG wird Kleingartenland dem Grundvermögen zugerechnet, wenn folgende Voraussetzungen gleichzeitig erfüllt sind:

40 a

1. die Flächen müssen in einem (rechtsverbindlichen) Bebauungsplan als Bauland ausgewiesen sein,
2. ihre Bebauung muss sofort möglich sein und
3. die Bebauung muss innerhalb des Plangebiets in benachbarten Bereichen bereits begonnen haben oder schon durchgeführt sein.

Unter Bauland i. S. d. § 69 Abs. 3 BewG sind die in § 1 Abs. 2 BauNVO genannten Baugebiete zu verstehen, also z. B. Kleinsiedlungsgebiete, reine Wohngebiete, allgemeine Wohngebiete, Mischgebiete, Gewerbegebiete, Sondergebiete u. a. Die sofortige Bebaubarkeit als Zuordnungsvoraussetzung liegt vor, wenn keine Hinderungsgründe tatsächlicher oder rechtlicher Art, z. B. fehlende Erschließung, der Bebauung entgegenstehen. Bei der Frage, ob im benachbarten Bereich die Bebauung schon begonnen hat oder durchgeführt wurde, ist allein auf die Verhältnisse des jeweiligen Plangebiets abzustellen. Bezogen auf Kleingärten bedeutet dies, dass die Voraussetzung der sofortigen Bebaubarkeit nicht erfüllt ist, solange Grundstücke (noch) kleingärtnerisch genutzt werden und die Kündigungsvoraussetzung „alsbald der im Bebauungsplan festgesetzten Nutzung zugeführt oder **alsbald** für diese Nutzung vorbereitet" (noch) nicht vorliegt, § 9 Abs. 1 Nr. 5 (s. § 9 Rn. 24 ff.). S. hierzu Mainczyk, Weitere Neuregelungen durch die Änderung des BKleingG, in: Schriftenreihe des BDG Nr. 106, 67 ff. Aktuelle Rechtsfragen nach der Novellierung des BKleingG.

40 b   Nach § 69 Abs. 1 BewG ist Kleingartenland dem Grundvermögen zuzurechnen, wenn nach seiner Lage, den bestehenden Verwertungsmöglichkeiten oder den sonstigen Umständen anzunehmen ist, dass es in absehbarer Zeit – in einem Zeitraum von etwa 6 Jahren (BFH, BStBl 1972, S. 849) – anderen als kleingärtnerischen Zwecken dienen wird. Die Ausweisung einer anderen als der kleingärtnerischen Nutzung im Flächennutzungsplan genügt hierfür nicht (BFH, BStBl 1978, S. 292). Dagegen kann die Einleitung eines Umlegungsverfahrens (§§ 45 ff. BauGB) ein geeigneter Anhaltspunkt dafür sein, dass in absehbarer Zeit mit der Änderung der Bodennutzung i. S. von § 69 Abs. 1 BewG gerechnet werden kann (BFH, BStBl 1984 S. 744).

40 c   Da Dauerkleingärten (§ 1 Abs. 3 BKleingG) einer Bebauung entzogen und für eine dauernde kleingärtnerische Nutzung bestimmt sind, sind sie in jedem Fall als land- und forstwirtschaftliches Vermögen zu bewerten.

6.2.1.1 Bewertung von Gartenlauben

41   Gartenlauben, die den Anforderungen des § 3 Abs. 2 BKleingG entsprechen, sind als der kleingärtnerischen Nutzung dienende Nebenanlagen für grundsteuerliche Zwecke nicht zu bewerten.

41 a   Eine grundsteuerlich **selbstständige** als Grundvermögen zu qualifizierende **Wirtschaft**seinheit bilden **Lauben, wenn sie die zulässige Grundfläche von 24 m² überschreiten.** Das Gleiche gilt für **Wohnlauben.** Auf den Bestandsschutz kommt es insoweit nicht an. Der Bestandsschutz ist kein Kriterium für die bewertungsrechtliche Zuordnung von Wirtschaftsgütern. Er schützt nur die Nutzung eines nach früherem Recht rechtmäßigen Bauwerks. Der Bestandsschutz ist daher gerichtet gegen ein behördliches Beseitigungsverlangen. Zum Grundvermögen gehörende Lauben sind dem Kleingärtner als wirtschaftlichem Eigentümer zuzurechnen. Lauben sind nicht dem Grundvermögen zuzuordnen, wenn der Einheitswert die für das Land maßgebliche **Bagatellgrenze** nicht überschreitet. Die Bagatellgrenze liegt, bezogen auf das Jahr 1964, in den alten Bundesländern zwischen 1000,– DM (511,29 Euro) und 4000,– DM (2045,17 Euro) in Berlin (West) und in den neuen Ländern, bezogen auf das Jahr 1935 – wegen noch nicht festgestellter Einheitswerte – bei 400,– DM (204,52 Euro) und 2000,– DM (1022,58 Euro) in Berlin (Ost). Die Bagatellgrenzen entsprechen etwa folgenden Baukosten bezogen auf das Jahr 1991:

1000,– DM 1964 etwa 3 700,– DM (1 891,78 Euro)

4000,– DM 1964 etwa 14 400,– DM (7 362,60 Euro)

  400,– DM 1935 etwa 5 715,– DM (2 922,03 Euro)

2000,– DM 1935 etwa 28 575,– DM (14 610,17 Euro).

Neben den über der jeweiligen Bagatellgrenze liegenden Großlauben sind alle Wohnlauben – unabhängig von ihrer Größe – dem Grundvermögen zuzurechnen. Steht die Wohnlaube oder Großlaube auf einer in äußerlich erkennbarer Weise abgegrenzten Gartenfläche mit reiner Erholungsnutzung (Rasen mit Zierbepflanzung), so gehört auch diese – dem Wohnen zuzuordnende Fläche – dem Grundvermögen. Fehlen äußerlich erkennbare Abgrenzungsmerkmale, so kann nach der Rechtsprechung des BFH das Fünffache der überbauten Fläche ein geeigneter Abgrenzungsmaßstab sein zwischen der dem land- und forstwirtschaftlichen Vermögen zuzuordnenden Gartenfläche und der Fläche des Kleingartens, die als Grundvermögen zu bewerten ist (BFH, BStBl II 1979, 398). **41 b**

6.2.1.2 Bewertungsverfahren

Ausgangswert für die Grundsteuer ist der Einheitswert. Der Einheitswert ist ein Wert, der in einem gesonderten Steuerverfahren nach den Vorschriften des BewG festgestellt wird. Für Kleingartenland, das dem land- und forstwirtschaftlichen Vermögen zuzurechnen ist, ist ein Einheitswert durch Anwendung des sog. Ertragswertverfahrens zu ermitteln (§ 36 BewG). Der Einheitswert ist die Grundlage für die Ermittlung des Steuermessbetrages, auf dem das Steuerfestsetzungsverfahren aufbaut. Der Steuermessbetrag wird vom Finanzamt festgesetzt. Die endgültige Veranlagung der Steuer wird von der Gemeinde vorgenommen. Die Gemeinde bestimmt, mit welchem Hundertsatz des Steuermessbetrages die Grundsteuer zu erheben ist (Hebesatz). Im Rahmen ihres Ermessens kann die Gemeinde die Hebesätze nach ihren finanziellen Bedürfnissen festlegen. Sie darf dabei nur nicht willkürlich oder unsachlich verfahren. **41 c**

Ist Kleingartenland ausnahmsweise dem Grundvermögen zuzurechnen, dann ist dieses im Einheitswertverfahren mit dem sog. gemeinen Wert (Verkehrswert) zu bewerten. Der gemeine Wert wird durch den Preis bestimmt, der im gewöhnlichen Geschäftsverkehr nach der Beschaffenheit des Wirtschaftsgutes bei einer Veräußerung zu erzielen wäre. Er wird **einheitlich** festgestellt. Da dieser Wert regelmäßig höher ist als der im Ertragswertverfahren ermittelte Wert, ergeben sich bei Kleingartenflächen, die ausnahmsweise dem Grundvermögen zugerechnet werden, wesentlich höhere Einheitswerte und somit auch wesentlich höhere Grundsteuerbeträge. **41 d**

6.2.1.3 Bewertung von Kleingärten und Lauben in den neuen Ländern

41 e In den neuen Ländern ist die Einheitsbewertung von Kleingärten und Gartenlauben in Kleingartenanlagen erstmals durch gleichlautende Erlasse der Obersten Finanzbehörden der Länder Berlin, Brandenburg, Mecklenburg-Vorpommern, Sachsen, Sachsen-Anhalt und Thüringen vom 1. 12. 1990 (BStBl I 1990, 833 ff.) geregelt worden. Die Rechtslage in den alten und neuen Ländern ist im Wesentlichen die gleiche. Kleingärten i. S. d. § 1 Abs. 1 BKleingG sind danach grundsätzlich dem land- und forstwirtschaftlichen Vermögen zuzurechnen. Dem Grundvermögen sind sie nur dann zuzurechnen, wenn nach ihrer Lage und den sonstigen Verhältnissen, insbesondere mit Rücksicht auf die bestehenden Verwertungsmöglichkeiten, anzunehmen ist, dass sie in absehbarer Zeit anderen als land- und forstwirtschaftlichen Zwecken dienen werden, z. B. wenn sie hiernach als Bauland, Industrieland oder als Land für Verkehrszwecke anzusehen sind (§ 51 Abs. 2 BewG – DDR). Für die Ermittlung der Einheitswerte der zum Grundvermögen gehörenden Grundstücke finden die Vorschriften des Bewertungsgesetzes der DDR i. d. F. vom 18. 9. 1970 über das Grundvermögen (§§ 50–53) Anwendung (§ 129 BewG). Für Kleingärten ist zum Bewertungsstichtag 1. Januar 1991 ein Ersatzwirtschaftswert zu ermitteln. Der Ersatzwirtschaftswert wird nach § 125 BewG in einem vereinfachten Verfahren festgestellt. Maßgebend sind die Wertverhältnisse, die bei der Hauptfeststellung der Einheitswerte des land- und forstwirtschaftlichen Vermögens in der Bundesrepublik Deutschland auf den 1. Januar 1964 zugrunde gelegt worden sind.

41 f Kleingärten, die mit einem Gebäude von mehr als 24 m² Grundfläche (einschließlich überdachtem Freisitz) bebaut sind, sind als unbebaute Grundstücke dem Grundvermögen zuzurechnen. Das Gebäude bildet gemäß des § 50 Abs. 3 BewG – DDR eine (weitere) selbstständige wirtschaftliche Einheit. In einfacher Bauausführung errichtete Baulichkeiten in Kleingartenanlagen sind im Sachwertverfahren mit einem Raummeterpreis von 17,– DM/cbm für den umbauten Raum zu bewerten. Bei der Ermittlung des Bodenwertes ist von dem Wert auszugehen, der für die Fläche festzustellen wäre, wenn sie nicht Kleingartenland wäre. Von diesem Wert ist unter Berücksichtigung der Beschränkungen, denen das Kleingartenland unterliegt, ein Abschlag in Höhe von 20 v. H. des Ausgangswertes vorzunehmen.

41 g Zur Bewertung von Kleingartenland und Gartenlauben sind in einzelnen (neuen) Ländern die Regelungen im gemeinsamen Erlass vom 11. Dezember 1990 fortgeschrieben worden. Nach dem Erlass des Thüringer Finanzministeriums vom 18. 2. 1993, ergänzt durch den Erlass vom 22. 6. 1994 sind z. B. für Gartenlauben, die vor dem 1. Januar 1991 errichtet wurden und deren bebaute Fläche nicht mehr als 25 m² beträgt, keine Einheitswerte festzustellen. Für Gartenlauben mit einer bebauten Fläche von 26 bis 30 m² ist der Einheitswert mit 800 DM in Holzbauweise und mit 1000 DM in Fertigbau bzw. Massivbauweise anzusetzen. Übersteigt die bebaute Fläche 30 m², so ist ein Raummeterpreis von 17,– DM/m³ bzw. 20,– DM/m³ – in Anlehnung an die Richtlinie zur Vereinfachung des Bewertungsverfahrens vom 3. 10. 1975 (DDR) – anzusetzen.

41 h Vergleichbare Erlasse sind auch in den anderen neuen Ländern ergangen. In Sachsen ist der Erlass vom 18. 3. 1993 durch den Ergänzungserlass vom 13. 8. 1997 modifiziert werden für alle noch nicht bestandskräftig ermittelten Fälle. Danach ist bei der Bewertung von Kleingartenflächen, die mit einer Laube von mehr als 25 m² (Bezugsfertigkeit vor dem 1. 1. 91) bzw. von mehr als 24 m² (Bezugsfertigkeit nach dem 31. 12. 1990) bebaut und deswegen dem Grundvermögen zuzuordnen sind, der Bodenwert auf folgende Höchstwerte nach den Wertverhältnissen vom 1. 1. 1935 zu begrenzen, soweit in absehbarer Zeit keine andere als kleingärtnerische Nutzung anzunehmen ist:

– für die Großstädte Chemnitz, Dresden, Leipzig   3,– DM/m²
– für die übrigen Städte   2,– DM/m²
– für die verbleibenden Gemeinden   1,– DM/m²

Auf diese Höchstwerte ist ein Abschlag von 20 v. H. anzuwenden, um den Beschränkungen, denen Kleingartenflächen unterliegen, angemessen Rechnung zu tragen. Soweit im Einzelfall ein niedrigerer Bodenwert nach den Wertverhältnissen vom 1. 1. 1935 vorliegt, ist dieser der Einheitswertfeststellung zugrunde zu legen.

6.2.1.4 Überwälzbarkeit der Grundsteuer

Ist der (bürgerlich-rechtliche) Eigentümer des Kleingartenlandes grundsteuerpflichtig **42** – der Regelfall –, dann kann er (als Verpächter) gemäß Abs. 5 vom Pächter Erstattung der Grundsteuer verlangen. **Erstattungspflichtig** ist im Zwischenpachtverhältnis der **Zwischenpächter** des Grundstücks, auf dem die Grundsteuer ruht. Im **Einzelpachtverhältnis** kann der Zwischenpächter (als Verpächter auf dieser Pachtstufe) den Erstattungsbetrag, den er an den Verpächter im Zwischenpachtverhältnis geleistet hat, auf die einzelnen **Kleingärtner** der mit der Grundsteuer belasteten Teilflächen gemäß Abs. 5 überwälzen.

Probleme können sich ergeben, wenn der erstattungsberechtigte Verpächter einen **erkennbar fehlerhaft ermittelten Steuerbetrag** hinnimmt, z. B. für einen auf nicht zutreffender Bewertung des Kleingartenlandes als Grundvermögen beruhenden Steuerbescheid **Bestandskraft eintreten lässt**, also kein Rechtsmittel gegen den Bescheid einlegt, **und den fehlerhaften Steuerbetrag** auf die Kleingärtner **abwälzt**. Hierin kann eine Pflichtverletzung liegen. Aus dem Pachtverhältnis ergibt sich für den erstattungsberechtigten Verpächter u. a. auch die (Neben-)Verpflichtung, sich so zu verhalten, dass Eigentum und sonstige Rechtsgüter des Pächters nicht verletzt werden. Lässt aber der Verpächter den erkennbar fehlerhaften Steuerbescheid bestandskräftig werden, auf dem ursächlich der Erstattungsanspruch des Verpächters beruht, so kann dies dazu führen, dass der Verpächter Schadensersatz nach den Grundsätzen der positiven Vertragsverletzung zu leisten hat. Die von der Rechtsprechung entwickelten Grundsätze über die Haftung aus positiver Vertragsverletzung werden durch das am 1. 1. 2002 in Kraft getretene Gesetz zur Modernisierung des Schuldrechts vom 26. 11. 2001 (BGBl I S. 2001, 3138) von § 280 BGB n. F. erfasst. Diese Vorschrift ist nunmehr die Anspruchsgrundlage für alle Arten von Pflichtverletzungen, auch für Ansprüche aus positiver Vertragsverletzung. S. auch Rn. 48 f.

6.2.2 Beiträge

Beiträge sind öffentlich-rechtliche Entgeltabgaben für gebotene Vorteile, die durch die **43** Möglichkeit der Inanspruchnahme öffentlicher Einrichtungen und Anlagen entstehen. Zu unterscheiden ist zwischen Beiträgen, die nach Bundesrecht erhoben werden, das sind die Erschließungsbeiträge, und den auf Landesrecht beruhenden Beiträgen (Straßenausbau- und Anschlussbeiträge nach den Kommunalabgabengesetzen der Länder – KAG –).

43 a Erschließungsbeiträge (§§ 127 bis 135 BauGB) werden erhoben für die **erstmalige Herstellung** von Verkehrsanlagen (Straßen, Wege, Plätze, die zum Ausbau bestimmt sind, mit Kraftfahrzeugen nicht befahrbare Verkehrsanlagen innerhalb der Baufgebiete z. B. Wohnwege und Sammelstraßen), von Stellplätzen, Grünanlagen und Immissionsschutzanlagen (§ 127 Abs. 2 BauGB). Diese Beiträge sind, soweit Kleingartenland hiervon betroffen ist, gemäß § 135 Abs. 4 Satz 3 BauGB – eingefügt durch Art. 2 BKleingÄndG – zinslos zu stunden, solange das Land kleingärtnerisch genutzt wird.

43 b **Straßenausbaubeiträge** werden von der Gemeinde erhoben für die Erneuerung, Verbesserung und Erweiterung von befahrbaren und nichtbefahrbaren Verkehrsanlagen (Straßen, Wegen, Plätzen) und Parkflächen. Voraussetzung für die Erhebung von Straßenausbaubeiträgen ist, dass die Verkehrsanlage in der Straßenausbaulast der Gemeinde liegt. Das richtet sich nach den straßenrechtlichen Bestimmungen des Landes.

44 Das **Beitragsrecht** ist **Landesrecht**. Beiträge können nur erhoben werden, wenn und soweit der Landesgesetzgeber Regelungen zur Erhebung von Beiträgen erlassen hat. Die entsprechenden Ermächtigungsnormen sind in der Regel in den jeweiligen Kommunalabgabengesetzen (KAG) enthalten. In Bremen können Ausbaubeiträge nach dem Ortsgesetz über die Erhebung von Beiträgen über die Erweiterung und Verbesserung von Erschließungsanlagen vom 12. Juni 1973 (GBl S. 127) und in Hamburg nach dem Wegegesetz i. d. F. vom 22. Januar 1974 (GVBl S. 41) gefordert werden.

44 a Nach den Kommunalabgabengesetzen der Länder dürfen Beiträge nur aufgrund einer **Satzung** erhoben werden. Die Satzung für Straßenausbaubeiträge muss außer dem Kreis der Abgabenschuldner den die Abgabe begründenden Tatbestand, den Verteilungsmaßstab und Abgabesatz sowie den Zeitpunkt der Fälligkeit angeben und auch den Gemeindeanteil am beitragsfähigen Aufwand an der Ausbaumaßnahmen. Die Bestimmung der Höhe des Gemeindeanteils ist dem Ortsgesetzgeber vorbehalten. Er liegt in der Regel für Anlagen, die dem Anliegerverkehr dienen, bei 25 v. H., für Anlagen des innerörtlichen Durchgangsverkehrs bei 50 v. H. und für Anlagen, die dem überörtlichen Durchgangsverkehr dienen, bei 75 v. H. des Aufwands.

44 b Der umlagefähige Aufwand – nach Abzug des Gemeindeanteils – ist auf die durch die Anlage erschlossenen Grundstücke zu verteilen nach dem in der Satzung festgelegten Maßstab. Das sind die Grundstücksgröße sowie die Art und das Maß der Grundstücksnutzung, d. h. für die Art der Nutzung die bauliche, gewerbliche oder eine dieser Nutzungsmöglichkeiten vergleichbare Nutzung, für das Maß der Nutzung die Geschossfläche oder die Zahl der Vollgeschosse. In der Praxis wird die kleingärtnerische Nutzung der Nutzungsart nach als eine der baulichen vergleichbare Nutzung behandelt, weil sie Ziel- und Quellverkehr auslöst. Nach dem Maß der Nutzung werden sie mit dem geringsten Faktor bewertet, z. B. beim Vollgeschossmaßstab (1 Vollgeschoss = 1,0) in der Regel mit 0,5.

Problematisch ist in der Regel die Grundstücksgröße der kleingärtnerisch genutzten **44 c**
Flächen. Zwar erstreckt sich der wirtschaftliche Vorteil, der durch die Möglichkeit der
Inanspruchnahme der Straße geboten wird, auf das Grundstück in seiner gesamten
Tiefe. Eine Ausnahme von diesem Grundsatz hat jedoch die Rechtsprechung für Kleingartengrundstücke zugelassen. Sie hat dies mit den Besonderheiten der kleingärtnerischen Nutzung gegenüber der baulichen oder sonstigen Nutzung begründet (OVG
Lüneburg, B. v. 6. 1. 1981 – 9 B 31/80 n. v.; Driehaus, Erschließungs- und Ausbaubeiträge, 5. Aufl. § 35 Rn. 34). Das OVG Lüneburg hat insoweit auf die Rechtsprechung
des BVerwG zur Erschließungsbeitragspflicht von Kleingartengrundstücken Bezug
genommen (BVerwG BauR 198, 83; BauR 1980/351). Dort hatte das BVerwG ausgeführt, dass Kleingartenland zwar der Erschließungsbeitragspflicht unterliegt, der
besonderen **Großflächigkeit** und **andersartigen Nutzung** im Verhältnis zu baulicher
oder gewerblicher Nutzung aber Rechnung getragen werden müsse. Diesen Anforderungen wird die **Tiefenbegrenzung** gerecht, d. h., dass Teilflächen von Kleingartengrundstücken, z. B. ab 30 m von der der Straße zugewandten Seite, bei der Verteilung
des umlagefähigen Aufwandes außer Betracht bleiben. Dadurch wird die bei der
Verteilung zu berücksichtigende Grundstücksgröße verkleinert. Denn ohne Tiefenbegrenzung würden Kleingartengrundstücke in der Regel überbelastet (Driehaus
a. a. O. § 35 Rn. 34). Die Gemeinde kann eine überproportionale Belastung von Kleingartengelände durch eine **satzungsgemäße Tiefenbegrenzung** vermeiden und damit
eine sachgerechte Vorteilsregelung sicherstellen.

Den nach diesen Maßstäben ermittelten Beitrag für das Kleingartengrundstück kann
der Verpächter (als Beitragspflichtiger) gemäß § 5 Abs. 5 Satz 1 auf den Pächter
(Zwischenpächter bei gestuften Pachtverträgen) überwälzen und der Zwischenpächter
auf die Kleingärtner.

Anschlussbeiträge werden von der Gemeinde erhoben für leitungsgebundene Einrich- **44 d**
tungen, an die Kleingartengrundstücke angeschlossen werden können (Wasseran-
schluss- und Kanalbaubeiträge). Beitragsfähig ist grundsätzlich der Aufwand für die
Herstellung, Anschaffung, Erweiterung, Verbesserung und Erneuerung der (öffentlichen) leitungsgebundenen Einrichtungen.

Die Beitragserhebung setzt das Vorliegen einer rechtswirksamen Satzung mit einem
Mindestinhalt voraus. Zum Mindestinhalt gehört die Ermittlung des Beitrags nach
Maßgabe einer Beitragskalkulation entweder in Form der sog. Globalrechnung oder
der sog. Rechnungsperiodenkalkulation. Auch bei Anschluss-/Kanalbeiträgen wird
zwischen beitragsfähigem und umlagefähigem Investitionsaufwand unterschieden.
Beitragsfähig sind die Kosten, die im Zusammenhang mit der Investitionsmaßnahme
stehen und durch sie verursacht werden. Umlagefähig, d. h. auf die beitragspflichtigen
Grundstückseigentümer zu verteilende Kosten, ist der beitragsfähige Aufwand abzüglich des Anteils der Straßenentwässerung, des Gemeindeanteils und ggf. des Gebüh-
renfinanzierungsanteils.

Den für das Kleingartengrundstück ermittelten Aufwand kann der Verpächter gemäß
§ 5 Abs. 5 Satz 1 – wie beim Straßenausbaubeitrag – auf den Pächter (Zwischenpächter)
und dieser auf die Kleingärtner überwälzen. Ein Beitragserlass oder sonstige Billigkeitsmaßnahmen (z. B. Stundung) sind zulässig, wenn eine unbillige sachliche oder persönliche Härte im Einzelfall vorliegt. Antragsberechtigt ist der Beitragsschuldner.

6.2.3 Gebühren

45 **Gebühren** sind wie Beiträge öffentlich-rechtliche Entgeltabgaben. Von den Beiträgen unterscheiden sie sich dadurch, dass Gebühren für (besondere) Verwaltungsleistungen oder für die Inanspruchnahme öffentlicher Einrichtungen und Anlagen erhoben werden, während Beiträge einen Ausgleich für wirtschaftliche Vorteile darstellen, die durch die bloße Möglichkeit der Inanspruchnahme geboten werden. Öffentlich-rechtliche Lasten i. S. des § 5 Abs. 5 sind nur die sog. **grundstücksbezogenen Gebühren.** Grundstücksbezogene Benutzungsgebühren sind Abfall-, Abwasser-, Straßenreinigungs- und Wassergebühren. Den Kreis der Gebührenschuldner legt der Ortsgesetzgeber in der Satzung fest. Soweit der Verpächter als Grundstückseigentümer Gebührenschuldner ist und als solcher in Anspruch genommen wird, kann er die Aufwendungen auf die Pächter überwälzen.

46 Soweit das Gebührenrecht nicht auf den Grundstückseigentümer, sondern auf den Grundstücksnutzer abstellt, ändert sich die Rechtslage durch das BKleingÄndG nicht. § 5 Abs. 5 hat daher für die Zukunft nur Bedeutung in den Fällen, in denen Grundstückseigentümer nach Landesrecht (und der gemeindlichen Satzung) Gebührenschuldner sind.

6.2.4 Gemeindeeigene Kleingartengrundstücke und öffentlich-rechtliche Lasten i. S. d. § 5 Abs. 5

46 a **Grundsteuer, Straßenausbau- und Anschlussbeiträge** sowie **grundstücksbezogene Gebühren** sind **gemeindliche Abgaben.** Gläubigerin dieser Abgaben ist die Gemeinde. Bei Kleingartengrundstücken, die der Gemeinde gehören, ist diese infolgedessen zugleich Gläubigerin als auch Schuldnerin der Abgabe. Es stellt sich in diesem Zusammenhang die Frage, ob der Grundsatz, dass niemand sein eigener Schuldner sein könne (BGHZ 48, 214, 218; BVerwG, DÖV 1984, 590) auch im Rahmen des Erstattungsanspruchs nach § 5 Abs. 5 zur Anwendung kommt.

46 b Dass Gebietskörperschaften Steuergläubiger und Steuerschuldner zugleich sein können, war bereits seit der Entscheidung des Reichsgerichts RGZ 119, 304 f. weitgehend unstrittig. Das Reichsgericht hat das **Selbstbesteuerungsrecht der Gemeinden anerkannt** und auf dieser Grundlage entschieden, dass Gemeinden Steuern von ihrem eigenen Grundbesitz erheben und auf die Mieter überwälzen können. Der Konfusionsgedanke wird bei der Grundsteuer vor allem mit der Begründung abgelehnt, dass er im Widerspruch zu den abschließend geregelten Befreiungstatbeständen der §§ 3 und 4 GrStG steht und die Wettbewerbsverhältnisse am Grundstücksmarkt verzerren würde. Zwar hat das LG Dortmund in seinem Urteil vom 19. 10. 1995 – 7 O 295/95 – festgestellt, dass die Gemeinde Grundsteuern (und Straßenreinigungsgebühren) bei kommunaleigenen Grundstücken nicht auf die Kleingärtner umlegen dürfe, da niemand sein eigener Schuldner sein könne. Diese Entscheidung blieb aber auf den entschiedenen Fall beschränkt und hatte auf die grundsätzlichen Überlegungen zur Frage der Konfusion keinen Einfluss.

46 c Im **Beitrags und Gebührenrecht** war die Anwendung des Grundsatzes, dass niemand sein eigener Schuldner sein kann, umstritten. Im Schrifttum wurde die Ansicht vertreten, dass in den Fällen, in denen die Gemeinde gleichzeitig Gläubigerin und Schuldnerin des Beitrags bzw. der grundstücksbezogenen Gebühr ist, eine Beitragspflicht nicht entstehen kann (Driehaus, in: KAG, Kommentar, § 8 Rn. 88, 363 und § 4 Rn. 285; Ruff, KStZ 1986, 9; Ahlers, KStZ 1988, 81 ff.). In der obergerichtlichen Rechtsprechung wurden unterschiedliche Auffassungen vertreten. Für das Bayerische Landesrecht vertrat der VGH München die Auffassung, dass auch für gemeindeeigene Grundstücke eine Beitragspflicht entsteht, wenn die Voraussetzungen des Art. 5 BayKAG vorliegen (KStZ 1985, 218 f.; 1988, 144 f.). Demgegenüber vertrat die Rechtsprechung des OVG Münster den Standpunkt, dass nach § 8 KAG NW in einem solchen Falle eine Beitragspflicht von vornherein nicht entsteht (B. v. 10. 9. 1985 – 2 W 1431/85 – n. v.).

Zuletzt hat der **BGH zur Überwälzbarkeit von öffentlichen Grundstückslasten** 46 d i. S. d. **§ 5 Abs. 5**, die auf gemeindlichen Grundstücken ruhen, grundsätzlich Stellung genommen (BGH, NJW-RR 2000, 1405 ff.). Danach stellt sich die geltende Rechtslage wie folgt dar.

a) Grundsteuer

Der zivilrechtliche Grundsatz, dass niemand sein eigener Schuldner sein kann, gilt 46 e **im Steuerrecht nicht.** Die in zahlreichen einzelnen Real- und Personen-Steuergesetzen enthaltenen Ausnahmeregelungen zugunsten der öffentlichen Hand zeigen, dass es in diesem Bereich eine allgemeine Regel, die die gegenseitige Besteuerung von Gemeinwesen oder die Selbstbesteuerung eines solchen untersagte, nicht gibt (BFH, BStBl II 1969, 415). So ist etwa nach § 3 Abs. 1 Nr. 1 und 3 Buchst. a) GrStG Grundbesitz, der einer inländischen juristischen Person des öffentlichen Rechts – der zweifelsfrei auch Gemeinden zuzuordnen sind – gehört, nur unter bestimmten Voraussetzungen steuerfrei. Diese Einschränkung der Steuerfreiheit durch den Gesetzgeber würde indes bei gemeindeeigenen Grundstücken leerlaufen, wenn in einem solchen Falle der Konfusionsgedanke mit der Folge zum Tragen käme, dass eine Steuerschuld von vornherein gar nicht zur Entstehung gelangen könnte.

Dabei kommt es nicht darauf an, ob ein Steuerfestsetzungsbescheid erlassen wird oder eine „interne Verrechnung" stattfindet. Nach § 9 Abs. 2 GrStG entsteht die Grundsteuerschuld mit dem Beginn des Kalenderjahres, für das die Steuer festzusetzen ist und ruht von da an nach § 12 GrStG als öffentliche Last auf dem Grundstück. Die Festsetzung der Steuerschuld durch förmlichen Bescheid ist demgegenüber keine Entstehungsvoraussetzung.

Gemeinden, die eigenen Grundbesitz für kleingärtnerische Zwecke verpachten, können also nach § 5 Abs. 5 Grundsteuererstattung verlangen.

b) Ausbau- und Ausschlussbeiträge; Gebühren

Den Gemeinden steht **auch ein Erstattungsanspruch nach § 5 Abs. 5 für grundstücks-** 46 f **bezogene geldwerte Vorteile** zu, die durch **Straßenausbaumaßnahmen** geboten oder durch Leistungen z. B. **Straßenreinigung, Abfallbeseitigung** erbracht werden. Der Grundsatz, dass niemand sein eigener Schuldner sein kann, ist kein unverrückbares logisches Prinzip, von dem der Gesetzgeber nicht abweichen könnte oder dürfte. Es ist vielmehr eine Frage der Auslegung des jeweiligen Gesetzes, ob und inwieweit der Konfusionsgedanke auch im Beitrags- und Gebührenrecht Geltung beansprucht. Für den Erstattungsanspruch sprechen nach Auffassung des BGH folgende Gründe:

46 g Es wäre mit dem dem BKleingG zugrunde liegenden Gedanken, die Gestaltung der Pachtpreise bei Kleingartengrundstücken bundesweit einheitlich zu regeln, schwerlich zu vereinbaren, wenn die Frage der Beitragspflichtigkeit der gemeindeeigenen Grundstücke – und danach der Erstattungsfähigkeit – von Land zu Land unterschiedlich beantwortet werden könnte. Im Übrigen hätte es die Gemeinde in der Hand, durch entsprechende rechtliche Konstruktionen (Übertragung des Grundbesitzes auf eine eigene private Besitzgesellschaft) die Begründung einer Beitrags- oder Gebührenschuld auch dort herbeizuführen, wo es nach dem maßgeblichen Landesrecht bei gemeindeeigenen Grundstücken an sich nicht möglich wäre.

46 h Vor allem der Zweck der Regelung des § 5 Abs. 5 spreche eindeutig dafür, einer Gemeinde zu ermöglichen, von den Pächtern die **Erstattung „fiktiver" Beiträge und Abgaben auch dann zu verlangen, wenn nach dem einschlägigen Landesrecht wegen der Identität der Beitrags- und Gebührengläubiger bzw. -schuldner eine öffentlich-rechtliche Forderung oder Grundstückslast nicht entsteht.** Denn die Tatsache, dass eine solche Forderung nicht begründet wird, ändere nichts daran, dass der auf gemeindeeigene Grundstücke entfallende Anteil des Gesamtaufwandes wirtschaftlich von der Gemeinde zu tragen sei. Sie habe nämlich bei der Ermittlung des von den privaten Beitrags- oder Gebührenschuldnern zu entrichtenden Entgelts ihre eigenen Grundflächen entsprechend den geltenden Verteilungsmaßstab zu berücksichtigen. Keinesfalls darf sie sich selbst auf Kosten der übrigen Beitrag- und Gebührenschuldner unentgeltlich Vorteile verschaffen (BGH, NJW-RR 2000, 1408).

Die Gemeinde hat also auch dann einen Erstattungsanspruch nach § 5 Abs. 5 (zumindest analog), wenn die kleingärtnerisch genutzten Pachtflächen in ihrem Eigentum stehen und deswegen landesrechtlich eine Beitrags- oder Gebührenforderung bzw. -schuld nicht entsteht.

6.2.5 Verteilung des Erstattungsbetrages; Umlage auf Kleingärtnergemeinschaften; Teilleistungen

47 Abs. 5 Satz 2 **verweist auf die Verteilungsregelung** für die Erstattung von Aufwendungen i. S. d. Abs. 4 Satz 2. Die entsprechend anzuwendende Vorschrift bestimmt, **in welchem Verhältnis der dem Verpächter zu erstattende Gesamtbetrag auf die einzelnen Kleingärtner zu verteilen ist.** Danach entspricht der Anteil des einzelnen Kleingärtners am Gesamterstattungsbetrag dem **Flächenverhältnis zwischen seinem Kleingarten und der Kleingartenanlage.** Die auf die gemeinschaftlichen Einrichtungen (Wege, Spielflächen usw.) entfallenden Flächen werden der Kleingartenfläche anteilig zugerechnet.

47 a Grundsätzlich kann der Zwischenpächter den Erstattungsbetrag, den er an den Verpächter geleistet hat, nur auf die Kleingärtner überwälzen, die Parzellen auf dem mit der Abgabe belasteten Grundstück bewirtschaften. Kleingärtner, die nicht von der Abgabe betroffen sind, können sich am Erstattungbetrag der leistungspflichtigen Kleingärtner – freiwillig – beteiligen. Der Zwischenpächter kann insoweit vermittelnd tätig werden, als nicht bereits in den Einzelpachtverträgen eine entsprechende Klausel über die Beteiligung am Erstattungsbetrag anderer Kleingartengrundstücke enthalten ist. Eine solche freiwillige Beteiligung von Kleingärtnern, die vom Erstattungsanspruch nicht betroffen sind, kann sinnvoll und zweckmäßig sein, wenn Kleingärtner in einer Gemeinde wegen der Nebenleistungen finanziell unterschiedlich belastet werden, wenn z. B. nur ein Kleingartengrundstück wegen Erneuerung der Anliegerstraße zu einem Straßenausbaubeitrag herangezogen wird und durch die **(freiwillige) Umlage** des Erstattungsbetrages auf alle Kleingärtner in der Gemeinde eine gleiche Belastung der Kleingärtner erreicht werden soll und/oder Verdrängungen aus der Kleingartenpacht aus sozialen Gründen vermieden werden sollen.

Satz 3 ermächtigt den Pächter den Erstattungsbetrag, sofern es sich um eine einmalige **47 b** Abgabe handelt, in **Teilleistungen** zu entrichten, höchstens in fünf Jahresleistungen. In Betracht kommen hier Straßenausbau- und Anschlussbeiträge nach KAG. Das Gesetz geht dabei davon aus, dass über die Höhe der Teilleistungen entsprechende Vereinbarungen zwischen den Parteien getroffen werden. Treffen die Parteien keine Abrede, ist der Erstattungsbetrag in fünf gleichen Jahresleistungen zu erbringen. Unberührt bleiben weitergehende vertragliche Vereinbarungen über die Entrichtung des Erstattungsbetrages in Teilleistungen.

6.2.6 Erstattungsanspruch und fehlerhafte Abgabebescheide

Die **Überwälzung der öffentlich-rechtlichen Lasten** auf den Pächter ist **als Kostener-** **48** **stattungsanspruch des Verpächters ausgestaltet** (vgl. BGH, NJW-RR 2000, 1408). Der Verpächter, der den Erstattungsbetrag geltend macht, muss nachweisen, dass ihm Aufwendungen in Höhe des geltend gemachten Anspruchs entstanden sind. Der Nachweis wird in der Regel durch Vorlage des Abgabenbescheides erbracht. In der Regel ist davon auszugehen, dass der Abgabenbescheid rechtsfehlerhaft ist.

Ist der **Abgabenbescheid fehlerhaft,** hat der Pächter nicht die Möglichkeit, diesen **48 a** Bescheid anzufechten. Fehler können z. B. darin liegen, dass die der Abgabe zugrunde gelegte Fläche falsch ermittelt oder ein falscher Maßstab bei der Verteilung des Aufwandes verwendet wurde. Rechtsbehelfe gegen den Abgabebescheid stehen nur demjenigen zu, der durch diesen Verwaltungsakt unmittelbar beschwert ist. Das ist nicht der erstattungspflichtige Pächter; denn dieser wird erst durch die Geltendmachung des Erstattungsanspruchs beschwert, sondern der Eigentümer (Verpächter) des Kleingartenlandes. Dennoch muss der Pächter nicht jeden Abgabebescheid widerspruchslos hinnehmen. Aus dem Kleingartenpachtverhältnis erwächst für den Grundeigentümer als erstattungsberechtigtem Verpächter die **Verpflichtung,** sich gegenüber dem Vertragspartner so zu verhalten, dass sein Eigentum oder sonstige Rechtsgüter nicht verletzt werden. Nimmt also z. B. ein Verpächter einen **rechtsfehlerhaften Bescheid** hin und lässt ihn **bestandskräftig** werden, so kann hierin die Verletzung einer dem erstattungspflichtigen Pächter gegenüber obliegenden Verpflichtung liegen. Das ist der Fall, wenn der Abgabenbescheid erkennbar fehlerhaft ist, wenn also z. B. einem Verteilungsmaßstab im Rahmen der Beitrags- und Gebührenerhebung ein Nutzungsfaktor zugrunde liegt, der die tatsächliche kleingärtnerische Grundstücksnutzung nicht berücksichtigt, sondern von einer baulichen Nutzung ausgeht, oder wenn Kleingartenland, mit den Anforderungen des § 3 Abs. 2 entsprechenden Lauben, das in einem Bebauungsplan als Fläche für Dauerkleingärten festgesetzt ist, als Grundvermögen bewertet wird. In einem solchen Fall kann der Pächter vom Verpächter **Schadensersatz wegen Pflichtverletzung** gemäß § 280 BGB verlangen und seinen Schadensersatzanspruch gegen den Erstattungsanspruch des Verpächters **aufrechnen.** Dabei trifft den Pächter, der sich auf die Pflichtverletzung beruft die Beweislast dafür, dass ein Rechtsmittel zur Änderung des Abgabenbescheids geführt hätte (S. Glock/Bub Deutsche Wohnungswirtschaft 1978, 100 ff.). Zweifelsfragen kann im Streitfall nur ein Gericht mit bindender Wirkung entscheiden (vgl. auch LG München, DWW 1978, 99 f.).

6.2.7 Billigkeitsregelungen

48 b Grundsätzlich sind die Gemeinden gehalten, Abgaben nach Maßgabe der einschlägigen Bestimmungen zu erheben. Vergünstigungen können auf Grund der **Abgabenordnung (AO)** oder des **KAG des jeweiligen Landes** gewährt werden. Hierzu gehören der Erlass der Abgabenschuld und gesetzliche Stundungsregelungen.

a) Erlass

48 c Nach § 227 AO kann ein Anspruch aus dem Steuerverhältnis **ganz oder teilweise erlassen werden**, wenn dessen Einziehung nach Lage des einzelnen Falles **unbillig wäre**. Die Unbilligkeit kann sich aus der Person des Steuerpflichtigen und seinen wirtschaftlichen Verhältnissen ergeben oder in der Sache selbst liegen. Bei der Entscheidung über einen Billigkeitsantrag des Steuerschuldners sind auch Gründe zu berücksichtigen, die in der Person eines Dritten, wirtschaftlich von der Steuer Betroffenen liegen (BFHE 125, 129). Der in § 33 des GrStG geregelte Erlass wegen wesentlicher Ertragsminderung gilt nur für Betriebe der Land- und Forstwirtschaft.

Auf die Regelung des § 227 AO verweisen auch die KAG der Länder. Durch diese Bezugnahme auf die AO haben sich die Landesgesetzgeber dafür entschieden, einen Beitrags- oder Gebührenerlass dann zuzulassen, wenn eine **unbillige sachliche oder persönliche Härte im Einzelfall** vorliegt. Eine unbillige Härte dürfte regelmäßig im sachlichen Bereich angesiedelt sein, etwa wenn ein Beitragspflichtiger schon die Kosten einer (unselbständigen) Privatstraße zu tragen hatte, an der das zum Beitrag herangezogene Kleingartengrundstück liegt. Ein **teilweiser Erlass** kann in Betracht kommen, wenn die durch die Erneuerung der Straße gebotenen Vorteile wegen des Vorhandenseins mehrerer anderer Zufahrten/Zugänge zum Kleingartengrundstück erheblich geringer sind als die anderer Anlieger, diese Unterschiedlichkeit aber infolge der Anwendung des notwendigerweise generalisierenden Maßstabs bei der Beitragsbemessung keine hinreichende Berücksichtigung findet. Auch die Heranziehung des gesamten Kleingartengrundstücks – ohne Tiefenbegrenzung – kann eine im sachlichen Bereich angesiedelte unbillige Härte darstellen, weil die kleingärtnerische Nutzung im Verhältnis zur baulichen und/oder gewerblichen Nutzung der übrigen der Beitragspflicht unterliegenden Grundstücke andersartig ist und Kleingartengrundstücke (Kleingartenanlagen) üblicherweise besonders groß sind.

b) Stundungsregelungen

48 d Durch die Stundung wird die Fälligkeit der Abgabe (Grundsteuer, Beitrag, Gebühr) hinausgeschoben. Stundungsregelungen für Kleingärten i. S. d. BKleingG enthalten einige KAG. Die weitestgehendste Regelung enthält das **KAG des Landes Sachsen-Anhalt (SA)**. § 13 a Abs. 4 KAG SA bestimmt, dass **Straßenausbaubeiträge** zinslos zu stunden sind, solange Grundstücke als Kleingärten i. S. d. BKleingG genutzt werden. Diese Regelung entspricht der Stundung von Erschließungsbeiträgen (§ 135 Abs. 4 S. 3 BauGB). Das **KAG in Mecklenburg-Vorpommern** (MV) sieht für **Straßenausbaubeiträge** die Möglichkeit einer Stundung vor. Nach § 8 Abs. 6 KAG MV kann die Straßenausbausatzung bestimmen, dass der Beitrag zinslos gestundet wird, solange das Grundstück als Kleingarten i. S. d. BKleingG genutzt wird und der Beitragspflichtige nachweist, dass die darauf befindlichen Gebäude nicht zum dauernden Wohnen geeignet sind oder für gewerbliche Zwecke genutzt werden. Unter den gleichen Voraussetzungen sieht § 7 Abs. 4 des Thüringer KAG eine Stundung vor für Anschlussbeiträge (Beiträge für leitungsgebundene Einrichtungen).

Die meisten KAG der Länder enthalten keine eigenen Billigkeitsregelungen, sondern verweisen insoweit auf die AO. Nach § 222 AO können Abgaben ganz oder teilweise gestundet werden, wenn die Einziehung der Abgabe bei Fälligkeit eine erhebliche Härte bedeuten würde und der Anspruch durch die Stundung nicht gefährdet erscheint. Eine erhebliche Härte kann in den persönlichen Verhältnissen des Abgabeschuldners liegen. Das ist dann der Fall, wenn die Zahlung zu ernsthaften wirtschaflichen Schwierigkeiten führen würde. Bei einer einmaligen Abgabe, z. B. einem KAG-Beitrag, muss schon die Teilleistung zu ernsthaften wirtschaftlichen Schwierigkeiten führen, weil der Erstattungsbetrag nach § 5 Abs 5 Satz 3 in Teilleistungen erbracht werden kann. Existenzgefährdung ist aber nicht notwendige Voraussetzung. Neben den persönlichen kommen auch sachliche Stundungsgründe in Betracht, die sich aus objektiven Umständen ergeben können, etwa wenn Vorausleistungen kurzfristig verlangt werden und der Abgabeschuldner sich darauf nicht rechtzeitig einrichten konnte.

6.3 Sonstige Nebenleistungen; Zweitwohnungssteuer; Kurabgabe

In einigen Fällen werden Kleingärtner auch zur Zweitwohnungssteuer herangezogen. **48 e**
Die Zweitwohnungssteuer ist im Unterschied zur Grundsteuer keine öffentlich-rechtliche Abgabe, die auf dem Kleingartengrundstück ruht, sondern eine **örtliche Aufwandssteuer**, die den besonderen Aufwand, d. h. eine über die Befriedigung des allgemeinen Lebensbedarfs hinausgehende Verwendung von Einkommen oder Vermögen, erfassen soll (BVerfGE 65, 325; BVerwG, KStZ 1990, 12; OVG Münster, NVwZ-RR 1994, 43 f.). Die Aufwandssteuer zielt auf die Erfassung jener **besonderen wirtschaftlichen Leistungsfähigkeit** ab, die sich in der Verwendung von Einkommensteilen für aufwendige Verbrauchsgüter oder Dienstleistungen im Bereich des persönlichen Lebensbedarfs äußert. Die Aufwandssteuer soll also die in der Verwendung des Einkommens zum Ausdruck kommende wirtschaftliche Leistungsfähigkeit treffen (BVerfGE 65, 325). Hier liegt das wesentliche Begriffsmerkmal der Aufwandssteuer. Danach müssen für die Erhebung der Zweitwohnungssteuer die folgenden Kriterien erfüllt sein: es muss eine Zweitwohnung vorliegen, in der sich die wirtschaftliche Leistungsfähigkeit äußert, die über den allgemeinen Lebensbedarf hinausgeht.

Die Kommunalabgabengesetze der Länder, die gesetzliche Grundlage für die Er- **48 f**
hebung von gemeindlichen Abgaben, enthalten keine Vorgaben für den Begriff der Zweitwohnungssteuer. Die **Begriffsbestimmung der Zweitwohnung** kann und muss daher in den gemeindlichen Satzungen über die Zweitwohnungssteuer erfolgen. Soweit in diesen Satzungen als Zweitwohnung jede Wohnung definiert wird, die jemand neben seiner Hauptwohnung für seinen persönlichen Lebensbedarf oder den seiner Familienmitglieder inne hat – was in der Regel der Fall ist (Mohl und Dohr, KStZ 2001, 83) – ist diese Begriffsbestimmung im Hinblick auf das rechtsstaatliche Gebot der Bestimmtheit von Normen unzureichend. Es bleibt unklar, was unter dem Begriff

„Wohnung" zu verstehen ist. Dass nicht jeder zum Aufenthalt geeignete Raum eine Wohnung ist, ergibt sich bereits aus den Bauordnungen der Länder, die konkrete Anforderungen an die Ausstattung von Wohnräumen stellen. Eine **Zweitwohnungssteuersatzung kann die bauordnungsrechtlichen Anforderungen, die an Räume gestellt werden, wenn sie als Wohnung genutzt werden sollen, nicht außer Kraft setzen.** Denn das Wohnen in zwei Wohnungen ist unverzichtbare Grundlage der Besteuerung (BVerwG, NVwZ 2001, 439). Zu diesen Grundanforderungen gehören die Ausstattung der Räume mit Anlagen und Einrichtungen der **Ver- und Entsorgung** (Trinkwasserversorgung, Stromversorgung, Abwasserbeseitigung), **Heizung** sowie eine **Küche oder Kochnische** und ein **Abstellraum** in der Wohnung selbst oder im Wohngebäude. Zusammenfassend lässt sich feststellen, dass eine Wohnung eine Gesamtheit von Räumen ist, die die selbstständige Führung eines Haushalts ermöglicht, zu allen Jahreszeiten bewohnt werden kann und mindestens mit Küche, Ausguss, Bad mit Badewanne oder Dusche sowie einer Toilette ausgestattet ist. Soll jeder Aufenthaltsraum ohne Rücksicht auf die o. g. Ausstattung der Zweitwohnungssteuer unterworfen werden, muss sich dies eindeutig aus den Satzungsbestimmungen ergeben. In diesem Fall stellt sich dann aber die grundsätzliche Frage nach dem Vorliegen der vom BVerfG aufgestellten Kriterien für die Erhebung der örtlichen Aufwandssteuer.

48 g   **Gartenlauben in Kleingärten i. S. d. BKleingG** können in rechtlich vertretbarer Weise **unter keinem Gesichtspunkt Gegenstand der Zweitwohnungssteuer** sein. Soweit die Zweitwohnungssteuersatzung auf die (zweite) Wohnung als Steuergegenstand abstellt, **widerspricht die Zweitwohnungssteuer der Regelung des § 3 Abs. 2 BKleingG.** Diese Vorschrift bestimmt ausdrücklich, dass Gartenlauben nach ihrer Beschaffenheit, insbesondere nach ihrer Ausstattung und Einrichtung, nicht zum (dauernden) Wohnen geeignet sein dürfen. Denn die Gartenlaube dient nur der kleingärtnerischen Nutzung. Diese Funktion bestimmt, was an Ausstattung und Einrichtung erforderlich und zulässig ist. Nach der Rechtsprechung des BVerwG besteht die kleingärtnerische Nutzung einer Gartenlaube in der Aufbewahrung von Geräten für Gartenbearbeitung und von Gartenerzeugnissen sowie in kurzfristigen Aufenthalten des Kleingärtners und seiner Familie aus Anlass von Arbeiten oder Freizeiterholung im Garten (BVerwG, NJW 1984, 1576). Als kurzfristige Aufenthalte sind auch gelegentliche behelfsmäßige Übernachtungen des Kleingärtners und seiner Familienangehörigen in der Laube anzusehen. Gartenlauben dürfen jedoch nicht eine Ausstattung und Einrichtung haben, die zu einer regelmäßigen Wohnnutzung einladen. Unter Berücksichtigung dieser Zielsetzungen des BKleingG und der kleingärtnerischen Nutzung ist die Erhebung einer Zweitwohnungssteuer von Kleingärten mit der Begründung, im Kleingarten befinde sich eine Laube mit einem Aufenthaltsraum, unzulässig. Letztlich würde die **Zweitwohnungssteuer** im Ergebnis das **fördern, was der Gesetzgeber** durch § 3 Abs. 2 BKleingG **verhindern will,** nämlich die **Nutzung der Laube zu Wohnzwecken.**

48 h   Gegen die Zweitwohnungssteuerpflicht von Gartenlauben spricht aber vor allem, dass die Zweitwohnungssteuer eine örtliche **Aufwandssteuer** ist. Es soll die **besondere wirtschaftliche Leistungsfähigkeit besteuert** werden. Dem steht jedoch die vom BVerfG bestätigte Zielsetzung des BKleingG, insbesondere die Pachtpreisbindung des § 5 BKleingG entgegen (BVerfGE 87, 114, 147). Wesentliches Ziel der Pachtzinsregelung ist es, **Bevölkerungsgruppen der unteren und mittleren Einkommensschichten,** insbesondere Familien mit Kindern, die **Anpachtung eines Kleingartens zu ermöglichen** bzw. diese **vor der Verdrängung aus der Kleingartenpacht** zu schützen. Zwar ist der Kleingarten für den Pächter und seine Familie nicht (mehr) von existentieller Bedeutung. Er hat aber auch heute in der arbeitsteiligen Industriegesellschaft eine wichtige sozial-politische Funktion. Sinn und Zweck der Pachtpreisbindung ist es, sicherzustellen, dass auch mittlere und untere Einkommensschichten einen Kleingarten anpachten und diesen behalten können (BT-Drs. 12/6154 S. 6; BVerfGE 87, 114, 147). S. hierzu auch Rn. 6. Dieser verfassungsrechtlich legitimierten Zielsetzung der Pachtpreisbindung widerspricht eine Zweitwohnungssteuerpflicht von Gartenlauben in Kleingärten.

Das **VG Köln** hat in seinem Urteil vom 4. 10. 2001 – 20 K 8502/98 – n. v., bestätigt durch Beschluss des **OVG Münster** vom 5. 2. 2002 – 14 A 4652/01 – n. v., die **Nichtbesteuerung der Lauben** damit begründet, dass Lauben gemäß § 3 Abs. 2 nicht zum dauernden Wohnen geeignet sein dürfen und dass die Pachtzinsbindung „die Kosten für Kleingärten aus **sozialpolitischen Gründen** niedrig halten" will. Demgegenüber sieht das **VG Greifswald** in seinem Urteil vom 3. 8. 2005 – 3 A 480/04 – n. v. in dem Innehaben eines Kleingartens einen die Zweitwohnungssteuer begründenden „besonderen Lebensaufwand". Das Argument, der Gesetzgeber habe aus sozialpolitischen Gründen das Kleingartenwesen privilegieren wollen, überzeuge nicht. Weder die Regelungen des § 3 Abs. 2 über die Ausstattung der Laube noch die Pachtzinsstundung stünden der Zweitwohnungssteuer entgegen. Diese Rechtsprechung ist durch die **Änderung des KAG für Mecklenburg-Vorpommern** überholt. Auf den vom VG Greifswald entschiedenen Fall fand die geänderte Regelung des § 3 Abs. 1 KAG MV über Steuern keine Anwendung, weil sie erst mit Wirkung vom 31. 3. 2005 in Kraft getreten ist und damit den Veranlagungszeitraum nicht erfasste. Nach § 3 Abs. 1 Satz 5 KAG MV in der neuen Fassung unterfallen Gartenlauben i. S. des § 3 Abs. 2 und § 20 a nicht der Zweitwohnungssteuer. Das gilt nicht für Lauben, deren Inhaber vor dem 3. 10. 1990 eine Befugnis zur dauernden Nutzung der Laube zu Wohnzwecken erteilt wurde oder die dauernd zu Wohnzwecken genutzt werden.

48 i

Die **Kurabgabe** i. S. d. KAG der Länder ist die Gegenleistung für die Möglichkeit, die zu Kur-, Heil- und Erholungszwecken bereitgestellten Einrichtungen und Anlagen in Anspruch zu nehmen. Abgabepflichtig sind nach diesen Gesetzen **ortsfremde Personen**, die in einer abgabeberechtigten Gemeinde „**Unterkunft nehmen**" bzw. sich im Erholungsgebiet zu **Kur-, Heil- und Erholungszwecken** aufhalten. Abgabesatzungen, die Gemeinden ermächtigen, ortsfremde Kleingärtner zur Kurabgabe heranzuziehen, weil die von ihnen pachtweise bewirtschafteten Kleingärten i. S. d. BKleingG im Erholungsgebiet liegen, sind fehlerhaft, denn sie widersprechen den einschlägigen Bestimmungen des BKleingG und auch des jeweiligen KAG.

48 j

Soweit das KAG an die **Unterkunft im Erhebungsgebiet** anknüpft (Wohnung oder Wohngelegenheit), z. B. § 34 SächsKAG, liegt bereits die entscheidende Voraussetzung für die Erhebung der Kurabgabe nicht vor. Denn die Laube ist lediglich eine der kleingärtnerischen untergeordnete und ihr dienende bauliche Nebenanlage, die der Aufbewahrung von Gerätschaften und Gartenbauerzeugnissen sowie einem vorübergehenden Aufenthalt des Kleingärtners dient (s. § 3 Rn. 4 ff.). Sie ist nach § 3 Abs. 2 weder eine Wohnung noch eine Wohngelegenheit und dient auch nicht der Unterkunft des Kleingärtners. **Anders zu beurteilen** sind dagegen **Eigenheime** und **Eigenheimen nahe kommende Baulichkeiten** in Kleingartenanlagen, sofern der Eigentümer eines solchen Gebäudes ortsfremd ist, d. h. im Erhebungsgebiet nicht wohnt. S. hierzu Näheres § 20 a Rn. 3 e ff., 3 h ff. Knüpft das KAG an den **Aufenthalt** im Erhebungsgebiet an, wie z. B. § 11 KAG des Landes Brandenburg, dann handelt es sich ausschließlich um einen Aufenthalt zu Heil-, Kur- oder Erholungszwecken und nicht um einen Aufenthalt zum Zwecke einer Orts- oder Denkmalbesichtigung oder zum Zweck der Nutzung eines Kleingartens, der im Erhebungsgebiet liegt. Das ergibt sich bereits aus dem Sinn und Zweck der kurabgabenrechtlichen Regelung, auch wenn sie ohne Bezeichnung des Zweckes wörtlich allein auf den Aufenthalt abstellt, wie z. B. § 9 KAG des Landes Sachsen-Anhalt. Denn die Auslegung einer Vorschrift muss sich grundsätzlich am Gesetzeszweck, an den mit der Vorschrift verfolgten Zielsetzungen orientieren (BVerfG NJW-RR 1999, 889 f.; BGHZ 87, 381 ff.; BGHZ 78, 263 ff.). Der Aufenthalt im Kleingarten dient der kleingärtnerischen Nutzung, d. h. der gärtnerischen Nutzung und der individuellen Erholungsnutzung durch gärtnerische Betätigung oder durch Ruhe und Entspannung (s. § 1 Rn. 4 ff., 7 ff.). Die Voraussetzungen für die Heranziehung ortsfremder Kleingärtner zur Kurabgabe liegen nicht vor.

Die Novelle zum KAG MV vom 14. 3. 2005 (GVOBl S. 91) bestimmt ausdrücklich, dass Kleingärtner, die einen Kleingarten i. S. d. BKleingG in einem Erhebungsgebiet bewirtschaften nicht als ortsfremd gelten und damit nicht kurabgabepflichtig sind, wenn der Kleingarten keine Wohnnutzung ermöglicht. „Ist eine dauernde Nutzung einer Wohnlaube gemäß § 20 a Nr. 8 BKleingG möglich, gilt derjeneige als ortsfremd, der sie zu Wohnzwecken nutzt oder Dritten dazu überlässt" (§ 11 Abs. 2 Sätze 3 und 4 KAG MV).

7. Überleitungsregelungen (Art. 3 BKleingÄndG)

49   Das BVerfG hat in seiner Entscheidung vom 23. September 1992 den Gesetzgeber aufgefordert, die Pachtzinsen auch für die Vergangenheit nachzubessern, soweit private Verpächter betroffen sind. Die **Nachbesserung** muss danach für alle Pachtverhältnisse mindestens für die Zeit von der Bekanntgabe des Beschlusses des BVerfG, also von November 1992 an, vorgenommen werden. Für die weitere Vergangenheit muss sie jedenfalls auf Fälle erstreckt werden, in denen Rechtsstreitigkeiten über die Höhe des Pachtzinses anhängig gemacht worden sind, die aber noch nicht bestandskräftig abgeschlossen sind (BVerfGE 87, 114, 151).

50   Dieser Forderung des BVerfG wird durch Art. 3 des BKleingÄndG Rechnung getragen. Danach können private Verpächter rückwirkend für alle am 1. 11. 1992 nicht bestandskräftig abgeschlossene Verfahren, im Übrigen ab 1. 11. 1992 in allen Kleingartenpachtverhältnissen Pachtzinserhöhungen nach Maßgabe des § 5 Abs. 1 n. F. geltend machen (BVerfG NJW-RR 1999, 889 f.) Näheres hierzu Art. 3 Rn. 1 BKleingÄndG. **Äußerste zeitliche Grenze** einer möglichen **Rückwirkung** bildet der **Tag des In-Kraft-Tretens des BKleingG** (1. 4. 1983). S. hierzu BGH, NJW 1997, 3374 ff.; NJW-RR 1999, 237 f. Für die Zeit vor dem In-Kraft-Treten des BKleingG dient der § 5 n. F. im Falle des Wegfalls der Geschäftsgrundlage als Orientierungshilfe. Dies darf aber nicht dazu führen, dass der Verpächter für die Zeit vor dem 1. 4. 1983 einen höheren Pachtzins verlangen kann als nach den Maßstäben des § 5 n. F. für die Zeit danach (BGH, NJW-RR 1999, 238). Bei Festlegung der Obergrenze einer Pachtzinsanpassung sind auch vom Verpächter erbrachte öffentlich-rechtliche Leistungen i. S. des § 5 Abs. 5 zu berücksichtigen (BGH, a. a. O.). Die Rückwirkungsregelung gilt nicht für juristische Personen des öffentlichen

Rechts, z. B. Bund, Länder und Gemeinden. Diese können den Pachtzins frühestens ab 1. Mai 1994 bis zur Pachtobergrenze erhöhen. Für die Bahn-Landwirtschaft gilt, dass auf die Bahn AG zu Eigentum übertragene Flächen mit dem Zeitpunkt der Übertragung privat verpachtet sind. Die **Rückwirkungserklärung** ist in Textform abzugeben. Zur Textform s. Rn. 21 (Art. 3 Satz 3 BKleingÄndG). Die Erklärung des Verpächters hat die Wirkung, dass mit dem vom Verpächter genannten Zeitpunkt an die Stelle des bisherigen Pachtzinses der erhöhte Pachtzins tritt (Art. 3 Satz 4 BKleingÄndG). Wird die Textform nicht eingehalten, ist die Erhöhungserklärung unwirksam. S. auch Erläuterungen zu Art. 3 BKleingGÄnd, Rn. 1 ff.

Im Falle einer Pachtzinserhöhung hat der Pächter ein vorzeitiges **Kündigungsrecht**   51 (Art. 3 Satz 3 BKleingÄndG, § 5 Abs. 3 Satz 4 BKleingG). Eine verspätete Kündigung ist unwirksam. Sie kann in eine ordentliche Kündigung umgedeutet werden. Die Erhöhung der Pacht bleibt bestehen.

Die Rückwirkungsregelung des Art. 3 BKleingÄndG gilt nur in den alten Bundes-   52 **ländern.**

§ 6

Vertragsdauer

Kleingartenpachtverträge über Dauerkleingärten können nur auf unbestimmte Zeit geschlossen werden; befristete Verträge gelten als auf unbestimmte Zeit geschlossen.

Übersicht

1. Dauerkleingärten und sonstige Kleingärten

Das Bundeskleingartengesetz unterscheidet zwischen Dauerkleingärten und sonstigen   1 Kleingärten (s. auch § 1 Rn. 60 a). Diese Differenzierung geht auf das Bauplanungsrecht zurück. Sie ist auch erforderlich, weil die im Bebauungsplan getroffene Festsetzung „Flächen für Dauerkleingarten" für die von dieser Festsetzung betroffene Fläche verbindlich ist. Flächen, die als Dauerkleingärten festgesetzt sind, sind – jedenfalls solange diese Festsetzung Bestand hat – kleingärtnerisch zu nutzen. Zu zeitlich befristeten und auflösend bedingten Festsetzungsmöglichkeiten sowie zu Folgefestsetzungen s. § 1 Rn. 38 b ff. Sonstige Kleingärten sind alle Kleingärten auf Flächen, die **nicht** im Bebauungsplan für Dauerkleingärten festgesetzt sind, auch wenn sie im Flächennutzungsplan als „Dauerkleingärten" dargestellt sind.

Im Unterschied zum Kleingartenrecht wird im Bauplanungsrecht der Begriff „Dauer-   2 kleingärten" sowohl für im Bebauungsplan festgesetzte als auch im Flächennutzungsplan dargestellte Flächen verwendet. Das ist bauplanungsrechtlich sachgerecht, weil die Bauleitplanung in zwei Stufen erfolgt, und zwar durch den Flächennutzungsplan als vorbereitenden Bauleitplan und durch den Bebauungsplan als verbindlichen Bauleitplan. Der Flächennutzungsplan stellt die beabsichtigte künftige Bodennutzung – hier Dauerkleingärten – vorbereitend dar.

2. Pachtverträge über Dauerkleingärten; befristete Festsetzungen

3 Von dieser bauplanungsrechtlichen Grundlage ausgehend sieht § 6 Halbsatz 1 vor, dass **Kleingartenpachtverträge über Dauerkleingärten nur auf unbestimmte Zeit geschlossen werden können.** Für die (unbestimmte) Geltungsdauer des Bebauungsplans wird damit gleichzeitig auch kleingartenrechtlich der Bestand von Verträgen sichergestellt. Diese Bestimmung ist auf die verbindliche Nutzungsregelung im Bebauungsplan abgestimmt. Sie trägt den städtebaulichen Funktionen des Kleingartenwesens und den berechtigten Belangen der Kleingärtner Rechnung. Für die Schaffung und Erhaltung einer Dauerkleingartenanlage sind nicht unerhebliche Investitionen der Kleingärtner und der Allgemeinheit erforderlich.

„Die Dauerkleingartenanlage mit ihrem Wegenetz und den gemeinschaftlichen Einrichtungen, z. B. den Spielflächen, bedarf nicht zuletzt unter dem Gesichtspunkt der Stadtgestaltung und ihrer Einbeziehung in die städtische Grünplanung einer dauernden Pflege. Nur dann kann sie ihre städtebauliche Funktion erfüllen. Hierbei kommt es entscheidend auf die Leistungsbereitschaft der Kleingärtner an. Dies ist bei unbefristeten Verträgen naturgemäß höher als bei befristeten Verträgen." (BT-Drs. 9/1900 S. 15)

4 Für den Verpächter, der ohnehin die Dauerkleingartenfläche einer anderen Nutzung nicht zuführen kann, ist es grundsätzlich bedeutungslos, wer als Kleingärtner sein Grundstück nutzt, wenn der Pächter die vertraglichen Verpflichtungen erfüllt. Bei Vertragsverletzungen kann der Verpächter den Vertrag nach § 9 Abs. 1 Nr. 1 kündigen. Im Übrigen hat der private Verpächter der Flächen, die im Bebauungsplan als Dauerkleingärten festgesetzt sind, nach § 40 BauGB einen Übernahmeanspruch, wenn und soweit es ihm mit Rücksicht auf die Festsetzung oder Durchführung des Bebauungsplans wirtschaftlich nicht mehr zuzumuten ist, das Grundstück zu behalten (a. A. Gaentzsch, BauGB-Kommentar, § 40 Rn 5). S. hierzu auch § 15 Rn. 3 ff.

5 Unbestimmt ist die Pachtzeit dann, wenn aus den Vereinbarungen der Parteien der Zeitpunkt der Beendigung der Pacht weder unmittelbar noch mittelbar hervorgeht. Bei befristeten Pachtverträgen mit Verlängerungsklausel kommt es auf die Ausgestaltung der Verlängerung des Pachtverhältnisses an, d. h. also darauf an, ob sie auf bestimmte oder unbestimmte Zeit erfolgt, etwa durch eine automatische Verlängerung der Pachtdauer, wenn sie nicht durch entsprechende Erklärung (fristgerecht) beendet wird (s. § 9 Rn. 47; BGH NJW 1991, 1349). Im Endergebnis spielen die verschiedensten Konstruktionen, die bei der Gestaltung der Vertragsdauer denkbar sind, insoweit keine Rolle, als nach § 6 zweiter Halbsatz befristete Verträge über Dauerkleingärten als auf unbestimmte Zeit geschlossen gelten.

5 a Die Regelung des § 6 gilt nicht für Kleingartenpachtverträge über **zeitlich befristete oder auflösend bedingt festgesetzte Flächen für Dauerkleingärten**, sofern ausnahmsweise eine solche Regelung getroffen und eine andere **Folgenutzung** festgesetzt wurde (§ 9 Abs. 2 BauGB). Diese Regelung ist durch das EAGBau vom 24. 6. 2004 (BGBl I,

S. 1359) eingeführt worden. In der Regel ist davon auszugehen, dass Flächen für Kleingärten weder befristet noch bedingt festgesetzt werden, weil Festsetzungen dieser Art besondere städtebauliche Gründe voraussetzen, die bei Kleingärten regelmäßig nicht vorliegen. S. hierzu § 1 Rn. 38 c ff. Sollte dennoch eine solche Festsetzung getroffen worden sein, kommt die Vorschrift über die unbestimmte Vertragsdauer nicht zur Anwendung. Die Vertragsdauer hängt von der (befristeten bzw. bedingten) Festsetzung ab.

3. Pachtverträge über sonstige Kleingärten

Die **Vertragsdauer bei sonstigen Kleingärten** wird der Vereinbarung der Parteien **6** überlassen. Hier sind verschiedene Gestaltungen der Vertragsdauer denkbar. Die Pachtverträge können auf unbestimmte oder auf bestimmte Dauer geschlossen werden. Bestimmt ist jedenfalls die Pachtzeit nicht nur dann, wenn sie nach Kalenderzeit festgelegt ist, sondern auch dann, wenn die Pacht nur zu einem gewissen zeitlich bestimmten Gebrauch erfolgt oder auch dann, wenn das Ende der Pacht an den Eintritt eines gewissen Ereignisses, auch wenn die Zeit seines Eintritts noch ungewiss ist, geknüpft ist. Bei befristeten Verträgen mit Verlängerungsklausel kommt es auf die Ausgestaltung der Verlängerung des Pachtverhältnisses – auf bestimmte oder unbestimmte Zeit – an (s. auch § 9 Rn. 47).

Vorbemerkungen zu den §§ 7 bis 10

Übersicht

1. Kündigung von Kleingartenpachtverhältnissen

Das **Bundeskleingartengesetz regelt abschließend die Kündigung** von Kleingarten- **1** pachtverträgen **durch den Verpächter.** Es enthält dagegen keine Vorschriften über die Kündigungsmöglichkeiten des Pächters, und zwar weder beim Zwischenpachtvertrag noch beim Einzelpachtvertrag, abgesehen von den Regelungen über die Kündigung bei Pachtzinserhöhungen (§ 5 Abs. 3 Satz 4 BKleingG; Art. 3 Satz 3 BKleingÄndG) und der vorgeschriebenen Schriftform der Kündigung. Insoweit sind die Vertragsparteien im Hinblick auf die Ausgestaltung der Kündigungsgründe und -fristen frei. Falls keine Vereinbarung getroffen wird für die Pächterkündigung, stehen dem Pächter die Kündigungsmöglichkeiten nach BGB zur Verfügung. Danach kann das Pachtverhältnis mit einer halbjährigen Kündigungsfrist zum Ende des Pachtjahres gekündigt werden. Ohne Einhaltung der Kündigungsfrist kann der Pächter wegen Hinderung oder Vorenthaltung des Gebrauchs gemäß § 543 Abs. 2 Nr. 1 BGB n. F. kündigen. Zur Pächterkündigung siehe § 4 Rn. 5 f., 18.

Die **Kündigung** ist eine **einseitige, empfangsbedürftige Willenserklärung.** Sie bringt **2** das Kleingartenpachtverhältnis vom Zeitpunkt ihres Wirksamwerdens (für die

Zukunft) zum Erlöschen. Sie muss daher eindeutig den Willen, das Pachtverhältnis zu beenden, zum Ausdruck bringen und darf nicht auch als Mahnung oder Fristsetzung verstanden werden können. Das Wort „Kündigung" oder „kündigen" braucht dabei allerdings nicht genannt zu werden. Wirksam und damit bindend wird die Kündigung zu dem Zeitpunkt, in dem sie dem Vertragspartner zugeht (§ 130 BGB). Das ist dann der Fall, wenn die Kündigung derart in den Verfügungsbereich der anderen Seite gelangt, dass diese unter normalen Verhältnissen von ihr Kenntnis nehmen konnte und die Kenntnisnahme von ihr auch erwartet werden durfte (BGH, NJW 1980, 990). In den Verfügungsbereich des Kündigungsempfängers ist das Kündigungsschreiben auf jeden Fall gelangt, wenn sich der Brief in seinem Briefkasten befindet. Bei Abgabe des Kündigungsschreibens an Dritte ist entscheidend, ob sie nach der Verkehrsauffassung als ermächtigt zur Annahme für den Empfänger gelten können. Als ausreichend wird es auch anzusehen sein, wenn das Kündigungsschreiben an Familienmitglieder des Empfängers übergeben worden ist. Bei mehreren Beteiligten einer Vertragspartei kann die Kündigung nur von allen gegen alle erfolgen. Der Beweis für den Zugang der Kündigung obliegt dem Erklärenden. Einen Beweis des ersten Anscheins gibt es insoweit nicht. Die Übergabe eines Schreibens an die Post begründet keinen Anscheinsbeweis. Der Beweis kann durch eingeschriebenen Brief mit Rückschein erbracht werden. Der Zugang kann durch die Zustellung ersetzt werden (§ 132 BGB). Zustellung ist die formale Übergabe der schriftlichen Kündigung unter Ausstellung einer Zustellungsurkunde (vgl. § 170 ZPO). Sie erfolgt durch den Gerichtsvollzieher. Ist die formale Übergabe nicht ausführbar, etwa wegen Unkenntnis des Aufenthaltsorts, so kann die Zustellung auch durch die sog. öffentliche Zustellung erfolgen (§ 132 Abs. 2 BGB).

2. Sonstige Beendigungsgründe

3   Kleingartenpachtverhältnisse enden, abgesehen von der Kündigung, durch Zeitablauf, Vertragsaufhebung, Aufhebung durch staatlichen Eingriffsakt und Tod des Kleingärtners.

4   Der zeitlich befristete Kleingartenpachtvertrag endet mit dem Ablauf der Zeit, für die er eingegangen ist (s. hierzu § 6 Rn. 5 f.). Das gilt nicht für Dauerkleingärten. Kleingartenpachtverträge über Dauerkleingärten dürfen nur auf unbestimmte Zeit geschlossen werden; zeitlich befristete Verträge gelten als auf unbestimmte Dauer geschlossen (§ 6).

5   Ein Kleingartenpachtvertrag kann jederzeit im gegenseitigen Einvernehmen von Verpächter und Pächter aufgehoben werden, wenn diese an dem geschlossenen Vertrag nicht mehr festhalten wollen. Die widerspruchslose Hinnahme einer Kündigung aus anderen als im Gesetz vorgesehenen Gründen kann nicht ohne weiteres als Abschluss eines Aufhebungsvertrages bewertet werden. In diesem Zusammenhang ist stets zu prüfen, ob eine Vereinbarung vorliegt, durch die zum Nachteil des Pächters vom Kündigungsschutz des Kleingartengesetzes abgewichen wird (§ 13). Eine Vereinbarung im Kleingartenpachtvertrag, wonach der Pächter sich bei Vorliegen bestimmter Voraussetzungen zum Abschluss eines Aufhebungsvertrages verpflichtet, ist gemäß § 13 nichtig.

6   Unter bestimmten Voraussetzungen können Kleingartenpachtverträge auch durch **staatlichen Eingriffsakt** beendet werden. Voraussetzung ist, dass die Kleingartenfläche einer anderen Nutzung zugeführt werden soll. Staatliche Eingriffsakte sind möglich im

Rahmen der **Baulandumlegung** (§ 61 **BauGB**) oder der **Enteignung** (§ 86 **BauGB**), wenn der Verpächter von seinen Kündigungsmöglichkeiten nach § 9 Abs. 1 Nr. 5 oder 6 keinen Gebrauch gemacht hat bzw. noch nicht machen konnte. Eine Aufhebung kann auch im Zuge der **Flurbereinigung** in Betracht kommen (§ 49 FlurbG).

Erfordert die Verwirklichung der Ziele einer **städtebaulichen Sanierungs- oder Ent-** **6 a** **wicklungsmaßnahme** oder die Durchführung des **Bau-, Pflanz- oder Rückbaugebots** auch von Amts wegen die Aufhebung eines Pachtverhältnisses, kann die Gemeinde dieses Pachtverhältnis auf Antrag des Eigentümers oder im Hinblick auf eines dieser Gebote (§§ 176 ff. BauGB) mit einer Frist von mindestens sechs Monaten zum Schluss eines Pachtjahres aufheben (§ 182 Abs. 1 BauGB). Ob die Aufhebung erforderlich ist, beurteilt sich nach den jeweiligen Maßnahmen. Aus Gründen der Subsidiarität wird die Gemeinde zunächst die Möglichkeit kleingartenrechtlicher Vertragsbeendigung prüfen müssen. In Betracht kommt eine Kündigung des Verpächters nach § 9 Abs. 1 Nr. 5. Für die Aufhebung des Kleingartenpachtverhältnisses aus Sanierungs- oder Entwicklungsgründen ist ein Bebauungsplan **nicht** erforderlich. Die Ziele und Zwecke der Sanierung oder Entwicklung können sich aus dem Sanierungs- oder Entwicklungskonzept der Gemeinde ergeben.

§ 183 BauGB enthält eine **Sonderregelung** für den Fall, dass ein unbebautes Grundstück nach den Festsetzungen des Bebauungsplans auch künftig unbebaut genutzt werden soll. Voraussetzung ist, dass die alsbaldige Nutzungsänderung vom antragstellenden Eigentümer beabsichtigt ist. Wegen der Kündigungsmöglichkeit zur Verwirklichung des Bebauungsplans nach § 9 Abs. 1 Nr. 5 hat § 183 BauGB keine praktische Bedeutung.

Das Kleingartenpachtverhältnis endet ferner mit dem Tod des Kleingärtners (§ 12). Der **7** Tod des Verpächters dagegen hat keine Auswirkungen auf den Bestand des Kleingartenpachtvertrages. Dieses bleibt in diesem Fall mit den Erben zu den mit dem Erblasser vereinbarten Bedingungen bestehen (§ 566 BGB n. F. i. V. m. § 578 Abs. 1 BGB n. F. und § 4 Abs. 1 BKleingG).

3. Räumung des Kleingartens nach Beendigung des Pachtverhältnisses

Mit der Beendigung des Kleingartenpachtvertrages entstehen für die Parteien Abwick- **8** lungspflichten. Der Pächter ist verpflichtet, den Kleingarten (bei der Zwischenpacht die Kleingartenanlage) zurückzugeben (§ 581 Abs. 2, § 546 Abs. 1 BGB n. F. i. V. m. § 4 Abs. 1 BKleingG). Der Inhalt der Rückgabepflicht besteht darin, nach dem Ende der Pachtzeit den Kleingarten zu räumen, d. h. konkret dem Verpächter den unmittelbaren Besitz einzuräumen. Die Pflicht zur Räumung umfasst grundsätzlich auch die Verpflichtung, Anlagen, Einrichtungen und Anpflanzungen, die der Kleingärtner in den Garten eingebracht oder übernommen hat, zu entfernen, soweit diese nicht vereinbarungsgemäß vom Verpächter oder vom nachfolgenden Pächter übernommen werden (BGH, NJW 1981, 2564; BGH, NJW-RR 1994, 847). Das gilt grundsätzlich auch für Baulichkeiten (BGHZ 96, 141, 144). Der Verpächter ist andererseits verpflichtet, die Wegnahme durch den Pächter zu dulden (§ 539 Abs. a BGB n. F.). Darauf, ob die Anlagen, Einrichtungen und Anpflanzungen der kleingärtnerischen Nutzung dienen oder nicht, ob sie zulässig oder unzulässig sind, kommt es in diesem Zusammenhang nicht an.

Entscheidend ist allein, ob und welche Anlagen und Anpflanzungen vereinbarungsgemäß auf dem Kleingartengrundstück zurückgelassen werden dürfen, weil sie übernommen werden sollen.

8 a Der Wegnahmeanspruch verjährt gemäß § 548 Abs. 2 n. F. BGB in 6 Monaten nach Beendigung des Pachtverhältnisses.

9 Setzt der Pächter nach dem Ablauf der Pachtzeit die kleingärtnerische Nutzung fort, so gilt das Kleingartenpachtverhältnis gemäß § 545 BGB n. F. als auf unbestimmte Zeit verlängert, sofern nicht der Verpächter oder der Pächter seinen entgegenstehenden Willen binnen einer Frist von zwei Wochen dem Vertragspartner gegenüber erklärt. Diese Willenserklärung liegt z. B. in dem Verlangen auf Räumung oder einer Räumungsklage. Nach Erwirken eines Räumungsurteils entfällt § 545 BGB n. F., auch bei Gewährung einer Räumungsfrist, da es eine Beendigung des Kleingartenpachtverhältnisses voraussetzt.

Kommt der Pächter der Rückgabepflicht nicht nach, so kann der Verpächter gegen den Pächter Räumungsklage erheben.

§ 7

Schriftform der Kündigung

Die Kündigung des Kleingartenpachtvertrages bedarf der schriftlichen Form.

Übersicht

		Rn.
1.	Geltungsbereich; Gründe; Folgen	1
2.	Formmangel und Aufhebungsvertrag	2
3.	Formvorschriften im Gemeindebereich	3

1. Geltungsbereich; Gründe; Folgen

1 Die in § 7 vorgeschriebene **Schriftform gilt für den Pächter und Verpächter,** für die fristlose, die ordentliche und die vorzeitige Kündigung. Sie ist zwingendes Recht und kann nicht vertraglich abgeändert werden. Die Vertragsparteien sollen sich der Tragweite ihrer Entscheidung bewusst werden, sie soll ferner unüberlegten Handlungen vorbeugen und der Rechtsklarheit dienen. Eine Begründung der Kündigung ist nicht notwendig, empfiehlt sich aber. Die Schriftform ist Wirksamkeitsvoraussetzung für eine Kündigung. Sie richtet sich nach § 126 BGB. Denn für alle Fälle, in denen das BGB oder eine sonstige Vorschrift des Privatrechts, wie z. B. hier § 7, die Schriftform vorschreibt, gilt § 126 BGB. Das Kündigungsschreiben muss danach schriftlich abgefasst sein, eigenhändig durch Namensunterschrift vom Aussteller unterzeichnet sein und, da es sich um eine empfangsbedürftige Willenserklärung handelt, in dieser Form dem Empfänger zugegangen sein (BGH, RdL 1987, 127 f.). Die Zustellung einer beglaubigten Abschrift auch von Anwalt zu Anwalt oder von Amts wegen nach § 198 oder §§ 208 ff. ZPO genügt auch im Hinblick auf 132 Abs. 1 BGB nicht. Faksimile, Stempel oder sonstige mechanische Hilfsmittel genügen auch bei Verkehrsüblichkeit nicht. Die Nichtbeachtung der schriftlichen Form hat die Nichtigkeit der Kündigung zur Folge (§ 125 Satz 1 BGB). Hat allerdings der Prozessbevollmächtigte des Verpächters die Kündigung selbst ausgesprochen oder führt dieser als Rechtsanwalt den Prozess selbst, so wird dem Formerfordernis im allgemeinen auch dann Genüge getan, wenn der Anwalt den Beglaubigungsvermerk auf der der anderen Partei zugestellten Abschrift des Schriftsatzes unterschrieben hat (BGH, RdL 1987, 128).

2. Formmangel und Aufhebungsvertrag

Die wegen Formmangels nichtige Kündigung kann u. U. in einen Antrag auf Auf-   **2** hebung des Kleingartenpachtverhältnisses umgedeutet werden. In der Räumung des Kleingartens kann die Annahme dieses Antrages durch schlüssiges Verhalten liegen. Ein Aufhebungsvertrag kann jedoch nur dann angenommen werden, wenn der Pächter zum Ausdruck bringt, dass er mit der Beendigung des Kleingartenpachtverhältnisses einverstanden ist. Für eine solche Unterstellung müssen besondere Umstände vorliegen z. B. Aufgabe des anfänglichen Widerstandes gegen die „Kündigung" durch entsprechende Erklärungen oder durch (freiwillige) Räumung des Kleingartens.

3. Formvorschriften im Gemeindebereich

Die Formvorschrift des § 7 gilt auch für Gemeinden und andere öffentlich-rechtliche   **3** Körperschaften. Darüber hinaus sind in den Gemeindeordnungen der Länder für Verpflichtungserklärungen, die nicht lediglich die laufende Verwaltung betreffen, regelmäßig Schriftform und die Unterzeichnung durch bestimmte Vertretungsorgane und zum Teil noch weitergehende Förmlichkeiten – Dienstsiegel, Amtsbezeichnung – vorgeschrieben. Die Beachtung der vorgeschriebenen Förmlichkeiten ist Voraussetzung dafür, dass die Gemeindeorgane wirksam als Vertreter handeln können.

§ 8
Kündigung ohne Einhaltung einer Kündigungsfrist

Der Verpächter kann den Kleingartenpachtvertrag ohne Einhaltung einer Kündigungsfrist kündigen, wenn

1. **der Pächter mit der Entrichtung der Pacht für mindestens ein Vierteljahr in Verzug ist und nicht innerhalb von zwei Monaten nach Mahnung in Textform die fällige Pachtzinsforderung erfüllt oder**

2. **der Pächter oder von ihm auf dem Kleingartengrundstück geduldete Personen so schwerwiegende Pflichtverletzungen begehen, insbesondere den Frieden in der Kleingärtnergemeinschaft so nachhaltig stören, dass dem Verpächter die Fortsetzung des Vertragsverhältnisses nicht zugemutet werden kann.**

1. Anwendungsbereich

1 **§ 8 regelt die fristlose Kündigung** durch den Verpächter. Sie ist nur in zwei Fällen zulässig, und zwar bei Zahlungsverzug des Pächters und erfolgloser Mahnung (in Textform) sowie bei so schwerwiegenden Pflichtverletzungen des Pächters, dass dem Verpächter eine Fortsetzung des Pachtverhältnisses nicht zugemutet werden kann. Der Zahlungsverzug betrifft nach dem eindeutigen Wortlaut des Gesetzes nur den Pachtzins, nicht die vom Pächter zu erbringenden Nebenleistungen. Hätte der Gesetzgeber auch die Nebenleistungen in den Kündigungstatbestand einbeziehen wollen, dann hätte er den Wortlaut des § 8 anders gefasst. Das gilt insbesondere nach der Novelle des BKleingG, durch die die Überwälzung öffentlich-rechtlicher auf dem Kleingartengrundstück ruhender Lasten ermöglicht wurde (a. A. Stang, BKleingG, § 8 Rn. 5). Das hat zur Folge, dass bei Zahlungsverzug von Nebenleistungen der Pachtvertrag (nur) unter Einhaltung der Fristen gemäß § 9 Abs. 2 gekündigt werden darf.

2. Zahlungsverzug des Pächters

2 Ohne Einhaltung einer Kündigungsfrist kann der Verpächter nach Nr. 1 kündigen, wenn der Pächter mit der Entrichtung des Pachtzinses für mindestens ein Vierteljahr in Verzug ist und nicht innerhalb von zwei Monaten nach Mahnung in Textform den fälligen Pachtzins leistet. **Der Verzug selbst tritt bei Kleingartenpachtverträgen regelmäßig ohne Mahnung ein.** § 8 Nr. 1 geht davon aus, dass Kleingartenpachtverträge einen nach dem Kalender bestimmten Zahlungszeitpunkt enthalten und daher nach § 286 Abs. 2 Nr. 1 BGB n. F. Verzug durch Nichtzahlung zum vorgesehenen Zeitpunkt eintritt, ohne dass es einer Mahnung bedarf. Diese Vorschrift sieht daher ausdrücklich eine Mahnung in Textform als Kündigungsvoraussetzung vor, d. h. also eine an den Pächter gerichtete Aufforderung des Verpächters, die geschuldete Pacht zu erbringen. Die Mahnung muss nach Fälligkeit erfolgen. Sie muss bestimmt und eindeutig sein. Eine Fristsetzung ist nicht nötig. Ebenso wenig die Androhung von Folgen. Die Mahnung muss in einer Urkunde oder auf andere zur dauerhaften Wiedergabe in Schriftzeichen geeignete Weise abgegeben, die Person des die Mahnung Erklärenden genannt und der Abschluss der Erklärung durch Nachbildung der Namensunterschrift oder anders erkennbar gemacht werden (§ 126 b BGB). Zum Formtyp „Textform" s. § 5 Rn. 21 a. Der Verzug wird dadurch aufgehoben, dass der Pächter dem Verpächter den Pachtzins, mit dem er im Verzuge ist, und alles was er wegen des Verzuges schuldet, anbietet. Der Verzug endet auch durch Erlass des Verpächters. Mit der Beendigung des Verzuges erlischt das dem Verpächter aufgrund des Verzuges erwachsene und noch nicht ausgeübte Kündigungsrecht, weil die Ausübung dieses Rechts die Fortdauer des Verzuges voraussetzt. Die Beweislast dafür, dass der Verzug beendet ist, trägt der Pächter.

Die weitere Voraussetzung für die Ausübung des Kündigungsrechts nach § 8 Nr. 1 ist die Nichterfüllung der Pachtzinsforderung innerhalb von zwei Monaten nach **Mahnung**. Die Mahnung ist **eine Aufforderung des Verpächters an den Pächter zur Leistung des Pachtzinses**. Die Aufforderung muss die verlangte Leistung mit hinreichender Deutlichkeit bezeichnen. Sie erfordert keine Festsetzung oder Androhung bestimmter Folgen. Die Mahnung kann nach dem Bericht des federführenden Bundestagsausschusses (BT-Drs. 9/2232 S. 20) nur die Funktion einer zusätzlichen Warnung haben. Die Mahnung ist keine Willenserklärung im rechtstechnischen Sinne, sondern eine geschäftsähnliche Handlung. Sie steht insoweit der einseitigen empfangsbedürftigen Willenserklärung sehr nahe, so dass die Vorschriften über diese entsprechende Anwendung finden. Das bedeutet unter anderem, dass die Mahnung mit dem Zugang wirksam wird. Von diesem Zeitpunkt an ist die für die Leistung vorgesehene Zweimonatsfrist nach den §§ 186 ff. BGB zu berechnen. Das Kündigungsrecht entsteht erst, wenn innerhalb von zwei Monaten der Pachtzins nicht entrichtet wird.

3. Schwerwiegende Pflichtverletzungen des Pächters

Der Verpächter kann ferner nach § 8 Nr. 2 den Kleingartenpachtvertrag ohne Einhaltung einer Kündigungsfrist kündigen, wenn der Pächter oder von ihm auf dem Kleingartengrundstück geduldete Personen so schwerwiegende Pflichtverletzungen begehen, insbesondere den Frieden in der Kleingartengemeinschaft so nachhaltig stören, dass dem Verpächter die Fortsetzung des Vertragsverhältnisses nicht zugemutet werden kann. Die Rechtsprechung gewährt bereits seit langem aus allgemeinen Erwägungen das Recht zur **fristlosen Kündigung wegen eines „wichtigen Grundes"**, das für alle Dauerschuldverhältnisse gilt. Ein „wichtiger Grund" zur fristlosen Kündigung ist danach ein Umstand, der es einem der Teile, vornehmlich wegen der Zerstörung des unentbehrlichen Vertrauensverhältnisses, unzumutbar macht, das Rechtsverhältnis fortzusetzen (BGHZ 41, 104 ff.). Dieser Rechtsgedanke liegt der Regelung des § 8 Nr. 2 zugrunde. **4**

Auf die Unzumutbarkeit stellt auch die Neuregelung der außerordentlichen fristlosen Kündigung eines Mietverhältnisses aus wichtigem Grund ab (§ 543 Abs. 1 BGB n. F.). Ein wichtiger Grund liegt nach § 543 Abs. 1 Satz 2 BGB n. F. vor, wenn dem Kündigenden unter Berücksichtigung aller Umstände des Einzelfalles, insbesondere eines Verschuldens der Vertragsparteien und unter Abwägung der beiderseitigen Interessen die **Festsetzung des Mietverhältnisses bis zum Ablauf der Kündigungsfrist oder bis zur sonstigen Beendigung des Mietverhältnisses nicht zugemutet werden kann.** **4 a**

Pflichtverletzungen i. S. dieser Vorschrift sind Verletzungshandlungen durch Tun oder Unterlassen, die sich auf eine aus dem Pachtverhältnis ergebende Haupt- oder Nebenpflicht des Pächters beziehen. Die Verletzungshandlung selbst kann vom Pächter oder von auf dem Kleingartengrundstück geduldeten Personen ausgehen. Verschulden ist nicht erforderlich; es genügt die objektive Pflichtverletzung. Die Verletzungshandlung muss so schwerwiegend sein, dass nach den gesamten Umständen des einzelnen Falles unter Abwägung des Verhaltens aller Beteiligten das für das Kleingartenpachtverhältnis unentbehrliche Vertrauen zerstört ist und die Fortsetzung des Pachtvertrages bis zum Ablauf der ordentlichen Kündigungsfrist (§ 9 Abs. 2) oder bis zur sonstigen Been- **5** digung, z. B. Ablauf des befristeten Vertrages daher nicht mehr zumutbar ist. Die möglichen schwerwiegenden Pflichtverletzungen sind vielgestaltig. Das können z. B. dauernde Verstöße gegen die Gartenordnung oder erhebliche Belästigungen gegenüber dem Verpächter sein. Von den nicht unerheblichen Pflichtverletzungen i. S. des § 9 Abs. 1 Nr. 1 unterscheiden sich die Pflichtverletzungen nach § 8 Nr. 2 durch die Schwere des Verstoßes (s. hierzu auch § 9 Rn. 5). Grundlage der Kündigung können schwerwiegende schuldhafte oder auch nicht schuldhafte Pflichtverletzungen jeglicher Art sein, z. B. **Zerwürfnisse mit dem Verpächter oder den Kleingärtnern, insgesamt ein Verhalten, das diesen Anlass zu berechtigten Beschwerden gibt.**

6   Voraussetzung einer Kündigung ist weder eine Abmahnung noch eine Fristsetzung. Doch kann im Einzelfalle eine Pflichtverletzung erst dadurch schwerwiegend und für den Verpächter unzumutbar werden, dass sie trotz Abmahnung fortgesetzt wird. Andererseits kann eine einmalige Pflichtverletzung bereits so erheblich sein, dass dem Verpächter die Fortsetzung des Pachtverhältnisses nicht zugemutet werden kann, zum Beispiel bei Tätlichkeiten und groben Beschimpfungen oder anderen Belästigungen gegenüber dem Verpächter, dessen Angehörigen oder gegenüber Kleingartennachbarn oder Vorständen von Kleingartenvereinen. Das Gesetz erwähnt als Beispiel einer schwerwiegenden Pflichtverletzung die nachhaltige Störung des Friedens in der Kleingärtnergemeinschaft.

Weitere Beispiele von erheblichen Pflichtwidrigkeiten des Pächters, die zur Kündigung nach § 8 Nr. 2 berechtigen, sind fortgesetzter ruhestörender Lärm, fortdauernde Belästigung durch (unbefugte) Tierhaltung oder dauernde unpünktliche Pachtzinszahlung, wenn das Vertrauensverhältnis durch die mangelnde Zahlungsmoral zerstört und eine Fortsetzung des Pachtverhältnisses daher nicht mehr zumutbar ist. Keine Pflichtverletzung im Sinne des § 8 Nr. 2 ist das Geschrei von Säuglingen und Kleinkindern; dies muss grundsätzlich geduldet werden, es sei denn, dass es auf Vernachlässigung oder Misshandlung beruht (s. AG Aachen, ZMR 1965, 75).

7   Der Pächter haftet gegenüber dem Verpächter schuldunabhängig auch für das Verhalten von Personen, die sich mit seinem Willen auf dem Kleingartengrundstück aufhalten. Er muss sich insoweit schwerwiegende Pflichtverletzungen Dritter zurechnen lassen. Die **Eigenhaftung Dritter** bleibt unberührt.

8   Die Kündigung muss alsbald nach dem pflichtwidrigen Verhalten ausgeübt werden. Lässt der Verpächter erst einige Zeit verstreichen, so wird er damit regelmäßig zu erkennen geben, dass er die Fortsetzung des Pachtverhältnisses nicht als unzumutbar ansieht (BGH, WM 1983, 660).

§ 9

Ordentliche Kündigung

(1) Der Verpächter kann den Kleingartenpachtvertrag kündigen, wenn

1. der Pächter ungeachtet einer in Textform abgegebenen Abmahnung des Verpächters eine nicht kleingärtnerische Nutzung fortsetzt oder andere Verpflichtungen, die die Nutzung des Kleingartens betreffen, nicht unerheblich verletzt, insbesondere die Laube zum dauernden Wohnen

benutzt, das Grundstück unbefugt einem Dritten überlässt, erhebliche Bewirtschaftungsmängel nicht innerhalb einer angemessenen Frist abstellt oder geldliche oder sonstige Gemeinschaftsleistungen für die Kleingartenanlage verweigert;

2. die Beendigung des Pachtverhältnisses erforderlich ist, um die Kleingartenanlage neu zu ordnen, insbesondere um Kleingärten auf die im § 3 Abs. 1 vorgesehene Größe zu beschränken, die Wege zu verbessern oder Spiel- oder Parkplätze zu errichten;

3. der Eigentümer selbst oder einer seiner Haushaltsangehörigen im Sinne des § 18 des Wohnraumförderungsgesetzes einen Garten kleingärtnerisch nutzen will und ihm anderes geeignetes Gartenland nicht zur Verfügung steht; der Garten ist unter Berücksichtigung der Belange der Kleingärtner auszuwählen;

4. planungsrechtlich eine andere als die kleingärtnerische Nutzung zulässig ist und der Eigentümer durch die Fortsetzung des Pachtverhältnisses an einer anderen wirtschaftlichen Verwertung gehindert ist und dadurch erhebliche Nachteile erleiden würde;

5. die als Kleingarten genutzte Grundstücksfläche alsbald der im Bebauungsplan festgesetzten anderen Nutzung zugeführt oder alsbald für diese Nutzung vorbereitet werden soll; die Kündigung ist auch vor Rechtsverbindlichkeit des Bebauungsplans zulässig, wenn die Gemeinde seine Aufstellung, Änderung oder Ergänzung beschlossen hat, nach dem Stand der Planungsarbeiten anzunehmen ist, dass die beabsichtigte andere Nutzung festgesetzt wird, und dringende Gründe des öffentlichen Interesses die Vorbereitung oder die Verwirklichung der anderen Nutzung vor Rechtsverbindlichkeit des Bebauungsplans erfordern, oder

6. die als Kleingartenanlage genutzte Grundstücksfläche

a) nach abgeschlossener Planfeststellung für die festgesetzte Nutzung oder

b) für die in § 1 Abs. 1 des Landbeschaffungsgesetzes in der im Bundesgesetzblatt Teil III, Gliederungsnummer 54-3, veröffentlichten bereinigten Fassung, das zuletzt durch Art. 12 des Gesetzes vom 9. Juni 1998 (BGBl I S. 1242) geändert worden ist, genannten Zwecke

alsbald benötigt wird.

(2) Die Kündigung ist nur für den 30. November eines Jahres zulässig; sie hat spätestens zu erfolgen

1. in den Fällen des Absatzes 1 Nr. 1 am dritten Werktag im August,

2. in den Fällen des Absatzes 1 Nr. 2 bis 6 am dritten Werktag im Februar

dieses Jahres. Wenn dringende Gründe die vorzeitige Inanspruchnahme der kleingärtnerisch genutzten Fläche erfordern, ist eine Kündigung in den

Fällen des Absatzes 1 Nr. 5 und 6 spätestens am dritten Werktag eines Kalendermonats für den Ablauf des nächsten Monats zulässig.

(3) Ist der Kleingartenpachtvertrag auf bestimmte Zeit eingegangen, ist die Kündigung nach Absatz 1 Nr. 3 oder 4 unzulässig.

Übersicht

1. Allgemeines

1   Die Vorschrift des § 9 regelt die Fälle der ordentlichen Kündigung durch den Verpächter, also der Kündigung, die stets an die Einhaltung bestimmter Fristen gebunden ist. Die Kündigungsmöglichkeiten gelten – mit Ausnahme der Bestimmung in Absatz 1 Nr. 4 – für **Verträge über Dauerkleingärten** und **sonstige Kleingärten**. Eine Kündigung nach Nr. 4 kommt nur bei sonstigen Kleingärten in Betracht. Die in § 9 genannten Kündigungsgründe gelten **für Einzelpachtverträge** und **für Zwischenpachtverträge**. Weitere Kündigungsmöglichkeiten des Verpächters bei Zwischenpachtverträgen enthält § 10.

2   Die **Kündigungsmöglichkeiten des Verpächters** sind in den §§ 8 bis 10 **abschließend geregelt**. Sie sind zum Nachteil des Pächters nicht abdingbar (§ 13). Das hat zur Folge, dass eine Kündigung aus einem anderen als dem im BKleingG genannten Grunde nicht wirksam ist. Dieser Kündigungsschutz kann (hinsichtlich des Kleingärtners) nicht dadurch unterlaufen werden, dass Mitgliedschaft in der Kleingärtnerorganisation und Nutzung des Kleingartens vertraglich untrennbar miteinander gekoppelt sind mit der Folge, dass das Erlöschen der Mitgliedschaft den Verlust des Nutzungsrechts automatisch bewirkt. Näheres hierzu s. unten Rn. 9.

Außer diesen in den §§ 8 bis 10 genannten Gründen kann der Verpächter den Klein- **2 a**
gartenpachtvertrag nicht kündigen. Das gilt auch für das **Kündigungsrecht des
Erstehers in der Zwangsversteigerung gemäß § 57 a ZVG.** Danach ist „der Ersteher
berechtigt, das Miet- oder Pachtverhältnis unter Einhaltung der gesetzlichen Frist zu
kündigen. Die Kündigung ist ausgeschlossen, wenn sie nicht für den ersten Termin
erfolgt, für den sie zulässig ist". § 57 a ZVG gewährt also dem Ersteigerer ein von
vertraglich vorgesehenen Kündigungsfristen unabhängiges Kündigungsrecht. Die
Wirkung dieser Vorschrift beschränkt sich auf die Gewährung eines derartigen zeitlichen Vorteils (BGHZ 84, 90, 101). Das mit § 57 a ZVG gewährte zusätzliche **Kündigungsrecht steht unter dem Vorbehalt der Gesetzgebung zum Kündigungsschutz**
(BGHZ 84, 101 unter Bezugnahme auf den Schutz des Mieters vor einer Kündigung).
Wörtlich heißt es in dieser Entscheidung: „Der Zweck, nämlich der Schutz des
vertragstreuen Mieters vor einer Kündigung erfordert es, auch die Kündigung nach
§ 57 a ZVG von den Voraussetzungen des § 564 b BGB (= § 573 BGB n. F.) abhängig zu
machen." (Herrschende Meinung s. BGHZ 84, 90, 100, OLG Hamm, NJW-RR 1994, 1496
mit weiteren Nachweisen).

Das Gleiche gilt auch für den Kündigungsschutz des Pächters eines Kleingartenpachtvertrages. Der Zweck des Kündigungsschutzes im Kleingartenrecht erfordert es,
auch die Kündigung nach § 57 a ZVG von den in den §§ 8 bis 10 genannten Gründen
abhängig zu machen (a. M. Zeller/Stöber, ZVG, § 57 a Rn. 6.6 ohne Begründung). Denn
der Ausbau und die Erhaltung des Kleingartenbestandes liegt im allgemeinen Interesse
(BVerfG, NJW 1998, 3559). Zur Begründung für die gesetzliche Einschränkung der
Eigentümerbefugnisse im Kleingartenbereich führt das BVerfG aus, dass der Kleingarten
eine wichtige soziale Funktion habe. Die Kleingartenpächter seien zu überwiegendem
Teil Mieter von Wohnungen ohne Hausgärten. Der Kleingarten biete ihnen Ausgleich
für Mängel im Wohnbereich und Wohnumfeld sowie für oft einseitige Berufstätigkeit.
Besonders wichtig sei das für Familien mit Kleinkindern, für kinderreiche Familien
und für Angehörige der unteren Einkommensschichten (BVerfGE 87, 114, 147). Die
soziale Bedeutung der Kleingartenanlagen rechtfertigt auch im Bereich des Kündigungsrechts eine Einschränkung der Eigentümerbefugnisse. Aufgrund der in Art. 14
Abs. 2 GG verankerten Sozialbindung des Eigentums darf das Kündigungsrecht des
Verpächters auf die Fälle beschränkt werden, in denen der Verpächter ein berechtigtes
Interesse an der Beendigung des Pachtverhältnisses hat. Dieses Interesse berücksichtigt
das BKleingG dadurch, dass es z. B. für den Fall einer anderen wirtschaftlichen Ver-
wertbarkeit dem Verpächter in § 9 Abs. 1 Nr. 4 ein Kündigungsrecht einräumt. Diese
Prinzipien haben ihre Parallelen im Mietwohnungsrecht und sind dort als Ausdruck
einer verfassungskonformen Eigentumsordnung anerkannt (vgl. BVerfGE 79, 283,
289 ff.; 68, 363, 367 ff.). Die das Kündigungsrecht des Verpächters im Kleingartenrecht
einschränkende Gründe schlagen auch gegenüber dem Kündigungsrecht des § 57 a
ZVG durch. Der Ersteher kann daher den Kleingartenpachtvertrag nur dann wirksam
kündigen, wenn Kündigungsgründe nach den §§ 8 bis 10 vorliegen.

Der Pächter kann den Kleingartenpachtvertrag nach Maßgabe der Vorschriften des **2 b**
Bürgerlichen Gesetzbuchs über die Pacht (§ 4 Abs. 1, § 581 Abs. 2 BGB), des § 5 Abs. 3
Satz 4 BKleingG und Art. 3 Satz 3 BKleingÄndG kündigen. S. § 4 Rn. 5 f., 18, 24,
§ 5 Rn. 23 und Art. 3 Rn. 4.

2. Kündigung wegen nicht unerheblicher Pflichtverletzungen (Nr. 1)

3 Nach Abs. 1 Nr. 1 kann der Verpächter den Kleingartenpachtvertrag kündigen, wenn der Pächter ungeachtet einer in Textform abgegebenen Abmahnung des Verpächters eine **nichtkleingärtnerische Nutzung fortsetzt** oder **andere Verpflichtungen, die die Nutzung des Kleingartens betreffen, nicht unerheblich** verletzt. Gleichzeitig werden in Nr. 1 Beispiele genannt, die den Rahmen für die Wertung abstecken, ob eine nicht kleingärtnerische Nutzung oder eine andere nicht unerhebliche Pflichtverletzung vorliegt. Andere im Beispielskatalog nicht genannte Gründe müssen ein vergleichbares Gewicht haben (s. Rn. 5 ff.). Zur Textform s. § 5 Rn. 21 a.

4 Die **kleingärtnerische Nutzung** in Nr. 1 ist in § 1 Abs. 1 definiert. Sie umfasst zwei Elemente: die Gewinnung von Gartenbauerzeugnissen für den Eigenbedarf des Kleingärtners und die Erholungsnutzung. Einzelheiten zur kleingärtnerischen Nutzung s. § 1 Rn. 4 bis 9. Die Gewinnung von Gartenbauerzeugnissen ist unabdingbar. Eine Nutzung nur zur Erholung ist keine kleingärtnerische Nutzung. Die Nutzung zur Gewinnung von Gartenbauerzeugnissen muss die Parzelle prägen. Die nichterwerbsmäßige gärtnerische Nutzung, und zwar die Erzeugung von Obst, Gemüse und anderen Früchten durch Selbstarbeit des Kleingärtners oder seiner Familienangehörigen ist ein Kernmerkmal des Kleingartens (BGH NJW-RR 2004, 1242). Daneben tritt nach § 1 Abs. 1 Nr. 1 die Erholungsfunktion, die aber die Verwendung des Gartens zum Anbau nicht ersetzen darf (BGH a. a. O.). Näheres hierzu s. § 1 Rn. 5 ff., 7 ff. Die Verletzung der gärtnerischen Nutzungspflicht berechtigt nach Abmahnung zur Kündigung des Kleingartenpachtvertrages.

5 Als zweiten Kündigungsgrund nennt Nr. 1 **nicht unerhebliche Pflichtverletzungen,** die den Kleingarten betreffen. **Pflichtverletzungen** sind Verletzungshandlungen durch Tun oder Unterlassen, die sich auf alle dem Kleingärtner obliegenden Vertragspflichten beziehen. Nicht unerheblich bedeutet, dass die Pflichtverletzung nicht so schwer zu sein braucht wie die, die eine fristlose Kündigung rechtfertigt. **Unerheblich** ist eine Pflichtverletzung, wenn nur eine geringfügige Beeinträchtigung vorliegt. Der Unterschied zu den Kündigungsgründen in § 8 ist gradueller Natur, das bedeutet, dass die Pflichtverletzung nach § 9 Abs. 1 Nr. 1 nicht so schwer zu sein braucht wie die nach § 8. So kann beispielsweise eine wiederholte unpünktliche Pachtzinszahlung, insgesamt eine schlechte Zahlungsmoral, eine Kündigung wegen nicht unerheblicher Pflichtverletzung rechtfertigen. Andererseits kann der Verpächter eine ordentliche Kündigung auch auf Gründe stützen, die ihn zur fristlosen Kündigung berechtigen. Gegenüber § 8 Nr. 2 setzt die ordentliche Kündigung weder eine nachhaltige Störung der Kleingärtnergemeinschaft noch die Unzumutbarkeit der Fortsetzung der Vertragsverhältnisse für den Verpächter voraus. Da die Pflichtverletzung aber nicht unerheblich sein muss, wird ein einmaliger Verstoß, der sowohl den Verpächter als auch andere Kleingärtner für die Zukunft nicht beeinträchtigen wird, zur Kündigung nicht ausreichen, zum Beispiel ein einmaliges lautstarkes Feiern aus besonderem Anlass. Andererseits kann aber auch eine Vielzahl kleiner Pflichtverletzungen, die jede für sich nicht erheblich ist, in der Gesamtschau doch so bedeutsam sein, dass sie eine Beendigung des Pachtverhältnisses durch Kündigung rechtfertigt.

In Nr. 1 werden einige „nicht unerhebliche Pflichtverletzungen" beispielhaft genannt, die den Verpächter zur Kündigung nach § 9 Abs 1 Nr. 9 berechtigen.

2.1 Dauerndes Wohnen in der Laube

Eine nicht unerhebliche Pflichtverletzung ist insbesondere die **Nutzung der Laube** 6
zum dauernden Wohnen. Dauerndes Wohnen in Gartenlauben widerspricht ihrer
Zweckbestimmung. Lauben sollen der kleingärtnerischen Nutzung dienen. § 3 Abs. 2
bestimmt ausdrücklich, dass Lauben nach ihrer Beschaffenheit, insbesondere nach
ihrer Ausstattung und Einrichtung, nicht zum dauernden Wohnen geeignet sein dürfen
(s. hierzu auch § 3 Rn. 9 ff.). Nur unter den Voraussetzungen des § 18 Abs. 2 und des
§ 20 a Nr. 8 stellt die Wohnnutzung einer Laube keine zur Kündigung berechtigende
Pflichtverletzung dar. S. hierzu § 18 Rn. 5 ff. und § 20 a Rn. 30. Vertragliche Vereinbarungen können ein Recht zur Wohnnutzung nicht begründen, weil sie mit der
gesetzlich geregelten kleingärtnerischen Nutzung nicht vereinbar sind.

Dauerndes Wohnen in der Kleingartenlaube **als Kündigungsgrund** ist nicht neu. Das
BKleingG greift insoweit lediglich auf frühere Regelungen zurück. Nach § 3 Abs. 2 KGO
war eine Kündigung aus wichtigem Grunde möglich. Als wichtiger Grund wurde auch
das ganzjährige Wohnen in der Laube angesehen (vgl. hierzu Der Fachberater 1978, 66).
Das Gesetz zur Ergänzung der KGO vom 26. 6. 1935 legalisierte zum Teil das Dauerwohnen in einer Gartenlaube. Danach konnte aus der ständigen Benutzung von Kleingarten-
lauben zu Wohnzwecken ein wichtiger Kündigungs- und Aufhebungsgrund im Sinne des
§ 3 Abs. 2 KGO nicht hergeleitet werden, wenn der Laubenbesitzer die Laube vor dem
31. März 1935 bezogen hatte und sich keine andere Unterkunft zu angemessenen Bedingungen beschaffen konnte. Geschützt war also die Wohnnutzung einer Laube durch dieses Gesetz nur für die Wohnverhältnisse, die vor dem 31. März 1935 begründet waren.
Das nach diesem Zeitpunkt begründete Dauerwohnen berechtigte weiterhin zur Kündigung des Kleingartenpachtverhältnisses. Die Kriegs- und Nachkriegsverhältnisse mit der
großen Zahl zerstörter Wohnungen zwangen zahlreiche Kleingärtner, ihre Lauben auszu-
bauen und zum ganzjährigen Wohnen zu beziehen. Für Luftkriegsbetroffene wurde dies
ausdrücklich durch § 10 KSchVO vom 15. 12. 1944 gestattet. Durch das Gesetz zur Änderung und Ergänzung kleingartenrechtlicher Vorschriften vom 28. 7. 1969 (BGBl I S. 1013)
wurde § 10 KSchVO außer Kraft gesetzt. Mit der Normalisierung der Wohnverhältnisse
nach dem Krieg ist das Dauerwohnen in Gartenlauben zurückgegangen. Einige Kleingärtner blieben jedoch in ihren Lauben wohnen. Abgesehen vom Bestandsschutz ist das Wohnen in der Laube nach dem BKleingG (§ 3 Abs. 2) unzulässig. Voraussetzung der bestandsgeschützten Wohnnutzung (§ 18 Abs. 2; § 20 a Nr. 8) ist die Befugnis des Kleingärtners
seine Laube zu Wohnzwecken zu nutzen. Näheres hierzu § 18 Rn. 5 ff.; § 20 a Rn. 30 ff.

2.2 Unbefugte Überlassung des Gartens an Dritte

Ohne Erlaubnis des Verpächters ist dem Kleingärtner **die Überlassung des Gartens an** 7
einen Dritten nicht gestattet, es sei denn, dass im Pachtvertrag etwas anderes vereinbart worden ist. Das kleingärtnerische Nutzungsrecht umfasst grundsätzlich nicht die
Befugnis zur Unterverpachtung (§ 4 Abs. 1 BKleingG i. V. m. §§ 581 Abs. 2, § 540 Abs. 1
BGB n. F.). Das ergibt sich auch aus der sozialen Funktion des Kleingartens. Der Kleingarten soll dem Nutzer (Kleingärtner) – und seinen Haushaltsangehörigen – zur nichterwerbsmäßigen gärtnerischen Nutzung und zur Erholung dienen (§ 1 Abs. 1; s. auch
§ 1 Rn. 6 ff.). In zahlreichen Einzelpachtverträgen ist die Überlassung des Gartens an
Dritte ausdrücklich ausgeschlossen.

Die **unbefugte Überlassung** des Kleingartens an einen Dritten stellt eine **erhebliche Pflichtverletzung** dar; sie ist ein **Kündigungsgrund.**

Unter dem Begriff „**Überlassung**" wird in Anlehnung an das Pachtrecht des BGB die tatsächliche Einräumung des kleingärtnerischen Nutzungsrechts zur **selbständigen Ausübung** zu verstehen sein, nicht dagegen die „Mit"-Nutzung des Kleingartens durch Dritte, wenn der Kleingärtner den unmittelbaren Besitz über den Kleingarten behält. Insoweit umfasst das kleingärtnerische Nutzungsrecht auch die Nutzungsmöglichkeit Dritter. Dritter in diesem Sinne ist jeder, der nicht Vertragspartei ist, auch die Haushaltsangehörigen des Kleingärtners. Das BKleingG räumt weder dem Ehegatten noch den Kindern des Kleingärtners im Hinblick auf eine Unterverpachtung eine Sonderstellung ein. Die Überlassung des Gartens für die Zeit des Urlaubs ist keine „unbefugte Überlassung" i. S. des § 9 Abs. 1 Nr. 1.

2.3 Bewirtschaftungsmängel

8   Zu den Pflichten des Kleingärtners gehört auch die **Bewirtschaftung** des Gartens. In der Regel ist diese Verpflichtung ausdrücklich in den Kleingartenpachtvertrag aufgenommen. Eine solche Verpflichtung besteht aber auch dann, wenn im Einzelpachtvertrag hierüber nichts vereinbart worden ist. Sie ergibt sich aus der Natur des Kleingartenpachtverhältnisses. Der Einzelgarten ist Teil der Kleingartenanlage. Die Kleingarteneigenschaft i. S. d. BKleingG wird durch die Kleingartenanlage (s. § 1 Rn. 10 ff.) begründet. Die Gartenparzelle soll sich in diese einfügen. Dies setzt voraus, dass die Kleingärtner zusammenarbeiten, aufeinander Rücksicht nehmen, die Gesamtanlage und ihre Gärten entsprechend den Zielsetzungen des die Kleingartenanlage verwaltenden Kleingärtnervereins bewirtschaften und pflegen. Mängel in der Bewirtschaftung stellen insoweit eine Pflichtverletzung dar; erhebliche Bewirtschaftungsmängel berechtigen zur Kündigung. Das BKleingG enthält keine Bestimmungen darüber, wann erhebliche Bewirtschaftungsmängel anzunehmen sind. Dies ergibt sich in erster Linie **aus der Gartenordnung des** die Anlage verwaltenden **Kleingärtnervereins,** in der nähere Einzelheiten über die Gartennutzung und -gestaltung geregelt sind, zum Beispiel im Hinblick auf die Gartenlaube, Einfriedung, Kompost- und Düngeplätze, Pflanzenschutz und Schädlingsbekämpfung (vgl. hierzu § 3 Rn. 3 a–3 c; die beispielhaft abgedruckte Gartenordnung in Anhang 6). Nicht jeder Verstoß gegen die in der Gartenordnung vorgeschriebenen Bewirtschaftungspflichten ist erheblich im Sinne des § 9 Abs. 1 Nr. 1. Darüber, ob ein Bewirtschaftungsmangel **erheblich oder unerheblich ist, entscheiden die Verkehrsauffassung** und die **Umstände des Einzelfalles.** Ein erheblicher Bewirtschaftungsmangel ist z. B. die mangelnde Vorsorge zur Verhütung der Grundwasserverunreinigung oder der fehlende Pflanzenschutz. Beim Pflanzenschutz und bei der Schädlingsbekämpfung wird es hinsichtlich der zu verwendenden Mittel auf die Verkehrsanschauung und insbesondere auf die im Gartenbau üblicherweise zu beachtenden Regeln ankommen. Einen erheblichen Bewirtschaftungsmangel stellt zweifellos die Verwahrlosung des Kleingartens dar. Der Kleingarten ist kein „Wildgarten". Das Verwildernlassen eines Kleingartens zu dem Zweck, einen „Wild- und Naturgarten" anzulegen, stellt keine ordnungsgemäße Bewirtschaftung i. S. einer kleingärtnerischen Nutzung dar und rechtfertigt eine ordentliche Kündigung (vgl. LG Frankfurt, WM 1987, 232).

Bewirtschaftungsmängel können sich auch aus der Nichtberücksichtigung der Belange des Umwelt- und Naturschutzes sowie der Landschaftspflege ergeben (s. § 3 Rn. 3 a–3 c). Die Verpflichtung zur umwelt- und naturschutzgerechten Bewirtschaftung ergibt sich durch die als Satz 2 in § 3 Abs. 1 eingefügte Neuregelung unmittelbar aus dem Gesetz.

Die Kündigung wegen erheblicher Bewirtschaftungsmängel setzt den fruchtlosen Ablauf einer angemessenen Frist zur Beseitigung der Mängel voraus. Dabei ist auch auf die zeitlichen Möglichkeiten des Pächters, die Mängel zu beseitigen, Rücksicht zu nehmen. Die Rechtsprechung ist bisher bei Kündigungen wegen erheblichen Bewirtschaftungsmängeln sehr zurückhaltend.

2.4 Verweigerung von geldlichen und sonstigen Gemeinschaftsleistungen

Das Kleingartenpachtverhältnis wird – wie jedes andere Schuldverhältnis – durch **9** Hauptleistungspflichten gekennzeichnet und durch Nebenpflichten ergänzt. Diese ergeben sich aus (gemäß § 157 BGB auszulegenden) Parteivereinbarungen oder besonderen gesetzlichen Bestimmungen. Grundlage für zahlreiche Nebenpflichten ist vor allem § 242 BGB über die Leistung nach Treu und Glauben. Daraus kann sich ein ganzes Bündel von Pflichten ergeben. Im Einzelnen kann es sich je nach Inhalt und Natur des Schuldverhältnisses handeln um Aufklärungs-, Beratungs-, Auskunfts-, Anzeige-, Mitwirkungs-, Unterlassungs-, Fürsorge-, Obhuts-, oder andere Schutzpflichten handeln, die neben den Erstattungspflichten nach § 5 Abs. 4 und Abs. 5 bestehen. Im Kleingartenpachtverhältnis handelt es sich bei den Nebenpflichten vornehmlich um Gemeinschaftsleistungen, die im Zusammenhang mit der Verwaltung und Bestandserhaltung der Kleingartenanlage entstehen. Dazu gehören auch die in § 9 Abs. 1 Nr. 1 genannten geldlichen und sonstigen Leistungen.

Die **geldlichen Leistungen** i. S. d. Abs. 1 Nr. 1 **umfassen vor allem die Beteiligung der** **9 a** **Kleingärtner an den Kosten der Verwaltung der Anlage, der fachlichen Beratung** **und Betreuung der Kleingärtner,** insbesondere im Bereich des umweltgerechten Gärtnerns, des naturgemäßen Anbaus von Obst und Gemüse, Grundlagen der Bodenkunde, integrierten Pflanzenschutzes, Schnittmaßnahmen, Sorten und Unterlagen bei Obstgehölzen u. a. m. Grundlage für die geldlichen Leistungen ist die Anlageneigenschaft der Einzelgärten. Darauf stellt auch die sondergesetzliche Regelung ab. Nicht der Kleingarten als Einzelparzelle, sondern als Teil einer Anlage wird durch die eingeschränkten Kündigungsmöglichkeiten des Verpächters geschützt. Diesem Sonderrecht entspricht die **Pflicht des Kleingärtners, sich an der Finanzierung der Maßnahmen zu beteiligen, die der Verwaltung, Erhaltung und Instandhaltung sowie der Berücksichtigung der Belange des Umweltschutzes, des Naturschutzes und der Landschaftspflege im Rahmen der kleingärtnerischen Bewirtschaftung und Nutzungsweise dienen.**

Diese geldlichen Leistungen werden in der Regel über die an die örtliche die Kleingartenanlage verwaltende Kleingärtnerorganisation zu entrichtenden Beiträge erbracht. **9 b** Denn in der Praxis ist die Überlassung eines Kleingartens regelmäßig mit der Mitgliedschaft in der Kleingärtnerorganisation dergestalt gekoppelt, dass ein Kleingarten nur an ein Mitglied der Kleingärtnerorganisation verpachtet wird. Zur Verknüpfung der

Überlassung eines Kleingartens mit der Mitgliedschaft in der Kleingärtnerorganisation s. § 1 Rn. 17 ff.

9 c Soweit der Pächter (Kleingärtner) aus dem Kleingärtnerverein ausgetreten ist oder ausgeschlossen wurde, also auch **keine Mitgliedsbeiträge** zahlt, bleibt er aus dem Kleingartenpachtvertrag **verpflichtet,** sich **anteilig** an den Kosten der Verwaltung, Erhaltung, Erneuerung und Bewirtschaftung der Kleingartenanlage **zu beteiligen.** Diese Beteiligung erfolgt über entsprechende Zuschläge zum Pachtzins. Nach Stang dagegen gehören solche Entgelte zum Pachtzins (Stang, § 9 Rn. 13). Wie zu verfahren ist, wenn der Pächter des Zwischenpachtvertrages bereits den Höchstpachtzins verlangt, bleibt danach ungeklärt. Es wäre auch mit dem Grundsatz von Treu und Glauben nicht vereinbar, wenn der Kleingärtner, der aus dem Verein austritt oder ausgeschlossen wird, nicht mehr verpflichtet wäre die o. g. Kosten der Kleingartenanlage anteilig zu tragen und widerspräche auch dem Grundsatz der Gleichbehandlung aller Kleingärtner in einer Anlage. Diese Kosten müssen daher sowohl Mitglieder als auch Nichtmitglieder der örtlichen die Kleingartenanlage verwaltenden Kleingärtnerorganisation gemeinsam tragen. S. hierzu § 5 Nr. 15 f. Der Austritt oder Ausschluss aus der Kleingärtnerorganisation führt deshalb nicht zu geldlichen Vorteilen für den Kleingärtner, der aus der Kleingärtnerorganisation ausgetreten oder ausgeschlossen worden ist. Er bleibt vielmehr weiterhin verpflichtet, alle Leistungen zu erbringen, die von der Kleingärtnerorganisation angehörigen Kleingärtnern erbracht werden. Die in § 9 Abs. 1 Nr. 1 genannten geldlichen und sonstigen Gemeinschaftsleistungen sind Kleingärtnerpflichten, die sich aus der Natur des Kleingartenpachtvertrages – ohne Rücksicht auf die Zugehörigkeit zum Verein – ergeben und alle Pächter einer Kleingartenanlage in gleicher Weise binden.

9 d **Bemessungsgrundlage** für die geldlichen Gemeinschaftsleistungen, die ein Kleingärtner, der nicht Mitglied der Kleingärtnerorganisation ist, zu tragen hat, **ist der Mitgliedsbeitrag** der (im Kleingärtnerverein organisierten) Kleingärtner.

9 e Der die geldlichen Gemeinschaftsleistungen umfassende Zuschlag ist an den Verpächter des Einzelpachtvertrages zu erbringen, d. h. also an den kleingärtnerisch gemeinnützigen Zwischenpächter. Das kann der Stadt-, Kreis- oder Territorialverband (Regionalverband) sein. Über die kleingärtnerische Gemeinnützigkeit des Zwischenpächters wird sichergestellt, dass die Zuschläge zum Pachtzins für die den Zuschlag begründenden Zwecke verwendet wird. Zur kleingärtnerischen Gemeinnützigkeit s. § 2 Rn. 3 ff. Der Zwischenpächter kann mit der Wahrnehmung seiner Aufgaben im Rahmen des Kleingartenpachtvertrages einen Beauftragten (Bevollmächtigten) bestellen. In der Regel nimmt diese Aufgabe die örtliche Kleingärtnerorganisation wahr.

9 f Das Gleiche gilt auch für **sonstige Gemeinschaftsleistungen.** Hierzu gehören Gemeinschaftsarbeiten zur **Errichtung oder zur Instandhaltung der Anlage,** z. B. der Wege, der Außeneinfriedung, der Spielflächen usw. Die Pflicht zur Durchführung von **Gemeinschaftsarbeiten** kann sich unmittelbar aus dem Vertrag ergeben. In der Regel sind derartige Verpflichtungen in der Gartenordnung festgelegt. Soweit die Gartenordnung Vertragsbestandteil ist, handelt es sich um „echte Vertragspflichten". Ist das nicht der Fall, dann ergeben sich diese Nebenpflichten auf der Grundlage des § 242 BGB aus der Natur des Kleingarteneinzelpachtvertrages (s. Rn. 8, 9). Es kommt daher nicht darauf an, ob diese Verpflichtungen in der Satzung der Kleingärtnerorganisation geregelt sind oder nicht. Denn die **geldlichen und sonstigen Gemeinschaftsleistungen sind Kleingärtnerpflichten,** die ihre Grundlage im Kleingartenpachtvertrag haben, und deshalb ohne Rücksicht auf die Zugehörigkeit zum Verein **alle Pächter einer Kleingartenanlage in gleicherweise binden.** Das BKleingG geht davon aus, dass das Erlöschen der Mitgliedschaft in der Kleingärtnerorganisation allein noch kein Grund zur Kündigung des Kleingartenpachtvertrages ist (s. § 1 Rn. 20). In den meisten Fällen wird zwar der Ausschluss eines Mitglieds aus Gründen erfolgen, die gleichzeitig eine zur Kündigung berechtigenden Pflichtverletzungen darstellen. In den Fällen die verbleiben, führt aber der Ausschluss oder Austritt aus dem Kleingärtnerverein nicht zu geldlichen oder sonstigen Vorteilen, weil sich die Gemeinschaftsleistungen aus dem Kleingartenpachtvertrag selbst ergeben. Daran ändert sich auch nichts dadurch, wenn der Umfang der Gemeinschaftsleistungen entweder durch die Vereinssatzung oder durch Beschluss der Mitgliederversammlung im Einzelnen festgelegt wird.

Die Verweigerung von geldlichen oder sonstigen Gemeinschaftsleistungen stellt eine nicht unerhebliche Verletzung der Kleingärtnerpflichten dar. Sie ist daher ein Kündigungsgrund nach § 9 Abs. 1 und wird beispielhaft ausdrücklich als nicht unerhebliche Pflichtverletzung dort genannt.   **9 g**

2.5 Andere nicht unerhebliche Pflichtverletzungen

§ 9 Abs. 1 Nr. 1 nennt nur **beispielhaft einige** (nicht unerhebliche) **Pflichtverletzungen,** die die Nutzung des Gartens betreffen. Weitere (nicht unerhebliche) Pflichtverletzungen sind nicht ausgeschlossen.   **10**

Die **Pflichten** können sich aus der Satzung des Kleingartenvereins ergeben oder aus der Gartenordnung, wenn sie Bestandteil des Pachtvertrages ist, aus sonstigen den Pachtvertrag ergänzenden Vereinbarungen. In Betracht kommen z. B. Verpflichtungen betr. die Tierhaltung, die eigene gärtnerische Betätigung des Kleingärtners und/oder seiner Familienangehörigen, die Einfriedungen und Befestigung von Wegen, Gewächshäuser u. Ä. m. Eine nicht unerhebliche Pflichtverletzung stellt auch die Errichtung oder Erweiterung einer Laube dar, die die vereinbarte Größe überschreitet. Die Vereinbarung über die Laubengröße darf die gesetzlich vorgeschriebene Höchstgröße nicht überschreiten (s. § 3 Rn. 6). Liegt keine Vereinbarung vor, so gilt § 3 Abs. 2 Satz 1, es sei denn, der Bebauungsplan schreibt eine kleinere Laube vor (s. § 3 Rn. 6). Überschreitet die Laube die gesetzlich zugelassene Größe, kann der Rückbau der Anlage auf die zulässige Größe verlangt werden. Die Weigerung des Pächters der Aufforderung des Verpächters nachzukommen, ist eine zur Kündigung berechtigende Pflichtverletzung. S. auch LG Hannover, ZMR 1987, 23. Schließlich gehören hierher auch Verletzungen von sonstigen Verhaltenspflichten, die sich aus dem allen Schuldverhältnissen zugrunde liegenden allgemeinen Grundsatz ergeben, die Vertragspflichten so zu erfüllen wie Treu und Glauben es mit Rücksicht auf die Verkehrssitte erfordern, z. B. Unterlassen von Anpflanzungen, die die Nachbarparzelle beschatten. Rechtlich bedeutsam sind die Pflichtverletzungen i. S. des § 9 Abs. 1 Nr. 1 nur, soweit sie nicht unerheblich sind (s. oben Rn. 5).

2.6 Abmahnung

11 Voraussetzung der Kündigung wegen fortgesetzter nicht kleingärtnerischer Nutzung oder Verletzung anderer Verpflichtungen, die die Nutzung des Kleingartens betreffen, ist die **in Textform abgegebene Abmahnung des Verpächters** (so auch Otte, in: Ernst/Zinkahn/Bielenberg, BKleingG, § 9 Rn. 4; LG Hannover ZMR 1987, 23 f.). Zur Textform s. § 5 Rn. 21 a. Die Abmahnung ist eine Rechtshandlung, auf die die Vorschriften über die Willenserklärung und Rechtsgeschäfte entsprechend anwendbar sind. Sie muss vom Verpächter ausgehen und ist immer an den Pächter zu richten. In der Abmahnung muss das Verhalten, das der Verpächter als Kündigungsgrund ansieht, bezeichnet werden. Der Pächter muss dabei aufgefordert werden, die Verstöße zu unterlassen, gegebenenfalls unverzüglich das Erforderliche zu veranlassen, damit der Kleingarten vertragsgemäß genutzt wird.

Nach Abmahnung muss dem Pächter eine angemessene Zeit verbleiben, in der er die gerügten Verstöße abstellen kann. Bei Kündigungen wegen Bewirtschaftungsmängel sieht § 9 Abs. 1 Nr. 1 ausdrücklich eine angemessene Fristsetzung vor, innerhalb der die Mängel abzustellen sind. Sinn und Zweck der Fristsetzung ist es, dem Pächter eine letzte Möglichkeit zu geben, die Mängel abzustellen. Was eine angemessene Frist ist, richtet sich nach der objektiven Sachlage. Es kommt also insoweit auf die Art der zu beseitigenden Mängel und die Umstände des Einzelfalles an. Bei Streit über die Angemessenheit der Fristsetzung ist die Fristbemessung Sache des Richters.

3. Kündigung wegen Neuordnung einer Kleingartenanlage (Nr. 2)

12 Die Kündigung des Kleingartenpachtverhältnisses zum Zwecke, die Kleingartenanlage neu zu ordnen, kannte das alte Kleingartenrecht nicht. Sie ist durch das BKleingG neu eingeführt worden. Dieser Kündigungsgrund ist notwendig, weil ein nicht geringer Teil der älteren Anlagen aus städtebaulicher und gartengestalterischer Sicht nicht mehr den heutigen Anforderungen entspricht. Bereits im Bericht zum 1.–14. Bundeswettbewerb „Gärten im Städtebau" heißt es hierzu:

> „Neben der Schaffung neuer Anlagen tritt als immer wichtigere Aufgabe die Neugestaltung der alten Kolonien. Hierbei kann es sich um Umgestaltungen im Sinne der Schaffung moderner Anlagen nach Art von Kleingartenparks oder um die Sanierung von Kleingartengebieten handeln, besonders dann, wenn Dauerbewohnung vorliegt."
> (Gärten im Städtebau, Dokumentation, Schriftenreihe des BMBau 05.011 S. 134)

Eine wesentliche Voraussetzung für die Neugestaltung einer Kleingartenanlage ist die Bereitschaft der Betroffenen. Einzelne Kleingärtner, deren Mitwirkung für Sanierungsmaßnahmen notwendig ist, sollen die Neuordnung einer gesamten Anlage nicht verhindern können.

13 Die **Neuordnung** kann zum Beispiel der **Beseitigung von Behelfswohnungen** dienen, **der Schaffung zusätzlicher Kleingärten durch Verkleinerung der Parzellen, der Verbesserung des Wegenetzes** (Verbreiterung der Hauptwege einer Anlage, um sie der Öffentlichkeit zugänglich zu machen), **der Errichtung von Gemeinschaftseinrichtungen usw.**

Die Kündigung wegen Neuordnung nach § 9 Abs. 1 Nr. 2 setzt voraus, dass **die Be-** **14**
endigung des Pachtverhältnisses erforderlich ist, das heißt, dass ohne Kündigung die
Neuordnungsmaßnahme nicht durchgeführt werden kann. In jedem Einzelfall ist
daher zunächst zu prüfen, ob die Neuordnung auch ohne Kündigung möglich ist, ob
etwa weniger belastende Maßnahmen zum gleichen Ergebnis führen. Eine Sperre für
„übereilte Kündigungen" ist die Entschädigungspflicht (s. § 11 Rn. 3 ff.).

4. Eigenbedarfskündigung (Nr. 3)

Nach § 9 Abs. 1 Nr. 3 kann der Verpächter einen Kleingartenpachtvertrag auch kündi- **15**
gen, wenn der Eigentümer der kleingärtnerisch genutzten Fläche selbst oder einer seiner Haushaltsangehörigen im Sinne des § 18 des Wohnraumförderungsgesetzes einen
Garten kleingärtnerisch nutzen will und ihm anderes geeignetes Gartenland nicht zur
Verfügung steht. Die **Eigenbedarfskündigung ist nur zulässig bei unbefristeten Ver-**
trägen – auch über Dauerkleingärten. § 9 Abs. 3 bestimmt ausdrücklich, dass **bei zeit-**
lich befristeten Kleingartenpachtverträgen die **Eigenbedarfskündigung ausge-**
schlossen ist. In diesen Fällen soll der Grundsatz, dass Verträge einzuhalten sind, Vorrang vor dem Eigenbedarf haben, zumal der Eigentümer ohnehin nach Ablauf der Vertragsdauer über sein Grundstück wieder verfügen kann.

Als Eigentümer kommt nur eine **natürliche Person** in Betracht. **Juristische Personen** **16**
können keinen Eigenbedarf im Sinne des § 9 Abs. 1 Nr. 3 **haben.** Zum Begriff „Haushaltsangehörige" s. § 1 Rn. 26. Die Eigenbedarfskündigung soll den berechtigten Belangen des Eigentümers, der ihm gehörende Flächen zur kleingärtnerischen Nutzung auf
Dauer überlassen hat, Rechnung tragen. Der Eigentümer soll die Möglichkeit haben,
unter den in § 9 Abs. 1 Nr. 3 bestimmten Voraussetzungen auf dieses Kleingartenland
zurückzugreifen. Insoweit liegt der Eigenbedarfskündigung auch der Grundgedanke
der verfassungsrechtlichen Eigentumsgarantie zugrunde.

Der Eigenbedarf muss erst nach **Abschluss des Pachtvertrages entstanden** sein und **17**
bis zum Ablauf der Kündigungsfrist vorliegen. Ist der Kündigungsgrund bei Ablauf
der Kündigungsfrist wieder entfallen, so ist die Kündigung nicht mehr gerechtfertigt.
Hält der Verpächter trotzdem an ihr fest, so kann dies eine unzulässige Rechtsausübung sein (BGH, NJW 1991, 1349). Vorratskündigungen für den Fall, dass ein Eigenbedarf entstehen könnte, sind unzulässig.

Kündigungsvoraussetzung ist – abgesehen vom Nutzungswillen – das **Fehlen anderen** **18**
geeigneten Gartenlandes, das heißt einer Fläche, die beispielsweise in zumutbarer
Entfernung kleingärtnerisch genutzt werden kann. Der Eigentümer oder seine Haushaltsangehörigen können nicht auf die Anpachtung einer entsprechenden Fläche verwiesen werden; sie müssen die Möglichkeit haben, dem Verpächter gehörendes Land
selbst kleingärtnerisch zu bewirtschaften.

Bei der Eigenbedarfskündigung ist der Garten unter **Berücksichtigung der Belange** **19**
der Kleingärtner auszuwählen. Zu den Belangen gehört zum Beispiel die Frage, ob in
absehbarer Zeit ein Kleingarten ohnehin frei wird, weil ein Kleingärtner seinen Garten
aufgibt. Auch soziale Gesichtspunkte (z. B. geringes Einkommen der Familie des Kleingärtners, Kinderzahl u. Ä.) können eine Rolle spielen. Bei der Auswahl des Gartens

kann der jeweilige Kleingartenverein die erforderlichen Informationen liefern. Die Auswahl des Gartens ist damit nicht dem freien Belieben des Verpächters überlassen. Der Pächter kann sich im Streitfall darauf berufen, dass der Garten „falsch" ausgewählt worden sei, dass die Belange der Pächter unberücksichtigt blieben. Hat der Eigentümer selbst Einzelpachtverträge ohne Einschaltung eines Zwischenpächters abgeschlossen, so kann nur ein (konkreter) Einzelpachtvertrag gekündigt werden. Bei Zwischenpachtverträgen kommt eine Teilkündigung in Betracht (§ 10 Abs. 2). Mit der Teilkündigung ist die Rechtsgrundlage für den Besitz und das Nutzungrecht des von der (Teil-)Kündigung betroffenen Kleingärtners weggefallen. § 10 Abs. 3, der bei Kündigung von Zwischenpachtverträgen den Eintritt des Verpächters in die Einzelpachtverträge vorsieht, ist auf Kündigungen nach § 9 Abs. 3 nicht anwendbar. S. hierzu § 10 Rn. 5 ff. Der Verpächter kann also mit der Beendigung des von der Teilkündigung betroffenen Kleingartens die Herausgabe der Pachtsache auch nach §§ 546 Abs. 2, 581 Abs. 2 BGB n. F., § 4 Abs. 1 BKleingG verlangen (BGH, NJW 1993, 55 ff. = RdL 1992, 318 = BGHZ 119, 300, 302; BGH, NJW-RR 2002, 1203). Zur Kündigung wegen Eigenbedarfs des Eigentümers ist auch der Zwischenpächter berechtigt, wenn der Eigentümer des Kleingartenlandes Eigenbedarf geltend macht.

5. Kündigung wegen anderer wirtschaftlicher Verwertung (Nr. 4)

20   Die Kündigung zum Zwecke einer anderen wirtschaftlichen Verwertung des Kleingartengrundstücks setzt zunächst voraus, dass **eine andere als die kleingärtnerische Nutzung planungsrechtlich zulässig** ist. Gemeint ist hiermit nicht die im Bebauungsplan oder durch Planfeststellung festgesetzte andere Nutzung, sondern **die andere zulässige Nutzung im Außenbereich** nach § 35 BauGB (s. § 3 Rn. 16 ff.). Insoweit ist zu unterscheiden zwischen der Kündigung zum Zwecke der Verwirklichung des Bebauungsplans (Nr. 5) oder der Planfeststellung (Nr. 6) einerseits und der Kündigung nach Nr. 4. Dieser Kündigungsgrund kommt darüber hinaus nur bei Verträgen über sonstige Kleingärten in Betracht. Er gilt nicht bei Dauerkleingärten.

20 a   § 9 Abs. 1 Nr. 4 ist auch **nicht anwendbar** auf Verträge über Kleingärten, die **wie Dauerkleingärten zu behandeln sind** (§ 16 Abs. 2; § 20 a Nr. 2), weil auf diesen Flächen nur die kleingärtnerische Nutzung zulässig ist, solange sie durch Bebauungsplan nicht geändert wird. Hierbei handelt es sich um gemeindeeigenes Kleingartenland. Nach § 16 Abs. 2 sind vor dem 1. 4. 1983 oder nach § 20 a Nr. 2 vor dem 3. 10. 1990 in den neuen Bundesländern geschlossene Kleingartenpachtverträge wie Verträge über Dauerkleingärten zu behandeln, wenn die Gemeinde Eigentümerin der Grundstücke ist. In den alten Ländern ist entscheidend, dass die Gemeinde am 1. 4. 1983 Eigentümerin des kleingärtnerisch genutzten Grundstücks war. In den neuen Ländern genügt es, wenn die Gemeinde zu irgendeinem Zeitpunkt nach dem 3. 10. 1990 Eigentümerin des Kleingartengrundstücks wird. S. hierzu auch § 16 Rn. 4; § 20 a Rn. 6 ff. Dauerkleingärten und Kleingärten, die als Dauerkleingärten gelten (fiktive Dauerkleingärten), dürfen und sollen auf Dauer – jedenfalls solange ein Bebauungsplan mit einer anderen Festsetzung für diese Fläche nicht rechtsverbindlich geworden ist – nur kleingärtnerisch genutzt werden. Die Kündigung wegen anderer wirtschaftlicher Verwertung des Grundstücks setzt dagegen voraus, dass eine andere als die kleingärtnerische Nutzung im Außenbereich zulässig ist.

Kündigungsvoraussetzung ist ferner, dass der **Kleingartenpachtvertrag auf unbe-** **21** **stimmte Dauer geschlossen** worden ist. Wie bei der Kündigung wegen Eigenbedarfs bleibt der Verpächter bei befristeten Verträgen an die vereinbarte Vertragsdauer gebunden (s. oben Rn. 15).

Der Verpächter kann ferner nur kündigen, wenn der Eigentümer durch die Fortsetzung **22** des Kleingartenpachtvertrages an **einer anderen wirtschaftlichen Verwertung gehindert ist.** „Andere wirtschaftliche Verwertung" bedeutet eine **andere planungsrechtlich zulässige Grundstücksnutzung,** eine bauliche, z. B. eine nach § 35 Abs. 1 BauGB privilegierte bauliche, oder eine sonstige Nutzung gemäß § 35 Abs. 2 BauGB (s. Anhang 2), z. B. als Campingplatz, wenn öffentliche Belange nicht beeinträchtigt werden und die ausreichende Erschließung gesichert ist. Hat der Verpächter eine Fläche zur kleingärtnerischen Nutzung auf unbestimmte Zeit verpachtet, so hindert ihn diese Verpachtung an der Realisierung einer anderen Nutzung bzw. am Verkauf zum Zweck einer anderen Nutzung. Für diese Fälle bietet die Nr. 4 einen Kündigungsgrund. Die Tatsache allein, dass eine Fläche kleingärtnerisch genutzt wird, hindert den Verpächter nicht, diese zu verkaufen, obwohl der Kreis der Kaufinteressenten möglicherweise klein ist. **Eine andere planungsrechtlich zulässige wirtschaftliche Verwertung i. S. des § 9 Abs. 1 Nr. 4 liegt daher erst dann vor, wenn der Eigentümer das Kleingartenland zum Zweck einer anderen Nutzung veräußert.** Der Verkauf allein ist noch keine andere planungsrechtlich zulässige wirtschaftliche Verwertung des kleingärtnerisch genutzten Grundstücks. Beim Verkauf als Bauerwartungsland muss deshalb eine bauliche Nutzung im Zeitpunkt der Beendigung des Vertrages möglich oder wenigstens zu erwarten sein (BGH, NJW 1991, 1349).

Die Hinderung an der anderen wirtschaftlichen Verwertung des Grundstücks muss für **23** den Verpächter **erhebliche Nachteile** verursachen. Die Fortsetzung des Kleingartenpachtverhältnisses und die dadurch gegebene Verhinderung der Verwertung müssen für die Nachteile kausal sein. Die Nachteile müssen sich konkret abzeichnen. Die bloße Befürchtung reicht nicht aus. Der Eigentümer braucht zwar **nicht auf eine andere Verwertung wirtschaftlich angewiesen zu sein,** die Nachteile müssen jedoch für ihn **wirtschaftlich „spürbar"** sein; erst dann sind sie erheblich im Sinne des § 9 Abs. 1 Nr. 4.

Dieser Kündigungsgrund ist demnach nicht nur dann gegeben, wenn dem Eigentümer im Interesse der Schaffung oder Aufrechterhaltung seiner wirtschaftlichen Lebensgrundlage die Fortsetzung des Kleingartenpachtverhältnisses nicht mehr zugemutet werden kann, sondern auch dann, wenn der Eigentümer Vermögenseinbußen durch die Fortsetzung des Pachtverhältnisses erleidet, die ihm auch unter Berücksichtigung des Grundsatzes der Vertragstreue nicht zuzumuten sind. Die Kündigung ist jedenfalls wirksam, wenn die Voraussetzungen im Zeitpunkt der Erklärung und auch noch bei Ablauf der Kündigungsfrist vorliegen (BGH, NJW 1991, 1349).

Die Vorschrift der **Nr. 4 ist keine Generalklausel** für die Zuführung kleingärtnerisch **23 a** genutzter Flächen zu einer anderen planungsrechtlich zulässigen Nutzung (a. M. Stang, § 4 Rn. 30; § 9 Rn. 41), sondern ein **eigenständiger Kündigungsgrund bei nicht beplanten Flächen,** sofern die Kündigungsvoraussetzungen vorliegen. Nr. 4 findet keine Anwendung, wenn die planungsrechtliche Zulässigkeit (erst durch ein planungsrechtliches Instrument) geschaffen werden soll, z. B. durch Bebauungsplan, Planfeststellung oder durch einen vorhabenbezogenen Bebauungsplan (Vorhaben- und Erschließungsplan gemäß § 12 BauGB). Zur Frage der Kündigung zum Zwecke der Verwirklichung des vorhabenbezogenen Bebauungsplans nach § 12 BauGB s. § 9 Rn. 32 a f.

Die Vorschrift des § 10 Abs. 3, die bei Kündigung eines Zwischenpachtvertrages den Eintritt des Verpächters in die Einzelpachtverträge vorsieht, findet auf die Kündigung wegen anderweitiger Verwertung des Kleingartenlandes (§ 9 Abs. 1 Nr. 4) keine Anwendung. Näheres zum Eintritt des Verpächters in die Einzelpachtverträge s. § 10 Rn. 5 ff.

6. Kündigung zum Zweck der Verwirklichung des Bebauungsplans (Nr. 5)

24 Die Durchführung von Bebauungsplänen kann die Beendigung von Kleingartenpachtverhältnissen erfordern. Bebauungspläne i. S. des § 9 Abs. 1 Nr. 5 sind qualifizierte (§ 30 Abs. 1 BauGB), vorhabenbezogene (§ 30 Abs. 2 BauGB) und einfache Bebauungspläne (§ 30 Abs. 2 BauGB). Näheres hierzu s. § 1 Rn. 46. Abs. 1 Nr. 5 räumt dem Verpächter zur Planverwirklichung ein Kündigungsrecht ein. Diese Kündigungsbestimmung findet **Anwendung auf alle Pachtverträge**, auf zeitlich befristete und unbefristete Verträge über kleingärtnerisch genutzte Flächen – Dauerkleingärten und sonstige Kleingärten –, wenn das Kleingartenland durch Bebauungsplan einer nichtkleingärtnerischen Nutzung zugeführt werden soll. Abs. 1 Nr. 5 unterscheidet im Hinblick auf die Kündigungsvoraussetzungen zwischen der Kündigung

– nach Rechtsverbindlichkeit des Bebauungsplans (Abs. 1 Nr. 5 erster Halbs.)

– und vor dessen Rechtsverbindlichkeit (Abs. 1 Nr. 5 zweiter Halbs.).

Beide Kündigungstatbestände gehen davon aus, dass das **öffentliche Interesse am Vollzug des Bebauungsplans Vorrang vor den Interessen der Kleingärtner** genießt. Die kleingärtnerischen Belange finden bereits im Bebauungsplanaufstellungsverfahren gebührende Berücksichtigung (s. § 1 Rn. 47 ff.; 52 ff.).

25 Nach § 1 Abs. 3 BauGB sind die Gemeinden verpflichtet, Bauleitpläne, das sind der Flächennutzungsplan (vorbereitender Bauleitplan) und der Bebauungsplan (verbindlicher Bauleitplan), in eigener Verantwortung (§ 2 Abs. 1 BauGB) aufzustellen, sobald und soweit es für die städtebauliche Ordnung erforderlich ist (§ 1 Abs. 3 BauGB). Näheres hierzu in § 1 Rn. 35 ff.

Das Baugesetzbuch weist somit die Bauleitplanung den Gemeinden als Selbstverwaltungsaufgabe zu, es begründet aber auch gleichzeitig eine Rechtspflicht der Gemeinden zur Bauleitplanung, wenn und soweit die gegebenen örtlichen Verhältnisse eine Ordnung der städtebaulichen Entwicklung erfordern. Grundsätzlich steht es im pflichtgemäßen kommunalpolitischen Ermessen der Gemeinde, ob sie plant, wann sie plant und wie sie plant. Jedoch ist dieses Ermessen beschränkt. Dies hängt von den konkreten Bedürfnissen vor Ort ab. Die Gemeinde muss planen, wenn die Bedürfnisse nicht anders aufgefangen werden können, wenn also die Planung zur Deckung des zukünftigen Bedarfs dient, z. B. für den Wohnungsbau oder für das Gewerbe. S. auch § 1 Rn. 47.

Nach **Rechtsverbindlichkeit des Bebauungsplans** kann der Kleingartenpachtvertrag 26 gekündigt werden, wenn die kleingärtnerische Fläche alsbald der im Bebauungsplan festgesetzten anderen Nutzung zugeführt oder alsbald für diese Nutzung vorbereitet werden soll. Dieser Kündigungsgrund entspricht im Wesentlichen dem früheren Kleingartenrecht (§ 2 Abs. 1 Nr. 2 des Gesetzes zur Änderung und Ergänzung kleingartenrechtlicher Vorschriften vom 28. Juli 1969 – BGBl I S. 1013). Die Festsetzung im Bebauungsplan allein genügt zur Kündigung nicht. Durch das zeitliche Erfordernis „alsbald" soll vermieden werden, dass bisher kleingärtnerisch genutztes Land nach der Kündigung über Gebühr brachliegt. Andererseits erfordert „eine am Sinn und Zweck der Bestimmung" orientierte Auslegung des Merkmals „alsbald", dass keine übertriebenen Anforderungen gestellt werden, da andernfalls die Durchführung zumindest größerer Bauvorhaben auf fast unüberwindliche Schwierigkeiten stoßen würde. So brauchen zum Beispiel verbindliche Kreditzusagen von Bankinstituten zum Zeitpunkt der Kündigung noch nicht vorzuliegen; in diesem Falle würden nicht unerhebliche Kreditbereitstellungskosten zu einem sehr frühen Zeitpunkt entstehen. Zum anderen erfordert die Vorschrift jedoch bezüglich des Merkmals „alsbald" strenge Anforderungen. Die Absicht (Dritter), das Gelände (zu erwerben und) dann zu bebauen, reicht für sich allein nicht aus. Es ist vielmehr erforderlich, dass erkennbare Vorbereitungen für die alsbaldige Inangriffnahme des Bauvorhabens getroffen worden sind.

Um das Merkmal „alsbald" bejahen zu können, muss feststehen, dass

> „die ernsthafte Absicht bereits feste Formen angenommen hat und nach außen hin dokumentiert ist. Dazu wäre hier zumindest erforderlich, dass konkrete Verhandlungen geführt worden wären, die Klägerin sich für einen der Bewerber entschieden, diesem die Ausführung des Bauvorhabens übertragen hätte und der Zeitpunkt des Baubeginns in etwa feststünde."
> (OVG Münster, Urt. v. 27. 9. 1978 – IX A 732/76 – RdL 1979, 301 = Der Fachberater 1979, 94 f.)

Die in der Rechtsprechung zu § 2 Abs. 1 Nr. 2 KÄndG 1969 entwickelten Grundsätze zu dem Merkmal „alsbald" finden auch Anwendung auf die Kündigung nach Nr. 5. Das Gesetz hat bewusst die Kündigung „erschwert". Sie soll nicht schon dann zulässig sein, wenn noch unbestimmt ist, wann und durch wen die Fläche der im Bebauungsplan festgesetzten Nutzung zugeführt wird. Vom Verpächter kann erwartet werden, dass er diese Unsicherheit ausräumt, bevor er den Kleingartenpachtvertrag kündigt. Der Verpächter muss insoweit den „Nachweis" führen, dass die im Bebauungsplan festgesetzte andere Nutzung „unmittelbar bevorsteht".

Der Unterschied zwischen **Nutzung** und **Nutzungsvorbereitung** erklärt sich aus dem 27 Unterschied im Zustand der Grundstücke. Unter **Nutzungsvorbereitung** fallen alle diejenigen **sachdienlichen Maßnahmen, die die anschließende Nutzung ermöglichen,** beispielsweise Entwässerungs- oder Erschließungsmaßnahmen, Grundstücksparzellierungen usw.

Nach **§ 9 Abs. 1 Nr. 5 zweiter Halbsatz** kann der Verpächter unter bestimmten engen 28 Voraussetzungen den Kleingartenpachtvertrag bereits **während der Planaufstellung kündigen.** Die Kündigung ist an das gleichzeitige Vorliegen folgender Voraussetzungen geknüpft.

– Die Gemeinde muss **beschlossen haben, einen Bebauungsplan aufzustellen** oder 29 einen bestehenden Bebauungsplan zu **ändern** oder zu **ergänzen.** Die Beschlussfassung der Gemeinde muss ortsüblich bekannt gemacht sein (§ 2 Abs. 1 Satz 2 BauGB). Erst mit der gesetzlich vorgeschriebenen Publikation wirkt dieser Beschluss nach außen. Dabei ist es ohne Bedeutung, ob ein qualifizierter, ein vorhabenbezogener oder ein einfacher Bebauungsplan (§ 30 Abs. 1 bis 3 BauGB) aufgestellt werden soll.

30   – Die Planungsarbeiten müssen einen **Stand erreicht haben,** der die Annahme rechtfertigt, dass die beabsichtigte andere (nichtkleingärtnerische) Nutzung **endgültig festgesetzt wird.** Es muss nach dem Sachstand der Planung damit gerechnet werden können, dass die in Aussicht genommenen Festsetzungen bestehen bleiben. Wann dieses Stadium der **Planreife** erreicht ist und ggf. mit der Genehmigung des Bebauungsplans (§ 10 Abs. 2 BauGB) hinreichend sicher zu rechnen ist, lässt sich generell nicht festlegen. Der Zeitpunkt der Planreife ist in der Regel gegeben, wenn nach der Beteiligung der Träger öffentlicher Belange und der öffentlichen Auslegung des Planentwurfs die Anregungen der Bürger geprüft worden sind. Die Planung muss sachlich abgeschlossen sein. Materielle Planreife kann für einzelne Vorhaben innerhalb eines – künftigen – Plangebiets vorliegen, wenn insoweit eine isolierte planungsrechtliche Beurteilung möglich ist (OVG Berlin, BRS 36, 52).

31   – **Dringende Gründe des öffentlichen Interesses** müssen die Verwirklichung der anderen Nutzung bereits vor Rechtsverbindlichkeit des Bebauungsplans erfordern. Solche Gründe liegen vor, wenn erhebliche Nachteile für die Entwicklung der Gemeinde vermieden oder die Verwirklichung eines Vorhabens sichergestellt werden soll. Das kann z. B. der Fall sein bei der Ansiedlung von Gewerbebetrieben, um neue Arbeitsplätze zu schaffen. Die Voraussetzungen für eine Kündigung liegen jedenfalls dann vor, wenn die Verwirklichung des Vorhabens vordringlich ist und die Rechtsverbindlichkeit des Bebauungsplans nicht abgewartet werden kann. Ein Abwarten wird dann nicht möglich sein, wenn es zu erheblichen Nachteilen für die Entwicklung der Gemeinde führen würde. Damit ist für diese Kündigungsmöglichkeit eine immanente Grenze festgelegt. Ob diese im Einzelfall vorliegt, wird der Verpächter nur dann beurteilen können, wenn er über die dringenden Gründe unterrichtet ist. Soweit nicht die Gemeinde selbst Verpächterin ist, wird sie auf Anfrage dem „Privaten" mitzuteilen haben, dass die Voraussetzungen für die Kündigung vorliegen.

32   Sind die Kündigungsvoraussetzungen verkannt worden, so ist die Kündigung unwirksam.

32 a   Ist eine Kleingartenanlage oder sind Teile davon in einen vorhabenbezogenen Bebauungsplan (Vorhaben- und Erschließungsplan, § 12 BauGB) einbezogen worden, können Kleingartenpachtverhältnisse über die betroffenen Flächen gemäß § 9 Abs. 1 Nr. 5 gekündigt werden. Der vorhabenbezogene Bebauungsplan ist ein eigenständiges dem qualifizierten Bebauungsplan gleichgestelltes planungsrechtliches Instrument. Er ist ein Plan des Vorhabenträgers, der durch Satzungsbeschluss der Gemeinde zum vorhabenbezogenen Bebauungsplan wird. Nach § 12 Abs. 4 BauGB können einzelne Flächen außerhalb des Bereichs des Vorhaben- und Erschließungsplans mit in den vorhabenbezogenen Bebauungsplan hineingenommen werden. Der vorhabenbezogene Bebauungsplan sichert Investitionen planungsrechtlich ab und gewährleistet gleichzeitig die städtebauliche Ordnung in der Gemeinde. Miteinander verknüpft sind bei diesem

Instrument der Vorhaben- und Erschließungsplan des Investors, der Bebauungsplan, durch den Baurechte begründet werden, und der Durchführungsvertrag zwischen dem Investor und der Gemeinde, durch den die Bauverpflichtung begründet und die Kosten der Planung und Erschließung geregelt werden.

7. Kündigung zum Zweck der Verwirklichung der Planfeststellung (Nr. 6)

Bei **Inanspruchnahme von Kleingartenland durch Fachplanungen** steht dem Ver- 33 pächter ein Kündigungsrecht nach Nr. 6 a zu. Diese Vorschrift korrespondiert mit Nr. 5 insoweit, als sie einen Kündigungstatbestand enthält für die Fälle, in denen kleingärtnerisch genutztes Land durch Planungsakte einer anderen Nutzung zugeführt werden soll. Von Nr. 6 a sind alle **Nutzungsregelungen erfasst, die im Rahmen eines förmlichen Planfeststellungsverfahrens entschieden werden.** Hierzu gehören also die Fachplanung des Bundes und überörtliche und örtliche Fachplanungen der Länder.

Zu den raumordnenden **Fachplanungen** des Bundes gehören z. B. das 34

– Personenbeförderungsgesetz i. d. F. der Bekanntmachung vom 8. 8. 1990 (BGBl I S. 1690), zuletzt geändert durch Art. 2 Abs. 7 Siebtes G zur Änd. d. G gegen Wettbewerbsbeschränkungen vom 7. 7. 2005 (BGBl I S. 1954);

– Bundesfernstraßengesetz i. d. F. der Bekanntmachung vom 20. 2. 2003 (BGBl I S. 286), zuletzt geändert durch Gesetz vom 22. 4. 2005 (BGBl I S. 1128);

– Bundeswasserstraßengesetz i. d. F. der Bekanntmachung vom 4. 11. 1998 (BGBl I S. 3294), zuletzt geändert durch G vom 3. 5. 2005 (BGBl I S. 1224).

Die **Länder** haben auf dem Gebiet des **Verkehrs-, Wege-** und **Wasserrechts** Vorschriften 35 über raumordnende Fachplanung erlassen.

Die **Kündigung** nach § 9 Abs. 1 Nr. 6 a **setzt voraus, dass die Planfeststellung abge-** 36 **schlossen ist.** Der Abschluss erfolgt durch einen **Verwaltungsakt.**

Rechtsbehelfe gegen einen Verwaltungsakt haben grundsätzlich – von Ausnahmen 37 (§ 80 Abs. 2 VwGO) abgesehen – aufschiebende Wirkung (§ 80 Abs. 1 Satz 1 VwGO). Solange aber ein Rechtsbehelf nicht eingelegt ist, ist der Verwaltungsakt vollziehbar. Für den Anwendungsbereich des § 9 Abs. 1 Nr. 6 a bedeutet dies, dass auch **aufgrund eines noch anfechtbaren Verwaltungsaktes rechtmäßig gekündigt** werden kann, die Kündigung aber mit dem Risiko der aufschiebenden Wirkung im Falle der Einlegung eines Rechtsbehelfs belastet ist (vgl. Eyermann/Fröhler, VwGO, § 80 Rn. 1 ff.; 6 ff.). So auch Otte, a. a. O. § 9 Rn. 14; Stang, a. a. O. § 9 Rn. 49. Während der Dauer der aufschiebenden Wirkung darf eine bereits ausgesprochene Kündigung nicht vollzogen werden. Das Ende der aufschiebenden Wirkung tritt ein mit der Unanfechtbarkeit des Widerspruchsbescheids; die aufschiebende Wirkung der Klage endet in dem Zeitpunkt, in dem das Urteil rechtskräftig wird. Sie endet auch mit der Anordnung der sofortigen Vollziehung.

38   Mit Rücksicht darauf, dass die Realisierung der Fachplanung nach Abschluss des Planfeststellungsverfahrens noch häufig geraume Zeit in Anspruch nimmt, bestimmt die Vorschrift Nr. 6 a, dass die Kündigung erst möglich ist, wenn das kleingärtnerisch genutzte Land „alsbald" benötigt wird. Die neue durch die Planfeststellung bestimmte Grundstücksnutzung muss unmittelbar bevorstehen. Hierzu gehört auch die Sicherung der Finanzierung des Vorhabens. Solange die Finanzierung nicht gesichert ist, wird man auch nicht annehmen können, dass das Kleingartengrundstück benötigt wird (BT-Drs. 9/1900 S. 16). S. auch oben Rn. 26.

39   Der in § 9 Abs. 1 Nr. 6 b genannte Kündigungsgrund entspricht dem alten Recht. Danach kann der Verpächter kündigen, wenn die kleingärtnerisch genutzte Fläche für die in § 1 Abs. 1 des **Landbeschaffungsgesetzes** genannten Zwecke **alsbald benötigt wird** (s. Rn. 38). Nach Maßgabe dieses Gesetzes kann der **Bund** Grundstücke beschaffen

1. für Zwecke der Verteidigung;

2. insbesondere auch zur Erfüllung der Verpflichtungen des Bundes aus zwischenstaatlichen Verträgen über die Stationierung und Rechtsstellung von Streitkräften auswärtiger Staaten im Bundesgebiet;

3. zur Gewährung einer Entschädigung in Land im unmittelbaren Zusammenhang mit Maßnahmen nach Nummer 1 oder 2;

4. zur Verlegung oder Errichtung öffentlicher Einrichtungen und Anlagen im unmittelbaren Zusammenhang mit Maßnahmen nach Nummer 1, 2 oder 3;

5. zur Unterbringung von Personen, Betrieben und öffentlichen Einrichtungen, die wegen der Verwendung bundeseigener Grundstücke für Zwecke der Nummern 1 und 2 notwendig ist;

6. zur Verlegung von Anlagen oder Einrichtungen der Verteidigung, weil die benutzten Grundstücke für Anlagen oder Einrichtungen benötigt werden, für die eine Enteignung nach anderen Gesetzen zulässig wäre.

8. Aufhebung von Kleingartenpachtverträgen

40   Weitere Kündigungsgründe können vertraglich nicht wirksam vereinbart werden. Nach § 13 ist eine solche Vereinbarung nichtig. Auch die Verlegung des Wohnsitzes des Kleingärtners in eine andere Gemeinde ist kein Kündigungsgrund für den Verpächter.

41   Der Kleingartenpachtvertrag kann jedoch durch Aufhebung vorzeitig beendet werden. Die (einvernehmliche) Aufhebung von Verträgen ist nicht gesetzlich geregelt. Sie erfolgt durch Abschluss eines Aufhebungsvertrages. Der **Aufhebungsvertrag** ist auf die Beendigung des Kleingartenpachtvertrages gerichtet. Er bedarf keiner Form, auch wenn für Vertragsänderungen vertraglich Formabreden getroffen worden sind, weil die Aufhebung keine Änderung des Vertrages ist. Die auf die Aufhebung des Pachtvertrages gerichteten Willenserklärungen können also formlos abgegeben werden. Um aber den Kündigungsschutz nicht leerlaufen zu lassen, bedarf das Vorliegen eines Aufhebungsvertrages besonders sorgfältiger Prüfung. Die widerspruchslose Hinnahme einer gesetzlich nicht zulässigen Kündigung kann nicht ohne weiteres als Abschluss eines Aufhebungsvertrages aufgefasst werden (BGH, NJW 1981, 43; Heinrichs, in

Palandt, BGB, § 305 Rn. 7). S. hierzu auch Vorbemerkungen zu den §§ 7 bis 10 Rn. 3 ff. (Beendigung von Kleingartenpachtverträgen).

9. Kündigungsfrist; Kündigungstermin

Abs. 2 regelt die **Kündigungsfrist;** er ist zwingendes Recht. Die Vorschrift **gilt für alle** 42 **Kleingartenpachtverhältnisse,** die im Wege der ordentlichen Kündigung beendet werden. Sie unterscheidet zwischen der **„ordentlichen Kündigungsfrist"** (Satz 1) und der **„vorzeitigen Kündigungsfrist"** (Satz 2).

Für die ordentliche Kündigungsfrist bestimmt Satz 1, dass die Beendigung des Klein- 43 gartenpachtverhältnisses durch Kündigung nur zum 30. November eines Jahres zulässig ist. Diese Frist soll es den Kleingärtnern erlauben, den Garten vollständig abzuernten und sich auf die Räumung des Gartens nach der Vegetationsperiode einzustellen. Abweichende Vereinbarungen sind nicht zulässig, wenn sie dem Pächter zum Nachteil gereichen (§ 13). Unter welchen Umständen eine abweichende Vereinbarung für den Pächter günstiger ist, hängt vom konkreten Einzelfall ab.

Satz 1 nennt zwei Kündigungstermine, die eingehalten werden müssen, damit das Kleingartenpachtverhältnis am 30. November eines Jahres endet. In den Fällen des Abs. 1 Nr. 1 (Kündigung wegen nicht unerheblicher Pflichtverletzungen) hat die Kündigung spätestens am 3. Werktag im August zu erfolgen. Im Falle der Kündigung nach Abs. 1 Nr. 2 bis 6 muss die Kündigungserklärung dem Kündigungsgegner spätestens am dritten Werktag im Februar dieses Jahres zugehen. Zum Zugang d. Kündigung s. Vorbemerkungen zu den §§ 7 bis 10 Rn. 2.

Abs. 2 Satz 2 regelt die vorzeitige Kündigungsfrist. Danach kann in den Fällen des 44 Abs. 1 Nr. 5 und 6 der Kleingartenpachtvertrag spätestens am dritten Werktag eines Kalendermonats für den Ablauf des nächsten Monats gekündigt werden, wenn dringende Gründe die vorzeitige Inanspruchnahme des Kleingartenlandes erfordern. Mit dieser Vorschrift soll sichergestellt werden, dass Flächen, die sofort benötigt werden, auch bereitgestellt werden. Dringende Gründe können z. B. vorliegen, wenn Flächen zur Errichtung von Vorhaben im öffentlichen Interesse sofort benötigt werden oder wenn der Verpächter bei Einhaltung der Regelfrist wirtschaftliche Nachteile zu befürchten hat, die ihm nicht zuzumuten sind, wenn z. B. eine im Bebauungsplan festgesetzte andere Nutzung wegen der Regelfrist erst zu einem späteren Zeitpunkt realisiert werden könnte und der Verpächter dadurch finanzielle Einbußen erleiden würde. Für die Beurteilung, ob ein dringender Grund vorliegt, ist auch die Zeitdauer bis zum nächsten „normalen" Kündigungstermin von Bedeutung (BT-Drs. 9/2232 S. 21).

Die in Abs. 2 geregelten gesetzlichen Kündigungsfristen gelten für den Verpächter 45 (Zwischenpächter). Für den Pächter gelten die Kündigungsfristen des BGB (§ 584 BGB). S. hierzu § 4 Rn. 4 ff.

Für die Berechnung der Kündigungsfristen gelten die §§ 187 ff. BGB (s. Anhang 4). Eine 46 nach Abs. 2 verspätete Kündigung kann für den nächsten zulässigen Termin wirksam sein, ohne dass es einer erneuten Kündigung bedarf, wenn eine Beendigung des Kleingartenpachtverhältnisses erkennbar für alle Fälle gewollt ist.

10. Kündigung bei Zeitverträgen

47   Nach Abs. 3 sind **Kündigungen wegen Eigenbedarfs des Eigentümers** (Abs. 1 Nr. 3)
und **wegen anderer wirtschaftlicher Verwertung** (Abs. 1 Nr. 4) unzulässig, wenn der
Kleingartenpachtvertrag auf bestimmte Zeit geschlossen wurde (Zeitverträge).
Bestimmte Zeit bedeutet Festlegung der Pachtdauer auf eine Kalenderzeit oder ein
bestimmtes Ereignis. Ist ungewiss, ob das Ereignis überhaupt eintritt, so handelt es sich
um einen Vertrag unter auflösender Bedingung, das ist ein Vertragsverhältnis auf unbestimmte Zeit. Bei befristeten Verträgen mit Verlängerungsklausel kommt es auf die
Ausgestaltung der Verlängerung des Pachtvertrages – auf bestimmte oder unbestimmte Zeit – an. Sieht die Klausel vor, dass sich ein Pachtverhältnis automatisch
immer weiter verlängern soll, wenn es nicht durch entsprechende Erklärung fristgerecht beendet wird, bleibt bei Abschluss des Vertrages ungewiss, wann der Beendi-
gungszeitpunkt eintritt. Dies erfordert es, den Vertrag wie einen auf unbestimmte Zeit
geschlossenen mit vereinbarter Kündigungsfrist zu behandeln (BGH, NJW 1991, 1349).
Zu Kleingartenpachtverträgen, die nach § 16 Abs. 3 verlängert wurden, s. § 16 Rn. 11.

§ 10
Kündigung von Zwischenpachtverträgen

**(1) Der Verpächter kann einen Zwischenpachtvertrag auch kündigen,
wenn**

**1. der Zwischenpächter Pflichtverletzungen im Sinne des § 8 Nr. 2 oder
des § 9 Abs. 1 Nr. 1 ungeachtet einer Abmahnung des Verpächters duldet
oder**

**2. dem Zwischenpächter die kleingärtnerische Gemeinnützigkeit aberkannt
ist.**

**(2) Durch eine Kündigung nach § 9 Abs. 1 Nr. 3 bis 6, die nur Teile der
Kleingartenanlage betrifft, wird der Zwischenpachtvertrag auf die übrigen
Teile der Kleingartenanlage beschränkt.**

**(3) Wird ein Zwischenpachtvertrag durch eine Kündigung des Verpächters
beendet, tritt der Verpächter in die Verträge des Zwischenpächters mit den
Kleingärtnern ein.**

Übersicht

1. Allgemeines

Grundsätzlich gelten für die Kündigung von Zwischenpachtverträgen durch den Ver- **1**
pächter die in §§ 8 und 9 genannten Kündigungsgründe (§ 4 Abs. 2 Satz 1, s. Rn. 31 ff.).
Die Fassung der Kündigungsgründe in diesen Vorschriften wird jedoch nicht in jedem
Falle den Besonderheiten eines Zwischenpachtvertrages gerecht. Das gilt für die
Kündigung wegen schwerwiegender Pflichtverletzungen des Kleingärtners (§ 8 Nr. 2)
und wegen nicht unerheblicher Pflichtverletzungen (§ 9 Abs. 1 Nr. 1). Die Fassung der
Kündigungsgründe in § 8 Nr. 2 und § 9 Abs. 1 Nr. 1 ist auf das Verhalten der Kleingärtner abgestellt, und nicht auf das Verhalten des Zwischenpächters. § 10 Abs. 1 Nr. 1
räumt daher dem Verpächter gegenüber dem Zwischenpächter ein **Kündigungsrecht
ein, wenn dieser die Pflichtverletzungen der Kleingärtner duldet.** Absatz 1 Nr. 2 enthält einen eigenständigen Kündigungsgrund wegen Aberkennung der kleingärtnerischen Gemeinnützigkeit. Damit sind die Kündigungsgründe für den Verpächter im
Zwischenpachtverhältnis abschließend geregelt. Weitere Kündigungsgründe können
rechtmäßig nicht vereinbart werden. § 10 gilt für Verträge über Dauerkleingärten und
sonstige Kleingärten.

2. Kündigung wegen Duldung von Pflichtverletzungen

Die Kündigung nach Nr. 1 setzt eine **Pflichtverletzung i. S. des § 8 Nr. 2** (s. § 8 Rn. 4 ff.) **2**
oder des **§ 9 Abs. 1 Nr. 1** (s. § 9 Rn. 3 bis 10) der Kleingärtner voraus. Das Verhalten der
Kleingärtner muss also zur Kündigung des mit ihnen geschlossenen Einzelpachtvertrages berechtigen. Weitere Voraussetzung ist, dass der Zwischenpächter das **pflichtwid-
rige Verhalten der Kleingärtner duldet,** also wissentlich geschehen lässt. Auf sein Verschulden kommt es nicht an. Dulden bedeutet insoweit Nichteinschreiten gegen
Pflichtverletzungen der Kleingärtner. Es genügt aber auch die Hinnahme von Pflichtverletzungen, wenn (bisher) ergriffene Maßnahmen gegen die Pflichtverletzungen sich
als ungeeignet oder erfolglos erwiesen haben. Der Verpächter muss ferner den
Zwischenpächter erfolglos abgemahnt haben, die Pflichtverletzungen der Kleingärtner
zu unterbinden. Die **Abmahnung** kann – im Unterschied zu der Abmahnung nach
§ 9 Abs. 1 Nr. 1 – formlos erfolgen. Nach Abmahnung muss dem Zwischenpächter eine
angemessene Zeit verbleiben, auf vertragsgemäßes Verhalten der Kleingärtner hinzu-
wirken. Die Art der zu ergreifenden Maßnahme, gegen die Pflichtverletzungen vorzugehen, z. B. durch Unterlassungsklage oder vereinsrechtliche Zwangsmittel, bleibt dem
Zwischenpächter freigestellt (so auch Stang, BKleingG, § 10 Rn. 8). Ggf. wird er von
seinem Kündigungsrecht Gebrauch machen müssen. Für die Kündigung in den von
§ 9 Abs. 1 Nr. 1 erfassten Fällen gilt die Kündigungsfrist der § 9 Abs. 2. In den Fällen
des § 8 Nr. 2 kann ohne Einhaltung der Kündigungsfrist gekündigt werden (a. M.
Stang, § 10 Rn. 5; wie hier Otte, § 10 Rn. 6). § 10 enthält zwar für den Kündigungstermin und den Kündigungszeitpunkt keine besondere Regelung. Er geht aber von
den diesen Kündigungstatbeständen in § 8 Abs. 2 bzw. § 9 Abs. 1 zugrunde liegenden
Fristen und Terminen aus (so auch Otte, § 10 Rn. 6).

3. Kündigung wegen Aberkennung der kleingärtnerischen Gemeinnützigkeit

Zwischenpachtverträge können nach § 4 Abs. 2 Satz 2 nur mit einer nach Landesrecht **3**
als gemeinnützig anerkannten Kleingärtnerorganisation (oder der Gemeinde) ge-

schlossen werden. Als gemeinnützig anerkannte Kleingärtnerorganisationen haben insoweit gegenüber anderen eine privilegierte Stellung. Das setzt aber auch voraus, dass bestimmte Garantien für die Erfüllung der nur ihnen zugewiesenen Aufgaben gegeben sein müssen. Liegen die Voraussetzungen für die kleingärtnerische Gemeinnützigkeit nicht mehr vor, so ist der Kleingärtnerorganisation die Gemeinnützigkeit abzuerkennen (s. § 2 Rn. 13 f.).

3 a Der Entzug der kleingärtnerischen Gemeinnützigkeit erfolgt – wie ihre Anerkennung – durch Verwaltungsakt. Wirksam wird der Verwaltungsakt in dem Zeitpunkt, in dem er dem Betroffenen bekannt gegeben wird. Der bekannt gegebene Verwaltungsakt ist zwar anfechtbar, er bleibt aber solange wirksam bis er zurückgenommen, widerrufen, anderweitig aufgehoben oder auf andere Weise erledigt ist (§ 43 Abs. 1 und 2 VwVfG). Die Kleingärtnerorganisation kann dann Kleingartenpachtverträge nicht mehr wirksam abschließen. Folgerichtig räumt die Nr. 2 dem Verpächter bei Aberkennung der kleingärtnerischen Gemeinnützigkeit das Recht ein, den geschlossenen Zwischenpachtvertrag zu kündigen. Die Kündigung kann auch aufgrund einer noch anfechtbaren Aberkennung der kleingärtnerischen Gemeinnützigkeit erkärt werden. Sie ist dann aber mit dem Risiko der aufschiebenden Wirkung belastet im Falle der Einlegung eines Rechtsbehelfs. Wird ein Rechtsbehelf, der Widerspruch, eingelegt, dann greift die aufschiebende Wirkung, § 80 Abs. 1 VwGO. Die aufschiebende Wirkung hat zur Folge, dass eine Kündigung wirkungslos bleibt, bis über die Aberkennung der kleingärtnerischen Gemeinnützigkeit unanfechtbar entschieden worden ist. Ergänzend hierzu s. § 9 Rn. 37. Für die Kündigungsfrist gilt § 9 Abs. 2 entsprechend. Siehe hierzu § 9 Rn. 42 ff.

4. Teilkündigung

4 Bei Kündigung von Zwischenpachtverträgen wird nicht immer die gesamte kleingärtnerisch genutzte Fläche benötigt. Das kann zum Beispiel bei einer Kündigung wegen Eigenbedarfs des Verpächters (§ 9 Abs. 1 Nr. 3) oder bei einer Kündigung wegen einer anderen wirtschaftlichen Verwertung (§ 9 Abs. 1 Nr. 4) oder auch bei Kündigung wegen Umwidmung durch Planungsakte (§ 9 Abs. 1 Nr. 5 und 6) der Fall sein. Die Vorschrift des § 10 Abs. 2 sieht daher die Möglichkeit einer Teilkündigung vor. Der Zwischenpachtvertrag wird dann auf die Teile der Kleingartenanlage beschränkt, die nicht in Anspruch genommen werden.

5. Eintritt des Verpächters in die Einzelpachtverträge

5 Die Vorschrift des Abs. 3 soll die vertragstreuen Kleingärtner vor dem Verlust ihres Kleingartens wegen Nichterfüllung von Pflichten durch den Zwischenpächter schützen. Grundsätzlich kann nämlich der Verpächter mit der Beendigung des Pachtvertrages gemäß § 546 Abs. 2, § 581 Abs. 2 BGB n. F., § 4 Abs. 1 von jedem Dritten die **Herausgabe der Pachtsache verlangen,** dem der Pächter diese überlassen hat (vgl. BGHZ 119, 300, 304 = BGH, NJW 1993, 55 ff. = RdL 1992, 318; BGH NJW-RR 2002, 1203). Der Dritte ist zur Herausgabe der Pachtsache verpflichtet. Der Anspruch aus § 546 Abs. 2 BGB n. F. ist ein vertraglicher Anspruch besonderer Art. Er setzt nicht voraus, dass der Pächter (noch) Besitzer der Pachtsache ist. Er richtet sich also bei Kleingartenpachtverträgen gegen die einzelnen Kleingärtner, bei mehrfach gestuften Pachtverhältnissen auch gegen weitere Zwischenpächter (BGH a. a. O.). Der Zwischenpächter ist nach Kündigung des Zwischenpachtvertrages verpflichtet, Auskunft über die bestehenden Einzelpachtverträge (bzw. weitere Zwischenpachtverträge) zu erteilen, um die Durchsetzung des Rückgabeanspruchs zu ermöglichen.

Die Herausgabepflicht nach §§ 546 Abs. 2, 581 Abs. 2 BGB i. V. m. § 4 Abs. 1 besteht nicht, wenn § 10 Abs. 3 zur Anwendung kommt. In diesem Falle tritt der Verpächter in die Einzelpachtverträge ein, wie sie abgeschlossen worden sind; er „übernimmt" also sämtliche Rechte und Pflichten. Der Übergang vollzieht sich ohne Rücksicht auf die Kenntnis der Kleingärtner. Der „ehemalige" Zwischenpächter scheidet mit dem Eintritt des Verpächters in die Einzelpachtverträge aus diesen aus. Es findet eine Auswechslung einer Vertragspartei gegen eine andere kraft Gesetzes statt (BGH, NJW 1993, 55). Die Vorschrift des Abs. 3 gilt auch bei mehrfach gestuften Kleingartenpachtverhältnissen (BGH a. a. O.). Der kündigende Verpächter wird jeweils Verpächter auf der nächstniedrigeren Pachtstufe. **5 a**

Nach der Rechtsprechung des BVerfG stellt § 10 Abs. 3 eine zulässige Inhalts- und Schrankenbestimmung des Grundeigentums dar (BVerfG, NJW 1998, 3559). Das Ziel dieser Vorschrift besteht darin, alle Kleingärtner in Bezug auf den Kündigungsschutz gleichzustellen, unabhängig davon, ob gestufte Pachtverhältnisse vorliegen oder nicht. Es gibt keinen sachlichen Grund dafür, dass der Kündigungsschutz in bestimmten Fällen entfällt. **5 b**

Nach dem Sinn und Zweck der Regelung in Abs. 3, die Kleingärtner vor den Folgen zu schützen, die sich insoweit aus Pflichtverletzungen des Zwischenpächters ergeben (BT-Drs. 9/1900 S. 17), ist der Anwendungsbereich auf solche Kündigungen reduziert, die ihren Grund in Pflichtverletzungen des Zwischenpächters haben. Das sind nur die Kündigungen nach § 10 Abs. 1, d. h. also wegen Duldung der Pflichtverletzung i. S. des § 8 Nr. 2 oder des § 9 Abs. 1 Nr. 1 ungeachtet einer Abmahnung des Verpächters und wegen Aberkennung der kleingärtnerischen Gemeinnützigkeit (BGH, NJW 1993, 55; BGH, MDR 1994, 1212 f.). Auf Kündigungen aus den in Nrn. 2 bis 6 des § 9 Abs. 1 genannten Gründen findet § 10 Abs. 3 keine Anwendung (BGH, NJW 1993, 55; BVerfG NJW 1998, 3559 f.). In der Regel schlagen diese Kündigungsgründe gegenüber den Kleingärtnern auch durch, so dass ein Eintritt des Verpächters in die Verträge des Zwischenpächters mit Kleingärtnern (oder anderen Vertragsparteien bei mehrfach gestuften Pachtverhältnissen) nur einen zeitlich befristeten Kündigungsvorlauf hätte. In diesem Falle bedarf es auch keiner „Folgekündigung" der Rechtsverträge über die einzelnen betroffenen Kleingartenparzellen. Es genügt, wenn der Zwischenpächter die Nutzer dieser Gärten über die Kündigung des Zwischenpachtvertrages informiert (BGH NJW-RR 2002, 1203). **5 c**

Unter dem Gesichtspunkt des Schutzzwecks der Regelung des § 10 Abs. 3 ist eine entsprechende Anwendung dieser Vorschrift im Falle einer vertraglichen Aufhebung des Zwischenpachtverhältnisses geboten (so auch Otte, § 10 Rn. 5; Stang, § 10 Rn. 17). Der Eintritt des Verpächters in die Verträge des Zwischenpächters dient dem Schutz der Kleingärtner. Dieser Schutz kann ihnen nicht durch einvernehmliches Zusammenwirken von Verpächter und Zwischenpächter entzogen werden (OVG Lüneburg, BRS 44, 17). Absatz 3 findet dagegen keine analoge Anwendung, wenn der Zwischen- **6** pachtvertrag wegen Verstoßes gegen das Zwischenpachtprivileg (§ 4 Abs. 2 Satz 2) nichtig ist (BGH, NJW 1987, 2865 = RdL 1987, 263).

7 § 10 Abs. 3 ist nicht anwendbar bei Beendigung des Zwischenpachtvertrages durch Zeitablauf und Fortdauer der Einzelpachtverträge, wenn der Zwischenpächter Einzelpachtverträge mit längeren Laufzeiten geschlossen hat als nach dem Zwischenpachtvertrag rechtlich möglich war. Der Zwischenpächter kann keine Nutz- und Besitzrechte vermitteln, die über die Vereinbarungen im Zwischenpachtvertrag hinausgehen. Die Vorschrift findet auch keine Anwendung, wenn der Zwischenpächter (als Pächter) den Zwischenpachtvertrag kündigt. § 10 Abs. 3 regelt nur die Rechtsfolgen bei **Verpächterkündigung**. Im Falle der Kündigung des Zwischenpachtvertrages durch den Zwischenpächter – ein Fall, der kaum praktische Bedeutung erlangen dürfte – können sich die Kleingärtner gegenüber dem Eigentümer des Kleingartenlandes, der Herausgabe der Pachtsache verlangt, auf den aus § 242 BGB abgeleiteten Grundsatz der unzulässigen Rechtsausübung durch den Zwischenpächter berufen. Jede Rechtsnorm trägt ihre durch Interessenlage und Zweck bestimmte Geltungsschranke in sich. Das gilt für die Rechte und Pflichten des Pächters im Zwischenpachtvertrag. Überschreitet dieser die sich aus der Interessenlage und dem Zweck für ihn ergebende Geltungsschranke, so übt er sein Recht in unzulässiger Weise aus. Das gilt auch für die Kündigung des Zwischenpachtvertrages durch den Zwischenpächter. Nach Treu und Glauben durften die Kleingärtner darauf vertrauen, dass sie den Schutz des BKleingG genießen und der kleingärtnerisch gemeinnützige Zwischenpächter sich so verhält, dass er ihnen die Besitz- und Nutzungsrechte bezüglich des Kleingartens – wie im Zwischenpachtvertrag vereinbart, also auch für die vereinbarte Laufzeit des Zwischenpachtvertrages – vermittelt.

§ 11
Kündigungsentschädigung

(1) Wird ein Kleingartenpachtvertrag nach § 9 Abs. 1 Nr. 2 bis 6 gekündigt, hat der Pächter einen Anspruch auf angemessene Entschädigung für die von ihm eingebrachten oder gegen Entgelt übernommenen Anpflanzungen und Anlagen, soweit diese im Rahmen der kleingärtnerischen Nutzung üblich sind. Soweit Regeln für die Bewertung von Anpflanzungen und Anlagen von den Ländern aufgestellt oder von einer Kleingärtnerorganisation beschlossen und durch die zuständige Behörde genehmigt worden sind, sind diese bei der Bemessung der Höhe der Entschädigung zugrunde zu legen. Bei einer Kündigung nach § 9 Abs. 1 Nr. 5 oder 6 sind darüber hinaus die für die Enteignungsentschädigung geltenden Grundsätze zu beachten.

(2) Zur Entschädigung ist der Verpächter verpflichtet, wenn der Vertrag nach § 9 Abs. 1 Nr. 2 bis 4 gekündigt worden ist. Bei einer Kündigung nach § 9 Abs. 1 Nr. 5 oder 6 ist derjenige zur Entschädigung verpflichtet, der die als Kleingarten genutzte Fläche in Anspruch nimmt.

(3) Der Anspruch ist fällig, sobald das Pachtverhältnis beendet und der Kleingarten geräumt ist.

Übersicht

1. Entschädigungsvoraussetzungen

§ 11 regelt den **schuldrechtlichen Ausgleich** zwischen den durch die vorzeitige **Be- 1 endigung des Kleingartenpachtverhältnisses** Betroffenen. Nach Abs. 1 Satz 1 hat der Pächter einen Entschädigungsanspruch, wenn der Verpächter den Kleingartenpachtvertrag nach § 9 Abs. 1 Nr. 2 bis 6 gekündigt hat. § 11 erfasst nicht die Fälle, in denen der Pächter selbst durch die Kündigung des Verpächters durch schuldhaftes Verhalten herbeigeführt hat (§§ 8, 9 Abs. 1 Nr. 1 und § 10) oder die Parteien den Kleingartenpachtvertrag einvernehmlich aufgehoben haben. Der Gesetzgeber ist bei dieser Regelung davon ausgegangen, dass es nicht sachgerecht und mit der Eigentumsgarantie des Art. 14 GG nicht zu vereinbaren ist, dem Pächter auch in den Fällen, in denen er die vorzeitige Beendigung des Pachtverhältnisses durch eigenes Verhalten herbeigeführt hat, einen gesetzlichen Entschädigungsanspruch einzuräumen und den Verpächter, der die vorzeitige Beendigung nicht zu vertreten hat, mit einer Entschädigung zu belasten (BT-Drs. 9/2232 S. 16). Ein gesetzlicher Entschädigungsanspruch besteht auch nicht, wenn der Vertrag durch Ablauf der Pachtdauer endet (Zeitverträge). Das gilt auch für Zeitverträge über im Bebauungsplan befristet oder bedingt festgesetzte Dauerkleingärten. In diesen Fällen verbleibt es vielmehr bei dem Wegnahmerecht des Pächters gemäß §§ 539 Abs. 2, 581 Abs. 2 BGB n. F., § 4 Abs. 1 BKleingG. Denn vom Kleingärtner errichtete Baulichkeiten und grundsätzlich auch eingepflanzte Anpflanzungen im Kleingarten sind Scheinbestandteile gemäß § 95 BGB (vgl. BGHZ 8, 1 ff.; BGHZ 92, 70; BGH NJW 1996, 916; BGH NJ 2003, 534 ff.). S. hierzu auch § 3 Rn. 43. Abweichende Vereinbarungen sind zulässig; es können also Entschädigungsleistungen zugunsten des weichenden Pächters vereinbart werden. In der Praxis wird auch weitgehend so verfahren, dass beim Pächterwechsel der Nachfolger dem weichenden Kleingärtner eine Entschädigung für die Anlagen und Anpflanzungen zu leisten hat. Die örtlichen Verkehrssitten bleiben insoweit unberührt.

Ein gesetzlicher Entschädigungsanspruch gemäß § 11 besteht nur bei Kündigungen 2 wegen

– Neuordnung der Kleingartenanlage (§ 9 Abs. 1 Nr. 2);

– Eigenbedarfs des Verpächters oder seiner Haushaltsangehörigen im Sinne des § 18 des Wohnraumförderungsgesetzes (§ 9 Abs. 1 Nr. 3);

– anderer wirtschaftlicher Verwertung des Kleingartengrundstücks, soweit dies planungsrechtlich zulässig ist und der Verpächter durch die Fortsetzung des Pachtverhältnisses erhebliche Nachteile erleiden würde (§ 9 Abs. 1 Nr. 4);

– Zuführung des Kleingartengrundstücks der im Bebauungsplan bereits festgesetzten beziehungsweise bei entsprechender Planungsreife beabsichtigten Nutzung auch schon im Aufstellungsverfahren (§ 9 Abs. 1 Nr. 5);

– Zuführung der kleingärtnerisch genutzten Flächen der im Planfeststellungsverfahren (z. B. nach Bundesfernstraßengesetz) festgelegten Nutzung oder den in § 1 Abs. 1 des Landbeschaffungsgesetzes genannten Zwecken (§ 9 Abs. 1 Nr. 6).

2. Umfang des Entschädigungsanspruchs

3   Nach Abs. 1 Satz 1 sind in den oben – Rn. 2 – genannten Kündigungsfällen angemessen zu entschädigen die eingebrachten oder gegen Entgelt übernommenen

– Anpflanzungen

und

– Anlagen,

soweit sie im Rahmen der kleingärtnerischen Nutzung üblich sind. Die Kündigungsentschädigung muss in einem sachgerechten Verhältnis zur kleingärtnerischen Nutzung stehen.

4   Unter **Anpflanzungen** sind Dauerkulturen (z. B. Obstgehölze und Beeren) und einjährige Kulturen (z. B. Gemüse) zu verstehen sowie Ziergehölze, Stauden, Rasen usw. Zu den **Anlagen** (s. hierzu auch § 3 Rn. 15) im Sinne des Abs. 1 Satz 1 gehören Gartenlauben und Anbauten, Wegebefestigungen, Platten und Kantensteine, Spaliergerüste, Windschutzwände, Zäune und Pforten, Gerätekisten und Frühbeete sowie sonstige Anlagen, die zur Bewirtschaftung eines Kleingartens erforderlich sind. Die **Anpflanzungen und Anlagen** müssen vom Pächter **eingebracht oder gegen Entgelt übernommen worden sein.** Der Pächter selbst muss also für die zu entschädigenden Gegenstände Aufwendungen erbracht haben. Ausgeschlossen von der Entschädigung ist somit alles, was von einem Dritten – zum Beispiel dem Kleingartenverein – gestellt worden ist oder was der Pächter vom Vorgänger unentgeltlich übernommen hat.

5   Entschädigungsfähig sind nach Satz 1 Anpflanzungen und Anlagen, soweit sie **im Rahmen der kleingärtnerischen Nutzung** (s. hierzu § 1 Rn. 6 ff., 9) üblich sind. Das Kriterium der **Üblichkeit** steht in einem engen Zusammenhang mit der Zulässigkeit, insbesondere von Anlagen. Beide Merkmale begrenzen die Entschädigungsfähigkeit, wobei nicht alles was zulässig ist auch üblich sein muss. **Üblich** i. S. des Absatzes 1 bedeutet ortsüblich, also häufig anzutreffen in einer bestimmten Gegend, z. B. Gemeinde, Landkreis (so auch Otte, a. a. O. § 11 Rn. 4; Stang, a. a. O. § 11 Rn. 30). Hinweise auf die (Orts-)Üblichkeit ergeben sich aus den Gartenordnungen. Danach können etwa kostspielige Gehölze mit Liebhaberwert nur mit den kleingärtnerisch üblichen Sätzen bei der Entschädigung berücksichtigt werden.

Gartenlauben sind nach Maßgabe des § 3 Abs. 2 entschädigungsfähig, d. h. also mit   **5 a**
einer Grundfläche von höchstens 24 m², in einfacher Ausführung, die nach Ausstattung
und Einrichtung nicht zum dauernden Wohnen geeignet sind. Das gilt auch für übergroße bestandsgeschützte Lauben. Der Bestandsschutz begründet keinen über die Voraussetzungen der gesetzlichen Kündigungsentschädigung nach § 11 hinausgehenden
Anspruch auf eine „zusätzliche" Entschädigung. Zum Bestandsschutz s. § 18 Rn. 1 ff.;
20 a Rn. 27 ff. Sinn und Zweck der Regelung des § 11 ist es unter anderem, die sozialpolitische Funktion des Kleingartens sicherzustellen. Der Zugang zum Kleingarten soll
auch für wirtschaftlich schwächere Bevölkerungsschichten offen stehen. Das BKleingG
hat mit dieser Regelung eine in der Praxis bewährte Übung aufgegriffen und gesetzlich
abgesichert.

Bei der Entschädigung wird auch zu beachten sein, dass der Kleingarten ein Nutz- und   **6**
Erholungsgarten ist, dass also der **Anbau von Obst und Gemüse ein notwendiger
Bestandteil der kleingärtnerischen Nutzung ist,** für den ein Teil der Gartenfläche verwendet werden muss (s. § 1 Rn. 9). Die Gewinnung von Gartenbauerzeugnissen muss
die Nutzung des Kleingartens maßgeblich prägen (BGH NJW-RR 2004, 1241 f.). Das
kann im Einzelfall dazu führen, dass eine Entschädigung nach § 11 Abs. 1 nicht in
Betracht kommt, zum Beispiel wenn die gesamte Fläche aus Rasenbewuchs und Ziergehölzen besteht. Zu viele Obstbäume und Beerensträucher können eine Minderung
der Entschädigung bewirken, wenn sie unter Nichtbeachtung gärtnerischer Regel
angepflanzt worden sind. Anpflanzungen, die etwa durch schlechte Pflege abgängig
sind, bleiben ohnehin bei der Entschädigung außer Betracht. Die gleichen Grundsätze
gelten auch für die Entschädigung von Anlagen. Maßstab und Entschädigungsvoraussetzung ist die kleingärtnerische Nutzung. Anlagen, die über das hinausgehen, was
unter kleingärtnerischen Gesichtspunkten notwendig ist, werden bei der Kündigungsentschädigung nicht berücksichtigt.

Der Pächter hat nach Satz 1 nur einen Anspruch auf eine **angemessene Entschädigung.**   **7**
Angemessen ist die Entschädigung dann, wenn sie das Ergebnis einer gerechten Abwägung der Interessen des Entschädigungsverpflichteten und des Pächters unter
Berücksichtigung der sozialpolitischen und städtebaulichen Funktion des Kleingartens
ist. Die **Entschädigung** muss also insoweit in einem **sachgerechten Verhältnis zur
kleingärtnerischen Nutzung** stehen und dieser Nutzungsart entsprechen. Maßgebend
ist der **„kleingärtnerische Wert"** und nicht ein unter betriebswirtschaftlichen Gesichtspunkten ermittelter Wert der Anpflanzungen und Anlagen. Bei Lauben ist also z. B. nur
der Wert einer einfachen Ausführung und kostengünstiger Baustoffe und Materialien
zu entschädigen (s. § 3 Rn. 8).

Das BKleingG enthält keine Regelung darüber, auf welche Art und Weise der Wert der   **7 a**
Anlagen und Anpflanzungen zu ermitteln ist. Auszugehen ist daher von den allgemeinen Grundsätzen der Wertermittlung und dem in § 11 Abs. 1 Satz 1 verankerten
Prinzip der angemessenen Entschädigung. Angemessen ist (höchstens) der Verkehrswert der entschädigungsfähigen Anlagen und Anpflanzungen, der unter Berücksichtigung der sozialen Funktion des Kleingartens zu ermitteln ist. Die Wertermittlungsverordnung vom 6. 12. 1988 (BGBl I S. 2209) zuletzt geändert durch Art. 3 des Bau- und
Raumordnungsgesetzes vom 18. 8. 1997 (BGBl I S. 2081, 2110) „bietet" 3 Ermittlungsverfahren an: das Vergleichswertverfahren, das Ertragswertverfahren und das Sach-

wertverfahren. Für **Anpflanzungen und Anlagen in Kleingärten** kommt als Ermittlungsmethode nur das Sachwertverfahren in Betracht. Die anderen Wertermittlungsverfahren, das Vergleichswert- und das Ertragswertverfahren, sind für die Wertermittlung der Anpflanzungen und Anlagen in Kleingärten ungeeignet.

Ausgangspunkt der Bewertung sind die Herstellungskosten (Normalherstellungskosten). Es werden nur die normalen Herstellungskosten berücksichtigt, nicht etwaige außergewöhnliche Leistungen. Beim Sachwert wird von „Idealwerten" ausgegangen, der aber nur dann eingesetzt wird, wenn es sich um einen fachlich und gestalterisch einwandfreien Bewertungsgegenstand handelt, z. B. um einen Obstbaum, bei dem der Standort, die Sorte und der Pflanzabstand richtig gewählt wurden und der gesund und gut gepflegt ist. Der Bewertungsgegenstand wird somit seinem Zustand entsprechend mit einem Betrag zu bewerten sein, der zwischen dem „Idealwert" und Null liegt. Dabei wird zu beachten sein, dass die Herstellung von Kulturen erst abgeschlossen ist, wenn Obstgehölze das Vollertragsstadium erreicht haben und Ziergehölze ihre Funktion voll erfüllen. Nach abgeschlossener Herstellung sind Wertminderungen zu berücksichtigen.

7 b   Der **Sachwert für Anpflanzungen** umfasst den Herstellungswert für Jungpflanzen, das sind die Kosten der Pflanzware als auch die Boden-/Pflanzvorbereitungen und den Erhaltungsaufwand (Pflegeaufwand). Abhängig von der Lebensdauer wird ab einem bestimmten Zeitpunkt eine Altersabschreibung anzusetzen sein. Die gleichen Grundsätze finden auch auf die Sachwertermittlung für Zierpflanzen Anwendung. Hierbei ist jedoch zu berücksichtigen, dass ein Teil des Kleingartens von Gesetzes wegen zwingend dem Obst- und Gemüseanbau dienen muss (BGH NJW-RR 2004, 1241 f.). Das bedeutet, dass bei der Bemessung der Kündigungsentschädigung höchstens ein Drittel der Gartenfläche für den Zierpflanzenanbau berücksichtigungsfähig ist. S. hierzu auch § 1 Rn. 9 a. Kleingärten sind keine Ziergärten. Auch kostspielige Gehölze mit Liebhaberwerten können nur mit den kleingärtnerisch üblichen Werten bewertet werden. Wertmindernd sind dabei zu berücksichtigen z. B. zu geringe Pflanzabstände, Pflegerückstand bzw. Vernachlässigung der Anpflanzungen.

7 c   Bei der Ermittlung des **Sachwerts für (bauliche) Anlagen** in Kleingärten ist der Zeitwert zu ermitteln, d. h. also der Herstellungswert der Anlagen unter Berücksichtigung ihres Alters sowie der Baumängel und Bauschäden. Zum Herstellungswert gehören die gewöhnlichen Herstellungskosten und ggf. Baunebenkosten, wie z. B. Planungs-, Prüfungs- und Genehmigungskosten. Die normalen Herstellungskosten können nach Erfahrungswerten angesetzt werden, ggf. mit Hilfe von Baupreisindizes auf die Preisverhältnisse am Wertermittlungsstichtag umgerechnet werden.

8   Die Entschädigung ist in Geld zu leisten. Die Höhe der Entschädigung ergibt sich aus dem ermittelten Wert der Anpflanzungen und Anlagen.

3. Entschädigungsrichtlinien

9   In der Praxis gibt es zahlreiche **Richtlinien** für die **Bewertung** von Kleingärten, in denen konkrete Entschädigungssummen für **Anpflanzungen und Anlagen** genannt werden. Diese Entschädigungsrichtlinien haben sich bewährt und in zahlreichen Fällen

eine unkomplizierte und rasche Erledigung der Entschädigung ermöglicht, auch weil sie für den Entschädigungsberechtigten „durchsichtig" sind. Es ist bezeichnend, dass Rechtsstreitigkeiten vor ordentlichen Gerichten wegen Entschädigungszahlungen außerordentlich selten sind. § 11 Abs. 1 Satz 2 nimmt auf diese Richtlinien Bezug und will sie für die Fälle der gesetzlich geregelten Kündigungsentschädigung nutzbar machen. Danach sind vorhandene Entschädigungsrichtlinien bei der Bemessung der Entschädigung zugrunde zu legen, wenn sie entweder von den Ländern aufgestellt oder von einer Kleingartenorganisation (z. B. Landes-, Bezirks- oder Stadtverband) beschlossen und durch die zuständigen Behörden genehmigt worden sind. Liegen solche Richtlinien vor, so sind diese maßgebend für die Ermittlung der Entschädigung. Beispielhaft sind im **Anhang 7** die vom Bayerischen Staatsministerium des Inneren genehmigten „Richtlinien des Landesverbandes bayerischer Kleingärtner e. V. für die Bewertung von Anpflanzungen und Anlagen nach § 11 Abs. 1 BKleingG" – Bewertungsrichtlinien – vom 23. 10. 2000 abgedruckt. Von den Behörden aufgestellte oder genehmigte **Richtlinien sind keine Rechtsnormen** (a. M. Stang, § 11 Rn. 41).

Das Bundeskleingartengesetz enthält keine Bestimmung darüber, unter welchen materiellen Voraussetzungen die Richtlinien zu genehmigen sind. Die Genehmigungskriterien ergeben sich aber aus der Grundsatznorm des § 11 Abs. 1 Satz 1. Genehmigungsbehörde ist die nach Landesrecht für das Kleingartenwesen zuständige Behörde. Sie wird zu prüfen haben, ob die Voraussetzungen für den Umfang der Kündigungsentschädigung nach Satz 1 erfüllt sind oder nicht.

4. Berücksichtigung der Grundsätze der Enteignungsentschädigung

Die Vorschrift des § 11 Abs. 1 Satz 1 gilt auch in den Fällen, in denen das Kleingarten- **10** pachtverhältnis gekündigt worden ist, weil das Grundstück durch Planungsakte oder durch das Landbeschaffungsgesetz einer anderen Nutzung zugeführt werden soll (§ 9 Abs. 1 Nr. 5 und 6). Satz 3 bestimmt lediglich, dass bei einer Kündigung aus diesen Gründen auch die für die Enteignungsentschädigung geltenden Grundsätze zu beachten sind. Das sind insbesondere die Entschädigung (nur) gesicherter Rechtspositionen nach **Verkehrswert, Vorteilsausgleich** und **Bewertungszeitpunkt**. Zum Verkehrswert s. Rn. 7 a f. Der Vorteilsausgleich ist ein das Schadensersatz- und das Entschädigungsrecht beherrschender Grundsatz. Der Betroffene soll für die durch die Enteignung erlittenen Nachteile Ausgleich erhalten. Vermögensvorteile, die ihm in adäquatem Zusammenhang mit der Enteignung zufließen, sind auf die Entschädigung anzurechnen. Der Betroffene soll nicht mehr, aber auch nicht weniger erhalten, als er ohne den Eingriff hätte. Ein Vorteilsausgleich kommt z. B. in Betracht in den Fällen, in denen die Gemeinde oder der Planungsträger für die in Anspruch genommene Kleingartenanlage (oder Teile davon), eine neue Kleingartenanlage errichtet hat, die Einzelparzellen den durch die Kündigung betroffenen Pächtern anbietet und für die Pächter in der neuen Kleingartenanlage Parkmöglichkeiten oder eine bessere Anbindung an das Straßennetz der Gemeinde geschaffen hat. Im Entschädigungsrecht ist für die Bemessung der Entschädigung der Zeitpunkt maßgebend, in dem über den Enteignungsantrag entschieden wird; bei Kündigungen nach § 9 Abs. 1 Nr. 5 und 6 also der Zeitpunkt des Wirksamwerdens der Kündigung. Auf diesen Zeitpunkt ist die Höhe der Entschädigungsleistung abzustellen.

10 a   Die Regelung des § 11 Abs. 1 Satz 3 soll sicherstellen, dass Kündigungs- und Enteignungsentschädigung bei Inanspruchnahme von Grundstücken für andere als kleingärtnerische Zwecke aufgrund von Planungsakten einander entsprechen. Das wird in der Regel ohnehin der Fall sein, so dass die Vorschrift des Absatzes 1 Satz 3 letztlich einen klarstellenden Charakter hat.

11   Dabei geht das BKleingG davon aus, dass Pachtrechte grundsätzlich zu den enteignungsfähigen und damit auch entschädigungspflichtigen Rechtspositionen gehören (BGH, NJW 1972, 528; BGH, NJW 1982, 2181, 2183; BGH, NJW-RR 2002, 1204). Wird ein Pachtverhältnis nicht gekündigt, sondern im Wege der Enteignung aufgehoben, hat der Pächter als Nebenberechtigter einen eigenen Anspruch auf eine Enteignungsentschädigung. Er kann nicht auf die den Eigentümer zu leistende Entschädigung verwiesen werden.

11 a   Grundsätzlich ist zur Enteignungsentschädigung des Pächters Folgendes zu bemerken:

Die Entschädigung beschränkt sich auf den **Ausgleich der durch die vorzeitige Entziehung des Pachtrechts entstehenden Nachteile** (BGH, NJW 1981, 2181 f.; 2183; BGH, NJW 1972, 528). Bei auf unbestimmte Zeit abgeschlossenen Verträgen wird aus allen erkennbaren Umständen zu ermitteln sein, wie lange der Pächter mit dem Fortbestand seines Vertrages rechnen konnte und ob eine Kündigung überhaupt in Aussicht genommen war (BGHZ 26, 248 ff.). Die Rechtsstellung des Pächters ist daher bei Verträgen über Dauerkleingärten oder bei unbefristeten Verträgen über sonstige Kleingärten erheblich stärker. Verliert der Pächter durch Enteignung sein Besitz- und Nutzungsrecht, so ist er entsprechend dem Wert der (restlichen) Laufzeit des Vertrages zu entschädigen. Zur Enteignung eines Kleingartenpachtrechts hat der BGH in seiner Entscheidung vom 11. Mai 1959 – II ZR 18/58 – (MDR 1959, 918) ausgeführt:

> „Bei der Aufhebung von Pachtrechten im Wege der Enteignung kann der Pächter daher nur Ersatz für den Verlust seines Pachtrechts verlangen. Der Wert dieses Rechtsverlustes ist danach zu ermitteln, welche Vermögensnachteile der Pächter dadurch erleidet, dass er den Vertrag nicht mehr fortsetzen kann. Für den Wert des Pachtrechts ist nicht maßgeblich, welche Aufwendungen der Pächter während seiner Pachtzeit für das Grundstück erbracht hat. **Es war demnach unrichtig, als Enteignungsentschädigung nur den Wert der auf dem Pachtland zurückgelassenen Sachwerte des Vereins festzusetzen.** Das OLG musste vielmehr den Wert des Pachtrechts selbst ermitteln."

12   Zur **Ermittlung dieses Wertes** ist – nach ständiger Rechtsprechung zu untersuchen, was das Pachtrecht „kostet", welcher Betrag für den Erwerb eines gleichgearteten Rechts aufgewendet werden müsste (BGH, WM 1964, 1968 = MDR 1964, 830; BGHZ 41, 354 = NJW 1964, 1227; BGHZ 59, 250, 259 = NJW 1973, 47 f.). Der **Umfang des Rechtsverlustes** ist also nach objektiven Maßstäben und nicht nach subjektiven Wertvorstellungen des Pächters festzulegen. Dabei ist zwischen der Entschädigung für den Rechtsverlust und anderen durch die Enteignung eintretenden Vermögensnachteilen zu unterscheiden.

13   Für die Ermittlung des Verkehrswerts des entzogenen Pachtrechts ist darauf abzustellen, wieviel der Pächter aufwenden muss, um ein entsprechendes Vertragsverhältnis unter den nämlichen Voraussetzungen, Vorteilen und Bedingungen einzugehen (Schmidt-Aßmann, in: Ernst/Zinkahn/Bielenberg, BauGB, § 95 Rn. 55). Maßgebend ist dabei der **objektive Wert des Pachtrechts,** der Wert für „jedermann" (BGHZ 59, 250, 258 = NJW 1973, 47 f.). Das ist der Kündigungsentschädigungsanspruch nach Abs. 1 Satz 1 d. h. die Entschädigung für im Kleingarten zurückgelassene Anpflanzungen und Anlagen, soweit sie im Rahmen der kleingärtnerischen Nutzung üblich sind. Es ist der Wertausgleich für das Genommene. Entsprach im Übrigen die bisherige Pacht dem marktüblichen Pachtzins, hat der Pächter keinen weiteren entschädigungspflichtigen Nachteil erlitten (Aust/Jacobs, Die Enteignungsentschädigung, 3. Aufl. S. 149). Er kann mit der ersparten (marktüblichen) Pacht ein anderes Objekt anpachten. Zur Pachtaufhebungsentschädigung im landwirtschaftlichen Bereich s. Entschädigungsrichtlinien Landwirtschaft vom 28. 7. 2978 – LandR 78 –.

Neben der Entschädigung des Pachtrechts kommt auch eine **Entschädigung für** **14** **andere Vermögensnachteile** (Folgeschäden) in Betracht, soweit sie nicht schon bei Entschädigung für den Rechtsverlust berücksichtigt wurden. Vermögensnachteile i. d. Sinne können z. B. die Kosten für den Transport von Anlagen und Anpflanzungen in den neuen Kleingarten oder die Räumungs- und Beseitigungskosten von Anlagen und Anpflanzungen, sofern der Entschädigungsverpflichtete diese Maßnahmen nicht durchführt, sein. Zu beachten ist hierbei aber, dass der Pächter diese Kosten nur dann voll entschädigt verlangen kann, wenn sie – auch später – **nicht entstanden wären,** weil z. B. der Pachtvertrag auf unbestimmte Zeit geschlossen war oder als geschlossen galt und eine Beendigung der Pachtverträge – aus welchen Gründen auch immer – nicht zu erwarten war oder mit einem Pächternachfolger gerechnet werden konnte. Der zu entschädigende Nachteil liegt dann in dem vorzeitigen Anfall dieser Kosten. Die Entschädigung geht daher nur auf den Ersatz des Zwischenzinses, der dadurch entsteht, dass diese Kosten vorzeitig aufgebracht werden müssen (Aust/Jacobs, a. a. O. S. 163; BGH, NJW 1972, 528; BGHZ 83, 1, 7 = NJW 1982, 2181).

Kündigungsentschädigung nach § 11 Abs. 1 Satz 1 und **Enteignungsentschädigung** **15** nach §§ 93 ff. BauGB werden daher – abgesehen von möglichen Folgeschäden – in aller Regel **einander entsprechen.** Die Vorschrift des Abs. 1 Satz 3 soll (mehr klarstellend) der Gleichbehandlung beider Entschädigungsarten dienen (so auch Otte, a. a. O. § 11 Rn. 6). Beide Entschädigungsarten stellen einen materiellen Ausgleich für Vermögenseinbußen dar, die dem Betroffenen durch die Verwirklichung von Planungen auferlegt werden. Dabei kommt es nicht darauf an, ob der Vollzug der Planungen, hier insbesondere des Bebauungsplans, durch den Planungsträger erzwungen werden darf, sondern vielmehr darauf, dass die (mögliche) Realisierung des Plans zu Vermögenseinbußen der Betroffenen (tatsächlich) führt, die mit der Enteignung vergleichbar sind. A. M. offensichtlich Stang, § 11 Rn. 43 ff., der Abs. 1 Satz 3 einschränkend unter die Voraussetzungen für die Zulässigkeit der Enteignung stellen will. Eine solche einschränkende Auslegung ist den Gesetzgebungsmaterialien nicht zu entnehmen.

Anspruch auf eine Entschädigung hat auch der Zwischenpächter für Anlagen und **15 a** Anpflanzungen i. S. d. Abs. 1 Satz 1, soweit er sie eingebracht hat.

5. Entschädigungsverpflichteter; Entschädigungsberechtigter

Abs. 2 regelt die Entschädigungsverpflichtung gegenüber dem Pächter in Verbindung **16** mit den Kündigungstatbeständen des § 9 Abs. 1. Danach ist entweder der Verpächter oder derjenige zur Entschädigung verpflichtet, der die kleingärtnerisch genutzte Fläche nach der Kündigung in Anspruch nimmt, also der durch die Kündigung Begünstigte.

17 Satz 1 bestimmt, dass der **Verpächter zur Entschädigung verpflichtet** ist, wenn Kleingartenpachtverträge wegen **Neuordnung einer Kleingartenanlage** (§ 9 Abs. 1 Nr. 2), wegen **Eigenbedarfs** (§ 9 Abs. 1 Nr. 3) oder wegen **anderer wirtschaftlicher Verwertung** des Kleingartenlandes gekündigt werden (§ 9 Abs. 1 Nr. 4).

Bei Kündigung wegen Neuordnung einer Anlage nimmt der Verpächter keine Kleingartenflächen in Anspruch; die Neuordnung dient der besseren Gestaltung der Anlage. Dem Verpächter obliegt aber letztendlich die Verantwortung für die Kleingartenanlage; er hat darüber zu entscheiden, ob eine Neuordnung durchgeführt werden soll oder nicht. Der Verpächter wird vor einer Kündigung zu prüfen haben, ob (öffentliche) Mittel für mögliche Entschädigungsfälle bereitstehen oder bereitgestellt werden. Ist das nicht der Fall, wird die Neuordnung der Anlage unterbleiben müssen, es sei denn, dass der Verpächter bereit ist, ggf. die Entschädigung aus eigenen Mitteln zu bestreiten.

In den beiden anderen Fällen (Kündigung wegen Eigenbedarfs und wegen anderer wirtschaftlicher Verwertung) übernimmt der Grundstückseigentümer die Kleingartenflächen. Es ist daher sachlich gerechtfertigt, dass er als Verpächter zur Entschädigung verpflichtet ist.

18 Satz 2 regelt die Entschädigungspflicht bei Kündigungen nach § 9 Abs. 1 Nr. 5 und 6. Wird der Kleingartenpachtvertrag gekündigt, weil die Flächen **alsbald der im Bebauungsplan festgesetzten Nutzung zugeführt** werden sollen (§ 9 Abs. 1 Nr. 5), so ist **derjenige zur Entschädigung verpflichtet, der die Fläche in Anspruch nimmt**. Das kann der Verpächter sein, aber auch ein anderer Begünstigter. Wird eine kleingärtnerisch genutzte Fläche **nach abgeschlossener Planfeststellung** gekündigt (§ 9 Abs. 1 Nr. 6 a), so ist der **Fachplanungsträger** zur Kündigungsentschädigung verpflichtet. In den Fällen der Kündigung nach **§ 9 Abs. 1 Nr. 6 b** ist der **Bund** der Begünstigte und somit entschädigungspflichtig.

18 a Entschädigungsberechtigt ist der Kleingärtner (als Endpächter eines Kleingartens), dessen Besitzrecht durch die Kündigung des Verpächters erloschen ist, unabhängig davon, ob er Adressat der Kündigungserklärung ist oder nicht. Das ist der Fall, wenn die Kündigung des Einzelpachtvertrages oder des die Gartenparzelle räumlich erfassenden Zwischenpachtvertrages wirksam geworden ist (BGH NJW-RR 2002, 1203). Denn mit dem Wirksamwerden der Kündigung eines Zwischenpachtvertrages entfällt nicht nur das Besitzrecht des Zwischenpächters an den von der Kündigung betroffenen Flächen, sondern auch das Besitzrecht der einzelnen Kleingärtner an den von der Kündigung erfassten Einzelparzellen. Ausgenommen hiervon sind die Fälle des § 10 Abs. 3, in denen der Verpächter im Zwischenpachtverhältnis (Hauptverpächter) in die Verträge des Zwischenpächters mit den einzelnen Kleingärtnern eintritt (s. hierzu § 10 Rn. 5 ff.). Das gilt auch für mehrfach gestufte Pachtverträge. Mit dem Erlöschen des Besitzrechts des Kleingärtners infolge der Kündigung des Zwischenpachtvertrages durch den Hauptverpächter kann der betroffene Kleingärtner hinsichtlich der von ihm eingebrachten aber gegen Entgelt übernommenen Anpflanzungen und Anlagen gemäß § 11 Abs. 2 unmittelbar vom kündigenden Hauptverpächter oder demjenigen, der die Fläche in Anspruch nimmt eine angemessene Entschädigung nach Abs. 1 verlangen.

6. Fälligkeit und Verjährung des Entschädigungsanspruchs

Nach Absatz 3 ist der Entschädigungsanspruch fällig, sobald das Pachtverhältnis been- **19**
det und der Kleingarten geräumt ist. Das Pachtverhältnis ist beendet, wenn die Kündigung wirksam geworden ist (s. hierzu Vorbemerkungen zu den §§ 7 bis 10). Geräumt
ist der Kleingarten, wenn er freigemacht von den Sachen des Kleingärtners bzw. wenn
diese dem Verpächter vereinbarungsgemäß übergeben worden sind und der Besitz aufgegeben worden ist, z. B. durch Übergabe der Schlüssel für das Gartentor oder für die
Laube. Mit dem Eintritt der Fälligkeit beginnt der Lauf der Verjährungsfrist.

Der Kündigungsentschädigungsanspruch nach § 11 ist ein Ersatzanspruch eigener **19 a**
Art. Mit dem Verwendungsersatzanspruch gemäß § 539 BGB n. F. ist er nicht vergleichbar. Denn die Gegenstände, für die nach § 11 Entschädigung zu leisten ist, sind
keine Verwendungen i. S. des § 547 BGB a. F. bzw. Aufwendungen nach §§ 536 a Abs. 2,
539 Abs. 1 BGB n. F. Sie dienen nicht der Erhaltung, Wiederherstellung oder Verbesserung des Pachtgegenstandes (BGHZ 131, 220). Auf den Anspruch auf Kündigungsentschädigung (§ 11) findet daher die Vorschrift über die kurze Verjährung (6 Monate)
nach § 548 BGB n. F. keine Anwendung, auch nicht analog. Denn in den Fällen des
§ 11 BKleingG und des § 548 BGB n. F. handelt es sich nicht um rechtsähnliche, sondern
unterschiedliche Tatbestände. Allerdings wird § 548 BGB n. F. nach der ständigen
Rechtsprechung des BGH weit ausgelegt, um die mit der Beendigung von Miet- und
Pachtverhältnissen verbundenen Ansprüche einer beschleunigten Klarstellung zuzuführen. Dennoch kann die kurze Verjährungsfrist von 6 Monaten gemäß § 548 BGB n. F.
nicht auf den Entschädigungsanspruch nach § 11 Abs. 1 wegen seiner Nähe zum öffentlich-rechtlichen Enteignungsentschädigungsanspruch (BGH NJW-RR 2002, 1204) angewendet werden. Das gilt uneingeschränkt für den Kündigungsentschädigungsanspruch im Falle einer Kündigung zum Zwecke der Verwirklichung des Bebauungsplans (§ 9 Abs. 1 Nr. 5) oder der Planfeststellung (§ 9 Abs. 1 Nr. 6). Bei einer auf diese
Gründe gestützten Kündigung sind bei der Kündigungsentschädigung „die für die
Enteignungsentschädigung geltenden Grundsätze zu beachten" (Abs. 3). Der vom
Gesetzgeber gewollte Gleichklang beider Entschädigungsvarianten ist jedoch nur dann
gewährleistet, wenn dies auch für die Verjährungsfrage gilt und der Kündigungsentschädigungsanspruch so behandelt wird, wie ein (fiktiver) Enteignungsentschädigungsanspruch (BGH NJW-RR 2002, 1204). Von diesem Ansatz her ist weiter sachgerecht, den Entschädigungsanspruch nach § 11 Abs. 1 Satz 1 insgesamt den allgemeinen
Verjährungsbestimmungen zu unterwerfen, zumal dieser Anspruch auch in den anderen Fällen der Kündigungsentschädigung (Neuordnung der Kleingartenanlage, Eigenbedarf und andere wirtschaftliche Verwertung des Kleingartengrundstücks) der Enteignungsentschädigung näher steht als dem mietvertraglichen Verwendungsersatzanspruch nach §§ 536 a Abs. 2, 539 Abs. 1 BGB n. F. (BGH a. a. O.). Es gilt daher die regelmäßige Verjährungsfrist nach § 195 BGB n. F. (a. A. Stang, § 11 Rn. 57). Die regelmäßige
Verjährungsfrist beträgt nach § 195 BGB n. F. drei Jahre.

7. Entschädigung bei Pächterwechsel; Umsatzsteuer

Das BKleinG sieht eine Entschädigung für im Kleingarten zurückgelassene Anpflan- **20**
zungen und Anlagen nur in bestimmten Fällen vor (s. Rn. 2). In allen übrigen Fällen
verbleibt dem Pächter bei Beendigung des Pachtverhältnisses das Wegnahmerecht

(§§ 581 Abs. 2, 539 Abs. 2 n. F. BGB i. V. m. § 4 Abs. 1 BKleingG – s. Anhang 4). Die Vertragsparteien können jedoch vereinbaren, dass der nachfolgende Pächter dem weichenden Kleingärtner eine Entschädigung für die im Kleingarten zurückgelassenen Anpflanzungen und Anlagen zu leisten hat. In der Praxis wird in der Regel auch so verfahren. Die Bewertung der Anpflanzungen und Anlagen erfolgt aufgrund von Richtlinien. Diese Praxis hat sich bewährt. Sie ermöglicht eine rasche und unkomplizierte Abwicklung des beendeten Pachtverhältnisses.

21 In zahlreichen Pachtvereinbarungen wird dem weichenden Pächter ein **Anspruch auf Entschädigung** für die Anpflanzungen und Anlagen gegenüber der Kleingärtnerorganisation eingeräumt und der **nachfolgende Kleingärtner verpflichtet,** die entsprechende **Ablösungsumme** nach Abschätzung des Kleingartens **an die Kleingärtnerorganisation** zu zahlen. In diesen Fällen bestehen zwischen dem weichenden und dem nachfolgenden Pächter keine Rechtsbeziehungen. Die Kleingärtnerorganisation ist Empfänger der Ablösungsumme vom neuen Pächter und Entschädigungsleistender an den weichenden Pächter zugleich. Insoweit handelt es sich um eine **steuerbare Leistung** im Sinne des § 1 Abs. 1 Ziffer 1 UStG, d. h. dass die Kleingärtnerorganisation umsatzsteuerpflichtig ist. Dass die Kleingärtnerorganisation die Entschädigung erst zahlt, wenn der neue Pächter die Ablösungsumme geleistet hat, ist umsatzsteuerrechtlich ohne Bedeutung.

22 Die Ablösungsumme ist auch kein „durchlaufender Posten" im Sinne des § 10 Abs. 1 Satz 6 UStG. **Durchlaufende Posten** sind nur solche Beträge, die im Namen und für Rechnung eines anderen vereinnahmt und verausgabt werden, d. h. die also der Kleingärtnerorganisation weder wirtschaftlich noch rechtlich zugerechnet werden können. Dies setzt voraus, dass unmittelbare Rechtsbeziehungen bezüglich der Ablösungsumme nur zwischen dem weichenden und dem nachfolgenden Pächter bestehen (vgl. BFH, BStBl II, 66, 263). Die Kleingärtnerorganisation, bei der die Beträge „durchlaufen", darf selbst aus eigenem Recht keinen Anspruch auf diese haben. Auch darf der weichende Pächter sie nicht von der Kleingärtnerorganisation fordern können (BFH, BStBl II, 67, 377). Unmittelbare Rechtsbeziehungen zwischen dem weichenden und nachfolgenden Pächter setzen voraus, dass beide jeweils den Namen des anderen und die Höhe des gezahlten Betrages kennen (BFH, BStBl II, 70, 191).

23 Die Ablösungsumme unterliegt danach nur dann nicht der Umsatzsteuer, wenn sich aus dem Einzelpachtvertrag ergibt, dass hinsichtlich der Ablösungsumme **Rechtsbeziehungen nur zwischen dem weichenden und dem nachfolgenden Kleingärtner** bestehen und dass der Kleingärtnerverein, wenn dieser eingeschaltet ist, nur im Namen und für Rechnung des weichenden und nachfolgenden Kleingärtners tätig ist.

24 Eine solche Regelung kann auch in einem „zusätzlichen" Übernahmevertrag vereinbart werden. Eine entsprechende Regelung in der Satzung ist nur dann rechtswirksam, wenn diese Bestandteil des Kleingartenpachtvertrages ist.

8. Entschädigung bei Aufhebung von Kleingartenpachtverträgen im Rahmen städtebaulicher Maßnahmen nach BauGB

25 Zur Verwirklichung der Ziele und Zwecke der **Sanierung** in förmlich festgelegten Sanierungsgebieten (§§ 136 ff. BauGB), **der Entwicklung** in städtebaulichen Entwicklungsbereichen (§§ 165 ff. BauGB) oder zur Realisierung der Ziele und Zwecke des **Baugebots** (§ 176 BauGB) kann die Gemeinde das Pachtverhältnis auf Antrag des Eigentümers oder im Hinblick auf das Baugebot mit einer Frist von mindestens sechs Monaten zum Schluss eines Pachtjahres aufheben, wenn die Beendigung des Pachtverhältnisses erforderlich ist (§ 182 Abs. 1 BauGB). § 185 Abs. 3 BauGB enthält eine **Sonderregelung für kleingärtnerisch genutztes Land.** Er erfasst nur Kleingärten i. S. d. BKleingG, d. h. also kleingärtnerisch genutzte Flächen innerhalb von Kleingartenanlagen. § 185 Abs. 3 BauGB ist aus dem StBauFG übernommen und dort in Anlehnung an damals für Kleingärten geltende Schutzbestimmungen eingefügt worden. Nachdem das frühere Kleingartenrecht durch das BKleingG ersetzt worden ist, fallen unter Abs. 3 die dem Schutz des BKleingG unterliegenden Kleingärten. Diese Vorschrift setzt **nicht voraus,** dass es sich um **Dauerkleingärten** (§ 1 Abs. 3 BKleingG) handelt. Sie bestimmt, dass, wenn ein Kleingartenpachtvertrag aufgehoben wird, die Gemeinde verpflichtet ist nicht nur eine **angemessene Entschädigung** in Geld zu leisten, sondern auch Ersatzland bereitzustellen oder zu beschaffen. Die Entschädigung nach § 185 BauGB ist eine **enteignungsrechtliche Entschädigung.** Sie ist nur zu gewähren, wenn durch die vorzeitige Beendigung des Rechtsverhältnisses Vermögensnachteile entstehen.

§ 12
Beendigung des Kleingartenpachtvertrages bei Tod des Kleingärtners

(1) Stirbt der Kleingärtner, endet der Kleingartenpachtvertrag mit dem Ablauf des Kalendermonats, der auf den Tod des Kleingärtners folgt.

(2) Ein Kleingartenpachtvertrag, den Eheleute oder Lebenspartner gemeinschaftlich geschlossen haben, wird beim Tode eines Ehegatten oder Lebenspartners mit dem überlebenden Ehegatten oder Lebenspartner fortgesetzt. Erklärt der überlebende Ehegatte oder Lebenspartner binnen eines Monats nach dem Todesfall in Textform gegenüber dem Verpächter, dass er den Kleingartenpachtvertrag nicht fortsetzen will, gilt Abs. 1 entsprechend.

(3) Im Falle des Abs. 2 Satz 1 ist § 563 b Abs. 1 und 2 des Bürgerlichen Gesetzbuchs über die Haftung und über die Anrechnung des geleisteten Mietzinses entsprechend anzuwenden.

Übersicht

1. Beendigung der Pachtverträge

§ 12 enthält eine Sonderregelung für alle Kleingartenpachtverträge bei Tod des Kleingärtners. Er gilt für alle Kleingartenpachtverträge. Nach Abs. 1 endet der Kleingarten- **1** pachtvertrag mit dem Ablauf des Kalendermonats, der auf den Tod des Kleingärtners folgt, weil die Person des Kleingärtners für den Verpächter von wesentlicher Bedeutung ist. Der Verpächter soll auch nach dem Tode des Kleingärtners im Hinblick auf die Vergabe des Kleingartens wieder völlig frei sein, es sei denn, dass auch der überlebende Ehegatte oder Lebenspartner gemeinschaftlich mit dem Verstorbenen den Kleingartenpachtvertrag geschlossen hat. Die Monatsfrist dient dazu, den Erben genügend Zeit zur Räumung des Gartens zu geben. Abs. 1 ist nicht abdingbar.

1 a Nach dem Lebenspartnerschaftsgesetz vom 16. 2. 2001 (BGBl I S. 266) begründen zwei Personen gleichen Geschlechts eine Lebenspartnerschaft, wenn sie gegenseitig persönlich und bei gleichzeitiger Anwesenheit erklären, miteinander eine Partnerschaft auf Lebenszeit führen zu wollen (§ 1 Abs. 1 Satz 1). Die Erklärungen werden wirksam, wenn sie vor der zuständigen Behörde erfolgen. Weitere Voraussetzung ist, dass die Lebenspartner eine Erklärung über ihren Vermögensstand abgegeben haben. Das Lebenspartnerschaftsgesetz ist als Art. 1 des Gesetzes zur Beendigung der Diskriminierung gleichgeschlechtlicher Gemeinschaften verkündet und am 1. 8. 2001 in Kraft getreten.

1 b Mit dem **Tode des Kleingärtners (Erbfall) geht dessen Vermögen (Erbschaft) als Ganzes auf eine oder mehrere andere Personen (Erben) über** (§ 1922 Abs. 1 BGB) ohne Wissen des Erben oder sogar gegen seinen Willen. Zur Vermeidung des Erbfalls muss die Erbschaft ausgeschlagen werden (§ 1942 Abs. 1 BGB). Erfolgt die Ausschlagung nicht innerhalb der gesetzlichen Frist von 6 Wochen, so gilt die Erbschaft als angenommen (§§ 1943, 1944 BGB). Der Nachweis der Erbschaft erfolgt durch Vorlage des Erbscheins. Der Erbschein ist zwar nicht stets zwingend, grundsätzlich aber notwendig, wenn der Erbe sich im Rechtsverkehr als solcher ausweisen muss, um den Nachlass in Besitz zu nehmen und darüber verfügen zu können. Anderweitige Erbnachweise sind möglich, z. B. durch Vorlage des Feststellungsurteils. Bei anderen Nachweisen, z. B. beim öffentlichen Testament, besteht das Risiko, dass das Testament später geändert worden ist. Ist ein Testamentsvollstrecker eingesetzt, werden Rechte und Pflichten der Erben von diesem wahrgenommen. Er hat die Stellung eines Treuhänders, Verwalters des Erben. Das Testamentsvollstreckerzeugnis bestätigt, dass der darin Genannte wirksam zum Testamentsvollstrecker ernannt ist. Ist dem Verpächter der Erbe des verstorbenen Kleingärtners unbekannt oder ist ungewiss, ob der Erbe die Erbschaft angenommen hat, kann der Verpächter zur Sicherung des Nachlasses beim Nachlassgericht die Einsetzung eines Nachlasspflegers beantragen (§ 1960 Abs. 1 BGB). Nachlassgericht ist das Amtsgericht. Die örtliche Zuständigkeit bestimmt sich nach dem letzten Wohnsitz oder Aufenthalt des Erblassers.

1 c Die Erbschaft umfasst alle dinglichen und persönlichen Vermögensrechte und Verbindlichkeiten des Erblassers. Der Erbe haftet daher auch nach § 1967 Abs. 1 BGB für die Nachlassverbindlichkeiten. Hierzu gehören auch die vom Erblasser herrührenden Schulden (§ 1967 Abs. 2 BGB). Die Haftung der Erben für die Nachlassverbindlichkeiten ist an sich unbeschränkt, kann aber auf den Nachlass beschränkt werden durch Anordnung der Nachlassverwaltung oder Eröffnung des Insolvenzverfahrens (§ 1975 BGB) oder durch die Einrede der Dürftigkeit des Nachlasses (§ 1990 Abs. 1 BGB). Mehrere Erben bilden eine Erbengemeinschaft (§ 2032 BGB). Der Nachlass wird gemeinschaftliches Vermögen der Erben (Gesamthandsvermögen). Sämtliche Erben können nur gemeinsam handeln. Sie haften als Gesamtschuldner für die Nachlassverbindlichkeiten. Jeder Erbe kann von einem Gläubiger in voller Höhe in Anspruch genommen werden. Der in Anspruch genommene Erbe hat dann nur die Möglichkeit, gemäß § 426 BGB Ausgleich von den übrigen Miterben zu verlangen.

Der Erbe ist verpflichtet, den Kleingarten an den Verpächter zurückzugeben sowie **1 d** Pachtzins- und sonstige Zahlungsrückstände zu begleichen. Zur Räumung des Kleingartens s. vor §§ 7–10, Rn. 8 ff. Für die Pachtzins- und sonstigen Zahlungsrückstände haftet immer der Nachlass, auch bei Haftungsbeschränkung (Rn. 1 c). Zum Nachlass gehört auch die Laube und sonstige bauliche Anlagen sowie die Anpflanzungen im Kleingarten. Denn hierbei handelt es sich um Scheinbestandteile, die im Eigentum des Kleingärtners verbleiben. S. hierzu § 3 Rn. 43 und § 4 Rn. 21. Sofern die baulichen Anlagen und Anpflanzungen nicht vom nachfolgenden Pächter übernommen werden, ist der Erbe zur Wegnahme, Beseitigung verpflichtet. Hat sich der Verpächter vertraglich verpflichtet, die baulichen Anlagen und Anpflanzungen im Kleingarten nach Beendigung des Pachtvertrages bewerten zu lassen, so besteht diese Verpflichtung auch gegenüber dem Erben. Im Voraus bezahlte Pachtzinsen sind für die Zeit nach Beendigung des Pachtvertrages zurückzuerstatten. Der insoweit nicht verbrauchte Pachtbetrag ist gemäß § 547 Abs. 1 Satz 1 BGB n. F. zu verzinsen. Eine Rückzahlungsverpflichtung scheidet aus, wenn der gezahlte Pachtbetrag nicht mehr im Vermögen des Verpächters im Einzelpachtverhältnis vorhanden ist, weil er z. B. an den Grundstückseigentümer bereits abgeführt wurde. Der Verpächter im Einzelpachtverhältnis hat den im Voraus geleisteten Pachtzins nur nach den Vorschriften über die Herausgabe einer ungerechtfertigten Bereicherung zurückzuerstatten.

Der Anspruch auf Zahlung rückständiger Pachtzinsen und sonstiger Leistungen ver- **1 e** jährt nach § 195 BGB in drei Jahren. Das Gleiche gilt auch für die Erstattung im Voraus entrichteter Pachtzinsen. Der Rückgabeanspruch des Verpächters verjährt ebenfalls nach der regelmäßigen Verjährungsfrist von drei Jahren (§ 195 BGB n. F.).

2. Gemeinschaftlicher Kleingartenpachtvertrag der Eheleute/Lebenspartner

Nach Abs. 2 Satz 1 wird der Kleingartenpachtvertrag mit dem überlebenden Ehe- **2** gatten/Lebenspartner fortgesetzt, wenn die Eheleute/Lebenspartner gemeinschaftlich den Vertrag abgeschlossen haben. Das Gleiche gilt, wenn ein Ehegatte/Lebenspartner nachträglich durch Vereinbarung mit dem Verpächter in den vom anderen geschlossenen Kleingartenpachtvertrag eintritt. Aus einem Pachtverhältnis mit nur einem Pächter wird ein Schuldverhältnis mit zwei Kleingärtnern. Abs. 2 Satz 1 findet auch dann Anwendung, wenn die Ehegatten/Lebenspartner beim Tod des einen keinen gemeinsamen Hausstand geführt haben, z. B. getrennt lebten. Voraussetzung für die Fortsetzung des Pachtvertrages ist (lediglich) das Bestehen der Ehe/Partnerschaft beim Tod des einen Ehegatten. Abs. 2 ist nicht abdingbar.

Der überlebende Ehegatte/Partner kann sich aber auch in diesem Fall von dem Vertrag **3** kurzfristig lösen, wenn er binnen eines Monats nach dem Todesfall dem Verpächter gegenüber in Textform (s. § 5 Rn. 21 a) erklärt, dass er den Kleingartenpachtvertrag nicht fortsetzen will. In diesem Falle gilt Abs. 1, d. h., dass der Kleingartenpachtvertrag mit dem Ablauf des Kalendermonats endet, der auf den Tod des Kleingärtners folgt.

4 Wird der Kleingartenpachtvertrag mit dem überlebenden Ehegatten/Lebenspartner fortgesetzt, so haftet dieser bereits als Mitverpflichteter aus dem Kleingartenpachtvertrag für alle bis zum Tode des Kleingärtners entstandenen Verbindlichkeiten – soweit sie mit der Nutzung des Kleingartens im Zusammenhang stehen – und nicht nur für die Zahlung des Pachtzinses. Aus der in Abs. 3 angeordneten entsprechenden Anwendung des § 563 b Abs. 1 BGB ergibt sich, dass beim gemeinschaftlichen Vertrag der Überlebende neben dem Erben als Gesamtschuldner haftet für die bis zum Tod des Kleingärtners entstandenen Verbindlichkeiten, im Innenverhältnis aber der Erbe des verstorbenen Kleingärtners ausgleichpflichtig ist, soweit der Verstorbene im Verhältnis der Ehegatten/Lebenspartner allein für die Schulden aufzukommen hatte. Andererseits kommen Pachtzinsvorauszahlungen des verstorbenen Kleingärtners dem überlebenden Ehegatten/Lebenspartner – soweit er das Pachtverhältnis fortsetzt – zugute. Den Vorteil, den der überlebende Ehegatte/Lebenspartner dadurch erlangt, muss er an den Erben herausgeben, wenn er selbst nicht als Erbe den Betrag ganz oder teilweise behalten kann (§ 563 b Abs. 2 BGB). Die Vorschrift des Absatzes 3 kann abbedungen werden.

§ 13

Abweichende Vereinbarungen

Vereinbarungen, durch die zum Nachteil des Pächters von den Vorschriften dieses Abschnitts abgewichen wird, sind nichtig.

Übersicht

1. Nachteilige Abweichungen

1 Die Vorschrift dient dem Schutz des Pächters und schließt für ihn nachteilige Vereinbarungen über die im Zweiten Abschnitt des Bundeskleingartengesetzes geregelten Gegenstände aus. Die Regelungen der §§ 4 bis 12 können danach nicht zum Nachteil des Pächters geändert werden. Das gilt für die pachtrechtlichen Vorschriften des BGB, die über § 4 Abs. 1 auf Kleingartenpachtverträge entsprechend anwendbar sind sowie über die mietrechtlichen Bestimmungen, die über § 581 Abs. 2 BGB analog anzuwenden sind, ferner für die Pachtzinsregelungen (§ 5), die Vorschriften über die Pachtdauer (§ 6), die Schriftform der Kündigung (§ 7), die Kündigungsvorschriften (§§ 8–10), die Kündigungsentschädigung (§ 11) sowie für die Regelungen über die Beendigung des Kleingartenpachtvertrages bei Tod des Kleingärtners (§ 12). Das gilt – mit Ausnahme des § 12 – auch für Zwischenpachtverträge (§ 4 Abs. 2 Satz 1). Nicht erfasst werden von § 13 Vereinbarungen über die nähere Ausgestaltung der Nutzung des Kleingartens in Pachtverträgen. Die kleingärtnerische Nutzung ist gesetzlich festgelegt. Vereinbarungen, die der gesetzlichen Begriffsbestimmung (in § 1 Abs. 1) widersprechen, sind keine

Kleingartenpachtverträge, sondern Bodennutzungsverträge anderer Art. Ob ein Klein-gartenpachtvertrag i. S. d. BKleingG vorliegt, muss ggf. durch Auslegung festgestellt werden (a. M. offensichtlich Stang, § 13 Rn. 6 ff.). Ein **Nachteil** liegt vor, wenn der Päch-ter einen Verlust von Rechten aus diesen Vorschriften erleidet. Eine Kompensation von Nach- und Vorteilen in der Weise, dass Nachteile gegen Vorteile aufgerechnet werden, ist nach § 13 nicht möglich.

2. Rechtsfolgen

Vereinbarungen sind nach § 13 nichtig, wenn zum Nachteil des Pächters von den   2 pachtrechtlichen Vorschriften des BKleingG abgewichen wird. Die Nichtigkeit einzel-ner Vertragsvereinbarungen hat nicht die Gesamtnichtigkeit des Kleingartenpacht-vertrages zur Folge. Sinn und Zweck der Regelung des § 13 ist es, den Pächter vor einzelnen Klauseln zu schützen, die abweichend von den Bestimmungen über die Kleingartenpacht des BKleingG ihn belasten. Abweichende Vereinbarungen, die den Pächter begünstigen, sind, soweit die entsprechende Vorschrift des BKleingG abding-bar ist, zulässig, so zum Beispiel eine Vereinbarung über einen Entschädigungs-anspruch bei Kündigung wegen Verschulden des Pächters. Auch vor dem 1. April 1983 getroffene Vereinbarungen sind gemäß § 16 Abs. 1 nichtig, wenn sie von den Regelun-gen des zweiten Abschnitts des BKleingG abweichen und den Pächter benachteiligen. Bei jeder abweichenden Vereinbarung zum Vorteil des Pächters ist zu prüfen, ob es sich um eine abdingbare, veränderbare Vorschrift handelt oder nicht.

DRITTER ABSCHNITT

Dauerkleingärten

§ 14

Bereitstellung und Beschaffung von Ersatzland

(1) Wird ein Kleingartenpachtvertrag über einen Dauerkleingarten nach § 9 Abs. 1 Nr. 5 oder 6 gekündigt, hat die Gemeinde geeignetes Ersatzland bereitzustellen oder zu beschaffen, es sei denn, sie ist zur Erfüllung der Ver-pflichtung außerstande.

(2) Hat die Gemeinde Ersatzland bereitgestellt oder beschafft, hat der Bedarfsträger an die Gemeinde einen Ausgleichsbetrag zu leisten, der dem Wertunterschied zwischen der in Anspruch genommenen kleingärtnerisch genutzten Fläche und dem Ersatzland entspricht.

(3) Das Ersatzland soll im Zeitpunkt der Räumung des Dauerkleingartens für die kleingärtnerische Nutzung zur Verfügung stehen.

Übersicht

1. Ersatzlandverpflichtung als öffentlich-rechtliche Aufgabe der Gemeinde

1 § 14 verpflichtet die Gemeinde, in bestimmten gesetzlich im Einzelnen festgelegten Fällen Ersatzland bereitzustellen oder zu beschaffen. Die Vorschrift knüpft an den Grundgedanken der Ersatzlandbeschaffung nach altem Recht an, normiert die Ersatzlandbeschaffung aber **nicht als Rechtsanspruch des Pächters, sondern als öffentlich-rechtliche Pflichtaufgabe der Gemeinde**. Ziel der Ersatzlandverpflichtung ist die Erhaltung des Kleingartenbestandes. Der Gemeinde obliegt es, die Bevölkerung mit Kleingärten zu versorgen. Dies hat auch das Bundesverfassungsgericht in seiner Entscheidung vom 12. Juni 1979 ausdrücklich festgestellt (BVerfGE 52, 37). Diese Aufgabe ist weder auf andere öffentlich-rechtliche Körperschaften noch auf Private übertragbar. § 14 belastet daher folgerichtig die Gemeinde mit der Ersatzlandbeschaffungspflicht, begrenzt aber gleichzeitig die Tatbestände, die eine Ersatzlandpflicht auslösen und stellt die Gemeinde von dieser Verpflichtung frei, wenn sie zur Erfüllung außerstande ist. Diese (öffentlich-rechtliche) Verpflichtung der Gemeinde kann privatrechtlich **nicht abbedungen** werden (unklar Stang, § 14 Rn. 22 ff.). Die Gemeinde kann sich aber privatrechtlich verpflichten, Ersatzland bereitzustellen. Das Gleiche gilt auch für den privaten Verpächter. Er kann mit den Pächtern oder mit der Gemeinde vereinbaren, Ersatzland für kleingärtnerische Zwecke zur Verfügung zu stellen. Zweifelhaft ist jedoch, ob eine solche Vereinbarung mit der Gemeinde ein städtebaulicher Vertrag i. S. des § 11 BauGB ist (so aber Stang, § 14 Rn. 22 ff.), es sei denn, dass ein solcher Vertrag im Zusammenhang mit der Vorbereitung oder Durchführung städtebaulicher Maßnahmen durch den Vertragspartner auf eigene Kosten steht. Dabei ist insbesondere zu berücksichtigen, dass Verträge im Zusammenhang mit städtebaulichen Planungen **Ansprüche auf Aufstellung oder Änderung eines Bebauungsplans nicht begründen** können (§ 1 Abs. 3 Satz 2 BauGB).

2 Nach Abs. 1 Satz 1 ist die Ersatzlandverpflichtung der Gemeinde an die folgenden Voraussetzungen geknüpft:

1. Eine Ersatzlandverpflichtung löst nur die Kündigung eines Pachtvertrages über einen **Dauerkleingarten** aus, d. h. also über einen Kleingarten, der im (alten) Bebauungsplan planungsrechtlich abgesichert war. Gleich zu behandeln sind die Fälle, in denen (sonstige) Kleingärten wie Dauerkleingärten zu behandeln sind, sog. fiktive Dauerkleingärten (§§ 16 Abs. 2, 20 a Abs. 2).

Dauerkleingärten sind nach der gesetzlichen Definition des § 1 Abs. 3 Kleingärten auf einer Fläche, die für Dauerkleingärten festgesetzt ist. Es muss sich also um einen Pachtvertrag handeln, der die Überlassung einer solchen Fläche zum Gegenstand hat oder um einen Überlassungsvertrag über Kleingartenland, das nach Vertragsschluss als Fläche für Dauerkleingärten im Bebauungsplan ausgewiesen worden ist. Die Ersatzlandverpflichtung der Gemeinde „besteht" latent vom Zeitpunkt der Ausweisung der Fläche für Dauerkleingärten (und ihrer Verpachtung); wird aber erst im Falle der Kündigung aus den in § 9 Abs. 1 Nr. 5 oder 6 genannten Gründen aktuell. Zu den Kleingärten, die wie Dauerkleingärten zu behandeln sind (s. § 16 Rn. 3 f.; § 20 a Rn. 5 ff.), gehören nach § 16 Abs. 2 gemeindeeigene Kleingartengrundstücke, die vor In-Kraft-Treten des BKleingG verpachtet und bei In-Kraft-Treten des BKleingG planungsrechtlich nicht abgesichert waren sowie gemeindeeigene Grundstücke in den neuen Ländern (s. hierzu § 20 a Rn. 7 f.). Die Kündigung von Kleingärten, die im Flächennutzungsplan als Dauerkleingärten dargestellt sind, begründet keine Ersatzlandverpflichtung der Gemeinde.

2. Die Kündigung muss zu dem Zweck erfolgen, die (frühere) Dauerkleingartenfläche

  a) der im Bebauungsplan festgesetzten neuen Nutzung zuzuführen, zum Beispiel bei Festsetzung einer Dauerkleingartenfläche als Gewerbegebiet (§ 9 Rn. 24 ff.) oder

  b) der durch die Planfeststellung festgelegten Nutzung zuzuführen, zum Beispiel durch die Verwendung einer (dauer-)kleingärtnerisch genutzten Fläche für den Bau einer Bundesfernstraße (§ 9 Rn. 33 ff.) oder

  c) für die im Landbeschaffungsgesetz genannten Nutzungen zu verwenden (§ 9 Rn. 39 ff.).

Die **Kündigung aus anderen** nach dem BKleingG zulässigen **Gründen löst keine**   **3** **Ersatzlandverpflichtung der Gemeinde aus.**

Im Falle der Beendigung des Kleingartenpachtverhältnisses durch Enteignung ist die   **4** Gemeinde ebenfalls – unabhängig von der Entschädigungsverpflichtung für die Enteignung – öffentlich-rechtlich verpflichtet, geeignetes Ersatzland bereitzustellen (so auch Otte, § 14 Rn. 3). § 14 Abs. 1 ist insoweit entsprechend anzuwenden. Dies ergibt sich aus der dem § 14 Abs. 1 zugrunde liegenden Zielrichtung, den vorhandenen Bestand an Kleingartenanlagen zu sichern (und Kleingartenland durch Planungsakte (hoheitliche Maßnahmen) für andere Zwecke in Anspruch genommen wird. Die Ersatzlandverpflichtung der Gemeinde nach Maßgabe des § 14 hängt insoweit nicht davon ab, ob das (ehemalige) Kleingartengelände durch Kündigung oder durch Enteignung der kleingärtnerischen Nutzung entzogen wurde.

Demgegenüber meint Stang (§ 14 Rn. 8), die Gemeinden seien nicht verpflichtet, bei   **4 a** Enteignungen Ersatzland zu beschaffen oder bereitzustellen, weil das jeweils anzuwendende Enteignungsrecht die Folgen der Enteignung abschließend regele. Im Übrigen sei das Enteignungsrecht in weiten Teilen Länderrecht, das durch eine entsprechende Anwendung bundesrechtliche Regelungen unterlaufen würde. Dem muss entgegengehalten werden, dass die Ersatzlandverpflichtung der Gemeinde keine Frage der Enteignungsentschädigung ist. Sie ergibt sich vielmehr – als Folgepflicht – aus der öffentlich-rechtlichen Verpflichtung der Gemeinde, die Bevölkerung mit Kleingärten zu versorgen. Dies hat das Bundesverfassungsgericht in seiner Entscheidung vom 12. Juni 1979 ausdrücklich festgestellt (BVerfGE 52, 37). In § 14 ist diese Folgepflicht für den Bereich der Kündigung zum Zwecke der Verwirklichung des Bebauungsplans bzw. der Planfeststellung, sofern Verträge über (frühere) Dauerkleingärten betroffen sind, gesetzlich verankert. Die Rechtslage ist vergleichbar, wenn (früheres) Dauerkleingartenland durch Enteignung den in Bebauungsplan oder Planfeststellung festgesetzten Nutzungszwecken zugeführt werden soll. Hierin liegt der Grund für die entsprechende Anwendbarkeit des § 14 im Falle der Enteignung.

4 b Der Ablauf der Vertragsdauer von Zeitverträgen über im Bebauungsplan befristet oder bedingt festgesetzte Flächen für Dauerkleingärten (§ 9 Abs. 2 BauGB) löst keine Ersatzlandverpflichtung nach § 14 aus, weil das Kleingartenpachtverhältnis vereinbarungsgemäß und nicht durch einen Eingriff bzw. Maßnahme eines Dritten endet. Der Bestand der betroffenen Kleingärten war nicht auf Dauer angelegt. Zur Frage der befristeten und bedingten Nutzungsfestsetzung s. § 1 Rn. 38 b ff. Die öffentlich-rechtliche Verpflichtung der Gemeinden, die Bevölkerung mit Kleingärten zu versorgen bleibt unberührt. Hieraus kann sich die Pflicht der Gemeinde ergeben, Kleingartenland bereitzustellen oder zu beschaffen. Das ist der Fall, wenn Kleingärten nachgefragt werden.

2. Ersatzlandverpflichtung bei Aufhebung von Kleingartenpachtverträgen im Rahmen städtebaulicher Maßnahmen nach dem BauGB

4 c Zur Bereitstellung oder Beschaffung von Ersatzland ist die Gemeinde gemäß § 185 Abs. 3 Satz 1 BauGB auch dann verpflichtet, wenn Kleingartenpachtverträge im Zuge von städtebaulichen Maßnahmen (Sanierung, Entwicklung, städtebauliche Gebote) von der Gemeinde aufgehoben werden. Diese Vorschrift ist aus dem StBauFG übernommen worden. Dort ist sie in Anlehnung an die für Kleingärten geltenden Schutzbestimmungen eingefügt worden. Näheres hierzu in § 11 Rn. 25. Wird ein Kleingartenpachtvertrag auf der Grundlage der §§ 182 ff. BauGB aufgehoben, so ist die Gemeinde nicht nur zur Entschädigung nach § 185 Abs. 1 BauGB, sondern auch zur Beschaffung von Ersatzland verpflichtet. Diese Sonderregelung gilt für alle Kleingartenpachtverhältnisse. Wird Ersatzland bereitgestellt oder beschafft, so ist dies bei der Entschädigung angemessen zu berücksichtigen (§ 185 Abs. 3 Satz 2 BauGB). Die Gemeinde kann jedoch von dieser Verpflichtung befreit werden, wenn sie nachweist, dass sie außerstande ist, diese Pflicht zu erfüllen (§ 185 Abs. 3 Satz 3 BauGB).

3. Geeignetes Ersatzland; Bereitstellung; Beschaffung

5 Die Gemeinde hat geeignetes Ersatzland zur Verfügung zu stellen. Geeignet ist es, wenn es nach seiner tatsächlichen und rechtlichen Beschaffenheit den mit der Ersatzlandgestellung vorgesehenen Zweck erfüllen kann. Die **tatsächliche Beschaffenheit** richtet sich nach der **Bodengüte und Lage** und vor allem nach der Verwendbarkeit (Tauglichkeit) für kleingärtnerische Zwecke. Kontaminierte Flächen sind kein geeignetes Ersatzland (s. hierzu auch § 4 Rn. 13). Dabei kommt es nicht auf die unmittelbare Nähe zur alten Kleingartenanlage an. Häufig wird es gar nicht möglich sein, in unmittelbarer Nähe der alten Anlage eine neue zu errichten. In **rechtlicher Hinsicht** kommt es vor allem auf die **planungsrechtliche Situation des Ersatzlandes** an, die nicht im Widerspruch zu dem vorgesehenen Verwendungszweck stehen darf. Geeignet in diesem Sinne ist **Ersatzland immer, wenn es bereits als Dauerkleingartenfläche im**

Bebauungsplan, Flächennutzungsplan ausgewiesen oder in Planentwürfen als Dauerkleingartenfläche vorgesehen ist. Näheres zur Planung s. § 1 Rn. 42 ff., 47 ff. Eine Fläche, die bereits für andere Zwecke verplant ist, kommt als Ersatzland nicht in Betracht.

Das Ersatzland hat die Gemeinde bereitzustellen oder zu beschaffen. **„Bereitstellen"** 6
bedeutet, die Ersatzfläche aus eigenem Grundvermögen zur Verfügung zu stellen (beplant oder nichtbeplant) oder durch Ausweisung von Flächen für Dauerkleingärten im Bebauungsplan. Unter dem Begriff **„Beschaffen"** ist nicht nur der Ankauf oder die Anpachtung von Grundstücken zur kleingärtnerischen Nutzung durch die Gemeinde zu verstehen (s. Otte, a. a. O. § 14 Rn. 6), sondern auch die **Vermittlung zur Anpachtung** einer Fläche durch Kleingärtnerorganisationen (so auch Stang, a. a. O. § 14 Rn. 14).

4. Freistellung der Gemeinde von der Ersatzlandpflicht

Nicht in jedem Falle wird die Gemeinde in der Lage sein, Ersatzland zur Verfügung zu 7
stellen. **Städtebauliche Gründe** und der **Mangel** an bzw. das **völlige Fehlen von geeignetem Ersatzland können der Verpflichtung** der Gemeinde, Ersatzland bereitzustellen oder zu beschaffen, **entgegenstehen.** Diesem Umstand trägt Abs. 1 zweiter Halbsatz Rechnung. Die Gemeinde ist danach von ihrer Verpflichtung befreit, wenn sie zur Erfüllung außerstande ist. Das kann der Fall sein, wenn die Gemeinde das gesamte eigene Grundvermögen bereits auf Dauer anderweitig nutzt, eine planungsrechtliche Ausweisung von Kleingartenland in absehbarer Zeit aus Planungskapazitäten oder sonstigen Gründen nicht möglich ist oder wenn es der Gemeinde nicht gelungen ist, Grundstücke für die kleingärtnerische Nutzung zu erwerben, anzupachten oder die Anpachtung zu vermitteln. Die Gemeinde muss **glaubhaft machen,** dass sie sich ernsthaft bemüht hat, Ersatzgrundstücke zu beschaffen, z. B. auch durch Zeitungsanzeigen. Es ist Aufgabe der Kommunalaufsicht, über die Einhaltung dieser Vorschrift zu wachen. Die Ersatzlandverpflichtung entfällt auch, wenn ein Bedarf an Kleingärten in der Gemeinde nicht besteht (BT-Drs. 9/1900 S. 18). Es kommt hierbei auf die Gesamtnachfrage im Gemeindegebiet an.

Eine Nachfrage wird aber schon dann zu bejahen sein, wenn die bisherigen Pächter einen „Ersatz"-Kleingarten wünschen.

Die Erfüllung der gemeindlichen Pflicht, Ersatzland bereitzustellen (aus eigenem 8
Grundvermögen) oder zu beschaffen (Ankauf) findet grundsätzlich eine Grenze in der finanziellen Leistungsfähigkeit der Gemeinde, d. h. in ihrer **ordnungsgemäßen Haushaltsführung.** Die sich aus dem Kommunalrecht ergebenden Grundsätze der Haushalts- und Wirtschaftsführung sind durch die Regelung über die Ersatzlandverpflichtung der Gemeinde nicht geändert worden. Hierbei ist aber auch der Ausgleichsbetrag des Bedarfsträgers, soweit ein solcher in Betracht kommt, zu berücksichtigen. Für die Anpachtung von Grundstücken zur kleingärtnerischen Nutzung gelten die Vorschriften über den Höchstpachtzins gemäß § 5.

5. Ausgleichsbetrag des Bedarfsträgers

Absatz 2 verpflichtet den Bedarfsträger, der eine Anlage oder Teile davon nach Kündi- 9
gung gemäß § 9 Abs. 1 Nr. 5 oder 6 in Anspruch nimmt, sich an der Bereitstellung oder

Beschaffung von Ersatzland durch Zahlung eines **Ausgleichsbetrages** an die Gemeinde zu beteiligen. **Bedarfsträger** in diesem Sinne ist der jeweilige **öffentliche Planungs- oder Gemeinbedarfsträger**, bei Maßnahmen nach dem Landbeschaffungsgesetz der **Bund**, vertreten durch den zuständigen Bundesminister.

10 Voraussetzung für die Zahlung des Ausgleichsbetrages ist, dass die Gemeinde Ersatzland zur Verfügung gestellt hat und ihr dadurch Aufwendungen entstanden sind. Aufwendungen entstehen der Gemeinde durch den entgeltlichen Erwerb eines Ersatzgrundstückes oder durch evtl. Übernahmeansprüche nach § 40 BauGB, sofern die Bereitstellung durch Festsetzung von Dauerkleingärten erfolgt und die Anspruchsvoraussetzungen vorliegen. Stellt die Gemeinde eigenes Land zur Verfügung, entstehen ihr in der Regel keine Aufwendungen, es sei denn, dass sie infolge der Bereitstellung dieses (für die kleingärtnerische Nutzung geeigneten) Grundstücks gezwungen ist, ein Ersatzgrundstück zu erwerben. Im Falle der Anpachtung oder der Vermittlung der Anpachtung entstehen der Gemeinde grundsätzlich keine über den Ausgleichsbetrag zu deckende Aufwendungen.

Stellt die Gemeinde kein Ersatzland zur Verfügung, weil entweder ein Bedarf an Kleingärten nicht besteht oder die Gemeinde von der Ersatzlandverpflichtung freigestellt ist, entsteht auch keine Verpflichtung des Bedarfsträgers zur Zahlung des Ausgleichsbetrages. Der Ausgleichsbetrag ist insoweit abhängig von der Erfüllung der Ersatzlandverpflichtung der Gemeinde. Solange die Ersatzlandverpflichtung der Gemeinde besteht, bleibt auch die Ausgleichsbetragsverpflichtung des Bedarfsträgers unberührt.

11 Der **Ausgleichsbetrag** besteht **neben den Verpflichtungen** des Bedarfsträgers, die sich aus der Inanspruchnahme von Grund und Boden für die Zwecke des Bedarfsträgers ergeben, etwa Entschädigungsverpflichtungen. Er dient dazu, der Gemeinde die Erfüllung der Ersatzlandverpflichtung zu erleichtern.

12 Der Ausgleichsbetrag entspricht nach Absatz 2 dem **Wertunterschied zwischen** dem in Anspruch genommenen **Kleingartenland** und dem **Ersatzland**. Maßgebend für die Ermittlung des Wertunterschieds ist der **Verkehrswert**. Für die Ermittlung des Verkehrswerts sind nur Preise im gewöhnlichen Geschäftsverkehr maßgebend, d. h. Preise, die nach den marktwirtschaftlichen Grundsätzen von Angebot und Nachfrage erzielbar sind und bei denen jeder Vertragspartner ohne Zwang und nicht aus Not oder besonderen Rücksichten, sondern freiwillig in Wahrung seiner eigenen wirtschaftlichen Interessen zu handeln in der Lage ist. Bestimmte Grundstücke, wie z. B. öffentliche Gemeinbedarfs- oder Grünflächen, werden im gewöhnlichen Geschäftsverkehr kaum gehandelt. Der Bodenwert dieser Flächen lässt sich deshalb nicht aus Kaufpreisen geeigneter Vergleichsgrundstücke ableiten. Für ihre Wertermittlung kann in aller Regel nach den Grundsätzen für die Ermittlung des Verkehrswerts von Gartenbauflächen verfahren werden (Rössler, Schätzung und Ermittlung von Grundstückswerten, S. 109). Stehen Vergleichspreise zur Verfügung, so muss der Bodenwert aus Preisen vergleichbarer landwirtschaftlicher Flächen abgeleitet werden. Gärtnerisch genutztes Land wird in aller Regel höher als Ackerland gehandelt. In Ortsrandlagen kann als Bewertungsgrundlage begünstigtes Agrarland in Betracht kommen. Hierzu gehören land- oder forstwirtschaftlich genutzte oder nutzbare Flächen, die sich auch für eine andere nicht bauliche außeragrarische Nutzung eignen (vgl. § 4 Abs. 1 Nr. 2 WertV).

6. Zeitpunkt, zu dem Ersatzland bereitstehen soll

Das Ersatzland soll – das heißt **hat** im Regelfall – **im Zeitpunkt der Räumung des Dau-** **13** **erkleingartens zur Verfügung zu stehen.** Ist dies im Zeitpunkt der Räumung nicht möglich, ändert dies grundsätzlich nichts an der Ersatzlandverpflichtung der Gemeinde und dementsprechend auch an der Verpflichtung zur Zahlung eines Ausgleichsbetrages des Bedarfsträgers.

§ 15
Begründung von Kleingartenpachtverträgen durch Enteignung

(1) An Flächen, die in einem Bebauungsplan für Dauerkleingärten festgesetzt sind, können durch Enteignung Kleingartenpachtverträge zugunsten Pachtwilliger begründet werden.

(2) Die Enteignung setzt voraus, dass

1. das Wohl der Allgemeinheit sie erfordert,

2. der Enteignungszweck auf andere zumutbare Weise nicht erreicht werden kann und

3. dem Eigentümer ein angemessenes Angebot zur Begründung der Kleingartenpachtverträge gemacht worden ist; das Angebot ist in Bezug auf die Pacht als angemessen anzusehen, wenn sie der Pacht nach § 5 entspricht.

(3) Die als Entschädigung festzusetzende Pacht bemisst sich nach § 5.

(4) Im Übrigen gilt das Landesenteignungsrecht.

Übersicht

1. Zielsetzung und Anforderungen der Enteignungsregelung

Die Vorschrift des § 15 regelt nicht die Entziehung des Eigentums, sondern lediglich **1** die zwangsweise Begründung von Pachtverhältnissen für Dauerkleingärten; **sie dient dem Vollzug der Festsetzung „Flächen für Dauerkleingärten"** im Bebauungsplan. Die Eigentumsverhältnisse werden dadurch nicht verändert. Nach § 86 BauGB, der die enteignungsfähigen Gegenstände regelt, können Kleingartenpachtverträge durch Enteignung nicht begründet werden. § 15 ergänzt insoweit die Bestimmungen des § 86 BauGB.

2   Sind nach § 9 Abs. 1 Nr. 15 BauGB in einem Bebauungsplan Flächen für Dauerkleingärten festgesetzt worden, so steht dem Eigentümer unter den in § 40 Abs. 1 und 2 Nr. 1 BauGB geregelten Voraussetzungen ein Anspruch gegen die Gemeinde auf Übernahme des Grundstücks (unter Zahlung einer angemessenen Entschädigung) zu. Voraussetzung hierfür ist, dass es mit Rücksicht auf die Festsetzung oder Durchführung des Bebauungsplans dem Eigentümer wirtschaftlich nicht mehr zuzumuten ist, das Grundstück zu behalten oder in der festgesetzten Art zu nutzen. Gaentzsch will den Übernahmeanspruch auf festgesetzte öffentliche Grünflächen beschränken (Gaentzsch, BauGB-Kommentar, § 40 Rn. 5). Da Flächen für Dauerkleingärten der privaten Nutzung dienen, soll § 40 auf die Festsetzung „Flächen für Dauerkleingärten" keine Anwendung finden. Diese Auffassung lässt jedoch außer acht, dass auch die Festsetzung „Dauerkleingärten" den Eigentümer dieser Flächen wegen der sich aus dem BKleingG ergebenden Beschränkungen (Vertragsdauer, Pachtpreisbindung, Beendigungsmöglichkeiten von Kleingartenpachtverträgen) in seiner eigenwirtschaftlichen Nutzung beschränken (s. BVerfGE 87, 114, 140 f.) und daher auch in Einzelfällen einen Übernahmeanspruch begründen können. S. auch unten Rn. 3 ff.

2 a   Macht der Eigentümer von dieser Möglichkeit **keinen Gebrauch,** schließt er andererseits aber auch **keinen Kleingartenpachtvertrag,** so bietet das BauGB keine Handhabe, die festgesetzte Fläche als Dauerkleingarten zu nutzen. Die Voraussetzungen für eine Entziehung des Eigentums werden regelmäßig nicht vorliegen. Die zwangsweise Begründung eines Kleingartenpachtverhältnisses durch Enteignung ist im Hinblick auf die einschränkende Regelung des § 86 Abs. 1 Nr. 4 BauGB, der die zwangsweise Begründung von schuldrechtlichen Nutzungsverhältnissen nur zulässt, soweit die enteignungsrechtlichen Regelungen des BauGB dies vorsehen, nicht möglich. Diese Lücke schließt § 15.

2. Übernahmeanspruch bei Festsetzung von Dauerkleingärten

3   § 40 BauGB regelt die Entschädigung für Fälle, in denen der Bebauungsplan dem Eigentümer gegenüber eine in § 40 Abs. 1 Nrn. 1–14 BauGB bezeichnete Nutzung festsetzt und ihm dadurch eine andere privatnützige Verwendung abschneidet. Das Gesetz greift aus den möglichen Festsetzungen nach § 9 Abs. 1 BauGB diejenigen heraus, die die Eigentümer in der eigenwirtschaftlichen Nutzung beschränken können. Zu den in § 40 Abs. 1 BauGB genannten Nutzungsfestsetzungen gehört nach Nr. 8 auch die Festsetzung von Dauerkleingärten (BVerwG, NVwZ 1984, 581). Dauerkleingärten sind zwar (private) Pachtgärten, sie hindern aber deren Eigentümer nicht nur an einer planwidrigen, sondern auch an einer planverträglichen anderen Nutzung, die dem Eigentümer mehr wirtschaftliche Vorteile bringen würde (BVerfGE 87, 114, 140 f.). „Durch Bebauungsplan für Dauerkleingärten festgesetzte Grundstücke können vom Eigentümer nicht mehr in anderer Weise als durch Verpachtung als Kleingärten genutzt werden; ausgenommen sind nur einzelne Parzellen, für die er Eigenbedarf i. S. des § 9 Abs. 1 Nr. 3 geltend machen kann" (BVerfGE a. a. O.).

Eine Entschädigung steht dem Eigentümer bei den in § 40 Abs. 1 BauGB genannten Festsetzungen nur zu, soweit ihm Vermögensnachteile entstehen, soweit also die Festsetzungen durch die von ihnen ausgehenden Beschränkungen der (privatnützigen Verwendung) eigenwirtschaftlichen Nutzung finanzielle Einbußen bewirken.

Als Vermögensnachteile kommen hier z. B. in Betracht: Minderung des Verkehrswerts **4** (BGH, BauR 1975, 118); diese Wirkung bleibt allerdings latent, solange der Eigentümer das Grundstück nicht veräußern oder belasten will; Einbußen am erzielbaren Nutzungsentgelt, wenn infolge der (belastenden) Festsetzung nur geringere Erträge erzielt werden können, wenn also z. B. nur noch ein geringerer Pachtpreis erzielbar ist (Beispiele: BGH, BauR 1975, 119 und 325).

Die Entschädigung wird grundsätzlich durch Übernahme der belasteten Flächen unter **5** Zahlung einer angemessenen Entschädigung gewährt (Übernahmeanspruch). Nach § 40 Abs. 2 BauGB greift der Übernahmeanspruch u. a. in folgenden Alternativen ein:
1. bei wirtschaftlicher Unzumutbarkeit, das Grundstück zu behalten (§ 40 Abs. 2 Nr. 1, **1. Alternative**),
2. bei wirtschaftlicher Unzumutbarkeit, das Grundstück in der bisherigen oder einer anderen zulässigen Art zu nutzen (§ 40 Abs. 2 Nr. 1, **2. Alternative**).

Die Frage der Unzumutbarkeit in der 1. und 2. Alternative ist von Fall zu Fall unter Heranziehung aller Umstände zu klären; sie unterliegt in vollem Umfang der gerichtlichen Nachprüfung. Die **wirtschaftliche Unzumutbarkeit** muss auf die Festsetzung oder die Durchführung des Bebauungsplans zurückzuführen sein. Sie bestimmt sich nach objektiven Kriterien. Die persönlichen Verhältnisse des Eigentümers bleiben außer Betracht.

Im Rahmen der **1. Alternative** geht es um die Unzumutbarkeit des Behaltens des **6** Grundstücks, während es sich in den Fällen der 2. Alternative um die Wirtschaftlichkeit der Grundstücksnutzung handelt. Es muss eine fühlbare Beeinträchtigung von Vermögenswerten entstehen. Das wird in der 1. Alternative anzunehmen sein, wenn infolge der Nutzungsfestsetzung das „belastete" Grundstück nicht mehr veräußerbar oder beleihbar ist und der Eigentümer auf die Veräußerung oder Beleihung angewiesen ist (s. auch BGH, BauR 1975, 119 und 325). Dagegen führt die bloße Minderung des Verkehrswertes für sich allein noch nicht zur wirtschaftlichen Unzumutbarkeit, das Grundstück zu behalten. Erst dann, wenn diese Minderung „spürbar" wird, weil es z. B. veräußert werden soll, aktualisiert sich die Verkehrswertminderung zu einem Vermögensnachteil. Ob in einem solchen Fall dem Eigentümer zugemutet werden kann, das Grundstück zu behalten, hängt davon ab, inwieweit der Eigentümer auf die Veräußerung angewiesen ist. Den Maßstab für das Zumutbare bildet die durch die Planungsentscheidung eingetretene Verschlechterung gemessen an seinen gesamten wirtschaftlichen Verhältnissen (BGH, ZfBR 1986, 185).

Nach der **2. Alternative** darf es dem Eigentümer wirtschaftlich nicht mehr zuzumuten **7** sein, das Grundstück in der bisherigen oder einer anderen zulässigen Art, hier also als Kleingartenland i. S. des BKleingG, zu nutzen. Das ist der Fall, wenn das erzielbare Nutzungsentgelt die Grundstückslasten nicht deckt, die ihm nicht zugemutet werden können.

Ob die Voraussetzungen des Übernahmeanspruchs in den in Rn. 5–7 dargestellten Fall- **7 a** gestaltungen vorliegen, ist in jedem Einzelfall zu prüfen. Nach der Anhebung der

Pachtobergrenze und der Überwälzbarkeit der auf dem Kleingartengrundstück ruhenden öffentlich-rechtlichen Lasten durch die Novelle zum BKleingG erscheint es zweifelhaft, ob die Prämissen des Übernahmeanspruchs in der Regel, insbesondere im Hinblick auf die 2. Alternative, noch vorliegen. Denn die danach durch Kleingartenpachten erzielbare Kapitalrendite kann nicht als unangemessen niedrig und damit als unzumutbar angesehen werden (BVerfG, NJW-RR 1998, 1167). Anders zu beurteilen sind die Fälle, in denen das als Fläche für Dauerkleingärten festgesetzte Grundstück z. B. mit Reallasten belastet ist.

3. Begründung von Pachtverhältnissen zugunsten Pachtwilliger

8 Die Begründung von Kleingartenpachtverhältnissen durch Enteignung zugunsten Nutzungswilliger an Flächen, die in einem Bebauungsplan als Dauerkleingärten festgesetzt wurden, war bereits nach altem Recht möglich. Um sicherzustellen, dass die Pachtverträge sowohl zugunsten von Nutzungswilligen (Kleingärtnern) als auch zugunsten von Zwischenpächtern, die keine Nutzer sind, begründet werden können, stellt § 15 nicht auf den Nutzungswilligen – wie im alten Recht –, sondern auf den **Pachtwilligen** ab. **Nutzungswilliger** ist nach der Rechtsprechung nur derjenige, *„der unmittelbar in den Genuss der Vorteile gelangen will, die die spätere Gebrauchsüberlassung gewährt"* (OLG München, Urt. vom 17. 5. 1979 – Baul. U 1/78). Nach dieser Rechtsprechung ist der **Zwischenpächter kein Nutzungswilliger.** Die Regelung des § 15 trägt insoweit den Anforderungen der Praxis, Kleingartenpachtverträge auch zugunsten von Zwischenpächtern begründen zu können, Rechnung.

4. Enteignungsvoraussetzungen

9 Absatz 2 bestimmt die Voraussetzungen, unter denen Kleingartenpachtverhältnisse durch Enteignung begründet werden können. Die „Zwangspacht" ist danach im Einzelfall nur zulässig, wenn **das Wohl der Allgemeinheit** sie erfordert, die **Begründung eines Kleingartenpachtverhältnisses auf andere zumutbare Weise nicht erreicht werden kann** und dem Eigentümer ein **angemessenes Angebot zur Begründung des Pachtverhältnisses** gemacht worden ist. Das Wohl der Allgemeinheit erfordert die zwangsweise Begründung eines Kleingartenpachtverhältnisses, wenn die konkrete Nachfrage nach Kleingärten in der betreffenden Gemeinde nur durch Pachtverträge über die als Kleingartenland festgesetzte Fläche gedeckt werden kann, die Nachfrage die Bereitschaft der Eigentümer von Kleingartenland, Kleingartenpachtverträge zu schließen, also übersteigt. Das Angebot ist in Bezug auf den Pachtzins als angemessen anzusehen, wenn dieser der Pachtzinsregelung des Bundeskleingartengesetzes entspricht. Die oben genannten Voraussetzungen stimmen inhaltlich mit den in § 87 BauGB geregelten Prämissen für die Zulässigkeit der Enteignung überein.

10 Wie jede **Enteignung** muss auch die Begründung von Pachtverhältnissen durch Enteignung das **„letzte Mittel"** sein. Sie kann deshalb erst dann in Betracht kommen, wenn die Begründung von Pachtverhältnissen auf andere Weise nicht erreichbar ist. Dem Eigentümer muss also Gelegenheit gegeben werden, sich auf der Ebene privater Verhandlungen mit dem Angebot zur Begründung eines Kleingartenpachtverhältnisses auseinanderzusetzen. Abs. 2 verlangt daher ausdrücklich, dass vor der zwangsweisen Begründung des Pachtverhältnisses dem Eigentümer ein **angemessenes Angebot zum Abschluss eines**

Kleingartenpachtvertrages gemacht worden ist. Der Pachtpreis muss sich dabei im Rahmen der Regelung des § 5 halten. Lehnt der Eigentümer des Grundstücks, das im Bebauungsplan als Fläche für Dauerkleingärten festgesetzt ist, ein solches Angebot ab, dann ist der Weg frei für eine Enteignung im Sinne des § 15.

Der als Entschädigung für die Begründung von Kleingartenpachtverhältnissen zu zah- **11**
lende Pachtzins bemisst sich ebenfalls nach den Pachtpreisbestimmungen des § 5. Die dort vorgesehene Höchstpacht darf nicht überschritten werden.

5. Enteignungsverfahren

§ 15 regelt lediglich die materiell-rechtlichen Voraussetzungen der Begründung von **12**
Pachtverhältnissen durch Enteignung. Das Enteignungsverfahren richtet sich nach den Landesenteignungsgesetzen:

Baden-Württemberg

Landesenteignungsgesetz (LEntG) vom 6. 4. 1982 (GBl S. 97), zuletzt geändert durch Gesetz vom 14. 2. 2004 (GBl S. 884)

Bayern

Bayerisches Gesetz über die entschädigungspflichtige Enteignung in der Fassung vom 25. 7. 1978 (GVBl S. 625), zuletzt geändert durch Gesetz vom 24. 12. 2002 (GVBl S. 962)

Berlin

Berliner Enteignungsgesetz vom 14. 7. 1964 (GVBl S. 737), geändert durch Gesetz vom 30. 11. 1984 (GVBl S. 1664)

Brandenburg

Enteignungsgesetz vom 19. 10. 1992 (GVBl I S. 430), geändert durch Gesetz v. 7. 7. 1997 (GVBl I S. 72)

Bremen

Enteignungsgesetz für die Freie Hansestadt Bremen vom 5. 10. 1965 (GBl S. 129), geändert durch das Gesetz vom 12. 6. 1973 (GBl S. 127)

Hamburg

Hamburgisches Enteignungsgesetz in der Fassung vom 11. 11. 1980 (GVBl S. 305), zuletzt geändert durch Änderungsgesetz v. 1. 7. 1993 (GVBl S. 149, 151)

Hessen

Hessisches Enteignungsgesetz (HEG) vom 4. 4. 1973 (GVBl S. 107)

Mecklenburg-Vorpommern

Enteignungsgesetz v. 2. 3. 1993 (GVBl I S. 178), zuletzt geändert durch Gesetz vom 22. 12. 2001 (GVBl I S. 438)

Niedersachsen

Niedersächsisches Enteignungsgesetz (NEG) in der Fassung vom 6. 4. 1981 (GVBl S. 84), geändert durch das Nds. Rechtsvereinfachungsgesetz v. 19. 9. 1989 (GVBl S. 345)

Nordrhein-Westfalen

Landesenteignungs- und -entschädigungsgesetz (EEG NW) vom 20. 6. 1989 (GVBl S. 366, 570)

Rheinland-Pfalz

Landesenteignungsgesetz (LEnteigG) vom 22. April 1966 (GVBl S. 103), geändert durch Gesetz vom 27. 6. 1974 (GVBl S. 290)

Saarland

Preußisches Gesetz über die Enteignung von Grundeigentum vom 11. 6. 1874 (GS S. 221) und preußisches Gesetz über ein vereinfachtes Enteignungsverfahren vom 26. 7. 1922 (GS S. 211), geändert durch Gesetz vom 17. 12. 1964 (Amtsbl. 1965 S. 117)

Sachsen

Sächsisches Enteignungs- und Entschädigungsgesetz (SächsEntEG) vom 18. 7. 2001 (SächsGVBl S. 453)

Sachsen-Anhalt

Enteignungsgesetz des Landes Sachsen-Anhalt vom 13. 4. 1994 (GVBl S. 508), zuletzt geändert durch Gesetz vom 24. 3. 1999 (GVBl S. 108)

Schleswig-Holstein

Preußisches Gesetz über die Enteignung von Grundeigentum vom 11. 6. 1874 (GS S. 221) und preußisches Gesetz über ein vereinfachtes Enteignungsverfahren vom 26. 7. 1922 (GS S. 211), geändert durch das Landschaftspflegegesetz vom 19. 11. 1982 (GVBl S. 256)

Thüringen

Thüringer Enteignungsgesetz vom 23. 3. 1994 (GVBl S. 329)

VIERTER ABSCHNITT
Überleitungs- und Schlussvorschriften

§ 16
Überleitungsvorschriften für bestehende Kleingärten

(1) Kleingartenpachtverhältnisse, die im Zeitpunkt des In-Kraft-Tretens dieses Gesetzes bestehen, richten sich von diesem Zeitpunkt an nach dem neuen Recht.

(2) Vor In-Kraft-Treten dieses Gesetzes geschlossene Pachtverträge über Kleingärten, die bei In-Kraft-Treten dieses Gesetzes keine Dauerkleingärten sind, sind wie Verträge über Dauerkleingärten zu behandeln, wenn die Gemeinde Eigentümerin der Grundstücke ist.

(3) Stehen bei Verträgen der in Absatz 2 bezeichneten Art die Grundstücke nicht im Eigentum der Gemeinde, enden die Pachtverhältnisse mit Ablauf des 31. März 1987, wenn der Vertrag befristet und die vereinbarte Pachtzeit bis zu diesem Zeitpunkt abgelaufen ist; im Übrigen verbleibt es bei der vereinbarten Pachtzeit.

(4) Ist die Kleingartenanlage vor Ablauf der in Absatz 3 bestimmten Pachtzeit im Bebauungsplan als Fläche für Dauerkleingärten festgesetzt worden, gilt der Vertrag als auf unbestimmte Zeit verlängert. Hat die Gemeinde vor Ablauf des 31. März 1987 beschlossen, einen Bebauungsplan aufzustellen mit dem Ziel, die Fläche für Dauerkleingärten festzusetzen, und den Beschluss nach § 2 Abs. 1 Satz 2 des Bundesbaugesetzes bekannt gemacht, verlängert sich der Vertrag vom Zeitpunkt der Bekanntmachung an um vier Jahre; der vom Zeitpunkt der vereinbarten Beendigung der Pachtzeit bis zum 31. März 1987 abgelaufene Zeitraum ist hierbei anzurechnen. Vom Zeitpunkt der Rechtsverbindlichkeit des Bebauungsplans an sind die Vorschriften über Dauerkleingärten anzuwenden.

Übersicht

1. Anwendung des neuen Rechts auf bestehende Pachtverhältnisse

§ 16 regelt die **Überleitung** von **Kleingartenpachtverträgen** in den alten Ländern, die **1** vor dem 1. April 1983 begründet wurden, auf das BKleingG. **Maßgebender Zeitpunkt** für die Überleitung ist der Termin des In-Kraft-Tretens des BKleingG. Gemäß § 22 ist das Gesetz am **1. April 1983** in Kraft getreten.

Nach Abs. 1 finden ab 1. April 1983 die gesetzlichen Regelungen des Bundesklein- **2** gartengesetzes auch auf **Kleingartenpachtverträge Anwendung, die vor diesem Zeitpunkt geschlossen worden sind.** Als „**bestehende Kleingartenpachtverhältnisse**" i. S. des Abs. 1 sind auch solche anzusehen, die nach der vertraglichen Regelung schon vor dem 1. April 1983 beendet gewesen wären, nach § 1 Abs. 1 Satz 2 KSchVO aber als auf unbestimmte Zeit verlängert galten (s. BGH NJW 1985, 3096). Das ergibt sich auch aus § 16 Abs. 3. Demnach endeten diese Verträge erst mit dem Ablauf des 31. März 1987, obwohl die KSchVO am 1. April 1983 außer Kraft getreten ist. Der Gesetzgeber des BKleingG wollte die Verlängerung der Pachtdauer. Das BVerfG hat diese Regelung der KSchVO in seiner ersten Entscheidung zum Kleingartenrecht vom 12. Juni 1979 nicht für nichtig erklärt, sondern festgestellt, dass das Regelungssystem – Ausschluss befristeter Verträge, Pachtpreisbindung, weitgehender Ausschluss der Kündigungsbefugnis – mit dem Grundgesetz nicht vereinbar ist. In der zweiten Kleingartenrechtsentscheidung vom 23. September 1992 hat es zum Überleitungsrecht entschieden, dass während der Verlängerungszeit der Pachtverträge, also vom 1. April 1983 bis zum 31. März 1987 dem Verpächter die im BKleingG vorgesehenen Kündigungsmöglichkeiten in gleicher Weise wie bei einem unbefristeten Vertrag offen standen (BVerfGE 87, 114, 143 ff.).

In der Begründung zur Regierungsvorlage heißt es: „Abs. 1 soll Unklarheiten vorbeugen, die sich bei der Anwendung des neuen Rechts ergeben können." Das bedeutet für Verträge, die vor dem 1. April 1983 geschlossen worden sind, u. a., dass

– die Kleingarteneigenschaft ausschließlich nach § 1 zu beurteilen ist,

– die Kündigung von Kleingartenpachtverträgen durch den Verpächter nur nach Maßgabe der §§ 8 bis 10 möglich ist,

– kein Anspruch auf eine gesetzliche Kündigungsentschädigung gegeben ist, wenn die Kündigung durch schuldhaftes Verhalten des Pächters herbeigeführt worden ist und

– Ersatzland nur noch für Dauerkleingärten bereitgestellt oder beschafft werden muss, wenn die Fläche durch einen Bebauungsplan, Planfeststellung oder das Landbeschaffungsgesetz anderen Zwecken zugeführt wird.

Darüber hinaus sind alle zwischen den Parteien getroffenen Vereinbarungen, die von den gesetzlichen Regelungen abweichen und dem Pächter zum Nachteil gereichen, wie zum Beispiel die Erweiterung der Kündigungsmöglichkeiten durch den Verpächter oder der Ausschluss des gesetzlichen Entschädigungsanspruchs, nichtig. Vereinbarungen zum Vorteil des Pächters bleiben grundsätzlich unberührt. Ausnahmen können sich aber unter dem Gesichtspunkt des Wegfalls der Geschäftsgrundlage ergeben (s. Rn. 9).

Mit dem In-Kraft-Treten des BKleingG sind auch vorher abgeschlossene Vereinbarungen über die Zahlung von Pachtzinsen insoweit unwirksam geworden, als diese die zulässige Höchstpacht überschreiten. An Stelle der vereinbarten Pacht ist die gesetzliche Höchstpacht zu zahlen. Insoweit dient § 5 Abs. 1 n. F. als Orientierungshilfe für Pachtzinsen vor In-Kraft-Treten des BKleingG. Für die Zeit vor In-Kraft-Treten des BKleingG (1. 4. 1983) darf kein höherer Pachtzins verlangt werden als für die Zeit danach (BGH, NJW-RR 1996, 342; NJW-RR 1996, 143, 144; NJW-RR 1999, 237 f.). Bei einer Pachtzinsanpassung sind auch öffentlich-rechtliche Lasten i. S. des § 5 Abs. 5 berücksichtigungsfähig. Soweit der Verpächter nicht abwälzbare finanzielle Leistungen an die öffentliche Hand erbracht hat, kann dem durch eine entsprechende Pachtzinsanpassung Rechnung getragen werden. Denn bei der Frage der Verfassungsmäßigkeit der Pachtzinsregelung spielte auch die Überwälzbarkeit der öffentlich-rechtlichen Lasten eine entscheidende Rolle (BGH, NJW-RR, 1999, 238). Rechtsgrundlage für rückwirkende Pachtzinserhöhungen ist Art. 3 BKleingÄndG. S. Erläuterungen zu Art. 3. Zu viel gezahlte Pachtzinsen können zurückgefordert werden (BGH, NJW 1989, 2470 = BGHZ 108, 147). S. auch § 5 Rn. 14.

2. Kleingartenpachtverträge über gemeindeeigene Kleingartengrundstücke

Für Verträge über **sonstige, am 1. 4. 1983 im Bebauungsplan nicht festgesetzte, Klein-** **3** **gärten** enthalten darüber hinaus die Absätze 2 bis 4 besondere Überleitungsvorschriften.

Das Bundeskleingartengesetz unterscheidet zwischen **kleingärtnerisch genutzten** **4** **Flächen, die im Eigentum der Gemeinde stehen,** und allen anderen Kleingarten-grundstücken. Nach § 16 Abs. 2 sind vor dem 1. April 1983 geschlossene Pachtverträge über Kleingärten, die am 1. April 1983 nicht im Bebauungsplan festgesetzt sind, **wie** **Verträge über Dauerkleingärten zu behandeln,** wenn die Gemeinde Eigentümerin der Grundstücke ist. **Entscheidend ist, dass die Gemeinde am Stichtag,** nämlich am 1. April 1983, **Eigentümerin der** kleingärtnerisch genutzten **Fläche war.** Die weitere Voraussetzung für die Anwendbarkeit des Abs. 2 ist, dass der Kleingartenpachtvertrag vor diesem Zeitpunkt abgeschlossen wurde. Die Bestimmung des Abs. 2 setzt nicht voraus, dass die Gemeinde den Kleingartenpachtvertrag abgeschlossen haben muss; **es** **genügt, wenn die Gemeinde als Erwerberin des Kleingartengrundstücks in den** **Pachtvertrag** nach §§ 571, 581 Abs. 2 BGB a. F. **eingetreten ist** (so auch Otte, a. a. O. § 16 Rn. 5). Unbeachtlich sind für die Anwendbarkeit des Abs. 2 die **Veränderungen** **in Eigentumsverhältnissen nach dem Stichtag,** also nach dem 1. April 1983. Die Gemeinde kann selbstverständlich das Kleingartengrundstück an einen Dritten ver-äußern; der Erwerber tritt aber in den bestehenden Vertrag zwischen der Gemeinde als Verpächterin und dem Pächter ein, in einen Vertrag also, der wie ein Vertrag über Dauerkleingärten zu behandeln ist, d. h. also vor allem in einen zeitlich nicht befriste-ten Kleingartenpachtvertrag (a. M. Stang, § 16 Rn. 19). Befristete Verträge gelten in ent-sprechender Anwendung des § 6 als auf unbestimmte Zeit geschlossen (s. § 6 Rn. 3 ff.). Auf die Kenntnis des Erwerbers, dass ein nach den Vertragsvereinbarungen befristetes Pachtverhältnis kraft Gesetzes ein unbefristetes geworden ist, kommt es nicht an. Der Gemeinde gleichzustellen sind Gesellschaften, die von ihr beherrscht werden. Abs. 2 ist in einem solchen Fall entsprechend anzuwenden. Die Übertragung von Grundeigen-tum auf eine juristische Person, die von der Gemeinde dominiert wird, darf nicht der Umgehung gemeindlicher Pflichten dienen. Der gute Glaube wird insoweit nicht geschützt (BGHZ 13, 2 f.). Auf Kleingärten i. S. des § 16 Abs. 2 – sog. **„fiktive Dauer-kleingärten"** – finden auch die Vorschriften über Dauerkleingärten Anwendung. Das hat zur Folge, dass

- befristete geschlossene Pachtverträge als auf unbestimmte Dauer verlängert gelten (§ 6),

- diese Verträge nicht nach § 9 Abs. 1 Nr. 4 gekündigt werden können und

- bei Kündigung zum Zweck der Planverwirklichung oder nach dem Landbeschaf-fungsgesetz (§ 9 Abs. 1 Nr. 5 und 6) die Gemeinde unter in § 14 genannten Voraus-setzungen zur Gestellung von Ersatzland verpflichtet ist.

S. auch unten Rn. 6.

Die im Bebauungsplan getroffene befristete oder bedingte Festsetzung „Dauerklein- **4 a** gärten" (§ 9 Abs. 2 BauGB) wirkt sich auf die hiervon betroffenen gemeindeeigenen Kleingartengrundstücke nur dann aus, wenn eine andere Nachfolgenutzung (in die-sem Bebauungsplan) festgesetzt wurde. Zu bedingten und befristeten Festsetzungen im Bebauungsplan s. § 1 Rn. 38 b ff.

3. Nicht im Eigentum der Gemeinde stehende Kleingärten

5 Nach Abs. 3 wird bei Kleingartenpachtverhältnissen über Grundstücke, die **nicht** der Gemeinde gehören, die ursprünglich vereinbarte Befristung des Vertrages nach einer Übergangszeit von 4 Jahren nach In-Kraft-Treten des Gesetzes wieder wirksam. Kleingartenpachtverträge, die vereinbarungsgemäß – ohne den Ablaufschutz des § 1 der Kündigungsschutzverordnung von 1944 – **vor dem 31. März 1987 abgelaufen wären, enden am 31. März 1987.** Für Verträge, die vereinbarungsgemäß **nach dem 31. März 1987 auslaufen, gilt die vereinbarte Pachtdauer.** Verträge, die **vor dem 1. April 1983 auf unbestimmte Dauer geschlossen** worden sind, **bleiben zeitlich unbefristet.** Sie können durch Kündigung des Verpächters beendet werden, wenn ein Kündigungsgrund i. S. der §§ 8 ff. BKleinG vorliegt. Im Übrigen enden diese Verträge durch Kündigung des Pächters, Vertragsaufhebung, Aufhebung durch staatlichen Eingriffsakt und durch den Tod des Kleingärtners (s. Vorbemerkungen zu den §§ 7 bis 10 Rn. 3 ff.). Bei befristeten Verträgen mit Verlängerungsklausel kommt es auf diese Klausel an, ob und für welche Dauer die Verträge fortgesetzt werden (s. § 9 Rn. 47). Ein Vertrag, der auf bestimmte Zeit abgeschlossen wurde und sich vereinbarungsgemäß jeweils um eine bestimmte Zeit verlängert, falls er nicht fristgerecht „gekündigt" wird, ist wie ein unbefristeter Vertrag zu behandeln, der nicht unter § 16 Abs. 3 und 4 fällt (BGH, NJW 1991, 1349). Näheres zur verfassungsrechtlichen Frage, die dem Abs. 3 zugrunde liegt, s. Einleitung Rn. 24 ff.

6 Unter die Vorschrift des § 16 Abs. 3 BKleingG fallen auch Grundstücke, die z. B. der Deutschen Bahn AG, Nachfolgeunternehmen der Bundespost oder den Kirchen gehören. Das Bundeskleingartengesetz hat die Unterscheidung zwischen gemeindeeigenen und allen anderen Kleingartengrundstücken im Hinblick auf die besonderen Aufgaben der Gemeinde getroffen. Gemeinden können, auch wenn sie fiskalisch handeln, nicht mit anderen Grundeigentümern, selbst dann nicht, wenn es sich um öffentlichrechtliche Eigentümer handelt, gleichgestellt werden. **Das Grundeigentum der Gemeinden ist unter Berücksichtigung der von ihnen zu erfüllenden Aufgaben Bindungen unterworfen.** Zu den von den Gemeinden zu erfüllenden Aufgaben gehört auch die Bereitstellung von Kleingartenland. Hieraus leitet sich die unterschiedliche Behandlung der Eigentümerposition der Gemeinde und anderer Grundstückseigentümer ab. Alle anderen Verpächter von Kleingartenland, auch die Deutsche Bahn AG, die Nachfolgeunternehmen der Bundespost sowie Kirchen haben keine Verpflichtung, Grundstücke für Kleingartenzwecke bereitzustellen. Es muss ihnen überlassen bleiben, ob, wann und mit welcher Vertragsdauer sie Kleingartenpachtverträge abschließen.

Im Übrigen kann die Gemeinde, soweit sie Kleingartenland, das ihr gehört, für andere Zwecke benötigt, einen Bebauungsplan aufstellen, der für die kleingärtnerisch genutzten Flächen nach Abwägung aller zu berücksichtigenden Belange eine andere Nutzung festsetzt, und von der dann gegebenen Kündigungsmöglichkeit nach § 9 Abs. 1 Nr. 5 Gebrauch machen. Die Entscheidung hierüber liegt in ihrer Hand. „Solange aber keine andere Nutzung planungsrechtlich vorgesehen ist, soll es bei der bisher ausgeübten Nutzung verbleiben" (BT-Drs. 9/1900 S. 18).

Die Übergangsfrist von vier Jahren ist verfassungskonform (BVerfGE 87, 114, 145 f.). Sie   7
trägt sowohl den schutzwürdigen Belangen der Pächter als auch der verfassungsrechtlichen Gewährleistung des Eigentums Rechnung. Sie lehnt sich an die Rechtsprechung zur Geltungsdauer der Veränderungssperre (§ 17 BauGB) an (BGHZ 73, 161
= BGH, NJW 1979, 653).

Die Regelung des Abs. 3 bedarf jedoch im Hinblick auf Art. 3 Abs. 1 GG einer ver-   7 a
fassungskonformen Auslegung (BVerfGE 87, 114, 143 f.). Nach dem Spruch des BVerfG
können nach Abs. 3 verlängerte Alt-Pachtverhältnisse auch wegen Eigenbedarf
(§ 9 Abs. 1 Nr. 3) oder zur Verwirklichung einer bauplanungsrechtlich nicht festgesetzten aber zulässigen anderen Nutzung (§ 9 Abs. 1 Nr. 4) gekündigt werden. § 9 Abs. 3,
wonach Kündigungen wegen Eigenbedarfs des Eigentümers und wegen anderer wirtschaftlicher Verwertung bei befristeten Verträgen unzulässig sind, findet auf nach
Abs. 3 verlängerte Alt-Pachtverhältnisse keine Anwendung. Die vertragliche Befristung beruht auf einem entsprechenden Bindungswillen der Parteien, zu dem eine Kündigung im Widerspruch stehen kann. Die gesetzliche Verlängerung wird den Parteien
dagegen aufgezwungen ohne oder sogar gegen ihren Willen, so dass die Einräumung
von Kündigungsmöglichkeiten damit nicht unvereinbar ist. Der Regelungszweck steht
einer solchen Auslegung nicht entgegen. Der Umstand, dass der Gesetzgeber bei unbefristeten Verträgen trotz gleicher Interessenlage die Kündigungsmöglichkeiten nicht
für eine Übergangszeit ausgeschlossen hat, zeigt, dass es ihm darauf nicht entscheidend ankam (BVerfGE 87, 114, 145).

Inzwischen hat diese Problematik auch wegen Ablaufs der Übergangsfrist (30. 3. 1987)   7 b
ihre Aktualität verloren. Vertragsverhältnisse, die gemäß § 16 Abs. 3 gesetzlich 4 Jahre
verlängert worden sind, sind mit dem Ablauf der Übergangsfrist beendet, wenn nicht
vor dem 31. 3. 1987 eine Vertragsverlängerung vereinbart oder wenn nicht die Fläche
als Dauerkleingarten im Bebauungsplan festgesetzt worden ist (s. Rn. 11).

Für Verträge, die gemäß Abs. 3 auslaufen, sieht das BKleinG **keine gesetzliche Ent-**   8
schädigung für die Pächter vor. Die Abwicklung des Pachtverhältnisses richtet sich
nach den vertraglichen Vereinbarungen.

Ein (gesetzlicher) Entschädigungsanspruch besteht nach dem BKleingG nur dann,
wenn der Kleingartenpachtvertrag vorzeitig endet. Verträge, die nach dem Willen der
Vertragsparteien befristet sein sollten und die „nur" aufgrund der früheren Rechtslage
als auf unbestimmte Dauer verlängert galten „enden nicht vorzeitig". Durch das
BKleingG ist die ursprüngliche Befristung wieder wirksam geworden. Der Hinweis,
dass schon allein die lange Dauer eines solchen Vertrages und das Vertrauen auf
frühere Regelungen eine gesetzliche Entschädigungspflicht sachgerecht erscheinen
lassen, ist nicht begründet. Zur Entschädigung könnte nur der Verpächter herangezogen werden, denn nur zwischen ihm und dem („entschädigungsberechtigten") Pächter
bestanden vertragliche Beziehungen. In Anbetracht der äußerst niedrigen Pachtzinsen
stehen einer gesetzlichen Entschädigungspflicht des Verpächters verfassungsrechtliche
Gründe entgegen. Der Verpächter müsste z. B. bei einem unter der Geltung der KGO
üblichen Pachtpreis von ca. DM 0,10 (= 0,05 Euro) pro Quadratmeter und Jahr für einen
400 m^2 großen Garten die gesamten Pachteinnahmen von 50 Jahren aufwenden, um
eine Entschädigung von nur DM 2000,– (1022,58 Euro) leisten zu können.

9 Haben die Parteien vereinbart, dass der Pächter bei Beendigung des Vertrages einen Entschädigungsanspruch gegen den Verpächter (Zwischenpächter) hat, so bleibt diese Vereinbarung zunächst zwar unberührt. Schwerwiegende Gründe können jedoch einen „Einbruch" in diesen Vertrag geboten erscheinen lassen, wenn ein Festhalten am Vertrag zu untragbaren, mit Recht und Gerechtigkeit schlechthin unvereinbaren Ergebnissen führen würde. Das wird in der Regel der Fall sein bei unter der Geltung des alten Rechts getroffener Vereinbarung zwischen dem Kleingärtner und dem Zwischenpächter (Generalpächter) über Entschädigungszahlungen durch den Zwischenpächter (Generalpächter) bei Beendigung des Pachtvertrages. Beide Parteien werden in der Regel davon ausgegangen sein, dass das alte Kleingartenrecht, wonach Zeitverträge als auf unbestimmte Dauer verlängert galten, unberührt bleiben werde, so dass neue Einzelpachtverträge jederzeit neu abgeschlossen werden können und der Nachfolger für die übernommenen Anpflanzungen und Anlagen im Kleingarten einen „Übernahmebetrag" an den Zwischenpächter leistet, den dieser an den weichenden Kleingärtner als Entschädigung auszahlt. Diese Geschäftsgrundlage, nämlich die Möglichkeit der Weiterverpachtung, kann durch § 16 Abs. 3 weggefallen sein, wenn das Kleingartenland nach Ablauf der Übergangsfrist einer anderen (nicht kleingärtnerischen) Nutzung zugeführt wird, so dass ein Festhalten an der Entschädigungsverpflichtung des Zwischenpächters den Grundsätzen von Treu und Glauben widersprechen würde. In einem solchen Falle ist der Vertrag an die veränderten Umstände anzupassen. Das führt hier dazu, dass die Entschädigungsverpflichtung des Zwischenpächters entfällt. S. hierzu Ausführungen zur Störung der Geschäftsgrundlage, § 4 Rn. 30 ff.

4. Ausweisung der Kleingärten i. S. des Abs. 3 im Bebauungsplan

10 Die Gemeinde hat in den Fällen des Abs. 3 zu entscheiden, ob bestehende Kleingärten unter Berücksichtigung der städtebaulichen Ordnung und Entwicklung sowie des Nachfragebedarfs im Bebauungsplan als Dauerkleingärten festgesetzt werden sollen oder nicht. Grundsätzlich steht es im pflichtgemäßen Ermessen der Gemeinde, ob sie plant, wann und wie sie plant. Dieses Ermessen ist jedoch insoweit „eingeschränkt", als konkrete Bedürfnisse eine Planung erfordern. Das kann bei den sonstigen Kleingärten i. S. des § 16 Abs. 3 der Fall sein.

Zur Ausweisung von Kleingärten i. S. des § 16 Abs. 3 s. § 1 Rn. 35 bis 55.

11 Ist eine Kleingartenanlage vor Ablauf der in Abs. 3 festgelegten Übergangsfrist beziehungsweise vor Ablauf der vereinbarten Pachtdauer, wenn diese über den 31. März 1987 hinausgeht, im Bebauungsplan als Fläche für Dauerkleingärten festgesetzt worden, so gilt nach Abs. 4 Satz 1 der alte **Kleingartenpachtvertrag als auf unbestimmte Zeit verlängert**. Es braucht **kein neuer Vertrag** abgeschlossen zu werden. Die Überleitung eines befristeten Vertrages auf eine unbestimmte Geltungsdauer findet ihre Rechtfertigung in der bauplanerischen Festsetzung, die die ortsrechtlich verbindliche Nutzungsregelung für die betroffene Fläche darstellt. Zu den Auswirkungen eines Bebauungsplans, der eine Kleingartenanlage als Fläche für Dauerkleingärten ausweist s. auch BGH, NJW-RR 1995, 1296.

**5. Verlängerung des Pachtvertrages durch Aufstellungsbeschluss
und Bekanntgabe des Beschlusses**

Beschließt die Gemeinde, vor dem 31. März 1987, einen Bebauungsplan aufzustellen **12** mit dem Ziel, die kleingärtnerisch genutzte Fläche als Dauerkleingarten festzusetzen und macht sie den Beschluss gemäß § 2 Abs. 1 Satz 2 BauGB ortsüblich bekannt, so **verlängert sich der Pachtvertrag um – höchstens – weitere vier Jahre**. In welcher Weise der Aufstellungsbeschluss ortsüblich bekannt zu machen ist, richtet sich nach Landesrecht und einschlägigem Ortsrecht (BVerwGE 19, 164). Mit diesem Beschluss wird das Planaufstellungsverfahren förmlich eingeleitet. Der vom Zeitpunkt der vereinbarten Beendigung der Pachtzeit bis zum 31. März 1987 abgelaufene Zeitraum ist hierbei anzurechnen. Die „gesetzliche Verlängerungsklausel" wirkt sich also nur auf **Pachtverträge** aus, die zwischen **dem 1. April 1983 und dem 31. 3. 1987 beendet** gewesen wären. Nähere Einzelheiten zum Problem der Anrechnung s. Mainczyk, Die vierjährige Übergangsfrist nach § 16 Abs. 3 BKleingG, in: Schriftenreihe des BDG Heft Nr. 40, 6 ff., 11 ff. Vom Zeitpunkt der Rechtsverbindlichkeit des Bebauungsplans an sind die Vorschriften über Dauerkleingärten anzuwenden. § 16 Abs. 4 Satz 2 stellt damit die Fortdauer der kleingärtnerischen Nutzung sicher, wenn ihre planungsrechtliche Festsetzung ohnehin bevorsteht.

§ 17
Überleitungsvorschrift für die kleingärtnerische Gemeinnützigkeit

Anerkennungen der kleingärtnerischen Gemeinnützigkeit, die vor In-Kraft-Treten dieses Gesetzes ausgesprochen worden sind, bleiben unberührt.

Übersicht

		Rn.
1.	Anerkennungen nach altem Recht	1–2
2.	Aufsicht und Entzug	3

1. Anerkennung nach altem Recht

Die **kleingärtnerische Gemeinnützigkeit** ist bereits durch die **Kleingarten- und 1 Kleinpachtlandordnung** (KGO) von 1919 (RGBl S. 1371) eingeführt worden. Die KGO war bis zum In-Kraft-Treten des Bundeskleingartengesetzes (fortgeltendes) Bundesrecht (Art. 123, 125 Nr. 2 GG). Nach § 5 KGO durften Grundstücke zum Zwecke der Weiterverpachtung als Kleingärten nur durch Körperschaften oder Anstalten des öffentlichen Rechts oder ein als gemeinnützig anerkanntes Unternehmen zur Förderung des Kleingartenwesens gepachtet und nur an solche verpachtet werden. Diese Beschränkung ist eingeführt worden, um die gewerbsmäßige Zwischenpacht zu verhindern, die vor In-Kraft-Treten der KGO zu Missständen im Kleingartenwesen geführt hat. Im Laufe der Zeit ist die so genannte Zwischenpacht (Generalpacht) ein im Kleingartenwesen weit verbreitetes Rechtsinstitut geworden.

2 In einigen Ländern sind aufgrund des in § 5 KGO geregelten Zwischenpachtprivilegs **Verwaltungsvorschriften** über die Anerkennung und den Widerruf der kleingärtnerischen Gemeinnützigkeit sowie über das Anerkennungs- und Widerrufsverfahren erlassen worden (s. hierzu § 2 Rn. 4). Die aufgrund dieser Rechtsvorschriften ausgesprochenen Anerkennungen der kleingärtnerischen Gemeinnützigkeit bleiben gemäß § 17 unberührt; sie gelten unverändert fort, solange die Gemeinnützigkeit nicht entzogen wird.

2. Aufsicht und Entzug

3 Die nach altem Recht anerkannten Kleingärtnerorganisationen unterliegen der **Aufsicht durch die Anerkennungsbehörde.** Die Aufsicht erstreckt sich insbesondere darauf, ob die Führung der Geschäfte mit den Bestimmungen der Satzung in Übereinstimmung steht. Im Übrigen werden nach altem Recht oder nach dem BKleingG als kleingärtnerisch gemeinnützig anerkannte Organisationen sowohl im Hinblick auf die Gemeinnützigkeitsaufsicht als auch auf die Voraussetzungen für den Entzug der Gemeinnützigkeit gleich behandelt. Näheres hierzu s. § 2 Rn. 13 bis 16.

§ 18
Überleitungsvorschriften für Lauben

(1) Vor In-Kraft-Treten dieses Gesetzes rechtmäßig errichtete Lauben, die die in § 3 Abs. 2 vorgesehene Größe überschreiten, können unverändert genutzt werden.

(2) Eine bei In-Kraft-Treten dieses Gesetzes bestehende Befugnis des Kleingärtners, seine Laube zu Wohnzwecken zu nutzen, bleibt unberührt, soweit andere Vorschriften der Wohnnutzung nicht entgegenstehen. Für die Nutzung der Laube kann der Verpächter zusätzlich ein angemessenes Entgelt verlangen.

Übersicht

		Rn.
1.	Bestandsschutz für rechtmäßig errichtete Gartenlauben	1–4
2.	Wohnlaubennutzung; Nutzungsentgelt	5–7

1. Bestandsschutz für rechtmäßig errichtete Gartenlauben

1 Absatz 1 stellt klar, dass die vor dem 1. April 1983 rechtmäßig errichteten **Lauben unverändert genutzt** werden können, **auch wenn** sie die in **§ 3 Abs. 2 vorgesehene Größe überschreiten.** Er trägt dem Rechtsinstitut des Bestandsschutzes Rechnung.

Der Bestandsschutz beruht auf Art. 14 Abs. 1 Satz 1 GG. Unmittelbar auf den in Art. 14 GG garantierten Bestandsschutz kann aber nicht zurückgegriffen werden, soweit eine Regelung besteht, die Inhalte und Schranken des Eigentums i. S. von Art. 14 Abs. 1 Satz 2 GG bestimmt (BVerwGE 84, 322, 334). Eine solche Regelung enthält § 18. Absatz 1 regelt den Bestandsschutz der baulichen Anlage, der übergroßen Laube, Absatz 2 den des Wohnrechts. Der Bestandsschutz knüpft an die Eigentümerposition an. Verfassungsrechtlich wird er begründet, wenn und weil eine schutzwürdige (materiell) legale Eigentumsausübung (bzw. eine aus dem Eigentumsrecht abgeleitete Ausübung der Nutzung) vorliegt (BVerwG, Urt. v. 21. 1. 1972 – BauR 1972, 152 ff.). Das einmal legal, materiell rechtmäßig, errichtete Bauwerk ist auch bei einer **späteren Änderung der Sach- oder Rechtslage in seinem Bestand** und seiner bisherigen Funktion **geschützt,** das heißt, dass es weiterhin wie bisher genutzt werden darf. Die Anforderungen an die materielle Rechtmäßigkeit ergeben sich aus dem Kleingartenrecht, dem Bauplanungs- und Bauordnungsrecht. Rechtmäßig ist eine bauliche Anlage, wenn ihre Errichtung gegen Rechtsvorschriften nicht verstößt oder verstoßen hat (s. hierzu auch § 3 Rn. 31 ff.). Das Fehlen einer erforderlichen Baugenehmigung ist dagegen unschädlich (BVerwG, NJW 1981, 2140 f.). Für den Bestandsschutz reicht es aber auch aus, wenn die Laube bei ihrer Errichtung formell rechtmäßig war, d. h. für ihre Errichtung eine Baugenehmigung erteilt worden war. Dabei ist unerheblich, ob die Genehmigung auch materiell rechtmäßig erteilt wurde. Vertragliche Vereinbarungen sind insoweit bedeutungslos; sie können keinen Bestandsschutz begründen, wenn die Abreden entgegen den Rechtsvorschriften getroffen worden sind (s. § 3 Rn. 37 ff.). Der Bestandsschutz erstreckt sich nur auf die **vorhandene bauliche Anlage** für die Dauer ihres Bestandes in ihrer – so bisher rechtmäßig gewesenen – Nutzung. Er erlischt mit der Beseitigung der Laube. Der Bestandsschutz endet auch ohne Eingriff in die bauliche Substanz, soweit die geschützte Nutzung **endgültig** aufgegeben worden ist. Er deckt ebenso wenig eine Ersetzung durch eine neue Anlage wie den Aufbau eines zerstörten Bauwerks aus seinen noch vorhandenen Resten oder die Vollendung eines begonnenen Bauwerks, von dem einzelne Teile Bestandsschutz erlangt haben. Der Bestandsschutz ist seinem Wesen nach ein Schutz gegenüber einem behördlichen Beseitigungsverlangen. Andererseits folgt aus dem Bestandsschutz aber auch die Befugnis, das Bauwerk instand zu halten und Reparaturen durchzuführen. Auch hier gilt die Einschränkung, dass nur solche Reparaturen vom Bestandsschutz gedeckt sind, die das Gebäude vor dem vorzeitigen Verfall oder vor dem Eintritt der Unbenutzbarkeit vor dem Ablauf der Lebensdauer in seiner Substanz schützen.

Der Bestandsschutz ist danach ein Schutz der *„Bestandsnutzung".* Er verliert daher **2** seine Wirksamkeit, wenn das geschützte Gebäude nicht mehr vorhanden ist oder die geschützte Nutzung nicht nur vorübergehend, sondern endgültig aufgegeben ist (BVerwGE 47, 185; BVerwG BauR 2001, 151). Die Endgültigkeit beurteilt sich nicht nach dem inneren Willen des Eigentümers, sondern danach, wie die Beendigung der ausgeübten Nutzung **nach außen** erkennbar in Erscheinung tritt. Eine nur vorübergehende Unterbrechung der Nutzung vernichtet den Bestandsschutz nicht. Insoweit besteht eine gewisse **Nachwirkungsfrist,** innerhalb derer Gelegenheit besteht, die Nutzung wieder aufzunehmen. Maßgeblich für die Dauer der Frist ist die Verkehrsauffassung (BVerwG NJW 1977, 770).

Abs. 1 schützt den – rechtmäßig geschaffenen – vorhandenen Bestand in seiner bis- **2 a** herigen Funktion, gewährleistet also dessen Erhaltung und die weitere rechtmäßig gewesene Nutzung, nicht dagegen die Wiederherstellung oder Ersetzung der (bereits) beseitigten Laube, nicht deren Erweiterung oder die Änderung der Nutzung. Der

Bestandsschutz umfasst auch das Recht, die zur Sicherung des Bestandes und zur Fortführung der Nutzung erforderlichen Unterhaltungsarbeiten, Instandsetzungen und baulichen Veränderungen durchzuführen. Die Identität der vorhandenen Laube muss erhalten bleiben. Das ist nicht der Fall, wenn die Änderung „substanz-austauschend" oder die Standfestigkeit berührend in den Bestand eingreift oder einen den Kosten für einen Neubau vergleichbaren Arbeitsaufwand erfordert (BVerwGE 72, 362).

Ob eine neue bauliche Anlage zulässig ist, entscheidet sich nach dem jeweils geltenden materiellen Recht. Das Gleiche gilt auch für Unterhaltungsarbeiten und Instandsetzungen, die derart in den vorhandenen Bestand eingreifen, dass die instand gesetzte Laube wie eine neu errichtete bauliche Anlage zu behandeln ist.

2 b Mit der Beendigung des Kleingartenpachtvertrages endet zwar das kleingärtnerische Nutzungsrecht des weichenden Kleingärtners (Pächters) und damit auch das Recht, die Gartenlaube zu nutzen, obwohl die Vertragsbeendigung selbst das Eigentum an der Laube unberührt lässt (s. § 3 Rn. 43). Der Bestandsschutz, der auf den Schutz der ausgeübten Nutzung ausgerichtet ist, läuft „leer", wenn niemand vorhanden ist, der zur Nutzung der Laube berechtigt ist. Das ist der Fall, wenn der (alte) Pachtvertrag beendet ist und ein neuer Pachtvertrag noch nicht geschlossen wurde. Mit der Beendigung des Kleingartenpachtvertrages ist aber der Bestandsschutz nicht (automatisch) erloschen. Der Bestandsschutz erlischt erst mit der endgültigen Aufgabe der Nutzung (BVerwGE 47, 185; BVerwG BauR 2001, 151). Beim Pächterwechsel wirkt der Bestandsschutz nach. Voraussetzung der Nachwirkung des Bestandsschutzes ist, dass die Laube vom nachfolgenden Pächter (Kleingärtner) übernommen werden soll. Insoweit tritt nur eine vorübergehende Unterbrechung der Nutzung der Laube ein, die mit dem Abschluss des Kleingartenpachtvertrages mit dem neuen Pächter endet. Der Bestandsschutz wird durch die Unterbrechung der Nutzung nicht beeinträchtigt. Die Nachwirkungsfrist, in der die Laube nicht genutzt wird, ist zeitlich nicht unbegrenzt. Sie endet endgültig, wenn z. B. wegen mangelnder Nachfrage mit einer Verpachtung des Gartens nicht mehr gerechnet wird und die nicht mehr genutzte Gartenfläche für andere Zwecke verwendet wird oder wenn aus anderen Gründen von vornherein feststeht, dass der Kleingarten nicht mehr verpachtet wird z. B. wegen Neuordnung der Kleingartenanlage durch Schaffung weiterer Gemeinschaftsflächen. Näheres zum Bestandsschutz s. Mainczyk, Baurechtlicher Bestandsschutz im Kleingartenrecht, NJ 2003, 518 ff.

3 In bestimmten Fällen kann eine von der zuständigen Behörde bekundete Duldung einer formell und materiell illegalen baulichen Anlage einen Rechtsstatus herbeiführen, der dem auf einer Baugenehmigung beruhenden angenähert ist (OVG Berlin, MDR 1983, 165; LG Hannover, ZMR 1987, 23 f.). Das OVG Berlin hat hierzu ausgeführt:

> „Das Wohnhaus des Kl. ist weder baupolizeilich genehmigt worden, noch ist es genehmigungsfähig. Trotzdem kann es nicht ohne jede Einschränkung als – formell und materiell – illegal bezeichnet werden. Denn die seit über einem Viertel Jahrhundert geübte Duldung eines formell und materiell illegalen Zustands hat dem Kl. einen Rechtsstatus verliehen, der nicht weit von demjenigen entfernt ist, den eine Baugenehmigung begründet. Die zuständige Behörde verharrte in dieser Zeit nicht in reiner Passivität, sondern bekundete in mehreren Verfügungen, dass sie nicht gewillt war, ihre im Jahre 1956 erlassene Beseitigungsanordnung durchzusetzen. Routinemäßig verlängerte sie mehrfach die Fristen zur Befolgung ihres Beseitigungsverlangens. Dadurch hat sie sich in einer Weise gebunden, die ihr die Ausübung der in § 97 Abs. 1 BauO Ber-

lin eingeräumten Befugnisse aus anderen Gründen als den im Beschl. v. 2. 1. 1970 genannten nahezu unmöglich macht."

Der Bestandsschutz i. S. des Abs. 1 bezieht sich auf die bauliche Anlage. Er ist objektge- **4** bunden. Es kommt daher **nicht darauf an, wer die bauliche Anlage errichtet hat.** So kann beispielsweise der derzeitige Pächter die vom Vorgänger übernommene Laube, die der in § 3 Abs. 2 vorgeschriebenen Größe nicht entspricht weiterhin nutzen. Denn die Laube ist vom Bestandsschutz gedeckt, wenn sie unter Beachtung der Rechtsvorschriften, also rechtmäßig errichtet worden oder zu irgendeinem (späteren) Zeitpunkt rechtmäßig geworden ist.

2. Wohnlaubennutzung; Nutzungsentgelt

Die Problematik des Wohnens in der Gartenlaube ist – wie die Erfahrungen zeigen – **5** immer wieder aktuell und gewinnt in Zeiten, in denen über die unzureichende Versorgung der Bevölkerung mit preiswertem Wohnraum diskutiert wird, auch politische Bedeutung. Mit der Regelung in § 3 Abs. 2 hat der Gesetzgeber ausdrücklich bestimmt, dass Lauben (nur) der kleingärtnerischen Nutzung und nicht dem dauernden Wohnen dienen dürfen. Die Bestimmung, dass Lauben nicht zum dauernden Wohnen geeignet sein dürfen, beinhaltet (auch) das Verbot, Lauben als Wohnung zu nutzen. In der Begründung der Regierungsvorlage heißt es hierzu: „Dauerndes Wohnen in den Lauben stellt – abgesehen von den Fällen, in denen der Kleingärtner zulässigerweise seine Laube zu Wohnzwecken nutzt – eine Zweckentfremdung dar" (BT-Drs. 9/1900 S. 13). „Eigenart und Charakter von Kleingartenanlagen sollen erhalten bleiben. Kleingartenanlagen sollen sich nicht zu Wochenend- oder Ferienhausgebieten entwickeln" (BT-Drs. a. a. O.).

Die Nutzung einer Laube zu Wohnzwecken verträgt sich grundsätzlich **nicht** mit dem **6** Charakter des Kleingartens. Nach Abs. 2 bleibt jedoch die Wohnnutzung unter der dort genannten Voraussetzung unberührt, soweit ihr andere Vorschriften, z. B. des Bauordnungsrechts, nicht entgegenstehen. **Voraussetzung einer bestandsgeschützten Wohnnutzung der Gartenlaube ist nach Abs. 2 die Befugnis des Kleingärtners, seine Laube zu Wohnzwecken zu nutzen.** Das Recht zur Wohnnutzung ist danach nicht an die Gartenlaube, sondern ausschließlich an die Person des Kleingärtners gebunden (BGH, U. v. 22. 4. 2004 – III ZR 163/03). Das bedeutet, dass die rechtmäßige Wohnnutzung der Gartenlaube mit der Beendigung des Kleingartenpachtvertrages automatisch endet. Ein (neues) Wohnnutzungsrecht für den nachfolgenden Kleingärtner müsste neu begründet werden. Dies schließt aber die Bestimmung des § 3 Abs. 2, die ein Wohnungsverbot beinhaltet (s. oben Rn. 5), ausdrücklich aus.

Für die Wohnnutzung der Gartenlaube kann der Verpächter nach Abs. 2 Satz 2 **zusätz-** **7** **lich ein angemessenes Entgelt** verlangen, d. h. neben dem Pachtzins i. S. des § 5 Abs. 1 und sonstigen Nebenleistungen (s. § 5 Rn. 26 ff.). Dieses Entgelt ist kein Mietzins, keine Gegenleistung für die Überlassung von Wohnraum. Denn die Laube ist kein Bestandteil des Grundstücks. Sie gehört dem Nutzer der Parzelle. Das Nutzungsentgelt soll vielmehr den Sondervorteil abgelten, der darin liegt, dass der Pächter die Pachtfläche auch in einer nach den Zielsetzungen des BKleingG an sich nicht erlaubten Weise nutzen darf (BGH ZOV 2003, 167 f.).

Maßstäbe für ein „zusätzliches angemessenes Entgelt" enthält das BKleinG nicht. Nach der Rechtsprechung des BGH bestimmt sich das Entgelt nach einer angemessenen Verzinsung des Verkehrswertes der überbauten Grundfläche (BGHZ 117, 394 ff.; BGH ZOV 2003, 167 f.). Auszugehen ist hierbei davon, dass der Kleingartenpachtvertrag sich nicht schon deshalb in einen „anderen Vertrag" verwandelt, weil auf dem Kleingartengrundstück eine Gartenlaube zu Wohnzwecken genutzt wird, selbst dann nicht, wenn der Ertrag aus der Wohnlaube höher ist als aus der kleingärtnerischen Nutzung (s. BGH, NJW 1966, 596). Dieser Sachlage wird dadurch Rechnung getragen, dass bei der Bemessung des Entgelts nur der überbaute Teil des Kleingartens als Berechnungsfaktor einzusetzen ist (BGHZ 117, 394, 397). Der Wert dieser Fläche ist nach den für bebaute Grundstücke ermittelten Verkehrswerten zu bestimmen (BGHZ 117, 394, 397; BGH a. a. O.). Bei der Ermittlung des für die Verzinsung des Bodenswerts maßgeblichen Faktors ist von dem Zinssatz auszugehen, mit dem der Verkehrswert von Liegenschaften im Durchschnitt marktüblich verzinst wird (§§ 11 f. WertV). Es können jedoch Differenzierungen nach dem Ausbauzustand der Laube und nach sozialen Gesichtspunkten erforderlich sein. Ist die Laube vom Verpächter erstellt, kann neben einer angemessenen Verzinsung des Bodenswerts auch Verzinsung des Gebäudewerts in Erwägung gezogen werden (BGHZ 117, 394, 397).

§ 19

Stadtstaatenklausel

Die Freie und Hansestadt Hamburg gilt für die Anwendung des Gesetzes auch als Gemeinde.

§ 20

Aufhebung von Vorschriften

(1) Mit In-Kraft-Treten dieses Gesetzes treten außer Kraft:

1. **Kleingarten- und Kleinpachtlandordnung in der im Bundesgesetzblatt Teil III, Gliederungsnummer 235-1, veröffentlichten bereinigten Fassung;**

2. **Gesetz zur Ergänzung der Kleingarten- und Kleinpachtlandordnung in der im Bundesgesetzblatt Teil III, Gliederungsnummer 235-2, veröffentlichten bereinigten Fassung;**

3. **Verordnung über Kündigungsschutz und andere kleingartenrechtliche Vorschriften in der im Bundesgesetzblatt Teil III, Gliederungsnummer 235-4, veröffentlichten bereinigten Fassung;**

4. **Bestimmungen über die Förderung von Kleingärten vom 22. März 1938 (Reichsanzeiger 1938 Nr. 74), Bundesgesetzblatt Teil III, Gliederungsnummer 235-6;**

5. **Anordnung über eine erweiterte Kündigungsmöglichkeit von kleingärtnerisch bewirtschaftetem Land in der im Bundesgesetzblatt Teil III, Gliederungsnummer 235-5, veröffentlichten bereinigten Fassung;**

6. Gesetz zur Änderung und Ergänzung kleingartenrechtlicher Vorschriften vom 28. Juli 1969 (BGBl I S. 1013);

7. Artikel 4 des Gesetzes zur Änderung des Berlinhilfegesetzes und anderer Vorschriften vom 23. Juni 1970 (BGBl I S. 826);

8. Baden-Württemberg (für das ehemalige Land Württemberg-Hohenzollern): Verordnung des Landwirtschaftsministeriums über Kündigungsschutz von Kleingärten vom 28. Juli 1947 (Regierungsbl S. 104), Bundesgesetzblatt Teil III, Gliederungsnummer 235-8;

9. Baden-Württemberg (für das ehemalige Land Baden): Landesverordnung über die Auflockerung des Kündigungsschutzes von Kleingärten vom 19. November 1948 (Gesetz- und Verordnungsbl 1049 S. 50), Bundesgesetzblatt Teil III, Gliederungsnummer 235-7;

10. Hamburg: Verordnung über Pachtpreise für Kleingärten vom 28. März 1961 (Hamburgisches Gesetz- und Verordnungsbl S. 115), geändert durch die Verordnung zur Änderung der Verordnung über Pachtpreise für Kleingärten vom 18. Februar 1969 (Hamburgisches Gesetz- und Verordnungsbl S. 22):

11. Rheinland-Pfalz: Landesgesetz über Kündigungsschutz für Kleingärten und andere kleingartenrechtliche Vorschriften vom 23. November 1948 (Gesetz- und Verordnungsbl S. 410), Bundesgesetzblatt Teil III, Gliederungsnummer 235-10;

12. Schleswig-Holstein: Kleingartengesetz vom 3. Februar 1948 (Gesetz und Verordnungsbl S. 59) in der Fassung vom 5. Mai 1948 (Gesetz und Verordnungsbl S. 148), mit Ausnahme der §§ 24 bis 26, Bundesgesetzblatt Teil III, Gliederungsnummer 235-3;

13. Schleswig-Holstein: Schleswig-Holsteinische Verfahrensordnung für Kleingartensachen vom 16. August 1948 (Gesetz- und Verordnungsbl S. 192), Bundesgesetzblatt Teil III, Gliederungsnummer 235-3-1.

(2) Mit In-Kraft-Treten dieses Gesetzes erlöschen beschränkte persönliche Dienstbarkeiten, die aufgrund von § 5 Abs. 1 Satz 5 des nach Absatz 1 Nr. 12 außer Kraft tretenden Kleingartengesetzes von Schleswig-Holstein im Grundbuch eingetragen worden sind. Für die Berichtigung des Grundbuchs werden Kosten nicht erhoben.

Das frühere materielle Kleingartenrecht ist durch das Bundeskleingartengesetz aufgehoben. Landesrecht, das bis dahin den gleichen Gegenstand geregelt hatte wie das BKleingG, tritt bereits nach Art. 31 GG außer Kraft. In Schleswig-Holstein bleiben die Kleingartenausschüsse bei den Kreisen, Gemeinden und beim Land bestehen (§ 20 Abs. 1 Nr. 12).

Mit der Aufhebung des Schleswig-Holsteinischen Kleingartengesetzes tritt auch § 5 Abs. 1 Satz 5 außer Kraft, nach der die Rechtsnatur eines Grundstücks als Dauerkleingartenfläche durch Eintragung einer beschränkten persönlichen Dienstbarkeit im Grundbuch zugunsten des Landesfiskus gesichert werden soll. Soweit derartige Eintragungen vorgenommen worden sind, sind sie nach Absatz 2 am 1. 4. 1983 erloschen. Die Eintragung ins Grundbuch kann als gegenstandslos gelöscht werden.

§ 20 a

Überleitungsregelungen aus Anlass der Herstellung der Einheit Deutschlands

In dem in Artikel 3 des Einigungsvertrages genannten Gebiet ist dieses Gesetz mit folgenden Maßgaben anzuwenden:

1. **Kleingartennutzungsverhältnisse, die vor dem Wirksamwerden des Beitritts begründet worden und nicht beendet sind, richten sich von diesem Zeitpunkt an nach diesem Gesetz.**

2. **Vor dem Wirksamwerden des Beitritts geschlossene Nutzungsverträge über Kleingärten sind wie Kleingartenpachtverträge über Dauerkleingärten zu behandeln, wenn die Gemeinde bei Wirksamwerden des Beitritts Eigentümerin der Grundstücke ist oder nach diesem Zeitpunkt das Eigentum an diesen Grundstücken erwirbt.**

3. **Bei Nutzungsverträgen über Kleingärten, die nicht im Eigentum der Gemeinde stehen, verbleibt es bei der vereinbarten Nutzungsdauer. Sind die Kleingärten im Bebauungsplan als Flächen für Dauerkleingärten festgesetzt worden, gilt der Vertrag als auf unbestimmte Zeit verlängert. Hat die Gemeinde vor Ablauf der vereinbarten Nutzungsdauer beschlossen, einen Bebauungsplan aufzustellen mit dem Ziel, die Fläche für Dauerkleingärten festzusetzen, und den Beschluss nach § 2 Abs. 1 Satz 2 des Baugesetzbuchs bekannt gemacht, verlängert sich der Vertrag vom Zeitpunkt der Bekanntmachung an um sechs Jahre. Vom Zeitpunkt der Rechtsverbindlichkeit des Bebauungsplans an sind die Vorschriften über Dauerkleingärten anzuwenden. Unter den in § 8 Abs. 4 Satz 1 des Baugesetzbuchs genannten Voraussetzungen kann ein vorzeitiger Bebauungsplan aufgestellt werden.**

4. **Die vor dem Wirksamwerden des Beitritts Kleingärtnerorganisationen verliehene Befugnis, Grundstücke zum Zwecke der Vergabe an Kleingärtner anzupachten, kann unter den für die Aberkennung der kleingärtnerischen Gemeinnützigkeit geltenden Voraussetzungen entzogen werden. Das Verfahren der Anerkennung und des Entzugs der kleingärtnerischen Gemeinnützigkeit regeln die Länder.**

5. Anerkennungen der kleingärtnerischen Gemeinnützigkeit, die vor dem Wirksamwerden des Beitritts ausgesprochen worden sind, bleiben unberührt.

6. Die bei In-Kraft-Treten des Gesetzes zur Änderung des Bundeskleingartengesetzes zu leistende Pacht kann bis zur Höhe der nach § 5 Abs. 1 zulässigen Höchstpacht in folgenden Schritten erhöht werden:
   1. ab 1. Mai 1994 auf das Doppelte
   2. ab 1. Januar 1996 auf das Dreifache
   3. ab 1. Januar 1998 auf das Vierfache
   der ortsüblichen Pacht im erwerbsmäßigen Obst- und Gemüseanbau. Liegt eine ortsübliche Pacht im erwerbsmäßigen Obst- und Gemüseanbau nicht vor, ist die entsprechende Pacht in einer vergleichbaren Gemeinde als Bemessungsgrundlage zugrunde zu legen. Bis zum 1. Januar 1998 geltend gemachte Erstattungsbeträge gemäß § 5 Abs. 5 Satz 3 können vom Pächter in Teilleistungen, höchstens in acht Jahresleistungen entrichtet werden.

7. Vor dem Wirksamwerden des Beitritts rechtmäßig errichtete Gartenlauben, die die in § 3 Abs. 2 vorgesehene Größe überschreiten, oder andere der kleingärtnerischen Nutzung dienende bauliche Anlagen können unverändert genutzt werden. Die Kleintierhaltung in Kleingartenanlagen bleibt unberührt, soweit sie die Kleingärtnergemeinschaft nicht wesentlich stört und der kleingärtnerischen Nutzung nicht widerspricht.

8. Eine vor dem Wirksamwerden des Beitritts bestehende Befugnis des Kleingärtners, seine Laube dauernd zu Wohnzwecken zu nutzen, bleibt unberührt, soweit andere Vorschriften der Wohnnutzung nicht entgegenstehen. Für die dauernde Nutzung der Laube kann der Verpächter zusätzlich ein angemessenes Entgelt verlangen.

Übersicht

1. Allgemeines

1   Nach Art. 8 des Einigungsvertrages vom 31. 8. 1990 (BGBl II S. 885) ist mit Wirkung vom 3. 10. 1990 in den (neuen) Ländern **Brandenburg, Mecklenburg-Vorpommern, Sachsen, Sachsen-Anhalt** und **Thüringen** sowie in **Berlin (Ost)** das Bundesrecht der Bundesrepublik Deutschland in Kraft getreten, soweit der Einigungsvertrag und seine Anlagen keine Sonderregelungen enthalten. Für das Kleingartenrecht bedeutet dies, dass mit dem 3. 10. 1990 das Bundeskleingartengesetz im Beitrittsgebiet Anwendung findet. Überleitungsvorschriften und Sonderregelungen für die neuen Bundesländer enthält § 20 a (Anlage I Kapitel XIV Abschnitt II Nr. 4 des Einigungsvertrages vom 31. 8. 1990 i. V. m. Art. 1 des Gesetzes vom 23. 9. 1990 – BGBl 1990 II S. 885, 1125). Er trägt der Entwicklung des Kleingartenwesens im Gebiet der ehemaligen DDR Rechnung. Zur Rechtslage des Kleingartenwesens in der ehemaligen DDR s. Kärsten, Rechtsstreitigkeiten im Kleingartenwesen der neuen Bundesländer, in: Neue Justiz 1994, 104 ff.

2. Überleitung bestehender Kleingartennutzungsverträge (Nr. 1)

2.1 Einzel- und Hauptnutzungsverträge

Nr. 1 leitet die am 3. Oktober 1990 bestehenden Nutzungsverhältnisse über Kleingärten **2** in das BKleingG über. Danach richten sich Kleingartennutzungsverhältnisse, die vor dem 3. Oktober 1990 rechtswirksam begründet worden und nicht beendet sind von diesem Zeitpunkt an nach dem BKleingG. In Anlehnung an die Terminologie des Zivilgesetzbuchs der DDR (ZGB) verwendet Nr. 1 den Begriff **„Kleingartennutzungsverhältnisse"**. Darunter sind schuldrechtliche Verträge zu verstehen, die die Überlassung von Land zur kleingärtnerischen Nutzung zum Gegenstand haben (Einzelnutzungsverträge) als auch solche, die auf die Weitergabe (Weiterverpachtung) zum Zwecke der kleingärtnerischen Nutzung gerichtet sind (Hauptnutzungsverträge). Kleingartenrechtlich sind insoweit die Begriffe „Nutzungsverhältnis", „Nutzungsvertrag" und „Pachtverhältnis" „Pachtvertrag" deckungsgleich.

Rechtsgrundlage für Einzelnutzungsverträge waren vor dem 3. 10. 1990 die Vor- **2 a** schriften der §§ 312 ff. ZGB über die Nutzung von Bodenflächen zur Erholung. Nach § 312 Abs. 1 ZGB konnten land- und forstwirtschaftlich nicht genutzte Bodenflächen Bürgern zum Zwecke der kleingärtnerischen Nutzung, Erholung und Freizeitgestaltung überlassen werden. Die Nutzung von Bodenflächen als Kleingärten i. S. des BKleingG war somit nur eine Form der in Betracht kommenden Nutzungsmöglichkeiten, z. B. als Wochenendsiedlergärten oder Wochenendhausgrundstücke (vgl. BGHZ 139, 235, 238 f.).

Zwischengeschaltete Verträge konnten nach Maßgabe des § 45 Abs. 3 ZGB und ande- **2 b** rer Regelungen in Fachgesetzen geschlossen werden. Nach § 45 Abs. 3 ZGB konnten Vereinbarungen getroffen werden, die im ZGB nicht als Vertrag ausdrücklich geregelt waren, wenn sie nicht gegen Inhalt und Zweck des ZGB verstießen. Andererseits fanden sich Ermächtigungen zum Abschluss gestufter Nutzungsverträge in Einzelgesetzen, insbesondere in Vorschriften über die landwirtschaftlichen Produktionsgenossenschaften (LPG) sowie im Gesetz über das Vertragssystem in der sozialistischen Wirtschaft (Vertragsgesetz). Verpächter konnten danach private Grundstückseigentümer, Räte der Kreise und landwirtschaftliche und andere Produktionsgenossenschaften, Betriebe, Kirchen u. a. sein. Eine Übersicht über die verschiedenen gestuften Nutzungsüberlassungen gibt Kärsten, NJ 1994, 104 ff. Hauptnutzungsverträge konnten auch mehrfach gestuft sein, wie z. B. sog. Kreispachtverträge (s. § 20 b Rn. 4). Im Übrigen war allein der Verband der Kleingärtner, Siedler und Kleintierzüchter (VKSK) berechtigt, Grundstücke zum Zwecke der Weiterverpachtung an Kleingärtner anzupachten (§ 4 VO über das Kleingarten- und Siedlungswesen und die Kleintierzucht). Näheres hierzu s. Rn. 17 ff.

Grundsätzlich ist der konkrete Hauptnutzungsvertrag bzw. Einzelnutzungsvertrag **2 c** maßgebend für das von den Parteien Gewollte. Das kann zweifelhaft sein, wenn eine

Fläche vereinbarungsgemäß zum Zwecke der „kleingärtnerischen Nutzung und Erholung" oder der „kleingärtnerischen Nutzung und Freizeitgestaltung" oder der
„kleingärtnerischen Nutzung, Erholung und Freizeitgestaltung" überlassen wurde.
Fraglich ist, welche Art der Bodennutzung dann vereinbarungsgemäß im Vordergrund
stehen sollte, die kleingärtnerische Nutzung, die Erholung oder Freizeitgestaltung.
Denn die „Erholung" und die „Freizeitgestaltung" waren nach der vom VKSK
beschlossenen Kleingartenordnung auch Begriffsmerkmale der kleingärtnerischen
Bodennutzung. Das insoweit rechtlich Gewollte lässt sich aus einer solchen kumula-
tiven Nutzungsbestimmung nicht eindeutig festlegen. Es kann zwar nicht ausgeschlossen werden, dass die kleingärtnerische Nutzung auch Vertragsgegenstand war. Für die
Frage, ob derartige Nutzungsverträge in das BKleingG nach Nr. 1 übergeleitet wurden,
gibt eine solche Nutzungsbestimmung nichts her. Die Überleitungsfähigkeit derartiger
Nutzungsverhältnisse in das BKleingG muss sich daher aus anderen außerhalb der vertraglichen Vereinbarung liegenden Kriterien ergeben.

2 d Anders verhält es sich in den Fällen, in denen die Nutzungsüberlassung ausschließlich zur
Erholung oder Freizeitgestaltung oder zur Erholung und Freizeitgestaltung erfolgt ist, die
kleingärtnerische Nutzung also nicht Gegenstand des Vertrages ist. Eindeutig ist insoweit,
dass die Fläche nicht zur kleingärtnerischen Nutzung überlassen wurde. Der Vertrag
allein ist bereits ein Indiz dafür, dass eine Überleitung derartiger Nutzungsverhältnisse
gemäß Nr. 1 ausscheidet. Eine andere Beurteilung setzt voraus, dass tatsächlich die kleingärtnerische Nutzung mit Billigung des Verpächters ausgeübt worden ist.

Wird eine Fläche zum Zwecke der kleingärtnerischen Nutzung überlassen, dann
ist diese Vereinbarung im Hinblick auf die Bodennutzung zwar eindeutig und unzwei-
felhaft. Daraus ergibt sich aber noch nicht, dass dieser Vertrag in das BKleingG übergeleitet worden ist. Denn die **Überleitung nach Nr. 1 setzt voraus, dass im Zeitpunkt des
Wirksamwerdens des Beitritts,** also am 3. Oktober 1990 die überlassenen Flächen **als
Kleingärten i. S. des § 1 Abs. 1 genutzt wurden** (BGHZ 139, 238 ff.; BGH VIZ 2000, 159;
BGH VIZ 2003, 298).

2.2 Übergeleitete Kleingartennutzungsverhältnisse

2 e Die Überleitung von Kleingartennutzungsverhältnissen setzt voraus, dass es sich um
Verträge handelt, die dem Anwendungsbereich des BKleingG unterliegen. Das Klein-
gartennutzungsverhältnis i. S. d. Nr. 1 muss also auf die Überlassung von Flächen als
Kleingärten i. S. d. BKleingG gerichtet sein (BGH, VIZ 2000, 159; Stang, BKleingG
2. Aufl., § 20 a Rn. 6). Die nach dem BKleingG maßgebliche Kleingarteneigenschaft ist
das entscheidende Überleitungskriterium (s. Rn. 2 h). Diese Eigenschaft bestimmt
§ 1 Abs. 1. Diese Vorschrift legt den Anwendungsbereich des BKleingG fest. § 1 Abs. 2
grenzt Kleingärten von anderen ähnlichen Nutzungsarten ab.

Kleingärten i. S. d. § 1 Abs. 1 sind durch **zwei Begriffsmerkmale** gekennzeichnet,
und zwar durch die kleingärtnerische Nutzung und die Zusammenfassung der Kleingärten zu einer Kleingartenanlage mit gemeinschaftlichen Einrichtungen. Beide
Begriffsmerkmale sind im § 1 Abs. 1 BKleingG definiert.

2 f Die **kleingärtnerische Nutzung** umfasst danach die nicht erwerbsmäßige gärtnerische
Nutzung, insbesondere zur Gewinnung von Gartenbauerzeugnissen für den Eigenbedarf und die Erholungsnutzung (s. § 1 Rn. 4 ff.; 10 ff.).

Die **Gewinnung von Gartenbauerzeugnissen** umfasst den Anbau von Obst, Gemüse, Kräutern u. a. Früchten (BGH, VIZ 2000, 159), d. h. also die **Erzeugung von einjährigen und mehrjährigen Gartenprodukten.** Entgegen vereinzelt vertretenen Auffassungen (LG Potsdam Urt. v. 16. 5. 2000 – 6 S 15/99 –; Mollnau, Zur Anwendbarkeit des BKleingG und des SachenRBerG auf Grundstücksnutzungsverhältnisse im Beitrittsgebiet, NJ 1997, 466 ff.) lässt sich aus dem Wortlaut des § 1 Abs. 1 Nr. 1 nicht entnehmen, dass die Kleingarteneigenschaft u. a. die überwiegende Erzeugung von einjährigen Gartenprodukten voraussetzt. Entscheidend ist vielmehr, dass Gartenbauerzeugnisse gewonnen werden in einer die kleingärtnerische Nutzung kennzeichnenden Vielfalt. Ob hierbei einjährige oder mehrjährige Gartenerzeugnisse überwiegen, ist bedeutungslos. Eine einschränkende Auslegung des Begriffs „Gewinnung von Gartenbauerzeugnissen" ist von Gesetzeswortlaut nicht gedeckt. Sie widerspricht dem Sinn und Zweck sowie den Zielsetzungen des Gesetzes, dem Wortsinn der Norm des § 1 Abs. 1 Nr. 1, dem Bedeutungszusammenhang und der Entstehungsgeschichte des BKleingG. Aus dem Beschluss des Verfassungsgerichts des Landes Brandenburg vom 12. 10. 2000 – VfGBbg 35/00 – lassen sich keine Kriterien für die Auslegung des Begriffs „Gewinnung von Gartenbauerzeugnissen" gewinnen. Das Urteil des LG Potsdam ist jedenfalls kleingartenrechtlich nicht vertretbar. Näheres hierzu und zu den Begriffen „kleingärtnerische Nutzung" und „Gewinnung von Gartenbauerzeugnissen" s. § 1 Rn. 4 a ff. Die Erzeugung von Obst, Gemüse und anderen Früchten ist eine zwingende Voraussetzung der Kleingarteneigenschaft. Näheres hierzu s. § 1 Rn. 7 ff.

Neben der Gewinnung von Gartenbauerzeugnissen ist – wie sich aus der Definition der kleingärtnerischen Nutzung ergibt – auch eine **andere „nicht erwerbsmäßige gärtnerische Nutzung"** zulässig, z. B. die Bepflanzung der Gartenflächen mit Zierbäumen und -sträuchern, die Anlage von Rasenflächen u. a. m. Mit dieser Nutzungsart wird dem zweiten Element der kleingärtnerischen Nutzung, der **Erholungsnutzung,** Rechnung getragen. Die Flächenanteile für die Erzeugung von Obst und Gemüse sowie für die Erholungsnutzung sind gesetzlich nicht festgelegt. **Die Gewinnung von Gartenbauerzeugnissen muss aber die Nutzung der Parzellen maßgeblich prägen** (BGH NJW-RR 2004, 1241 f.). Das ist nach der Rechtsprechung des BGH anzunehmen, wenn **mindestens ein Drittel** der Gartenparzelle zum Anbau von **Obst, Gemüse und anderen Früchten** für den Eigenbedarf genutzt wird (BGH a. a. O.). Näheres hierzu s. § 1 Rn. 8 ff.

Das zweite Begriffsmerkmal ist die Zusammenfassung der Kleingärten zu einer **Klein-** **2 g** **gartenanlage,** in der mehrere Einzelgärten mit gemeinschaftlichen Einrichtungen vorhanden sein müssen. Kleingärtnerisch genutzte Flächen außerhalb einer Kleingartenanlage sind keine Kleingärten i. S. des BKleingG. Näheres hierzu s. § 1 Rn. 10 ff.

Gemeinschaftliche Einrichtungen sind nach § 1 Abs. 1 Nr. 2 beispielsweise Wege, Spielflächen und Vereinshäuser. Hierbei handelt es sich nicht um eine „kumulative Verknüpfung" der Einrichtungen. Jede einzelne Einrichtung allein genügt, um die Anlageneigenschaft zu begründen. Das ergibt sich bereits aus den Worten „zum Beispiel" in § 1 Abs. 1 Nr. 2. Damit wird deutlich, dass es sich um eine beispielhafte Aufzählung von Gemeinschaftseinrichtungen handelt. Darüber hinaus hat der federführende BT-Ausschuss in der Beschlussempfehlung und im Bericht zu dem Entwurf des BKleingG (BT-Drs. 9/1900) ausdrücklich klargestellt, dass z. B. Wege genügen, um eine Kleingartenanlage i. S. d. Definition annehmen zu können (BT-Drs. 9/2233 S. 17). Als weitere gemeinschaftliche Einrichtungen kommen alle Anlagen/Einrichtungen in Betracht, die dem Kleingartenzweck im weitesten Sinne dienen, z. B. Wasserversorgungsanlagen. Näheres hierzu § 1 Rn. 11. Die von Mollnau, NJ 1997, 467, vertretene Auffassung, dass mehrere verschiedene Gemeinschaftseinrichtungen erforderlich sind, um die Anlageeigenschaft zusammengefasster Kleingärten zu begründen, widerspricht der gesetzlichen Regelung und dem erklärten Willen des Gesetzgebers.

2 h   Im Unterschied zum BKleingG enthielt das **Kleingartenrecht der DDR** keine Definition der kleingärtnerischen Nutzung. Die beiden Elemente dieser Nutzung, und zwar die Gewinnung von Gartenbauerzeugnissen einerseits und die Erholungsfunktion andererseits entsprachen aber auch dem Selbstverständnis der im VKSK organisierten Kleingärtner. In der durch das Präsidium des Zentralvorstandes des VKSK 1983 beschlossenen und 1985 ergänzten Kleingartenordnung wird die kleingärtnerische Nutzung wie folgt beschrieben:

> „Die kleingärtnerische Bodennutzung dient der sinnvollen Freizeitgestaltung und körperlichaktiven Erholung und umfasst den Anbau von Gemüse, Baum- und Beerenobst, Gewürz- und Zierpflanzen".

Die Begriffe **„kleingärtnerische Nutzung"** im BKleingG bzw. **„kleingärtnerische Bodennutzung"** in der **Kleingartenordnung des VKSK** sind **inhaltlich deckungsgleich.**

Das Gleiche gilt auch für das zweite Element des Kleingartenbegriffs, und zwar die Zusammenfassung der Kleingärten zu einer **Kleingartenanlage** mit **gemeinschaftlichen Einrichtungen.** Das ergibt sich ebenfalls aus der o. g. Kleingartenordnung des VKSK, die den einzelnen Kleingarten als Teil einer Gesamtanlage mit den zugehörigen Gemeinschaftseinrichtungen definiert, zu deren Pflege und Erhaltung die Kleingärtner einer Anlage verpflichtet sind. Die Begriffsmerkmale des Kleingartens nach dem BKleingG und den Regelungen der Kleingartenordnung des VKSK stimmen überein.

Im konkreten Einzelfall kommt es **entscheidend auf die tatsächlichen Verhältnisse vor Ort an.** Kleingartennutzungsverträge sind in das BKleingG übergeleitet, wenn am 3. Oktober 1990 die Anwendungsvoraussetzungen des BKleingG vorlagen. Die kleingärtnerische Nutzung (§ 1 Abs. 1 Nr. 1) muss also am 3. Oktober 1990 in den zu einer Anlage zusammengefassten mehreren Einzelgärten mit gemeinschaftlichen Einrichtungen (§ 1 Abs. 1 Nr. 2) ausgeübt worden sein. Der Charakter der Gesamtanlage wird von der in der Anlage vorherrschenden Nutzung bestimmt. War die kleingärtnerische Nutzung vorherrschend, dann steht der Anwendung des BKleingG nicht entgegen, wenn einzelne Gartenparzellen in dieser Anlage in einer mit der kleingärtnerischen Nutzung nicht in Einklang stehenden Art und Weise genutzt wurden. Das gilt sowohl für die Bodenbewirtschaftung als auch für die in der Anlage vorhandenen Baulichkeiten, insbesondere für Eigenheime und Eigenheimen nahe kommenden Baulichkeiten (BGHZ 156, 71 = NJ 2004, 31). Näheres zur Problematik der Baulichkeiten als Abgrenzungsmerkmal der Kleingartenanlage von einer Freizeit- oder Erholungsanlage s. Rn. 3 e ff.

2 i   Entscheidendes Kriterium für die Überleitung von Kleingartennutzungsverträgen in das BKleingG ist die tatsächlich **ausgeübte kleingärtnerische Nutzung** i. S. des

§ 1 Abs. 1 in der Kleingartenanlage. Der Vertragsbezeichnung kommt nur eine indizielle Bedeutung zu. Dabei ist auf den Charakter der gesamten Anlage abzustellen (BGH VIZ 2000, 159; BGH VIZ 2003, 538 = BGHZ 156, 71; BGH NJW-RR 2004, 1241 ff.), wenn der Nutzer sein Nutzungsrecht von einem Hauptnutzer ableitete, also im Regelfall von einem VKSK-Kreisverband, weil der sich auf die Anlage insgesamt beziehende Hauptnutzungsvertrag nur einheitlich entweder den Regelungen des BKleingG oder denen der Schuldrechtsanpassung unterworfen sein kann und auch für Rechtsverhältnisse des Zwischenpächters zu den Endpächtern nicht teilweise andere Pachtregeln maßgeblich sein können als diejenigen, die für das Nutzungsverhältnis des Zwischenpächters zum Eigentümer gelten (BGH a. a. O.).

Die Verträge sind mit dem **vereinbarten Inhalt** übergeleitet worden. Abweichungen für Pachtverträge über gemeindeeigenes Kleingartenland ergeben sich im Hinblick auf die Vertragsdauer aus § 20 a Nr. 2 (gesetzliche Verlängerung auf unbestimmte Zeit). Zu Kleingartenpachtverträgen über gemeindeigene Grundstücke s. unten Rn. 5 ff., 7 ff.

Übergeleitet sind auch von der LPG auf der Grundlage des **dauernden und umfassen-** **2 j** **den Nutzungsrechts** nach § 18 LPG-Gesetz geschlossene Nutzungsverträge, die wegen der Aufhebung dieser Vorschrift durch § 7 des Gesetzes über die Änderung oder Aufhebung von Gesetzen der DDR vom 28. 6. 1990 (GBl I S. 483) – nachträglicher Wegfall des „dauernden und umfassenden Nutzungsrechts" der LPG – dem Grundeigentümer gegenüber ab dem 1. 7. 1990 keine Wirkung entfaltet haben (BGH, DtZ 1994, 68 ff.; BGH, ZOV 1994, 182 ff.). Näheres hierzu s. § 20 b Rn. 2 ff.

2.3 Rückgabe von Kleingartenland an Alteigentümer nach dem VermG

Auch Kleingartennutzungsverträge über **enteignete oder der staatlichen Verwaltung** **3** **unterstellte Flächen** fallen unter die Überleitungsregelung der Nr. 1. Aufgrund des Gesetzes zur Regelung offener Vermögensfragen – Vermögensgesetz – (VermG) i. d. F. der Bekanntmachung vom 21. 12. 1998 (BGBl I S. 4026), zuletzt geändert durch Gesetz vom 10. 12. 2003 (BGBl I S. 2471), haben die ehemaligen Eigentümer, denen in rechtsstaatswidriger Weise Grundstücke entzogen worden sind, Anspruch auf Rückübertragung bzw. Rückgabe (Restitution). Rechtswirksam vor dem Wirksamwerden des Beitritts geschlossene Kleingartennutzungsverhältnisse bleiben hiervon unberührt. § 17 VermG bestimmt ausdrücklich, dass durch die Rückübertragung von Grundstücken oder durch die Aufhebung der staatlichen Verwaltung bestehende Nutzungsrechtsverhältnisse nicht berührt werden. Mit der Restitution oder der Aufhebung der staatlichen Verwaltung tritt der Berechtigte in alle früher begründeten noch bestehenden schuldrechtlichen Rechtsverhältnisse ein. § 17 Satz 1 VermG stellt einen Fall der gesetzlichen Vertragsübernahme dar, in dem der (vor der Restitution) Verfügungsberechtigte (staatlicher Verwalter) mit der Rückübertragung von allen Rechten und Pflichten frei wird und diese auf den Berechtigten, den Alteigentümer, übergehen.

Von diesem Grundsatz sind nur diejenigen Fälle ausgenommen, in denen der Pächter bei Abschluss des Vertrages nicht redlich gewesen ist, in denen also der Erwerb des Nutzungsrechts auf einer **sittlich anstößigen Manipulation** beruht. Das ist das gemeinsame Merkmal der in § 4 Abs. 2 VermG beispielhaft genannten Fallgruppen eines unredlichen Handelns. Ist dies der Fall, dann ist das Nutzungsrechtsverhältnis nicht nichtig, sondern löst sich mit dem Zeitpunkt der Rückübertragung bzw. Aufhebung der staatlichen Verwaltung auf. Ob ein Kleingartenpachtverhältnis unredlich begründet worden ist, lässt sich nur im konkreten Einzelfall feststellen. **„Redlicher Erwerb"** ist nicht gleichbedeutend mit dem „guten Glauben" i. S. des BGB. Mit dem Begriff der Redlichkeit soll den speziellen gesellschaftlichen Verhältnissen in der Realität der ehemaligen DDR Rechnung getragen werden. **Redlich und damit schutzwürdig** sind diejenigen, die sich auf die in der ehemaligen DDR formell bestehende Rechtslage eingerichtet und sich gemessen an dieser Rechtslage korrekt verhalten haben (vgl. BVerwG, ZOV 1993, 193).

2.4 Nicht einbezogene Nutzungsverhältnisse

3 a   Das BKleingG findet keine Anwendung auf Nutzungsverträge über Flächen, die **keine Kleingärten i. S. des Gesetzes** sind. Hierbei handelt es sich um „Kleingärten" **außerhalb einer Kleingartenanlage** i. S. des § 1 Abs. 1 Nr. 2, ferner um Wohnungsgärten, Arbeitnehmergärten, Flächen für den Anbau nur bestimmter Gartenbauerzeugnisse und Grabelandflächen (s. § 1 Rn. 27 ff.) sowie um sonstige Bodenflächen, die zur **Erholung und Freizeitgestaltung** Nutzern überlassen worden sind.

3 b   Nutzungsverträge über Flächen zur Erholung und Freizeitgestaltung bildeten die Grundlage für die Errichtung von Wochenendhäusern. Aber auch größere Flächen, z. B. für Spargelkulturen beruhten auf diesen Verträgen. Insgesamt wurden die Nutzungszwecke in § 312 Abs. 1 Satz 1 ZGB weit ausgelegt, wie das Beispiel der Garagen in § 314 Abs. 4 ZGB zeigt. In den Regelungsbereich der §§ 312 ff. ZGB fallen auch die Wochenendsiedlungen des VKSK. Nach der Ordnung für Wochenendsiedlungen des VKSK vom 21. Juni 1985 diente der Bodennutzung der Erholung und Freizeitgestaltung. Entsprechend den natürlichen Standortbedingungen und der geltenden Rechtsvorschriften sollten auch die Möglichkeiten u. a. zur Erzeugung von Obst und Gemüse genutzt und gefördert werden.

3 c   Rechtsgrundlage für diese Art der Bodennutzungsverträge waren die Vorschriften der §§ 312 ff. ZGB. Danach konnten landwirtschaftlich nicht genutzte Bodenflächen Bürgern zum Zwecke der **kleingärtnerischen Nutzung, Erholung und Freizeitgestaltung** überlassen werden.

3 d   Der Einigungsvertrag hat den **Regelungsgehalt des § 312 Abs. 1 Satz 1 ZGB aufgefächert.** Verträge über die Überlassung von Kleingärten im Sinne des § 1 Abs. 1 BKleingG sind aus dem sachlichen Anwendungsbereich des § 312 Abs. 1 Satz 1 ZGB herausgenommen und in das BKleingG übergeleitet worden. Für die Nutzung von Bodenflächen, die keine Kleingärten im Sinne des BKleingG sind, wurde angeordnet, dass insoweit die Regelungen in den §§ 312 ff. ZGB (vorerst) fortgelten. Eine Anpassung durch besonderes Gesetz blieb vorbehalten (Art. 232 § 4 Abs. 1 EGBGB). Diese Rechtslage ist durch das Schuldrechtsanpassungsgesetz (BGBl 1994, I S. 2538) neu gestaltet und an das BGB angepasst worden.

2.5 Eigenheime und vergleichbare Baulichkeiten in Kleingartenanlagen; Abgrenzung zu Freizeit- und Erholungsanlagen

3 e   Die kleingärtnerische Nutzung ist nicht das alleinige **Entscheidungskriterium der Kleingarteneigenschaft** (s. § 1 Rn. 4 ff., 9 ff.). Ein weiteres Kriterium ist die **Beschaffenheit und die Art der Nutzung** der auf den einzelnen Parzellen vorhandenen **Baulich-**

keiten. Hierbei handelt es sich um **Eigenheime** und **diesen nahe kommenden Baulichkeiten.** Nach der Rechtsprechung des BGH können Eigenheime i. S. d. DDR-Rechts bzw. des Sachenrechtsbereinigungsgesetzes in Kleingartenanlagen und diesen nahe stehende Baulichkeiten, die den größten Teil des Jahres durchgehend zu Wohnzwecken genutzt werden, den Gesamtcharakter der Anlage beeinflussen und dazu führen, dass diese nicht mehr als Kleingartenanlage i. S. d. § 1 Abs. 1 BKleingG angesehen werden kann (BGHZ 151, 71 = NJ 2004, 31). **Eigenheime** sind nach dieser Rechtsprechung als Wohnhäuser geeignete und hierzu dienende Baulichkeiten, die der Sachenrechtsbereinigung unterliegen. Die Errichtung eines Eigenheims oder der Umbau einer Laube zu einem Eigenheim war zwar auf der Grundlage des Kleingartennutzungsvertrages nach den §§ 312 ff. ZGB nicht zulässig. Die tatsächliche Nutzung stand jedoch nicht selten mit der bodenrechtlichen Regelung im Widerspruch. Bauliche Maßnahmen an Lauben wurden wie der Bau anderer Eigenheime in die staatliche Planung und Förderung des individuellen Wohnungsbaus einbezogen (Czub in Czub/Schmidt-Räntsch/Frenz, SachenRBerG, Loseblatt-Kommentar 3. Erglfg. § 5 Rn. 115). Das SachenRBerG trägt diesem Sachverhalt insoweit Rechnung, als es den Eigentümern dieser Baulichkeiten (auch in einer Kleingartenanlage) gesetzliche Ansprüche auf Abschluss eines Kaufvertrages des mit dem Eigenheim bebauten Grundstücks (gesetzliches Ankaufsrecht) oder einer Erbbaurechtsbestellung einräumt.

Entscheidend für die **Einordnung als Eigenheim** ist, ob die Baulichkeit die **bautechnischen Mindestanforderungen an die Wohnhausqualität nach den Maßstäben des DDR-Rechts** erfüllt. **Merkmale** der bautechnischen Mindestanforderungen sind: die **Bauweise,** d. h. festes Mauerwerk, (Teil-)Unterkellerung, Wärmedämmung; die **Größe** der Wohnfläche und Raumaufteilung; die Ausstattung mit **Heizungs- und sanitären Anlagen** sowie die Erschließung des Bauwerks durch **Hauswasseranlage, Stromanschluss, Abwasserentsorgung, Telefon** und Zufahrt entsprechend den Abschlussbedingungen nach Maßgabe der einschlägigen Rechts- und Verwaltungsvorschriften (BGH NJ 2001, 646 = VIZ 2001, 503; BGH NJ 2003, 28 = VIZ 2002, 642). Diese Voraussetzungen mussten am 3. 10. 1990 vorliegen. Der nach diesem Stichtag eingetretene Fortfall einer oder mehrerer bautechnischer Voraussetzungen stellt die Anwendbarkeit des SachenRBerG nachträglich nicht in Frage. Er begründet aber eine Einrede nach § 29 Abs. 1 SachenRBerG, wenn das Bauwerk als Eigenheim nicht mehr nutzbar und mit einer Rekonstruktion durch den Nutzer nicht mehr zu rechnen ist.

3 f

Weitere Voraussetzungen für die Anwendbarkeit des SachenRBerG sind neben den Merkmalen der bautechnischen Anforderungen an die Wohnhausqualität: die **staatliche Billigung,** die **tatsächliche (ganzjährige) Nutzung** des Eigenheims für Wohnzwecke und das **Einverständnis** bzw. der **fehlende Widerspruch des Überlassenden.** Die **staatliche Billigung** zur Errichtung eines Eigenheims bzw. zum Umbau einer Laube zum Eigenheim ist anzunehmen, wenn eine Zustimmung nach der VO über Bevölkerungsbauwerke v. 22. 3. 1972 (GBl. II Nr. 26, S. 293) oder der nachfolgenden VO v. 8. 11. 1984 (GBl. I Nr. 36, S. 433) oder der Zweiten VO über Bevölkerungsbauwerke v. 13. 7. 1989 (GBl. I Nr. 15, S. 191) oder nach der EigenheimVO v. 31. 8. 1978 (GBl. I Nr. 40, S. 425) oder nach der zuvor geltenden VO v. 24. 11. 1971 (GBl. II Nr. 80, S. 709) erteilt worden ist. Das Gebäude muss ferner zum Ablauf des 2. 10. 1990 genutzt worden sein, d. h. der Nutzer muss dort seinen Lebensmittelpunkt gehabt haben. Schließlich durfte

3 g

der Überlassende – das ist bei Kleingartenanlagen des VKSK die als Zwischenpächter handelnde VKSK-Untergliederung, in der Regel der Kreisverband – der Nutzung der Baulichkeit zu Wohnzwecken nicht widersprochen haben.

3 h Die dem SachenRBerG unterliegenden Eigenheime widersprechen nach der Rechtsprechung in so gravierender Weise der kleingärtnerischen Bodennutzung, dass mit derartigen Gebäuden bebaute Parzellen bei der Bewertung der Anlage als nicht (mehr) kleingärtnerisch genutzte Flächen zu veranschlagen sind. Ob und in welchem Umfang auf diesen Parzellen Obst, Gemüse und sonstige Früchte erzeugt werden, ist daher bedeutungslos. Sind in einer Anlage **mehr als 50 % v. H. der Parzellen mit derartigen Eigenheimen** bebaut, so kann die Gesamtanlage **nicht mehr als Kleingartenanlage** angesehen werden (BGHZ 156, 71 = NJ 2004, 31). Der Kleingartencharakter einer Anlage kann **aber auch** dann zu verneinen sein, wenn **weniger als die Hälfte der Parzellen mit Eigenheimen** bebaut ist (BGH NJ 2004, 464). Das gilt vor allem dann, wenn weitere Umstände hinzutreten, die die Anlage nicht mehr als Kleingartenanlage, sondern als Siedlungsgebiet erscheinen lassen. In dem vom BGH entschiedenen Fall sind in der Anlage 29 v. H. der Parzellen mit Wohnhäusern bebaut und 8 v. H. mit Gebäuden, die sich Wohngebäuden annähern; darüber hinaus wird die Anlage von einer Straße durchquert, wodurch der Siedlungscharakter verstärkt wird.

3 i Das Gleiche gilt auch für Parzellen und Anlagen, die mit **Baulichkeiten** bebaut sind, **die Eigenheimen nahe kommen.** Hierbei handelt es sich um Baulichkeiten, die nach den Maßstäben des Rechts der DDR die bautechnischen Anforderungen für eine Wohnnutzung erfüllen, aber keine Eigenheime sind und deshalb auch dem SachenRBerG nicht unterliegen, weil sie nicht beheizt werden können und infolgedessen zur Wohnnutzung auch in den Wintermonaten nicht geeignet sind (BGHZ 156, 71 = NJ 2004, 31). Es handelt sich insoweit um eine besondere Kategorie der Baulichkeiten, die wegen fehlender Beheizbarkeit nur dem Sommerwohnen dienen, die aber auch nicht als Lauben i. S. d. BKleingG zu qualifizieren sind. Kennzeichnend für diese Bauwerke ist – abgesehen von der Beheizbarkeit – die für die Wohnnutzung erforderliche Qualität. Die Eigenheimen nahe kommenden Baulichkeiten müssen also den bautechnischen Mindestanforderungen an Wohngebäude im Hinblick auf die Bauweise, Größe und Raumaufteilung, die Ausstattung mit Ver- und Entsorgungseinrichtungen und Sanitäranlagen sowie die wegemäßige Erschließung entsprechen.

3 j **Entscheidende Bedeutung kommt der Größe der Wohnfläche** und damit zusammenhängend der **Größe der Baulichkeit** zu. Vorgaben, aus denen sich die erforderliche Mindestgröße der Wohnfläche oder Baulichkeit ergibt, liegen nicht vor. Für Gartenlauben in Kleingartenanlagen des VKSK sind die zulässigen Höchstgrenzen festgelegt worden. Auf diese Regelungen kann zurückgegriffen werden, um daraus Schlussfolgerungen im Hinblick auf die grundflächenmäßige Abgrenzung der Eigenheime und ihnen nahe kommenden Baulichkeiten einerseits und Gartenlauben andererseits ziehen zu können. Nach der Kleingartenordnung des VKSK vom 18. 4. 1985 waren Lauben – der VO über Bevölkerungsbauwerke folgend Erholungsbauten genannt – **bis zu 30 m²** bebaute Grundfläche (Begrenzung der Außenwände) zulässig mit der Maßgabe, dass die Grundfläche grundsätzlich 10 % der Fläche des Kleingartens nicht überschreiten sollte (Kleingartenwesen, Kleintierzucht, Kleintierhaltung, Textausgabe des VKSK 1987, S. 71 ff.). Die zweite VO über Bevölkerungsbauwerke vom 13. 7. 1989

(GBl. I S. 191) legte in § 3 Abs. 6 die zulässige bebaute Fläche für Erholungsbauten (Gartenlauben) grundsätzlich mit **40 m²** fest. Diese VO ist gemäß § 8 am 1. 10. 1989 in Kraft getreten. In Abhängigkeit von der örtlichen Lage konnten auch bei vorhandenen Erholungsbauten Erweiterungen auf eine Fläche von 40 m² gestattet werden.

Bei einer Laube von 30 m² Grundfläche kann nicht angenommen werden, dass damit bereits die Größe eines Eigenheims oder einer vergleichbaren Baulichkeit erreicht ist mit der Folge, dass bei Vorliegen der übrigen bautechnischen Mindestanforderungen dieses Bauwerk einen Fremdkörper in der Anlage darstellt. Der Bestandsschutz würde leer laufen, wenn Lauben dieser Größenordnung bereits den Eigenheimen bzw. vergleichbaren Gebäuden zuzuordnen wären und die mit der Regelung des § 20 a Nr. 7 Satz 1 verfolgten Zielsetzungen des Gesetzes würden unterlaufen. Dies würde auch dem in dieser Norm objektivierten Willen des Gesetzgebers widersprechen. Lauben bis 30 m² Grundfläche widersprechen daher nicht dem Kleingartencharakter einer Parzelle; sie sind der kleingärtnerischen Nutzung untergeordnete und dienende bauliche Anlagen. Vorübergehende Aufenthalte, auch gelegentliche Übernachtungen, ändern nicht die Funktion einer solchen Laube.

Fraglich ist allerdings, ob Lauben mit einer Grundfläche von **30 m² bis 40 m²** als Fremd-   **3 k**
körper in einer Kleingartenanlage zu behandeln sind. Es kann nicht von vornherein unterstellt werden, dass alle Lauben dieser Größenordnung grundsätzlich nicht mehr als der kleingärtnerischen Nutzung untergeordnete bauliche Anlagen einzustufen sind. Bei fehlender Unterkellerung spricht vieles dafür, diese Baulichkeiten noch nicht als Eigenheime oder vergleichbare Bauwerke zu behandeln, selbst wenn die anderen Mindestanforderungen bautechnischer Art vorliegen. Denn zu berücksichtigen ist, dass eine Laube nicht nur dem Aufenthalt des Kleingärtners und seiner Familie während der Gartenarbeit und der Erholung im Kleingarten dient, sondern auch der Aufbewahrung von Geräten für die Gartenbearbeitung und von Gartenbauerzeugnissen. Damit verringert sich nicht unbeachtlich die Fläche, die für den Aufenthalt des Kleingärtners und seiner Familie zur Verfügung steht. Ob die verbleibende Fläche als nach den Maßstäben des DDR-Rechts ausreichende Wohnfläche, auch für das Sommerwohnen, angesehen werden kann, ist zumindest zweifelhaft. Hinzu kommt, dass das Verhältnis zwischen der überbauten Fläche und der Größe der Gartenparzelle nicht außer Acht gelassen werden kann. Soweit die Grundfläche der Baulichkeit 10 % der Kleingartenfläche nicht übersteigt kann in der Regel von einer der kleingärtnerischen Nutzung untergeordneten Baulichkeit ausgegangen werden. Anders zu behandeln sind dagegen die Fälle, in denen die Baulichkeit unterkellert ist. Kellergeschosse erhöhen die Nutzfläche und ermöglichen eine den Wohnbedürfnissen entsprechende Raumaufteilung auch bei einer Baulichkeit von (nur) 40 m² Grundfläche.

Zu den sanitären Anlagen gehören Bäder und Duschen sowie Toilettenräume. Fehlen   **3 l**
diese, dann handelt es sich nicht um ein Eigenheim oder eine vergleichbare Baulichkeit nach der Rechtsprechung des BGH. Andererseits ändert deshalb die Ausstattung von Lauben mit sanitären Einrichtungen den Laubencharakter nicht, wenn die Lauben von der Bauweise und der Größe der Grundfläche nicht als Eigenheime oder vergleichbare Bauwerke einzuordnen sind.

Die der **Ver- und Entsorgung** dienenden Einrichtungen in Lauben sind kein (geeignetes)   **3 m**
Kriterium für die Abgrenzung der Gartenlauben von Eigenheimen und diesen nahe

kommenden Bauwerken. Sie sind zwar **zwingende Voraussetzung** für die Qualifizierung einer Baulichkeit als Eigenheim oder vergleichbares Bauwerk, aber **kein Unterscheidungsmerkmal** zu (bestandsgeschützten) Ver- und Entsorgungsanlagen in Gartenlauben i. S. d. BKleingG. Denn Lauben in Kleingärten waren in der DDR in der Regel an die Elektrizitäts- und Wasserversorgung angeschlossen. Zur Abwasserbeseitigung waren in Trinkwasserschutzgebieten und in Kleingartenanlagen mit Trinkwasser-Eigenversorgungsanlagen abflusslose Sammelgruben einzurichten. Auch andere Möglichkeiten der Wasserbeseitigung waren entsprechend den örtlichen Gegebenheiten zulässig.

3 n   Die bautechnischen Mindestanforderungen an Wohnhäuser – festes Mauerwerk, (Teil-)Unterkellerung, Wärmedämmung; Größe der Wohnfläche und Raumaufteilung, Heizungs- und sanitäre Anlagen, Hauswasseranlage, Stromanschluss, Abwasserentsorgung, Telefon, wegemäßige Erschließung – sind die entscheidenden Kriterien der **Abgrenzung der Wohnlauben von Eigenheimen.** Der Begriff der Wohnlaube ist im Gesetz nicht definiert. Von der üblichen Gartenlaube unterscheidet sich die Wohnlaube insoweit, als sie ein auf Dauer angelegtes häusliches Leben ermöglicht, das die Wohnbedürfnisse und die üblichen Wohngewohnheiten umfasst, und insoweit den Lebensmittelpunkt bildet. Das BKleingG geht bei Wohnlauben davon aus, dass in diesen Fällen die ursprüngliche Laube durch rechtmäßige Baumaßnahmen zu einer das Wohnen ermöglichenden Baulichkeit ausgebaut wurde. Es bezeichnet diese weiterhin als Laube, die dauernd zu Wohnzwecken genutzt wird (§§ 18 Abs. 2, 20 a Nr. 8 Satz 1 BKleingG). Das Gesetz stellt keine Anforderungen an die Eignung der dem Wohnen dienende Laube, sondern bestimmt lediglich als Voraussetzung der Wohnnutzung, dass eine Befugnis zur Wohnnutzung erteilt wurde und andere Vorschriften dieser Nutzung nicht entgegenstehen. Es geht vielmehr davon aus, dass bei der Erteilung der Wohnerlaubnis die für das dauernde Wohnen erforderlichen Voraussetzungen und bautechnischen Mindestanforderungen an die Wohnnutzung vorgelegen haben. Erfüllt eine Wohnlaube die bautechnischen und sonstigen Voraussetzungen eines Eigenheim i. S. d. SachenRBerG, dann ist sie wie ein Eigenheim zu behandeln mit den sich daraus ergebenden kleingartenrechtlichen Folgen. Sind dagegen nicht alle bautechnischen Mindestanforderungen oder die Voraussetzungen für die Anwendbarkeit des SachenRBerG (vollständig) erfüllt, dann handelt es sich bei der Wohnlaube um ein Bauwerk, das auf die Qualifizierung des Kleingartens und der Kleingartenanlage keinen Einfluss hat. Denn die bestandsgeschützte Wohnung der Laube ändert die Kleingarteneigenschaft der Parzelle nicht (BGH NJ 2003, 534; BGHZ 117, 397).

2.6 Schuldrechtsanpassungsgesetz

4   Die vor dem 3. 10. 1990 begründeten vertraglichen Rechtsverhältnisse über die Nutzung von Grundstücken (§§ 312 ff. ZGB) wurden durch das am 1. Januar 1995 in Kraft getretene **Schuldrechtsanpassungsgesetz (SchuldRAnpG)** – als Art. 1 des Schuldrechtsänderungsgesetzes vom 21. 9. 1994 (BGBl I S. 2538), zuletzt geändert durch Gesetz vom 17. 5. 2002 (BGBl. I S. 1580) verkündet – an die Bestimmungen des BGB über die Miete oder die Pacht angepasst, soweit das SchuldRAnpG nichts anderes bestimmt. Nutzungsverhältnisse (Vertragsverhältnisse) über Kleingärten i. S. des BKleingG bleiben unberührt (§ 2 Abs. 3 SchuldRAnpG). Im Übrigen sind auf die in der ehemaligen DDR abgeschlossenen schuldrechtlichen Bodennutzungsverträge, soweit sie nicht in das BKleingG übergeleitet worden sind, vom In-Kraft-Treten des Schuldrechtsänderungsgesetzes die Vorschriften des BGB über die Miete und die Pacht anzuwenden (§ 6 Abs. 1). Das Gesetz knüpft insoweit an die vorgefundene Art der Bodennutzung an und unterstellt die Nutzungsverhältnisse den Bestimmungen, die auf wirtschaftlich und sozial vergleichbare Vertragsverhältnisse anzuwenden sind. Sozialverträglich ausgestaltete Übergangsregelungen gewährleisten einen sachgerechten Interessenausgleich zwischen Grundstückseigentümern und Nutzern. Den Nutzern wird ein weitreichender Kündigungsschutz eingeräumt. Das Gesetz sieht ein System abgestufter Kündigungsgründe vor. Das Entgelt für die Nutzung der Grundstücke bemisst sich nach der **Nutzungsentgeltverordnung** i. d. F. der Bek. vom 24. 6. 2002 (BGBl. I S. 2562).

Auf Kleingartenpachtverhältnisse findet das Schuldrechtsanpassungsgesetz keine Anwendung. Ist ein Grundstück nach Ablauf des 2. Oktober 1990 in eine Kleingartenanlage eingegliedert worden, sind vom Zeitpunkt der Eingliederung die Bestimmungen des BKleingG anzuwenden.

Zur Schuldrechtsanpassung s. Schnabel, Rechtsprechung zur Schuldrechtsanpassung und Sachenrechtsbereinigung, NJW 2000, 2387 ff.; NJW 2003, 3239 ff.; NJW 2004, 3308.

Art. 5 des SchuldRÄndG ändert durch Einfügung eines neuen § 20 b das BKleingG.   **4 a**
Diese Vorschrift enthält Sonderregelungen für Zwischenpachtverhältnisse im Beitrittsgebiet. S. hierzu § 20 b Rn. 1 ff.

2.7 Sachenrechtsbereinigungsgesetz

Nutzungsrechte an fremdem Grund und Boden konnten in der ehemaligen DDR auch   **4 b**
durch **Verleihung** (§ 286 Abs. 1 Nr. 1, §§ 287–290 ZGB) oder durch **Zuweisung** (§ 286 Abs. 1 Nr. 2, §§ 291–294 ZGB) begründet werden. Hierbei handelt es sich um Rechte zum Zwecke der Errichtung und persönlichen Nutzung von Eigenheimen oder eines anderen persönlichen Bedürfnissen dienenden Gebäudes. Der Einigungsvertrag hat diese Nutzungsrechte mit ihrem bisherigen Inhalt übernommen, zugleich jedoch eine spätere Anpassung und Bereinigung dieser Rechtsverhältnisse vorbehalten (Art. 233 § 3 Abs. 2 EGBGB i. d. F. des Einigungsvertrages). Diese Rechtslage wird durch das **Sachenrechtsbereinigungsgesetz**, das am 1. Oktober 1994 in Kraft getreten ist, neu gestaltet und an das BGB angepasst (BGBl I 1994, 245), zuletzt geändert durch G vom 5. 5. 2004 (BGBl I S. 718). Die Anpassung an das BGB soll dazu führen, dass Grundstücks- und Gebäudeeigentum in eine Hand zusammengeführt werden können. Bodennutzungsverträge sind nicht in die Sachenrechtsbereinigung einbezogen. Eine Ausnahme gilt nur für den Fall, wenn ein Wohngebäude mit Billigung staatlicher Stellen errichtet, die vertragliche Grundlage der Nutzung des Grundstücks (§§ 312 ff. ZGB) jedoch nicht verändert wurde (§ 5 Abs. 1 Buchst. e SachRBerG). Die Vorschrift des § 5 Abs. 1 Nr. 3 Buchst. e SachRBerG erfasst auch **Kleingartennutzungsverträge**, wenn innerhalb der Kleingartenanlage mit Billigung staatlicher Stellen ein **als Wohnhaus geeignetes und hierzu dienendes Gebäude errichtet** wurde (BGHZ 139, 235; Eickmann/Rothe, Sachenrechtsbereinigung § 5 Rn. 39 ff.). Das entspricht dem Grundsatz, die baulichen Investitionen unabhängig von der vorgefundenen Rechtsform zu schützen. Nach der Praxis der ehemaligen DDR war die Billigung durch staatliche Stellen

die entscheidende Voraussetzung für die Zulässigkeit der baulichen Nutzung. Im Streitfall muss der Nutzer die Billigung staatlicher Stellen für die Errichtung eines Wohngebäudes nachweisen.

4 c Das SachBerG gilt jedoch nicht, wenn der Grundstückseigentümer oder der diesen vertretende Verwalter der Bebauung des Grundstücks mit einem Wohngebäude widersprochen hatte (§ 5 Abs. 1 Buchst. e SachRÄndG). Eine Einbeziehung von sog. „unechten Datschen" in das Sachenrechtsbereinigungsgesetz ist ferner ausgeschlossen, wenn erst ab dem 3. 10. 1990 eine Änderung der Nutzung von kleingärtnerischen Zwecken hin zur Eigenheimnutzung erfolgte (§ 5 Abs. 3 Satz 1 SachRBerG). Das Gleiche gilt nach § 5 Abs. 3 Satz 2 SachRBerG, wenn der Kleingärtner in dem Gebäude zwar zeitweise gewohnt, dort jedoch nicht seinen Lebensmittelpunkt hatte. Erforderlich ist bis zu dem Stichtag 3. 10. 1990 eine vollständige Aufgabe des (bisherigen) Hauptwohnsitzes durch den Kleingärtner. Der Kleingärtner ist insoweit auch beweispflichtig (s. LG Potsdam VIZ 1997, 431; OLG Brandenburg VIZ 1998, 331). Zur Problematik der sog. unechten Datschen s. Schnabel, NJW 1999, S. 2470.

2.8 Eigentum an Baulichkeiten in Kleingärten

4 d Die im Rahmen des kleingärtnerischen Nutzungsrechts errichteten Gartenlauben in Kleingärten sind unter der Geltung des ZGB der ehemaligen DDR unabhängig vom Grundstückseigentum Eigentum des Kleingärtners (Nutzungsberechtigten) geworden, soweit nichts anderes vereinbart wurde (§ 296 Abs. 1 ZGB). S. Anhang 4 d. Der Einigungsvertrag lässt dieses Eigentumsrecht unberührt. Art. 231 § 5 Abs. 1 EGBGB bestimmt ausdrücklich, dass Baulichkeiten, Gebäude, Anlagen, Anpflanzungen oder Einrichtungen, an denen am 3. 10. 1990 ein vom Grundstückseigentum unabhängiges Eigentum bestand, keine Bestandteile des Grundstücks sind. Das Nutzungsrecht an dem Grundstück und die erwähnten Anlagen, Anpflanzungen oder Einrichtungen gelten nach Art. 231 § 5 Abs. 2 EGBGB als wesentliche Bestandteile des Gebäudes. S. Anhang 4 a. Ein Wegfall des Nutzungsrechts infolge gesetzlicher Änderungen (Aufhebung des § 18 LPG-Gesetz) lässt das Eigentum unberührt (BGH, WM 1994, 119 ff.). Zur Frage der baurechtlichen Zulässigkeit s. § 3 Rn. 30. Für das Eigentum an diesen baulichen Anlagen galten die Bestimmungen über das Eigentum an beweglichen Sachen entsprechend (§ 296 Abs. 1 Satz 2 ZGB).

4 e Das Eigentum an Baulichkeiten nach Art. 231 § 5 Abs. 1 und 2 EGBGB erlischt gemäß Art. 231 § 5 Abs. 3 EGBGB, wenn nach dem 31. Dezember 2000 das Eigentum am Grundstück übertragen wird, es sei denn, dass das Nutzungsrecht oder das selbständige Gebäudeeigentum im Grundbuch eingetragen ist oder das nicht eingetragene Recht dem Grundstückserwerber bekannt war. Mit dem Erlöschen des Eigentums werden die Laube oder andere Baulichkeiten aber nicht wesentlicher Bestandteil des (übertragenen) Grundstücks, sondern Scheinbestandteil gemäß § 95 BGB. Denn der bestehende Kleingartenpachtvertrag bleibt unberührt. Der Erwerber des Kleingartengrundstücks tritt anstelle des Verpächters (Veräußerers) gemäß § 4 i. V. m. § 566 Abs. 1 BGB n. F. in die sich aus dem Kleingartenpachtverhältnis ergebenden Rechte und Pflichten ein.

2.9 Anwendbare Vorschriften auf Kleingartenpachtverträge

4 f Auf die in das BKleingG übergeleiteten Kleingartenpachtverhältnisse finden gemäß § 4 Abs. 1 die Vorschriften des Bürgerlichen Gesetzbuchs (BGB) über die Pacht

(§§ 581 ff. BGB) Anwendung, soweit sich aus dem BKleingG nichts anderes ergibt. Nach § 581 Abs. 2 BGB sind auf Pachtverhältnisse die Vorschriften über die Miete (§§ 535 ff. BGB) entsprechend anzuwenden, d. h. also mit den sich aus dem Kleingartenwesen ergebenden Besonderheiten. Keine Anwendung finden z. B. die besonderen Vorschriften über Wohnraummietverhältnisse (§§ 549 ff. BGB n. F.). Zur Frage der Anwendbarkeit des Pachtrechts s. § 4 Rn. 4 bis 9, zur Frage der Anwendbarkeit des Mietrechts und sonstiger allgemeiner Vorschriften des BGB s. § 4 Rn. 10 bis 30. Die Vorschriften des BGB über die Pacht und die Miete sind im Anhang 4 abgedruckt.

Das BGB ist seit dem 3. Oktober 1990 in den neuen Ländern einschließlich Berlin Ost in **4 g** Kraft. Die Überleitungsvorschriften mit den für das Beitrittsgebiet geltenden Maßgaben enthält der Sechste Teil des Einführungsgesetzes zum BGB (EGBGB). Sie sind im Anhang 4 a abgedruckt.

Darüber hinaus finden in den neuen Ländern und Berlin Ost das Baugesetzbuch **4 h** (BauGB) sowie die Vorschriften des Landesbauordnungsrechts Anwendung.

3. Kleingartenpachtverträge über gemeindeeigene Grundstücke (Nr. 2)

3.1 Dauerkleingärten und sonstige Kleingärten

Nr. 2 entspricht der Regelung des § 16 Abs. 2 (s. § 16 Rn. 3 f.). Ihr liegt die Unterschei- **5** dung zwischen **Dauerkleingärten** und **sonstigen Kleingärten** zugrunde. Dauerkleingärten sind nur die im Bebauungsplan für die kleingärtnerische Nutzung festgesetzten Flächen (§ 9 Abs. 1 Nr. 15 BauGB, s. Anhang 2). Alle anderen kleingärtnerisch genutzten Grundstücke – auch diejenigen, die im Flächennutzungsplan als Dauerkleingärten dargestellt sind – sind sonstige Kleingärten. Diese Differenzierung geht auf das Bauplanungsrecht zurück. Sie ergibt sich aus der unterschiedlichen bodenrechtlichen Qualität der kleingärtnerisch genutzten Flächen. Die im Bebauungsplan für Dauerkleingärten festgesetzten Flächen stellen die ortsrechtlich verbindliche Bodennutzungsregelung dar, der die im Plangebiet gelegenen Grundstücke unterworfen sind. Flächen, die als Dauerkleingärten festgesetzt sind, sind ausschließlich für die kleingärtnerische Nutzung bestimmt. Von dieser bauplanungsrechtlichen Grundlage ausgehend sieht § 6 Halbs. 1 vor, dass Kleingartenpachtverträge über Dauerkleingärten nur auf unbestimmte Zeit geschlossen werden können und befristete Verträge als auf unbestimmte Dauer verlängert gelten. Wird diese Fläche in einem Bebauungsplan, Planfeststellungsverfahren oder nach dem Landbeschaffungsgesetz (s. § 9 Abs. 1 Nr. 5 und 6) einer anderen Nutzung zugeführt, so ist die Gemeinde unter den in § 14 genannten Voraussetzungen zur Bereitstellung und Beschaffung von Ersatzland verpflichtet. Darstellungen (Ausweisungen) im Flächennutzungsplan haben keinen Rechtsnormcharakter. Denn der Flächennutzungsplan ist nur ein vorbereitender Bauleitplan, der richtungsweisend die geplanten künftigen (verbindlichen) Bodennutzungen darstellt. S. hierzu Näheres Rn. 35 ff., 39 ff., 42 ff.

3.2 Gemeindeeigenes Kleingartenland

Die sich aus der bauplanungsrechtlichen Festsetzung ergebenden Wirkungen überträgt **6** die Nr. 2 auf alle kleingärtnerisch genutzten Grundstücke, die der Gemeinde gehören. Nr. 2 differenziert insoweit zwischen kleingärtnerisch genutzten **Flächen, die im**

Eigentum der Gemeinde stehen (sog. **fiktive Dauerkleingärten),** und allen anderen im Bebauungsplan nicht als Dauerkleingärten festgesetzten Kleingartengrundstücken. Diese Differenzierung ist sachgerecht und verfassungsrechtlich nicht zu beanstanden. Sie trägt den Aufgaben der Gemeinde, Kleingartenland bereitzustellen, Rechnung. Unter Berücksichtigung dieser Aufgabe ist das Grundeigentum der Gemeinde Bindungen unterworfen. Diesen Bindungen unterliegen andere Grundeigentümer nicht, denn sie sind nicht verpflichtet, Kleingartenland zur Verfügung zu stellen. Aus diesen Erwägungen heraus sieht Nr. 2 vor, dass vor dem Wirksamwerden des Beitritts geschlossene Nutzungsverträge über Kleingärten wie Pachtverträge über Dauerkleingärten zu behandeln sind, wenn die Gemeinde Eigentümerin der Grundstücke ist.

6 a Werden gemeindeeigene Kleingartengrundstücke im Bebauungsplan als Flächen für Dauerkleingärten gemäß § 9 Abs. 2 BauGB befristet oder bedingt festgesetzt ändert sich die Eigenschaft „Dauerkleingärten" erst mit dem Wirksamwerden der im Bebauungsplan gleichzeitig festgesetzten anderen Nachfolgenutzung. Zur Befristung von Festsetzungen s. § 1 Rn. 38 b ff.

7 **Die Vorschrift der Nr. 2 setzt nicht voraus,** dass die Gemeinde die Verträge geschlossen hat. Es genügt, wenn die Gemeinde als Erwerberin des Kleingartengrundstücks in den Pachtvertrag im Wege der §§ 581 Abs. 2, 566 BGB n. F. eingetreten ist („Kauf bricht nicht Miete", s. § 4 Rn. 25). Die **Gemeinde** muss entweder bereits **am 3. 10. 1990 Eigentümerin** der Grundstücke gewesen sein **oder nach diesem Zeitpunkt** das Eigentum an diesen Grundstücken erworben haben. Es reicht also aus, wenn die Gemeinde zu irgendeinem Zeitpunkt nach dem 3. 10. 1990 Eigentümerin des Kleingartengrundstücks wird.

8 **Veränderungen in den Eigentumsverhältnissen** nach dem 3. 10. 1990 sind unbeachtlich, wenn die Gemeinde einmal Eigentümerin des Kleingartenlandes war. Die Gärten bleiben (fiktive) Dauerkleingärten i. S. d. Nr. 2, auch wenn der Erwerber gutgläubig ist (s. hierzu auch § 16 Rn. 4). Auf nach dem 3. 10. 1990 geschlossene Kleingartenpachtverträge kommt Nr. 2 nicht zur Anwendung.

9 Die gesetzliche Fiktion, Pachtverträge über Kleingärten, die im Eigentum der Gemeinde stehen, wie Dauerkleingärten zu behandeln hat folgende **Wirkungen:** Die Pachtverträge gelten gemäß § 6 BKleingG als auf unbestimmte Zeit geschlossen bzw. als auf unbestimmte Dauer verlängert. Die vertraglich vereinbarte Nutzungsdauer wird insoweit durch diese gesetzliche Regelung überlagert. Dadurch wird die kleingärtnerische Nutzung auf diesen Grundstücken ohne zeitliche Beschränkung gewährleistet. Eine Nutzungsänderung kann nur durch Bebauungsplan oder Planfeststellung (§ 9 Abs. 1 Nr. 5 oder 6) erfolgen. Die Kündigung wegen anderer wirtschaftlicher Verwertung (§ 9 Abs. 1 Nr. 4) ist ausgeschlossen, weil auf diesen Flächen nur die kleingärtnerische Nutzung zulässig ist, solange sie durch einen Bebauungsplan nicht geändert wird (s. § 9 Rn. 20 ff.). Im Falle der Kündigung zum Zwecke der Verwirklichung des Bebauungsplans oder der Planfeststellung (§ 9 Abs. 1 Nr. 5 oder 6; s. hierzu § 9 Rn. 24 ff., 33 ff.) ist die Gemeinde gemäß § 14 zur Bereitstellung und Beschaffung von Ersatzland verpflichtet; unabhängig von der Ersatzlandverpflichtung der Gemeinde steht dem Pächter eine Entschädigung für die von ihm eingebrachten oder gegen Entgelt übernommenen Anpflanzungen und Anlagen nach § 11 zu. Zur

Entschädigung ist derjenige verpflichtet, der die als Kleingarten genutzte Fläche in Anspruch nimmt.

3.3 Kommunales Finanzvermögen

Soweit kleingärtnerisch genutzte Flächen als **kommunales Finanzvermögen** nach   **9 a**
Maßgabe des Vormögenszuordnungsgesetzes – VZOG – i. d. F. der Bekanntmachung vom 29. 3. 1994 (BGBl I S. 709) zuletzt geändert durch Art. 3 des Gesetzes vom 28. 10. 2003 (BGBl S. 2081) auf die Gemeinde übergehen, sind sie Dauerkleingärten mit den sich daraus ergebenden Folgewirkungen (s. Rn. 9) gleichzustellen. Kommunales Finanzvermögen ist ehemals volkseigenes Vermögen, wenn es bis zum 3. 10. 1990 in der Rechtsträgerschaft der Kommunen gestanden hat bzw. von ihnen vertraglich genutzt wurde und schon damals für kommunale Zwecke im üblichen Rahmen vorgesehen war. Für die Beurteilung der Üblichkeit werden die Verhältnisse in den alten Bundesländern zugrunde gelegt (s. Arbeitsanleitung des BMJ zur Übertragung kommunalen Vermögens und zur Förderung von Investitionen durch die Kommunen, abgedruckt in: Kleiber/ Söfker, Vermögensrecht – Eigentum an Grund und Boden – Loseblattsammlung). Zum kommunalen Finanzvermögen gehört auch der vom ehemaligen VKSK verwaltete Grund und Boden, soweit er sich jeweils in der Rechtsträgerschaft der ehemaligen Räte der Gemeinden, Städte und Kreise befand. Offen ist noch die Frage, wem kleingärtnerisch genutzte Flächen, die sich in der **Rechtsträgerschaft des VKSK** befanden, zu übertragen sind. Werden diese Kleingärten den Gemeinden übertragen, sind sie mit der Übertragung Dauerkleingärten, sofern die Voraussetzungen des § 1 Abs. 1 vorliegen.

Kleingärten werden jedoch kein fiktives Dauerkleingartenland allein dadurch, dass die   **9 b**
Gemeinde Zwischenpächter ist. Die Zwischenpächterfunktion hat ausschließlich schuldrechtlichen Charakter; sie lässt die eigentumsrechtlichen Verhältnisse unberührt.

4. Kleingartenpachtverträge über Grundstücke, die nicht der Gemeinde gehören (Nr. 3)

4.1 Befristete und unbefristete Verträge

Verträge über Kleingartenland, das der Gemeinde **nicht gehört**, also z. B. Verträge   **10**
über Privatpersonen gehörende Grundstücke, die vor dem 3. 10. 1990 geschlossen worden sind und im Zeitpunkt des Wirksamwerdens des Beitritts bestehen, bleiben im Hinblick auf ihre vereinbarte Laufzeit unberührt. Befristete Verträge enden mit dem Ablauf der Zeit, für die sie geschlossen worden sind. Wird nach dem Ablauf der Pachtdauer die Nutzung unwidersprochen fortgesetzt, so gilt das Pachtverhältnis als auf unbestimmte Zeit verlängert (§ 545 BGB n. F.). Nach § 312 Abs. 2 Satz 1 ZGB konnten Kleingartennutzungsverträge unbefristet oder befristet abgeschlossen werden. Befristete Verträge durften jedoch nur dann geschlossen werden, wenn dafür gesellschaftlich gerechtfertigte Gründe vorlagen (§ 312 Abs. 2 Satz 2 ZGB). S. Anlage 4 c. Einer Kündigung bedarf es bei befristeten Verträgen grundsätzlich nicht, es sei denn, dass die Kündigung ausdrücklich zur Voraussetzung der Vertragsbeendigung erklärt worden ist (z. B. „der Vertrag verlängert sich um 1 Jahr [oder 5 Jahre oder 10 Jahre], wenn nicht bis zum 31. 10. eines Jahres mit einer Frist von 3 Monaten gekündigt wird"). Die Beendi-

gung von Verträgen mit „Verlängerungsklausel" hängt von einem Ereignis – der Kündigung – ab, dessen Eintritt ungewiss ist. Solange dieses Ereignis nicht eingetreten ist, wird das alte Pachtverhältnis unverändert fortgesetzt (s. hierzu auch § 9 Rn. 47).

11 Eine **Vertragsverlängerung** kann aber auch (neu) vereinbart werden. Wird sie vereinbart, so wird das alte Pachtverhältnis mit demselben Vertragsinhalt fortgesetzt, es sei denn, dass auch der Vertragsinhalt geändert wird. Maßgeblich für die Pachtdauer ist dann die Verlängerungsvereinbarung.

12 Ist der Kleingartenpachtvertrag auf unbestimmte Dauer geschlossen, so bleibt es dabei. Zur Beendigung von Pachtverträgen s. § 4 Rn. 6, § 9 Rn. 2 und 40 f. Zur Frage des Vertragsabschlusses durch einen Vertreter s. §§ 53 Abs. 2, 59 Abs. 1 ZGB; §§ 164 Abs. 1, 177 Abs. 1 BGB.

13 Unter bestimmten Voraussetzungen gelten **zeitlich befristete** Kleingartenpachtverträge als auf **unbestimmte Dauer verlängert**, unabhängig von der privatrechtlichen Vereinbarung (Nr. 3 Satz 2). Das ist der Fall, wenn Kleingärten in einem **Bebauungsplan** als Fläche für Dauerkleingärten festgesetzt worden sind. Die Möglichkeit des Fortgeltens festgestellter städtebaulicher Pläne in der ehemaligen DDR als Bebauungspläne durch bestätigenden Beschluss der Gemeinde, wie es (der nicht mehr geltende) § 246 a Abs. 4 BauGB a. F. i. V. m. § 64 Abs. 3 BauZVO vorsah, ist infolge Fristablaufs (30. 6. 1991) ersatzlos entfallen. Dies gilt auch für festgestellte Pläne aus der Zeit vor dem 7. 10. 1949. Kleingärtnerisch genutzte Flächen, die in einem durch Gemeindebeschluss bestätigten festgestellten städtebaulichen Plan der ehemaligen DDR liegen, sind Dauerkleingärten i. S. des § 1 Abs. 3, sofern die Kleingartennutzungsverhältnisse in das BKleinG übergeleitet worden sind.

4.2 Bebauungsplanaufstellungsbeschluss

14 Befristete Pachtverträge über Kleingärten **verlängern** sich gemäß Nr. 3 Satz 3 **um sechs Jahre,** wenn die Gemeinde vor Ablauf der Pachtdauer beschlossen hat, einen Bebauungsplan aufzustellen, mit dem Ziel, die kleingärtnerisch genutzte Fläche als Dauerkleingarten festzusetzen und wenn die Gemeinde diesen Beschluss ortsüblich bekannt gemacht hat. Zur Ausweisung von Flächen für Dauerkleingärten s. § 1 Rn. 35 ff., 42 ff., 48 ff. Mit diesem Beschluss wird das förmliche Planaufstellungsverfahren in Gang gesetzt. Diese Regelung stellt im Prinzip eine „gesetzliche Verlängerungsklausel" dar, die sicherstellen soll, dass die kleingärtnerische Nutzung fortgesetzt wird, wenn die bauplanungsrechtliche Festsetzung dieser Bodennutzung ohnehin bevorsteht. Sobald der Bebauungsplan rechtsverbindlich geworden ist, finden die Vorschriften über Dauerkleingärten Anwendung (§ 20 a Nr. 3 Satz 4). Die Pachtdauer verlängert sich gemäß § 20 a Nr. 3 Satz 2 auf unbestimmte Zeit. Es braucht kein neuer Kleingartenpachtvertrag abgeschlossen zu werden.

4.3 Vorzeitiger Bebauungsplan

15 Das Bauleitplanverfahren ist grundsätzlich zweistufig (s. hierzu § 1 Rn. 42). Zunächst ist für das gesamte Gemeindegebiet der Flächennutzungsplan als vorbereitender Bauleitplan aufzustellen, aus dem dann Bebauungspläne als verbindliche Bauleitpläne zu entwickeln sind (§ 8 Abs. 2 Satz 1 BauGB). Unter bestimmten Voraussetzungen kann darauf verzichtet werden, den Bebauungsplan aus dem Flächennutzungsplan zu entwickeln **(vorzeitiger Bebauungsplan)**.

Nach § 8 Abs. 4 Satz 1 BauGB (s. Anhang 2) kann abweichend von der grundsätzlichen **16** Verpflichtung, den Bebauungsplan aus dem Flächennutzungsplan zu entwickeln, ein Bebauungsplan aufgestellt werden, bevor der Flächennutzungsplan aufgestellt ist, **wenn dringende Gründe es erfordern** und wenn der Bebauungsplan **der beabsichtigten städtebaulichen Entwicklung des Gemeindegebiets nicht entgegenstehen wird** (vorzeitiger Bebauungsplan). In der Begründung des Bebauungsplans ist darzulegen, dass der Bebauungsplan der beabsichtigten städtebaulichen Entwicklung des Gemeindegebiets insbesondere den künftigen Darstellungen des in Aufstellung befindlichen Flächennutzungsplans oder, wenn ein entsprechender Stand nicht erreicht ist, den Zielen und Zwecken des Flächennutzungsplans nicht entgegenstehen wird. Diese Regelung berücksichtigt, dass die Aufstellung von Flächennutzungsplänen häufig viele Jahre in Anspruch nimmt und dies zur Gewährleistung einer geordneten städtebaulichen Entwicklung durch Bebauungspläne nicht abgewartet werden kann. Die Regelung in § 20 a Nr. 3 Satz 5 stellt sicher, dass auch kleingärtnerisch genutzte Grundstücke kurzfristig planungsrechtlich als Dauerkleingärten festgesetzt werden können, wenn die hierfür erforderlichen Voraussetzungen vorliegen.

5. Überleitung der Befugnis zum Abschluss von Zwischenpachtverträgen (Nr. 4)

5.1 Das Zwischenpachtprivileg vor dem Beitritt

Nr. 4 leitet das in der ehemaligen DDR dem Verband der Kleingärtner, Siedler und **17** Kleintierzüchter (VKSK) zuerkannte Zwischenpachtprivileg über (§ 4 VO über das Kleingarten- und Siedlungswesen und die Kleingartenzucht vom 3. 12. 1959 [GBl I 1960 S. 1]). In der Praxis wurden Zwischenpachtverträge in Ausübung des Zwischenpachtprivilegs am häufigsten von den Kreisverbänden des VKSK geschlossen (Kärsten, Rechtsstreitigkeiten im Kleingartenwesen der neuen Bundesländer, NJ 1994, 104 ff.). Gemäß Nr. 4 bleibt die **vor dem 3. Oktober 1990 verliehene Befugnis**, Grundstücke zum Zwecke der Weiterverpachtung an Kleingärtner anzupachten, **unberührt**. Nr. 4 **unterstellt** – im Interesse der Aufrechterhaltung bestehender Kleingartenpachtverträge –, dass dieser Befugnis die **Voraussetzungen für die kleingärtnerische Gemeinnützigkeit** i. S. des § 2, und zwar die **Rechtsfähigkeit** der Kleingärtnerorganisation und die **selbstlose Förderung des Kleingartenwesens** zugrunde lagen. Dabei geht die Regelung der Nr. 4 von dem Grundsatz aus, dass organisatorische Veränderungen des Vereins nach In-Kraft-Treten des Vereinigungsgesetzes vom 21. 2. 1990 (GBl I S. 470), z. B. die Änderung des Vereinsnamens oder sonstige Satzungsänderungen, den Fortbestand der Kleingärtnerorganisation und damit auch das Privileg der An- und Weiterverpachtung von Kleingartenland unberührt ließen.

5.2 Überleitung der Kleingärtnerorganisationen in bundesdeutsches Recht

Die Überführungen der nach dem Recht der DDR rechtsfähigen Vereinigungen in das **18** bundesdeutsche Recht regelt Art. 231 § 2 des Einführungsgesetzes zum Bürgerlichen Gesetzbuch (EG BGB). Nach Abs. 1 dieser Vorschrift bestehen rechtsfähige Vereinigungen, die nach dem Vereinigungsgesetz vom 21. Februar 1990 (GBl I S. 75) vor dem

3. Oktober 1990 entstanden sind, fort. Sie bleiben rechtsfähig und genießen insoweit Bestandsschutz. Die VKSK-Gliederungen sind also zweimal übergeleitet worden, und zwar einmal durch das Vereinigungsgesetz vom 21. Februar 1990 und ein zweites Mal aufgrund der Überleitungsregelung des Art. 231 § 2 EGBGB.

5.2.1 VKSK-Gliederungen unter der Geltung des Vereinigungsgesetzes vom 21. Februar 1990

18 a   Durch das am 21. 2. 1990 in Kraft getretene Gesetz über Vereinigungen – **Vereinigungsgesetz** (VereinigungsG) – wurde das Vereinsrecht in der ehemaligen DDR neu geregelt. Das Gesetz unterschied zwischen Neugründungen, d. h. Vereinen, die auf seiner Rechtsgrundlage gegründet worden sind, und **Altvereinigungen,** die bereits bei In-Kraft-Treten des VereinigungsG bestanden. In beiden Fällen war die Registrierung Voraussetzung für die Rechtsfähigkeit. Neugründungen erlangten mit der Registrierung Rechtsfähigkeit (§ 4 Abs. 1 VereinigungsG), Altvereinigungen **blieben rechtsfähig,** wenn sie sich bis zum **21. August 1990** bei dem für den Sitz der Vereinigung zuständigen Kreisgericht registrieren ließen (§ 22 VereinigungsG). Altvereine sind Vereinigungen, die zum Zeitpunkt des In-Kraft-Tretens dieses Gesetzes „aufgrund staatlicher Anerkennung oder des Erlasses von Rechtsvorschriften rechtsfähig sind". Hierunter fielen auch der VKSK und seine Untergliederungen.

18 b   Mit der Formulierung im VereinigungsG „aufgrund staatlicher Anerkennung oder des Erlasses von Rechtsvorschriften" wurde der Rechtswirklichkeit in der ehemaligen DDR Rechnung getragen, da es in der Praxis erhebliche Unterschiede für den Erwerb der Rechtsfähigkeit gab. So wurden juristische Personen durch Rechtsvorschrift, durch einfache Verfügung des zuständigen Ministers oder durch Eintragung begründet oder auch einfach nur durch entsprechendes konkludentes Handeln des Verwaltungsorgans („Staatsorgan") akzeptiert. Mit dieser Regelung ist der Fortbestand der Altvereine als juristische Personen bis zum 21. August 1990 sichergestellt worden und damit zugleich auch die Befugnis, Kleingartenland an- und weiterzuverpachten. Soweit sich eine Altvereinigung nicht registrieren ließ, erlosch ihre Rechtsfähigkeit und damit gleichzeitig auch ihre Befugnis, Kleingartenland anzupachten und an Kleingärtner weiterzuverpachten. Denn mit dem Ablauf des 21. August 1990 traten die von zentralen staatlichen Organen erlassenen Rechtsvorschriften, nach denen Vereinigungen die Rechtsfähigkeit erlangt hatten, außer Kraft.

18 c   Bei In-Kraft-Treten des VereinigungsG war der **VKSK als ein auf Dauer angelegter körperschaftlicher Zusammenschluss von Personen, unabhängig vom Wechsel der Mitglieder organisiert,** nach dem Territorialprinzip aufgebaut und untergliedert in Bezirks-, Kreis-, Stadt- und Stadtbezirksorganisationen sowie Sparten (Statut des VKSK 1982). Die Organe der Zentralorganisation waren der Verbandstag und der Zentralvorstand; Organe der Bezirks-, Stadt- und Kreis- sowie Stadtbezirksorganisationen die Delegiertenkonferenzen und die Vorstände auf den jeweiligen Gliederungsstufen. Die Mitglieder des Verbandes waren in verschiedenen Sparten, z. B. der Kleingärtner, Siedler, Imker organisiert. Organe der Sparten waren Mitgliederversammlung und der Spartenvorstand. Die einzelnen Organisationsgliederungen entschieden nach dem Statut in eigener Verantwortung Fragen der Verbandsarbeit ihres Wirkungsbereichs. Das VereinigungsG ließ die Organisationsstruktur des VKSK unberührt.

Die einzelnen VKSK-Gliederungen auf den unterschiedlichen Ebenen waren körper- **18 d** schaftlich organisierte Einheiten mit einer bestimmten Selbstständigkeit gegenüber dem Gesamtverein. Diese Selbstständigkeit kam u. a. in ihrer Rechtsfähigkeit zum Ausdruck. Die Bezirks- und Kreisverbände sowie die Orts- und Betriebssparten des VKSK waren gemäß § 2 Abs. 1 der VO über das Kleingarten- und Siedlungswesen und die Kleintierzucht vom 3. 12. 1959 (GBl I 1960 S. 1) rechtsfähig. Juristische Person war nach dieser Vorschrift auch der Zentralvorstand des VKSK. Die später gegründeten Stadt- und Stadtbezirksverbände waren von dieser Verordnung nicht erfasst. Juristische Personen konnten sie aufgrund staatlicher Anerkennung i. S. d. § 22 Abs. 1 Satz 1 VereinigungsG geworden sein. Mit dieser Regelung trägt das VereinigungsG der Rechtspraxis in der DDR Rechnung. In zahlreichen Fällen wurden Vereinigungen auch durch konkludentes Handeln der Verwaltungsorgane („Staatsorgane") als juristische Personen anerkannt. Auch die Stadt- und Stadtbezirksverbände hatten auf diese Weise Rechtsfähigkeit erworben bzw. wurden als rechtsfähig behandelt.

Das Statut des VKSK sah zwar weder den Austritt einer Untergliederung aus dem **18 e** Gesamtverband vor oder ihre Auflösung noch die Aufgliederung der einzelnen Fachrichtungen des VKSK in selbstständige, unabhängige Organisationseinheiten. Mit dem **Beschluss des Zentralvorstandes des VKSK vom 10. Februar 1990,** des höchsten Organs des Verbandes zwischen den Verbandstagen, wurde ein **Veränderungsprozess** der bisherigen Organisationsstruktur eingeleitet. Der VKSK verstand sich künftig als Dachorganisation der in ihm auf freiwilliger Grundlage zusammengeschlossenen selbstständigen Fachverbände. Die Mitgliedsverbände des VKSK wurden aufgerufen, sich in selbständigen Fachverbänden mit eigenen Satzungen und neuen Vorständen neu zu organisieren, mit diesen Aufgaben unverzüglich zu beginnen, um diesen Prozess bis Herbst 1990 abzuschließen. Das VereinigungsG stellte die gesetzliche Grundlage dar für diese nunmehr anstehenden Reformen und Änderungen im Bereich der Kleingärtnerorganisationen.

Aufgrund dieses Beschlusses haben die VKSK-Gliederungen die für die Registrierung **18 f** gemäß § 22 Abs. 1 i. V. m. § 4 Abs. 2 VereinigungsG erforderlichen **Satzungen** beschlossen, die entsprechenden **organisatorischen Veränderungen,** wie z. B. die Änderung des Vereinsnamens, die Wahl eines neuen Vorstands oder sonstige Änderungen durchgeführt und sich damit der neuen Rechtslage angepasst. Vereinsrechtliche Änderungen dieser Art stellen keine Neugründung eines Vereins dar. Der Fortbestand des Altvereins wird dadurch nicht in Frage gestellt. Die **Vereinsidentität und -kontinuität** bleibt durch diese Maßnahmen unberührt. Entscheidend ist der objektiv zutage getretene **Wille der Mitglieder des jeweiligen VKSK-Verbandes,** den Altverein unter anderem Namen und neuer Satzung, die den Anforderungen des Vereinigungsgesetzes entspricht, ggf. auch mit einem anderen Vorstand fortzusetzen (BGH U. v. 16. 12. 2004 – III ZR 179/04). Damit kommt insoweit maßgeblich auf den Beschluss der Delegierten- bzw. Mitgliederversammlung des Altvereins über die aufgrund der geänderten Rechtslage getroffenen organisatorischen vereinsrechtlichen Veränderungen an. Aus diesem Beschluss – als einem Akt körperschaftlicher Willensbildung – muss sich der Wille zur Fortsetzung des Altvereins unter den neuen rechtlichen Rahmenbedingungen ergeben. In der Regel ist davon auszugehen, dass die in der Wendezeit 1990 erfolgten Änderungen der VKSK-Gliederungen lediglich eine Umwandlung (Umbenennung) **der bestehenden Kleingärtnerorganisationen** darstellen. Ausdruck dieser Umwandlung ist die in einigen Vereinssatzungen aufgenommene Bestimmung, dass der umgewandelte Verein Rechtsnachfolger des Altvereins ist (Rechtsnachfolge durch Umwandlung eines Kreisverbandes des VKSK durch Urteil des **OLG Naumburg** vom 11. 1. 2001 bestätigt – 7 U 132/99 –; **BGH** hat durch Beschluss vom 31. 1. 2002 die Revision u. a. gegen die Rechtsnachfolge wegen mangelnder Erfolgsaussichten nicht angenommen – III ZR 42/01 –). Ein Indiz für die Identität und Kontinuität des durch die Beschlüsse der Kleingartenorganisation umgewandelten Altvereins ist insbesondere die fortdauernde Mitgliedschaft der Kleingärtner in den Vereinen bzw. der Vereine in Verbänden. Keine Umwandlung liegt dagegen vor, wenn neben dem fortbestehenden VKSK-Verband eine neue Kleingärtnerorganisation gegründet wurde und beide Vereine (wenn auch nur zeitweise) nebeneinander bestanden (BGH, U. v. 16. 12. 2004 – III ZR 179/04). In dem vom BGH entschiedenen Falle wurden beide Verbände, der VKSK-Verband und der neue VGS-Verband, in das Vereinsregister des Kreisgerichts eingetragen.

18 g   Die Identität und die Kontinuität des Vereins bzw. des Verbandes bleibt auch gewahrt, wenn dieser seinen **Austritt** aus dem VKSK erklärt hat. Denn der Verein oder der Verband besteht als körperschaftlich organisierter Zusammenschluss der Mitglieder fort.

18 h   Nach der Beschlusslage vom 10. Februar 1990 war ein Austritt einer Kleingärtnerorganisation aus dem VKSK möglich. Das Statut des VKSK von 1982 sah zwar einen Austritt einer Untergliederung nicht vor. Es regelte nur die Beendigung der Mitgliedschaft einzelner Kleingärtner durch Austritt. Der Beschluss des Zentralvorstandes des VKSK vom 10. Februar 1990, durch den der Prozess, den VKSK als Dachorganisation der in ihm auf freiwilliger Grundlage zusammengeschlossenen selbstständigen Verbände zu organisieren, eingeleitet worden ist, ermöglichte einen solchen Austritt. Auch das VereinigungsG stand einem Austritt eines Vereins aus dem Großverband nicht entgegen, obwohl es insoweit keine Regelungen enthielt. Denn es kann nicht angenommen werden, dass der Gesetzgeber des VereinigungsG den Austritt einer Vereinigung aus einem Großverband ausschließen wollte. Für die Austrittsmöglichkeit spricht schon der in § 1 Abs. 1 VereinigungsG konkretisierte Grundsatz der Vereinigungsfreiheit. Dieser Grundsatz umfasst sowohl den Eintritt als auch den Austritt aus einer Großvereinigung. Insoweit ist die Austrittsmöglichkeit Teil der Vereinigungsfreiheit.

18 i   Eine Kleingärtnerorganisation konnte sich auch durch Beschluss der Mitgliederversammlung **auflösen** (§ 9 Abs. 1 Satz 1 VereinigungsG). Hierfür war ein entsprechender förmlicher Beschluss von zwei Dritteln der Mitglieder bzw. Delegierten erforderlich. Bei der Auflösung einer Vereinigung handelt es sich um eine Entscheidung, die in ihrer Bedeutung mit keinem anderen Vereinsbeschluss vergleichbar ist. Sie ist das Gegenstück zur Gründung. Nach dem VereinigungsG war der Beschluss über die Auflösung öffentlich bekannt zu machen, dem für die Registrierung zuständigen Kreisgericht schriftlich zu übersenden und nach Übersendung des Beschlusses eine Eintragung darüber in das Vereinsregister vorzunehmen. Ebenso einzutragen waren die vom Vorstand benannten Liquidatoren. Der Verein bestand als Liquidationsverein fort und erlosch erst nach Beendigung der Abwicklung. Unter Berücksichtigung der Bedeutung des Auflösungsbeschlusses bedarf es im Einzelfall sorgfältiger Prüfung, ob ein **wirksamer Auflösungsbeschluss** gefasst worden ist. Bei einem unwirksam gefassten Auflösungsbeschluss lebte ein Verein wieder auf, wenn dessen Mitglieder nach diesem Beschluss den Verein, wenn auch z. B. unter einem anderen Namen, fortsetzten (s. Sauter/Schreyer, Der eingetragene Verein, Beck'sche Verlagsbuchhandlung, München 1994, Rn. 359).

5.2.2 Rechtslage aufgrund des Einigungsvertrages

Mit Wirkung vom 3. Oktober 1990 wurden alle (rechtsfähigen und nicht rechtsfähigen) **18 j** Kleingärtnerorganisationen, die zu diesem Zeitpunkt bestanden, in **bundesdeutsches Recht übergeleitet,** unabhängig davon, ob sie einem Großverband, z. B. VKSK, angeschlossen waren oder nicht. Für die Überleitung nach Art. 231 § 2 EGBGB war nicht die Zugehörigkeit eines Großverbands maßgeblich, sondern allein die körperschaftliche Organisationsstruktur. Der Austritt von Gliederungen aus dem VKSK, Abspaltungen von Fachbereichen aus den Gliederungen und Anschluss an neu gegründete Landesverbände veränderten die Identität der Kleingärtnerorganisationen als Vereinigungen i. S. d. VereinigungsG nicht. Alle nach dem VereinigungsG als **rechtsfähig** zu qualifizierende Vereinigungen wurden als rechtsfähige Vereine i. S. d. BGB übergeleitet.

Nach dem Vereinigungsgesetz **nicht rechtsfähige Vereinigungen** wurden als solche **18 k** gemäß Art. 231 § 2 Abs. 4 EGBGB übergeführt. Hierzu gehörten auch VKSK-Gliederungen, deren Rechtsfähigkeit mit dem Ablauf des 21. August 1990 erlosch, weil ein Registrierungsantrag nicht gestellt worden ist. Soweit der Zwischenpächter als nicht rechtsfähiger Verein übergeleitet wurde, konnte die Eintragung ins Vereinsregister nachgeholt und damit der Mangel im Hinblick auf die übergeleitete kleingärtnerische Gemeinnützigkeit geheilt werden (BGH, NJW 1987, 2865).

Gemäß Beschluss des außerordentlichen Verbandstages vom 27. Oktober 1990 hat sich **18 l** der VKSK zum 31. Dezember 1990 aufgelöst. Dieser Beschluss hat **auf die ehemaligen VKSK-Gliederungen,** die sich unter der Geltung des VereinigungsG neu organisiert, umgestaltet und der durch das VereinigungsG geschaffenen Rechtslage angepasst haben **keine Auswirkungen.** Davon geht offensichtlich auch der Auflösungsbeschluss aus. Denn dort heißt es u. a., dass „der Zentralvorstand, die Bezirks-, Kreis-, Stadt- und Stadtbezirks**vorstände** des VKSK mit sofortiger Wirkung ihre Tätigkeit gegenüber den Vereinen und Vereinigungen einstellen". Rechtlich hatte die Auflösung des VKSK auf den Fortbestand der neu organisierten und umgewandelten ehemaligen VKSK-Gliederungen auch deshalb keinen Einfluss, weil sich der VKSK bereits aufgrund des Beschlusses vom 10. Februar 1990 zu einem Vereinsverband mit juristisch selbstständigen und freien Mitgliedern (Organisationseinheiten) entwickelt hat.

5.3 Auswirkungen der vereinsrechtlichen Änderungen auf die Kleingarten-nutzungsverträge; Fortwirkung des Zwischenpachtprivilegs aus der Zeit vor dem 3. 10. 1990

Die **Umwandlung einer VKSK-Gliederung** (s. Rn. 18 f.) **lässt** die vor dem 3. 10. 1990 **19** geschlossenen **Kleingartenpachtverträge** – Einzel- und Hauptnutzungsverträge –

unberührt, wenn sich diese Vereinigungen in das Vereinigungsregister des (zuständigen) Kreisgerichts haben eintragen lassen (s. Rn. 18 a). § 20 a Nr. 4 Satz 1 geht von der Fortwirkung der vor dem 3. 10. 1990 verliehenen Befugnis, Grundstücke zum Zwecke der Weitervergabe an Kleingärtner anzupachten, aus. Er regelt nur den Entzug dieser Befugnis. Eine wesentliche Voraussetzung der Befugnis, Grundstücke zum Zwecke der Weitervergabe an Nutzer anzupachten, die insoweit inhaltlich mit der kleingärtnerischen Gemeinnützigkeit i. S. des BKleingG übereinstimmt, ist die Rechtsfähigkeit des zwischenpachtbefugten Verbandes. Der Fortbestand des Zwischenpachtprivilegs aus der Zeit vor dem 3. 10. 1990 auch nach diesem Zeitpunkt setzt die Rechtsfähigkeit der zwischenpachtberechtigten Kleingärtnerorganisationen voraus. Mit der Eintragung des Verbandes im Vereinigungsregister beim Kreisgericht ist diese Voraussetzung erfüllt.

Soweit der Verein nicht rechtsfähig ist, leiden die bestehenden Zwischenpachtverträge an einem Mangel. Dieser Mangel kann durch die nachträgliche Eintragung in das Vereinsregister geheilt werden (BGH, NJW 1987, 2865).

19 a   Hat sich eine VKSK-Gliederung, die Kleingartennutzungsverträge abgeschlossen hat, **aufgelöst,** dann ist ein Vertragspartner dieses Nutzungsverhältnisses weggefallen. Mit dem Auflösungsbeschluss ist sie zwar noch nicht erloschen, denn für die Abwicklung gilt sie als fortbestehend. Die Kleingärtnerorganisation hat aber ihr Ende gefunden, sobald die vermögensrechtlichen Angelegenheiten abgewickelt sind. Ist an ihrer Stelle eine neue Vereinigung gegründet worden, dann kann diese in die bestehenden Kleingartennutzungsverträge eingetreten sein, wenn sie **als Vertragspartner** von der Gegenseite **anerkannt worden ist.** Das kann z. B. durch die Annahme von Verhandlungen über Vertragsgegenstände oder auch konkludent durch die Annahme von Pachtzinszahlungen der an die Stelle des Altvereins tretenden neu gegründeten Kleingärtnerorganisation erfolgen. In diesen Fällen ist es der Gegenseite schon aus dem Grundsatz von Treu und Glauben wegen widersprüchlichen Verhaltens verwehrt, die Vertragsparteistellung zu bestreiten.

5.4 Entzug der kleingärtnerischen Gemeinnützigkeit (Nr. 4)

20   Nach Nr. 4 Satz 1 kann die verliehene Befugnis, Grundstücke zum Zwecke der Vergabe an Kleingärtner anzupachten, unter den für die Aberkennung der kleingärtnerischen Gemeinnützigkeit geltenden Voraussetzungen entzogen werden (s. § 2 Rn. 13 f.). Sie kann **aberkannt** werden, wenn festgestellt wird, dass die Kleingärtnerorganisation von Anfang an oder später in erheblichem Umfang nicht kleingärtnerische Tätigkeiten ausübt oder nicht mehr ihrem Zweck gemäß tätig ist oder wenn erhebliche Verstöße gegen Grundsätze kleingärtnerischer Gemeinnützigkeit festgestellt und nicht behoben werden, insbesondere wenn die finanzielle Verwaltungsführung nicht mit dem Prinzip der Selbstlosigkeit zu vereinbaren ist, wenn also Zwecke verfolgt werden, die der Mehrung des eigenen Einkünfte oder der eigenen Vermögenssubstanz dienen. Selbstlos ist eine Förderung, wenn dadurch nicht in erster Linie eigenwirtschaftliche Zwecke verfolgt werden (BFH, BStBl 1979 II S. 482). Selbstlosigkeit wird durch die Verfolgung eigenwirtschaftlicher Zwecke nicht schlechthin beseitigt. Diese dürfen nur nicht Hauptzweck sein (s. hierzu § 2 Rn. 3). Die Vermutung in Nr. 4 lässt den Beweis des Gegenteils zu. Dabei ist jedes Beweismittel zulässig, auch die Parteivernehmung, falls andere

Beweismittel nicht vorgebracht werden können. Der Beweis des Gegenteils besteht im Nachweis, dass es an einer selbstlosen Förderung des Kleingartenwesens mangelt.

Die für den Entzug der Befugnis, Kleingartenland anzupachten und an Kleingärtner **21** weiterzuverpachten, **zuständige Behörde** bestimmen die Länder. Die entsprechenden Verwaltungsvorschriften über die Anerkennung, die Überwachung und den Entzug der kleingärtnerischen Gemeinnützigkeit haben die Länder bereits erlassen; s. Anhang 1 – Rechts- und Verwaltungsvorschriften der Länder zum Kleingartenrecht.

6. Überleitung der kleingärtnerischen Gemeinnützigkeit nach § 5 KGO (Nr. 5)

Die kleingärtnerische Gemeinnützigkeit ist durch die Kleingarten- und Kleinpacht- **22** landordnung – KGO – 1919 (RGBl S. 1371) im ehemaligen Deutschen Reich eingeführt worden. Nach § 5 KGO durften Grundstücke zum Zwecke der Weiterverpachtung an Kleingärtner nur durch Körperschaften oder Anstalten des öffentlichen Rechts oder ein als gemeinnützig anerkanntes Unternehmen zur Förderung des Kleingartenwesens gepachtet und nur an solche verpachtet werden. Diese Vorschrift war nach 1945 auch auf dem Gebiet der ehemaligen DDR geltendes Recht. Soweit nach § 5 KGO **Anerkennungen der kleingärtnerischen Gemeinnützigkeit** ausgesprochen worden sind, bleiben sie gemäß Nr. 5 **unverändert fortbestehen.** S. hierzu auch § 17 Rn. 1 ff. Die Vorschrift ist in der Praxis bedeutungslos.

7. Pachtzinsen (Nr. 6)

7.1 Schrittweise Pachtzinserhöhung; Bodenpachtmarkt als Bemessungsgrundlage

Die Höhe des Entgelts, das der Verpächter für die Überlassung von Flächen zur klein- **23** gärtnerischen Nutzung höchstens verlangen darf, regelt § 5. Die Pachtzinsregelungen des § 5 gelten für alle Kleingartenpachtverträge, für befristete und unbefristete, für Verträge über Dauerkleingärten und über sonstige Kleingärten. Nach § 5 Abs. 1 darf als Pachtzins höchstens der vierfache Betrag des ortsüblichen Pachtpreises im erwerbsmäßigen Obst- und Gemüseanbau – bezogen auf die gesamte Fläche der Kleingartenanlage – verlangt werden. Zur Pachtpreisbindung s. § 5 Rn. 1 ff., 4 ff. In den neuen Ländern gelten die Vorschriften der Nr. 6.

Die **zulässige Pachtobergrenze in den neuen Ländern** regelt die Überleitungsvor- **24** schrift aus Anlass der Herstellung der Einheit Deutschlands, § 20 a Nr. 6 Satz 1. Die alte Fassung dieser Vorschrift bestimmte, dass der nach § 5 Abs. 1 Satz 1 a. F. zulässige Höchstpachtzins erst ab 3. Oktober 1993 verlangt werden darf. Lag der im Zeitpunkt des Beitritts zu leistende Pachtzins unter der Pachtobergrenze nach § 5 Abs. 1 a. F., so konnte er nur schrittweise – unter Berücksichtigung der Einkommensverhältnisse der Pächter – erhöht werden. Schrittweise bedeutet, dass der Verpächter schon vor dem 3. 10. 1993 den Pachtzins erhöhen konnte. Der erhöhte Pachtzins durfte aber die zulässige Pachtobergrenze nach § 5 Abs. 1 nicht erreichen. Die gesetzliche Verpflichtung des Verpächters, die Einkommensverhältnisse der Pächter bei der stufenweisen Anpassung des Pachtzinses an den zulässigen Höchstpachtzins nach § 5 Abs. 1 a. F. zu berücksichtigen, fügte die zulässige Pachtzinserhöhung in die Einkommensentwicklung ein.

24 a Die aufgrund des BKleingÄndG geänderte, neue, Fassung der Nr. 6 übernimmt die bisherige Übergangsregelung – doppelter Betrag der im erwerbsmäßigen Obst- und Gemüseanbau erzielbaren Pachtzinsen als Ausgangslage und ermöglicht eine **Steigerung des Pachtzinses bis zum vierfachen Betrag** in einer mehrjährigen Stufenfolge. Bis zum 31. 12. 1995 kann unverändert höchstens der doppelte Betrag des ortsüblichen Pachtzinses im erwerbsmäßigen Obst- und Gemüseanbau verlangt werden. Nachfolgend kann der Pachtzins ab 1. 1. 1996 auf das Dreifache und ab 1. 1. 1998 auf das Vierfache des ortsüblichen Pachtzinses im erwerbsmäßigen Obst- und Gemüseanbau angehoben werden. Diese Regelung soll der im Zuge des Einigungsprozesses insgesamt erheblich gestiegenen Kostenbelastung ebenso wie den Einkommensverhältnissen in den neuen Ländern Rechnung tragen (BT-Drs. 12/6154 S. 9). Diese Überleitungsregelung ist durch Zeitablauf bedeutungslos geworden.

24 b **Ortsüblich** ist die in der betreffenden Gemeinde tatsächlich durchschnittlich gezahlte Pacht. S. hierzu § 5 Rn. 9. Liegen ortsübliche Pachtzinsen im erwerbsmäßigen Obst- und Gemüseanbau nicht vor, ist ersatzweise der entsprechende Pachtzins in einer vergleichbaren Gemeinde als Bemessungsgrundlage zugrunde zu legen. Vergleichbar sind Gemeinden gleicher Größenordnung und/oder gleicher Wirtschaftsstruktur (s. hierzu auch § 5 Rn. 9 a). Vergleichbar sind Gemeinden in den neuen oder alten Ländern. Die Vergleichbarkeit ist nicht auf das Land beschränkt, in dem der Pachtzins ermittelt wird. Auf diese Weise ist sichergestellt, dass Vergleichspachten in jedem Fall ermittelt werden können.

24 c Die **Bemessungsgrundlage stellt auf den Bodenpachtmarkt** ab. Sie setzt also einen aufgrund von **Angebot und Nachfrage** frei vereinbarten Pachtzins voraus. Dort, wo es einen Bodenpachtmarkt (noch) nicht gibt, müssen die ortsüblichen Pachtzinsen in vergleichbaren Gemeinden (s. § 5 Rn. 9 f.) als Bemessungsgrundlage herangezogen werden. Solche Fälle können in den neuen Ländern nicht ausgeschlossen werden. Es kann sein, dass der heute noch im erwerbsmäßigen Obst- und Gemüseanbau geleistete Pachtzins nicht frei vereinbart, sondern nach marktfremden, gesellschaftspolitischen Gesichtspunkten festgelegt worden ist.

24 d Zur Ermittlung des Pachtzinses s. § 5 Rn. 10, 12 ff.; zur Einschaltung von Gutachterausschüssen § 5 Rn. 16 ff.; zur Frage der Zwischenpächterzuschläge § 5 Rn. 15; zur Vereinbarung überhöhter Pachtzinsen s. § 5 Rn. 14.

25 Auf die schrittweise Erhöhung des Pachtzinses gemäß § 20 a Nr. 6 auf das Doppelte, Dreifache oder auf das Vierfache ist die Regelung des **§ 5 Abs. 3 Satz 1 entsprechend anzuwenden.** Der Pächter kann also durch einseitige vertragsgestaltende Erklärung den Pachtzins anheben. Die „Erhöhungserklärung" hat schriftlich zu erfolgen. Sie ist unwirksam, wenn die Form nicht eingehalten wird (nähere Einzelheiten hierzu § 5 Rn. 20 ff.).

7.2 Nebenleistungen

26 Aufgrund der durch das BKleingÄndG neu in § 5 eingefügten Vorschrift des Abs. 5 kann der Verpächter die Erstattung der **öffentlich-rechtlichen Lasten** verlangen, die auf dem Kleingartengrundstück ruhen. S. hierzu § 5 Rn. 36 ff., 39 ff., 42 ff., 45 f. Bei der Beteiligung der Kleingärtner an den öffentlichen Lasten werden die Gemeinschaftsflächen nach dem Flächenverhältnis zwischen dem Kleingarten und der Kleingartenanlage auf die einzelnen Kleingärtner verteilt. Diese Abgaben können eine nicht unerhebliche Höhe erreichen. Der Pächter kann daher den Erstattungsbetrag einer **einmalig erhobenen Abgabe**, z. B. den Straßenausbaubeitrag, in Teilleistungen entrichten, in den alten Ländern in fünf Jahresleistungen, in den neuen Ländern bis zum 1. 1. 1998 in **acht Jahresleistungen.**

Zu den Nebenleistungen s. § 5 „Nr. 6 Nebenleistungen des Pächters" Rn. 26 bis 48.

8. Gartenlauben; Bestandsschutz; Kleintierhaltung (Nr. 7)

Nr. 7 Satz 1 ist der Bestimmung des § 18 Abs. 1 nachgebildet. Diese Vorschrift stellt klar, **27** dass **rechtmäßig errichtete Gartenlauben,** auch wenn sie die in § 3 Abs. 2 vorgeschriebene Größe von 24 m² überschreiten, oder andere der kleingärtnerischen Nutzung dienende bauliche Nebenanlagen (z. B. Gewächshäuser) **unverändert genutzt** werden können. Diese Regelung ergibt sich aus dem **Bestandsschutz,** der seinerseits auf Art. 14 Abs. 1 Satz 1 GG beruht. Der Bestandsschutz wird begründet, wenn und weil eine schutzwürdige (materiell) legale Nutzungsausübung vorliegt. Das einmal legal errichtete Bauwerk ist auch bei einer späteren Änderung der Sach- und Rechtslage in seinem Bestand geschützt, d. h., dass es weiterhin wie bisher genutzt werden darf.

Das Fehlen einer erforderlichen Baugenehmigung ist dagegen unschädlich (BVerwG, **27 a** NJW 1981, 2140 f.). Andererseits reicht es für den Bestandsschutz aus, wenn die Gartenlaube bei ihrer Errichtung formell rechtmäßig war, wenn also eine Baugenehmigung erteilt worden war. Denn die (rechtmäßig oder rechtswidrig) erteilte (und nicht aufgehobene) Baugenehmigung enthält die Feststellung, dass die genehmigte Baulichkeit dem materiellen Recht entsprach. Die Frage, ob die Genehmigung rechtmäßig erteilt worden ist (materielle Legalität der genehmigten Baulichkeit) spielt dann keine Rolle mehr, wenn die Genehmigung bestandskräftig geworden ist (Gaentzsch, BauGB, Kommentar § 29 Rn. 21).

Zur behördlichen Duldung einer materiell und formell illegalen baulichen Anlage **27 b** s. § 18 Rn. 3. Der Bestandsschutz erstreckt sich nur auf die vorhandene Anlage für die Dauer ihres Bestandes. Er deckt ebensowenig eine Ersetzung durch eine neue Anlage wie den Aufbau eines zerstörten Bauwerks aus seinen noch vorhandenen Resten. Der Bestandsschutz beschränkt sich auf sie Sicherung des Geschaffenen.

Der **Bestandsschutz** bezieht sich auf die Anlage selbst. Es kommt daher auch nicht **28** darauf an, wer die Anlage errichtet hat. Der Bestandsschutz erlischt, wenn das Bauwerk nicht mehr vorhanden ist bzw. wenn (reine) Instandsetzungsmaßnahmen nicht mehr geeignet sind, die Funktion des Bauwerks zu erhalten. Das ist zum Beispiel dann der Fall, wenn der erforderliche Eingriff in die Bausubstanz so intensiv ist, dass er eine statische Nachrechnung erforderlich macht (vgl. BVerwGE 47, 126). Im Übrigen gewährleistet der Bestandsschutz die Unterhaltung und Instandsetzung der Laube oder anderer geschützter Baulichkeiten.

Gartenlauben, die die Höchstgrenze von 24 m² überschreiten, und auch sonstige der kleingärtnerischen Nutzung dienende bauliche Anlagen können also unverändert genutzt werden, wenn sie zu irgendeinem Zeitpunkt vor dem 3. Oktober 1990 rechtmäßig errichtet worden sind.

Zum Bestandsschutz s. Erläuterungen zu § 18 Rn. 1–4.

29   Die **Kleintierhaltung** gehört grundsätzlich nicht zur kleingärtnerischen Nutzung (s. hierzu Näheres § 1 Rn. 4 ff.). Soweit jedoch in den Kleingartenanlagen in der ehemaligen DDR die Kleintierhaltung bis zum 3. Oktober 1990 zulässig und üblich war, bleibt sie unberührt, unter der Voraussetzung, dass sie die Kleingärtnergemeinschaft nicht wesentlich stört und der kleingärtnerischen Nutzung nicht widerspricht. Das wird in der Regel dann der Fall sein, wenn die Kleintierhaltung im bescheidenen Umfang betrieben wird. Stets muss aber die gärtnerische Nutzung überwiegen. Auch bei der Kleintierhaltung gilt die Einschränkung, dass sie nicht erwerbsmäßig, sondern nur für den Eigenbedarf betrieben werden darf. Mit diesen Voraussetzungen wird dem Charakter der Kleingartenanlagen als der gärtnerischen Nutzung und der Erholung dienende „Grünflächen" Rechnung getragen.

9. Wohnlaubennutzung; Nutzungsschutz (Bestandsschutz); Nutzungsentgelt (Nr. 8)

30   Das BKleingG stellt durch die Regelung in § 3 Abs. 2 Satz 2, wonach Lauben nicht zum dauernden Wohnen geeignet sein dürfen, sicher, dass Kleingartenanlagen sich nicht zu Wochenendhaus-, Ferienhaus- oder sonstigen der Erholung dienenden Baugebieten entwickeln. Kleingartenanlagen sind keine Baugebiete, sondern Grünflächen i. S. d. § 9 Abs. 1 Nr. 15 BauGB, soweit sie im Bebauungsplan festgesetzt sind, oder Außenbereich, der durch § 35 BauGB vor dem Eindringen wesensfremder Nutzungen, insbesondere der Nutzung zum Wohnen, geschützt wird.

Nr. 8 bezieht unter bestimmten Voraussetzungen die **Wohnnutzung** in die kleingärtnerische Nutzung ein und lässt sie unberührt. Diese „Nutzungsgarantie" ist im **Bestandsschutz** begründet. Die bis zum 3. 10. 1990 bestehende **Befugnis, die Laube zu Wohnzwecken zu nutzen, bleibt nach Nr. 8 fortbestehen,** soweit andere Vorschriften nicht entgegenstehen. Die Befugnis kann sich aus **öffentlich-rechtlichen Regelungen,** z. B. aus der Nachkriegszeit, oder aus **vertraglichen Abmachungen** mit dem Verpächter und behördlicher Zustimmung oder (wissentlicher) stillschweigender Duldung ergeben. Die Wohnnutzung ist rechtswidrig, wenn sie nicht durch öffentlich-rechtliche Bestimmungen gedeckt ist bzw. war. Zur „stillschweigenden Zustimmung" s. § 1 Rn. 34. Die rechtswidrige Wohnnutzung ist nicht bestandsgeschützt. Es liegt in einem solchen Falle keine materiell legale Nutzungsausübung (s. Rn. 27), also keine „Befugnis" i. S. der Nr. 8 vor. Die Befugnis nach Nr. 8 erlischt, wenn **andere Vorschriften** der Wohnnutzung entgegenstehen. Das sind z. B. Vorschriften des Bauordnungsrechts (s. Anhang 3), wenn diese im (konkreten) Einzelfall nicht erfüllbare Anforderungen an Aufenthaltsräume stellen. Von den sog. Wohnlauben zu unterscheiden sind sonstige dem „Freizeitwohnen" dienende Gebäude, die auf sog. Erholungsgrundstücken errichtet wurden (s. Rn. 4 c ff.). Näheres zur Wohnnutzung der Gartenlaube s. § 18 Rn. 5 ff.

30 a   Von der Wohnlaubenbenutzung nach § 20 a Nr. 8 ist die Nutzung eines mit Billigung staatlicher Stellen errichtetes als Wohnhaus geeignetes und hierzu dienendes Gebäude

zu unterscheiden (s. Rn. 3 e ff., 3 m, 4 b). **Zur Abgrenzung der Wohnbauten von Eigenheimen s. Rn. 3 n.**

Für die Wohnnutzung kann der Verpächter ein **zusätzliches angemessenes Entgelt** 31 verlangen, d. h. also ein Entgelt neben dem Pachtzins. Dieses Entgelt ist kein Mietzins (s. § 18 Rn. 7). Nach welchen Maßstäben dieses zusätzliche Entgelt zu bemessen ist, regelt das BKleingG nicht. Nach der höchstrichterlichen Rechtsprechung ist auf den Wert der überbauten Grundfläche abzustellen (BGHZ 117, 394 ff.). Zur Frage des angemessenen Entgelts s. § 18 Rn. 7. Der Verpächter kann auch dann ein **angemessenes Wohnlaubenentgelt** verlangen, wenn es sich bei der zu Wohnzwecken genutzten Baulichkeit um ein **Eigenheim i. S. des DDR-Rechts** handelt, das der Sachenrechtsbereinigung unterliegt. Der Nutzer des Eigenheims in der Kleingartenanlage hat bis zur Durchsetzung seiner Ansprüche auf Bestellung von Erbbaurechten bzw. auf Ankauf das volle Wohnlaubenentgelt zu entrichten (BGH, VIZ 2003, 391 ff.). Das gilt auch für den Pachtzins und die Nebenleistungen (BGH a. a. O.).

§ 20 b

Sonderregelungen für Zwischenpachtverhältnisse im Beitrittsgebiet

Auf Zwischenpachtverträge über Grundstücke in dem in Artikel 3 des Einigungsvertrages genannten Gebiet, die innerhalb von Kleingartenanlagen genutzt werden, sind die §§ 8 bis 10 und § 19 des Schuldrechtsanpassungsgesetzes entsprechend anzuwenden.

Schuldrechtsanpassungsgesetz:

§ 8

Vertragseintritt

(1) Der Grundstückseigentümer tritt in die sich ab dem 1. Januar 1995 ergebenden Rechte und Pflichten aus einem Vertragsverhältnis über den Gebrauch oder die Nutzung seines Grundstücks ein, das landwirtschaftliche Produktionsgenossenschaften bis zum Ablauf des 30. Juni 1990 oder staatliche Stellen im Sinne des § 10 Abs. 1 des Sachenrechtsbereinigungsgesetzes bis zum Ablauf des 2. Oktober 1990 im eigenen oder in seinem Namen mit dem Nutzer abgeschlossen haben. Die in § 46 des Gesetzes über die landwirtschaftlichen Produktionsgenossenschaften vom 2. Juli 1982 (GBl I Nr. 25 S. 443) bezeichneten Genossenschaften und Kooperationsbeziehungen stehen landwirtschaftlichen Produktionsgenossenschaften gleich. Die Regelungen zum Vertragsübergang in § 17 des Vermögensgesetzes bleiben unberührt.

(2) Ist der Vertrag mit einem Zwischenpächter abgeschlossen worden, tritt der Grundstückseigentümer in dieses Vertragsverhältnis ein.

(3) Absatz 1 Satz 1 gilt nicht, wenn der andere Vertragschließende zur Überlassung des Grundstücks nicht berechtigt war und der Nutzer beim Vertrags-

abschluss den Mangel der Berechtigung des anderen Vertragschließenden kannte. Kannte nur der Zwischenpächter den Mangel der Berechtigung des anderen Vertragschließenden, tritt der Grundstückseigentümer in den vom Zwischenpächter mit dem unmittelbar Nutzungsberechtigten geschlossenen Vertrag ein. Ein Verstoß gegen die in § 18 Abs. 2 Satz 2 des Gesetzes über die landwirtschaftlichen Produktionsgenossenschaften vom 2. Juli 1982 genannten Voraussetzungen ist nicht beachtlich.

(4) Abweichende rechtskräftige Entscheidungen bleiben unberührt.

§ 9
Vertragliche Nebenpflichten

Grundstückseigentümer und Nutzer können die Erfüllung solcher Pflichten verweigern, die nicht unmittelbar die Nutzung des Grundstücks betreffen und nach ihrem Inhalt von oder gegenüber dem anderen Vertragschließenden zu erbringen waren. Dies gilt insbesondere für die Unterhaltung von Gemeinschaftsanlagen in Wochenendhausgebieten und die Verpflichtung des Nutzers zur Mitarbeit in einer landwirtschaftlichen Produktionsgenossenschaft.

§ 10
Verantwortlichkeit für Fehler oder Schäden

(1) Der Grundstückseigentümer haftet dem Nutzer nicht für Fehler oder Schäden, die infolge eines Umstandes eingetreten sind, den der andere Vertragschließende zu vertreten hat.

(2) Soweit der Grundstückseigentümer nach Absatz 1 nicht haftet, kann der Nutzer unbeschadet des gesetzlichen Vertragseintritts Schadenersatz von dem anderen Vertragschließenden verlangen.

§ 19
Heilung von Mängeln

(1) Ein Vertrag nach § 1 Abs. 1 Nr. 1 ist nicht deshalb unwirksam, weil die nach § 312 Abs. 1 Satz 2 des Zivilgesetzbuchs der Deutschen Demokratischen Republik vorgesehene Schriftform nicht eingehalten worden ist.

(2) Das Fehlen der Zustimmung zur Bebauung nach § 313 Abs. 2 des Zivilgesetzbuchs ist unbeachtlich, wenn der Nutzungsvertrag von einer staatlichen Stelle abgeschlossen worden ist und eine Behörde dieser Körperschaft dem Nutzer eine Bauzustimmung erteilt hat.

(3) Abweichende rechtskräftige Entscheidungen bleiben unberührt.

Übersicht

1. Ausgangslage

1.1 Allgemeines

§ 20 b ist durch das SchuldRAnpG eingefügt worden. Zum SchuldAnpG s. § 20 a   **1**
Rn. 4 und 4 a. Die Vorschrift des § 20 b stellt der tatsächlichen Grundstücksnutzung
entsprechende Rechtsverhältnisse zwischen Grundstückseigentümer und Zwischenpächter her. Mit dieser Regelung wird der **Grundstückseigentümer an einen Vertrag**
gebunden, den die LPG oder der Rat des Kreises (oder sonstige staatliche Stellen) mit
dem für die Zwischenpacht von Kleingartengrundstücken früher zuständigen VKSK
(s. § 20 a Rn. 2 b, 17) geschlossen hat ohne Rücksicht darauf, ob dieser dem Willen oder
dem Interesse des Eigentümers entsprach (BT-Drs. 12/7135 S. 42), und der ihm gegenüber keine Wirksamkeit entfaltet (s. unten Rn. 2 ff.).

1.2 Bodennutzungsrecht der LPG; Kreispachtverträge

Nach dem Recht der ehemaligen DDR konnten Privatgrundstücke von LPG-en oder   **2**
staatlichen Stellen unter bestimmten Voraussetzungen ohne Mitwirkung des Grundstückseigentümers Dritten durch Vertrag zur Weiterverpachtung zur kleingärtnerischen Nutzung aufgrund von Einzelnutzungsverträgen überlassen werden. Die LPG
hatte gemäß § 18 LPG-Gesetz vom 2. 7. 1982 (GBl I S. 443) an dem Boden, der durch die
Genossenschaftsbauern eingebracht oder ihr vom Staat zur unentgeltlichen Nutzung
übergeben oder ihr von anderen sozialistischen Betrieben zur unbefristeten Nutzung
übertragen wurde, das **umfassende und dauernde Nutzungsrecht**. Dieses Nutzungsrecht war selbstständiger Natur und vom Eigentumsrecht am Boden unabhängig
und umfasste u. a. auch das Recht, Grund und Boden für kleingärtnerische Zwecke
dem VKSK zur Verfügung zu stellen, und zwar sowohl **zeitweilig nicht bewirtschaftbare Kleinstflächen i. S. d.** § 18 Abs. 2 Satz 2 LPG-Gesetz als auch **Großflächen
nach entsprechender Umwidmung i. S. d.** § 18 Abs. 2 Satz 1 Buchst. h LPG-Gesetz
(s. BGH, ZOV 1994, 182 f.; grundlegend zu den pachtrechtlichen Grundlagen in der
ehemaligen DDR Kärsten, Rechtsstreitigkeiten im Kleingartenwesen der neuen
Bundesländer, in: Neue Justiz 1994, 104 ff.).

Das der LPG durch § 18 LPG-Gesetz eingeräumte, Rechte des Eigentümers ausschlie-   **3**
ßende, umfassende und dauernde **Nutzungsrecht** ist mit Wirkung vom 1. Juli 1990
durch § 7 des Gesetzes über die Änderung oder die Aufhebung von Gesetzen der DDR

vom 28. Juni 1990 (GBl I S. 483) **aufgehoben worden.** Damit war das vom entsprechenden Recht der LPG **abgeleitete Nutzungsrecht der Kleingärtner** mit Wirkung vom 1. Juli 1990 **dem Eigentümer gegenüber erloschen (BGH, DtZ 1994, 68 ff.). Dennoch ergab sich** – unabhängig vom gesetzlichen Moratorium (s. unten Rn. 7 f.) – aus dem **Grundsatz des Vertrauensschutzes** (§ 242 BGB) eine Nutz- und Besitzberechtigung des einzelnen Kleingärtners, der sich auf einen wirksamen Kleingartennutzungsvertrag mit dem VKSK berufen konnte. § 242 BGB setzt der Rechtsausübung dort eine Grenze, wo die sich aus der sozial-ethischen Gebundenheit des Rechts ergebenden Schranken überschritten werden. Das BVerfG hat z. B. dem Mieter, der in Kenntnis der Eigentumsverhältnisse von einem Dritten – Zwischenmieter eine Wohnung gemietet hat, den gesetzlichen Mieterschutz zugebilligt (BVerfG NJW 1991, 2272).

4   Nach § 51 LandAnpG vom 29. 6. 1990 (GBl I S. 642) waren die zwischen der LPG und dem Rat des Kreises sowie die zwischen ihm und dem Grundstückseigentümer abgeschlossenen Verträge, durch die auch Flächen für die kleingärtnerische Nutzung zur Verfügung gestellt wurden (sog. **Kreispachtverträge**), innerhalb eines Jahres nach dessen In-Kraft-Treten, also bis zum 2. 7. 1991, aufzulösen. Hierbei handelte es sich um Privatgrundstücke, die der Rat des Kreises gepachtet und entweder an die LPG-en zur Nutzung im Rahmen des umfassenden Bodennutzungsrechts oder an den VKSK zum Zwecke der kleingärtnerischen Nutzung weiterverpachtet hatte (s. Kärsten, NJ 1994, 104, 105). Unmittelbare Rechtsbeziehungen zwischen dem Grundstückseigentümer und dem letztlich unmittelbar nutzungsberechtigten Kleingärtner lagen nicht vor. Die Überlassung des Bodens an den Rat des Kreises erfolgte auf Dauer und konnte vom Grundstückseigentümer für die eigene Nutzung nicht mehr rückgängig gemacht werden, weil dies „gesellschaftlich überholt" war (Arlt-Rohde, Bodenrecht, 1967, S. 343).

5   § 51 LandAnpG regelt nicht, auf welche Art und Weise die Auflösung der Rechtsverhältnisse zu erfolgen hat. Er verfolgt nur den Zweck, das Privateigentum an Grund und Boden in vollem Umfang wiederherzustellen (§ 1 LandAnpG) und den Staat aus den Rechtsbeziehungen zwischen dem Eigentümer und Nutzer herauszunehmen. Mit der Beendigung des in § 51 LandAnpG genannten Nutzungsverhältnisses verlor der letztlich unmittelbar Nutzungsberechtigte sein Recht zum Besitz gegenüber dem Grundstückseigentümer (BGHZ 121, 188).

6   Darüber hinaus entwickelte sich in vielen Gemeinden und Kreisen eine Verwaltungspraxis, nach der nicht genutzte Grundstücke ohne gesetzliche Ermächtigung oder in Überschreitung einer solchen und ohne Befragung des Eigentümers Dritten vertraglich zur Nutzung überlassen worden sind (s. BT-Drs. 12/7135 S. 42).

1.3 Vertrags- und Besitzschutzmoratorium

7   Bis zum 31. 12. 1994 bildete das **Vertragsmoratorium in Art. 232 § 4 a EGBGB** in den Fällen der Aufhebung des dauernden und umfassenden Nutzungsrechts (§ 18 LPG-Gesetz) und der Auflösung der sog. Kreispachtverträge (§ 51 LandAnpG) – s. oben Rn. 3 ff. – die gesetzliche Grundlage für das Besitz- und Nutzungsrecht der Kleingärtner. Es ist durch das am 25. 12. 1993 in Kraft getretene Gesetz zur Vereinfachung und Beschleunigung registerrechtlicher und anderer Verfahren (Registerverfahren-Beschleunigungsgesetz) vom 20. 12. 1993 (BGBl I S. 2182) durch Einfügung von § 4 a in

Art. 232 EGBGB begründet worden. Danach wurde dem Nutzer bis zum Ablauf des 31. 12. 1994 ein Besitzrecht gewährt, das auch gegenüber dem Grundstückseigentümer wirksam war, wenn aufgrund von § 18 LPG-Gesetz in der vor dem 1. Juli 1990 geltenden Fassung zwischen der LPG und einer der dort genannten Stellen ein Vertrag über die kleingärtnerische Nutzung land- und forstwirtschaftlich nicht genutzer Bodenflächen abgeschlossen worden ist (§ 4 Abs. 2). Das Gleiche gilt auch, wenn ein Vertrag mit einer staatlichen Stelle abgeschlossen wurde, auch wenn diese hierzu nicht ermächtigt war, es sei denn, dass der Nutzer Kenntnis vom Fehlen der Ermächtigung hatte (§ 4 a Abs. 3). S. hierzu unten Rn. 15 ff. Im Regelfall wird Bösgläubigkeit des Kleingärtners auszuschließen sein. Dieses Moratorium stellte also sicher, dass der Kleingärtner als Nutzer eines Grundstücks aufgrund eines mit der LPG oder einer staatlichen Stelle abgeschlossenen Vertrages gemäß § 312 ZGB das Grundstück dem Eigentümer nicht deswegen herausgeben musste, weil der Vertrag ihm gegenüber keine Wirksamkeit entfaltete (vgl. BGHZ 121, 88; BGH, DtZ 1994, 68). Voraussetzung für den gesetzlichen Besitzschutz des Kleingärtners war, dass dieser selbst einen wirksamen Vertrag (§ 312 ZGB) mit dem VKSK abgeschlossen und der VKSK seine auch mittelbare Besitzberechtigung wirksam eingeräumt erhalten hat. In seiner Entscheidung vom 4. 2. 1994 – V ZR 247/92 – hat der BGH u. a. ausdrücklich festgestellt, dass die LPG in Ausübung ihres Nutzungsrechts in Abstimmung mit den Räten der Städte und Gemeinden auch größere Flächen durch Hauptnutzungsvertrag dem VKSK zur Weiterverpachtung überlassen durfte. **Ein solcher Vertrag gab auch dem Rechtsnachfolger des VKSK und seinen Untergliederungen sowie dem Kleingärtner bis zum 31. 12. 1994 ein Recht zum Besitz gegenüber dem Eigentümer (BGH, ZOV 1994, 182).**

Nach der Rechtsprechung des BGH war der Kleingärtner bis zum 31. 12. 1994 auch **8** durch das **Moratorium nach Art. 233 § 2 a Abs. 1 EGBGB** (zweites VermRÄndG) vom 14. Juli 1992 (BGBl I S. 122, 57) in seinem Besitz geschützt **(Besitzschutzmoratorium).** Das Besitz- und Nutzungsrecht aufgrund dieses Moratoriums war unabhängig von der bestehenden Rechtslage. Insoweit unterschied sich das Vertragsmoratorium grundlegend vom sog. **Besitzschutzmoratorium** in Art. 233 § 2 EGBGB, wo es auf eine vertragliche oder gesetzliche Besitzberechtigung nicht ankam.

Die abschließende Regelung der gestörten Besitzverhältnisse erfolgt durch den gesetz- **8 a** lichen Vertragseintritt nach § 8 SchuldRAnpG i. V. m. § 20 b BKleingG. Auf Kleingartenpachtverhältnisse i. S. des BKleingG findet er keine unmittelbare, sondern (nur) entsprechende Anwendung. § 20 b, der durch Art. 5 des Schuldrechtsänderungsgesetzes in das BKleingG eingefügt wurde (s. § 20 a Rn. 4 und 4 a) ordnet an, dass auf Zwischenpachtverträge über kleingärtnerisch genutzte Grundstücke innerhalb von Kleingartenanlagen die Vorschriften der §§ 8 bis 10 und 19 SchuldRAnpG entsprechend anzuwenden sind.

2. Vertragseintritt (§ 8 SchuldRAnpG)

Nach § 8 SchuldRAnpG **tritt der Grundstückseigentümer** von Gesetzes wegen am **9** 1. 1. 1995 **in das Zwischenpachtverhältnis** (Hauptnutzungsverhältnis) i. S. des § 4 Abs. 2 i. V. m. § 20 a Nr. 1 ein, das die LPG oder eine andere Produktionsgenossenschaft, z. B. die GPD, mit dem VKSK als Zwischenpächter geschlossen hat (§ 8 Abs. 1 und 2 SchuldRAnpG, § 20 b BKleingG). Zwischenpächter waren i. d. R. die Kreisverbände des VKSK. Die vereinsorganisatorischen Änderungen der Kleingärtnerorganisationen in den neuen Ländern nach Auflösung des VKSK berühren weder das nach § 20 a Nr. 4 übergeleitete Zwischenpachtprivileg der örtlichen Kleingärtnerorganisationen (s. hierzu § 20 a Rn. 17 f.) noch die früher geschlossenen Vertragsverhältnisse der LPG mit dem VKSK als Zwischenpächter (§ 20 a Rn. 19). Durch den gesetzlichen Vertragseintritt (§ 8 Abs. 2 SchuldRAnpG i. V. m. § 20 b) wechselt in diesem Vertragsverhältnis ein Vertragspartner. **An die Stelle der LPG tritt der Eigentümer** der verpachteten Flächen in den Zwischenpachtvertrag ein.

10 Das Gleiche gilt auch für die **Zwischenpachtverträge, die der Rat des Kreises mit dem VKSK als Zwischenpächter geschlossen hat.** § 8 Abs. 1 SchuldRAnpG spricht in diesem Zusammenhang von „staatlichen Stellen", ohne diesen Begriff näher zu erläutern. Den gleichen Begriff verwendet auch § 10 des Sachenrechtsbereinigungsgesetzes (SachenRBerG). Beispielhaft werden dort als staatliche Stellen genannt Verwaltungsstellen, die nach der in der ehemaligen DDR üblichen Verwaltungspraxis Entscheidungen über Grundstücksnutzungen getroffen haben (vgl. BT-Drs. 12/7135 S. 43). **Staatliche Stellen** i. S. des § 8 Abs. 1 SchuldRAnpG sind auch die **Räte der Kreise.** Dabei kommt es nicht darauf an, ob die LPG oder der Rat des Kreises im eigenen Namen oder als Vertreter des Eigentümers handelten. Die Vorschriften des BGB und des ZGB über die Vollmacht (Vertretung) finden keine Anwendung. Im Interesse des Kleingärtners stellt das Gesetz auf die tatsächlich bestehenden Nutzungsverhältnisse ab. Der Grundstückseigentümer kann dem Nutzer auch nicht entgegenhalten, dass sein Vertragsverhältnis mit dem Rat des Kreises nach dem Beitritt bereits aufgehoben worden ist (BGH, VIZ 1996, 522).

11 § 8 Abs. 1 SchuldRAnpG knüpft an das Eigentum an. Ist jemand im Grundbuch als Eigentümer eingetragen, so wird vermutet, dass ihm das Eigentumsrecht zusteht (§ 891 BGB). Das bedeutet, dass bis zur Widerlegung die Eintragung als richtig gilt. Die Vermutung kann widerlegt werden. Erforderlich ist der Beweis der Unrichtigkeit. Tatsachen, die die Gegenvermutung begründen, reichen nicht aus. Der Grundstückseigentümer tritt an die Stelle der LPG oder der staatlichen Stelle, **in die sich aus dem Zwischenpachtverhältnis ergebenden Rechte und Pflichten** ein, und zwar in alle, die zwischen den damaligen Vertragsparteien vereinbart und Bestandteil des Zwischenpachtverhältnisses geworden sind, mit Ausnahme der (Neben-)Pflichten, die nicht unmittelbar die Nutzung des Grundstücks betreffen (§ 9 SchuldRAnpG); s. hierzu Rn. 20 f. Der Eintritt erfolgt kraft Gesetzes ab dem 1. Januar 1995 ohne Rücksicht darauf, ob der Zwischenpächter Kenntnis vom Vertragseintritt hat oder nicht. Der Grundstückseigentümer **tritt jedoch nicht in solche Rechte und Pflichten** ein, **die nicht unmittelbar die Nutzung des Kleingartengrundstückes** betreffen.

12 Der gesetzliche Vertragseintritt ist in die Zukunft gerichtet. Wie in § 566 Abs. 1 i. V. m. § 578 Abs. 1 BGB n. F. („Kauf bricht nicht Miete") gehen nur die Rechte und Pflichten auf die Grundstückseigentümer über, die nach In-Kraft-Treten des Gesetzes fällig werden. Das gilt nicht für das Nutzungsentgelt. Gemäß Art. 232 § 4 a Abs. 5 EGBGB sind die vor dem gesetzlichen Eintritt in den Vertrag gezogenen Nutzungsentgelte an den Grundstückseigentümer herauszugeben abzüglich der mit ihrer Erzielung verbundenen Kosten und ab dem 1. 1. 1992 um 20 v. H. gemindert.

13 § 8 Abs. 1 Satz 3 SchuldRAnpG bestimmt ausdrücklich, dass die Regelungen über den Vertragsübergang in § 17 des Vermögensgesetzes (VermG) unberührt bleiben.

§ 17 VermG trifft Sonderregelungen für Miet- und Nutzungsrechtsverhältnisse an Grundstücken und Gebäuden, die an den Alteigentümer zurückübertragen worden sind oder bei denen die staatliche Verwaltung aufgehoben worden ist. Diese besonderen Bestimmungen werden durch den gesetzlichen Vertragseintritt nach § 8 SchuldRAnpG nicht berührt. Hierbei handelt es sich vor allem darum, ob das Zwischenpachtverhältnis redlich begründet worden ist oder nicht. § 17 Satz 2 VermG ordnet an, dass das Rechtsverhältnis aufzuheben ist, wenn der Mieter oder der Nutzer bei Abschluss des Vertrages nicht redlich war, wenn also das Zwischenpachtverhältnis aufgrund unlauterer Machenschaften, z. B. durch Machtmissbrauch, begründet worden ist. Zum redlichen Erwerb s. § 20 a Rn. 3.

§ 8 Abs. 2 bestimmt aus praktischen Erwägungen den Eintritt des Grundstückseigen-   **14**
tümers in das Zwischenpachtverhältnis. Das Gesetz will insoweit die entstandenen Pachtstufen beibehalten. Davon geht auch § 20 b aus. Dieser Grundsatz, dass der Eigentümer in den Zwischenpachtvertrag anstelle der LPG oder einer anderen staatlichen Stelle eintritt, gilt jedoch nicht ausnahmslos. Nach § 8 Abs. 3 Satz 2 tritt der Grundstückseigentümer in den vom Zwischenpächter mit dem einzelnen Nutzer geschlossenen Vertrag ein, wenn der Zwischenpächter bei Vertragsabschluss mit der LPG oder der staatlichen Stelle wusste, dass diese zur Überlassung des Grundstücks nicht berechtigt waren. Die **mangelnde Berechtigung des Zwischenpächters** gereicht dadurch dem redlichen Nutzer nicht zum Nachteil. Das Einzelpachtverhältnis des Kleingärtners mit dem Zwischenpächter bleibt bestehen mit der Maßgabe, dass an die Stelle des Zwischenpächters der Grundstückseigentümer (in dieses Vertragsverhältnis) tritt. Kannte jedoch der unmittelbare Nutzer, also der Kleingärtner, den Mangel der Berechtigung ebenfalls, so wird keiner der Verträge übergeleitet (§ 8 Abs. 3 Satz 1 SchuldRAnpG).

§ 8 Abs. 3 Satz 2 SchuldRAnpG knüpft hier einerseits an **Verstöße gegen Rechtsvor-**   **15**
schriften der ehemaligen DDR und andererseits an die **Bösgläubigkeit des Zwischen-**
pächters an.

Ein **Verstoß** gegen Rechtsvorschriften kann vorliegen, wenn LPG oder staatliche   **16**
Stellen Flächen zur kleingärtnerischen Nutzung ohne Rechtsgrundlage oder in Überschreitung dieser Flächen zur kleingärtnerischen Nutzung überlassen haben. Das kann auch der Fall sein, wenn die Überlassung der Genehmigung einer staatlichen Stelle bedurfte, die bei Vertragsabschluss nicht vorlag. Ist der Grundstückseigentümer über die Weiterverpachtung weder informiert noch beteiligt worden, so liegt darin nur dann ein nach § 8 Abs. 3 SchuldRAnpG beachtlicher Verstoß, wenn die Vorschriften der ehemaligen DDR die Beteiligung oder die Benachrichtigung des Eigentümers vorgesehen haben. Das gilt auch für Kreispachtverträge, in denen Vereinbarungen über die Weitergabe der Grundstücksfläche getroffen worden sind, die später durch den Rat des Kreises einseitig ohne Beteiligung oder Befragung des Eigentümers geändert worden sind. Verstöße gegen vertragliche Vereinbarungen sind nicht beachtlich, wenn sie von den im Zeitpunkt des Vertragsabschlusses geltenden Vorschriften gedeckt waren. Entscheidend ist also ein der Rechtslage in der ehemaligen DDR entsprechendes Verhalten.

Zweite Voraussetzung für den Nichteintritt des Grundstückseigentümers in den   **17**
Zwischenpachtvertrag ist die **Bösgläubigkeit des Zwischenpächters**. Der Zwischenpächter muss also im Zeitpunkt des Vertragsabschlusses gewusst haben, dass die Über-

lassung der Fläche zur kleingärtnerischen Nutzung entgegen den Vorschriften erfolgte. Grob fahrlässige Unkenntnis genügt nicht. Andererseits bestand auch für den VKSK als Zwischenpächter keine allgemeine Nachforschungspflicht, ob der andere Vertragschließende zur Überlassung der Fläche berechtigt war. Dabei kann dahinstehen, ob der VKSK überhaupt die Möglichkeit hatte, Nachforschungen anzustellen. Im Regelfall wird also Bösgläubigkeit des VKSK als Zwischenpächter auszuschließen sein.

18   Eine **Sondervorschrift enthält § 8 Abs. 3 Satz 3** SchuldRAnpG für die Fälle, in denen die Nutzungsbefugnis von LPG'en nach Maßgabe des § 18 Abs. 2 Satz 2 LPG-Gesetz eingeräumt worden ist. Nach dieser Bestimmung konnte die LPG zeitweilig durch sie selbst nicht bewirtschaftbare Kleinstflächen in Abstimmung mit den Räten der Städte und Gemeinden befristet Sparten der VKSK oder anderen Nutzern überlassen. Soweit bei der Überlassung von Flächen nach Maßgabe dieser Vorschrift deren Voraussetzungen nicht eingehalten worden sind, z. B. die Befristung der Verträge, sind diese **Verletzungen unbeachtlich**, selbst wenn die Verstöße dem Nutzer oder Zwischenpächter bekannt waren. Denn § 18 Abs. 2 Satz 2 LPG-Gesetz diente nur zur Sicherung der kollektiven Bodennutzung, bezweckte aber nicht den Schutz des Grundstückseigentümers. Rechtsmängel werden durch die Vorschrift geheilt. S. auch Rn. 2.

19   § 8 Abs. 4 SchuldRAnpG stellt klar, dass aus Gründen des Rechtsfriedens die bei InKraft-Treten des Gesetzes abweichenden rechtskräftigen Entscheidungen unberührt bleiben.

3. Vertragliche Nebenpflichten (§ 9 SchuldRAnpG)

20   § 9 regelt das Schicksal der vertraglichen Nebenpflichten nach Eintritt des Grundstückseigentümers in den Zwischenpachtvertrag. Hierbei handelt es sich um **Verpflichtungen, die nicht unmittelbar die Nutzung des Kleingartengrundstücks betreffen.** Das können z. B. Erschließungs- und Unterhaltungspflichten sein, die die LPG im Zwischenpachtvertrag übernommen hat oder Verpflichtungen der Nutzer (Kleingärtner) gegenüber der LPG. In Betracht kommen u. a. die Herstellungs- und Unterhaltungspflicht des Wegenetzes innerhalb der Kleingartenanlage oder sonstiger gemeinschaftlicher Einrichtungen, die der LPG obliegt. Soweit solche Nebenverpflichtungen in Zwischenpachtverträgen zu Lasten der LPG vereinbart worden sind, gewährt § 9 dem **Grundstückseigentümer das Recht**, die Erfüllung dieser Verpflichtung zu **verweigern**. Der Grundstückseigentümer tritt nur in die Rechte und Pflichten des Zwischenpachtvertrages ein, die die Nutzung des Kleingartengrundstücks betreffen. S. hierzu auch oben Rn. 11.

21   Das Gleiche gilt auch für staatliche Stellen als **Zwischenpächter**, die im Zwischenpachtvertrag Nebenverpflichtungen übernommen haben, die sich nicht unmittelbar aus der Nutzung des Grundstücks bzw. der Weitergabe der Fläche zur kleingärtnerischen Nutzung ergeben. Auch sie können vertraglich übernommene Nebenverpflichtungen verweigern. Sie werden insoweit aus der Verantwortlichkeit entlassen.

4. Verantwortlichkeit für Fehler und Schäden (§ 10 SchuldRAnpG)

Mit dem gesetzlichen Vertragseintritt übernimmt der Grundstückseigentümer sämt- **22**
liche die Nutzung des Kleingartengrundstücks betreffende vertragliche und gesetzliche Rechte und Pflichten. Nach § 581 Abs. 2 BGB sind auf die Kleingartenpacht die
Vorschriften über die Miete entsprechend anzuwenden. S. hierzu auch § 20 a Rn. 4 f ff.
und Anhang 4. Gemäß § 535 Abs. 2 BGB n. F. ist der Grundstückseigentümer als
Verpächter verpflichtet, den Pachtgegenstand in einem zu dem **vertragsmäßigen
Gebrauch** geeigneten Zustand zu erhalten. Er haftet also grundsätzlich dem Nutzer
gegenüber auf **Mängelbeseitigung** (§ 535 Abs. 2 BGB n. F.) und ggf. auch auf **Schadensersatz** (§ 536 a Abs. 1 BGB n. F.), wenn das Grundstück mit einem Fehler behaftet
ist, der die Tauglichkeit der Kleingartenfläche zum vertragsmäßigen Gebrauch aufhebt
oder mindert. S. hierzu auch § 4 Rn. 11 ff.

Soweit der Mangel durch einen Umstand eingetreten ist, den der andere Vertrag- **23**
schließende zu vertreten hat, ist es unbillig, den Grundstückseigentümer hierfür haften
zu lassen. § 10 Abs. 1 SchuldRAnpG bestimmt daher, dass der **Grundstückseigentümer
nicht für Fehler oder Schäden haftet**, die infolge eines Umstandes eingetreten sind, den
der **andere Vertragschließende zu vertreten hat**. Diese Vorschrift schließt also die
Haftung des Grundstückseigentümers gegenüber dem Nutzer für die von dem anderen
Vertragschließenden schuldhaft herbeigeführten Fehler und Schäden aus. Der Grundstückseigentümer ist zur Behebung eines solchen Mangels oder zu Schadensersatz nicht
verpflichtet. Andererseits ist auch der Nutzer, soweit der Mangel die Tauglichkeit des
Grundstücks zum vertragsmäßigen Gebrauch beeinträchtigt, nicht zur Minderung des
Nutzungsentgelts nach § 536 Abs. 1 Satz 2 BGB n. F. berechtigt. Der Nutzer kann auch
keinen Schadensersatz wegen Nichterfüllens gemäß § 536 a Abs. 1 BGB n. F. vom
Grundstückseigentümer verlangen. S. hierzu § 4 Rn. 16 und unten Rn. 25.

Der **Ausschluss der Haftung** gilt aber nur, wenn der andere Vertragschließende den **24**
Mangel allein zu vertreten hat. Ist der Grundstückseigentümer für den Mangel oder
den Schadenseintritt mitursächlich verantwortlich, bleibt es bei der im BGB vorgesehenen Haftung.

Soweit der **Grundstückseigentümer** für Fehler und Schäden nach § 10 Abs. 1 **25**
SchuldRAnpG **nicht haftet**, kann der Nutzer **vom anderen Vertragschließenden
Schadensersatz** verlangen. Der gesetzliche Vertragseintritt und der Haftungsaus-
schluss des Grundstückseigentümers führt also nicht zu Nachteilen für den Nutzer.

5. Heilung von Mängeln (§ 19 SchuldRAnpG)

Grundsätzlich sind Verträge, die die vorgeschriebene Form nicht einhalten, nichtig. **26**
Das gilt auch für die Kleingartennutzungsverträge nach § 312 Abs. 1 Satz 2 ZGB.
§ 19 Abs. 1 heilt diese wegen Formmangels nichtigen Verträge. Durch Verweisung in
§ 20 b BKleingG auf die Heilungsvorschrift des § 19 SchuldRAnpG wird sichergestellt,
dass formlos abgeschlossene Zwischenpachtverträge wirksam sind.

§ 19 Abs. 3 SchuldRAnpG stellt klar, dass **abweichende rechtskräftige Entscheidun- 27
gen** Bestand haben.

§ 21[1])

Berlin-Klausel

Dieses Gesetz gilt nach Maßgabe des § 13 Abs. 1 des Dritten Überleitungsgesetzes auch im Land Berlin.

§ 22[2])

In-Kraft-Treten

Dieses Gesetz tritt am 1. April 1983 in Kraft.

---

1) Die Berlin-Klausel ist gegenstandslos geworden. Durch § 4 Abs. 1 Nr. 2 des Sechsten Überleitungsgesetzes (BGBl I S. 2106) ist die Vorschrift des § 13 des Dritten Überleitungsgesetzes außer Kraft gesetzt worden, nachdem die Alliierten durch Erklärung vom 1. Oktober 1990 ihre Vorbehaltsrechte in Bezug auf Berlin zum 3. Oktober 1990 suspendiert haben.

2) Gemäß Art. 4 ist das BKleingÄndG am 1. Mai 1994 in Kraft getreten.

ZWEITES KAPITEL
Gesetz zur Änderung des Bundeskleingartengesetzes (BKleingÄndG)

Art. 1
Änderung des BKleingG

Die Änderungen des Bundeskleingartengesetzes sind in den Gesetzestext eingearbeitet und dort erläutert.

Art. 2
Änderung des Baugesetzbuchs

Dem § 135 Abs. 4 des Baugesetzbuchs, das zuletzt durch Artikel 6 Abs. 29 des Gesetzes vom 27. Dezember 1993 (BGBl I S. 2378) geändert worden ist, wird folgender Satz 3 angefügt:

„Der Beitrag ist auch zinslos zu stunden, solange Grundstücke als Kleingärten im Sinne des Bundeskleingartengesetzes genutzt werden."

Übersicht

1. Erschließungsbeitragspflicht für Dauerkleingärten

Kleingärten gehören nach der Rechtsprechung des Bundesverwaltungsgerichts zu **1** den **erschlossenen** (§ 131 Abs. 1 BauGB) und der **Erschließungsbeitragspflicht** unterliegenden **Grundstücken** i. S. d. § 133 Abs. 1 BauGB, sofern sie im Bebauungsplan als Dauerkleingärten festgesetzt sind (BVerwG, NJW 1980, 1973 = BRS 43, 71, 72). Der Beitragspflicht unterworfen sind nicht nur baulich und gewerblich nutzbare Grundstücke, sondern auch Grundstücke, die in einer der baulichen oder gewerblichen Nutzung vergleichbaren Weise genutzt werden können, also einen Ziel- und Quellverkehr verursachen, und somit auf die Erschließung angewiesen sind und deswegen einen Erschließungsvorteil haben (BVerwG, DVBl 1979, 784; BVerwG, NVwZ 1983, 669). Nach § 125 Abs. 1 BauGB setzt die rechtmäßige (erstmalige) Herstellung von erschließungsbeitragsfähigen Verkehrsanlagen einen **rechtskräftigen Bebauungsplan** voraus. Beitragsfähig sind daher nur Dauerkleingartengrundstücke (s. § 1 Rn. 35 ff.). Sonstige Kleingartenanlagen sind planungsrechtlich als Außenbereich zu qualifizieren und unterliegen daher **nicht** der Erschließungsbeitragspflicht (vgl. § 3 Rn. 16).

Nach § 135 Abs. 5 BauGB kann die Gemeinde von der Erhebung des Erschließungs- **2** beitrags ganz oder teilweise absehen, wenn dies im öffentlichen Interesse oder zur Vermeidung unbilliger Härten geboten ist. Die Praxis ist bisher davon ausgegangen, dass bei Kleingärten die Voraussetzungen für einen Billigkeitserlass unter dem Gesichtspunkt des öffentlichen Interesses und auch dem der unbilligen Härte in der Regel erfüllt sein werden (vgl. BVerwG, NJW 1980, 1973 = BRS 43, 71, 72). Nach der neueren Rechtsprechung des BVerwG kommt dagegen ein Beitragserlass nur in seltenen Ausnahmefällen in Betracht (BVerwG, KStZ 1992, 229). Die Novelle des BKleingG hat daher eine Stundungsregelung für Kleingärten in das BauGB (§ 135 Abs. 4 Satz 3) eingefügt.

2. Stundung des Erschließungsbeitrags

3 Art. 2 trifft für Dauerkleingartengrundstücke eine **besondere Billigkeitsregelung**, um eine – wegen der Überwälzbarkeit öffentlich-rechtlicher Lasten, die auf dem Kleingartengrundstück ruhen (hierzu gehört auch der Erschließungsbeitrag von §§ 127 ff. BauGB) auf die Pächter – mögliche unangemessene und sozialpolitisch nicht zu rechtfertigende Belastung der Kleingärtner zu vermeiden (s. BT-Drs. 12/6154 S. 10). Der federführende BT-Ausschuss hat diese Billigkeitsregelung angesichts des sozialpolitischen Charakters der Kleingärten einvernehmlich für angemessen gehalten (BT-Drs. 12/6782 S. 7).

4 In Anlehnung an die Billigkeitsmaßnahme für landwirtschaftlich genutzte Grundstücke bestimmt der in § 135 Abs. 4 BauGB neu eingefügte Satz 3, dass der Erschließungsbeitrag für Grundstücke, die als Kleingärten i. S. d. BKleinG genutzt werden, **zinslos zu stunden** ist. Die Stundungsregelung findet also nur auf Kleingärten Anwendung, die den in § 1 Abs. 1 BKleingG genannten Begriffsmerkmalen entsprechen und die weder den in Abs. 2 aufgezählten Gärten noch Grundstücksnutzungen zuzurechnen sind. Eines Stundungsantrags des Grundstückseigentümers bedarf es nicht. Die Gemeinde ist von Amts wegen verpflichtet, den Erschließungsbeitrag zu stunden. Durch die Stundung wird die Fälligkeit des Erschließungsbeitrags hinausgeschoben. Nach § 135 Abs. 4 Satz 3 BauGB ist der Erschließungsbeitrag für die Dauer der Nutzung des Grundstücks als Kleingarten i. S. d. § 1 BKleingG zu stunden. Die Verzinsung des Erschließungsbeitrags während der Stundung ist durch das Gesetz ausdrücklich ausgeschlossen. Der Erschließungsbeitrag wird erst fällig, wenn das der Beitragspflicht unterliegende als Kleingarten i. S. des § 1 Abs. 1 genutzte Grundstück einer anderen Bodennutzung zugeführt wird, die dieser Billigkeitsmaßnahme nicht unterworfen ist.

Artikel 3

Überleitungsregelungen

Für private Verpächter von Kleingärten findet Artikel 1 Nr. 4 Buchstabe a

1. **im Falle am 1. November 1992 nicht bestandskräftig entschiedener Rechtsstreitigkeiten über die Höhe des Pachtzinses rückwirkend vom ersten Tage des auf die Rechtshängigkeit folgenden Monats,**

2. **im Übrigen ab 1. November 1992**

Anwendung. Das gilt nicht für den Anwendungsbereich des § 20 a des Bundeskleingartengesetzes. § 5 Abs. 3 Satz 1 und 4 des Bundeskleingarten-

gesetzes gilt entsprechend. Die in Textform abgegebene Erklärung des Verpächters hat die Wirkung, dass mit dem vom Verpächter genannten Zeitpunkt an die Stelle der bisherigen Pacht die erhöhte Pacht tritt.

Übersicht

		Rn.
1.	Rückwirkende Pachtzinserhöhung in den alten Ländern	1–2
2.	Erhöhungserklärung	3–4

1. Rückwirkende Pachtzinserhöhung in den alten Ländern

Art. 3 BKleingÄndG regelt als Überleitungsvorschrift die (rückwirkende) Erhöhung **1** des Pachtzinses für Kleingärten gemäß § 5 Abs. 1 Satz 1 – neu – BKleingG. Nach Satz 1 können private Verpächter von **Kleingärten** die Pachtzinsen **rückwirkend zum 1. November 1992** bis zum Höchstpachtzins nach § 5 Abs. 1 Satz 1 BKleingG anheben. Über diesen Zeitpunkt hinaus haben private Verpächter einen Anspruch auf Pachtzinsen nach § 5 Abs. 1 Satz 1 – neu – rückwirkend in den Fällen, in denen Rechtsstreitigkeiten anhängig gemacht und noch nicht bestandskräftig abgeschlossen worden sind (BVerfG NJW-RR 1999, 889). In diesen Altverfahren haben die privaten Verpächter unabhängig davon einen Anspruch auf Pachterhöhung, ob sie die Anhebung der Pachtzinsen seinerzeit erst nach Fälligkeit für die Vergangenheit oder vor Fälligkeit mit Wirkung für die Zukunft eingeklagt haben (BVerfG a. a. O.). Gemeinden als Verpächter und alle anderen juristischen Personen des öffentlichen Rechts (z. B. Bund, Länder, Kirchen) können den Pachtzins frühestens ab 1. Mai 1994 bis zur Höhe der gesetzlich zulässigen Pachtobergrenze erhöhen.

Der Wortlaut der Vorschrift des Satzes 1 Nr. 1 „rückwirkend vom ersten Tage des auf **1 a** die Rechtshängigkeit folgenden Monats" legt zwar den Schluss nahe, dass Pachtzinserhöhungen für vor der Klageerhebung liegende Zeiträume unzulässig sind. Ein solcher genereller Ausschluss rechtzeitig anhänglich gemachter Pachtzinsforderungen entspricht aber nicht den vom BVerfG aufgestellten Anforderungen an die Altfall-Regelung und war auch vom Gesetzgeber nicht beabsichtigt. Aus den Gesetzesmaterialien geht hervor, dass der Gesetzgeber mit Satz 1 Nr. 1 der Forderung des BVerfG Rechnung tragen und eine Pachtzinserhöhung für alle nicht bestandskräftig abgeschlossenen Verfahren anordnen wollte (BT-Drucks. 12/6154, S. 6, 10). Dass die Pachtzinsforderungen der Verpächter entgegen der verfassungsgerichtlichen Entscheidung in zeitlicher Hinsicht eingeschränkt werden sollten, lässt sich daher dem Willen des Gesetzgebers nicht entnehmen. Darüber hinaus ist im Gesetzgebungsverfahren auf Empfehlung des Bundesrates die nachträgliche Geltendmachung erhöhter Pachtzinsen druch ein rückwirkendes Erhöhungsverlangen klarer gefasst (BT-Drucks. a. a. O. S. 12, 14 f.; 12/6782, S. 9). Satz 4 bestimmt ausdrücklich, dass der erhöhte Pachtzins mit dem vom Verpächter genannten Zeitpunkt an die Stelle der bisherigen Pacht tritt.

Bei dieser Sachlage ist dem **Willen des Gesetzgebers,** dem **systematischen Zu- 1 b** sammenhang des Satzes 1 Nr. 1 mit Satz 4 in Art. 3 und dem **verfassungsrechtlichen Ziel des Gesetzes** größere Bedeutung beizumessen als der grammatischen Aus-

legung des Satzes 1 Nr. 1 (BVerfG NJW-RR 1999, 889). Diese Vorschrift ist verfassungskonform dahingehend auszulegen, dass „die Rechtshängigkeitsklausel nur
die Fälle einer Erhöhung für gerade erst begonnene oder künftige Pachtjahre erfasst und durch die Bezugnahme auf den ersten Tag des der Rechtshängigkeit
folgenden Monats lediglich die Ermittlung des den Pächtern zustehenden Forderungs-
betrags erleichtern wollte. In diesen Fällen sollte durch das Abstellen auf den Monats-
ersten die Berechnung der zu erstattenden Pachtzinsen und der dafür fällig werdenden
Prozesszinsen unter geringfügiger Modifizierung des Anspruchs vereinfacht werden"
(BVerfG a. a. O.). Die Anwendung der Rechtshängigkeitsklausel über diesen Bereich
hinaus ist – nach der Auslegung dieser Bestimmung durch das BVerfG –
schon allein deshalb nicht geboten, weil dies zu einem vom Gesetzgeber nicht beabsichtigten Verlust des Erhöhungsanspruchs für einen oder mehrere Pachtjahre führen
würde. Im Übrigen stünde diese Rechtshängigkeitsklausel auch im Widerspruch
zu dem in Satz 4 verankerten Erhöhungsbestimmungsrecht des Verpächters. Aus
Gründen der **Berechnungsvereinfachung** kann jedoch im Falle einer Klageerhebung
für zurückliegende Pachtzeiträume bei der Erhebung der Prozesszinsen auf den
ersten Tag des auf die Rechtshängigkeit folgenden Monats abgestellt werden
(BVerfG NJW-RR 889 f.).

2 In dieser verfassungskonformen Auslegung trägt Art. 3 des BKleingÄndG der
Forderung des BVerfG Rechnung. Das BVerfG hat den Gesetzgeber ausdrücklich verpflichtet, die Pachtzinsen für Pachtverhältnisse mit privaten Verpächtern mindestens
für die Zeit von der Bekanntgabe des Beschlusses des BVerfG vom 23. September 1992,
also ab November 1992, nachzubessern. Für die darüber hinausreichende Zeit musste
nach dem BVerfG die rückwirkende Regelung jedenfalls auf Fälle erstreckt werden,
in denen Rechtsstreitigkeiten die Höhe des Pachtzinses anhängig gemacht und
im Zeitpunkt der Bekanntgabe noch nicht bestandskräftig abgeschlossen waren
(BVerfGE 87, 114, 151). Der Tag des In-Kraft-Tretens des BKleingG (1. April 1983) bildet
die äußerste zeitliche Grenze einer möglichen Rückwirkung (BGH, NJW 1997, 3374 ff.;
BGH, NJW-RR 1999, 237). Für die Zeit vor In-Kraft-Treten des BKleingG dient § 5 n. F.
als Orientierungshilfe, sofern eine Vertragsanpassung wegen Wegfalls der Geschäftsgrundlage erfolgt ist. Dies darf aber nicht dazu führen, dass der Verpächter für die Zeit
vor dem 1. 4. 1983 einen höheren Pachtzins verlangen kann als nach den Maßstäben
des § 5 n. F. für die Zeit danach (BGH, NJW-RR 1999, 238). Sollten im fraglichen
Zeitraum in nennenswertem Umfang (nicht abwälzbare) finanzielle Leistungen nach
§ 5 Abs. 5 erbracht worden sein, so können diese bei der Pachtzinsanpassung berücksichtigt werden (BGH, a. a. O.). Die Rückwirkungsregelung gilt nur in den **alten
Bundesländern.**

2. Erhöhungserklärung

3 Voraussetzung für die Anhebung der Kleingartenpacht ist jeweils eine entsprechende
schriftliche Erklärung des Verpächters. Diese Erklärung hat die Wirkung, dass mit
dem vom Verpächter genannten Zeitpunkt an die Stelle des bisherigen Pachtzinses der
erhöhte Pachtzins nach der Neufassung des § 5 Abs. 1 Satz 1 BKleingG tritt (Art. 3
Satz 4 BKleingÄndG). Die Erhöhungserklärung ist unwirksam, wenn die Schriftform
nicht eingehalten wird.

Im Falle einer Pachtzinserhöhung räumt Art. 3 Satz 2 BKleingÄndG den Pächtern ein **4**
vorzeitiges Kündigungsrecht ein. Das Kündigungsrecht besteht bei allen Kleingartenpachtverträgen. Die Kündigung des Pächters muss schriftlich erfolgen. Eine verspätete
Kündigung ist unwirksam. Sie kann in eine ordentliche Kündigung umgedeutet
werden. Die Erhöhung der Pacht bleibt bestehen (s. auch § 5 Rn. 49 ff.).

Artikel 4

In-Kraft-Treten

Dieses Gesetz tritt am 1. Mai 1994 in Kraft.

Dritter Teil
Anhang

Rechts- und Verwaltungsvorschriften der Länder zum Kleingartenrecht

Stand: Dezember 2001

Baden-Württemberg[1])   –   Verordnung des Ministeriums Ländlicher Raum über die Zuständigkeiten im Kleingartenrecht (KleingZuVO) vom 30. 9. 1992 (GBl Nr. 26 S. 687)

        –   Verwaltungsvorschrift des Ministeriums Ländlicher Raum über die Anerkennung und Prüfung der kleingärtnerischen Gemeinnützigkeit nach dem BKleingG vom 15. 10. 1992 (GABl v. 15. 12. 1992 S. 1323); Fortgeltung aufgrund der Verwaltungsvorschrift vom 16. 7. 1999 (GABl S. 489)

Bayern   –   Gesetz über Zuständigkeiten im Kleingartenrecht und über die Aufhebung von Zuständigkeiten im Siedlungs- und Wohnungsrecht vom 6. 8. 1986 (Bay. GVBl S. 217)

        –   Bekanntmachung des Bayerischen Staatsministeriums des Innern vom 30. 4. 1987: „Vollzug des BKleingG; Anerkennung und Überwachung der kleingärtnerischen Gemeinnützigkeit" Bay. MABl S. 272 i. d. F. der Bekanntmachung vom 9. 9. 1987 (Bay. MABl S. 696)

        –   Richtlinien des Landesverbandes bayerischer Kleingärtner e. V. für die Bewertung von Anpflanzungen und Anlagen nach § 11 Abs. 1 des Bundeskleingartengesetzes – Bewertungsrichtlinien – Fassung Oktober 2000 (AllMBl S. 729)

        –   Genehmigung der o. a. Richtlinien – Bekanntmachung des Bayerischen Staatsministeriums des Innern vom 23. 10. 2000 (AllMBl S. 728)

Berlin   –   Verordnung über Lauben (LaubenVO) vom 18. 6. 1987 (GVBl S. 1882)

---

1) Die o. g. Vorschriften sind im Gültigkeitsverzeichnis aufgeführt. In das Gültigkeitsverzeichnis nicht aufgenommene Vorschriften haben mit dem Stichtag 1. 1. 2000 ihre Gültigkeit verloren.

Länderrecht

- Verwaltungsvorschriften über Kündigungsentschädigungen auf Kleingartenland vom 11. 2. 2003 (ABl S. 814)

- Allgemeine Anweisung zur Änderung der Allgemeinen Anweisung über die Angleichung des Pachtzinses und der Festsetzung des Wohnlaubenentgeltes für Kleingärten auf landeseigenen Grundstücken gemäß § 20 a BKleingG vom 6. 7. 1993 (ABl S. 2118)

- Verwaltungsvorschriften über die Anerkennung und Überwachung der kleingärtnerischen Gemeinnützigkeit vom 25. 7. 2000 (ABl S. 3546)

- Verwaltungsvorschriften über Dauerkleingärten und Kleingärten auf landeseigenen Grundstücken vom 14. 11. 2000 (ABl 2001 S. 82)

- Zuständigkeiten sind im Allgemeinen Zuständigkeitsgesetz (AZG) i. d. F. vom 22. 7. 1996 (GVBl S. 302, ber. S. 472) geregelt, zuletzt geändert durch Gesetz vom 24. 1. 2001 (GVBl S. 30)

Brandenburg

- Verordnung über Zuständigkeiten im Kleingartenrecht vom 3. 4. 1993 (GVBl Nr. 26 S. 190)

- Anerkennung und Entzug der kleingärtnerischen Gemeinnützigkeit von Kleingärtnerorganisationen sowie regelmäßige Prüfung der Geschäftsführung der als kleingärtnerisch gemeinnützig anerkannten Kleingärtnerorganisationen vom 22. 4. 1993 (ABl Nr. 46 S. 938)

Bremen

- Bekanntmachung über die Zuständigkeit zur Anerkennung der kleingärtnerischen Gemeinnützigkeit nach dem Bundeskleingartengesetz vom 10. 4. 1984 (ABl S. 165); zuletzt geändert durch Bekanntmachung vom 20. 7. 1988 (ABl S. 227)

- Zulässige Nutzung und Bebauung der Dauerkleingartengebiete, die durch Bebauungspläne festgesetzt oder im Flächennutzungsplan dargestellt sind (Dienstanweisung der Freien Hansestadt Bremen MinLand Nr. 263 10/89 S. V vom 29. 8. 1989)

Hamburg

- Verwaltungsvorschrift der Umweltbehörde über die Anerkennung, die Prüfung und den Widerruf der kleingärtnerischen Gemeinnützigkeit vom 8. 7. 1985 (Amtl. Anzeiger S. 1266)

- Bauaufsichtliche Anforderungen an Nutzungen in Kleingartenanlagen – Fachliche Weisung BOA 1/1985 – (Hamburger Gartenfreund, 6/1985)

	– Richtlinien für die Schätzung von Kleingärten bei Pächterwechsel vom 15. 10. 2001
	– Anordnung über Zuständigkeiten im Kleingartenwesen vom 10. 7. 1984 (Amtl. Anzeiger S. 1185), zuletzt geändert durch Bek. vom 28. 12. 1984 (Amtl. Anzeiger S. 1185)
Hessen[1])	– Bewertung von Anpflanzungen und Anlagen gemäß § 11 Abs. 1 BKleingG vom 12. 2. 1993 (StAnz. 12/93 S. 767)
Mecklenburg-Vorpommern	– Landesverordnung über die zuständigen Behörden nach dem BKleinG vom 30. 9. 1992 (GVBl Nr. 24 S. 575), zuletzt geändert durch VO vom 14. 11. 1994 (GVBl S. 1049)
	– Bekanntmachung des Ministeriums für Ernährung, Landwirtschaft, Forsten und Fischerei über die Genehmigung der Richtlinie für die Schätzung von Kleingärten bei Parzellenwechsel und bei Räumung von Kleingärten/Kleingartenanlagen im Landesverband der Gartenfreunde Mecklenburg und Vorpommern e.V. (Schätzungsrichtlinie) vom 13. 12. 2001 (ABl. S. 1462)
	– Bekanntmachung des Landwirtschaftsministers – Richtlinie über die kleingärtnerische Gemeinnützigkeit (Gemeinnützigkeitsrichtlinie) vom 17. 12. 2004 (ABl 2005, Nr. 17 S. 550)
	– Richtlinie zur Förderung des Kleingartenwesens in Mecklenburg-Vorpommern; Bekanntmachung des Ministeriums für Ernährung, Landwirtschaft, Forsten und Fischerei vom 9. 6. 1999 (ABl S. 632)
Niedersachsen	– Allgemeine Zuständigkeitsverordnung für die Gemeinden und Landkreise zur Ausführung von Bundesrecht (Allg.Zust.VO-Kom.) vom 13. 10. 1998 (GVBl S. 661), zuletzt geändert durch Art. 1 der VO vom 1. 12. 1999 (Nds. GVBl S. 400) – § 3 Zuständigkeit der Gemeinden für die Anerkennung der kleingärtnerischen Gemeinnützigkeit und der Übertragung der Verwaltung
	– Richtlinien über die Gewährung von Landesmitteln zur Förderung von Dauerkleingärten vom 8. 8. 1989 (Nds. MBl S. 1022)

---

1) Nach der Gemeinsamen Anordnung zur Bereinigung der für die Geschäftsbereiche des Ministerpräsidenten und der Ministerinnen und Minister erlassenen Verwaltungsvorschriften vom 28. 11. 2000 treten die Verwaltungsvorschriften, die vor dem 6. 7. 1999 erlassen wurden, zehn Jahre, soweit sie danach erlassen wurden, fünf Jahre nach Ablauf des Erlassjahres ohne besondere Aufhebung außer Kraft. Mit dem Ablauf des Jahres 2000 sind sämtliche der Erlassbereinigung unterliegenden Vorschriften – hierzu gehören auch die Ausführungsvorschriften zum BKleingG –, die vor dem 1. 1. 1991 erlassen worden sind, außer Kraft getreten. Im „Amtlichen Verzeichnis hessischer Verwaltungsvorschriften" sind für den Bereich des BKleingG nur noch die Vorschriften über die Bewertung von Anlagen und Anpflanzungen gemäß § 11 Abs. 1 BKleingG vom 12. 2. 1993 nachgewiesen.

Länderrecht

- Genehmigung der Richtlinien der Landesverbände Braunschweig, Niedersachsen und Ostfriesland der Kleingärtner für die Bewertung von Anpflanzungen und Anlagen nach § 11 Abs. 1 des Bundeskleingartengesetzes (BKleingG) – Bewertungsrichtlinien – Bekanntmachung des MS vom 20. 11. 1995 (Nds. MBl 1996, S. 50)

Nordrhein-Westfalen
- Richtlinien über die Gewährung von Zuwendungen zur Förderung von Dauerkleingärten vom 26. 11. 1992 (MBl NW Nr. 79 S. 1856) i. d. F. des RdErl vom 12. 9. 2001 (MBl S. 1326)

- Verordnung über die Zuständigkeiten auf dem Gebiet des Kleingartenwesens vom 19. 12. 1995 (GVBl S. 41) i. d. F. der VO vom 6. 11. 2001 (GVBl S. 798)

- Verwaltungsvorschriften über die Anerkennung und Prüfung der kleingärtnerischen Gemeinnützigkeit nach dem BKleingG vom 21. 2. 2002 (MBl. S. 492)

Rheinland-Pfalz
- Landesverordnung über Zuständigkeiten nach dem Bundeskleingartengesetz vom 31. 10. 1984 (GVBl S. 225), zuletzt geändert durch das Landesgesetz zur Anpassung und Ergänzung von Zuständigkeitsbestimmungen vom 6. 7. 1998 (GVBl S. 171, 176)

- Vollzug des Bundeskleingartengesetzes; hier: Anerkennung und Überwachung der kleingärtnerischen Gemeinnützigkeit. Verwaltungsvorschrift des Ministers der Finanzen vom 20. 2. 1985 (MinBl S. 94)

Saarland
- Richtlinien über die Anerkennung der Gemeinnützigkeit von Kleingärtnervereinen und Führung der Gemeinnützigkeitsaufsicht (Gemeinnützigkeitsrichtlinien). Erlass des Ministers der Finanzen vom 1. 1. 1987 (GMBl Saarl. vom 9. 3. 1987)

- Richtlinien für die Bewertung von Anpflanzungen und Anlagen nach § 11 Abs. 1 des BKleingG vom 19. 2. 1997 (GMBl S. 88)

- Richtlinien über die Gewährung von Zuwendungen zur Förderung von Dauerkleingärten vom 24. 9. 1990 (AmtsBl Saarl. v. 8. 11 1990 S. 1145)

Sachsen
- Verwaltungsvorschrift des Sächsischen Staatsministeriums für Umwelt und Landwirtschaft zur Durchführung des Gesetzes über die Anerkennung der Gemeinnützigkeit von Kleingartenvereinen und die Führung der Gemeinnützigkeitsaufsicht (VwV Kleingärtnerische Gemeinnützigkeit) vom 26. 6. 2002 (Sächs. ABl S. 845)

::rehm

Sachsen-Anhalt	– Allgemeine Zuständigkeitsverordnung für die Gemeinden und Landkreise zur Ausführung von Bundesrecht (AllgZustVO-Kom) vom 7. 5. 1994 (GVBl S. 568), zuletzt geändert durch 3. ÄndVO vom 9. 12. 1998 (GVBl S. 476) – § 1 Nr. 11 Zuständigkeit der Landkreise und kreisfreien Städte für die Anerkennung der kleingärtnerischen Gemeinnützigkeit –
	– Genehmigung der geänderten Rahmenrichtlinie für die Wertermittlung in Kleingärten; Bekanntmachung des MRLU vom 25. 9. 2001 (MBl LSA, S. 950)
Schleswig-Holstein	– Richtlinien über die Anerkennung der Gemeinnützigkeit von Kleingärtnervereinen und Führung der Gemeinnützigkeitsaufsicht (Erlass vom 13. 12. 1985, ABl S. 11), zuletzt geändert durch Erlass vom 23. 2. 1987 (ABl S. 119)
	– Richtlinien für die Bewertung und Entschädigung von Anpflanzungen und Anlagen nach § 11 Abs. 1 des Bundeskleingartengesetzes (BKleingG) i. d. F. der Bekanntmachung vom 1. 5. 2002 (ABl S. 490)
Thüringen[1])	– Bekanntmachung des Thüringer Ministeriums für Landwirtschaft, Naturschutz und Umwelt über die Genehmigung einer Bewertungsrichtlinie nach § 11 Abs. 1 BKleingG vom 13. 4. 2004 (Thür. StAnz. S. 1342)

---

1) Nach der am 1. 8. 2003 in Kraft getretenen Regelung über die Gültigkeitsdauer von Verwaltungsvorschriften – Thüringer Gültigkeitsverzeichnis für Verwaltungsvorschriften – ThürGV – VV (Thür. StAnz. 2004 S. 4) werden abschließend alle am Stichtag gültigen Verwaltungsvorschriften im Gültigkeitsverzeichnis ausgewiesen. Erstmals wurde das Gültigkeitsverzeichnis zum Stichtag 1. 1. 2004 herausgegeben. Aufgenommen wurden nur die vom zuständigen Gremium geprüften und bestätigten Vorschriften. Für den Bereich „Kleingartenwesen" (Gliederungsnummer 235) enthält das Verzeichnis keine Nachweise.

Baugesetzbuch (BauGB)

in der Fassung der Bekanntmachung vom 23. September 2004 (BGBl I S. 2414),
zuletzt geändert durch Gesetz vom 21. Juni 2005
(BGBl I S. 1818)

– Auszug –

ERSTES KAPITEL

Allgemeines Städtebaurecht

ERSTER TEIL

Bauleitplanung

ERSTER ABSCHNITT

Allgemeine Vorschriften

§ 1
Aufgabe, Begriff und Grundsätze
der Bauleitplanung

(1) Aufgabe der Bauleitplanung ist es, die bauliche und sonstige Nutzung der Grundstücke in der Gemeinde nach Maßgabe dieses Gesetzbuchs vorzubereiten und zu leiten.

(2) Bauleitpläne sind der Flächennutzungsplan (vorbereitender Bauleitplan) und der Bebauungsplan (verbindlicher Bauleitplan).

(3) Die Gemeinden haben die Bauleitpläne aufzustellen, sobald und soweit es für die städtebauliche Entwicklung und Ordnung erforderlich ist. Auf die Aufstellung von Bauleitplänen und städtebaulichen Satzungen besteht kein Anspruch; ein Anspruch kann auch nicht durch Vertrag begründet werden.

(4) Die Bauleitpläne sind den Zielen der Raumordnung anzupassen.

(5) Die Bauleitpläne sollen eine nachhaltige städtebauliche Entwicklung, die die sozialen, wirtschaftlichen und umweltschützenden Anforderungen auch in Verantwortung gegenüber künftigen Generationen miteinander in Einklang bringt, und eine dem Wohl der Allgemeinheit dienende sozialgerechte Bodennutzung gewährleisten. Sie sollen dazu beitragen, eine menschenwürdige Umwelt zu sichern und die natürlichen

Lebensgrundlagen zu schützen und zu entwickeln, auch in Verantwortung für den allgemeinen Klimaschutz, sowie die städtebauliche Gestalt und das Orts- und Landschaftsbild baukulturell zu erhalten und zu entwickeln.

(6) Bei der Aufstellung der Bauleitpläne sind insbesondere zu berücksichtigen:

1. die allgemeinen Anforderungen an gesunde Wohn- und Arbeitsverhältnisse und die Sicherheit der Wohn- und Arbeitsbevölkerung,

2. die Wohnbedürfnisse der Bevölkerung, die Schaffung und Erhaltung sozial stabiler Bewohnerstrukturen, die Eigentumsbildung weiter Kreise der Bevölkerung und die Anforderung Kosten sparenden Bauens sowie die Bevölkerungsentwicklung,

3. die sozialen und kulturellen Bedürfnisse der Bevölkerung, insbesondere die Bedürfnisse der Familien, der jungen, alten und behinderten Menschen, unterschiedliche Auswirkungen auf Frauen und Männer sowie die Belange des Bildungswesens und von Sport, Freizeit und Erholung,

4. die Erhaltung, Erneuerung, Fortentwicklung, Anpassung und der Umbau vorhandener Ortsteile,

5. die Belange der Baukultur, des Denkmalschutzes und der Denkmalpflege, die erhaltenswerten Ortsteile, Straßen und Plätze von geschichtlicher, künstlerischer oder städtebaulicher Bedeutung und die Gestaltung des Orts- und Landschaftsbildes,

6. die von den Kirchen und Religionsgesellschaften des öffentlichen Rechts festgestellten Erfordernisse für Gottesdienst und Seelsorge,

7. die Belange des Umweltschutzes, einschließlich des Naturschutzes und der Landschaftspflege, insbesondere

   a) die Auswirkungen auf Tiere, Pflanzen, Boden, Wasser, Luft, Klima und das Wirkungsgefüge zwischen ihnen sowie die Landschaft und die biologische Vielfalt,

   b) die Erhaltungsziele und der Schutzzweck der Gebiete von gemeinschaftlicher Bedeutung und der Europäischen Vogelschutzgebiete im Sinne des Bundesnaturschutzgesetzes,

   c) umweltbezogene Auswirkungen auf den Menschen und seine Gesundheit sowie die Bevölkerung insgesamt,

   d) umweltbezogene Auswirkungen auf Kulturgüter und sonstige Sachgüter,

   e) die Vermeidung von Emissionen sowie der sachgerechte Umgang mit Abfällen und Abwässern,

   f) die Nutzung erneuerbarer Energien sowie die sparsame und effiziente Nutzung von Energie,

   g) die Darstellungen von Landschaftsplänen sowie von sonstigen Plänen, insbesondere des Wasser-, Abfall- und Immissionsschutzrechts,

   h) die Erhaltung der bestmöglichen Luftqualität in Gebieten, in denen die durch Rechtsverordnung zur Erfüllung von bindenden Beschlüssen der Europäischen Gemeinschaften festgelegten Immissionsgrenzwerte nicht überschritten werden,

   i) die Wechselwirkungen zwischen den einzelnen Belangen des Umweltschutzes nach den Buchstaben a, c und d,

8. die Belange
   a) der Wirtschaft, auch ihrer mittelständischen Struktur im Interesse einer verbrauchernahen Versorgung der Bevölkerung,
   b) der Land- und Forstwirtschaft,
   c) der Erhaltung, Sicherung und Schaffung von Arbeitsplätzen,
   d) des Post- und Telekommunikationswesens,
   e) der Versorgung, insbesondere mit Energie und Wasser,
   f) der Sicherung von Rohstoffvorkommen,
9. die Belange des Personen- und Güterverkehrs und der Mobilität der Bevölkerung, einschließlich des öffentlichen Personennahverkehrs und des nicht motorisierten Verkehrs, unter besonderer Berücksichtigung einer auf Vermeidung und Verringerung von Verkehr ausgerichteten städtebaulichen Entwicklung,
10. die Belange der Verteidigung und des Zivilschutzes sowie der zivilen Anschlussnutzung von Militärliegenschaften,
11. die Ergebnisse eines von der Gemeinde beschlossenen städtebaulichen Entwicklungskonzeptes oder einer von ihr beschlossenen sonstigen städtebaulichen Planung,
12. die Belange des Hochwasserschutzes.

(7) Bei der Aufstellung der Bauleitpläne sind die öffentlichen und privaten Belange gegeneinander und untereinander gerecht abzuwägen.

(8) Die Vorschriften dieses Gesetzbuchs über die Aufstellung von Bauleitplänen gelten auch für ihre Änderung, Ergänzung und Aufhebung.

§ 1 a
Ergänzende Vorschriften zum Umweltschutz

(1) Bei der Aufstellung der Bauleitpläne sind die nachfolgenden Vorschriften zum Umweltschutz anzuwenden.

(2) Mit Grund und Boden soll sparsam und schonend umgegangen werden; dabei sind zur Verringerung der zusätzlichen Inanspruchnahme von Flächen für bauliche Nutzungen die Möglichkeiten der Entwicklung der Gemeinde insbesondere durch Wiedernutzbarmachung von Flächen, Nachverdichtung und andere Maßnahmen zur Innenentwicklung zu nutzen sowie Bodenversiegelungen auf das notwendige Maß zu begrenzen. Landwirtschaftlich, als Wald oder für Wohnzwecke genutzte Flächen sollen nur im notwendigen Umfang umgenutzt werden. Die Grundsätze nach den Sätzen 1 und 2 sind nach § 1 Abs. 7 in der Abwägung zu berücksichtigen.

(3) Die Vermeidung und der Ausgleich voraussichtlich erheblicher Beeinträchtigungen des Landschaftsbildes sowie der Leistungs- und Funktionsfähigkeit des Naturhaushalts in seinen in § 1 Abs. 6 Nr. 7 Buchstabe a bezeichneten Bestandteilen (Eingriffsregelung nach dem Bundesnaturschutzgesetz) sind in der Abwägung nach § 1 Abs. 7 zu berücksichtigen. Der Ausgleich erfolgt durch geeignete Darstellungen und Festsetzungen nach den §§ 5 und 9 als Flächen oder Maßnahmen zum Ausgleich. Soweit dies mit einer nachhaltigen städtebaulichen Entwicklung und den Zielen der

Raumordnung sowie des Naturschutzes und der Landschaftspflege vereinbar ist, können die Darstellungen und Festsetzungen auch an anderer Stelle als am Ort des Eingriffs erfolgen. Anstelle von Darstellungen und Festsetzungen können auch vertragliche Vereinbarungen nach § 11 oder sonstige geeignete Maßnahmen zum Ausgleich auf von der Gemeinde bereitgestellten Flächen getroffen werden. Ein Ausgleich ist nicht erforderlich, soweit die Eingriffe bereits vor der planerischen Entscheidung erfolgt sind oder zulässig waren.

(4) Soweit ein Gebiet im Sinne des § 1 Abs. 6 Nr. 7 Buchstabe b in seinen für die Erhaltungsziele oder den Schutzzweck maßgeblichen Bestandteilen erheblich beeinträchtigt werden kann, sind die Vorschriften des Bundsnaturschutzgesetzes über die Zulässigkeit und Durchführung von derartigen Eingriffen einschließlich der Einholung der Stellungnahme der Kommission anzuwenden.

§ 2
Aufstellung der Bauleitpläne

(1) Die Bauleitpläne sind von der Gemeinde in eigener Verantwortung aufzustellen. Der Beschluss, einen Bauleitplan aufzustellen, ist ortsüblich bekannt zu machen.

(2) Die Bauleitpläne benachbarter Gemeinden sind aufeinander abzustimmen. Dabei können sich Gemeinden auch auf die ihnen durch Ziele der Raumordnung zugewiesenen Funktionen sowie auf Auswirkungen auf ihre zentralen Versorgungsbereiche berufen.

(3) Bei der Aufstellung der Bauleitpläne sind die Belange, die für die Abwägung von Bedeutung sind (Abwägungsmaterial), zu ermitteln und zu bewerten.

(4) Für die Belange des Umweltschutzes nach § 1 Abs. 6 Nr. 7 und § 1 a wird eine Umweltprüfung durchgeführt, in der die voraussichtlichen erheblichen Umweltauswirkungen ermittelt werden und in einem Umweltbericht beschrieben und bewertet werden; die Anlage zu diesem Gesetzbuch ist anzuwenden. Die Gemeinde legt dazu für jeden Bauleitplan fest, in welchem Umfang und Detaillierungsgrad die Ermittlung der Belange für die Abwägung erforderlich ist. Die Umweltprüfung bezieht sich auf das, was nach gegenwärtigem Wissensstand und allgemein anerkannten Prüfmethoden sowie nach Inhalt und Detaillierungsgrad des Bauleitplans angemessenerweise verlangt werden kann. Das Ergebnis der Umweltprüfung ist in der Abwägung zu berücksichtigen. Wird eine Umweltprüfung für das Plangebiet oder für Teile davon in einem Raumordnungs-, Flächennutzungs- oder Bebauungsplanverfahren durchgeführt, soll die Umweltprüfung in einem zeitlich nachfolgend oder gleichzeitig durchgeführten Bauleitplanverfahren auf zusätzliche oder andere erhebliche Umweltauswirkungen beschränkt werden. Liegen Landschaftspläne oder sonstige Pläne nach § 1 Abs. 6 Nr. 7 Buchstabe g vor, sind deren Bestandsaufnahmen und Bewertungen in der Umweltprüfung heranzuziehen.

§ 2 a

Begründung zum Bauleitplanentwurf, Umweltbericht

Die Gemeinde hat im Aufstellungsverfahren dem Entwurf des Bauleitplans eine Begründung beizufügen. In ihr sind entsprechend dem Stand des Verfahrens

1. die Ziele, Zwecke und wesentlichen Auswirkungen des Bauleitplans und
2. in dem Umweltbericht nach der Anlage zu diesem Gesetzbuch die auf Grund der Umweltprüfung nach § 2 Abs. 4 ermittelten und bewerteten Belange des Umweltschutzes

darzulegen. Der Umweltbericht bildet einen gesonderten Teil der Begründung.

§ 3

Beteiligung der Öffentlichkeit

(1) Die Öffentlichkeit ist möglichst frühzeitig über die allgemeinen Ziele und Zwecke der Planung, sich wesentlich unterscheidende Lösungen, die für die Neugestaltung oder Entwicklung eines Gebiets in Betracht kommen, und die voraussichtlichen Auswirkungen der Planung öffentlich zu unterrichten; ihr ist Gelegenheit zur Äußerung und Erörterung zu geben. Von der Unterrichtung und Erörterung kann abgesehen werden, wenn

1. ein Bebauungsplan aufgestellt oder aufgehoben wird und sich dies auf das Plangebiet und die Nachbargebiete nicht oder nur unwesentlich auswirkt oder
2. die Unterrichtung und Erörterung bereits zuvor auf anderer Grundlage erfolgt sind.

An die Unterrichtung und Erörterung schließt sich das Verfahren nach Absatz 2 auch an, wenn die Erörterung zu einer Änderung der Planung führt.

(2) Die Entwürfe der Bauleitpläne sind mit der Begründung und den nach Einschätzung der Gemeinde wesentlichen, bereits vorliegenden umweltbezogenen Stellungnahmen für die Dauer eines Monats öffentlich auszulegen. Ort und Dauer der Auslegung sowie Angaben dazu, welche Arten umweltbezogener Informationen verfügbar sind, sind mindestens eine Woche vorher ortsüblich bekannt zu machen; dabei ist darauf hinzuweisen, dass Stellungnahmen während der Auslegungsfrist abgegeben werden können und dass nicht fristgerecht abgegebene Stellungnahmen bei der Beschlussfassung über den Bauleitplan unberücksichtigt bleiben können. Die nach § 4 Abs. 2 Beteiligten sollen von der Auslegung benachrichtigt werden. Die fristgemäß abgegebenen Stellungnahmen sind zu prüfen; das Ergebnis ist mitzuteilen. Haben mehr als 50 Personen Stellungnahmen mit im Wesentlichen gleichem Inhalt abgegeben, kann die Mitteilung dadurch ersetzt werden, dass diesen Personen die Einsicht in das Ergebnis ermöglicht wird; die Stelle, bei der das Ergebnis der Prüfung während der Dienststunden eingesehen werden kann, ist ortsüblich bekannt zu machen. Bei der Vorlage der Bauleitpläne nach § 6 oder § 10 Abs. 2 sind die nicht berücksichtigten Stellungnahmen mit einer Stellungnahme der Gemeinde beizufügen.

§ 4

Beteiligung der Behörden

(1) Die Behörden und sonstigen Träger öffentlicher Belange, deren Aufgabenbereich durch die Planung berührt werden kann, sind entsprechend § 3 Abs. 1 Satz 1 Halbsatz 1 zu unterrichten und zur Äußerung auch im Hinblick auf den erforderlichen Umfang und Detaillierungsgrad der Umweltprüfung nach § 2 Abs. 4 aufzufordern. Hieran schließt sich das Verfahren nach Absatz 2 auch an, wenn die Äußerung zu einer Änderung der Planung führt.

(2) Die Gemeinde holt die Stellungnahmen der Behörden und sonstigen Träger öffentlicher Belange, deren Aufgabenbereich durch die Planung berührt werden kann, zum Planentwurf und der Begründung ein. Sie haben ihre Stellungnahmen innerhalb eines Monats abzugeben; die Gemeinde soll diese Frist bei Vorliegen eines wichtigen Grundes angemessen verlängern. In den Stellungnahmen sollen sich die Behörden und sonstigen Träger öffentlicher Belange auf ihren Aufgabenbereich beschränken; sie haben auch Aufschluss über von ihnen beabsichtigte oder bereits eingeleitete Planungen und sonstige Maßnahmen sowie deren zeitliche Abwicklung zu geben, die für die städtebauliche Entwicklung und Ordnung des Gebietes bedeutsam sein können. Verfügen sie über Informationen, die für die Ermittlung und Bewertung des Abwägungsmaterials zweckdienlich sind, haben sie diese Informationen der Gemeinde zur Verfügung zu stellen.

(3) Nach Abschluss des Verfahrens zur Aufstellung des Bauleitplans unterrichten die Behörden die Gemeinde, sofern nach den ihnen vorliegenden Erkenntnissen die Durchführung des Bauleitplans erhebliche, insbesondere unvorhergesehene nachteilige Auswirkungen auf die Umwelt hat.

§ 4 a

Gemeinsame Vorschriften zur Beteiligung

(1) Die Vorschriften über die Öffentlichkeits- und Behördenbeteiligung dienen insbesondere der vollständigen Ermittlung und zutreffenden Bewertung der von der Planung berührten Belange.

. . .

§ 4 b

Einschaltung eines Dritten

Die Gemeinde kann insbesondere zur Beschleunigung des Bauleitplanverfahrens die Vorbereitung und Durchführung von Verfahrensschritten nach den §§ 2 a bis 4 einem Dritten übertragen.

§ 4 c

Überwachung

Die Gemeinden überwachen die erheblichen Umweltauswirkungen, die auf Grund der Durchführung der Bauleitpläne eintreten, um insbesondere unvorhergesehene nachteilige Auswirkungen frühzeitig zu ermitteln und in der Lage zu sein, geeignete

Maßnahmen zur Abhilfe zu ergreifen. Sie nutzen dabei die im Umweltbericht nach Nummer 3 Buchstabe b der Anlage zu diesem Gesetzbuch angegebenen Überwachungsmaßnahmen und die Informationen der Behörden nach § 4 Abs. 3.

ZWEITER ABSCHNITT

Vorbereitender Bauleitplan

(Flächennutzungsplan)

§ 5

Inhalt des Flächennutzungsplans

(1) Im Flächennutzungsplan ist für das ganze Gemeindegebiet die sich aus der beabsichtigten städtebaulichen Entwicklung ergebende Art der Bodennutzung nach den voraussehbaren Bedürfnissen der Gemeinde in den Grundzügen darzustellen. Aus dem Flächennutzungsplan können Flächen und sonstige Darstellungen ausgenommen werden, wenn dadurch die nach Satz 1 darzustellenden Grundzüge nicht berührt werden und die Gemeinde beabsichtigt, die Darstellung zu einem späteren Zeitpunkt vorzunehmen; im Erläuterungsbericht sind die Gründe hierfür darzulegen. Der Flächennutzungsplan soll spätestens 15 Jahre nach seiner erstmaligen oder erneuten Aufstellung überprüft und, soweit nach § 1 Abs. 3 Satz 1 erforderlich, geändert, ergänzt oder neu aufgestellt werden.

(2) Im Flächennutzungsplan können insbesondere dargestellt werden:

1. die für die Bebauung vorgesehenen Flächen nach der allgemeinen Art ihrer baulichen Nutzung (Bauflächen), nach der besonderen Art ihrer baulichen Nutzung (Baugebiete) sowie nach dem allgemeinen Maß der baulichen Nutzung; Bauflächen, für die eine zentrale Abwasserbeseitigung nicht vorgesehen ist, sind zu kennzeichnen;

2. die Ausstattung des Gemeindegebiets mit Einrichtungen und Anlagen zur Versorgung mit Gütern und Dienstleistungen des öffentlichen und privaten Bereichs, insbesondere mit den der Allgemeinheit dienenden baulichen Anlagen und Einrichtungen des Gemeinbedarfs, wie mit Schulen und Kirchen sowie mit sonstigen kirchlichen und mit sozialen, gesundheitlichen und kulturellen Zwecken dienenden Gebäuden und Einrichtungen, sowie die Flächen für Sport- und Spielanlagen;

3. die Flächen für den überörtlichen Verkehr und für die örtlichen Hauptverkehrszüge;

4. die Flächen für Versorgungsanlagen, für die Abfallentsorgung und Abwasserbeseitigung, für Ablagerungen sowie für Hauptversorgungs- und Hauptabwasserleitungen;

5. die Grünflächen, wie Parkanlagen, Dauerkleingärten, Sport-, Spiel-, Zelt- und Badeplätze, Friedhöfe;

6. die Flächen für Nutzungsbeschränkungen oder für Vorkehrungen zum Schutz gegen schädliche Umwelteinwirkungen im Sinne des Bundes-Immissionsschutzgesetzes;

7. die Wasserflächen, Häfen und die für die Wasserwirtschaft vorgesehenen Flächen sowie die Flächen, die im Interesse des Hochwasserschutzes und der Regelung des Wasserabflusses freizuhalten sind;

8. die Flächen für Aufschüttungen, Abgrabungen oder für die Gewinnung von Steinen, Erden und anderen Bodenschätzen;

9. a) die Flächen für die Landwirtschaft und

   b) Wald;

10. die Flächen für Maßnahmen zum Schutz, zur Pflege und zur Entwicklung von Boden, Natur und Landschaft.

(2 a) Flächen zum Ausgleich im Sinne des § 1 a Abs. 3 im Geltungsbereich des Flächennutzungsplans können den Flächen, auf denen Eingriffe in Natur und Landschaft zu erwarten sind, ganz oder teilweise zugeordnet werden.

(2 b) Für Darstellungen des Flächennutzungsplans mit den Rechtswirkungen des § 35 Abs. 3 Satz 3 können sachliche Teilflächennutzungspläne aufgestellt werden.

(3) Im Flächennutzungsplan sollen gekennzeichnet werden:

1. Flächen, bei deren Bebauung besondere bauliche Vorkehrungen gegen äußere Einwirkungen oder bei denen besondere bauliche Sicherungsmaßnahmen gegen Naturgewalten erforderlich sind;

2. Flächen, unter denen der Bergbau umgeht oder die für den Abbau von Mineralien bestimmt sind;

3. für bauliche Nutzungen vorgesehene Flächen, deren Böden erheblich mit umweltgefährdenden Stoffen belastet sind.

(4) Planungen und sonstige Nutzungsregelungen, die nach anderen gesetzlichen Vorschriften festgesetzt sind, sowie nach Landesrecht denkmalgeschützte Mehrheiten von baulichen Anlagen sollen nachrichtlich übernommen werden. Sind derartige Festsetzungen in Aussicht genommen, sollen sie im Flächennutzungsplan vermerkt werden.

(4 a) Festgesetzte Überschwemmungsgebiete im Sinne des § 31 b Abs. 2 Satz 3 und 4 des Wasserhaushaltsgesetzes sollen nachrichtlich übernommen werden. Noch nicht festgesetzte Überschwemmungsgebiete im Sinne des § 31 b Abs. 5 sowie überschwemmungsgefährdete Gebiete im Sinne des § 31 c des Wasserhaushaltsgesetzes sollen im Flächennutzungsplan vermerkt werden.

(5) Dem Flächennutzungsplan ist eine Begründung mit Angaben nach § 2 a beizufügen.

§ 6

Genehmigung des Flächennutzungsplans

(1) Der Flächennutzungsplan bedarf der Genehmigung der höheren Verwaltungsbehörde.

(2) Die Genehmigung darf nur versagt werden, wenn der Flächennutzungsplan nicht ordnungsgemäß zustande gekommen ist oder diesem Gesetzbuch, den aufgrund dieses Gesetzbuchs erlassenen oder sonstigen Rechtsvorschriften widerspricht.

(3) Können Versagungsgründe nicht ausgeräumt werden, kann die höhere Verwaltungsbehörde räumliche oder sachliche Teile des Flächennutzungsplans von der Genehmigung ausnehmen.

(4) Über die Genehmigung ist binnen drei Monaten zu entscheiden; die höhere Verwaltungsbehörde kann räumliche und sachliche Teile des Flächennutzungsplans

vorweg genehmigen. Aus wichtigen Gründen kann die Frist auf Antrag der Genehmigungsbehörde von der zuständigen übergeordneten Behörde verlängert werden, in der Regel jedoch nur bis zu drei Monaten. Die Gemeinde ist von der Fristverlängerung in Kenntnis zu setzen. Die Genehmigung gilt als erteilt, wenn sie nicht innerhalb der Frist unter Angabe von Gründen abgelehnt wird.

(5) Die Erteilung der Genehmigung ist ortsüblich bekannt zu machen. Mit der Bekanntmachung wird der Flächennutzungsplan wirksam. Ihm ist eine zusammenfassende Erklärung beizufügen über die Art und Weise wie Umweltbelange und die Ergebnisse der Öffentlichkeits- und Behördenbeteiligung in dem Flächennutzungsplan berücksichtigt wurden, und aus welchen Gründen der Plan nach Abwägung mit den geprüften, in Betracht kommenden anderweitigen Planungsmöglichkeiten gewählt wurde. Jedermann kann den Flächennutzungsplan, die Begründung und die zusammenfassende Erklärung einsehen und über deren Inhalt Auskunft verlangen.

(6) Mit dem Beschluss über eine Änderung oder Ergänzung des Flächennutzungsplans kann die Gemeinde auch bestimmen, dass der Flächennutzungsplan in der Fassung, die er durch die Änderung oder Ergänzung erfahren hat, neu bekannt zu machen ist.

§ 7
Anpassung an den Flächennutzungsplan

Öffentliche Planungsträger, die nach § 4 oder § 13 beteiligt worden sind, haben ihre Planungen dem Flächennutzungsplan insoweit anzupassen, als sie diesem Plan nicht widersprochen haben. Der Widerspruch ist bis zum Beschluss der Gemeinde einzulegen. Macht eine Veränderung der Sachlage eine abweichende Planung erforderlich, haben sie sich unverzüglich mit der Gemeinde ins Benehmen zu setzen. Kann ein Einvernehmen zwischen der Gemeinde und dem öffentlichen Planungsträger nicht erreicht werden, kann der öffentliche Planungsträger nachträglich widersprechen. Der Widerspruch ist nur zulässig, wenn die für die abweichende Planung geltend gemachten Belange die sich aus dem Flächennutzungsplan ergebenden städtebaulichen Belange nicht nur unwesentlich überwiegen. Im Falle einer abweichenden Planung ist § 37 Abs. 3 auf die durch die Änderung oder Ergänzung des Flächennutzungsplans oder eines Bebauungsplans, der aus dem Flächennutzungsplan entwickelt worden ist und geändert, ergänzt oder aufgehoben werden musste, entstehenden Aufwendungen und Kosten entsprechend anzuwenden; § 38 Satz 3 bleibt unberührt.

DRITTER ABSCHNITT
Verbindlicher Bauleitplan
(Bebauungsplan)

§ 8
Zweck des Bebauungsplans

(1) Der Bebauungsplan enthält die rechtsverbindlichen Festsetzungen für die städtebauliche Ordnung. Er bildet die Grundlage für weitere zum Vollzug dieses Gesetzbuchs erforderliche Maßnahmen.

(2) Bebauungspläne sind aus dem Flächennutzungsplan zu entwickeln. Ein Flächennutzungsplan ist nicht erforderlich, wenn der Bebauungsplan ausreicht, um die städtebauliche Entwicklung zu ordnen.

(3) Mit der Aufstellung, Änderung, Ergänzung oder Aufhebung eines Bebauungsplans kann gleichzeitig auch der Flächennutzungsplan aufgestellt, geändert oder ergänzt werden (Parallelverfahren). Der Bebauungsplan kann vor dem Flächennutzungsplan bekannt gemacht werden, wenn nach dem Stand der Planungsarbeiten anzunehmen ist, dass der Bebauungsplan aus den künftigen Darstellungen des Flächennutzungsplans entwickelt sein wird.

(4) Ein Bebauungsplan kann aufgestellt, geändert, ergänzt oder aufgehoben werden, bevor der Flächennutzungsplan aufgestellt ist, wenn dringende Gründe es erfordern und wenn der Bebauungsplan der beabsichtigten städtebaulichen Entwicklung des Gemeindegebiets nicht entgegenstehen wird (vorzeitiger Bebauungsplan). Gilt bei Gebiets- oder Bestandsänderungen von Gemeinden oder anderen Veränderungen der Zuständigkeit für die Aufstellung von Flächennutzungsplänen ein Flächennutzungsplan fort, kann ein vorzeitiger Bebauungsplan auch aufgestellt werden, bevor der Flächennutzungsplan ergänzt oder geändert ist.

§ 9
Inhalt des Bebauungsplans

(1) Im Bebauungsplan können aus städtebaulichen Gründen festgesetzt werden:

1. die Art und das Maß der baulichen Nutzung;

2. die Bauweise, die überbaubaren und die nicht überbaubaren Grundstücksflächen sowie die Stellung der baulichen Anlagen;

3. für die Größe, Breite und Tiefe der Baugrundstücke Mindestmaße und aus Gründen des sparsamen und schonenden Umgangs mit Grund und Boden für Wohnbaugrundstücke auch Höchstmaße;

4. die Flächen für Nebenanlagen, die aufgrund anderer Vorschriften für die Nutzung von Grundstücken erforderlich sind, wie Spiel-, Freizeit- und Erholungsflächen sowie die Flächen für Stellplätze und Garagen mit ihren Einfahrten;

5. die Flächen für den Gemeinbedarf sowie für Sport- und Spielanlagen;

6. die höchstzulässige Zahl der Wohnungen in Wohngebäuden;

7. die Flächen, auf denen ganz oder teilweise nur Wohngebäude, die mit Mitteln der sozialen Wohnraumförderung gefördert werden könnten, errichtet werden dürfen;

8. einzelne Flächen, auf denen ganz oder teilweise nur Wohngebäude errichtet werden dürfen, die für Personengruppen mit besonderem Wohnbedarf bestimmt sind;

9. der besondere Nutzungszweck von Flächen;

10. die Flächen, die von der Bebauung freizuhalten sind, und ihre Nutzung;

11. die Verkehrsflächen sowie Verkehrsflächen besonderer Zweckbestimmung, wie Fußgängerbereiche, Flächen für das Parken von Fahrzeugen, Flächen für das Abstellen von Fahrrädern sowie den Anschluss anderer Flächen an die Verkehrsflächen; die Flächen können auch als öffentliche oder private Flächen festgesetzt werden;

12. die Versorgungsflächen;
13. die Führung von oberirdischen oder unterirdischen Versorgungsanlagen und -leitungen;
14. die Flächen für die Abfall- und Abwasserbeseitigung, einschließlich der Rückhaltung und Versickerung von Niederschlagswasser, sowie für Ablagerungen;
15. die öffentlichen und privaten Grünflächen, wie Parkanlagen, Dauerkleingärten, Sport-, Spiel-, Zelt- und Badeplätze, Friedhöfe;
16. die Wasserflächen sowie die Flächen für die Wasserwirtschaft, für Hochwasserschutzanlagen und für die Regelung des Wasserabflusses;
17. die Flächen für Aufschüttungen, Abgrabungen oder für die Gewinnung von Steinen, Erden und anderen Bodenschätzen;
18. a) die Flächen für die Landwirtschaft und
    b) Wald;
19. die Flächen für die Errichtung von Anlagen für die Kleintierhaltung wie Ausstellungs- und Zuchtanlagen, Zwinger, Koppeln und dergleichen;
20. die Flächen oder Maßnahmen zum Schutz, zur Pflege und zur Entwicklung von Boden, Natur und Landschaft;
21. die mit Geh-, Fahr- und Leitungsrechten zugunsten der Allgemeinheit, eines Erschließungsträgers oder eines beschränkten Personenkreises zu belastenden Flächen;
22. die Flächen für Gemeinschaftsanlagen für bestimmte räumliche Bereiche wie Kinderspielplätze, Freizeiteinrichtungen, Stellplätze und Garagen;
23. Gebiete, in denen
    a) zum Schutz vor schädlichen Umwelteinwirkungen im Sinne des Bundes-Immissionsschutzgesetzes bestimmte Luft verunreinigende Stoffe nicht oder nur beschränkt verwendet werden dürfen,
    b) bei der Errichtung von Gebäuden bestimmte bauliche Maßnahmen für den Einsatz erneuerbarer Energien wie insbesondere Solarenergie getroffen werden müssen;
24. die von der Bebauung freizuhaltenden Schutzflächen und ihre Nutzung, die Flächen für besondere Anlagen und Vorkehrungen zum Schutz vor schädlichen Umwelteinwirkungen im Sinne des Bundes-Immissionsschutzgesetzes sowie die zum Schutz vor solchen Einwirkungen oder zur Vermeidung oder Minderung solcher Einwirkungen zu treffenden baulichen und sonstigen technischen Vorkehrungen;
25. für einzelne Flächen oder für ein Bebauungsplangebiet oder Teile davon sowie für Teile baulicher Anlagen mit Ausnahme der für landwirtschaftliche Nutzungen oder Wald festgesetzten Flächen
    a) das Anpflanzen von Bäumen, Sträuchern und sonstigen Bepflanzungen,
    b) Bindungen für Bepflanzungen und für die Erhaltung von Bäumen, Sträuchern und sonstigen Bepflanzungen sowie von Gewässern;
26. die Flächen für Aufschüttungen, Abgrabungen und Stützmauern, soweit sie zur Herstellung des Straßenkörpers erforderlich sind.

(1 a) Flächen oder Maßnahmen zum Ausgleich im Sinne des § 1 a Abs. 3 können auf den Grundstücken, auf denen Eingriffe in Natur und Landschaft zu erwarten sind, oder an anderer Stelle sowohl im sonstigen Geltungsbereich des Bebauungsplans als auch in einem anderen Bebauungsplan festgesetzt werden. Die Flächen oder Maßnahmen zum Ausgleich an anderer Stelle können den Grundstücken, auf denen Eingriffe zu erwarten sind, ganz oder teilweise zugeordnet werden; dies gilt auch für Maßnahmen auf von der Gemeinde bereitgestellten Flächen.

(2) Im Bebauungsplan kann in besonderen Fällen festgesetzt werden, dass bestimmte der in ihm festgesetzten baulichen und sonstigen Nutzungen und Anlagen nur

1. für einen bestimmten Zeitraum zulässig oder

2. bis zum Eintritt bestimmter Umstände zulässig oder unzulässig

sind. Die Folgenutzung soll festgesetzt werden.

(3) Bei Festsetzungen nach Absatz 1 kann auch die Höhenlage festgesetzt werden. Festsetzungen nach Absatz 1 für übereinander liegende Geschosse und Ebenen und sonstige Teile baulicher Anlagen können gesondert getroffen werden; dies gilt auch, soweit Geschosse, Ebenen und sonstige Teile baulicher Anlagen unterhalb der Geländeoberfläche vorgesehen sind.

(4) Die Länder können durch Rechtsvorschriften bestimmen, dass auf Landesrecht beruhende Regelungen in den Bebauungsplan als Festsetzungen aufgenommen werden können und inwieweit auf diese Festsetzungen die Vorschriften dieses Gesetzbuchs Anwendung finden.

(5) Im Bebauungsplan sollen gekennzeichnet werden:

1. Flächen, bei deren Bebauung besondere bauliche Vorkehrungen gegen äußere Einwirkungen oder bei denen besondere bauliche Sicherungsmaßnahmen gegen Naturgewalten erforderlich sind;

2. Flächen, unter denen der Bergbau umgeht oder die für den Abbau von Mineralien bestimmt sind;

3. Flächen, deren Böden erheblich mit umweltgefährdenden Stoffen belastet sind.

(6) Nach anderen gesetzlichen Vorschriften getroffene Festsetzungen sowie Denkmäler nach Landesrecht sollen in den Bebauungsplan nachrichtlich übernommen werden, soweit sie zu seinem Verständnis oder für die städtebauliche Beurteilung von Baugesuchen notwendig oder zweckmäßig sind.

(6 a) Festgesetzte Überschwemmunbgsgebiete im Sinne des § 31 b Abs. 2 Satz 3 und 4 des Wasserhaushaltsgesetzes sollen nachrichtlich übernommen werden. Noch nicht festgesetzte Überschwemmungsgebiete im Sinne des § 31 b Abs. 5 sowie überschwemmungsgefährdete Gebiete im Sinne des § 31 c des Wasserhaushaltsgesetzes sollen im Bebauungsplan vermerkt werden.

(7) Der Bebauungsplan setzt die Grenzen seines räumlichen Geltungsbereichs fest.

(8) Dem Bebauungsplan ist eine Begründung mit den Angaben nach § 2 a beizufügen.

§ 9 a

Verordnungsermächtigung

Das Bundesministerium für Verkehr, Bau- und Wohnungswesen wird ermächtigt, mit Zustimmung des Bundesrates durch Rechtsverordnung Vorschriften zu erlassen über

1. Darstellungen und Festsetzungen in den Bauleitplänen über

   a) die Art der baulichen Nutzung,

   b) das Maß der baulichen Nutzung und seine Berechnung,

   c) die Bauweise sowie die überbaubaren und die nicht überbaubaren Grundstücksflächen;

2. die in den Baugebieten zulässigen baulichen und sonstigen Anlagen;

3. die Zulässigkeit der Festsetzung nach Maßgabe des § 9 Abs. 3 über verschiedenartige Baugebiete oder verschiedenartige in den Baugebieten zulässige bauliche und sonstige Anlagen;

4. die Ausarbeitung der Bauleitpläne einschließlich der dazugehörigen Unterlagen sowie über die Darstellung des Planinhalts, insbesondere über die dabei zu verwendenden Planzeichen und ihre Bedeutung.

§ 10

Beschluss, Genehmigung und In-Kraft-Treten des Bebauungsplans

(1) Die Gemeinde beschließt den Bebauungsplan als Satzung.

(2) Bebauungspläne nach § 8 Abs. 2 Satz 2, Abs. 3 Satz 2 und Abs. 4 bedürfen der Genehmigung der höheren Verwaltungsbehörde. § 6 Abs. 2 und 4 ist entsprechend anzuwenden.

(3) Die Erteilung der Genehmigung oder, soweit eine Genehmigung nicht erforderlich ist, der Beschluss des Bebauungsplans durch die Gemeinde ist ortsüblich bekannt zu machen. Der Bebauungsplan ist mit der Begründung und der zusammenfassenden Erklärung nach Abs. 4 zu jedermanns Einsicht bereitzuhalten; über den Inhalt ist auf Verlangen Auskunft zu geben. In der Bekanntmachung ist darauf hinzuweisen, wo der Bebauungsplan eingesehen werden kann. Mit der Bekanntmachung tritt der Bebauungsplan in Kraft. Die Bekanntmachung tritt an die Stelle der sonst für Satzungen vorgeschriebenen Veröffentlichung.

(4) Dem Bebauungsplan ist eine zusammenfassende Erklärung beizufügen über die Art und Weise, wie die Umweltbelange und die Ergebnisse der Öffentlichkeits- und Behördenbeteiligung in dem Bebauungsplan berücksichtigt wurden, und aus welchen Gründen der Plan nach Abwägung mit den geprüften, in Betracht kommenden anderweitigen Planungsmöglichkeiten gewählt wurde.

§ 11

Städtebaulicher Vertrag

(1) Die Gemeinde kann städtebauliche Verträge schließen. Gegenstände eines städtebaulichen Vertrages können insbesondere sein:

1. die Vorbereitung oder Durchführung städtebaulicher Maßnahmen durch den Vertragspartner auf eigene Kosten; dazu gehören auch die Neuordnung der Grundstücksverhältnisse, die Bodensanierung und sonstige vorbereitende Maßnahmen sowie die Ausarbeitung der städtebaulichen Planungen sowie erforderlichenfalls des Umweltberichts; die Verantwortung der Gemeinde für das gesetzlich vorgesehene Planaufstellungsverfahren bleibt unberührt;

2. die Förderung und Sicherung der mit der Bauleitplanung verfolgten Ziele, insbesondere die Grundstücksnutzung, auch hinsichtlich einer Befristung oder einer Beendigung, die Durchführung des Ausgleichs im Sinne des § 1 a Abs. 3, die Deckung des Wohnbedarfs von Bevölkerungsgruppen mit besonderen Wohnraumversorgungsproblemen sowie des Wohnbedarfs der ortsansässigen Bevölkerung;

3. die Übernahme von Kosten oder sonstigen Aufwendungen, die der Gemeinde für städtebauliche Maßnahmen entstehen oder entstanden sind und die Voraussetzung oder Folge des geplanten Vorhabens sind; dazu gehört auch die Bereitstellung von Grundstücken;

4. entsprechend den mit den städtebaulichen Planungen und Maßnahmen verfolgten Zielen und Zwecken die Nutzung von Netzen und Anlagen der Kraft-Wärme-Kopplung sowie von Solaranlagen für die Wärme-, Kälte- und Elektrizitätsversorgung.

(2) Die vereinbarten Leistungen müssen den gesamten Umständen nach angemessen sein. Die Vereinbarung einer vom Vertragspartner zu erbringenden Leistung ist unzulässig, wenn er auch ohne sie einen Anspruch auf die Gegenleistung hätte.

(3) Ein städtebaulicher Vertrag bedarf der Schriftform, soweit nicht durch Rechtsvorschriften eine andere Form vorgeschrieben ist.

(4) Die Zulässigkeit anderer städtebaulicher Verträge bleibt unberührt.

§ 12

Vorhaben- und Erschließungsplan

(1) Die Gemeinde kann durch einen vorhabenbezogenen Bebauungsplan die Zulässigkeit von Vorhaben bestimmen, wenn der Vorhabenträger auf der Grundlage eines mit der Gemeinde abgestimmten Plans zur Durchführung der Vorhaben und der Erschließungsmaßnahmen (Vorhaben- und Erschließungsplan) bereit und in der Lage ist und sich zur Durchführung innerhalb einer bestimmten Frist und zur Tragung der Planungs- und Erschließungskosten ganz oder teilweise vor dem Beschluss nach § 10 Abs. 1 verpflichtet (Durchführungsvertrag) . . .

(2) Die Gemeinde hat auf Antrag des Vorhabenträgers über die Einleitung des Bebauungsplanverfahrens nach pflichtgemäßem Ermessen zu entscheiden . . .

(3) Der Vorhaben- und Erschließungsplan wird Bestandteil des vorhabenbezogenen Bebauungsplans. Im Bereich des Vorhaben- und Erschließungsplans ist die Gemeinde bei der Bestimmung der Zulässigkeit der Vorhaben nicht an die Festsetzungen nach § 9 und nach der aufgrund von § 9 a erlassenen Verordnung gebunden; die §§ 14 bis 28, 39 bis 79, 127 bis 135 c sind nicht anzuwenden. Soweit der vorhabenbezogene Bebauungsplan auch im Bereich des Vorhaben- und Erschließungsplans Festsetzungen nach § 9 für öffentliche Zwecke trifft, kann gemäß § 85 Abs. 1 Nr. 1 enteignet werden.

(4) Einzelne Flächen außerhalb des Bereichs des Vorhaben- und Erschließungsplans können in den vorhabenbezogenen Bebauungsplan einbezogen werden.

(5) Ein Wechsel des Vorhabenträgers bedarf der Zustimmung der Gemeinde. Die Zustimmung darf nur dann verweigert werden, wenn Tatsachen die Annahme rechtfertigen, dass die Durchführung des Vorhaben- und Erschließungsplans innerhalb der Frist nach Absatz 1 gefährdet ist.

(6) Wird der Vorhaben- und Erschließungsplan nicht innerhalb der Frist nach Absatz 1 durchgeführt, soll die Gemeinde den Bebauungsplan aufheben. Aus der Aufhebung können Ansprüche des Vorhabenträgers gegen die Gemeinde nicht geltend gemacht werden. Bei der Aufhebung kann das vereinfachte Verfahren nach § 13 angewendet werden.

§ 13

Vereinfachtes Verfahren

(1) Werden durch die Änderung oder Ergänzung eines Bauleitplans die Grundzüge der Planung nicht berührt oder wird durch die Aufstellung eines Bebauungsplans in einem Gebiet nach § 34 der sich aus der vorhandenen Eigenart der näheren Umgebung ergebende Zulässigkeitsmaßstab nicht wesentlich verändert, kann die Gemeinde das vereinfachte Verfahren anwenden, wenn

1. die Zulässigkeit von Vorhaben, die einer Pflicht zur Durchführung einer Umweltverträglichkeitsprüfung nach Anlage 1 zum Gesetz über die Umweltverträglichkeitsprüfung oder nach Landesrecht unterliegen, nicht vorbereitet oder begründet wird und

2. keine Anhaltspunkte für eine Beeinträchtigung der in § 1 Abs. 6 Nr. 7 Buchstabe b genannten Schutzgebühr bestehen.

(2) Im vereinfachten Verfahren kann

1. von der frühzeitigen Unterrichtung und Erörterung nach § 3 Abs. 1 und § 4 Abs. 1 abgesehen werden,

2. der betroffenen Öffentlichkeit Gelegenheit zur Stellungnahme innerhalb angemessener Frist gegeben oder wahlweise die Auslegung nach § 3 Abs. 2 durchgeführt werden,

3. den berührten Behörden und sonstigen Trägern öffentlicher Belange Gelegenheit zur Stellungnahme innerhalb angemessener Frist gegeben oder wahlweise die Beteiligung nach § 4 Abs. 2 durchgeführt werden.

(3) Im vereinfachten Verfahren wird von der Umweltprüfung nach § 2 Abs. 4, von dem Umweltbericht nach § 2 a und von der Angabe nach § 3 Abs. 2 Satz 2, welche Arten umweltbezogener Informationen verfügbar sind, abgesehen; § 4 c ist nicht anzuwenden. Bei der Beteiligung nach Absatz 2 Nr. 2 ist darauf hinzuweisen, dass von einer Umweltprüfung abgesehen wird.

ZWEITER TEIL

Sicherung der Bauleitplanung

. . .

ZWEITER ABSCHNITT

Teilung von Grundstücken; Gebiete mit Fremdenverkehrsfunktionen

. . .

§ 19

Teilung von Grundstücken

(1) Die Teilung eines Grundstücks ist die dem Grundbuchamt gegenüber abgegebene oder sonstwie erkennbar gemachte Erklärung des Eigentümers, dass ein Grundstücksteil grundbuchmäßig abgeschrieben und als selbstständiges Grundstück oder als ein Grundstück zusammen mit anderen Grundstücken oder mit Teilen anderer Grundstücke eingetragen werden soll.

(2) Durch die Teilung eines Grundstücks im Geltungsbereich eines Bebauungsplans dürfen keine Verhältnisse entstehen, die den Festsetzungen des Babauungsplans widersprechen.

DRITTER TEIL

Regelung der baulichen und sonstigen Nutzung; Entschädigung

ERSTER ABSCHNITT

Zulässigkeit von Vorhaben

§ 29

Begriff des Vorhabens; Geltung von Rechtsvorschriften

(1) Für Vorhaben, die die Errichtung, Änderung oder Nutzungsänderung von baulichen Anlagen zum Inhalt haben, und für Aufschüttungen und Abgrabungen größeren Umfangs sowie für Ausschachtungen, Ablagerungen einschließlich Lagerstätten gelten die §§ 30 bis 37.

(2) Die Vorschriften des Bauordnungsrechts und andere öffentlich-rechtliche Vorschriften bleiben unberührt.

§ 30
Zulässigkeit von Vorhaben im Geltungsbereich
eines Bebauungsplans

(1) Im Geltungsbereich eines Bebauungsplans, der allein oder gemeinsam mit sonstigen baurechtlichen Vorschriften mindestens Festsetzungen über die Art und das Maß der baulichen Nutzung, die überbaubaren Grundstücksflächen und die örtlichen Verkehrsflächen enthält, ist ein Vorhaben zulässig, wenn es diesen Festsetzungen nicht widerspricht und die Erschließung gesichert ist.

(2) Im Geltungsbereich eines vorhabenbezogenen Bebauungsplans nach § 12 ist ein Vorhaben zulässig, wenn es dem Bebauungsplan nicht widerspricht und die Erschließung gesichert ist.

(3) Im Geltungsbereich eines Bebauungsplans, der die Voraussetzungen des Absatzes 1 nicht erfüllt (einfacher Bebauungsplan), richtet sich die Zulässigkeit von Vorhaben im Übrigen nach § 34 oder § 35.

§ 31
Ausnahmen und Befreiungen

(1) Von den Festsetzungen des Bebauungsplans können solche Ausnahmen zugelassen werden, die in dem Bebauungsplan nach Art und Umfang ausdrücklich vorgesehen sind.

(2) Von den Festsetzungen des Bebauungsplans kann befreit werden, wenn die Grundzüge der Planung nicht berührt werden und

1. Gründe des Wohls der Allgemeinheit die Befreiung erfordern oder

2. die Abweichung städtebaulich vertretbar ist oder

3. die Durchführung des Bebauungsplans zu einer offenbar nicht beabsichtigten Härte führen würde

und wenn die Abweichung auch unter Würdigung nachbarlicher Interessen mit den öffentlichen Belangen vereinbar ist.

§ 32
Nutzungsbeschränkungen auf künftigen
Gemeinbedarfs-, Verkehrs-, Versorgungs- und Grünflächen

Sind überbaute Flächen in dem Bebauungsplan als Baugrundstücke für den Gemeinbedarf oder als Verkehrs-, Versorgungs- oder Grünflächen festgesetzt, dürfen auf ihnen Vorhaben, die eine wertsteigernde Änderung baulicher Anlagen zur Folge haben, nur zugelassen und für sie Befreiungen von den Festsetzungen des Bebauungsplans nur erteilt werden, wenn der Bedarfs- oder Erschließungsträger zustimmt oder der Eigentümer für sich und seine Rechtsnachfolger auf Ersatz der Werterhöhung für den Fall schriftlich verzichtet, dass der Bebauungsplan durchgeführt wird. Dies gilt auch für die dem Bebauungsplan nicht widersprechenden Teile einer baulichen Anlage, wenn sie für sich allein nicht wirtschaftlich verwertbar sind oder wenn bei der Enteignung die Übernahme der restlichen überbauten Flächen verlangt werden kann.

§ 33

Zulässigkeit von Vorhaben während der Planaufstellung

(1) In Gebieten, für die ein Beschluss über die Aufstellung eines Bebauungsplans gefasst ist, ist ein Vorhaben zulässig, wenn

1. die Öffentlichkeits- und Behördenbeteiligung nach § 3 Abs. 2, § 4 Abs. 2 und § 4 a Abs. 2 bis 5 durchgeführt worden ist,

2. anzunehmen ist, dass das Vorhaben den künftigen Festsetzungen des Bebauungsplans nicht entgegensteht,

3. der Antragsteller diese Festsetzungen für sich und seine Rechtsnachfolger schriftlich anerkennt und

4. die Erschließung gesichert ist.

(2) In Fällen des § 4 a Abs. 3 Satz 1 kann vor der erneuten Öffentlichkeits- und Behördenbeteiligung ein Vorhaben zugelassen werden, wenn sich die vorgenommene Änderung oder Ergänzung des Bebauungsplanentwurfs nicht auf das Vorhaben auswirkt und die in Absatz 1 Nr. 2 bis 4 bezeichneten Voraussetzungen erfüllt sind.

(3) Wird ein Verfahren nach § 13 durchgeführt, kann ein Vorhaben vor Durchführung der Öffentlichkeits- und Behördenbeteiligung zugelassen werden, wenn die in Absatz 1 Nr. 2 bis 4 bezeichneten Voraussetzungen erfüllt sind. Der betroffenen Öffentlichkeit und den berührten Behörden und sonstigen Trägern öffentlicher Belange ist vor Erteilung der Genehmigung Gelegenheit zur Stellungnahme innerhalb angemessener Frist zu geben, soweit sie nicht bereits zuvor Gelegenheit hatten.

§ 34

Zulässigkeit von Vorhaben innerhalb
der im Zusammenhang bebauten Ortsteile

(1) Innerhalb der im Zusammenhang bebauten Ortsteile ist ein Vorhaben zulässig, wenn es sich nach Art und Maß der baulichen Nutzung, der Bauweise und der Grundstücksfläche, die überbaut werden soll, in die Eigenart der näheren Umgebung einfügt und die Erschließung gesichert ist. Die Anforderungen an gesunde Wohn- und Arbeitsverhältnisse müssen gewahrt bleiben; das Ortsbild darf nicht beeinträchtigt werden.

(2) Entspricht die Eigenart der näheren Umgebung einem der Baugebiete, die in der aufgrund des § 9 a erlassenen Verordnung bezeichnet sind, beurteilt sich die Zulässigkeit des Vorhabens nach seiner Art allein danach, ob es nach der Verordnung in dem Baugebiet allgemein zulässig wäre; auf die nach der Verordnung ausnahmsweise zulässigen Vorhaben ist § 31 Abs. 1, im Übrigen ist § 31 Abs. 2 entsprechend anzuwenden.

(3) Von Vorhaben nach Absatz 1 oder 2 dürfen keine schädlichen Auswirkungen auf zentrale Versorgungsbereiche in der Gemeinde oder in anderen Gemeinden zu erwarten sein.

(3 a) Vom Erfordernis des Einfügens in die Eigenart der näheren Umgebung nach Absatz 1 Satz 1 kann im Einzelfall abgewichen werden, wenn die Abweichung

1. der Erweiterung, Änderung, Nutzungsänderung oder Erneuerung eines zulässigerweise errichteten Gewerbe- oder Handwerksbetriebs dient,
2. städtebaulich vertretbar ist und
3. auch unter Würdigung nachbarlicher Interessen mit den öffentlichen Belangen vereinbar ist.

Satz 1 findet keine Anwendung auf Einzelhandelsbetriebe, die die verbrauchernahe Versorgung der Bevölkerung beeinträchtigen oder schädliche Auswirkungen auf zentrale Verorgungsbereiche in der Gemeinde oder in anderen Gemeinden haben können.

(4) Die Gemeinde kann durch Satzung

1. die Grenzen für im Zusammenhang bebaute Ortsteile festlegen,
2. bebaute Bereiche im Außenbereich als im Zusammenhang bebaute Ortsteile festlegen, wenn die Flächen im Flächennutzungsplan als Baufläche dargestellt sind,
3. einzelne Außenbereichsflächen in die im Zusammenhang bebauten Ortsteile einbeziehen, wenn die einbezogenen Flächen durch die bauliche Nutzung des angrenzenden Bereichs entsprechend geprägt sind.

Die Satzungen können miteinander verbunden werden.

(5) Voraussetzung für die Aufstellung von Satzungen nach Absatz 4 Satz 1 Nr. 2 und 3 ist, dass

1. sie mit einer geordneten städtebaulichen Entwicklung vereinbar sind,
2. die Zulässigkeit von Vorhaben, die einer Pflicht zur Durchführung einer Umweltverträglichkeitsprüfung nach Anage 1 zum Gesetz über die Umweltverträglichkeitsprüfung oder nach Landesrecht unterliegen, nicht begründet wird und
3. keine Anhaltspunkte für eine Beeinträchtigung der in § 1 Abs. 6 Nr. 7 Buchstabe b genannten Schutzgüter bestehen.

In den Satzungen nach Absatz 4 Satz 1 Nr. 2 und 3 können einzelne Festsetzungen nach § 9 Abs. 1 und 3 Satz 1 sowie Abs. 4 getroffen werden. § 9 Abs. 6 ist entsprechend anzuwenden. Auf die Satzung nach Absatz 4 Satz 1 Nr. 3 sind ergänzend die § 1 a Abs. 2 und 3 und § 9 Abs. 1 a entsprechend anzuwenden; ihr ist eine Begründung mit den Angaben entsprechend § 2 a Satz 2 Nr. 1 beizufügen.

(6) Bei der Aufstellung der Satzungen nach Absatz 4 Satz 1 Nr. 2 und 3 sind die Vorschriften über die Öffentlichkeits- und Behördenbeteiligung nach § 13 Abs. 2 Nr. 2 und 3 entsprechend anzuwenden. Auf die Satzungen nach Absatz 4 Satz 1 Nr. 1 bis 3 ist § 10 Abs. 3 entsprechend anzuwenden.

§ 35

Bauen im Außenbereich

(1) Im Außenbereich ist ein Vorhaben nur zulässig, wenn öffentliche Belange nicht entgegenstehen, die ausreichende Erschließung gesichert ist und wenn es

1. einem land- oder forstwirtschaftlichen Betrieb dient und nur einen untergeordneten Teil der Betriebsfläche einnimmt,

2. einem Betrieb der gartenbaulichen Erzeugung dient,

3. der öffentlichen Versorgung mit Elektrizität, Gas, Telekommunikationsdienstleistungen, Wärme und Wasser, der Abwasserwirtschaft oder einem ortsgebundenen gewerblichen Betrieb dient,

4. wegen seiner besonderen Anforderungen an die Umgebung, wegen seiner nachteiligen Wirkung auf die Umgebung oder wegen seiner besonderen Zweckbestimmung nur im Außenbereich ausgeführt werden soll,

5. der Erforschung, Entwicklung oder Nutzung der Wind- oder Wasserenergie dient,

6. der energetischen Nutzung von Biomasse im Rahmen eines Betriebes nach Nummer 1 oder 2 oder eines Betriebes nach Nummer 4, der Tierhaltung betreibt, sowie dem Anschluss solcher Anlagen an das öffentliche Versorgungsnetz dient, unter folgenden Voraussetzungen:

   a) das Vorhaben steht in einem räumlich-funktionalen Zusammenhang mit dem Betrieb,

   b) die Biomasse stammt überwiegend aus dem Betrieb oder überwiegend aus diesem und aus nahe gelegenen Betrieben nach den Nummern 1, 2 oder 4, soweit letzterer Tierhaltung betreibt,

   c) es wird je Hofstelle oder Betriebsstandort nur eine Anlage betrieben und

   d) die installlierte elektrische Leistung der Anlage überschreitet nicht 0,5 MW oder

7. der Erforschung, Entwicklung oder Nutzung der Kernernergie zu friedlichen Zwecken oder der Entsorgung radioaktiver Abfälle dient.

(2) Sonstige Vorhaben können im Einzelfall zugelassen werden, wenn ihre Ausführung oder Benutzung öffentliche Belange nicht beeinträchtigt und die Ershließung gesichert ist.

(3) Eine Beeinträchtigung öffentlicher Belange liegt insbesondere vor, wenn das Vorhaben

1. den Darstellungen des Flächennutzungsplans widerspricht,

2. den Darstellungen eines Landschaftsplans oder sonstigen Plans, insbesondere des Wasser-, Abfall- oder Immissionsschutzrechts, widerspricht,

3. schädliche Umwelteinwirkungen hervorrufen kann oder ihnen ausgesetzt wird,

4. unwirtschaftliche Aufwendungen für Straßen oder andere Verkehrseinrichtungen, für Anlagen der Versorgung oder Entsorgung, für die Sicherheit oder Gesundheit oder für sonstige Aufgaben erfordert,

5. Belange des Naturschutzes und der Landschaftspflege, des Bodenschutzes, des Denkmalschutzes oder die natürliche Eigenart der Landschaft und ihren Erholungswert beeinträchtigt oder das Orts- und Landschaftsbild verunstaltet,

6. Maßnahmen zur Verbesserung der Agrarstruktur beeinträchtigt, die Wasserwirtschaft oder den Hochwasserschutz gefährdet,

7. die Entstehung, Verfestigung oder Erweiterung einer Splittersiedlung befürchten lässt oder

8. die Funktionsfähigkeit von Funkstellen und Radaranlagen stört.

Raumbedeutsame Vorhaben dürfen den Zielen der Raumordnung nicht widersprechen; öffentliche Belange stehen raumbedeutsamen Vorhaben nach Absatz 1 nicht entgegen, soweit die Belange bei der Darstellung dieser Vorhaben als Ziele der Raumordnung abgewogen worden sind. Öffentliche Belange stehen einem Vorhaben nach Absatz 1 Nr. 2 bis 6 in der Regel auch dann entgegen, soweit hierfür durch Darstellungen im Flächennutzungsplan oder als Ziele der Raumordnung eine Ausweisung an anderer Stelle erfolgt ist.

(4) Den nachfolgend bezeichneten sonstigen Vorhaben im Sinne des Absatzes 2 kann nicht entgegengehalten werden, dass sie Darstellungen des Flächennutzungsplans oder eines Landschaftsplans widersprechen, die natürliche Eigenart der Landschaft beeinträchtigen oder die Entstehung, Verfestigung oder Erweiterung einer Splittersiedlung befürchten lassen, soweit sie im Übrigen außenbereichsverträglich im Sinne des Absatzes 3 sind:

1. die Änderung der bisherigen Nutzung eines Gebäudes im Sinne des Absatzes 1 Nr. 1 unter folgenden Voraussetzungen:

   a) das Vorhaben dient einer zweckmäßigen Verwendung erhaltenswerter Bausubstanz,

   b) die äußere Gestalt des Gebäudes bleibt im Wesentlichen gewahrt,

   c) die Aufgabe der bisherigen Nutzung liegt nicht länger als sieben Jahre zurück,

   d) das Gebäude ist vor mehr als sieben Jahren zulässigerweise errichtet worden,

   e) das Gebäude steht im räumlich-funktionalen Zusammenhang mit der Hofstelle des land- oder forstwirtschaftlichen Betriebes,

   f) im Falle der Änderung zu Wohnzwecken entstehen neben den bisher nach Absatz 1 Nr. 1 zulässigen Wohnungen höchstens drei Wohnungen je Hofstelle und

   g) es wird eine Verpflichtung übernommen, keine Neubebauung als Ersatz für die aufgegebene Nutzung vorzunehmen, es sei denn, die Neubebauung wird im Interesse der Entwicklung des Betriebes im Sinne des Absatzes 1 Nr. 1 erforderlich,

2. die Neuerrichtung eines gleichartigen Wohngebäudes an gleicher Stelle unter folgenden Voraussetzungen:

   a) das vorhandene Gebäude ist zulässigerweise errichtet worden,

   b) das vorhandene Gebäude weist Missstände oder Mängel auf,

   c) das vorhandene Gebäude wird seit längerer Zeit vom Eigentümer selbst genutzt und

   d) Tatsachen rechtfertigen die Annahme, dass das neu errichtete Gebäude für den Eigenbedarf des bisherigen Eigentümers oder seiner Familie genutzt wird; hat der Eigentümer das vorhandene Gebäude im Wege der Erbfolge von einem Voreigentümer erworben, der es seit längerer Zeit selbst genutzt hat, reicht es aus, wenn Tatsachen die Annahme rechtfertigen, dass das neu errichtete Gebäude für den Eigenbedarf des Eigentümers oder seiner Familie genutzt wird,

3. die alsbaldige Neuerrichtung eines zulässigerweise errichteten, durch Brand, Naturereignisse oder andere außergewöhnliche Ereignisse zerstörten, gleichartigen Gebäudes an gleicher Stelle,

4. die Änderung oder Nutzungsänderung von erhaltenswerten, das Bild der Kulturlandschaft prägenden Gebäuden, auch wenn sie aufgegeben sind, wenn das Vorhaben einer zweckmäßigen Verwendung der Gebäude und der Erhaltung des Gestaltwerts dient,

5. die Erweiterung eines Wohngebäudes auf bis zu höchstens zwei Wohnungen unter folgenden Voraussetzungen:

   a) das Gebäude ist zulässigerweise errichtet worden,

   b) die Erweiterung ist im Verhältnis zum vorhandenen Gebäude und unter Berücksichtigung der Wohnbedürfnisse angemessen und

   c) bei der Errichtung einer weiteren Wohnung rechtfertigen Tatsachen die Annahme, dass das Gebäude vom bisherigen Eigentümer oder seiner Familie selbst genutzt wird,

6. die bauliche Erweiterung eines zulässigerweise errichteten gewerblichen Betriebes, wenn die Erweiterung im Verhältnis zum vorhandenen Gebäude und Betrieb angemessen ist.

In den Fällen des Satzes 1 Nr. 2 und 3 sind geringfügige Erweiterungen des neuen Gebäudes gegenüber dem beseitigten oder zerstörten Gebäude sowie geringfügige Abweichungen vom bisherigen Standort des Gebäudes zulässig.

(5) Die nach den Absätzen 1 bis 4 zulässigen Vorhaben sind in einer flächensparenden, die Bodenversiegelung auf das notwendige Maß begrenzenden und den Außenbereich schonenden Weise auszuführen. Für Vorhaben auch Absatz 1 Nr. 2 bis 6 ist als weitere Zulässigkeitsvoraussetzung eine Verpflichtungserklärung abzugeben, das Vorhaben nach dauerhafter Aufgabe der zulässigen Nutzung zurückzubauen und Bodenversiegelungen zu beseitigen; bei einer nach Absatz 1 Nr. 2 bis 6 zulässigen Nutzungsänderung ist die Rückbauverpflichtung zu übernehmen, bei einer nach Absatz 1 Nr. 1 oder Absatz 2 zulässigen Nutzungsänderung entfällt sie. Die Baugenehmigungsbehörde soll durch nach Landesrecht vorgesehene Baulast oder in anderer Weise die Einhaltung der Verpflichtung nach Satz 2 sowie nach Absatz 4 Satz 1 Nr. 1 Buchstabe g sicherstellen. Im Übrigen soll sie in den Fällen des Absatzes 4 Satz 1 sicherstellen, dass die bauliche oder sonstige Anlage nach Durchführung des Vorhabens nur in der vorgesehenen Art genutzt wird.

(6) Die Gemeinde kann für bebaute Bereiche im Außenbereich, die nicht überwiegend landwirtschaftlich geprägt sind und in denen eine Wohnbebauung von einigem Gewicht vorhanden ist, durch Satzung bestimmen, dass Wohnzwecken dienenden Vorhaben im Sinne des Absatzes 2 nicht entgegengehalten werden kann, dass sie einer Darstellung im Flächennutzungsplan über Flächen für die Landwirtschaft oder Wald widersprechen oder die Entstehung oder Verfestigung einer Splittersiedlung befürchten lassen. Die Satzung kann auch auf Vorhaben erstreckt werden, die kleineren Hand-

werks- und Gewerbebetrieben dienen. In der Satzung können nähere Bestimmungen über die Zulässigkeit getroffen werden. Vorraussetzung für die Aufstellung der Satzung ist, dass

1. sie mit einer geordneten städtebaulichen Entwicklung vereinbar ist,

2. die Zulässigkeit von Vorhaben, die einer Pflicht zur Durchführung einer Umweltverträglichkeitsprüfung nach Anlage 1 zum Gesetz über die Umweltverträglichkeitsprüfung oder nach Landesrecht unterliegen, nicht begründet wird und

3. keine Anhaltspunkte für eine Beeinträchtigung der in § 1 Abs. 6 Nr. 7 Buchstabe b genannten Schutzgüter bestehen.

Bei Aufstellung der Satzung sind die Vorschriften über die Öffentlichkeits- und Behördenbeteiligung nach § 13 Abs. 2 Nr. 2 und 3 entsprechend anzuwenden. § 10 Abs. 3 ist entsprechend anzuwenden.

§ 36

Beteiligung der Gemeinde und der höheren Verwaltungsbehörde

(1) Über die Zulässigkeit von Vorhaben nach den §§ 31, 33 bis 35 wird im bauaufsichtlichen Verfahren von der Baugenehmigungsbehörde im Einvernehmen mit der Gemeinde entschieden. Das Einvernehmen der Gemeinde ist auch erforderlich, wenn in einem anderen Verfahren über die Zulässigkeit nach den in Satz 1 bezeichneten Vorschriften entschieden wird; dies gilt nicht für Vorhaben der in § 29 Abs. 1 bezeichneten Art, die der Bergaufsicht unterliegen. Richtet sich die Zulässigkeit von Vorhaben nach § 30 Abs. 1, stellen die Länder sicher, dass die Gemeinde rechtzeitig vor Ausführung des Vorhabens über Maßnahmen zur Sicherung der Bauleitplanung nach den §§ 14 und 15 entscheiden kann. In den Fällen des § 35 Abs. 2 und 4 kann die Landesregierung durch Rechtsverordnung allgemein oder für bestimmte Fälle festlegen, dass die Zustimmung der höheren Verwaltungsbehörde erforderlich ist.

(2) Das Einvernehmen der Gemeinde und die Zustimmung der höheren Verwaltungsbehörde dürfen nur aus den sich aus den §§ 31, 33, 34 und 35 ergebenden Gründen versagt werden. Das Einvernehmen der Gemeinde und die Zustimmung der höheren Verwaltungsbehörde gelten als erteilt, wenn sie nicht binnen zwei Monaten nach Eingang des Ersuchens der Genehmigungsbehörde verweigert werden; dem Ersuchen gegenüber der Gemeinde steht die Einreichung des Antrags bei der Gemeinde gleich, wenn sie nach Landesrecht vorgeschrieben ist. Die nach Landesrecht zuständige Behörde kann ein rechtswidrig versagtes Einvernehmen der Gemeinde ersetzen.

§ 37

Bauliche Maßnahmen des Bundes und der Länder

(1) Macht die besondere öffentliche Zweckbestimmung für bauliche Anlagen des Bundes oder eines Landes erforderlich, von den Vorschriften dieses Gesetzbuchs oder den aufgrund dieses Gesetzbuchs erlassenen Vorschriften abzuweichen oder ist das Einvernehmen mit der Gemeinde nach § 14 oder § 36 nicht erreicht worden, entscheidet die höhere Verwaltungsbehörde.

(2) Handelt es sich dabei um Vorhaben, die der Landesverteidigung, dienstlichen Zwecken des Bundesgrenzschutzes oder dem zivilen Bevölkerungsschutz dienen, ist nur die Zustimmung der höheren Verwaltungsbehörde erforderlich. Vor Erteilung der Zustimmung hat diese die Gemeinde zu hören. Versagt die höhere Verwaltungsbehörde ihre Zustimmung oder widerspricht die Gemeinde dem beabsichtigten Bauvorhaben, entscheidet das zuständige Bundesministerium im Einvernehmen mit den beteiligten Bundesministerien und im Benehmen mit der zuständigen Obersten Landesbehörde.

(3) Entstehen der Gemeinde infolge der Durchführung von Maßnahmen nach den Absätzen 1 und 2 Aufwendungen für Entschädigungen nach diesem Gesetzbuch, sind sie ihr vom Träger der Maßnahmen zu ersetzen. Muss infolge dieser Maßnahmen ein Bebauungsplan aufgestellt, geändert, ergänzt oder aufgehoben werden, sind ihr auch die dadurch entstandenen Kosten zu ersetzen.

(4) Sollen bauliche Anlagen auf Grundstücken errichtet werden, die nach dem Landbeschaffungsgesetz beschafft werden, sind in dem Verfahren nach § 1 Abs. 2 des Landbeschaffungsgesetzes alle von der Gemeinde oder der höheren Verwaltungsbehörde nach den Absätzen 1 und 2 zulässigen Einwendungen abschließend zu erörtern. Eines Verfahrens nach Absatz 2 bedarf es in diesem Fall nicht.

§ 38

Bauliche Maßnahmen von überörtlicher Bedeutung auf Grund von Planfeststellungsverfahren; öffentlich zugängliche Abfallbeseitigungsanlagen

Auf Planfeststellungsverfahren und sonstige Verfahren mit den Rechtswirkungen der Planfeststellung für Vorhaben von überörtlicher Bedeutung sowie auf die auf Grund des Bundes-Immissionsschutzgesetzes für die Errichtung und den Betrieb öffentlich zugänglicher Abfallbeseitigungsanlagen geltenden Verfahren sind die §§ 29 bis 37 nicht anzuwenden, wenn die Gemeinde beteiligt wird; städtebauliche Belange sind zu berücksichtigen. Eine Bindung nach § 7 bleibt unberührt. § 37 Abs. 3 ist anzuwenden.

ZWEITER ABSCHNITT

Entschädigung

§ 39

Vertrauensschaden

Haben Eigentümer oder in Ausübung ihrer Nutzungsrechte sonstige Nutzungsberechtigte im berechtigten Vertrauen auf den Bestand eines rechtsverbindlichen Bebauungsplans Vorbereitungen für die Verwirklichung von Nutzungsmöglichkeiten getroffen, die sich aus dem Bebauungsplan ergeben, können sie angemessene Entschädigung in Geld verlangen, soweit die Aufwendungen durch die Änderung, Ergänzung oder Aufhebung des Bebauungsplans an Wert verlieren. Dies gilt auch für Abgaben nach bundes- oder landesrechtlichen Vorschriften, die für die Erschließung des Grundstücks erhoben wurden.

§ 40
Entschädigung in Geld oder durch Übernahme

(1) Sind im Bebauungsplan

1. Flächen für den Gemeinbedarf sowie für Sport- und Spielanlagen,

2. Flächen für Personengruppen mit besonderem Wohnbedarf,

3. Flächen mit besonderem Nutzungszweck,

4. von der Bebauung freizuhaltende Schutzflächen und Flächen für besondere Anlagen und Vorkehrungen zum Schutz vor Einwirkungen,

5. Verkehrsflächen,

6. Versorgungsflächen,

7. Flächen für die Abfall- und Abwasserbeseitigung einschließlich der Rückhaltung und Versickerung von Niederschlagswasser sowie für Ablagerungen,

8. Grünflächen,

9. Flächen für Aufschüttungen, Abgrabungen oder für die Gewinnung von Steinen, Erden und anderen Bodenschätzen,

10. Flächen für Gemeinschaftsstellplätze und Gemeinschaftsgaragen,

11. Flächen für Gemeinschaftsanlagen,

12. von der Bebauung freizuhaltende Flächen,

13. Wasserflächen, Flächen für die Wasserwirtschaft, Flächen für Hochwasserschutzanlagen und Flächen für die Regelung des Wasserabflusses,

14. Flächen für Maßnahmen zum Schutz, zur Pflege und zur Entwicklung von Boden, Natur und Landschaft

festgesetzt, so ist der Eigentümer nach Maßgabe der folgenden Absätze zu entschädigen, soweit ihm Vermögensnachteile entstehen. Dies gilt in den Fällen des Satzes 1 Nr. 1 in Bezug auf Flächen für Sport- und Spielanlagen sowie des Satzes 1 Nr. 4 und 10 bis 14 nicht, soweit die Festsetzungen oder ihre Durchführung den Interessen des Eigentümers oder der Erfüllung einer ihm obliegenden Rechtspflicht dienen.

(2) Der Eigentümer kann die Übernahme der Flächen verlangen,

1. wenn und soweit es ihm mit Rücksicht auf die Festsetzung oder Durchführung des Bebauungsplans wirtschaftlich nicht mehr zuzumuten ist, das Grundstück zu behalten oder es in der bisherigen oder einer anderen zulässigen Art zu nutzen, oder

2. wenn Vorhaben nach § 32 nicht ausgeführt werden dürfen und dadurch die bisherige Nutzung einer baulichen Anlage aufgehoben oder wesentlich herabgesetzt wird.

Der Eigentümer kann anstelle der Übernahme die Begründung von Miteigentum oder eines geeigneten Rechts verlangen, wenn die Verwirklichung des Bebauungsplans nicht die Entziehung des Eigentums erfordert.

(3) Dem Eigentümer ist eine angemessene Entschädigung in Geld zu leisten, wenn und soweit Vorhaben nach § 32 nicht ausgeführt werden dürfen und dadurch die bisherige Nutzung seines Grundstücks wirtschaftlich erschwert wird. Sind die Voraussetzungen des Übernahmeanspruchs nach Absatz 2 gegeben, kann nur dieser Anspruch geltend gemacht werden. Der zur Entschädigung Verpflichtete kann den Entschädigungsberechtigten auf den Übernahmeanspruch verweisen, wenn das Grundstück für den im Bebauungsplan festgesetzten Zweck alsbald benötigt wird.

. . .

VIERTER TEIL

Bodenordnung

ERSTER ABSCHNITT

Umlegung

. . .

§ 61

Aufhebung, Änderung und Begründung von Rechten

(1) Grundstücksgleiche Rechte sowie andere Rechte an einem im Umlegungsgebiet gelegenen Grundstück oder an einem das Grundstück belastenden Recht, ferner Ansprüche mit dem Recht auf Befriedigung aus dem Grundstück oder persönliche Rechte, die zum Erwerb, zum Besitz oder nur Nutzung eines im Umlegungsgebiet gelegenen Grundstücks berechtigen oder den Verpflichteten zu der Benutzung des Grundstücks beschränken, können durch den Umlegungsplan aufgehoben, geändert oder neu begründet werden. In Übereinstimmung mit den Zielen des Bebauungsplans oder zur Verwirklichung einer nach § 34 zulässigen Nutzung können zur zweckmäßigen und wirtschaftlichen Ausnutzung der Grundstücke Flächen für Zuwege, gemeinschaftliche Hofräume, Kinderspielplätze, Freizeiteinrichtungen, Stellplätze, Garagen, Flächen zum Ausgleich i. S. des § 1 a Abs. 3, oder andere Gemeinschaftsanlagen festgelegt und ihre Rechtsverhältnisse geregelt werden. Im Landesrecht vorgesehene öffentlich-rechtliche Verpflichtungen zu einem das Grundstück betreffenden Tun, Dulden oder Unterlassen (Baulast) können im Einvernehmen mit der Baugenehmigungsbehörde aufgehoben, geändert oder neu begründet werden.

(2) Soweit durch die Aufhebung, Änderung oder Begründung von Rechten oder Baulasten, Vermögensnachteile oder Vermögensvorteile entstehen, findet ein Ausgleich in Geld statt. Für den Fall, dass Vermögensnachteile entstehen, sind die Vorschriften über die Entschädigung im Zweiten Abschnitt des Fünften Teils und über den Härteausgleich nach § 181 entsprechend anzuwenden.

(3) Die Absätze 1 und 2 gelten auch für die nach § 55 Abs. 5 in die Verteilungsmasse eingebrachten Grundstücke.

. . .

FÜNFTER TEIL

Enteignung

ERSTER ABSCHNITT

Zulässigkeit der Enteignung

§ 85

Enteignungszweck

(1) Nach diesem Gesetzbuch kann nur enteignet werden, um

1. entsprechend den Festsetzungen des Bebauungsplans ein Grundstück zu nutzen oder eine solche Nutzung vorzubereiten,

2. unbebaute oder geringfügig bebaute Grundstücke, die nicht im Bereich eines Bebauungsplans, aber innerhalb im Zusammenhang bebauter Ortsteile liegen, insbesondere zur Schließung von Baulücken, entsprechend den baurechtlichen Vorschriften zu nutzen oder einer baulichen Nutzung zuzuführen,

3. Grundstücke für die Entschädigung in Land zu beschaffen,

4. durch Enteignung entzogene Rechte durch neue Rechte zu ersetzen,

5. Grundstücke einer baulichen Nutzung zuzuführen, wenn ein Eigentümer die Verpflichtung nach § 176 Abs. 1 oder 2 nicht erfüllt, oder

6. im Geltungsbereich einer Erhaltungssatzung eine bauliche Anlage aus den in § 172 Abs. 3 bis 5 bezeichneten Gründen zu erhalten oder

7. im Geltungsbereich einer Satzung zur Sicherung von Durchführungsmaßnahmen des Stadtumbaus eine bauliche Anlage aus den in § 171 d Abs. 3 bezeichneten Gründen zu erhalten oder zu beseitigen.

(2) Unberührt bleiben

1. die Vorschriften über die Enteignung zu anderen als den in Absatz 1 genannten Zwecken,

2. landesrechtliche Vorschriften über die Enteignung zu den in Absatz 1 Nr. 6 genannten Zwecken.

§ 86

Gegenstand der Enteignung

(1) Durch Enteignung können

1. das Eigentum an Grundstücken entzogen oder belastet werden;

2. andere Rechte an Grundstücken entzogen oder belastet werden;

3. Rechte entzogen werden, die zum Erwerb, zum Besitz oder zur Nutzung von Grundstücken berechtigen oder die den Verpflichteten in der Benutzung von Grundstücken beschränken; hierzu zählen auch Rückübertragungsansprüche nach dem Vermögensgesetz;

4. soweit es in den Vorschriften dieses Teils vorgesehen ist, Rechtsverhältnisse begründet werden, die Rechte der in Nummer 3 bezeichneten Art gewähren.

(2) Auf das Zubehör eines Grundstücks sowie auf Sachen, die nur zu einem vorübergehenden Zweck mit dem Grundstück verbunden oder in ein Gebäude eingefügt sind, darf die Enteignung nur nach Maßgabe des § 92 Abs. 4 ausgedehnt werden.

(3) Die für die Entziehung oder Belastung des Eigentums an Grundstücken geltenden Vorschriften sind auf die Entziehung, Belastung oder Begründung der in Absatz 1 Nr. 2 bis 4 bezeichneten Rechte entsprechend anzuwenden.

. . .

SECHSTER TEIL

Erschließung

ERSTER ABSCHNITT

Allgemeine Vorschriften

§ 123

Erschließungslast

(1) Die Erschließung ist Aufgabe der Gemeinde, soweit sie nicht nach anderen gesetzlichen Vorschriften oder öffentlich-rechtlichen Verpflichtungen einem anderen obliegt.

(2) Die Erschließungsanlagen sollen entsprechend den Erfordernissen der Bebauung und des Verkehrs kostengünstig hergestellt werden und spätestens bis zur Fertigstellung der anzuschließenden baulichen Anlagen benutzbar sein.

(3) Ein Rechtsanspruch auf Erschließung besteht nicht.

(4) Die Unterhaltung der Erschließungsanlagen richtet sich nach landesrechtlichen Vorschriften.

. . .

ZWEITER ABSCHNITT

Erschließungsbeitrag

§ 127

Erhebung des Erschließungsbeitrags

(1) Die Gemeinden erheben zur Deckung ihres anderweitig nicht gedeckten Aufwands für Erschließungsanlagen einen Erschließungsbeitrag nach Maßgabe der folgenden Vorschriften.

(2) Erschließungsanlagen im Sinne dieses Abschnitts sind

1. die öffentlichen zum Anbau bestimmten Straßen, Wege und Plätze;

2. die öffentlichen aus rechtlichen oder tatsächlichen Gründen mit Kraftfahrzeugen nicht befahrbaren Verkehrsanlagen innerhalb der Baugebiete (z. B. Fußwege, Wohnwege);

3. Sammelstraßen innerhalb der Baugebiete; Sammelstraßen sind öffentliche Straßen, Wege und Plätze, die selbst nicht zum Anbau bestimmt, aber zur Erschließung der Baugebiete notwendig sind;

4. Parkflächen und Grünanlagen mit Ausnahme von Kinderspielplätzen, soweit sie Bestandteil der in den Nummern 1 bis 3 genannten Verkehrsanlagen oder nach städtebaulichen Grundsätzen innerhalb der Baugebiete zu deren Erschließung notwendig sind;

5. Anlagen zum Schutz von Baugebieten gegen schädliche Umwelteinwirkungen im Sinne des Bundes-Immissionsschutzgesetzes, auch wenn sie nicht Bestandteil der Erschließungsanlagen sind.

(3) Der Erschließungsbeitrag kann für den Grunderwerb, die Freilegung und für Teile der Erschließungsanlagen selbstständig erhoben werden (Kostenspaltung).

(4) Das Recht, Abgaben für Anlagen zu erheben, die nicht Erschließungsanlagen im Sinne dieses Abschnitts sind, bleibt unberührt. Dies gilt insbesondere für Anlagen zur Ableitung von Abwasser sowie zur Versorgung mit Elektrizität, Gas, Wärme und Wasser.

§ 128
Umfang des Erschließungsaufwands

(1) Der Erschließungsumfang umfasst die Kosten für

1. den Erwerb und die Freilegung der Flächen für die Erschließungsanlagen;

2. ihre erstmalige Herstellung einschließlich der Einrichtungen für ihre Entwässerung und Beleuchtung;

3. die Übernahme von Anlagen als gemeindliche Erschließungsanlagen.

. . .

§ 135
Fälligkeit und Zahlung des Beitrags

(1) Der Beitrag wird einen Monat nach der Bekanntgabe des Beitragsbescheids fällig.

(2) Die Gemeinde kann zur Vermeidung unbilliger Härten im Einzelfall, insbesondere soweit dies zur Durchführung eines genehmigten Bauvorhabens erforderlich ist, zulassen, dass der Erschließungsbeitrag in Raten oder in Form einer Rente gezahlt wird. Ist die Finanzierung eines Bauvorhabens gesichert, so soll die Zahlungsweise der Auszahlung der Finanzierungsmittel angepasst, jedoch nicht über zwei Jahre hinaus erstreckt werden.

(3) Lässt die Gemeinde nach Absatz 2 eine Verrentung zu, so ist der Erschließungsbeitrag durch Bescheid in eine Schuld umzuwandeln, die in höchstens zehn Jahresleistungen zu entrichten ist. In dem Bescheid sind Höhe und Zeitpunkt der Fälligkeit

der Jahresleistungen zu bestimmen. Der jeweilige Restbetrag ist mit höchstens 2 vom Hundert über dem Diskontsatz der Deutschen Bundesbank jährlich zu verzinsen. Die Jahresleistungen stehen wiederkehrenden Leistungen im Sinne des § 10 Abs. 1 Nr. 3 des Zwangsversteigerungsgesetzes gleich.

(4) Werden Grundstücke landwirtschaftlich oder als Wald genutzt, ist der Beitrag so lange zinslos zu stunden, wie das Grundstück zur Erhaltung der Wirtschaftlichkeit des landwirtschaftlichen Betriebs genutzt werden muss. Satz 1 gilt auch für die Fälle der Nutzungsüberlassung und Betriebsübergabe an Familienangehörige im Sinne des § 15 der Abgabenordnung. Der Beitrag ist auch zinslos zu stunden, solange Grundstücke als Kleingärten im Sinne des Bundeskleingartengesetzes genutzt werden.

(5) Im Einzelfall kann die Gemeinde auch von der Erhebung des Erschließungsbeitrags ganz oder teilweise absehen, wenn dies im öffentlichen Interesse oder zur Vermeidung unbilliger Härten geboten ist. Die Freistellung kann auch für den Fall vorgesehen werden, dass die Beitragspflicht noch nicht entstanden ist.

(6) Weitergehende landesrechtliche Billigkeitsregelungen bleiben unberührt.

. . .

ZWEITES KAPITEL

Besonderes Städtebaurecht

FÜNFTER TEIL

Miet- und Pachtverhältnisse

§ 182

Aufhebung von Miet- und Pachtverhältnissen

(1) Erfordert die Verwirklichung der Ziele und Zwecke der Sanierung im förmlich festgelegten Sanierungsgebiet, der Entwicklung im städtebaulichen Entwicklungsbereich oder eine Maßnahme nach den §§ 176 bis 179 die Aufhebung eines Miet- oder Pachtverhältnisses, kann die Gemeinde das Rechtsverhältnis auf Antrag des Eigentümers oder im Hinblick auf ein städtebauliches Gebot mit einer Frist von mindestens sechs Monaten, bei einem land- oder forstwirtschaftlich genutzten Grundstück nur zum Schluss eines Pachtjahres aufheben.

(2) Die Gemeinde darf ein Mietverhältnis über Wohnraum nur aufheben, wenn im Zeitpunkt der Beendigung des Mietverhältnisses angemessener Ersatzwohnraum für den Mieter und die zu seinem Hausstand gehörenden Personen zu zumutbaren Bedingungen zur Verfügung steht. Strebt der Mieter oder Pächter von Geschäftsraum eine anderweitige Unterbringung an, soll die Gemeinde das Miet- oder Pachtverhältnis nur aufheben, wenn im Zeitpunkt der Beendigung des Rechtsverhältnisses anderer geeigneter Geschäftsraum zu zumutbaren Bedingungen zur Verfügung steht.

(3) Wird die Erwerbsgrundlage eines Mieters oder Pächters von Geschäftsraum im förmlich festgelegten Sanierungsgebiet oder in einem städtebaulichen Entwicklungsbe-

reich infolge der Durchführung städtebaulicher Sanierungsmaßnahmen oder städtebaulicher Entwicklungsmaßnahmen wesentlich beeinträchtigt und ist ihm deshalb die Fortsetzung des Miet- oder Pachtverhältnisses nicht mehr zuzumuten, kann die Gemeinde auf Antrag des Mieters oder Pächters das Rechtsverhältnis mit einer Frist von mindestens sechs Monaten aufheben.

§ 183

Aufhebung von Miet- und Pachtverhältnissen
über unbebaute Grundstücke

(1) Ist nach den Festsetzungen des Bebauungsplans für ein unbebautes Grundstück eine andere Nutzung vorgesehen und ist die alsbaldige Änderung der Nutzung beabsichtigt, kann die Gemeinde auf Antrag des Eigentümers Miet- oder Pachtverhältnisse aufheben, die sich auf das Grundstück beziehen und der neuen Nutzung entgegenstehen.

(2) Auf die Aufhebung ist § 182 Abs. 1 entsprechend anzuwenden.

§ 184

Aufhebung anderer Vertragsverhältnisse

Die §§ 182 und 183 sind entsprechend auf andere schuldrechtliche Vertragsverhältnisse anzuwenden, die zum Gebrauch oder zur Nutzung eines Grundstücks, Gebäudes oder Gebäudeteils oder einer sonstigen baulichen Anlage berechtigen.

§ 185

Entschädigung bei Aufhebung von Miet- und Pachtverhältnissen

(1) Ist ein Rechtsverhältnis aufgrund des § 182, des § 183 oder des § 184 aufgehoben worden, ist den Betroffenen insoweit eine angemessene Entschädigung in Geld zu leisten, als ihnen durch die vorzeitige Beendigung des Rechtsverhältnisses Vermögensnachteile entstehen. Die Vorschriften des Zweiten Abschnitts des Fünften Teils des Ersten Kapitels sind entsprechend anzuwenden.

(2) Zur Entschädigung ist die Gemeinde verpflichtet. Kommt eine Einigung über die Entschädigung nicht zustande, entscheidet die höhere Verwaltungsbehörde.

(3) Wird ein Pachtvertrag über kleingärtnerisch genutztes Land nach § 182, § 183 oder § 184 aufgehoben, ist die Gemeinde außer zur Entschädigung nach Absatz 1 auch zur Bereitstellung oder Beschaffung von Ersatzland verpflichtet. Bei der Entschädigung in Geld ist die Bereitstellung oder Beschaffung des Ersatzlands angemessen zu berücksichtigen. Die höhere Verwaltungsbehörde kann die Gemeinde von der Verpflichtung zur Bereitstellung oder Beschaffung von Ersatzland befreien, wenn die Gemeinde nachweist, dass sie zur Erfüllung außerstande ist.

. . .

DRITTES KAPITEL

Sonstige Vorschriften

ERSTER TEIL

Wertermittlung

§ 192

Gutachterausschuss

(1) Zur Ermittlung von Grundstückswerten und für sonstige Wertermittlungen werden selbstständige, unabhängige Gutachterausschüsse gebildet.

(2) Die Gutachterausschüsse bestehen aus einem Vorsitzenden und ehrenamtlichen weiteren Gutachtern.

(3) Der Vorsitzende und die weiteren Gutachter sollen in der Ermittlung von Grundstückswerten oder sonstigen Wertermittlungen sachkundig und erfahren sein und dürfen nicht hauptamtlich mit der Verwaltung der Grundstücke der Gebietskörperschaft, für deren Bereich der Gutachterausschuss gebildet ist, befasst sein. Für die Ermittlung der Bodenrichtwerte ist ein Bediensteter der zuständigen Finanzbehörde mit Erfahrung in der steuerlichen Bewertung von Grundstücken als Gutachter vorzusehen.

(4) Die Gutachterausschüsse bedienen sich einer Geschäftsstelle.

§ 193

Aufgaben des Gutachterausschusses

(1) Der Gutachterausschuss erstattet Gutachten über den Verkehrswert von bebauten und unbebauten Grundstücken sowie Rechten an Grundstücken, wenn

1. die für den Vollzug dieses Gesetzbuchs zuständigen Behörden bei der Erfüllung der Aufgaben nach diesem Gesetzbuch,

2. die für die Feststellung des Werts eines Grundstücks oder der Entschädigung für ein Grundstück oder ein Recht an einem Grundstück aufgrund anderer gesetzlicher Vorschriften zuständigen Behörden,

3. die Eigentümer, ihnen gleichstehende Berechtigte, Inhaber anderer Rechte am Grundstück und Pflichtteilsberechtigte, für deren Pflichtteil der Wert des Grundstücks von Bedeutung ist, oder

4. Gerichte und Justizbehörden

es beantragen. Unberührt bleiben Antragsberechtigungen nach anderen Rechtsvorschriften.

(2) Der Gutachterausschuss kann außer über die Höhe der Entschädigung für den Rechtsverlust auch Gutachten über die Höhe der Entschädigung für andere Vermögensnachteile erstatten.

(3) Der Gutachterausschuss führt eine Kaufpreissammlung, wertet sie aus und ermittelt Bodenrichtwerte und sonstige zur Wertermittlung erforderliche Daten.

(4) Die Gutachten haben keine bindende Wirkung, soweit nichts anderes bestimmt oder vereinbart ist.

(5) Eine Abschrift des Gutachtens ist dem Eigentümer zu übersenden.

. . .

§ 197
Befugnisse des Gutachterausschusses

(1) Der Gutachterausschuss kann mündliche oder schriftliche Auskünfte von Sachverständigen und von Personen einholen, die Angaben über das Grundstück und, wenn das zur Ermittlung von Geldleistungen im Umlegungsverfahren, von Ausgleichsbeträgen und von Enteignungsentschädigungen erforderlich ist, über ein Grundstück, das zum Vergleich herangezogen werden soll, machen können. Er kann verlangen, dass Eigentümer und sonstige Inhaber von Rechten an einem Grundstück die zur Führung der Kaufpreissammlung und zur Begutachtung notwendigen Unterlagen vorlegen. Der Eigentümer und der Besitzer des Grundstücks haben zu dulden, dass Grundstücke zur Auswertung von Kaufpreisen und zur Vorbereitung von Gutachten betreten werden. Wohnungen dürfen nur mit Zustimmung der Wohnungsinhaber betreten werden.

(2) Alle Gerichte und Behörden haben dem Gutachterausschuss Rechts- und Amtshilfe zu leisten. Das Finanzamt erteilt dem Gutachterausschuss Auskünfte über Grundstücke, soweit dies zur Ermittlung von Ausgleichsbeträgen und Enteignungsentschädigungen erforderlich ist.

§ 198
Oberer Gutachterausschuss

(1) Bei Bedarf können Obere Gutachterausschüsse für den Bereich einer oder mehrerer höherer Verwaltungsbehörden gebildet werden, auf die die Vorschriften über die Gutachterausschüsse entsprechend anzuwenden sind.

(2) Der Obere Gutachterausschuss hat auf Antrag eines Gerichts ein Obergutachten zu erstatten, wenn schon das Gutachten eines Gutachterausschusses vorliegt.

. . .

ZWEITER TEIL
Allgemeine Vorschriften; Zuständigkeiten; Verwaltungsverfahren; Wirksamkeitsvoraussetzungen

ERSTER ABSCHNITT
Allgemeine Vorschriften

§ 200
Grundstücke, Rechte an Grundstücken; Baulandkataster

(1) Die für Grundstücke geltenden Vorschriften dieses Gesetzbuchs sind entsprechend auch auf Grundstücksteile anzuwenden.

(2) Die für das Eigentum an Grundstücken bestehenden Vorschriften sind, soweit dieses Gesetzbuch nichts anderes vorschreibt, entsprechend auch auf grundstücksgleiche Rechte anzuwenden.

(3) Die Gemeinde kann sofort oder in absehbarer Zeit bebaubare Flächen in Karten oder Listen auf der Grundlage eines Lageplans erfassen, der Flur- und Flurstücksnummern, Straßennamen und Angaben zur Grundstücksgröße enthält (Baulandkataster). Sie kann die Flächen in Karten oder Listen veröffentlichen, soweit der Grundstückseigentümer nicht widersprochen hat. Die Gemeinde hat ihre Absicht zur Veröffentlichung einen Monat vorher öffentlich bekannt zu geben und dabei auf das Widerspruchsrecht der Grundstückseigentümer hinzuweisen.

...

§ 201
Begriff der Landwirtschaft

Landwirtschaft im Sinne dieses Gesetzbuchs ist insbesondere der Ackerbau, die Wiesen- und Weidewirtschaft einschließlich Tierhaltung, soweit das Futter überwiegend auf den zum landwirtschaftlichen Betrieb gehörenden, landwirtschaftlich genutzten Flächen erzeugt werden kann, die gartenbauliche Erzeugung, der Erwerbsobstbau, der Weinbau, die berufsmäßige Imkerei und die berufsmäßige Binnenfischerei.

...

VIERTES KAPITEL
Überleitungs- und Schlussvorschriften

...

ERSTER TEIL
Überleitungsvorschriften

...

§ 242
Überleitungsvorschriften für die Erschließung

...

(9) Für Erschließungsanlagen oder Teile von Erschließungsanlagen in dem in Artikel 3 des Einigungsvertrages genannten Gebiet, die vor dem Wirksamwerden des Bei-

tritts bereits hergestellt worden sind, kann nach diesem Gesetzbuch ein Erschließungsbeitrag nicht erhoben werden. Bereits hergestellte Erschließungsanlagen oder Teile von Erschließungsanlagen sind die einem technischen Ausbauprogramm oder den örtlichen Ausbaugepflogenheiten entsprechend fertig gestellten Erschließungsanlagen oder Teile von Erschließungsanlagen. Leistungen, die Beitragspflichtige für die Herstellung von Erschließungsanlagen oder Teile von Erschließungsanlagen erbracht haben, sind auf den Erschließungsbeitrag anzurechnen. Die Landesregierungen werden ermächtigt, bei Bedarf Überleitungsregelungen durch Rechtsverordnung zu treffen.

Gesetz über Naturschutz und Landschaftspflege (Bundesnaturschutzgesetz – BNatSchG)

in der Fassung der Bekanntmachung vom 25. März 2002 (BGBl I S. 1193), zuletzt geändert durch Art. 2 des Gesetzes zur Neuordnung des Gentechnikrechts vom 21. Dezember 2004 (BGBl I 2005, S. 186) und Art. 40 des Gesetzes zur Umbenennung des Bundesgrenzschutzes in Bundespolizei vom 21. 6. 2005 (BGBl I S. 1818)

– Auszug –

ABSCHNITT 3

Allgemeiner Schutz von Natur und Landschaft

§ 18

Eingriffe in Natur und Landschaft

(1) Eingriffe in Natur und Landschaft im Sinne dieses Gesetzes sind Veränderungen der Gestalt oder Nutzung von Grundflächen oder Veränderungen des mit der belebten Bodenschicht in Verbindung stehenden Grundwasserspiegels, die die Leistungs- und Funktionsfähigkeit des Naturhaushalts oder das Landschaftsbild erheblich beeinträchtigen können.

(2) Die land-, forst- und fischereiwirtschaftliche Bodennutzung ist nicht als Eingriff anzusehen, soweit dabei die Ziele und Grundsätze des Naturschutzes und der Landschaftspflege berücksichtigt werden. Die den in § 5 Abs. 4 bis 6 genannten Anforderungen sowie den Regeln der guten fachlichen Praxis, die sich aus dem Recht der Land-, Forst- und Fischereiwirtschaft und § 17 Abs. 2 des Bundes-Bodenschutzgesetzes ergeben, entsprechende land-, forst- und fischereiwirtschaftliche Bodennutzung widerspricht in der Regel nicht den in Satz 1 genannten Zielen und Grundsätzen.

(3) Nicht als Eingriff gilt die Wiederaufnahme einer land-, forst- und fischereiwirtschaftlichen Bodennutzung, die aufgrund vertraglicher Vereinbarungen oder auf Grund der Teilnahme an öffentlichen Programmen zur Bewirtschaftungsbeschränkung zeitweise eingeschränkt oder unterbrochen war. Dies gilt, soweit die land-, forst- und fischereiwirtschaftliche Bodennutzung innerhalb einer von den Ländern zu regelnden angemessenen Frist nach Auslaufen der Bewirtschaftungsbeschränkungen wieder aufgenommen wird.

(4) Die Länder können zu den Absätzen 1 bis 3 nähere Vorschriften erlassen. Sie können bestimmen, dass in Absatz 1 genannte Veränderungen bestimmter Art, die im Regelfall nicht zu einer Beeinträchtigung der Leistungs- und Funktionsfähigkeit des Naturhaushalts oder des Landschaftsbildes führen, nicht als Eingriffe anzusehen sind. Sie können gleichfalls bestimmen, dass Veränderungen bestimmter Art als Eingriffe gelten, wenn sie regelmäßig die Voraussetzungen des Absatzes 1 erfüllen.

(5) Die Länder erlassen weitere Vorschriften nach Maßgabe der §§ 19 und 20 sowie zur Sicherung der Durchführung der im Rahmen des § 19 zu treffenden Maßnahmen. Schutzvorschriften über geschützte Teile von Natur und Landschaft im Sinne des Abschnitts 4 bleiben unberührt.

§ 19

Verursacherpflichten, Unzulässigkeit von Eingriffen

(1) Der Verursacher eines Eingriffs ist zu verpflichten, vermeidbare Beeinträchtigungen von Natur und Landschaft zu unterlassen.

(2) Der Verursacher ist zu verpflichten, unvermeidbare Beeinträchtigungen durch Maßnahmen des Naturschutzes und der Landschaftspflege vorrangig auszugleichen (Ausgleichsmaßnahmen) oder in sonstiger Weise zu kompensieren (Ersatzmaßnahmen). Ausgeglichen ist eine Beeinträchtigung, wenn und sobald die beeinträchtigten Funktionen des Naturhaushalts wieder hergestellt sind und das Landschaftsbild landschaftsgerecht wieder hergestellt oder neu gestaltet ist. In sonstiger Weise kompensiert ist eine Beeinträchtigung, wenn und sobald die beeinträchtigten Funktionen des Naturhaushalts in gleichwertiger Weise ersetzt sind oder das Landschaftsbild landschaftsgerecht neu gestaltet ist. Bei der Festsetzung von Art und Umfang der Maßnahmen sind die Programme und Pläne nach den §§ 15 und 16 zu berücksichtigen.

(3) Der Eingriff darf nicht zugelassen oder durchgeführt werden, wenn die Beeinträchtigungen nicht zu vermeiden oder nicht in angemessener Frist auszugleichen oder in sonstiger Weise zu kompensieren sind und die Belange des Naturschutzes und der Landschaftspflege bei der Abwägung aller Anforderungen an Natur und Landschaft anderen Belangen im Range vorgehen. Werden als Folge des Eingriffs Biotope zerstört, die für dort wild lebende Tiere und wild wachsende Pflanzen der streng geschützten Arten nicht ersetzbar sind, ist der Eingriff nur zulässig, wenn er aus zwingenden Gründen des überwiegenden öffentlichen Interesses gerechtfertigt ist.

(4) Die Länder können zu den Absätzen 1 bis 3 weitergehende Regelungen erlassen; insbesondere können sie Vorgaben zur Anrechnung von Kompensationsmaßnahmen treffen und vorsehen, dass bei zuzulassenden Eingriffen für nicht ausgleichbare oder nicht in sonstiger Weise kompensierbare Beeinträchtigungen Ersatz in Geld zu leisten ist (Ersatzzahlung).

§ 20

Verfahren

(1) Voraussetzung für die Verpflichtung nach § 19 ist, dass der Eingriff einer behördlichen Entscheidung oder einer Anzeige an eine Behörde bedarf oder von einer Behörde durchgeführt wird.

(2) Die für die Entscheidung, die Entgegennahme einer Anzeige oder die Durchführung eines Eingriffs zuständige Behörde trifft zugleich die Entscheidungen nach § 19 im Benehmen mit der für Naturschutz und Landschaftspflege zuständigen Behörde, soweit nicht eine weitergehende Form der Mitwirkung vorgeschrieben ist oder die für Naturschutz und Landschaftspflege zuständige Behörde selbst entscheidet.

(3) Soll bei Eingriffen in Natur und Landschaft, denen Entscheidungen nach § 19 von Behörden des Bundes vorausgehen oder die von Behörden des Bundes durchgeführt werden, von der Stellungnahme der für Naturschutz und Landschaftspflege zuständigen Behörde abgewichen werden, so entscheidet hierüber die fachlich zuständige Behörde des Bundes im Benehmen mit der obersten Landesbehörde für Naturschutz und Landschaftspflege, soweit nicht eine weitergehende Form der Beteiligung vorgesehen ist.

(4) Bei einem Eingriff, der aufgrund eines nach öffentlichem Recht vorgesehenen Fachplans vorgenommen werden soll, hat der Planungsträger die zur Vermeidung, zum Ausgleich und zur Kompensation in sonstiger Weise nach § 19 erforderlichen Maßnahmen im Fachplan oder in einem landschaftspflegerischen Begleitplan in Text und Karte darzustellen. Der Begleitplan ist Bestandteil des Fachplans.

(5) Handelt es sich bei dem Eingriff um ein Vorhaben, das nach dem Gesetz über die Umweltverträglichkeitsprüfung einer Umweltverträglichkeitsprüfung unterliegt, so muss das Verfahren, in dem Entscheidungen nach § 19 Abs. 1 bis 3 getroffen werden, den Anforderungen des genannten Gesetzes entsprechen.

§ 21
Verhältnis zum Baurecht

(1) Sind aufgrund der Aufstellung, Änderung, Ergänzung oder Aufhebung von Bauleitplänen oder von Satzungen nach § 34 Abs. 4 Satz 1 Nr. 3 des Baugesetzbuchs Eingriffe in Natur und Landschaft zu erwarten, ist über die Vermeidung, den Ausgleich und den Ersatz nach den Vorschriften des Baugesetzbuchs zu entscheiden.

(2) Auf Vorhaben in Gebieten mit Bebauungsplänen nach § 30 des Baugesetzbuchs, während der Planaufstellung nach § 33 des Baugesetzbuchs und im Innenbereich nach § 34 des Baugesetzbuchs sind die §§ 18 bis 20 nicht anzuwenden. Für Vorhaben im Außenbereich nach § 35 des Baugesetzbuchs sowie für Bebauungspläne, soweit sie eine Planfeststellung ersetzen, bleibt die Geltung der Vorschriften über die Eingriffsregelung unberührt.

(3) Entscheidungen über Vorhaben nach § 35 Abs. 1 und 4 des Baugesetzbuchs und über die Errichtung von baulichen Anlagen nach § 34 des Baugesetzbuchs ergehen im Benehmen mit den für Naturschutz und Landschaftspflege zuständigen Behörden. Äußert sich in den Fällen des § 34 des Baugesetzbuchs die für Naturschutz und Landschaftspflege zuständige Behörde nicht binnen eines Monats, kann die für die Entscheidung zuständige Behörde davon ausgehen, dass Belange des Naturschutzes und der Landschaftspflege von dem Vorhaben nicht berührt werden. Das Benehmen ist nicht erforderlich bei Vorhaben in Gebieten mit Bebauungsplänen und während der Planaufstellung nach den §§ 30 und 33 des Baugesetzbuchs und in Gebieten mit Satzungen nach § 34 Abs. 4 Satz 1 Nr. 3 des Baugesetzbuchs.

Bauordnungen der Länder

Stand: Mai 2006

Baden-Württemberg

Landesbauordnung für Baden-Württemberg (LBO) i. d. F. der Bek. vom 8. August 1995 (GVBl S. 617), zuletzt geändert durch Gesetz vom 1. April 2005 (GBl S. 288)

Bayern

Bayerische Bauordnung (BayBO) i. d. F. der Bekanntmachung vom 4. August 1997 (GVBl S. 433), zuletzt geändert durch Gesetz vom 10. März 2006 (GVBl S. 120)

Berlin

Bauordnung für Berlin (BauO Bln) i. d. F. der Bek. vom 3. September 1997 (GVBl S. 421, 512), zuletzt geändert durch Gesetz vom 29. September 2005 (GVBl S. 495)

Brandenburg

Brandenburgische Bauverordnung (BbgBO) i. d. F. der Bek. vom 16. Juli 2003 (GVBl S. 210), geändert durch Gesetz vom 9. Oktober 2003 (GVBl S. 273), zuletzt geändert durch das Zweite Gesetz zur Änderung der BbgBO vom 19. Dezember 2005 (GVBl S. 267)

Bremen

Bremische Landesbauordnung (BremLBO) i. d. F. der Bek. vom 27. März 1995 (GVBl S. 211), zuletzt geändert durch Gesetz vom 8. April 2003 (GVBl S. 159)

Hamburg

Hamburgische Bauordnung (HBauO) vom 14. Dezember 2005 (GVBl S. 525, ber. S. 563)

Hessen

Hessische Bauordnung (HBO) vom 18. Juni 2002 (GVBl I S. 274), zuletzt geändert durch Gesetz vom 28. September 2005 (GVBl S. 662)

Mecklenburg-Vorpommern

Landesbauordnung Mecklenburg-Vorpommern (LBauO M-V) i. d. F. der Bek. vom 5. Juni 1998 (GVOBl S. 468, 612), zuletzt geändert durch Gesetz vom 18. April 2006 (GVOBl S. 102)

Niedersachsen

Niedersächsische Bauordnung (NBauO) i. d. F. der Bek. vom 10. Februar 2003 (GVBl S. 89), zuletzt geändert durch Gesetz vom 23. Juni 2005 (GVBl S. 208)

Nordrhein-Westfalen

Bauordnung für das Land Nordrhein-Westfalen (BauO NRW) i. d. F. der Bek. vom 1. März 2000, zuletzt geändert durch Gesetz vom 5. April 2005 (GVBl S. 332)

Rheinland-Pfalz

Landesbauordnung für Rheinland-Pfalz (LBauO) i. d. F. der Bek. vom 24. November 1998 (GVBl S. 365), zuletzt geändert durch Gesetz vom 28. September 2005 (GVBl S. 387)

Saarland

Landesbauordnung für das Saarland (LBO) i. d. F. der Bekanntmachung vom 18. Februar 2004 (AmtsBl S. 827), zuletzt geändert durch Gesetz vom 19. Mai 2004 (GVBl S. 1498)

Sachsen

Sächsische Bauordnung (SächsBO) i. d. F. der Bek. vom 18. März 1999 (GVBl S. 86, 186), zuletzt geändert durch Gesetz vom 28. Mai 2004 (GVBl S. 200)

Sachsen-Anhalt

Gesetz über die Bauordnung des Landes Sachsen-Anhalt i. d. F. der Bek. vom 9. Februar 2001 (GVBl S. 50), zuletzt geändert durch Gesetz vom 20. Dezember 2005 (GVBl S. 769)

Schleswig-Holstein

Landesbauordnung für das Land Schleswig-Holstein i. d. F. der Bek. vom 10. Januar 2000 (GVBl S. 47, 213), zuletzt geändert durch Gesetz vom 20. Dezember 2004 (GVBl 2005 S. 2)

Thüringen

Thüringer Bauordnung (ThürBO) i. d. F. der Bek. vom 16. März 2004 (GVBl S. 349)

Bürgerliches Gesetzbuch (BGB)

i. d. F. der Bekanntmachung vom 2. Januar 2002
(BGBl I S. 42, ber. S. 2909 und BGBl I 2003, S. 738),
zuletzt geändert durch Gesetz vom 7. Juli 2005 (BGBl I S. 1970)

– Auszug –

Vereine

BUCH 1
Allgemeiner Teil

ABSCHNITT 1
Personen

Titel 2
Juristische Personen

Untertitel 1
Vereine

KAPITEL 1
ALLGEMEINE VORSCHRIFTEN

§ 21
Nichtwirtschaftlicher Verein

Ein Verein, dessen Zweck nicht auf einen wirtschaftlichen Geschäftsbetrieb gerichtet ist, erlangt Rechtsfähigkeit durch Eintragung in das Vereinsregister des zuständigen Amtsgerichts.
. . .

§ 24
Sitz

Als Sitz eines Vereins gilt, wenn nicht ein anderes bestimmt ist, der Ort, an welchem die Verwaltung geführt wird.

§ 25
Verfassung

Die Verfassung eines rechtsfähigen Vereins wird, soweit sie nicht auf den nachfolgenden Vorschriften beruht, durch die Vereinssatzung bestimmt.

§ 26

Vorstand; Vertretung

(1) Der Verein muss einen Vorstand haben. Der Vorstand kann aus mehreren Personen bestehen.

(2) Der Vorstand vertritt den Verein gerichtlich und außergerichtlich; er hat die Stellung eines gesetzlichen Vertreters. Der Umfang seiner Vertretungsmacht kann durch die Satzung mit Wirkung gegen Dritte beschränkt werden.

§ 27

Bestellung und Geschäftsführung des Vorstandes

(1) Die Bestellung des Vorstandes erfolgt durch Beschluss der Mitgliederversammlung.

(2) Die Bestellung ist jederzeit widerruflich, unbeschadet des Anspruchs auf die vertragsmäßige Vergütung. Die Widerruflichkeit kann durch die Satzung auf den Fall beschränkt werden, dass ein wichtiger Grund für den Widerruf vorliegt; ein solcher Grund ist insbesondere grobe Pflichtverletzung oder Unfähigkeit zur ordnungsmäßigen Geschäftsführung.

(3) Auf die Geschäftsführung des Vorstandes finden die für den Auftrag geltenden Vorschriften der §§ 664 bis 670 entsprechende Anwendung.

§ 28

Beschlussfassung und Passivvertretung

(1) Besteht der Vorstand aus mehreren Personen, so erfolgt die Beschlussfassung nach den für die Beschlüsse der Mitglieder des Vereins geltenden Vorschriften der §§ 32, 34.

(2) Ist eine Willenserklärung dem Vereine gegenüber abzugeben, so genügt die Abgabe gegenüber einem Mitgliede des Vorstandes.

§ 29

Notbestellung durch Amtsgericht

Soweit die erforderlichen Mitglieder des Vorstandes fehlen, sind sie in dringenden Fällen für die Zeit bis zur Behebung des Mangels auf Antrag eines Beteiligten von dem Amtsgericht zu bestellen, das für den Bezirk, in dem der Verein seinen Sitz hat, das Vereinsregister führt.

§ 30

Besondere Vertreter

Durch die Satzung kann bestimmt werden, dass neben dem Vorstande für gewisse Geschäfte besondere Vertreter zu bestellen sind. Die Vertretungsmacht eines solchen Vertreters erstreckt sich im Zweifel auf alle Rechtsgeschäfte, die der ihm zugewiesene Geschäftskreis gewöhnlich mit sich bringt.

§ 31

Haftung des Vereins für Organe

Der Verein ist für den Schaden verantwortlich, den der Vorstand, ein Mitglied des Vorstandes oder ein anderer verfassungsmäßig berufener Vertreter durch eine in Ausführung der ihm zustehenden Verrichtungen begangene, zum Schadensersatze verpflichtende Handlung einem Dritten zufügt.

§ 32

Mitgliederversammlung; Beschlussfassung

(1) Die Angelegenheiten des Vereins werden, soweit sie nicht von dem Vorstand oder einem anderen Vereinsorgane zu besorgen sind, durch Beschlussfassung in einer Versammlung der Mitglieder geordnet. Zur Gültigkeit des Beschlusses ist erforderlich, dass der Gegenstand bei der Berufung bezeichnet wird. Bei der Beschlussfassung entscheidet die Mehrheit der erschienenen Mitglieder.

(2) Auch ohne Versammlung der Mitglieder ist ein Beschluss gültig, wenn alle Mitglieder ihre Zustimmung zu dem Beschlusse schriftlich erklären.

§ 33

Satzungsänderung

(1) Zu einem Beschlusse, der eine Änderung der Satzung enthält, ist eine Mehrheit von drei Vierteln der erschienenen Mitglieder erforderlich. Zur Änderung des Zwecke des Vereins ist die Zustimmung aller Mitglieder erforderlich; die Zustimmung der nicht erschienenen Mitglieder muss schriftlich erfolgen.

. . .

§ 34

Ausschluss vom Stimmrecht

Ein Mitglied ist nicht stimmberechtigt, wenn die Beschlussfassung die Vornahme eines Rechtsgeschäfts mit ihm oder die Einleitung oder Erledigung eines Rechtsstreits zwischen ihm und dem Vereine betrifft.

§ 35

Sonderrechte

Sonderrechte eines Mitglieds können nicht ohne dessen Zustimmung durch Beschluss der Mitgliederversammlung beeinträchtigt werden.

§ 36

Berufung der Mitgliederversammlung

Die Mitgliederversammlung ist in den durch die Satzung bestimmten Fällen sowie dann zu berufen, wenn das Interesse des Vereins es erfordert.

§ 37

Berufung auf Verlangen einer Minderheit

(1) Die Mitgliederversammlung ist zu berufen, wenn der durch die Satzung bestimmte Teil oder in Ermangelung einer Bestimmung der zehnte Teil der Mitglieder die Berufung schriftlich unter Angabe des Zweckes und der Gründe verlangt.

(2) Wird dem Verlangen nicht entsprochen, so kann das Amtsgericht die Mitglieder, die das Verlangen gestellt haben, zur Berufung der Versammlung ermächtigen; es kann Anordnungen über die Führung des Vorsitzes in der Versammlung treffen. Zuständig ist das Amtsgericht, das für den Bezirk, in dem der Verein seinen Sitz hat, das Vereinsregister führt. Auf die Ermächtigung muss bei der Berufung der Versammlung Bezug genommen werden.

§ 38

Mitgliedschaft

Die Mitgliedschaft ist nicht übertragbar und nicht vererblich. Die Ausübung der Mitgliedschaftsrechte kann nicht einem anderen überlassen werden.

§ 39

Austritt aus dem Verein

(1) Die Mitglieder sind zum Austritt aus dem Vereine berechtigt.

(2) Durch die Satzung kann bestimmt werden, dass der Austritt nur am Schlusse eines Geschäftsjahrs oder erst nach dem Ablauf einer Kündigungsfrist zulässig ist; die Kündigungsfrist kann höchstens zwei Jahre betragen.

§ 40

Nachgiebige Vorschriften

Die Vorschriften des § 27 Abs. 1, 3, des § 28 Abs. 1 und der §§ 32, 33, 38 finden insoweit keine Anwendung, als die Satzung ein anderes bestimmt.

§ 41

Auflösung des Vereins

Der Verein kann durch Beschluss der Mitgliederversammlung aufgelöst werden. Zu dem Beschluss ist eine Mehrheit von drei Vierteln der erschienenen Mitglieder erforderlich, wenn nicht die Satzung ein anderes bestimmt.

§ 42

Insolvenz

(1) Der Verein wird durch die Eröffnung des Insolvenzverfahrens aufgelöst. Wird das Verfahren auf Antrag des Schuldners eingestellt oder nach der Bestätigung eines Insolvenzplans, der den Fortbestand des Vereins vorsieht, aufgehoben, so kann die Mitgliederversammlung die Fortsetzung des Vereins beschließen. Durch die Satzung kann bestimmt werden, dass der Verein im Falle der Eröffnung des Insolvenzverfah-

rens als nichtrechtsfähiger Verein fortbesteht; auch in diesem Falle kann unter den Voraussetzungen des Satzes 2 die Fortsetzung als rechtsfähiger Verein beschlossen werden.

(2) Der Vorstand hat im Falle der Zahlungsunfähigkeit oder der Überschuldung die Eröffnung des Insolvenzverfahrens zu beantragen. Wird die Stellung des Antrags verzögert, so sind die Vorstandsmitglieder, denen ein Verschulden zur Last fällt, den Gläubigern für den daraus entstehenden Schaden verantwortlich; sie haften als Gesamtschuldner.

§ 43
Entziehung der Rechtsfähigkeit

(1) Dem Verein kann die Rechtsfähigkeit entzogen werden, wenn er durch einen gesetzwidrigen Beschluss der Mitgliederversammlung oder durch gesetzwidriges Verhalten des Vorstandes das Gemeinwohl gefährdet.

(2) Einem Verein, dessen Zweck nach der Satzung nicht auf einen wirtschaftlichen Geschäftsbetrieb gerichtet ist, kann die Rechtsfähigkeit entzogen werden, wenn er einen solchen Zweck verfolgt.

(3) (aufgehoben)

(4) Einem Verein, dessen Rechtsfähigkeit auf Verleihung beruht, kann die Rechtsfähigkeit entzogen werden, wenn er einen anderen als den in der Satzung bestimmten Zweck verfolgt.

§ 44
Zuständigkeit und Verfahren

(1) Die Zuständigkeit und das Verfahren bestimmen sich in den Fällen des § 43 nach dem Recht des Landes, in dem der Verein seinen Sitz hat.

(2) Beruht die Rechtsfähigkeit auf Verleihung durch den Bundesrat, so erfolgt die Entziehung durch Beschluss des Bundesrats.[1])

§ 45
Anfall des Vereinsvermögens

(1) Mit der Auflösung des Vereins oder der Entziehung der Rechtsfähigkeit fällt das Vermögen an die in der Satzung bestimmten Personen.

(2) Durch die Satzung kann vorgeschrieben werden, dass die Anfallberechtigten durch Beschluss der Mitgliederversammlung oder eines anderen Vereinsorgans bestimmt werden. Ist der Zweck des Vereins nicht auf einen wirtschaftlichen Geschäftsbetrieb gerichtet, so kann die Mitgliederversammlung auch ohne eine solche Vorschrift das Vermögen einer öffentlichen Stiftung oder Anstalt zuweisen.

(3) Fehlt es an einer Bestimmung der Anfallberechtigten, so fällt das Vermögen, wenn der Verein nach der Satzung ausschließlich den Interessen seiner Mitglieder diente, an

---

1) Nach Art. 129 GG ist nunmehr der Bundesminister des Innern zuständig.

die zur Zeit der Auflösung oder der Entziehung der Rechtsfähigkeit vorhandenen Mitglieder zu gleichen Teilen, anderenfalls an den Fiskus des Bundesstaats, in dessen Gebiete der Verein seinen Sitz hatte.

§ 46

Anfall an den Fiskus

Fällt das Vereinsvermögen an den Fiskus, so finden die Vorschriften über eine dem Fiskus als gesetzlichem Erben anfallende Erbschaft entsprechende Anwendung. Der Fiskus hat das Vermögen tunlichst in einer den Zwecken des Vereins entsprechenden Weise zu verwenden.

§ 47

Liquidation

Fällt das Vereinsvermögen nicht an den Fiskus, so muss eine Liquidation stattfinden, sofern nicht über das Vermögen des Vereins das Insolvenzverfahren eröffnet ist.

§ 48

Liquidatoren

(1) Die Liquidation erfolgt durch den Vorstand. Zu Liquidatoren können auch andere Personen bestellt werden; für die Bestellung sind die für die Bestellung des Vorstandes geltenden Vorschriften maßgebend.

(2) Die Liquidatoren haben die rechtliche Stellung des Vorstandes, soweit sich nicht aus dem Zwecke der Liquidation ein anderes ergibt.

(3) Sind mehrere Liquidatoren vorhanden, so ist für ihre Beschlüsse Übereinstimmung aller erforderlich, sofern nicht ein anderes bestimmt ist.

§ 49

Aufgaben der Liquidatoren

(1) Die Liquidatoren haben die laufenden Geschäfte zu beendigen, die Forderungen einzuziehen, das übrige Vermögen in Geld umzusetzen, die Gläubiger zu befriedigen und den Überschuss den Anfallberechtigten auszuantworten. Zur Beendigung schwebender Geschäfte können die Liquidatoren auch neue Geschäfte eingehen. Die Einziehung der Forderungen sowie die Umsetzung des übrigen Vermögens in Geld darf unterbleiben, soweit diese Maßregeln nicht zur Befriedigung der Gläubiger oder zur Verteilung des Überschusses unter die Anfallberechtigten erforderlich sind.

(2) Der Verein gilt bis zur Beendigung der Liquidation als fortbestehend, soweit der Zweck der Liquidation es erfordert.

§ 50

Bekanntmachung

(1) Die Auflösung des Vereins oder die Entziehung der Rechtsfähigkeit ist durch die Liquidatoren öffentlich bekannt zu machen. In der Bekanntmachung sind die Gläubiger zur Anmeldung ihrer Ansprüche aufzufordern. Die Bekanntmachung

erfolgt durch das in der Satzung für Veröffentlichungen bestimmte Blatt, in Ermangelung eines solchen durch dasjenige Blatt, welches für Bekanntmachungen des Amtsgerichts bestimmt ist, in dessen Bezirk der Verein seinen Sitz hatte. Die Bekanntmachung gilt mit dem Ablaufe des zweiten Tages nach der Einrückung oder der ersten Einrückung als bewirkt.

(2) Bekannte Gläubiger sind durch besondere Mitteilung zur Anmeldung aufzufordern.

. . .

§ 54

Nichtrechtsfähige Vereine

Auf Vereine, die nicht rechtsfähig sind, finden die Vorschriften über die Gesellschaft Anwendung. Aus einem Rechtsgeschäft, das im Namen eines solchen Vereins einem Dritten gegenüber vorgenommen wird, haftet der Handelnde persönlich; handeln mehrere, so haften sie als Gesamtschuldner.

KAPITEL 2

EINGETRAGENE VEREINE

§ 55

Zuständigkeit für die Registereintragung

(1) Die Eintragung eines Vereins der in § 21 bezeichneten Art in das Vereinsregister hat bei dem Amtsgericht zu geschehen, in dessen Bezirke der Verein seinen Sitz hat.

(2) Die Landesjustizverwaltungen können die Vereinssachen einem Amtsgericht für die Bezirke mehrerer Amtsgerichte zuweisen.

. . .

§ 56

Mindestmitgliederzahl des Vereins

Die Eintragung soll nur erfolgen, wenn die Zahl der Mitglieder mindestens sieben beträgt.

§ 57

Mindesterfordernisse an die Vereinssatzung

(1) Die Satzung muss den Zweck, den Namen und den Sitz des Vereins enthalten und ergeben, dass der Verein eingetragen werden soll.

(2) Der Name soll sich von den Namen der an demselben Orte oder in derselben Gemeinde bestehenden eingetragenen Vereine deutlich unterscheiden.

§ 58

Sollinhalt der Vereinssatzung

Die Satzung soll Bestimmungen enthalten:

1. über den Eintritt und Austritt der Mitglieder;
2. darüber, ob und welche Beiträge von den Mitgliedern zu leisten sind;
3. über die Bildung des Vorstandes;
4. über die Voraussetzungen, unter denen die Mitgliederversammlung zu berufen ist, über die Form der Berufung und über die Beurkundung der Beschlüsse.

§ 59

Anmeldung zur Eintragung

(1) Der Vorstand hat den Verein zur Eintragung anzumelden.

(2) Der Anmeldung sind beizufügen:

1. die Satzung in Urschrift und Abschrift;
2. eine Abschrift der Urkunden über die Bestellung des Vorstandes.

(3) Die Satzung soll von mindestens sieben Mitgliedern unterzeichnet sein und die Angabe des Tages der Errichtung enthalten.

§ 60

Zurückweisung der Anmeldung

Die Anmeldung ist, wenn den Erfordernissen der §§ 56 und 59 nicht genügt ist, von dem Amtsgericht unter Angabe der Gründe zurückzuweisen.

. . .

§ 64

Inhalt der Vereinseintragung

Bei der Eintragung sind der Name und der Sitz des Vereins, der Tag der Errichtung der Satzung, die Mitglieder des Vorstandes und ihre Vertretungsmacht anzugeben.

§ 65

Namenszusatz

Mit der Eintragung erhält der Name des Vereins den Zusatz „eingetragener Verein".

§ 66

Bekanntmachung

(1) Das Amtsgericht hat die Eintragung durch das für seine Bekanntmachungen bestimmte Blatt zu veröffentlichen.

(2) Die Urschrift der Satzung ist mit der Bescheinigung der Eintragung zu versehen und zurückzugeben. Die Abschrift wird von dem Amtsgericht beglaubigt und mit den übrigen Schriftstücken aufbewahrt.

§ 67
Änderung des Vorstands

(1) Jede Änderung des Vorstandes ist von dem Vorstand zur Eintragung anzumelden. Der Anmeldung ist eine Abschrift der Urkunde über die Änderung beizufügen.

(2) Die Eintragung gerichtlich bestellter Vorstandsmitglieder erfolgt von Amts wegen.

§ 68
Vertrauensschutz durch Vereinsregister

Wird zwischen den bisherigen Mitgliedern des Vorstandes und einem Dritten ein Rechtsgeschäft vorgenommen, so kann die Änderung des Vorstandes dem Dritten nur entgegengesetzt werden, wenn sie zur Zeit der Vornahme des Rechtsgeschäfts im Vereinsregister eingetragen oder dem Dritten bekannt ist. Ist die Änderung eingetragen, so braucht der Dritte sie nicht gegen sich gelten zu lassen, wenn er sie nicht kennt, seine Unkenntnis auch nicht auf Fahrlässigkeit beruht.

§ 69
Nachweis des Vereinsvorstands

Der Nachweis, dass der Vorstand aus den im Register eingetragenen Personen besteht, wird Behörden gegenüber durch ein Zeugnis des Amtsgerichts über die Eintragung geführt.

§ 70
Beschränkung der Vertretungsmacht; Beschlussfassung

Die Vorschriften des § 68 gelten auch für Bestimmungen, die den Umfang der Vertretungsmacht des Vorstandes beschränken oder die Beschlussfassung des Vorstandes abweichend von der Vorschrift des § 28 Abs. 1 regeln.

§ 71
Änderungen der Satzung

(1) Änderungen der Satzung bedürfen zu ihrer Wirksamkeit der Eintragung in das Vereinsregister. Die Änderung ist von dem Vorstand zur Eintragung anzumelden. Der Anmeldung ist der die Änderung enthaltende Beschluss in Urschrift und Abschrift beizufügen.

(2) Die Vorschriften der §§ 60, 64 und des § 66 Abs. 2 finden entsprechende Anwendung.

§ 72

Bescheinigung der Mitgliederzahl

Der Vorstand hat dem Amtsgericht auf dessen Verlangen jederzeit eine von ihm vollzogene Bescheinigung über die Zahl der Vereinsmitglieder einzureichen.

§ 73

Unterschreiten der Mindestmitgliederzahl

Sinkt die Zahl der Vereinsmitglieder unter drei herab, so hat das Amtsgericht auf Antrag des Vorstandes und, wenn der Antrag nicht binnen drei Monaten gestellt wird, von Amts wegen nach Anhörung des Vorstandes dem Verein die Rechtsfähigkeit zu entziehen.

§ 74

Auflösung

(1) Die Auflösung des Vereins sowie die Entziehung der Rechtsfähigkeit ist in das Vereinsregister einzutragen. Im Falle der Eröffnung des Insolvenzverfahrens unterbleibt die Eintragung.

(2) Wird der Verein durch Beschluss der Mitgliederversammlung oder durch den Ablauf der für die Dauer des Vereins bestimmten Zeit aufgelöst, so hat der Vorstand die Auflösung zur Eintragung anzumelden. Der Anmeldung ist im ersteren Falle eine Abschrift des Auflösungsbeschlusses beizufügen.

(3) Wird dem Verein aufgrund des § 43 die Rechtsfähigkeit entzogen, so erfolgt die Eintragung auf Anzeige der zuständigen Behörde.

§ 75

Eröffnung des Insolvenzverfahrens

Die Eröffnung des Insolvenzverfahrens ist von Amts wegen einzutragen. Das Gleiche gilt für

1. die Aufhebung des Eröffnungsbeschlusses;

2. die Bestellung eines vorläufigen Insolvenzverwalters, wenn zusätzlich dem Schuldner ein allgemeines Verfügungsverbot auferlegt oder angeordnet wird, dass Verfügungen des Schuldners nur mit Zustimmung des vorläufigen Insolvenzverwalters wirksam sind, und die Aufhebung einer derartigen Sicherungsmaßnahme;

3. die Anordnung der Eigenverwaltung durch den Schuldner und deren Aufhebung sowie die Anordnung der Zustimmungsbedürftigkeit bestimmter Rechtsgeschäfte des Schuldners;

4. die Einstellung und die Aufhebung des Verfahrens und

5. die Überwachung der Erfüllung eines Insolvenzplans und die Aufhebung der Überwachung.

§ 76

Eintragung der Liquidatoren

(1) Die Liquidatoren sind in das Vereinsregister einzutragen. Das Gleiche gilt von Bestimmungen, welche die Beschlussfassung der Liquidatoren abweichend von der Vorschrift des § 48 Abs. 3 regeln.

(2) Die Anmeldung hat durch den Vorstand, bei späteren Änderungen durch die Liquidatoren zu erfolgen. Bei der Anmeldung ist der Umfang der Vertretungsmacht der Liquidatoren anzugeben. Der Anmeldung der durch Beschluss der Mitgliederversammlung bestellten Liquidatoren ist eine Abschrift des Beschlusses, der Anmeldung einer Bestimmung über die Beschlussfassung der Liquidatoren eine Abschrift der die Bestimmung enthaltenden Urkunde beizufügen.

(3) Die Eintragung gerichtlich bestellter Liquidatoren geschieht von Amts wegen.

§ 77

Form der Anmeldung

Die Anmeldungen zum Vereinsregister sind von den Mitgliedern des Vorstandes sowie von den Liquidatoren mittels öffentlich beglaubigter Erklärung zu bewirken.

§ 78

Festsetzung von Zwangsgeld

(1) Das Amtsgericht kann die Mitglieder des Vorstandes zur Befolgung der Vorschriften des § 67 Abs. 1, des § 71 Abs. 1, des § 72, des § 74 Abs. 2 und des § 76 durch Festsetzung von Zwangsgeld anhalten.

(2) In gleicher Weise können die Liquidatoren zur Befolgung der Vorschriften des § 76 angehalten werden.
. . .

ABSCHNITT 2

Sachen; Tiere

§ 90

Begriff der Sache

Sachen im Sinne des Gesetzes sind nur körperliche Gegenstände.
. . .

§ 93

Wesentliche Bestandteile einer Sache

Bestandteile einer Sache, die voneinander nicht getrennt werden können, ohne dass der eine oder der andere zerstört oder in seinem Wesen verändert wird (wesentliche Bestandteile), können nicht Gegenstand besonderer Rechte sein.

§ 94

Wesentliche Bestandteile eines Grundstücks oder Gebäudes

(1) Zu den wesentlichen Bestandteilen eines Grundstücks gehören die mit dem Grund und Boden fest verbundenen Sachen, insbesondere Gebäude, sowie die Erzeugnisse des Grundstücks, solange sie mit dem Boden zusammenhängen. Samen wird mit dem Aussäen, eine Pflanze wird mit dem Einpflanzen wesentlicher Bestandteil des Grundstücks.

(2) Zu den wesentlichen Bestandteilen eines Gebäudes gehören die zur Herstellung des Gebäudes eingefügten Sachen.

§ 95

Nur vorübergehender Zweck

(1) Zu den Bestandteilen eines Grundstücks gehören solche Sachen nicht, die nur zu einem vorübergehenden Zwecke mit dem Grund und Boden verbunden sind. Das Gleiche gilt von einem Gebäude oder anderen Werk, das in Ausübung eines Rechtes an einem fremden Grundstück von dem Berechtigten mit dem Grundstück verbunden worden ist.

(2) Sachen, die nur zu einem vorübergehenden Zwecke in ein Gebäude eingefügt sind, gehören nicht zu den Bestandteilen des Gebäudes.

§ 96

Rechte als Bestandteile eines Grundstücks

Rechte, die mit dem Eigentum an einem Grundstück verbunden sind, gelten als Bestandteil des Grundstücks.

§ 97

Zubehör

(1) Zubehör sind bewegliche Sachen, die, ohne Bestandteile der Hauptsache zu sein, dem wirtschaftlichen Zweck der Hauptsache zu dienen bestimmt sind und zu ihr in einem dieser Bestimmung entsprechenden räumlichen Verhältnisse stehen. Eine Sache ist nicht Zubehör, wenn sie im Verkehr nicht als Zubehör angesehen wird.

(2) Die vorübergehende Benutzung einer Sache für den wirtschaftlichen Zweck einer anderen begründet nicht die Zubehöreigenschaft. Die vorübergehende Trennung eines Zubehörstücks von der Hauptsache hebt die Zubehöreigenschaft nicht auf.

. . .

§ 99

Früchte

(1) Früchte einer Sache sind die Erzeugnisse der Sache und die sonstige Ausbeute, welche aus der Sache ihrer Bestimmung gemäß gewonnen wird.

(2) Früchte eines Rechtes sind die Erträge, welche das Recht seiner Bestimmung gemäß gewährt, insbesondere bei einem Recht auf Gewinnung von Bodenbestandteilen die gewonnenen Bestandteile.

(3) Früchte sind auch die Erträge, welche eine Sache oder ein Recht vermöge eines Rechtsverhältnisses gewährt.

§ 100

Nutzungen

Nutzungen sind die Früchte einer Sache oder eines Rechtes sowie die Vorteile, welche der Gebrauch der Sache oder des Rechtes gewährt.

. . .

ABSCHNITT 3

Rechtsgeschäfte

Titel 2

Willenserklärung

§ 125

Nichtigkeit wegen Formmangels

Ein Rechtsgeschäft, welches der durch Gesetz vorgeschriebenen Form ermangelt, ist nichtig. Der Mangel der durch Rechtsgeschäft bestimmten Form hat im Zweifel gleichfalls Nichtigkeit zur Folge.

§ 126

Schriftform

(1) Ist durch Gesetz schriftliche Form vorgeschrieben, so muss die Urkunde von dem Aussteller eigenhändig durch Namensunterschrift oder mittels notariell beglaubigten Handzeichens unterzeichnet werden.

(2) Bei einem Vertrag muss die Unterzeichnung der Parteien auf derselben Urkunde erfolgen. Werden über den Vertrag mehrere gleichlautende Urkunden aufgenommen, so genügt es, wenn jede Partei die für die andere Partei bestimmte Urkunde unterzeichnet.

(3) Die schriftliche Form kann durch die elektronische Form ersetzt werden, wenn sich nicht aus dem Gesetz etwas anderes ergibt.

(4) Die schriftliche Form wird durch die notarielle Beurkundung ersetzt.

§ 126 a

Elektronische Form

(1) Soll die gesetzlich vorgeschriebene schriftliche Form durch die elektronische Form ersetzt werden, so muss der Aussteller der Erklärung dieser seinen Namen hinzufügen und das elektronische Dokument mit einer qualifizierten elektronischen Signatur nach dem Signaturgesetz versehen.

(2) Bei einem Vertrag müssen die Parteien jeweils ein gleichlautendes Dokument in der in Absatz 1 bezeichneten Weise elektronisch signieren.

§ 126 b

Textform

Ist durch Gesetz Textform vorgeschrieben, so muss die Erklärung in einer Urkunde oder auf andere zur dauerhaften Wiedergabe in Schriftzeichen geeignete Weise abgegeben, die Person des Erklärenden genannt und der Abschluss der Erklärung durch Nachbildung der Namensunterschrift oder anders erkennbar gemacht werden.

§ 127

Vereinbarte Schriftform

(1) Die Vorschriften des § 126, des § 126 a oder des § 126 b gelten im Zweifel auch für die durch Rechtsgeschäft bestimmte Form.

. . .

§ 128

Notarielle Beurkundung

Ist durch Gesetz notarielle Beurkundung eines Vertrags vorgeschrieben, so genügt es, wenn zunächst der Antrag und sodann die Annahme des Antrags von einem Notar beurkundet wird.

§ 129

Öffentliche Beglaubigung

(1) Ist durch Gesetz für eine Erklärung öffentliche Beglaubigung vorgeschrieben, so muss die Erklärung schriftlich abgefasst und die Unterschrift des Erklärenden von einem Notar beglaubigt werden. Wird die Erklärung von dem Aussteller mittels Handzeichens unterzeichnet, so ist die im § 126 Abs. 1 vorgeschriebene Beglaubigung des Handzeichens erforderlich und genügend.

(2) Die öffentliche Beglaubigung wird durch die notarielle Beurkundung der Erklärung ersetzt.

§ 130

Wirksamwerden der Willenserklärung gegenüber Abwesenden

(1) Eine Willenserklärung, die einem anderen gegenüber abzugeben ist, wird, wenn sie in dessen Abwesenheit abgegeben wird, in dem Zeitpunkte wirksam, in welchem sie ihm zugeht. Sie wird nicht wirksam, wenn dem anderen vorher oder gleichzeitig ein Widerruf zugeht.

(2) Auf die Wirksamkeit der Willenserklärung ist es ohne Einfluss, wenn der Erklärende nach der Abgabe stirbt oder geschäftsunfähig wird.

(3) Diese Vorschriften finden auch dann Anwendung, wenn die Willenserklärung einer Behörde gegenüber abzugeben ist.

...

§ 132
Ersatz des Zugehens durch Zustellung

(1) Eine Willenserklärung gilt auch dann als zugegangen, wenn sie durch Vermittlung eines Gerichtsvollziehers zugestellt worden ist. Die Zustellung erfolgt nach den Vorschriften der Zivilprozessordnung.

(2) Befindet sich der Erklärende über die Person desjenigen, welchem gegenüber die Erklärung abzugeben ist, in einer nicht auf Fahrlässigkeit beruhenden Unkenntnis oder ist der Aufenthalt dieser Person unbekannt, so kann die Zustellung nach den für die öffentliche Zustellung einer Ladung geltenden Vorschriften der Zivilprozessordnung erfolgen. Zuständig für die Bewilligung ist im ersteren Falle das Amtsgericht, in dessen Bezirk der Erklärende seinen Wohnsitz oder in Ermangelung eines inländischen Wohnsitzes seinen Aufenthalt hat, im letzteren Falle das Amtsgericht, in dessen Bezirk die Person, welcher zuzustellen ist, den letzten Wohnsitz oder in Ermangelung eines inländischen Wohnsitzes den letzten Aufenthalt hatte.

§ 133
Auslegung einer Willenserklärung

Bei der Auslegung einer Willenserklärung ist der wirkliche Wille zu erforschen und nicht an dem buchstäblichen Sinne des Ausdrucks zu haften.

...

ABSCHNITT 4
Fristen, Termine

§ 186
Geltungsbereich

Für die in Gesetzen, gerichtlichen Verfügungen und Rechtsgeschäften enthaltenen Frist- und Terminsbestimmungen gelten die Auslegungsvorschriften der §§ 187 bis 193.

§ 187
Fristbeginn

(1) Ist für den Anfang einer Frist ein Ereignis oder ein in den Lauf des Tages fallender Zeitpunkt maßgebend, so wird bei der Berechnung der Frist der Tag nicht mitgerechnet, in welchen das Ereignis oder der Zeitpunkt fällt.

(2) Ist der Beginn eines Tages der für den Anfang einer Frist maßgebende Zeitpunkt, so wird dieser Tag bei der Berechnung der Frist mitgerechnet. Das Gleiche gilt von dem Tag der Geburt bei der Berechnung des Lebensalters.

§ 188

Fristende

(1) Eine nach Tagen bestimmte Frist endigt mit dem Ablaufe des letzten Tages der Frist.

(2) Eine Frist, die nach Wochen, nach Monaten oder nach einem mehrere Monate umfassenden Zeitraum – Jahr, halbes Jahr, Vierteljahr – bestimmt ist, endigt im Falle des § 187 Abs. 1 mit dem Ablauf desjenigen Tages der letzten Woche oder des letzten Monats, welcher durch seine Benennung oder seine Zahl dem Tage entspricht, in den das Ereignis oder der Zeitpunkt fällt, im Falle des § 187 Abs. 2 mit dem Ablauf desjenigen Tages der letzten Woche oder des letzten Monats, welcher dem Tage vorhergeht, der durch seine Benennung oder seine Zahl dem Anfangstage der Frist entspricht.

(3) Fehlt bei einer nach Monaten bestimmten Frist in dem letzten Monat der für ihren Ablauf maßgebende Tag, so endigt die Frist mit dem Ablauf des letzten Tages dieses Monats.

§ 189

Berechnung einzelner Fristen

(1) Unter einem halben Jahr wird eine Frist von sechs Monaten, unter einem Vierteljahr eine Frist von drei Monaten, unter einem halben Monat eine Frist von fünfzehn Tagen verstanden.

(2) Ist eine Frist auf einen oder mehrere ganze Monate und einen halben Monat gestellt, so sind die fünfzehn Tage zuletzt zu zählen.

§ 190

Fristverlängerung

Im Falle der Verlängerung einer Frist wird die neue Frist von dem Ablauf der vorigen Frist an berechnet.

§ 191

Berechnung von Zeiträumen

Ist ein Zeitraum nach Monaten oder nach Jahren in dem Sinne bestimmt, dass er nicht zusammenhängend zu verlaufen braucht, so wird der Monat zu 30, das Jahr zu 365 Tagen gerechnet.

§ 192

Anfang, Mitte, Ende des Monats

Unter Anfang des Monats wird der erste, unter Mitte des Monats der 15., unter Ende des Monats der letzte Tag des Monats verstanden.

§ 193
Sonn- und Feiertag; Sonnabend

Ist an einem bestimmten Tag oder innerhalb einer Frist eine Willenserklärung abzugeben oder eine Leistung zu bewirken und fällt der bestimmte Tag oder der letzte Tag der Frist auf einen Sonntag, einen am Erklärungs- oder Leistungsorte staatlich anerkannten allgemeinen Feiertag oder einen Sonnabend, so tritt an die Stelle eines solchen Tages der nächste Werktag.

ABSCHNITT 5
Verjährung

Titel 1
Gegenstand und Dauer der Verjährung

§ 194
Gegenstand der Verjährung

(1) Das Recht, von einem anderen ein Tun oder Unterlassen zu verlangen (Anspruch), unterliegt der Verjährung.

. . .

§ 195
Regelmäßige Verjährungsfrist

Die regelmäßige Verjährungsfrist beträgt drei Jahre.

§ 196
Verjährungsfrist bei Rechten an einem Grundstück

Ansprüche auf Übertragung des Eigentums an einem Grundstück sowie auf Begründung, Übertragung oder Aufhebung eines Rechts an einem Grundstück oder auf Änderung des Inhalts eines solchen Rechts sowie die Ansprüche auf die Gegenleistung verjähren in zehn Jahren.

§ 197
Dreißigjährige Verjährungsfrist

(1) In 30 Jahren verjähren, soweit nicht ein anderes bestimmt ist,

1. Herausgabeansprüche aus Eigentum und anderen dinglichen Rechten,
2. familien- und erbrechtliche Ansprüche,
3. rechtskräftig festgestellte Ansprüche,
4. Ansprüche aus vollstreckbaren Vergleichen oder vollstreckbaren Urkunden und
5. Ansprüche, die durch die im Insolvenzverfahren erfolgte Feststellung vollstreckbar geworden sind,
6. Ansprüche auf Erstattung der Kosten der Zwangsvollstreckung.

(2) Soweit Ansprüche nach Absatz 1 Nr. 2 regelmäßig wiederkehrende Leistungen oder Unterhaltsleistungen und Ansprüche nach Absatz 1 Nr. 3 bis 5 künftig fällig werdende regelmäßig wiederkehrende Leistungen zum Inhalt haben, tritt an die Stelle der Verjährungsfrist von 30 Jahren die regelmäßige Verjährungsfrist.

. . .

§ 199
Beginn der regelmäßigen Verjährungsfrist und Höchstfristen

(1) Die regelmäßige Verjährungsfrist beginnt mit dem Schluss des Jahres, in dem
1. der Anspruch entstanden ist und
2. der Gläubiger von den den Anspruch begründenden Umständen und der Person des Schuldners Kenntnis erlangt oder ohne grobe Fahrlässigkeit erlangen müsste.

(2) Schadensersatzansprüche, die auf der Verletzung des Lebens, des Körpers, der Gesundheit oder der Freiheit beruhen, verjähren ohne Rücksicht auf ihre Entstehung und die Kenntnis oder grob fahrlässige Unkenntnis in 30 Jahren von der Begehung der Handlung, der Pflichtverletzung oder dem sonstigen, den Schaden auslösenden Ereignis an.

(3) Sonstige Schadensersatzansprüche verjähren
1. ohne Rücksicht auf die Kenntnis oder grob fahrlässige Unkenntnis in zehn Jahren von ihrer Entstehung an und
2. ohne Rücksicht auf ihre Entstehung und die Kenntnis oder grob fahrlässige Unkenntnis in 30 Jahren von der Begehung der Handlung, der Pflichtverletzung oder dem sonstigen, den Schaden auslösenden Ereignis an.

Maßgeblich ist die früher endende Frist.

(4) Andere Ansprüche als Schadensersatzansprüche verjähren ohne Rücksicht auf die Kenntnis oder grob fahrlässige Unkenntnis in zehn Jahren von ihrer Entstehung an.

(5) Geht der Anspruch auf ein Unterlassen, so tritt an die Stelle der Entstehung die Zuwiderhandlung.

§ 200
Beginn anderer Verjährungsfristen

Die Verjährungsfrist von Ansprüchen, die nicht der regelmäßigen Verjährungsfrist unterliegen, beginnt mit der Entstehung des Anspruchs, soweit nicht ein anderer Verjährungsbeginn bestimmt ist. § 199 Abs. 5 findet entsprechende Anwendung.

§ 201
Beginn der Verjährungsfrist von festgestellten Ansprüchen

Die Verjährung von Ansprüchen der in § 197 Abs. 1 Nr. 3 bis 5 bezeichneten Art beginnt mit der Rechtskraft der Entscheidung, der Errichtung des vollstreckbaren Titels oder der Feststellung im Insolvenzverfahren, nicht jedoch vor der Entstehung des Anspruchs. § 199 Abs. 5 findet entsprechende Anwendung.

§ 202
Unzulässigkeit von Vereinbarungen über die Verjährung

(1) Die Verjährung kann bei Haftung wegen Vorsatzes nicht im Voraus durch Rechtsgeschäft erleichtert werden.

(2) Die Verjährung kann durch Rechtsgeschäft nicht über eine Verjährungsfrist von 30 Jahren ab dem gesetzlichen Verjährungsbeginn hinaus erschwert werden.

Titel 2
Hemmung, Ablaufhemmung und Neubeginn der Verjährung

§ 203
Hemmung der Verjährung bei Verhandlungen

Schweben zwischen dem Schuldner und dem Gläubiger Verhandlungen über den Anspruch oder die den Anspruch begründenden Umstände, so ist die Verjährung gehemmt, bis der eine oder der andere Teil die Fortsetzung der Verhandlungen verweigert. Die Verjährung tritt frühestens drei Monate nach dem Ende der Hemmung ein.

§ 204
Hemmung der Verjährung durch Rechtsverfolgung

(1) Die Verjährung wird gehemmt durch

1. die Erhebung der Klage auf Leistung oder auf Feststellung des Anspruchs, auf Erteilung der Vollstreckungsklausel oder auf Erlass des Vollstreckungsurteils,
2. die Zustellung des Antrags im vereinfachten Verfahren über den Unterhalt Minderjähriger,
3. die Zustellung des Mahnbescheids im Mahnverfahren,
4. die Veranlassung der Bekanntgabe des Güteantrags, der bei einer durch die Landesjustizverwaltung eingerichteten oder anerkannten Gütestelle oder, wenn die Parteien den Einigungsversuch einvernehmlich unternehmen, bei einer sonstigen Gütestelle, die Streitbeilegungen betreibt, eingereicht ist; wird die Bekanntgabe demnächst nach der Einreichung des Antrags veranlasst, so tritt die Hemmung der Verjährung bereits mit der Einreichung ein,
5. die Geltendmachung der Aufrechnung des Anspruchs im Prozess,
6. die Zustellung der Streitverkündung,
7. die Zustellung des Antrags auf Durchführung eines selbstständigen Beweisverfahrens,
8. den Beginn eines vereinbarten Begutachtungsverfahrens oder die Beauftragung des Gutachters in dem Verfahren nach § 641 a,
9. die Zustellung des Antrags auf Erlass eines Arrestes, einer einstweiligen Verfügung oder einer einstweiligen Anordnung, oder, wenn der Antrag nicht zugestellt wird, dessen Einreichung, wenn der Arrestbefehl, die einstweilige Verfügung oder die einstweilige Anordnung innerhalb eines Monats seit Verkündung oder Zustellung an den Gläubiger dem Schuldner zugestellt wird,

10. die Anmeldung des Anspruchs im Insolvenzverfahren oder im Schifffahrtsrechtlichen Verteilungsverfahren,

11. den Beginn des schiedsrichterlichen Verfahrens,

12. die Einreichung des Antrags bei einer Behörde, wenn die Zulässigkeit der Klage von der Vorentscheidung dieser Behörde abhängt und innerhalb von drei Monaten nach Erledigung des Gesuchs die Klage erhoben wird; dies gilt entsprechend für bei einem Gericht oder bei einer in Nummer 4 bezeichneten Gütestelle zu stellende Anträge, deren Zulässigkeit von der Vorentscheidung einer Behörde abhängt,

13. die Einreichung des Antrags bei dem höheren Gericht, wenn dieses das zuständige Gericht zu bestimmen hat und innerhalb von drei Monaten nach Erledigung des Gesuchs die Klage erhoben oder der Antrag, für den die Gerichtsstandsbestimmung zu erfolgen hat, gestellt wird, und

14. die Veranlassung der Bekanntgabe des erstmaligen Antrags auf Gewährung von Prozesskostenhilfe; wird die Bekanntgabe demnächst nach der Einreichung des Antrags veranlasst, so tritt die Hemmung der Verjährung bereits mit der Einreichung ein.

(2) Die Hemmung nach Absatz 1 endet sechs Monate nach der rechtskräftigen Entscheidung oder anderweitigen Beendigung des eingeleiteten Verfahrens. Gerät das Verfahren dadurch in Stillstand, dass die Parteien es nicht betreiben, so tritt an die Stelle der Beendigung des Verfahrens die letzte Verfahrenshandlung der Parteien, des Gerichts oder der sonst mit dem Verfahren befassten Stelle. Die Hemmung beginnt erneut, wenn eine der Parteien das Verfahren weiter betreibt.

(3) Auf die Frist nach Absatz 1 Nr. 9, 12 und 13 finden die §§ 206, 210 und 211 entsprechende Anwendung.

§ 205

Hemmung der Verjährung bei Leistungsverweigerungsrecht

Die Verjährung ist gehemmt, solange der Schuldner aufgrund einer Vereinbarung mit dem Gläubiger vorübergehend zur Verweigerung der Leistung berechtigt ist.

§ 206

Hemmung der Verjährung bei höherer Gewalt

Die Verjährung ist gehemmt, solange der Gläubiger innerhalb der letzten sechs Monate der Verjährungsfrist durch höhere Gewalt an der Rechtsverfolgung gehindert ist.

. . .

§ 209

Wirkung der Hemmung

Der Zeitraum, während dessen die Verjährung gehemmt ist, wird in die Verjährungsfrist nicht eingerechnet.

. . .

§ 212

Neubeginn der Verjährung

(1) Die Verjährung beginnt erneut, wenn

1. der Schuldner dem Gläubiger gegenüber den Anspruch durch Abschlagszahlung, Zinszahlung, Sicherheitsleistung oder in anderer Weise anerkennt oder

2. eine gerichtliche oder behördliche Vollstreckungshandlung vorgenommen oder beantragt wird.

(2) Der erneute Beginn der Verjährung infolge einer Vollstreckungshandlung gilt als nicht eingetreten, wenn die Vollstreckungshandlung auf Antrag des Gläubigers oder wegen Mangels der gesetzlichen Voraussetzungen aufgehoben wird.

(3) Der erneute Beginn der Verjährung durch den Antrag auf Vornahme einer Vollstreckungshandlung gilt als nicht eingetreten, wenn dem Antrag nicht stattgegeben oder der Antrag vor der Vollstreckungshandlung zurückgenommen oder die erwirkte Vollstreckungshandlung nach Absatz 2 aufgehoben wird.

§ 213

Hemmung, Ablaufhemmung und erneuter Beginn der Verjährung bei anderen Ansprüchen

Die Hemmung, die Ablaufhemmung und der erneute Beginn der Verjährung gelten auch für Ansprüche, die aus demselben Grund wahlweise neben dem Anspruch oder an seiner Stelle gegeben sind.

Titel 3

Rechtsfolgen der Verjährung

§ 214

Wirkung der Verjährung

(1) Nach Eintritt der Verjährung ist der Schuldner berechtigt, die Leistung zu verweigern.

(2) Das zur Befriedigung eines verjährten Anspruchs Geleistete kann nicht zurückgefordert werden, auch wenn in Unkenntnis der Verjährung geleistet worden ist. Das Gleiche gilt von einem vertragsmäßigen Anerkenntnis sowie einer Sicherheitsleistung des Schuldners.

§ 215

Aufrechnung und Zurückbehaltungsrecht nach Eintritt der Verjährung

Die Verjährung schließt die Aufrechnung und die Geltendmachung eines Zurückbehaltungsrechts nicht aus, wenn der Anspruch in dem Zeitpunkt noch nicht verjährt war, in dem erstmals aufgerechnet oder die Leistung verweigert werden konnte.

§ 216

Wirkung der Verjährung bei gesicherten Ansprüchen

(1) Die Verjährung eines Anspruchs, für den eine Hypothek, eine Schiffshypothek oder ein Pfandrecht besteht, hindert den Gläubiger nicht, seine Befriedigung aus dem belasteten Gegenstand zu suchen.

(2) Ist zur Sicherung eines Anspruchs ein Recht verschafft worden, so kann die Rückübertragung nicht aufgrund der Verjährung des Anspruchs gefordert werden. Ist das Eigentum vorbehalten, so kann der Rücktritt vom Vertrag auch erfolgen, wenn der gesicherte Anspruch verjährt ist.

(3) Die Absätze 1 und 2 finden keine Anwendung auf die Verjährung von Ansprüchen auf Zinsen und andere wiederkehrende Leistungen.

§ 217

Verjährung von Nebenleistungen

Mit dem Hauptanspruch verjährt der Anspruch auf die von ihm abhängenden Nebenleistungen, auch wenn die für diesen Anspruch geltende besondere Verjährung noch nicht eingetreten ist.

. . .

BUCH 2

Recht der Schuldverhältnisse

ABSCHNITT 1

Inhalt der Schuldverhältnisse

Titel 1

Verpflichtung zur Leistung

. . .

§ 242

Leistung nach Treu und Glauben

Der Schuldner ist verpflichtet, die Leistung so zu bewirken, wie Treu und Glauben mit Rücksicht auf die Verkehrssitte es erfordern.

. . .

§ 280

Schadensersatz wegen Pflichtverletzung

(1) Verletzt der Schuldner eine Pflicht aus dem Schuldverhältnis, so kann der Gläubiger Ersatz des hierdurch entstehenden Schadens verlangen. Dies gilt nicht, wenn der Schuldner die Pflichtverletzung nicht zu vertreten hat.

(2) Schadensersatz wegen Verzögerung der Leistung kann der Gläubiger nur unter der zusätzlichen Voraussetzung des § 286 verlangen.

(3) Schadensersatz statt der Leistung kann der Gläubiger nur unter den zusätzlichen Voraussetzungen des § 281, des § 282 oder des § 283 verlangen.

...

§ 286
Verzug des Schuldners

(1) Leistet der Schuldner auf eine Mahnung des Gläubigers nicht, die nach dem Eintritt der Fälligkeit erfolgt, so kommt er durch die Mahnung in Verzug. Der Mahnung stehen die Erhebung der Klage auf die Leistung sowie die Zustellung eines Mahnbescheids im Mahnverfahren gleich.

(2) Der Mahnung bedarf es nicht, wenn
1. für die Leistung eine Zeit nach dem Kalender bestimmt ist,
2. der Leistung ein Ereignis vorauszugehen hat und eine angemessene Zeit für die Leistung in der Weise bestimmt ist, dass sie sich von dem Ereignis an nach dem Kalender berechnen lässt,
3. der Schuldner die Leistung ernsthaft und endgültig verweigert,
4. aus besonderen Gründen unter Abwägung der beiderseitigen Interessen der sofortige Eintritt des Verzugs gerechtfertigt ist.

(3) Der Schuldner einer Entgeltforderung kommt spätestens in Verzug, wenn er nicht innerhalb von 30 Tagen nach Fälligkeit und Zugang einer Rechnung oder gleichwertigen Zahlungsaufstellung leistet; dies gilt gegenüber einem Schuldner, der Verbraucher ist, nur, wenn auf diese Folgen in der Rechnung oder Zahlungsaufstellung besonders hingewiesen ist. Wenn der Zeitpunkt des Zugangs der Rechnung oder Zahlungsaufstellung unsicher ist, kommt der Schuldner, der nicht Verbraucher ist, spätestens 30 Tage nach Fälligkeit und Empfang der Gegenleistung in Verzug.

(4) Der Schuldner kommt nicht in Verzug, solange die Leistung infolge eines Umstandes unterbleibt, den er nicht zu vertreten hat.

...

ABSCHNITT 3

Schuldverhältnisse aus Verträgen

...

Untertitel 3
Anpassung und Beendigung von Verträgen

§ 313
Störung der Geschäftsgrundlage

(1) Haben sich Umstände, die zur Grundlage des Vertrags geworden sind, nach Vertragsschluss schwerwiegend verändert und hätten die Parteien den Vertrag nicht oder mit anderem Inhalt geschlossen, wenn sie diese Veränderung vorausgesehen hätten, so kann Anpassung des Vertrags verlangt werden, soweit einem Teil unter Berücksichtigung aller Umstände des Einzelfalles, insbesondere der vertraglichen oder gesetzlichen Risikoverteilung, das Festhalten am unveränderten Vertrag nicht zugemutet werden kann.

(2) Einer Veränderung der Umstände steht es gleich, wenn wesentliche Vorstellungen, die zur Grundlage des Vertrags geworden sind, sich als falsch herausstellen.

(3) Ist eine Anpassung des Vertrags nicht möglich oder einem Teil nicht zumutbar, so kann der benachteiligte Teil vom Vertrag zurücktreten. An die Stelle des Rücktrittsrechts tritt für Dauerschuldverhältnisse das Recht zur Kündigung.

. . .

ABSCHNITT 8
Einzelne Schuldverhältnisse

. . .

Titel 5
Mietvertrag, Pachtvertrag[1])

Untertitel 1
Allgemeine Vorschriften für Mietverhältnisse

§ 535
Inhalt und Hauptpflichten des Mietvertrags

(1) Durch den Mietvertrag wird der Vermieter verpflichtet, dem Mieter den Gebrauch der Mietsache während der Mietzeit zu gewähren. Der Vermieter hat die Mietsache dem Mieter in einem zum vertragsmäßigen Gebrauch geeigneten Zustand zu überlassen und sie während der Mietzeit in diesem Zustand zu erhalten. Er hat die auf der Mietsache ruhenden Lasten zu tragen.

(2) Der Mieter ist verpflichtet, dem Vermieter die vereinbarte Miete zu entrichten.

§ 536
Mietminderung bei Sach- und Rechtsmängeln

(1) Hat die Mietsache zur Zeit der Überlassung an den Mieter einen Fehler, der ihre Tauglichkeit zum vertragsgemäßen Gebrauch aufhebt, oder entsteht während der Mietzeit ein solcher Fehler, so ist der Mieter für die Zeit, in der die Tauglichkeit aufgehoben ist, von der Entrichtung der Miete befreit. Für die Zeit, während der die Tauglichkeit gemindert ist, hat er nur eine angemessen herabgesetzte Miete zu entrichten. Eine unerhebliche Minderung der Tauglichkeit bleibt außer Betracht.

(2) Absatz 1 Satz 1 und 2 gilt auch, wenn eine zugesicherte Eigenschaft fehlt oder später wegfällt.

(3) Wird dem Mieter der vertragsgemäße Gebrauch der Mietsache durch das Recht eines Dritten ganz oder zum Teil entzogen, so gelten die Absätze 1 und 2 entsprechend.

. . .

---

1) Das Mietrecht ist mit Wirkung vom 1. 9. 2001 durch das Mietrechtsreformgesetz vom 19. 6. 2001 neu gefasst worden (BGBl I S. 1149).

§ 536 a

Schadens- und Aufwendungsersatzanspruch des Mieters wegen eines Mangels

(1) Ist ein Mangel im Sinne des § 536 bei Vertragsabschluss vorhanden oder entsteht ein solcher Mangel später wegen eines Umstandes, den der Vermieter zu vertreten hat, oder kommt der Vermieter mit der Beseitigung eines Mangels in Verzug, so kann der Mieter unbeschadet der Rechte aus § 536 Schadensersatz wegen Nichterfüllung verlangen.

(2) Der Mieter kann den Mangel selbst beseitigen und Ersatz der erforderlichen Aufwendungen verlangen, wenn

1. der Vermieter mit der Beseitigung des Mangels in Verzug ist oder

2. die umgehende Beseitigung des Mangels zur Erhaltung oder Wiederherstellung des Bestandes der Mietsache notwendig ist.

§ 536 b

Kenntnis des Mieters vom Mangel bei Vertragsabschluss oder Annahme

Kennt der Mieter bei Vertragsabschluss den Mangel der Mietsache, so stehen ihm die Rechte aus den §§ 536 und 536 a nicht zu. Ist ihm der Mangel infolge grober Fahrlässigkeit unbekannt geblieben, so stehen ihm diese Rechte nur zu, wenn der Vermieter den Mangel arglistig verschwiegen hat. Nimmt der Mieter eine mangelhafte Sache an, obwohl er den Mangel kennt, so kann er die Rechte aus den §§ 536 und 536 a nur geltend machen, wenn er sich seine Rechte bei der Annahme vorbehält.

§ 536 c

Während der Mietzeit auftretende Mängel; Mängelanzeige durch den Mieter

(1) Zeigt sich im Laufe der Mietzeit ein Mangel der Mietsache oder wird eine Maßnahme zum Schutz der Mietsache gegen eine nicht vorhergesehene Gefahr erforderlich, so hat der Mieter dies dem Vermieter unverzüglich anzuzeigen. Das Gleiche gilt, wenn ein Dritter sich ein Recht an der Sache anmaßt.

(2) Unterlässt der Mieter die Anzeige, so ist er dem Vermieter zum Ersatz des daraus entstehenden Schadens verpflichtet. Soweit der Vermieter infolge der Unterlassung der Anzeige nicht Abhilfe schaffen konnte, ist der Mieter nicht berechtigt,

1. die in § 536 bestimmten Rechte geltend zu machen,

2. nach § 536 a Abs. 1 Schadensersatz wegen Nichterfüllung zu verlangen oder

3. ohne Bestimmung einer angemessenen Frist zur Abhilfe nach § 543 Abs. 3 Satz 1 zu kündigen.

§ 536 d

Vertraglicher Ausschluss von Rechten des Mieters wegen eines Mangels

Auf eine Vereinbarung, durch die die Rechte des Mieters wegen eines Mangels der Mietsache ausgeschlossen oder beschränkt werden, kann sich der Vermieter nicht berufen, wenn er den Mangel arglistig verschwiegen hat.

§ 537

Entrichtung der Miete bei persönlicher Verhinderung des Mieters

(1) Der Mieter wird von der Entrichtung der Miete nicht dadurch befreit, dass er durch einen in seiner Person liegenden Grund an der Ausübung seines Gebrauchsrechts gehindert wird. Der Vermieter muss sich jedoch den Wert der ersparten Aufwendungen sowie derjenigen Vorteile anrechnen lassen, die er aus einer anderweitigen Verwertung des Gebrauchs erlangt.

(2) Solange der Vermieter infolge der Überlassung des Gebrauchs an einen Dritten außerstande ist, dem Mieter den Gebrauch zu gewähren, ist der Mieter zur Entrichtung der Miete nicht verpflichtet.

§ 538

Abnutzung der Mietsache durch vertragsgemäßen Gebrauch

Veränderungen oder Verschlechterungen der Mietsache, die durch den vertragsgemäßen Gebrauch herbeigeführt werden, hat der Mieter nicht zu vertreten.

§ 539

Ersatz sonstiger Aufwendungen und Wegnahmerecht des Mieters

(1) Der Mieter kann vom Vermieter Aufwendungen auf die Mietsache, die der Vermieter ihm nicht nach § 536 a Abs. 2 zu ersetzen hat, nach den Vorschriften über die Geschäftsführung ohne Auftrag ersetzt verlangen.

(2) Der Mieter ist berechtigt, eine Einrichtung wegzunehmen mit der er die Mietsache versehen hat.

§ 540

Gebrauchsüberlassung an Dritte

(1) Der Mieter ist ohne die Erlaubnis des Vermieters nicht berechtigt, den Gebrauch der Mietsache einem Dritten zu überlassen, insbesondere sie weiter zu vermieten. Verweigert der Vermieter die Erlaubnis, so kann der Mieter das Mietverhältnis außerordentlich mit der gesetzlichen Frist kündigen, sofern nicht in der Person des Dritten ein wichtiger Grund vorliegt.

(2) Überlässt der Mieter den Gebrauch einem Dritten, so hat er ein dem Dritten bei dem Gebrauch zur Last fallendes Verschulden zu vertreten, auch wenn der Vermieter die Erlaubnis zur Überlassung erteilt hat.

§ 541

Unterlassungsklage bei vertragswidrigem Gebrauch

Setzt der Mieter einen vertragswidrigen Gebrauch der Mietsache trotz einer Abmahnung des Vermieters fort, so kann dieser auf Unterlassung klagen.

§ 542

Ende des Mietverhältnisses

(1) Ist die Mietzeit nicht bestimmt, so kann jede Vertragspartei das Mietverhältnis nach den gesetzlichen Vorschriften kündigen.

(2) Ein Mietverhältnis, das auf bestimmte Zeit eingegangen ist, endet mit dem Ablauf dieser Zeit, sofern es nicht

1. in den gesetzlich zugelassenen Fällen außerordentlich gekündigt oder

2. verlängert wird.

§ 543

Außerordentliche fristlose Kündigung aus wichtigem Grund

(1) Jede Vertragspartei kann das Mietverhältnis aus wichtigem Grund außerordentlich fristlos kündigen. Ein wichtiger Grund liegt vor, wenn dem Kündigenden unter Berücksichtigung aller Umstände des Einzelfalls, insbesondere eines Verschuldens der Vertragsparteien, und unter Abwägung der beiderseitigen Interessen die Fortsetzung des Mietverhältnisses bis zum Ablauf der Kündigungsfrist oder bis zur sonstigen Beendigung des Mietverhältnisses nicht zugemutet werden kann.

(2) Ein wichtiger Grund liegt insbesondere vor, wenn

1. dem Mieter der vertragsgemäße Gebrauch der Mietsache ganz oder zum Teil nicht rechtzeitig gewährt oder wieder entzogen wird,

2. der Mieter die Rechte des Vermieters dadurch in erheblichem Maße verletzt, dass er die Mietsache durch Vernachlässigung der ihm obliegenden Sorgfalt erheblich gefährdet oder sie unbefugt einem Dritten überlässt oder

3. der Mieter

    a) für zwei aufeinander folgende Termine mit der Entrichtung der Miete oder eines nicht unerheblichen Teils der Miete in Verzug ist oder

    b) in einem Zeitraum, der sich über mehr als zwei Termine erstreckt, mit der Entrichtung der Miete in Höhe eines Betrages in Verzug ist, der die Miete für zwei Monate erreicht.

Im Fall des Satzes 1 Nr. 3 ist die Kündigung ausgeschlossen, wenn der Vermieter vorher befriedigt wird. Sie wird unwirksam, wenn sich der Mieter von seiner Schuld durch Aufrechnung befreien konnte und unverzüglich nach der Kündigung die Aufrechnung erklärt.

(3) Besteht der wichtige Grund in der Verletzung einer Pflicht aus dem Mietvertrag, so ist die Kündigung erst nach erfolglosem Ablauf einer zur Abhilfe bestimmten angemessenen Frist oder nach erfolgloser Abmahnung zulässig. Dies gilt nicht, wenn

1. eine Frist oder Abmahnung offensichtlich keinen Erfolg verspricht,

2. die sofortige Kündigung aus besonderen Gründen unter Abwägung der beiderseitigen Interessen gerechtfertigt ist oder

3. der Mieter mit der Entrichtung der Miete im Sinne des Absatzes 2 Nr. 3 in Verzug ist.

(4) Auf das dem Mieter nach Absatz 2 Nr. 1 zustehende Kündigungsrecht sind die §§ 536 b, 536 d entsprechend anzuwenden. Ist strittig, ob der Vermieter den Gebrauch der Mietsache rechtzeitig gewährt oder die Abhilfe vor Ablauf der hierzu bestimmten Frist bewirkt hat, so trifft ihn die Beweislast.

§ 544

Vertrag über mehr als 30 Jahre

Wird ein Mietvertrag für eine längere Zeit als 30 Jahre geschlossen, so kann jede Vertragspartei nach Ablauf von 30 Jahren nach Überlassung der Mietsache das Mietverhältnis außerordentlich mit der gesetzlichen Frist kündigen. Die Kündigung ist unzulässig, wenn der Vertrag für die Lebenszeit des Vermieters geschlossen worden ist.

§ 545

Stillschweigende Verlängerung des Mietverhältnisses

Setzt der Mieter nach Ablauf der Mietzeit den Gebrauch der Mietsache fort, so verlängert sich das Mietverhältnis auf unbestimmte Zeit, sofern nicht eine Vertragspartei ihren entgegenstehenden Willen innerhalb von zwei Wochen dem anderen Teil erklärt. Die Frist beginnt

1. für den Mieter mit der Fortsetzung des Gebrauchs,

2. für den Vermieter mit dem Zeitpunkt, in dem er von der Fortsetzung Kenntnis erhält.

§ 546

Rückgabepflicht des Mieters

(1) Der Mieter ist verpflichtet, die Mietsache nach Beendigung des Mietverhältnisses zurückzugeben.

(2) Hat der Mieter den Gebrauch der Mietsache einem Dritten überlassen, so kann der Vermieter die Sache nach Beendigung des Mietverhältnisses auch von dem Dritten zurückfordern.

§ 546 a

Entschädigung des Vermieters bei verspäteter Rückgabe

(1) Gibt der Mieter die Mietsache nach Beendigung des Mietverhältnisses nicht zurück, so kann der Vermieter für die Dauer der Vorenthaltung als Entschädigung die vereinbarte Miete oder die Miete verlangen, die für vergleichbare Sachen ortsüblich ist.

(2) Die Geltendmachung eines weiteren Schadens ist nicht ausgeschlossen.

§ 547

Erstattung von im Voraus entrichteter Miete

(1) Ist die Miete für die Zeit nach Beendigung des Mietverhältnisses im Voraus entrichtet worden, so hat der Vermieter sie zurückzuerstatten und ab Empfang zu verzinsen. Hat der Vermieter die Beendigung des Mietverhältnisses nicht zu vertreten, so hat er das Erlangte nach den Vorschriften über die Herausgabe einer ungerechtfertigten Bereicherung zurückzuerstatten.

...

§ 548

Verjährung der Ersatzansprüche und des Wegnahmerechts

(1) Die Ersatzansprüche des Vermieters wegen Veränderungen oder Verschlechterungen der Mietsache verjähren in sechs Monaten. Die Verjährung beginnt mit dem Zeitpunkt, in dem er die Mietsache zurückerhält. Mit der Verjährung des Anspruchs des Vermieters auf Rückgabe der Mietsache verjähren auch seine Ersatzansprüche.

(2) Ansprüche des Mieters auf Ersatz von Aufwendungen oder auf Gestattung der Wegnahme einer Einrichtung verjähren in sechs Monaten nach der Beendigung des Mietverhältnisses.

Untertitel 2
Mietverhältnisse über Wohnraum

Kapitel 1
Allgemeine Vorschriften

...

§ 550

Form des Mietvertrags

Wird der Mietvertrag für längere Zeit als ein Jahr nicht in schriftlicher Form geschlossen, so gilt er für unbestimmte Zeit. Eine Kündigung ist jedoch frühestens zum Ablauf eines Jahres nach Überlassung des Wohnraums zulässig.

...

§ 552

Abwendung des Wegnahmerechts des Mieters

(1) Der Vermieter kann die Ausübung des Wegnahmerechts (§ 539 Abs. 2) durch Zahlung einer angemessenen Entschädigung abwenden, wenn nicht der Mieter ein berechtigtes Interesse an der Wegnahme hat.

...

Kapitel 3
Pfandrecht des Vermieters

§ 562
Umfang des Vermieterpfandrechts

(1) Der Vermieter hat für seine Forderungen aus dem Mietverhältnis ein Pfandrecht an den eingebrachten Sachen des Mieters. Es erstreckt sich nicht auf die Sachen, die der Pfändung nicht unterliegen.

(2) Für künftige Entschädigungsforderungen und für die Miete für eine spätere Zeit als das laufende und das folgende Mietjahr kann das Pfandrecht nicht geltend gemacht werden.

§ 562 a
Erlöschen des Vermieterpfandrechts

Das Pfandrecht des Vermieters erlischt mit der Entfernung der Sachen von dem Grundstück, außer wenn diese ohne Wissen oder unter Widerspruch des Vermieters erfolgt. Der Vermieter kann nicht widersprechen, wenn sie den gewöhnlichen Lebensverhältnissen entspricht oder wenn die zurückbleibenden Sachen zur Sicherung des Vermieters ausreichen.

§ 562 b
Selbsthilferecht, Herausgabeanspruch

(1) Der Vermieter darf die Entfernung der Sachen, die seinem Pfandrecht unterliegen, auch ohne Anrufen des Gerichts verhindern, soweit er berechtigt ist, der Entfernung zu widersprechen. Wenn der Mieter auszieht, darf der Vermieter diese Sachen in seinen Besitz nehmen.

(2) Sind die Sachen ohne Wissen oder unter Widerspruch des Vermieters entfernt worden, so kann er die Herausgabe zum Zwecke der Zurückschaffung auf das Grundstück und, wenn der Mieter ausgezogen ist, die Überlassung des Besitzes verlangen. Das Pfandrecht erlischt mit dem Ablauf eines Monats, nachdem der Vermieter von der Entfernung der Sachen Kenntnis erlangt hat, wenn er diesen Anspruch nicht vorher gerichtlich geltend gemacht hat.

§ 562 c
Abwendung des Pfandrechts durch Sicherheitsleistung

Der Mieter kann die Geltendmachung des Pfandrechts des Vermieters durch Sicherheitsleistung abwenden. Er kann jede einzelne Sache dadurch von dem Pfandrecht befreien, dass er in Höhe ihres Wertes Sicherheit leistet.

§ 562 d
Pfändung durch Dritte

Wird eine Sache, die dem Pfandrecht des Vermieters unterliegt, für einen anderen Gläubiger gepfändet, so kann diesem gegenüber das Pfandrecht nicht wegen der Miete für eine frühere Zeit als das letzte Jahr vor der Pfändung geltend gemacht werden.

Kapitel 4

Wechsel der Vertragsparteien

. . .

§ 563 b

Haftung bei Eintritt oder Fortsetzung

(1) Die Personen, die nach § 563 in das Mietverhältnis eingetreten sind oder mit denen es nach § 563 a fortgesetzt wird, haften neben dem Erben für die bis zum Tod des Mieters entstandenen Verbindlichkeiten als Gesamtschuldner. Im Verhältnis zu diesen Personen haftet der Erbe allein, soweit nichts anderes bestimmt ist.

(2) Hat der Mieter die Miete für einen nach seinem Tod liegenden Zeitraum im Voraus entrichtet, sind die Personen, die nach § 563 in das Mietverhältnis eingetreten sind oder mit denen es nach § 563 a fortgesetzt wird, verpflichtet, dem Erben dasjenige herauszugeben, was sie infolge der Vorausentrichtung der Miete ersparen oder erlangen.

. . .

§ 566

Kauf bricht nicht Miete

(1) Wird der vermietete Wohnraum nach der Überlassung an den Mieter von dem Vermieter an einen Dritten veräußert, so tritt der Erwerber anstelle des Vermieters in die sich während der Dauer seines Eigentums aus dem Mietverhältnis ergebenden Rechte und Pflichten ein.

(2) Erfüllt der Erwerber die Pflichten nicht, so haftet der Vermieter für den von dem Erwerber zu ersetzenden Schaden wie ein Bürge, der auf die Einrede der Vorausklage verzichtet hat. Erlangt der Mieter von dem Übergang des Eigentums durch Mitteilung des Vermieters Kenntnis, so wird der Vermieter von der Haftung befreit, wenn nicht der Mieter das Mietverhältnis zum ersten Termin kündigt, zu dem die Kündigung zulässig ist.

§ 566 a

Mietsicherheit

Hat der Mieter des veräußerten Wohnraums dem Vermieter für die Erfüllung seiner Pflichten Sicherheit geleistet, so tritt der Erwerber in die dadurch begründeten Rechte und Pflichten ein. Kann bei Beendigung des Mietverhältnisses der Mieter die Sicherheit von dem Erwerber nicht erlangen, so ist der Vermieter weiterhin zur Rückgewähr verpflichtet.

§ 566 b

Vorausverfügung über die Miete

(1) Hat der Vermieter vor dem Übergang des Eigentums über die Miete verfügt, die auf die Zeit der Berechtigung des Erwerbers entfällt, so ist die Verfügung wirksam, soweit sie sich auf die Miete für den zur Zeit des Eigentumsübergangs laufenden Kalendermonat bezieht. Geht das Eigentum nach dem 15. Tag des Monats über, so ist

die Verfügung auch wirksam, soweit sie sich auf die Miete für den folgenden Kalendermonat bezieht.

(2) Eine Verfügung über die Miete für eine spätere Zeit muss der Erwerber gegen sich gelten lassen, wenn er sie zur Zeit des Übergangs des Eigentums kennt.

§ 566 c

Vereinbarung zwischen Mieter und Vermieter über die Miete

Ein Rechtsgeschäft, das zwischen dem Mieter und dem Vermieter über die Mietforderung vorgenommen wird, insbesondere die Entrichtung der Miete, ist dem Erwerber gegenüber wirksam, soweit es sich nicht auf die Miete für eine spätere Zeit als den Kalendermonat bezieht, in welchem der Mieter von dem Übergang des Eigentums Kenntnis erlangt. Erlangt der Mieter die Kenntnis nach dem 15. Tag des Monats, so ist das Rechtsgeschäft auch wirksam, soweit es sich auf die Miete für den folgenden Kalendermonat bezieht. Ein Rechtsgeschäft, das nach dem Übergang des Eigentums vorgenommen wird, ist jedoch unwirksam, wenn der Mieter bei der Vornahme des Rechtsgeschäfts von dem Übergang des Eigentums Kenntnis hat.

§ 566 d

Aufrechnung durch den Mieter

Soweit die Entrichtung der Miete an den Vermieter nach § 566 c dem Erwerber gegenüber wirksam ist, kann der Mieter gegen die Mietforderung des Erwerbers eine ihm gegen den Vermieter zustehende Forderung aufrechnen. Die Aufrechnung ist ausgeschlossen, wenn der Mieter die Gegenforderung erworben hat, nachdem er von dem Übergang des Eigentums Kenntnis erlangt hat, oder wenn die Gegenforderung erst nach der Erlangung der Kenntnis und später als die Miete fällig geworden ist.

§ 566 e

Mitteilung des Eigentumsübergangs durch den Vermieter

(1) Teilt der Vermieter dem Mieter mit, dass er das Eigentum an dem vermieteten Wohnraum auf einen Dritten übertragen hat, so muss er in Ansehung der Mietforderung dem Mieter gegenüber die mitgeteilte Übertragung gegen sich gelten lassen, auch wenn sie nicht erfolgt oder nicht wirksam ist.

(2) Die Mitteilung kann nur mit Zustimmung desjenigen zurückgenommen werden, der als der neue Eigentümer bezeichnet worden ist.

§ 567

Belastung des Wohnraums durch den Vermieter

Wird der vermietete Wohnraum nach der Überlassung an den Mieter von dem Vermieter mit dem Recht eines Dritten belastet, so sind die §§ 566 bis 566 e entsprechend anzuwenden, wenn durch die Ausübung des Rechts dem Mieter der vertragsgemäße Gebrauch entzogen wird. Wird der Mieter durch die Ausübung des Rechts in dem vertragsgemäßen Gebrauch beschränkt, so ist der Dritte dem Mieter gegenüber verpflichtet, die Ausübung zu unterlassen, soweit sie den vertragsgemäßen Gebrauch beeinträchtigen würde.

§ 567 a

Veräußerung oder Belastung vor der Überlassung des Wohnraums

Hat vor der Überlassung des vermieteten Wohnraums an den Mieter der Vermieter den Wohnraum an einen Dritten veräußert oder mit einem Recht belastet, durch dessen Ausübung der vertragsgemäße Gebrauch dem Mieter entzogen oder beschränkt wird, so gilt das Gleiche wie in den Fällen des § 566 Abs. 1 und des § 567, wenn der Erwerber dem Vermieter gegenüber die Erfüllung der sich aus dem Mietverhältnis ergebenden Pflichten übernommen hat.

§ 567 b

Weiterveräußerung oder Belastung durch Erwerber

Wird der vermietete Wohnraum von dem Erwerber weiterveräußert oder belastet, so sind § 566 Abs. 1 und die §§ 566 a bis 567 a entsprechend anzuwenden. Erfüllt der neue Erwerber die sich aus dem Mietverhältnis ergebenden Pflichten nicht, so haftet der Vermieter dem Mieter nach § 566 Abs. 2.

Kapitel 5

Beendigung des Mietverhältnisses

Unterkapitel 1

Allgemeine Vorschriften

. . .

§ 569

Außerordentliche fristlose Kündigung aus wichtigem Grund

(1) Ein wichtiger Grund im Sinne des § 543 Abs. 1 liegt für den Mieter auch vor, wenn der gemietete Wohnraum so beschaffen ist, dass seine Benutzung mit einer erheblichen Gefährdung der Gesundheit verbunden ist. Dies gilt auch, wenn der Mieter die Gefahr bringende Beschaffenheit bei Vertragsabschluss gekannt oder darauf verzichtet hat, die ihm wegen dieser Beschaffenheit zustehenden Rechte geltend zu machen.

(2) Ein wichtiger Grund im Sinne des § 543 Abs. 1 liegt ferner vor, wenn eine Vertragspartei den Hausfrieden nachhaltig stört, so dass dem Kündigenden unter Berücksichtigung aller Umstände des Einzelfalls, insbesondere eines Verschuldens der Vertragsparteien, und unter Abwägung der beiderseitigen Interessen die Fortsetzung des Mietverhältnisses bis zum Ablauf der Kündigungsfrist oder bis zur sonstigen Beendigung des Mietverhältnisses nicht zugemutet werden kann.

. . .

§ 570

Ausschluss des Zurückbehaltungsrechts

Dem Mieter steht kein Zurückbehaltungsrecht gegen den Rückgabeanspruch des Vermieters zu.

. . .

Untertitel 3

Mietverhältnisse über andere Sachen

§ 578

Mietverhältnisse über Grundstücke und Räume

(1) Auf Mietverhältnisse über Grundstücke sind die Vorschriften der §§ 550, 562 bis 562 d, 566 bis 567 b sowie 570 entsprechend anzuwenden.

(2) Auf Mietverhältnisse über Räume, die keine Wohnräume sind, sind die in Absatz 1 genannten Vorschriften sowie § 552 Abs. 1, § 554 Abs. 1 bis 4 und § 569 Abs. 2 entsprechend anzuwenden. Sind die Räume zum Aufenthalt von Menschen bestimmt, gilt außerdem § 569 Abs. 1 entsprechend.

. . .

§ 579

Fälligkeit der Miete

(1) Die Miete für ein Grundstück, ein im Schiffsregister eingetragenes Schiff und für bewegliche Sachen ist am Ende der Mietzeit zu entrichten. Ist die Miete nach Zeitabschnitten bemessen, so ist sie nach Ablauf der einzelnen Zeitabschnitte zu entrichten. Die Miete für ein Grundstück ist, sofern sie nicht nach kürzeren Zeitabschnitten bemessen ist, jeweils nach Ablauf eines Kalendervierteljahres am ersten Werktag des folgenden Monats zu entrichten.

(2) Für Mietverhältnisse über Räume gilt § 556 b Abs. 1 entsprechend.

. . .

§ 580 a

Kündigungsfristen

(1) Bei einem Mietverhältnis über Grundstücke, über Räume, die keine Geschäftsräume sind, oder über im Schiffsregister eingetragene Schiffe ist die ordentliche Kündigung zulässig,

1. wenn die Miete nach Tagen bemessen ist, an jedem Tag zum Ablauf des folgenden Tages;

2. wenn die Miete nach Wochen bemessen ist, spätestens am ersten Werktag einer Woche zum Ablauf des folgenden Sonnabends;

3. wenn die Miete nach Monaten oder längeren Zeitabschnitten bemessen ist, spätestens am dritten Werktag eines Kalendermonats zum Ablauf des übernächsten Monats, bei einem Mietverhältnis über gewerblich genutzte unbebaute Grundstücke oder im Schiffsregister eingetragene Schiffe jedoch nur zum Ablauf eines Kalendervierteljahres.

(2) Bei einem Mietverhältnis über Geschäftsräume ist die ordentliche Kündigung spätestens am dritten Werktag eines Kalendervierteljahres zum Ablauf des nächsten Kalendervierteljahres zulässig.

(3) Bei einem Mietverhältnis über bewegliche Sachen ist die ordentliche Kündigung zulässig,

1. wenn die Miete nach Tagen bemessen ist, an jedem Tag zum Ablauf des folgenden Tages;

2. wenn die Miete nach längeren Zeitabschnitten bemessen ist, spätestens am dritten Tag vor dem Tag, mit dessen Ablauf das Mietverhältnis enden soll.

(4) Absatz 1 Nr. 3, Absatz 2 und 3 Nr. 2 sind auch anzuwenden, wenn ein Mietverhältnis außerordentlich mit der gesetzlichen Frist gekündigt werden kann.

Untertitel 4

Pachtvertrag

§ 581

Vertragstypische Pflichten beim Pachtvertrag

(1) Durch den Pachtvertrag wird der Verpächter verpflichtet, dem Pächter den Gebrauch des verpachteten Gegenstandes und den Genuss der Früchte, soweit sie nach den Regeln einer ordnungsgemäßen Wirtschaft als Ertrag anzusehen sind, während der Pachtzeit zu gewähren. Der Pächter ist verpflichtet, dem Verpächter den vereinbarten Pachtzins zu entrichten.

(2) Auf die Pacht mit Ausnahme der Landpacht sind, soweit sich nicht aus den §§ 582 bis 584 b etwas anderes ergibt, die Vorschriften über die Miete entsprechend anzuwenden.

. . .

§ 584

Kündigungsfristen

(1) Ist bei der Pacht eines Grundstücks oder eines Rechtes die Pachtzeit nicht bestimmt, so ist die Kündigung nur für den Schluss eines Pachtjahrs zulässig; sie hat spätestens am ersten Werktage des halben Jahres zu erfolgen, mit dessen Ablauf die Pacht enden soll.

(2) Diese Vorschriften gelten bei der Pacht eines Grundstücks oder eines Rechtes auch für die Fälle, in denen das Pachtverhältnis unter Einhaltung der gesetzlichen Frist vorzeitig gekündigt werden kann.

§ 584 a

Ausschluss bestimmter mietrechtlicher Kündigungsrechte

(1) Dem Pächter steht das im § 540 Abs. 1 bestimmte Kündigungsrecht nicht zu.

(2) Der Verpächter ist nicht berechtigt, das Pachtverhältnis nach § 580 zu kündigen.

§ 584 b

Verspätete Rückgabe

Gibt der Pächter den gepachteten Gegenstand nach der Beendigung des Pachtverhältnisses nicht zurück, so kann der Verpächter für die Dauer der Vorenthaltung als Entschädigung die vereinbarte Pacht nach dem Verhältnis verlangen, in dem die Nutzungen, die der Pächter während dieser Zeit gezogen hat oder hätte ziehen können, zu den Nutzungen des ganzen Pachtjahrs stehen. Die Geltendmachung eines weiteren Schadens ist nicht ausgeschlossen.

Synopse der mietrechtlichen Vorschriften des BGB

BGB alt bis 31. 8. 2001	BGB neu ab 1. 9. 2001
§ 535	§ 535
§ 536	§ 535
§ 537	§ 536 Abs. 1, 2, 4
§ 538	§ 536 a
§ 539	§ 536 b
§ 540	§ 536 d
§ 541	§ 536 Abs. 3
§ 541 a	§ 554 Abs. 1
§ 541 b	§ 554 Abs. 2–5
§ 542	§ 543
§ 543	§ 543 Abs. 4
§ 544	§ 569
§ 545	§ 536 c
§ 546	§ 535 Abs. 1
§ 547 Abs. 1	§ 536 a Abs. 2
§ 547 Abs. 2	§ 539 Abs. 1
§ 547 a Abs. 1	§ 539 Abs. 2
§ 547 a Abs. 2, 3	§ 552
§ 548	§ 538
§ 549 Abs. 1, 3	§ 540
§ 549 Abs. 2	§ 553
§ 549 a	§ 565
§ 550	§ 541
§ 550 a	§ 555
§ 550 b	§ 551
§ 551	§§ 556 b Abs. 1, 579
§ 552	§ 537
§ 552 a	§ 556 b Abs. 2
§ 553	§ 543 Abs. 2
§ 554 Abs. 1	§ 543 Abs. 2
§ 554 Abs. 2	§ 569 Abs. 3, 4
§ 554 a	§§ 543 Abs. 1, 569 Abs. 2, 4
§ 554 b	§ 569 Abs. 5
§ 555	*entfallen*
§ 556 Abs. 1, 3	§ 546

BGB alt bis 31. 8. 2001	BGB neu ab 1. 9. 2001
§ 556 Abs. 2 Abs. 1	§§ 570, 578 Abs. 1
§ 556 a Abs. 1, 4, 7	§ 574
§ 556 a Abs. 2, 3	§ 574 a
§ 556 a Abs. 5, 6	§ 574 b
§ 556 a Abs. 8	§ 549 Abs. 2
§ 556 b	*entfallen*
§ 556 c	§ 574 c
§ 557 Abs. 1	§ 546 a
§ 557 Abs. 2–4	§ 571
§ 557 a	§ 547
§ 558	§ 548
§ 559	§ 562
§ 560	§ 562 a
§ 561	§ 562 b
§ 562	§ 562 c
§ 563	§ 562 d
§ 564	§ 542
§ 564 a Abs. 1, 2	§ 568
§ 564 a Abs. 3	§ 549 Abs. 2, 3
§ 564 b Abs. 1–3	§§ 573, 573 a, 573 b, 577 a
§ 564 b Abs. 7	§ 549 Abs. 2, 3
§ 564 c	§ 575
§ 565 Abs. 1, 1 a, 4, 5	§ 580 a
§ 565 Abs. 2, 3	§ 573 c
§ 565 Abs. 5	§§ 573 d Abs. 1, 2, 580 a Abs. 4
§ 565 a Abs. 2	§ 572 Abs. 2
§ 565 b	*entfallen*
§ 565 c	§ 576
§ 565 d	§ 576 a
§ 565 e	§ 576 b
§ 566	§ 550
§ 567	§ 544
§ 568	§ 545
§ 569	§ 580
§ 569 a	§§ 563, 563 b
§ 569 b	§ 563 a
§ 570	*entfallen*
§ 570 a	§ 572 Abs. 1

BGB Übersicht

BGB alt bis 31. 8. 2001	BGB neu ab 1. 9. 2001
§ 570 b	§ 577
§ 571	§§ 566, 578
§ 572	§ 566 a
§ 573	§ 566 b
§ 574	§§ 566 c, 578
§ 575	§§ 566 d, 578
§ 576	§§ 566 e, 578
§ 577	§§ 567, 578
§ 578	§§ 567 a, 578
§ 579	§§ 567 b, 578
§ 580	*entfallen*
§ 580 a	§ 578 a

Einführungsgesetz zum Bürgerlichen Gesetzbuche (EGBGB)

i. d. F. der Bekanntmachung vom 21. September 1994 (BGBl I S. 2494),
zuletzt geändert durch das Gesetz vom 22. September 2005 (BGBl I S. 2809)

– Auszug –

. . .

FÜNFTER TEIL

Übergangsvorschriften aus Anlass jüngerer Änderungen des Bürgerlichen Gesetzbuches und dieses Einführungsgesetzes

. . .

Art. 229
Weitere Überleitungsvorschriften

. . .

§ 5
Allgemeine Überleitungsvorschrift zum Gesetz zur Modernisierung des Schuldrechts vom 26. November 2001

Auf Schuldverhältnisse, die vor dem 1. Januar 2002 entstanden sind, sind das Bürgerliche Gesetzbuch, das AGB-Gesetz, das Handelsgesetzbuch, das Verbraucherkreditgesetz, das Fernabsatzgesetz, das Fernunterrichtsschutzgesetz, das Gesetz über den Widerruf von Haustürgeschäften und ähnlichen Geschäften, das Teilzeit-Wohnrechtegesetz, die Verordnung über Kundeninformationspflichten, die Verordnung über Informationspflichten von Reiseveranstaltern und die Verordnung betreffend die Hauptmängel und Gewährfristen beim Viehhandel, soweit nicht ein anderes bestimmt ist, in der bis zu diesem Tag geltenden Fassung anzuwenden. Satz 1 gilt für Dauerschuldverhältnisse mit der Maßgabe, dass anstelle der in Satz 1 bezeichneten Gesetze vom 1. Januar 2003 an nur das Bürgerliche Gesetzbuch, das Handelsgesetzbuch, das Fernunterrichtsschutzgesetz und die Verordnung über Informationspflichten nach bürgerlichem Recht in der dann geltenden Fassung anzuwenden sind.

§ 6
Überleitungsvorschrift zum Verjährungsrecht nach dem Gesetz zur Modernisierung des Schuldrechts vom 26. November 2001

(1) Die Vorschriften des Bürgerlichen Gesetzbuchs über die Verjährung in der seit dem 1. Januar 2002 geltenden Fassung finden auf die an diesem Tag bestehenden und noch nicht verjährten Ansprüche Anwendung. Der Beginn, die Hemmung, die Ablaufhemmung und der Neubeginn der Verjährung bestimmen sich jedoch für den Zeitraum vor dem 1. Januar 2002 nach dem Bürgerlichen Gesetzbuch in der bis zu diesem Tag

geltenden Fassung. Wenn nach Ablauf des 31. Dezember 2001 ein Umstand eintritt, bei dessen Vorliegen nach dem Bürgerlichen Gesetzbuch in der vor dem 1. Januar 2002 geltenden Fassung eine vor dem 1. Januar 2002 eintretende Unterbrechung der Verjährung als nicht erfolgt oder als erfolgt gilt, so ist auch insoweit das Bürgerliche Gesetzbuch in der vor dem 1. Januar 2002 geltenden Fassung anzuwenden.

(2) Soweit die Vorschriften des Bürgerlichen Gesetzbuchs in der seit dem 1. Januar 2002 geltenden Fassung anstelle der Unterbrechung der Verjährung deren Hemmung vorsehen, so gilt eine Unterbrechung der Verjährung, die nach den anzuwendenden Vorschriften des Bürgerlichen Gesetzbuchs in der vor dem 1. Januar 2002 geltenden Fassung vor dem 1. Januar 2002 eintritt und mit Ablauf des 31. Dezember 2001 noch nicht beendigt ist, als mit dem Ablauf des 31. Dezember 2001 beendigt, und die neue Verjährung ist mit Beginn des 1. Januar 2002 gehemmt.

(3) Ist die Verjährungsfrist nach dem Bürgerlichen Gesetzbuch in der seit dem 1. Januar 2002 geltenden Fassung länger als nach dem Bürgerlichen Gesetzbuch in der bis zu diesem Tag geltenden Fassung, so ist die Verjährung mit dem Ablauf der im Bürgerlichen Gesetzbuch in der bis zu diesem Tag geltenden Fassung bestimmten Frist vollendet.

(4) Ist die Verjährungsfrist nach dem Bürgerlichen Gesetzbuch in der seit dem 1. Januar 2002 geltenden Fassung kürzer als nach dem Bürgerlichen Gesetzbuch in der bis zu diesem Tag geltenden Fassung, so wird die kürzere Frist von dem 1. Januar 2002 an berechnet. Läuft jedoch die im Bürgerlichen Gesetzbuch in der bis zu diesem Tag geltenden Fassung bestimmte längere Frist früher als die im Bürgerlichen Gesetzbuch in der seit diesem Tag geltenden Fassung bestimmten Frist ab, so ist die Verjährung mit dem Ablauf der im Bürgerlichen Gesetzbuch in der bis zu diesem Tag geltenden Fassung bestimmten Frist vollendet.

(5) Die vorstehenden Absätze sind entsprechend auf Fristen anzuwenden, die für die Geltendmachung, den Erwerb oder den Verlust eines Rechts maßgebend sind.

(6) Die vorstehenden Absätze gelten für die Fristen nach dem Handelsgesetzbuch und dem Umwandlungsgesetz entsprechend.

SECHSTER TEIL

In-Kraft-Treten und Übergangsrecht aus Anlass der Einführung des Bürgerlichen Gesetzbuchs und dieses Einführungsgesetzes in dem in Art. 3 des Einigungsvertrages genannten Gebiet

. . .

Art. 231

Erstes Buch. Allgemeiner Teil des Bürgerlichen Gesetzbuchs

. . .

§ 2

Vereine

(1) Rechtsfähige Vereinigungen, die nach dem Gesetz über Vereinigungen – Vereinigungsgesetz – vom 21. Februar 1990 (GBl I Nr. 10 S. 75), geändert durch das Gesetz

vom 22. Juni 1990 (GBl I Nr. 37 S. 470, Nr. 39 S. 546) vor dem Wirksamwerden des Beitritts entstanden sind, bestehen fort.

(2) Auf sie sind ab dem Tag des Wirksamwerdens des Beitritts die §§ 21 bis 79 des Bürgerlichen Gesetzbuchs anzuwenden.

(3) Die in Absatz 1 genannten Vereinigungen führen ab dem Wirksamwerden des Beitritts die Bezeichnung „eingetragener Verein".

(4) Auf nicht rechtsfähige Vereinigungen im Sinn des Gesetzes über Vereinigungen – Vereinigungsgesetz – vom 21. Februar 1990 findet ab dem Tag des Wirksamwerdens des Beitritts § 54 des Bürgerlichen Gesetzbuchs Anwendung.

. . .

§ 4

Haftung juristischer Personen für ihre Organe

Die §§ 31 und 89 des Bürgerlichen Gesetzbuchs sind nur auf solche Handlungen anzuwenden, die am Tag des Wirksamwerdens des Beitritts oder danach begangen werden.

§ 5

Sachen

(1) Nicht zu den Bestandteilen eines Grundstücks gehören Gebäude, Baulichkeiten, Anlagen, Anpflanzungen oder Einrichtungen, die gemäß dem am Tag vor dem Wirksamwerden des Beitritts geltenden Recht vom Grundstückseigentum unabhängiges Eigentum sind. Das Gleiche gilt, wenn solche Gegenstände am Tag des Wirksamwerdens des Beitritts oder danach errichtet oder angebracht werden, soweit dies aufgrund eines vor dem Wirksamwerden des Beitritts begründeten Nutzungsrechts an dem Grundstück oder Nutzungsrechts nach §§ 312 bis 315 des Zivilgesetzbuchs der Deutschen Demokratischen Republik zulässig ist.

(2) Das Nutzungsrecht an dem Grundstück und die erwähnten Anlagen, Anpflanzungen oder Einrichtungen gelten als wesentliche Bestandteile des Gebäudes. Artikel 233 § 4 Abs. 3 und 5 bleiben unberührt.

(3) Das Gebäudeeigentum nach den Absätzen 1 und 2 erlischt, wenn nach dem 31. Dezember 2000 das Eigentum am Grundstück übertragen wird, es sei denn, dass das Nutzungsrecht oder das selbstständige Gebäudeeigentum nach Artikel 233 § 2 b Abs. 2 Satz 3 im Grundbuch des veräußerten Grundstücks eingetragen ist oder dem Erwerber das nicht eingetragene Recht bekannt war. Dem Inhaber des Gebäudeeigentums steht gegen den Veräußerer ein Anspruch auf Ersatz des Wertes zu, den das Gebäudeeigentum im Zeitpunkt seines Erlöschens hatte; an dem Gebäudeeigentum begründete Grundpfandrechte werden Pfandrechte an diesem Anspruch.

(4) Wird nach dem 31. Dezember 2000 das Grundstück mit einem dinglichen Recht belastet oder ein solches Recht erworben, so gilt für den Inhaber des Rechts das Gebäude als Bestandteil des Grundstücks. Absatz 3 Satz 1 ist entsprechend anzuwenden.

(5) Ist ein Gebäude auf mehreren Grundstücken errichtet, gelten die Absätze 3 und 4 nur in Ansehung des Grundstücks, auf dem sich der überwiegende Teil des Gebäudes befindet. Für den Erwerber des Grundstücks gelten in Ansehung des auf dem anderen Grundstück befindlichen Teils des Gebäudes die Vorschriften über den zu duldenden Überbau sinngemäß.

§ 6
Verjährung

(1) Die Vorschriften des Bürgerlichen Gesetzbuchs über die Verjährung finden auf die am Tag des Wirksamwerdens des Beitritts bestehenden und noch nicht verjährten Ansprüche Anwendung. Der Beginn, die Hemmung und die Unterbrechung der Verjährung bestimmen sich jedoch für den Zeitraum vor dem Wirksamwerden des Beitritts nach den bislang für das in Artikel 3 des Einigungsvertrages genannte Gebiet geltenden Rechtsvorschriften.

(2) Ist die Verjährungsfrist nach dem Bürgerlichen Gesetzbuch kürzer als nach den Rechtsvorschriften, die bislang für das in Artikel 3 des Einigungsvertrages genannte Gebiet galten, so wird die kürzere Frist von dem Tag des Wirksamwerdens des Beitritts an berechnet. Läuft jedoch die in den Rechtsvorschriften, die bislang für das in Artikel 3 des Einigungsvertrages genannte längere Frist früher als die im Bürgerlichen Gesetzbuch bestimmte kürzere Frist ab, so ist die Verjährung mit dem Ablauf der längeren Frist vollendet.

(3) Die Absätze 1 und 2 sind entsprechend auf Fristen anzuwenden, die für die Geltendmachung, den Erwerb oder den Verlust eines Rechts maßgebend sind.

. . .

Artikel 232
Zweites Buch. Recht der Schuldverhältnisse

§ 1
Allgemeine Bestimmungen für Schuldverhältnisse

Für ein Schuldverhältnis, das vor dem Wirksamwerden des Beitritts entstanden ist, bleibt das bisherige für das in Artikel 3 des Einigungsvertrages genannte Gebiet geltende Recht maßgebend.

§ 1 a
Überlassungsverträge

Ein vor dem 3. Oktober 1990 geschlossener Vertrag, durch den ein bisher staatlich verwaltetes (§ 1 Abs. 4 des Vermögensgesetzes) Grundstück durch den staatlichen Verwalter oder die von ihm beauftragte Stelle gegen Leistung eines Geldbetrages für das Grundstück sowie etwa aufstehende Gebäude und gegen Übernahme der öffentlichen Lasten einem anderen zur Nutzung überlassen wurde (Überlassungsvertrag), ist wirksam.

§ 2

Mietverträge

Mietverhältnisse aufgrund von Verträgen, die vor dem Wirksamwerden des Beitritts geschlossen worden sind, richten sich von diesem Zeitpunkt an nach den Vorschriften des Bürgerlichen Gesetzbuchs.

§ 3

Pachtverträge

(1) Pachtverhältnisse aufgrund von Verträgen, die vor dem Wirksamwerden des Beitritts geschlossen worden sind, richten sich von diesem Zeitpunkt an nach den §§ 581 bis 597 des Bürgerlichen Gesetzbuchs.

(2) Die §§ 51 und 52 des Landwirtschaftsanpassungsgesetzes vom 29. Juni 1990 (GBl I Nr. 42 S. 642) bleiben unberührt.

§ 4

Nutzung von Bodenflächen zur Erholung

(1) Nutzungsverhältnisse nach den §§ 312 bis 315 des Zivilgesetzbuchs der Deutschen Demokratischen Republik aufgrund von Verträgen, die vor dem Wirksamwerden des Beitritts geschlossen worden sind, richten sich weiterhin nach den genannten Vorschriften des Zivilgesetzbuchs. Abweichende Regelungen bleiben einem besonderen Gesetz vorbehalten.

(2) Die Bundesregierung wird ermächtigt, durch Rechtsverordnung mit Zustimmung des Bundesrates Vorschriften über eine angemessene Gestaltung der Nutzungsentgelte zu erlassen. Angemessen sind Entgelte bis zur Höhe des ortsüblichen Pachtzinses für Grundstücke, die auch hinsichtlich der Art und des Umfangs der Bebauung in vergleichbarer Weise genutzt werden. In der Rechtsverordnung können Bestimmungen über die Ermittlung des ortsüblichen Pachtzinses, über das Verfahren der Entgelterhöhung sowie über die Kündigung im Fall der Erhöhung getroffen werden.

(3) Für Nutzungsverhältnisse innerhalb von Kleingartenanlagen bleibt die Anwendung des Bundeskleingartengesetzes vom 28. Februar 1983 (BGBl I S. 210) mit den in Anlage I Kapitel XIV Abschnitt II Nr. 4 zum Einigungsvertrag enthaltenen Ergänzungen unberührt.

(4) Die Absätze 1 bis 3 gelten auch für vor dem 1. Januar 1976 geschlossene Verträge, durch die land- oder forstwirtschaftlich nicht genutzte Bodenflächen Bürgern zum Zwecke der nicht gewerblichen kleingärtnerischen Nutzung, Erholung und Freizeitgestaltung überlassen wurden.

§ 4 a

Vertrags-Moratorium

(1) Verträge nach § 4 können, auch soweit sie Garagen betreffen, gegenüber dem Nutzer bis zum Ablauf des 31. Dezember 1994 nur aus den in § 554 des Bürgerlichen Gesetzbuchs bezeichneten Gründen gekündigt oder sonst beendet werden. Sie verlängern sich, wenn nicht der Nutzer etwas Gegenteiliges mitteilt, bis zu diesem Zeitpunkt, wenn sie nach ihrem Inhalt vorher enden würden.

(2) Hat der Nutzer einen Vertrag nach § 4 nicht mit dem Eigentümer des betreffenden Grundstücks, sondern aufgrund von § 18 oder § 46 in Verbindung mit § 18 des Gesetzes über die landwirtschaftlichen Produktionsgenossenschaften – LPG-Gesetz – vom 2. Juli 1982 (GBl I Nr. 25 S. 443) in der vor dem 1. Juli 1990 geltenden Fassung mit einer der dort genannten Genossenschaften oder Stellen geschlossen, so ist er nach Maßgabe des Vertrages und des Absatzes 1 bis zum Ablauf des 31. Dezember 1994 auch dem Grundstückseigentümer gegenüber zum Besitz berechtigt.

(3) Die Absätze 1 und 2 gelten ferner, wenn ein Vertrag nach § 4 mit einer staatlichen Stelle abgeschlossen wurde, auch wenn diese hierzu nicht ermächtigt war. Dies gilt jedoch nicht, wenn der Nutzer Kenntnis von dem Fehlen einer entsprechenden Ermächtigung hatte.

(4) Die Absätze 1 und 2 gelten ferner auch, wenn ein Vertrag nach § 4 mit einer staatlichen Stelle abgeschlossen wurde und diese bei Vertragsschluss nicht ausdrücklich in fremdem Namen, sondern im eigenen Namen handelte, obwohl es sich nicht um ein volkseigenes, sondern ein von ihr verwaltetes Grundstück handelte, es sei denn, dass der Nutzer hiervon Kenntnis hatte.

(5) In den Fällen der Absätze 2 bis 4 ist der Vertragspartner des Nutzers unbeschadet des § 51 des Landwirtschaftsanpassungsgesetzes verpflichtet, die gezogenen Entgelte unter Abzug der mit ihrer Erzielung verbundenen Kosten an den Grundstückseigentümer abzuführen. Entgelte, die in der Zeit von dem 1. Januar 1992 an bis zum In-Kraft-Treten dieser Vorschrift erzielt wurden, sind um 20 vom Hundert gemindert an den Grundstückseigentümer auszukehren; ein weitergehender Ausgleich für gezogene Entgelte und Aufwendungen findet nicht statt. Ist ein Entgelt nicht vereinbart, so ist das Entgelt, das für Verträge der betreffenden Art gewöhnlich zu erzielen ist, unter Abzug der mit seiner Erzielung verbundenen Kosten an den Grundstückseigentümer auszukehren. Der Grundstückseigentümer kann von dem Vertragspartner des Nutzers die Abtretung der Entgeltansprüche verlangen.

(6) Die Absätze 1 bis 5 gelten auch, wenn der unmittelbare Nutzer Verträge mit einer Vereinigung von Kleingärtnern und diese mit einer der dort genannten Stellen den Hauptnutzungsvertrag geschlossen hat. Ist Gegenstand des Vertrages die Nutzung des Grundstücks für eine Garage, so kann der Eigentümer die Verlegung der Nutzung auf eine andere Stelle des Grundstücks oder ein anderes Grundstück verlangen, wenn die Nutzung ihn besonders beeinträchtigt, die andere Stelle für den Nutzer gleichwertig ist und die rechtlichen Voraussetzungen für die Nutzung ge-

schaffen worden sind; die Kosten der Verlegung hat der Eigentümer zu tragen und vorzuschießen.

(7) Die Absätze 1 bis 6 finden keine Anwendung, wenn die Betroffenen nach dem 2. Oktober 1990 etwas Abweichendes vereinbart haben oder zwischen ihnen abweichende rechtskräftige Urteile ergangen sind.

. . .

Artikel 233

Drittes Buch

Sachenrecht

Erster Abschnitt

Allgemeine Vorschriften

§ 1

Besitz

Auf ein am Tag des Wirksamwerdens des Beitritts bestehendes Besitzverhältnis finden von dieser Zeit an die Vorschriften des Bürgerlichen Gesetzbuchs Anwendung.

§ 2

Inhalt des Eigentums

(1) Auf das am Tage des Wirksamwerdens des Beitritts bestehende Eigentum an Sachen finden von dieser Zeit an die Vorschriften des Bürgerlichen Gesetzbuchs Anwendung, soweit nicht in den nachstehenden Vorschriften etwas anderes bestimmt ist.

(2) Bei ehemals volkseigenen Grundstücken wird unwiderleglich vermutet, dass in der Zeit vom 15. März 1990 bis zum Ablauf des 2. Oktober 1990 die als Rechtsträger eingetragene staatliche Stelle und diejenige Stelle, die deren Aufgaben bei Vornahme der Verfügung wahrgenommen hat, und in der Zeit vom 3. Oktober 1990 bis zum 24. Dezember 1993 die in § 8 des Vermögenszuordnungsgesetzes in der seit dem 25. Dezember 1993 geltenden Fassung bezeichneten Stellen zur Verfügung über das Grundstück befugt waren. § 878 des Bürgerlichen Gesetzbuchs gilt auch für den Fortfall der Verfügungsbefugnis sinngemäß. Die vorstehenden Sätze lassen Verbote, über ehemals volkseigene Grundstücke zu verfügen, namentlich nach § 68 des Zivilgesetzbuchs und der Zweiten, Dritten und Vierten Durchführungsverordnung zum Treuhandgesetz unberührt. Wem bisheriges Volkseigentum zusteht, richtet sich nach den Vorschriften über die Abwicklung des Volkseigentums.

(3) Ist der Eigentümer eines Grundstücks oder sein Aufenthalt nicht festzustellen und besteht ein Bedürfnis, die Vertretung des Eigentümers sicherzustellen, so bestellt der Landkreis oder die kreisfreie Stadt, in dessen oder deren Gebiet sich das Grundstück befindet, auf Antrag der Gemeinde oder eines anderen, der ein berechtigtes Interesse daran hat, einen gesetzlichen Vertreter. Im Falle einer Gemeinschaft wird ein Mitglied der Gemeinschaft zum gesetzlichen Vertreter bestellt. Der Vertreter ist von den Beschränkungen des § 181 des Bürgerlichen Gesetzbuchs befreit. § 16 Abs. 3 und 4 des

Verwaltungsverfahrensgesetzes findet entsprechende Anwendung. Der Vertreter wird auf Antrag des Eigentümers abberufen. Diese Vorschrift tritt in ihrem räumlichen Anwendungsbereich und für die Dauer ihrer Geltung an die Stelle des § 119 des Flurbereinigungsgesetzes auch, soweit auf diese Bestimmung in anderen Gesetzen verwiesen wird. § 11 b des Vermögensgesetzes bleibt unberührt.

§ 2 a

Moratorium

(1) Als zum Besitz eines in dem in Artikel 3 des Einigungsvertrages genannten Gebiet belegenen Grundstücks berechtigt gelten unbeschadet bestehender Nutzungsrechte und günstigerer Vereinbarungen und Regelungen:

a) wer das Grundstück bis zum Ablauf des 2. Oktober 1990 aufgrund einer bestandskräftigen Baugenehmigung oder sonst entsprechend den Rechtsvorschriften mit Billigung staatlicher oder gesellschaftlicher Organe mit Gebäuden oder Anlagen bebaut oder zu bebauen begonnen hat und bei In-Kraft-Treten dieser Vorschrift selbst nutzt,

b) Genossenschaften und ehemals volkseigene Betriebe der Wohnungswirtschaft, denen vor dem 3. Oktober 1990 aufgrund einer bestandskräftigen Baugenehmigung oder sonst entsprechend den Rechtsvorschriften mit Billigung staatlicher oder gesellschaftlicher Organe errichtete Gebäude und dazugehörige Grundstücksflächen und -teilflächen zur Nutzung sowie selbstständigen Bewirtschaftung und Verwaltung übertragen worden waren und von diesen oder ihren Rechtsnachfolgern genutzt werden,

c) wer über ein bei Abschluss des Vertrages bereits mit einem Wohnhaus bebautes Grundstück, das bis dahin unter staatlicher oder treuhänderischer Verwaltung gestanden hat, einen Überlassungsvertrag geschlossen hat, sowie diejenigen, die mit diesem einen gemeinsamen Hausstand führen,

d) wer ein auf einem Grundstück errichtetes Gebäude gekauft oder den Kauf beantragt hat.

Das Recht nach Satz 1 besteht bis zur Bereinigung der genannten Rechtsverhältnisse durch besonderes Gesetz längstens bis zum Ablauf des 31. Dezember 1994; die Frist kann durch Rechtsverordnung des Bundesministers der Justiz einmal verlängert werden ... Umfang und Inhalt des Rechts bestimmen sich im Übrigen nach der bisherigen Ausübung. In den Fällen der in der Anlage II Kapitel II Sachgebiet A Abschnitt III des Einigungsvertrages vom 31. August 1990 (BGBl 1990 II S. 885, 1150) aufgeführten Maßgaben kann das Recht nach Satz 1 allein von der Treuhandanstalt geltend gemacht werden.

(2) Das Recht zum Besitz nach Absatz 1 wird durch eine Übertragung oder einen Übergang des Eigentums oder eine sonstige Verfügung über das Grundstück nicht berührt. Das Recht kann übertragen werden; die Übertragung ist gegenüber dem Grundstückseigentümer nur wirksam, wenn sie diesem vom Veräußerer angezeigt wird.

(3) Während des in Absatz 8 Satz 1 genannten Zeitraums kann Ersatz für gezogene Nutzungen oder vorgenommene Verwendungen nur auf einvernehmlicher Grundlage verlangt werden. Der Eigentümer eines Grundstücks ist während der Dauer des Rechts zum Besitz nach Absatz 1 verpflichtet, das Grundstück nicht mit Rechten zu belasten, es sei denn, er ist zu deren Bestellung gesetzlich oder aufgrund der Entscheidung einer Behörde verpflichtet.

(4) Bis zu dem in Absatz 1 Satz 2 genannten Zeitpunkt findet auf Überlassungsverträge unbeschadet des Artikels 232 § 1 der § 78 des Zivilgesetzbuchs der Deutschen Demokratischen Republik keine Anwendung.

(5) Das Vermögensgesetz, die in der Anlage II Kapitel II Sachgebiet A Abschnitt III des Einigungsvertrages aufgeführten Maßgaben sowie Verfahren nach dem Achten Abschnitt des Landwirtschaftsanpassungsgesetzes bleiben unberührt.

(6) Bestehende Rechte des gemäß Absatz 1 Berechtigten werden nicht berührt. In Ansehung der Nutzung des Grundstücks getroffene Vereinbarungen bleiben außer in den Fällen des Absatzes 1 Satz 1 Buchstabe c unberührt. Sie sind in allen Fällen auch weiterhin möglich. Das Recht nach Absatz 1 kann ohne Einhaltung einer Frist durch einseitige Erklärung des Grundeigentümers beendet werden, wenn

a) der Nutzer

    aa) im Sinne der §§ 20 a und 20 b des Parteiengesetzes der Deutschen Demokratischen Republik eine Massenorganisation, eine Partei, eine ihr verbundene Organisation oder eine juristische Person ist und die treuhänderische Verwaltung über den betreffenden Vermögenswert beendet worden ist oder

    bb) dem Bereich der Kommerziellen Koordinierung zuzuordnen ist oder

b) die Rechtsverhältnisse des Nutzers an dem fraglichen Grund und Boden Gegenstand eines gerichtlichen Strafverfahrens gegen den Nutzer sind oder

c) es sich um ein ehemals volkseigenes Grundstück handelt und seine Nutzung am 2. Oktober 1990 auf einer Rechtsträgerschaft beruhte, es sei denn, der Nutzer ist eine landwirtschaftliche Produktionsgenossenschaft, ein ehemals volkseigener Betrieb der Wohnungswirtschaft, eine Arbeiter-Wohnungsbaugenossenschaft oder eine gemeinnützige Wohnungsgenossenschaft oder deren jeweiliger Rechtsnachfolger.

In den Fällen des Satzes 4 Buchstaben a und c ist § 1000 des Bürgerlichen Gesetzbuchs nicht anzuwenden. Das Recht zum Besitz nach dieser Vorschrift erlischt, wenn eine Vereinbarung nach Satz 2 und 3 durch den Nutzer gekündigt wird.

(7) Die vorstehenden Regelungen gelten nicht für Nutzungen zur Erholung, Freizeitgestaltung oder zu ähnlichen persönlichen Bedürfnissen einschließlich der Nutzung innerhalb von Kleingartenanlagen. Ein Miet- oder Pachtvertrag ist nicht als Überlassungsvertrag anzusehen.

. . .

§ 2 b

Gebäudeigentum ohne dingliches Nutzungsrecht

(1) In den Fällen des § 2 a Abs. 1 Satz 1 Buchstaben a und b sind Gebäude und Anlagen von Arbeiter-Wohnungsbaugenossenschaften und von gemeinnützigen Wohnungsgenossenschaften auf ehemals volkseigenen Grundstücken, auch soweit dies nicht gesetzlich bestimmt ist, unabhängig vom Eigentum am Grundstück Eigentum des Nutzers. Ein beschränkt dingliches Recht am Grundstück besteht nur, wenn dies besonders begründet worden ist. Dies gilt auch für Rechtsnachfolger der in Satz 1 bezeichneten Genossenschaften.

(2) Für Gebäudeeigentum, das nach Absatz 1 entsteht oder nach § 27 des Gesetzes über die landwirtschaftlichen Produktionsgenossenschaften vom 2. Juli 1982 (GBl I Nr. 25 S. 443), das zuletzt durch das Gesetz über die Änderung oder Aufhebung von Gesetzen der Deutschen Demokratischen Republik vom 28. Juni 1990 (GBl I Nr. 38 S. 483) geändert worden ist, entstanden ist, ist auf Antrag des Nutzers ein Gebäudegrundbuchblatt anzulegen. Für die Anlegung und Führung des Gebäudegrundbuchblatts sind die vor dem Wirksamwerden des Beitritts geltenden sowie später erlassene Vorschriften entsprechend anzuwenden. Ist das Gebäudeeigentum nicht gemäß § 2 c Abs. 1 wie eine Belastung im Grundbuch des betroffenen Grundstücks eingetragen, so ist diese Eintragung vor Anlegung des Gebäudegrundbuchblatts von Amts wegen vorzunehmen.

(3) Ob Gebäudeeigentum entstanden ist und wem es zusteht, wird durch Bescheid des Bundesamtes für zentrale Dienste und offene Vermögensfragen festgestellt. Das Vermögenszuordnungsgesetz ist anzuwenden . . .

§ 2 c

Grundbucheintragung

(1) Selbstständiges Gebäudeeigentum nach § 2 b ist auf Antrag (§ 13 Abs. 2 der Grundbuchordnung) im Grundbuch wie eine Belastung des betroffenen Grundstücks einzutragen. Ist für das Gebäudeeigentum ein Gebäudegrundbuchblatt nicht vorhanden, so wird es bei der Eintragung in das Grundbuch von Amts wegen angelegt.

. . .

(3) Der Erwerb selbstständigen Gebäudeeigentums sowie dinglicher Rechte am Gebäude der in § 2 b bezeichneten Art aufgrund der Vorschriften über den öffentlichen Glauben des Grundbuchs ist nur möglich, wenn das Gebäudeeigentum auch bei dem belasteten Grundstück eingetragen ist.

§ 3

Inhalt und Rang beschränkter dinglicher Rechte

(1) Rechte, mit denen eine Sache oder ein Recht am Ende des Tages vor dem Wirksamwerden des Beitritts belastet ist, bleiben mit dem sich aus dem bisherigen Recht ergebenden Inhalt und Rang bestehen, soweit sich nicht aus den nachstehenden Vorschriften ein anderes ergibt . . .

(2) Die Aufhebung eines Rechts, mit dem ein Grundstück oder ein Recht an einem Grundstück belastet ist, richtet sich nach den bisherigen Vorschriften, wenn das Recht der Eintragung in das Grundbuch nicht bedurfte und nicht eingetragen ist.

...

§ 4
Sondervorschriften für dingliche Nutzungsrechte und Gebäudeeigentum

(1) Für das Gebäudeeigentum nach § 288 Abs. 4 oder § 292 Abs. 3 des Zivilgesetzbuchs der Deutschen Demokratischen Republik gelten von dem Wirksamwerden des Beitritts an die sich aufgrundstücke beziehenden Vorschriften des Bürgerlichen Gesetzbuchs mit Ausnahme der §§ 927 und 928 entsprechend. Vor der Anlegung eines Gebäudegrundbuchblattes ist das dem Gebäudeeigentum zugrunde liegende Nutzungsrecht von Amts wegen im Grundbuch des belasteten Grundstücks einzutragen. Der Erwerb eines selbstständigen Gebäudeeigentums oder eines dinglichen Rechts am Gebäude der in Satz 1 genannten Art aufgrund der Vorschriften über den öffentlichen Glauben des Grundbuchs ist nur möglich, wenn auch das zugrunde liegende Nutzungsrecht bei dem belasteten Grundstück eingetragen ist.

(2) Ein Nutzungsrecht nach §§ 287 bis 294 des Zivilgesetzbuchs der Deutschen Demokratischen Republik, das nicht im Grundbuch des belasteten Grundstücks eingetragen ist, wird durch die Vorschriften des Bürgerlichen Gesetzbuchs über den öffentlichen Glauben des Grundbuchs nicht beeinträchtigt, wenn ein aufgrund des Nutzungsrechts zulässiges Eigenheim oder sonstiges Gebäude in dem für den öffentlichen Glauben maßgebenden Zeitpunkt ganz oder teilweise errichtet ist und der dem Erwerb zugrundeliegende Eintragungsantrag vor dem 1. Januar 2001 gestellt worden ist. Der Erwerber des Eigentums oder eines sonstigen Rechts an dem belasteten Grundstück kann in diesem Fall die Aufhebung oder Änderung des Nutzungsrechts gegen Ausgleich der dem Nutzungsberechtigten dadurch entstehenden Vermögensnachteile verlangen, wenn das Nutzungsrecht für ihn mit Nachteilen verbunden ist, welche erheblich größer sind als der dem Nutzungsberechtigten durch die Aufhebung oder Änderung seines Rechts entstehende Schaden; dies gilt nicht, wenn er beim Erwerb des Eigentums oder sonstigen Rechts in dem für den öffentlichen Glauben des Grundbuchs maßgeblichen Zeitpunkt das Vorhandensein des Nutzungsrechts kannte.

(3) Der Untergang des Gebäudes lässt den Bestand des Nutzungsrechts unberührt. Aufgrund des Nutzungsrechts kann ein neues Gebäude errichtet werden; Belastungen des Gebäudeeigentums setzen sich an dem Nutzungsrecht und dem neu errichteten Gebäude fort. Ist ein Nutzungsrecht nur auf die Gebäudegrundfläche verliehen worden, so umfasst das Nutzungsrecht auch die Nutzung des Grundstücks in dem für Gebäude der errichteten Art zweckentsprechenden ortsüblichen Umfang, bei Eigenheimen nicht mehr als eine Fläche von 500 m²; Auf Antrag ist das Grundbuch entsprechend zu berichtigen. Absatz 2 gilt entsprechend.

(4) Besteht am Gebäude selbstständiges Eigentum nach § 288 Abs. 4, § 292 Abs. 3 des Zivilgesetzbuchs der Deutschen Demokratischen Republik, so bleibt bei bis zum Ablauf des 31. Dezember 2000 angeordneten Zwangsversteigerungen ein nach jenem

Recht begründetes Nutzungsrecht am Grundstück bei dessen Versteigerung auch dann bestehen, wenn es bei der Feststellung des geringsten Gebots nicht berücksichtigt ist.

(5) War der Nutzer beim Erwerb des Nutzungsrechts unredlich i. S. des § 4 des Vermögensgesetzes, kann der Grundstückseigentümer die Aufhebung des Nutzungsrechts durch gerichtliche Entscheidung verlangen. Der Anspruch nach Satz 1 ist ausgeschlossen, wenn er nicht bis zum 31. Dezember 2000 rechtshängig geworden ist. Ein Klageantrag auf Aufhebung ist unzulässig, wenn der Grundstückseigentümer zu einem Antrag auf Aufhebung des Nutzungsrechts durch Bescheid des Amtes zur Regelung offener Vermögensfragen berechtigt oder berechtigt gewesen ist. Mit der Aufhebung des Nutzungsrechts erlischt das Eigentum am Gebäude nach § 288 Abs. 4 und § 292 Abs. 3 des Zivilgesetzbuches der Deutschen Demokratischen Republik. Das Gebäude wird Bestandteil des Grundstücks. Der Nutzer kann für Gebäude Anlagen und Anpflanzungen, mit denen er das Grundstück ausgestattet hat, Ersatz verlangen, soweit der Wert des Grundstücks hierdurch noch zu dem Zeitpunkt der Aufhebung des Nutzungsrechts erhöht ist. Grundpfandrechte an einem aufgrund des Nutzungsrechts errichteten Gebäude setzen sich am Wertersatzanspruch des Nutzers gegen den Grundstückseigentümer fest. § 16 Abs. 3 Satz 5 des Vermögensgesetzes ist entsprechend anzuwenden.

(6) Auf die Aufhebung eines Nutzungsrechts nach § 287 oder § 291 des Zivilgesetzbuchs der Deutschen Demokratischen Republik finden die §§ 875 und 876 des Bürgerlichen Gesetzbuchs Anwendung. Ist das Nutzungsrecht nicht im Grundbuch eingetragen, so reicht die notariell beurkundete Erklärung des Berechtigten, dass er das Recht aufgebe, aus, wenn die Erklärung bei dem Grundbuchamt eingereicht wird. Mit der Aufhebung des Nutzungsrechts erlischt das Gebäudeeigentum nach § 288 Abs. 4 oder § 292 Abs. 3 des Zivilgesetzbuchs der Deutschen Demokratischen Republik; das Gebäude wird Bestandteil des Grundstücks.

(7) Die Absätze 1 bis 5 gelten entsprechend, soweit aufgrund anderer Rechtsvorschriften Gebäudeeigentum, für das ein Gebäudegrundbuchblatt anzulegen ist, in Verbindung mit einem Nutzungsrecht an dem betroffenen Grundstück besteht.

§ 5

Mitbenutzungsrechte

(1) Mitbenutzungsrechte im Sinn des § 321 Abs. 1 bis 3 und des § 322 des Zivilgesetzbuchs der Deutschen Demokratischen Republik gelten als Rechte an dem belasteten Grundstück, soweit ihre Begründung der Zustimmung des Eigentümers dieses Grundstücks bedurfte.

(2) Soweit die in Absatz 1 bezeichneten Rechte nach den am Tag vor dem Wirksamwerden des Beitritts geltenden Rechtsvorschriften gegenüber einem Erwerber des belasteten Grundstücks oder eines Rechts an diesem Grundstück auch dann wirksam bleiben, wenn sie nicht im Grundbuch eingetragen sind, behalten sie ihre Wirksamkeit auch gegenüber den Vorschriften des Bürgerlichen Gesetzbuchs über den öffentlichen Glauben des Grundbuchs, wenn der dem Erwerb zugrunde liegende Eintragungsantrag vor dem 1. Januar 2001 gestellt worden ist. Der Erwerber des Eigentums oder eines

sonstigen Rechts an dem belasteten Grundstück kann in diesem Fall jedoch die Aufhebung oder Änderung des Mitbenutzungsrechts gegen Ausgleich der dem Berechtigten dadurch entstehenden Vermögensnachteile verlangen, wenn das Mitbenutzungsrecht für ihn mit Nachteilen verbunden ist, welche erheblich größer sind als der durch die Aufhebung oder Änderung dieses Rechts dem Berechtigten entstehende Schaden; dies gilt nicht, wenn derjenige, der die Aufhebung oder Änderung des Mitbenutzungsrechts verlangt, beim Erwerb des Eigentums oder sonstigen Rechts an dem belasteten Grundstück in dem für den öffentlichen Glauben des Grundbuchs maßgeblichen Zeitpunkt das Vorhandensein des Mitbenutzungsrechts kannte. In der Zwangsversteigerung des Grundstücks ist bei bis zum Ablauf des 31. Dezember 2000 angeordneten Zwangsversteigerungen auf die in Absatz 1 bezeichneten Rechte § 9 des Einführungsgesetzes zu dem Gesetz über die Zwangsversteigerung und die Zwangsverwaltung in der im Bundesgesetzblatt Teil III, Gliederungsnummer 310-13, veröffentlichten bereinigten Fassung, zuletzt geändert durch Artikel 7 Abs. 24 des Gesetzes vom 17. Dezember 1990 (BGBl I S. 2847), entsprechend anzuwenden.

(3) Ein nach Absatz 1 als Recht an einem Grundstück geltendes Mitbenutzungsrecht kann in das Grundbuch auch dann eingetragen werden, wenn es nach den am Tag vor dem Wirksamwerden des Beitritts geltenden Vorschriften nicht eintragungsfähig war. Bei Eintragung eines solchen Rechts ist der Zeitpunkt der Entstehung des Rechts zu vermerken, wenn der Antragsteller diesen in der nach der Grundbuchordnung für die Eintragung vorgesehenen Form nachweist. Kann der Entstehungszeitpunkt nicht nachgewiesen werden, so ist der Vorrang vor anderen Rechten zu vermerken, wenn dieser von den Betroffenen bewilligt wird.

(4) Durch Landesgesetz kann bestimmt werden, dass ein Mitbenutzungsrecht der in Absatz 1 bezeichneten Art mit dem Inhalt in das Grundbuch einzutragen ist, der dem seit dem 3. Oktober 1990 geltenden Recht entspricht oder am ehesten entspricht. Ist die Verpflichtung zur Eintragung durch rechtskräftige Entscheidung festgestellt, so kann das Recht auch in den Fällen des Satzes 1 mit seinem festgestellten Inhalt eingetragen werden.

. . .

Gesetz
zur Änderung schuldrechtlicher Bestimmungen
im Beitrittsgebiet
(Schuldrechtsänderungsgesetz – SchuldRÄndG)

vom 21. 9. 1994 (BGBl I S. 2538),
zuletzt geändert durch Gesetz vom 17. Mai 2002 (BGBl I S. 1580)

– Auszug –

Artikel 1
Gesetz zur Anpassung schuldrechtlicher Nutzungsverhältnisse
an Grundstücken im Beitrittsgebiet
(Schuldrechtsanpassungsgesetz – SchuldRAnpG)

KAPITEL 1

Allgemeine Vorschriften

ABSCHNITT 1

Anwendungsbereich

§ 1
Betroffene Rechtsverhältnisse

(1) Dieses Gesetz regelt Rechtsverhältnisse an Grundstücken in dem in Artikel 3 des Einigungsvertrages genannten Gebiet (Beitrittsgebiet), die aufgrund

1. eines Vertrages zum Zwecke der kleingärtnerischen Nutzung, Erholung oder Freizeitgestaltung oder zur Errichtung von Garagen oder anderen persönlichen, jedoch nicht Wohnzwecken dienenden Bauwerken überlassen,

2. eines Überlassungsvertrages im Sinne des Artikels 232 § 1 a des Einführungsgesetzes zum Bürgerlichen Gesetzbuche zu Wohnzwecken oder zu gewerblichen Zwecken übergeben oder

3. eines Miet-, Pacht- oder sonstigen Nutzungsvertrages von einem anderen als dem Grundstückseigentümer bis zum Ablauf des 2. Oktober 1990 mit Billigung staatlicher Stellen mit einem Wohn- oder gewerblichen Zwecken dienenden Bauwerk bebaut

worden sind.

(2) Wurde das Grundstück einem anderen als dem unmittelbar Nutzungsberechtigten (Zwischenpächter) zum Zwecke der vertraglichen Überlassung an Dritte übergeben, sind die Bestimmungen dieses Gesetzes auch auf diesen Vertrag anzuwenden.

§ 2

Nicht einbezogene Rechtsverhältnisse

(1) Die Bestimmungen dieses Gesetzes sind nicht auf Rechtsverhältnisse anzuwenden, deren Bereinigung im Sachenrechtsbereinigungsgesetz vorgesehen ist. Dies gilt insbesondere für

1. Nutzungsverträge nach § 1 Abs. 1 Nr. 1 und 3, wenn die in § 5 Abs. 1 Nr. 2 Satz 2 Buchstabe d und e des Sachenrechtsbereinigungsgesetzes bezeichneten Voraussetzungen des Eigenheimbaus vorliegen,

2. Überlassungsverträge nach § 1 Abs. 1 Nr. 2, wenn der Nutzer mit Billigung staatlicher Stellen ein Eigenheim errichtet oder bauliche Investitionen nach § 12 Abs. 2 des Sachenrechtsbereinigungsgesetzes in ein vorhandenes Gebäude vorgenommen hat, und

3. Miet-, Pacht- oder sonstige Nutzungsverträge nach § 1 Abs. 1 Nr. 3, wenn der Nutzer für seinen Handwerks- oder Gewerbebetrieb auf einem ehemals volkseigenen Grundstück einen Neubau errichtet oder eine bauliche Maßnahme nach § 12 Abs. 1 des Sachenrechtsbereinigungsgesetzes vorgenommen hat.

(2) Dieses Gesetz gilt ferner nicht für die in § 71 des Vertragsgesetzes der Deutschen Demokratischen Republik bezeichneten Verträge.

(3) Für Nutzungsverhältnisse innerhalb von Kleingartenanlagen bleibt die Anwendung des Bundeskleingartengesetzes vom 28. Februar 1983 (BGBl I S. 210), zuletzt geändert durch Artikel 14 des Gesetzes vom 13. September 2001 (BGBl I S. 2376), unberührt. Ist das Grundstück nach Ablauf des 2. Oktober 1990 in eine Kleingartenanlage eingegliedert worden, sind vom Zeitpunkt der Eingliederung an die Bestimmungen des Bundeskleingartengesetzes anzuwenden.

§ 3

Zeitliche Begrenzung

Die Bestimmungen dieses Gesetzes sind nur auf solche Verträge anzuwenden, die bis zum Ablauf des 2. Oktober 1990 abgeschlossen worden sind.

. . .

ABSCHNITT 3

Grundsätze

Unterabschnitt 1

Durchführung der Schuldrechtsanpassung

§ 6

Gesetzliche Umwandlung

(1) Auf die in § 1 Abs. 1 bezeichneten Verträge sind die Bestimmungen des Bürgerlichen Gesetzbuchs über den Miet- oder den Pachtvertrag anzuwenden, soweit dieses Gesetz nichts anderes bestimmt.

(2) Vereinbarungen, die die Beteiligten (Grundstückseigentümer und Nutzer) nach Ablauf des 2. Oktober 1990 getroffen haben, bleiben von den Bestimmungen dieses Gesetzes unberührt. Dies gilt unabhängig von ihrer Vereinbarkeit mit Rechtsvorschriften der Deutschen Demokratischen Republik auch für bis zu diesem Zeitpunkt getroffene Abreden, die vom Inhalt eines Vertrages vergleichbarer Art abweichen, nicht zu einer unangemessenen Benachteiligung eines Beteiligten führen und von denen anzunehmen ist, dass die Beteiligten sie auch getroffen hätten, wenn sie die durch den Beitritt bedingte Änderung der wirtschaftlichen und sozialen Verhältnisse vorausgesehen hätten.

(3) In einem Überlassungsvertrag getroffene Abreden bleiben nur wirksam, soweit es in diesem Gesetz bestimmt ist.

§ 7

Kündigungsschutz durch Moratorium

(1) Eine vom Grundstückseigentümer oder einem anderen Vertragschließenden (§ 8 Abs. 1 Satz 1) nach Ablauf des 2. Oktober 1990 ausgesprochene Kündigung eines in § 1 Abs. 1 bezeichneten Vertrages ist unwirksam, wenn der Nutzer nach Artikel 233 § 2 a Abs. 1 des Einführungsgesetzes zum Bürgerlichen Gesetzbuche gegenüber dem Grundstückseigentümer zum Besitz berechtigt war und den Besitz noch ausübt. Satz 1 ist auch anzuwenden, wenn dem Nutzer der Besitz durch verbotene Eigenmacht entzogen wurde. Abweichende rechtskräftige Entscheidungen bleiben unberührt.

(2) Absatz 1 ist nicht anzuwenden, wenn die Kündigung wegen vertragswidrigen Gebrauchs, Zahlungsverzugs des Nutzers oder aus einem anderen wichtigen Grund erfolgt ist.

(3) Artikel 232 § 4 a des Einführungsgesetzes zum Bürgerlichen Gesetzbuche bleibt unberührt.

Unterabschnitt 2

Rechtsgeschäfte mit anderen Vertragschließenden

§ 8

Vertragseintritt

(1) Der Grundstückseigentümer tritt in die sich ab dem 1. Januar 1995 ergebenden Rechte und Pflichten aus einem Vertragsverhältnis über den Gebrauch oder die Nutzung seines Grundstücks ein, das landwirtschaftliche Produktionsgenossenschaften bis zum Ablauf des 30. Juni 1990 oder staatliche Stellen im Sinne des § 10 Abs. 1 Sachenrechtsbereinigungsgesetzes bis zum Ablauf des 2. Oktober 1990 im eigenen oder in seinem Namen mit dem Nutzer abgeschlossen haben. Die in § 46 des Gesetzes über die landwirtschaftlichen Produktionsgenossenschaften vom 2. Juli 1982 (GBl Nr. 25 S. 443) bezeichneten Genossenschaften und Kooperationsbeziehungen stehen landwirtschaftlichen Produktionsgenossenschaften gleich. Die Regelungen zum Vertragsübergang in § 17 des Vermögensgesetzes bleiben unberührt.

(2) Ist der Vertrag mit einem Zwischenpächter abgeschlossen worden, tritt der Grundstückseigentümer in dieses Vertragsverhältnis ein.

(3) Absatz 1 Satz 1 gilt nicht, wenn der andere Vertragschließende zur Überlassung des Grundstücks nicht berechtigt war und der Nutzer beim Vertragsabschluss den Mangel der Berechtigung des anderen Vertragschließenden kannte. Kannte nur der Zwischenpächter den Mangel der Berechtigung des anderen Vertragschließenden, tritt der Grundstückseigentümer in den vom Zwischenpächter mit dem unmittelbar Nutzungsberechtigten geschlossenen Vertrag ein. Ein Verstoß gegen die in § 18 Abs. 2 Satz 2 des Gesetzes über die landwirtschaftlichen Produktionsgenossenschaften vom 2. Juli 1982 genannten Voraussetzungen ist nicht beachtlich.

(4) Abweichende rechtskräftige Entscheidungen bleiben unberührt.

§ 9

Vertragliche Nebenpflichten

Grundstückseigentümer und Nutzer können die Erfüllung solcher Pflichten verweigern, die nicht unmittelbar die Nutzung des Grundstücks betreffen und nach ihrem Inhalt von oder gegenüber dem anderen Vertragschließenden zu erbringen waren. Dies gilt insbesondere für die Unterhaltung von Gemeinschaftsanlagen in Wochenendhausgebieten und die Verpflichtung des Nutzers zur Mitarbeit in einer landwirtschaftlichen Produktionsgenossenschaft.

§ 10

Verantwortlichkeit für Fehler oder Schäden

(1) Der Grundstückseigentümer haftet dem Nutzer nicht für Fehler oder Schäden, die infolge eines Umstandes eingetreten sind, den der andere Vertragschließende zu vertreten hat.

(2) Soweit der Grundstückseigentümer nach Absatz 1 nicht haftet, kann der Nutzer unbeschadet des gesetzlichen Vertragseintritts Schadensersatz von dem anderen Vertragschließenden verlangen.

. . .

§ 19

Heilung von Mängeln

(1) Ein Vertrag nach § 1 Abs. 1 Nr. 1 ist nicht deshalb unwirksam, weil die nach § 312 Abs. 1 Satz 2 des Zivilgesetzbuchs der Deutschen Demokratischen Republik vorgesehene Schriftform nicht eingehalten worden ist.

(2) Das Fehlen der Zustimmung zur Bebauung nach § 313 Abs. 2 des Zivilgesetzbuchs ist unbeachtlich, wenn der Nutzungsvertrag von einer staatlichen Stelle abgeschlossen worden ist und eine Behörde dieser Körperschaft dem Nutzer eine Bauzustimmung erteilt hat.

(3) Abweichende rechtskräftige Entscheidungen bleiben unberührt.

Artikel 5

Änderung des Bundeskleingartengesetzes

Nach § 20 a des Bundeskleingartengesetzes vom 28. Februar 1983 (BGBl I S. 210), das zuletzt durch Art. 1 des Gesetzes vom 8. April 1994 (BGBl I S. 766) geändert worden ist, wird folgender § 20 b eingefügt:

„§ 20 b

Sonderregelungen für Zwischenpachtverhältnisse im Beitrittsgebiet

Auf Zwischenpachtverträge über Grundstücke in dem in Artikel 3 des Einigungsvertrages genannten Gebiet, die innerhalb von Kleingartenanlagen genutzt werden, sind die §§ 8 bis 10 und § 19 des Schuldrechtsanpassungsgesetzes entsprechend anzuwenden."

Artikel 6

In-Kraft-Treten

Dieses Gesetz tritt am 1. Januar 1995 in Kraft.

Gesetz zur Sachenrechtsbereinigung im Beitrittsgebiet (Sachenrechtsbereinigungsgesetz – SachenRBerG)

vom 21. September 1994 (BGBl I S. 2457), zuletzt geändert durch Art. 4 Abs. 16 a des Gesetzes vom 22. September 2005 (BGBl I S. 2809)

– Auszug –

Kapitel I

Gegenstände der Sachenrechtsbereinigung

§ 1

Betroffene Rechtsverhältnisse

(1) Dieses Gesetz regelt Rechtsverhältnisse an Grundstücken in dem in Artikel 3 des Einigungsvertrages genannten Gebiet (Beitrittsgebiet),

1. a) an denen Nutzungsrechte verliehen oder zugewiesen wurden,

   b) auf denen vom Eigentum am Grundstück getrenntes selbstständiges Eigentum an Gebäuden oder an baulichen Anlagen entstanden ist,

   c) die mit Billigung staatlicher Stellen von einem anderen als dem Grundstückseigentümer für bauliche Zwecke in Anspruch genommen wurden oder

   d) auf denen nach einem nicht mehr erfüllten Kaufvertrag ein vom Eigentum am Grundstück getrenntes selbstständiges Eigentum am Gebäude oder an einer baulichen Anlage entstehen sollte,

2. die mit Erbbaurechten, deren Inhalt gemäß § 5 Abs. 2 des Einführungsgesetzes zum Zivilgesetzbuch der Deutschen Demokratischen Republik umgestaltet wurde, belastet sind,

3. an denen nach § 459 des Zivilgesetzbuchs der Deutschen Demokratischen Republik kraft Gesetzes ein Miteigentumsanteil besteht oder

4. auf denen andere natürliche oder juristische Personen als der Grundstückseigentümer bauliche Erschließungs-, Entsorgungs- oder Versorgungsanlagen, die nicht durch ein mit Zustimmung des Grundstückseigentümers begründetes Mitbenutzungsrecht gesichert sind, errichtet haben.

(2) Ist das Eigentum an einem Grundstück dem Nutzer nach Maßgabe besonderer Gesetze zugewiesen worden oder zu übertragen, finden die Bestimmungen dieses Gesetzes keine Anwendung.

. . .

§ 2

Nicht einbezogene Rechtsverhältnisse

(1) Dieses Gesetz ist nicht anzuwenden, wenn der Nutzer das Grundstück

1. am 2. Oktober 1990 aufgrund eines Vertrages oder eines verliehenen Nutzungsrechts zur Erholung, Freizeitgestaltung oder kleingärtnerischen Bewirtschaftung oder als Standort für ein persönliches, jedoch nicht Wohnzwecken dienendes Gebäude genutzt hat,

2. aufgrund eines Miet-, Pacht- oder sonstigen Nutzungsvertrages zu anderen als den in Nummer 1 genannten Zwecken bebaut hat, es sei denn, dass der Nutzer auf vertraglicher Grundlage eine bauliche Investition vorgenommen hat,

   a) die in den §§ 5 bis 7 bezeichnet ist oder

   b) zu deren Absicherung nach den Rechtsvorschriften der Deutschen Demokratischen Republik das Grundstück hätte als Bauland bereitgestellt werden und eine der in § 3 Abs. 2 Satz 1 bezeichneten Rechtspositionen begründet werden müssen,

3. mit Anlagen zur Verbesserung der land- und forstwirtschaftlichen Bodennutzung (wie Anlagen zur Beregnung, Drainagen) bebaut hat,

4. mit Gebäuden, die öffentlichen Zwecken gewidmet sind und bestimmten Verwaltungsaufgaben dienen (insbesondere Dienstgebäude, Universitäten, Schulen), oder mit dem Gemeingebrauch gewidmeten Anlagen bebaut hat, es sei denn, dass die Grundstücke im komplexen Wohnungsbau oder Siedlungsbau verwendet wurden oder in einem anderen nach einer einheitlichen Bebauungskonzeption überbauten Gebiet liegen, oder

5. aufgrund öffentlich-rechtlicher Bestimmungen der Deutschen Demokratischen Republik, die nach dem Einigungsvertrag fortgelten, bebaut hat.

Satz 1 Nr. 1 ist entsprechend anzuwenden auf die von den in § 459 Abs. 1 Satz 1 des Zivilgesetzbuchs der Deutschen Demokratischen Republik bezeichneten juristischen Personen auf vertraglich genutzten Grundstücken zur Erholung, Freizeitgestaltung oder kleingärtnerischen Bewirtschaftung errichteten Gebäude, wenn diese allein zur persönlichen Nutzung durch Betriebsangehörige oder Dritte bestimmt waren. Dies gilt auch für Gebäude und bauliche Anlagen, die innerhalb einer Ferienhaus- oder Wochenendhaus- oder anderen Erholungszwecken dienenden Siedlung belegen sind und dieser als gemeinschaftliche Einrichtung dienen oder gedient haben.

. . .

Kapitel 2

Nutzung fremder Grundstücke durch den Bau oder den Erwerb von Gebäuden

ABSCHNITT I

Allgemeine Bestimmungen

Unterabschnitt 1

Grundsätze

§ 3

Regelungsinstrumente und Regelungsziele

(1) In den in § 1 Abs. 1 Nr. 1 bezeichneten Fällen können Grundstückseigentümer und Nutzer (Beteiligte) zur Bereinigung der Rechtsverhältnisse an den Grundstücken Ansprüche auf Bestellung von Erbbaurechten oder auf Ankauf der Grundstücke oder der Gebäude nach Maßgabe dieses Kapitels geltend machen. Die Beteiligten können von den gesetzlichen Bestimmungen über den Vertragsinhalt abweichende Vereinbarungen treffen.

(2) Die Bereinigung erfolgt zur

1. Anpassung der nach dem Recht der Deutschen Demokratischen Republik bestellten Nutzungsrechte an das Bürgerliche Gesetzbuch und seine Nebengesetze,

2. Absicherung aufgrund von Rechtsträgerschaften vorgenommener baulicher Investitionen, soweit den Nutzern nicht das Eigentum an den Grundstücken zugewiesen worden ist, und

3. Regelung der Rechte am Grundstück beim Auseinanderfallen von Grundstücks- und Gebäudeeigentum.

Nach Absatz 1 sind auch die Rechtsverhältnisse zu bereinigen, denen bauliche Investitionen zugrunde liegen, zu deren Absicherung nach den Rechtsvorschriften der Deutschen Demokratischen Republik eine in Satz 1 bezeichnete Rechtsposition vorgesehen war, auch wenn die Absicherung nicht erfolgt ist.

(3) Nach diesem Gesetz sind auch die Fälle zu bereinigen, in denen der Nutzer ein Gebäude oder eine bauliche Anlage gekauft hat, die Bestellung eines Nutzungsrechts aber ausgeblieben und selbstständiges, vom Eigentum am Grundstück getrenntes Eigentum am Gebäude nicht entstanden ist, wenn der Nutzer aufgrund des Vertrags Besitz am Grundstück erlangt hat oder den Besitz ausgeübt hat. Dies gilt nicht, wenn der Vertrag

1. wegen einer Pflichtverletzung des Käufers nicht erfüllt worden ist,

2. wegen Versagung einer erforderlichen Genehmigung aus anderen als den in § 6 der Verordnung über die Anmeldung vermögensrechtlicher Ansprüche in der Fassung der Bekanntmachung vom 11. Oktober 1990 (BGBl I S. 2162) genannten Gründen nicht durchgeführt werden konnte oder

3. nach dem 18. Oktober 1989 abgeschlossen worden ist und das Grundstück nach den Vorschriften des Vermögensgesetzes an den Grundstückseigentümer zurückzuübertragen ist oder zurückübertragen wurde; für diese Fälle gilt § 121.

Unterabschnitt 2

Anwendungsbereich

§ 4

Bauliche Nutzungen

Die Bestimmungen dieses Kapitels sind anzuwenden auf

1. den Erwerb oder den Bau eines Eigenheimes durch oder für natürliche Personen (§ 5),

2. den staatlichen oder genossenschaftlichen Wohnungsbau (§ 6),

3. den Bau von Wohngebäuden durch landwirtschaftliche Produktionsgenossenschaften sowie die Errichtung gewerblicher, landwirtschaftlicher oder öffentlichen Zwecken dienender Gebäude (§ 7) und

4. die von der Deutschen Demokratischen Republik an ausländische Staaten verliehenen Nutzungsrechte (§ 110).

§ 5

Erwerb oder Bau von Eigenheimen

(1) Auf den Erwerb oder den Bau von Eigenheimen ist dieses Gesetz anzuwenden, wenn

1. nach den Gesetzen der Deutschen Demokratischen Republik über den Verkauf volkseigener Gebäude vom 15. September 1954 (GBl I Nr. 81 S. 784), vom 19. Dezember 1973 (GBl I Nr. 58 S. 578) und vom 7. März 1990 (GBl I Nr. 18 S. 157) Eigenheime verkauft worden sind und selbstständiges Eigentum an den Gebäuden entstanden ist,

2. Nutzungsrechte verliehen oder zugewiesen worden sind (§§ 287, 291 des Zivilgesetzbuchs der Deutschen Demokratischen Republik) oder

3. Grundstücke mit Billigung staatlicher Stellen in Besitz genommen und mit einem Eigenheim bebaut worden sind. Dies ist insbesondere der Fall, wenn

   a) Wohn- und Stallgebäude für die persönliche Hauswirtschaft auf zugewiesenen, ehemals genossenschaftlich genutzten Grundstücken nach den Musterstatuten für die landwirtschaftlichen Produktionsgenossenschaften errichtet wurden,

   b) Eigenheime von einem Betrieb oder einer Produktionsgenossenschaft errichtet und anschließend auf einen Bürger übertragen wurden,

   c) Bebauungen mit oder an Eigenheimen aufgrund von Überlassungsverträgen erfolgten,

d) Eigenheime aufgrund von Nutzungsverträgen auf Flächen gebaut wurden, die Gemeinden oder anderen staatlichen Stellen von einer landwirtschaftlichen Produktionsgenossenschaft als Bauland übertragen wurden,

e) als Wohnhäuser geeignete und hierzu dienende Gebäude aufgrund eines Vertrages zur Nutzung von Bodenflächen zur Erholung (§§ 312 bis 315 des Zivilgesetzbuchs der Deutschen Demokratischen Republik) mit Billigung staatlicher Stellen errichtet wurden, es sei denn, dass der Überlassende dieser Nutzung widersprochen hatte,

f) Eigenheime auf vormals volkseigenen, kohlehaltigen Siedlungsflächen, für die Bodenbenutzungsscheine nach den Ausführungsverordnungen zur Bodenreform ausgestellt wurden, mit Billigung staatlicher Stellen errichtet worden sind oder

g) Eigenheime aufgrund einer die bauliche Nutzung des fremden Grundstücks gestattenden Zustimmung nach der Eigenheimverordnung der Deutschen Demokratischen Republik vom 31. August 1978 (GBl I Nr. 40 S. 425) oder einer anderen Billigung staatlicher Stellen errichtet wurden, die Verleihung oder Zuweisung eines Nutzungsrechts jedoch ausblieb, die nach den Rechtsvorschriften der Deutschen Demokratischen Republik für diese Art der Bebauung vorgeschrieben war,

h) Wohn- und Stallgebäude nach den Vorschriften über den Besitzwechsel bei ehemals volkseigenen Grundstücken aus der Bodenreform einem Bürger auch ohne förmlichen Beschluss verbindlich zugewiesen oder aufgrund einer solchen Zuweisung errichtet worden sind.

(2) Eigenheime sind Gebäude, die für den Wohnbedarf bestimmt sind und eine oder zwei Wohnungen enthalten. Die Bestimmungen über Eigenheime gelten auch für mit Billigung staatlicher Stellen errichtete Nebengebäude (wie Werkstätten, Lagerräume).

(3) Gebäude, die bis zum Ablauf des 2. Oktober 1990 von den Nutzern zur persönlichen Erholung, Freizeitgestaltung oder zu kleingärtnerischen Zwecken genutzt wurden, sind auch im Falle einer späteren Nutzungsänderung keine Eigenheime. Eine Nutzung im Sinne des Satzes 1 liegt auch vor, wenn der Nutzer in dem Gebäude zwar zeitweise gewohnt, dort jedoch nicht seinen Lebensmittelpunkt hatte.

...

Kapitel 5

Ansprüche auf Bestellung von Dienstbarkeiten

§ 116

Bestellung einer Dienstbarkeit

(1) Derjenige, der ein Grundstück in einzelnen Beziehungen nutzt oder auf diesem Grundstück eine Anlage unterhält (Mitbenutzer), kann von dem Eigentümer die Bestellung einer Grunddienstbarkeit oder einer beschränkten persönlichen Dienstbarkeit verlangen, wenn

1. die Nutzung vor Ablauf des 2. Oktober 1990 begründet wurde,

2. die Nutzung des Grundstücks für die Erschließung oder Entsorgung eines eigenen Grundstücks oder Bauwerks erforderlich ist und

3. ein Mitbenutzungsrecht nach den §§ 321 und 322 des Zivilgesetzbuchs der Deutschen Demokratischen Republik nicht begründet wurde.

(2) Zugunsten derjenigen, die durch ein nach Ablauf des 31. Dezember 1999 abgeschlossenes Rechtsgeschäft gutgläubig Rechte an Grundstücken erwerben, ist § 122 entsprechend anzuwenden. Die Eintragung eines Vermerks über die Klageerhebung erfolgt entsprechend § 113 Abs. 3.

§ 117

Einwendungen des Grundstückseigentümers

(1) Der Grundstückseigentümer kann die Bestellung einer Dienstbarkeit verweigern, wenn

1. die weitere Mitbenutzung oder der weitere Fortbestand der Anlage die Nutzung des belasteten Grundstücks erheblich beeinträchtigen würde, der Mitbenutzer der Inanspruchnahme des Grundstücks nicht bedarf oder eine Verlegung der Ausübung möglich ist und keinen unverhältnismäßigen Aufwand verursachen würde oder

2. die Nachteile für das zu belastende Grundstück die Vorteile für das herrschende Grundstück überwiegen und eine anderweitige Erschließung oder Entsorgung mit einem im Verhältnis zu den Nachteilen geringen Aufwand hergestellt werden kann.

Die Kosten einer Verlegung haben die Beteiligten zu teilen.

(2) Sind Erschließungs- oder Entsorgungsanlagen zu verlegen, so besteht ein Recht zur Mitbenutzung des Grundstücks im bisherigen Umfange für die Zeit, die für eine solche Verlegung erforderlich ist. Der Grundstückseigentümer hat dem Nutzer eine angemessene Frist einzuräumen. Können sich die Parteien über die Dauer, für die das Recht nach Satz 1 fortbesteht, nicht einigen, so kann die Frist durch gerichtliche Entscheidung bestimmt werden. Eine richterliche Fristbestimmung wirkt auch gegenüber den Rechtsnachfolgern der Parteien.

§ 118

Entgelt

(1) Der Eigentümer des belasteten Grundstücks kann die Zustimmung zur Bestellung einer Dienstbarkeit von der Zahlung eines einmaligen oder eines in wiederkehrenden Leistungen zu zahlenden Entgelts (Rente) abhängig machen. Es kann ein Entgelt gefordert werden

1. bis zur Hälfte der Höhe, wie sie für die Begründung solcher Belastungen üblich ist, wenn die Inanspruchnahme des Grundstücks auf den von landwirtschaftlichen Produktionsgenossenschaften bewirtschafteten Flächen bis zum Ablauf des 30. Juni 1990, in allen anderen Fällen bis zum Ablauf des 2. Oktober 1990 begründet wurde und das Mitbenutzungsrecht in der bisherigen Weise ausgeübt wird, oder

2. in Höhe des üblichen Entgelts, wenn die Nutzung des herrschenden Grundstücks und die Mitbenutzung des belasteten Grundstücks nach den in Nummer 1 genannten Zeitpunkten geändert wurde.

(2) Das in Absatz 1 bestimmte Entgelt steht dem Eigentümer nicht zu, wenn

1. nach dem 2. Oktober 1990 ein Mitbenutzungsrecht bestand und dieses nicht erloschen ist oder

2. der Eigentümer sich mit der Mitbenutzung einverstanden erklärt hat.

§ 119

Fortbestehende Rechte, andere Ansprüche

Die Vorschriften dieses Kapitels finden keine Anwendung, wenn die Mitbenutzung des Grundstücks

1. aufgrund nach dem Einigungsvertrag fortgeltender Rechtsvorschriften der Deutschen Demokratischen Republik oder

2. durch andere Rechtsvorschriften

gestattet ist.

. . .

Zivilgesetzbuch der ehemaligen DDR

vom 19. 6. 1975 (GBl I S. 465)

i. d. F. der Bekanntmachung vom 28. 6. 1990 (GBl I 1990 S. 524),
zuletzt geändert durch Gesetz vom 22. 7. 1990 (GBl I 1990 S. 903)

– Auszug –

...

Zweites Kapitel
Verleihung von Nutzungsrechten an volkseigenen Grundstücken

§ 287
Entstehen des Nutzungsrechts

(1) Bürgern kann zur Errichtung und persönlichen Nutzung eines Eigenheimes oder eines anderen persönlichen Bedürfnisses dienenden Gebäudes an volkseigenen Grundstücken ein Nutzungsrecht verliehen werden.

(2) Über die Verleihung des Nutzungsrechts wird dem Berechtigten durch das zuständige staatliche Organ eine auf seinen Namen lautende Urkunde ausgestellt. Das Nutzungsrecht entsteht mit dem in der Urkunde festgelegten Zeitpunkt.

§ 288
Inhalt des Nutzungsrechts

(1) Der Nutzungsberechtigte ist berechtigt und verpflichtet, das volkseigene Grundstück bestimmungsgemäß zu nutzen.

(2) Das Nutzungsrecht ist unbefristet. In Ausnahmefällen kann das Nutzungsrecht befristet verliehen werden.

(3) Für das Nutzungsrecht ist ein Entgelt zu entrichten. Durch Rechtsvorschriften kann festgelegt werden, dass die Nutzung unentgeltlich erfolgt.

(4) Die auf dem volkseigenen Grundstück errichteten Gebäude, Anlagen und Anpflanzungen sind persönliches Eigentum des Nutzungsberechtigten.

§ 289
Übergang des Nutzungsrechts

(1) Gebäude auf volkseigenen Grundstücken, für die ein Nutzungsrecht verliehen wurde, können veräußert und vererbt werden.

(2) Mit der staatlichen Genehmigung des Vertrages über die Veräußerung geht das Nutzungsrecht auf den Erwerber über. Der Übergang des Nutzungsrechts auf den Erben bestimmt sich nach den dafür geltenden Rechtsvorschriften.

(3) Dem Erwerber oder dem Erben ist durch das zuständige staatliche Organ eine auf seinen Namen lautende Urkunde auszustellen, aus der sich der Übergang des Nutzungsrechts ergibt.

§ 290

Entzug des Nutzungsrechts

(1) Wird das volkseigene Grundstück nicht bestimmungsgemäß genutzt, kann das zuständige staatliche Organ das Nutzungsrecht entziehen.

(2) Bei Entzug des Nutzungsrechts gehen Gebäude, Anlagen und Anpflanzungen in Volkseigentum über. Die Entschädigung erfolgt nach den dafür geltenden Rechtsvorschriften. Für Gebäude wird eine Entschädigung gewährt, wenn sie mit staatlicher Genehmigung auf dem volkseigenen Grundstück errichtet wurden.

Drittes Kapitel

Persönliche Nutzung genossenschaftlich genutzten Bodens

§ 291

Entstehen des Nutzungsrechts

Landwirtschaftliche Produktionsgenossenschaften und andere sozialistische Genossenschaften können, soweit Rechtsvorschriften das vorsehen, Bürgern genossenschaftlich genutzten Bodens zum Bau von Eigenheimen oder anderen persönlichen Bedürfnissen dienenden Gebäuden zuweisen.

§ 292

Inhalt des Nutzungsrechts

(1) Der Nutzungsberechtigte ist berechtigt und verpflichtet, die zugewiesene Bodenfläche bestimmungsgemäß zu nutzen.

(2) Das Nutzungsrecht an der zugewiesenen Bodenfläche ist unbefristet. In Ausnahmefällen kann das Nutzungsrecht befristet werden.

(3) Die auf der zugewiesenen Bodenfläche errichteten Gebäude, Anlagen und Anpflanzungen sind unabhängig vom Eigentum an der Bodenfläche persönliches Eigentum des Nutzungsberechtigten.

§ 293

Übergang des Nutzungsrechts

(1) Die errichteten Gebäude können an Bürger, denen nach § 291 Boden zugewiesen werden kann, veräußert werden. Mit Zustimmung der Genossenschaft ist eine Veräußerung an andere Bürger zulässig, wenn das Gebäude persönlichen Wohnbedürfnissen dienen soll.

(2) Die errichteten Gebäude können vererbt werden.

(3) Mit dem Übergang des Eigentums am Gebäude geht auch das Nutzungsrecht an der zugewiesenen Bodenfläche auf den neuen Eigentümer über.

§ 294

Entzug des Nutzungsrechts

(1) Wird die zugewiesene Bodenfläche nicht bestimmungsgemäß genutzt, kann das zuständige staatliche Organ das Nutzungsrecht entziehen.

(2) Nach Entzug des Nutzungsrechts ist der Gebäudeeigentümer verpflichtet, das Gebäude nach § 293 Abs. 1 zu veräußern.

. . .

Viertes Kapitel

Persönliches Eigentum an Grundstücken und Gebäuden

§ 296

Eigentum an Wochenendhäusern und anderen Baulichkeiten auf vertraglich genutzten Bodenflächen

(1) Wochenendhäuser sowie andere Baulichkeiten, die der Erholung, Freizeitgestaltung oder ähnlichen persönlichen Bedürfnissen der Bürger dienen und in Ausübung eines vertraglich vereinbarten Nutzungsrechts errichtet werden, sind unabhängig vom Eigentum am Boden Eigentum des Nutzungsberechtigten, soweit nichts anderes vereinbart ist. Für das Eigentum an diesen Baulichkeiten gelten die Bestimmungen über das Eigentum an beweglichen Sachen entsprechend.

(2) Endet das Nutzungsverhältnis und wird ein neues Nutzungsverhältnis vertraglich vereinbart, kann das Eigentum an der Baulichkeit durch schriftlichen Vertrag auf den nachfolgenden Nutzungsberechtigten übertragen werden. Der Vertrag über die Begründung des neuen Nutzungsverhältnisses bedarf der Schriftform und der staatlichen Genehmigung.

. . .

Fünftes Kapitel

Nutzung von Bodenflächen zur Erholung

§ 312

Abschluss des Vertrages

(1) Land- und forstwirtschaftlich nicht genutzte Bodenflächen können Bürgern zum Zwecke der kleingärtnerischen Nutzung, Erholung und Freizeitgestaltung überlassen werden. Der Vertrag über die Nutzung ist schriftlich abzuschließen und bedarf der staatlichen Genehmigung, soweit das in Rechtsvorschriften vorgesehen ist.

(2) Der Vertrag kann unbefristet oder befristet abgeschlossen werden. Ein Vertrag darf nur befristet abgeschlossen werden, wenn dafür gesellschaftlich gerechtfertigte Gründe vorliegen. Sie sind im Vertrag anzugeben.

§ 313

Rechte und Pflichten des Nutzungsberechtigten

(1) Der Nutzungsberechtigte ist berechtigt und verpflichtet, die ihm überlassene Bodenfläche bestimmungsgemäß zu nutzen. Er kann insbesondere Anpflanzungen vornehmen und sich den Ertrag aneignen.

(2) Zwischen den Vertragspartnern kann vereinbart werden, dass der Nutzungsberechtigte auf der Bodenfläche ein Wochenendhaus oder andere Baulichkeiten errichtet, die der Erholung, Freizeitgestaltung oder ähnlichen persönlichen Bedürfnissen dienen.

(3) Der Nutzungsberechtigte ist verpflichtet, das Entgelt für die Nutzung termingemäß zu zahlen. Die Übertragung der Nutzung an andere Bürger ist nicht zulässig.

§ 314

Beendigung des Nutzungsverhältnisses

(1) Das Nutzungsverhältnis kann durch Vereinbarung der Vertragspartner beendet werden.

(2) Der Nutzungsberechtigte kann unter Einhaltung einer Frist von 3 Monaten zum 31. Oktober des laufenden Jahres kündigen. Aus gesellschaftlich gerechtfertigten Gründen kann zum Ende eines Quartals mit einer Frist von einem Monat gekündigt werden.

(3) Der Überlassende kann mit einer Frist von 3 Monaten zum 31. Oktober des laufenden Jahres kündigen, wenn dafür gesellschaftlich gerechtfertigte Gründe vorliegen, insbesondere dann, wenn der Nutzungsberechtigte seine Pflichten wiederholt gröblich verletzt, andere Nutzungsberechtigte erheblich belästigt oder sich auf andere Weise gemeinschaftsstörend verhält. Bei besonders schwerwiegendem vertragswidrigem Verhalten kann auch zum Ende des Quartals mit einer Frist von einem Monat gekündigt werden. Erfolgt die Nutzung außerhalb einer Kleingartenanlage, kann das Nutzungsverhältnis auch bei Vorliegen von dringendem Eigenbedarf gekündigt werden.

(4) Die Kündigung des Nutzungsverhältnisses durch einen Vertragspartner bedarf der Schriftform. Hat der Nutzungsberechtigte in Ausübung des Nutzungsrechts auf der Bodenfläche ein Wochenendhaus oder eine Garage errichtet, kann das Nutzungsverhältnis gegen seinen Willen nur durch gerichtliche Entscheidung aufgehoben werden.

(5) Endet das Nutzungsverhältnis, hat der Nutzungsberechtigte die Bodenfläche in einem ordnungsgemäßen Zustand zurückzugeben. Wertverbesserungen sind dem Nutzungsberechtigten zu entschädigen.

(6) Im Falle der Kündigung nach Abs. 3 aus dringendem Eigenbedarf ist der Überlassende verpflichtet, auf Verlangen des Nutzungsberechtigten von ihm errichtete Baulichkeiten oder Anpflanzungen durch Kauf zu erwerben.

. . .

Gesetz über Vereinigungen – VereinigungsG – (VereinG der ehemaligen DDR)

vom 21. Februar 1990 (GBl I S. 75),
geändert durch (bereinigtes) Gesetz vom 22. 6. 1990 (GBl I S. 470)

– Auszug –

Grundsätze

§ 1

Begriffsbestimmungen; Geltungsbereich des Gesetzes

(1) Vereinigungen im Sinne dieses Gesetzes sind freiwillige, sich selbst verwaltende Zusammenschlüsse von Bürgerinnen und Bürgern zur Wahrnehmung gemeinsamer Interessen und Erreichung gemeinsamer Ziele, unabhängig von ihrer Rechtsfähigkeit.

(2) Die Bestimmungen dieses Gesetzes finden keine Anwendung für

a) Gemeinschaften der Bürger nach dem Zivilgesetzbuch der Deutschen Demokratischen Republik vom 19. Juni 1975 (GBl I Nr. 27 S. 465),

b) Zusammenschlüsse, die auf Erwerbstätigkeit gerichtet sind,

c) Bürgerkomitees, die auf der Grundlage spezieller Rechtsvorschriften tätig sind,

d) Kirchen und Religionsgemeinschaften – außer Vereinigungen, die ausschließlich diakonischen oder caritativen Zwecken dienen.

(3) Die Bestimmungen dieses Gesetzes finden für Parteien und politische Vereinigungen Anwendung, soweit sich das aus dem Parteiengesetz vom 21. Februar 1990 (GBl I Nr. 9 S. 66) ergibt.

§ 2

Genehmigungsfreiheit; Verbot

(1) Die Bildung von Vereinigungen ist frei und bedarf keiner Genehmigung.

. . .

§ 3

Mitgliedschaft

(1) Jede volljährige Bürgerin und jeder volljährige Bürger kann Mitglied einer Vereinigung werden. Mitglieder können auch Vereinigungen oder juristische Personen sein, soweit dadurch nicht ein Zusammenschluss entsteht, der auf Erwerbstätigkeit gerichtet ist.

. . .

(5) Die Mitgliedschaft in einer Vereinigung ist nicht übertragbar und nicht vererblich.

Rechtsfähige Vereinigung

§ 4

Rechtsfähigkeit; Registrierung

(1) Eine Vereinigung erlangt mit ihrer Registrierung Rechtsfähigkeit.

(2) Die Registrierung ist bei Erfüllung folgender Voraussetzungen vorzunehmen:

– Nachweis einer Mitgliedschaft von mindestens 7 Personen,

– Übergabe einer namentlichen Aufstellung der Mitglieder des gewählten Vorstandes einschließlich deren Wohnanschriften und eines Statuts (Satzung),

– Mitteilung über den Namen und Sitz der Vereinigung sowie ihre Vertretung im Rechtsverkehr.

(3) Das Statut muss Festlegungen enthalten über

a) Name und Sitz der Vereinigung,

b) Ziele und Aufgaben der Vereinigung.

(4) Das Statut soll als weitere Festlegungen enthalten:

a) Struktur und territorialer Tätigkeitsbereich der Vereinigung,

b) Erwerb und Beendigung der Mitgliedschaft sowie Rechte und Pflichten der Mitglieder,

c) Aufgaben, Rechte und Pflichten sowie Einberufung, Beschlussfähigkeit und Beschlussfassung der Mitgliederversammlung oder Delegiertenversammlung,

d) Wählbarkeit des Vorstandes und der anderen durch Statut bestimmten Organe sowie deren Aufgaben, Rechte und Pflichten,

e) Finanzierung, einschließlich Beitragszahlung, Eigentumsverhältnisse, Haftung und Gewährleistung der Revision,

f) Vertretung im Rechtsverkehr,

g) Auflösung der Vereinigung und die damit verbundene Abwicklung der Geschäfte.

§ 5

Namen

(1) Die Vereinigung muss einen Namen haben, der sich von dem einer anderen bereits bestehenden Vereinigung im territorialen Tätigkeitsbereich deutlich unterscheidet.

(2) Vereinigungen führen zum Namen die Bezeichnung „eingetragene Vereinigung" (e. V.).

§ 6

Mitgliederversammlung

(1) Das höchste Organ der Vereinigung ist die Mitgliederversammlung bzw. die Delegiertenversammlung (im Folgenden Mitgliederversammlung).

(2) Die Mitgliederversammlung ist in den in dem Statut bestimmten Fällen, sowie dann einzuberufen, wenn es die Interessen der Vereinigung erfordern. Die Mitgliederversammlung ist einzuberufen, wenn mindestens ⅓ der Mitglieder es schriftlich verlangt, soweit im Statut nichts anderes bestimmt ist. Die Einberufung der Mitgliederversammlung und deren Tagesordnung ist den Mitgliedern rechtzeitig zur Kenntnis zu geben. Wird dem Verlangen nicht entsprochen, kann das Kreisgericht, in dessen Zuständigkeitsbereich die Vereinigung ihren Sitz hat, die Mitglieder, die das Verlangen gestellt haben, zur Einberufung der Mitgliederversammlung ermächtigen und über die Führung des Vorsitzes in der Mitgliederversammlung Festlegungen treffen. Auf die Ermächtigung muss bei der Einberufung der Mitgliederversammlung Bezug genommen werden.

(3) Die Beschlussfassung in der Mitgliederversammlung erfordert eine Mehrheit der erschienenen Mitglieder. Zu einem Beschluss, der eine Änderung des Statuts enthält, ist eine Mehrheit von Æ2Ø3° der Erschienenen notwendig. Zur Änderung der Ziele und Aufgaben der Vereinigung ist die Zustimmung aller Mitglieder erforderlich; die Zustimmung der nicht erschienenen Mitglieder muss schriftlich erfolgen. Diese Regelungen gelten nur, wenn das Statut nichts anderes bestimmt.

(4) Ein Mitglied ist nicht stimmberechtigt, wenn die Beschlussfassung einen Vertrag oder ein anderes Rechtsgeschäft zwischen dem Mitglied und der Vereinigung betrifft.

§ 7

Vorstand

(1) Die Vereinigung hat einen Vorstand, der durch die Mitgliederversammlung gewählt wird. Er besteht aus mindestens 3 Mitgliedern. Die Bezeichnung, die Rechte und Pflichten sowie die Struktur des Vorstandes werden durch das Statut bestimmt.

(2) Für die Beschlussfassung des Vorstandes gelten die Bestimmungen des § 6 Abs. 3 erster Satz und Abs. 4. Soweit eine Willenserklärung gegenüber der Vereinigung abzugeben ist, genügt die Abgabe gegenüber einem Mitglied des Vorstandes.

(3) Der Vorstand vertritt die Vereinigung im Rechtsverkehr. Im Statut kann bestimmt werden, dass vom Vorstand ein bevollmächtigter Vertreter berufen werden kann. Dieser muss nicht selbst der Vereinigung angehören. Ihr Handeln berechtigt und verpflichtet die Vereinigung unmittelbar.

(4) Fehlt ein handlungsfähiger Vorstand, ist ein solcher in dringenden Fällen bis zur Neuwahl durch die Mitgliederversammlung auf Antrag eines Beteiligten von dem Kreisgericht zu bestellen, in dessen Zuständigkeitsbereich die Vereinigung ihren Sitz hat.

. . .

§ 9

Auflösung

(1) Die Vereinigung kann sich durch Beschluss der Mitgliederversammlung auflösen. Für den Beschluss ist eine Mehrheit von ⅔ der Mitglieder bzw. Delegierten erforderlich, soweit das Statut nichts anderes bestimmt. Der Beschluss über die Auflösung ist dem für die Registrierung zuständigen Kreisgericht schriftlich zu übersenden.

(2) Für die Abwicklung gilt die Vereinigung als fortbestehend. Die vermögensrechtlichen Angelegenheiten hat der Vorstand zu regeln. Er bleibt in diesem Umfang handlungsfähig und verantwortlich.

. . .

(5) Die Auflösung der Vereinigung ist durch den Vorstand bzw. das in Abs. 7 genannte Gremium unverzüglich öffentlich bekannt zu machen. In der Bekanntmachung sind die Gläubiger zur Anmeldung bestehender Ansprüche aufzufordern. Die Bekanntmachung wird 2 Tage nach der ersten Veröffentlichung rechtswirksam. Bekannte Gläubiger sind durch besondere Mitteilung zur Anmeldung von Ansprüchen aufzufordern. Das Restvermögen der Vereinigung gemäß Abs. 2 Buchst. d darf nicht vor Ablauf eines Jahres nach der öffentlichen Bekanntmachung an die Berechtigten übergeben werden.

(6) Soweit der Vorstand oder das im Abs. 7 genannte Gremium die Pflichten gemäß den Absätzen 2 und 5 schuldhaft verletzt, sind sie gegenüber den Gläubigern für den daraus entstehenden Schaden als Gesamtschuldner verantwortlich.

(7) Die Mitgliederversammlung kann beschließen, dass anstelle des Vorstandes ein anderes, mindestens aus 3 gewählten Mitgliedern bestehendes Gremium die Rechte und Pflichten gemäß den Absätzen 2 und 5 wahrnimmt. Der Vorstand hat die Eintragung dieses Gremiums im Vereinigungsregister zu beantragen.

§ 10

Gesamtvollstreckung

(1) Die Vereinigung verliert ihre Rechtsfähigkeit, wenn gegen sie das Verfahren der Gesamtvollstreckung eröffnet wird.

(2) Der Vorstand ist verpflichtet, im Falle der Überschuldung die Einleitung der Gesamtvollstreckung beim Gericht zu beantragen. Wird die Pflicht zur Stellung des Antrages schuldhaft verletzt, sind die Vorstandsmitglieder für einen dadurch entstandenen Schaden als Gesamtschuldner verantwortlich.

(3) Die Eröffnung der Gesamtvollstreckung ist im Vereinigungsregister einzutragen.

§ 11

Löschung

Sinkt die Mitgliederzahl der Vereinigung unter 7 oder wird von der Vereinigung, die nach den Bestimmungen dieses Gesetzes registriert wurde, eine Erwerbstätigkeit durchgeführt, ist auf Antrag des Vorstandes, und wenn ein solcher Antrag nicht gestellt wird, nach Anhörung des Vorstandes die Vereinigung im Vereinigungsregister zu löschen.

§ 12

Registergericht; Gebühren; Öffentlichkeit des Registers

(1) Das Vereinigungsregister wird bei dem für den Sitz der Vereinigung zuständigen Kreisgericht geführt. In Großstädten mit Stadtbezirken ist das Vereinigungsregister bei einem Kreisgericht zu führen.

(2) Die Registrierung und jede weitere Eintragung sind gebührenpflichtig.

(3) Die Vereinigungsregister sind öffentlich und Dritten zugänglich.

§ 13

Keine Registrierung

Liegen die Voraussetzungen gemäß §§ 4 Absätze 2 und 3 sowie 5 Abs. 1 nicht vor, erfolgt keine Registrierung. Das gilt auch für Eintragungen über diesbezügliche Änderungen des Statuts. Dagegen ist die Beschwerde nach den Bestimmungen der Zivilprozessordnung vom 19. Juni 1975 (GBl I Nr. 29 S. 533) zulässig.

§ 14

Einzutragende Tatsachen; Urkunde

(1) In das Vereinigungsregister sind einzutragen

a) Name und Sitz der Vereinigung,

b) Datum der Annahme des Statuts,

c) Namen der Mitglieder des Vorstandes sowie Beschränkungen ihrer Vertretungsvollmacht, soweit solche im Statut festgelegt sind.

(2) Über die Registrierung einer Vereinigung ist dieser eine Urkunde auszuhändigen.

§ 15

Änderungen des Statuts; Auflösung; Verlust der Rechtsfähigkeit

(1) Änderungen des Statuts bedürfen zu ihrer Wirksamkeit der Eintragung in das Vereinigungsregister. Der Vorstand der Vereinigung ist verpflichtet, dem zuständigen Kreisgericht Veränderungen der Angaben gemäß §§ 4 Abs. 2 und 9 Abs. 1 innerhalb von 3 Wochen nach Beschlussfassung schriftlich mitzuteilen.

(2) Auf Verlangen des Kreisgerichts ist diesem durch den Vorstand eine Bescheinigung über die Zahl der Mitglieder der Vereinigung einzureichen.

(3) Wird eine Vereinigung aufgelöst, ist der Vorstand verpflichtet, die Beendigung der Abwicklung der Auflösung dem zuständigen Kreisgericht mitzuteilen sowie die Urkunde über die Registrierung zurückzugeben. Die Vereinigung ist im Vereinigungsregister zu löschen.

(4) Verliert eine Vereinigung ihre Rechtsfähigkeit, ist die Urkunde über die Registrierung einzuziehen.

Nichtrechtsfähige Vereinigungen

§ 16

Anwendbare Bestimmungen

(1) Die Bestimmungen der §§ 1 bis 3, 6 Absätze 1, 2 und 4, 7 Abs. 1 und 8 Abs. 1 finden auf nichtrechtsfähige Vereinigungen entsprechende Anwendung.

(2) Soweit sich die Vereinigung ein Statut gibt, gelten die im § 4 Absätze 2 und 3 dazu getroffenen Festlegungen. Anstelle des Statuts kann auch eine Vereinbarung der Mitglieder abgeschlossen werden.

(3) Gibt sich die Vereinigung einen Namen, gilt § 5 Abs. 1 entsprechend.

(4) Als Sitz der Vereinigung gilt der Ort, an dem die Verwaltung geführt wird, soweit das Statut oder die Vereinbarung der Mitglieder nichts anderes bestimmt.

. . .

§ 22

Übergangsbestimmungen

(1) Vereinigungen, die zum Zeitpunkt des In-Kraft-Tretens dieses Gesetzes aufgrund staatlicher Anerkennung oder des Erlasses von Rechtsvorschriften rechtsfähig sind, haben sich bei dem für den Sitz der Vereinigung zuständigen Kreisgericht innerhalb von 6 Monaten nach In-Kraft-Treten dieses Gesetzes registrieren zu lassen. Die Bestimmung des § 4 Abs. 2 gilt entsprechend.

(2) Soweit sich Vereinigungen bis zum Ablauf der in Abs. 1 genannten Frist nicht registrieren lassen, erlischt deren Rechtsfähigkeit.

(3) Das Ministerium für Innere Angelegenheiten sowie die Räte der Bezirke und Kreise übergeben die Unterlagen über staatlich anerkannte Vereinigungen innerhalb von 6 Wochen nach In-Kraft-Treten dieses Gesetzes an die zuständigen Kreisgerichte.

Schlussbestimmungen

§ 24

Durchführungsbestimmungen

Die zur Durchführung dieses Gesetzes erforderlichen Rechtsvorschriften erlässt der Ministerrat der Deutschen Demokratischen Republik.

§ 25
In-Kraft-Treten; Außer-Kraft-Treten

(1) Dieses Gesetz tritt am 21. Februar 1990 in Kraft.

(2) Gleichzeitig treten die Verordnung vom 6. November 1975 über die Gründung und Tätigkeit von Vereinigungen (GBl I Nr. 44 S. 723) sowie Ziff. 8 der Anlage zur Verordnung vom 14. Dezember 1988 zur Anpassung von Regelungen über Rechtsmittel der Bürger und zur Festlegung der gerichtlichen Zuständigkeit für die Nachprüfung von Verwaltungsentscheidungen (GBl I Nr. 28 S. 330) außer Kraft.

(3) Die von zentralen staatlichen Organen erlassenen Rechtsvorschriften, nach denen Vereinigungen die Rechtsfähigkeit erlangt haben, treten nach Ablauf der im § 22 Abs. 1 genannten Frist außer Kraft.

A. Zwischenpachtvertrag[1])

Zwischen

. . . .

als Verpächter(in)

und

. . . .

als Zwischenpächter

wird Folgendes vereinbart:

§ 1

Der/Die Verpächter(in) überlässt dem Zwischenpächter zur Nutzung als Dauer-kleingärten die im beigefügten Lageplan näher dargestellten Flächen auf den Flur-stücken . . . . Flur . . . . Nr. . . . . mit einer nutzbaren Kleingarten-fläche von . . . . m².

§ 2

Die Überlassung der Flächen erfolgt ab . . . . auf . . . . (Zeit). Für die Überlassung der Flächen und die Kündigungsmöglichkeit dieses Vertrages gelten die Bestimmungen des Bundeskleingartengesetzes.

§ 545 BGB findet keine Anwendung.

§ 3

Der zu entrichtende Pachtzins ist dem Anhang zu diesem Zwischenpachtvertrag zu entnehmen. Der Anhang ist Bestandteil dieses Zwischenpachtvertrages. Der Pacht-zins für die Zeit vom . . . . bis . . . . ist erstmalig nach Vertragsabschluss und für die künftigen Erntejahre bis zum . . . . eines jeden Pachtjahres im Voraus an . . . . zu überweisen.

§ 4

Dem Zwischenpächter wird gestattet, neben diesem an die Stadt abzuführenden Pachtzins einen Zuschlag bis zu . . . % des Pachtzinses von seinen Unterpächtern zu erheben.

Für rückständige und gestundete Pachtzinsbeträge können Verzugszinsen in Höhe von 3 % über dem jeweiligen Diskontsatz der Deutschen Bundesbank erhoben werden. Der Zwischenpächter kann darüber hinaus auch zum Ersatz desjenigen Schadens herangezogen werden, der der Verpächterin durch den Verzug entsteht.

---

1) Der hier abgedruckte Zwischenpachtvertrag ist ein „Mustervertrag". Er entspricht im Wesentlichen den unter der Geltung des alten Rechts im Bereich des Landesverbandes der Gartenfreunde Bremen e. V. verwende-ten Verträgen. Die durch das BKleingG und das MietrechtsreformG notwendigen Änderungen sind eingefügt.

Pachtverträge

§ 5

Der Zwischenpächter ist berechtigt, die vorstehend genannten Flächen an einen dem Landesverband angeschlossenen Kleingärtnerverein in Verwaltung zu geben oder unmittelbar Einzelgärten an Kleingärtner zu verpachten. Die abzuschließenden Unterpachtverträge müssen die diesem Vertrag zugrunde liegenden Vereinbarungen und Verpflichtungen enthalten.

Zwischen- und Unterpächter haften dem/der Verpächter(in) als Gesamtschuldner.

Der Zwischenpächter ist verpflichtet, auf Aufforderung des/der Verpächter(in) solchen Unterpächtern den Kleingarten zu kündigen und zu entziehen, die ihren kleingärtnerischen oder vertraglichen Verpflichtungen nicht nachkommen.

Die vom Landesverband der Kleingärtner erlassene Gartenordnung ist Bestandteil der mit den Unterpächtern abzuschließenden Pachtverträge.

Die Fläche darf nur kleingärtnerisch genutzt werden.

§ 6

Die Verpachtung der Flächen erfolgt in dem Zustand, in dem sie sich zur Zeit befinden, ohne Gewähr für offene oder heimliche Mängel.

Änderungen in der Aufteilung der Kleingartenflächen und in ihrer Be- und Entwässerung sowie die Beseitigung oder das Zurückschneiden von Allee-, Zier- oder Nutzholzbäumen bedürfen der vorherigen schriftlichen Genehmigung des/der Verpächter(in)s. Für eigenmächtig durchgeführte Maßnahmen ist der Veranlasser dem/der Verpächter(in) gegenüber schadenersatzpflichtig.

Der Zwischenpächter bzw. der von ihm eingesetzte verwaltende Kleingärtnerverein hat zur Schadensverhütung bzw. -minderung sofort geeignete Schritte zu unternehmen, Ermittlungen hinsichtlich des Schadenverursachers einzuleiten und Strafanzeigen zu erstatten. Der/Die Verpächter(in) ist unverzüglich zu informieren.

Der Zwischenpächter hat dafür zu sorgen, dass die im anliegenden Plan eingetragenen Nummern und der Vor- und Zuname des Kleingärtners an den Kleingarteneingängen angebracht werden.

§ 7

Vorbehaltlich einer vom Bauordnungsamt zu erteilenden Genehmigung dürfen auf den einzelnen Kleingärten Gartenlauben nur bis zu einer Größe von 24 m² Grundfläche einschließlich überdachtem Freisitz nach den vom Gartenbauamt erstellten oder genehmigten Entwürfen errichtet werden.

Sind im Entwurfsplan des Gartenbauamtes Giebelstellungen eingetragen, sind diese einzuhalten. Der Abstand zu allen Nachbargrenzen muss in jedem Falle mindestens 2,50 m betragen. Abweichungen von dieser Vorschrift bedürfen der Genehmigung der Verpächterin. Der Unterpächter hat für jeden Neu- oder Umbau bzw. jede Abweichung von den im Entwurfsplan vorgesehenen Laubentypen die Genehmigung des Bauordnungsamtes und die Zustimmung des verwaltenden Vereins selbst einzuholen und alle aus der Bebauung entstehenden Kosten, Gebühren und Abgaben zu tragen.

Die vom Gartenbauamt errichtete lebende Hecke an den Wegen ist einheitlich zu pflegen und zu erhalten. Die Hecken dürfen eine Höhe von 1,10 m nicht überschreiten. Die mitgelieferten und errichteten Gartenpforten sind pfleglich zu behandeln und dürfen in ihrem Aussehen nicht verändert werden. Durch natürlichen Verschleiß abgehende Pforten sind durch gleiche zu ersetzen.

§ 8

Die Fläche ist so zu unterhalten, wie es eine ordnungsgemäße kleingärtnerische Nutzung erfordert. Der Zwischenpächter ist zur Unterhaltung und Ausbesserung der zu dem gepachteten Land gehörigen Wege, Stege, Deiche, Dämme, Gräben, Fleete, Siele, Schlagbäume, Dammstellen, Grünflächen, Rickelwerke und Einfriedungen verpflichtet.

In die Pflege des Zwischenpächters gehen alle Gräben, Hecken und die im Vertragsplan **gelb** dargestellten Wege, Rasen- und Gehölzflächen.

Das Auslichten und Zurückschneiden der Gehölze auf diesen Flächen wird in mehrjährigen Abständen vom Gartenbauamt durchgeführt.

Das Gartenbauamt übernimmt die Pflege der im Vertragsplan grün dargestellten Fläche.

Evtl. zu der verpachteten Fläche gehörende Schaugräben sind jeweils zu den Schauterminen, die in den bremischen Tageszeitungen bekannt gegeben werden, ordnungsgemäß aufzureinigen.

Kommt der Zwischenpächter seinen Verpflichtungen nicht oder nicht ordnungsgemäß bzw. nicht rechtzeitig nach, so ist der/die Verpächter(in) berechtigt, die erforderlichen Arbeiten ohne vorherige Mahnung auf Kosten des Generalpächters vornehmen zu lassen.

§ 9

Soweit die Pachtflächen an Straßen und Straßenteile in geschlossener Ortslage im Sinne des § 41 des Bremischen Landesstraßengesetzes (BremLStrG) vom 20. 12. 1976 anschließen, obliegt dem Zwischen- oder Unterpächter die Pflicht zur Reinigung der dem Fußgängerverkehr vorbehaltenen Straßen und Straßenteile nach den Vorschriften der §§ 39, 41 und 42 BremLStrG, insbesondere das Schneeräumen sowie das Abstumpfen von Eis- und Schneeglätte. Dabei dürfen Salze und salzhaltige Streumittel nicht verwendet werden. Diese Verpflichtung gilt entsprechend auch für die Wege innerhalb der verpachteten Fläche, die regelmäßig der Öffentlichkeit zugänglich sein müssen. In Zweifelsfällen ist über die genaue Abgrenzung der zu reinigenden Straßen- und Wegeflächen zwischen der Verpächterin (ggf. gemeinsam mit dem Gartenbauamt) und dem Zwischenpächter bzw. dem verwaltenden Verein Einvernehmen herbeizuführen.

§ 10

Für Veränderungen und Verbesserungen an der verpachteten Fläche wird der Zwischenpächter nicht entschädigt. Er darf sie ohne Zustimmung des/der Verpächter(in) nicht wieder beseitigen oder zerstören.

Pachtverträge

Der Zwischenpächter hat dem/der Verpächter(in) sofort Anzeige zu erstatten, wenn Nachbarn oder andere Personen die Grenzen oder die Rechte der verpachteten Fläche beeinträchtigen oder sich Rechte daran anmaßen.

Der Zwischenpächter kann sich nicht darauf berufen, dass die Unterpächter mit der Zahlung der Pacht im Rückstand sind. Ein Erlass der Pacht wegen Misswuchses, Wildschadens, Hagelschlags, Überschwemmung oder dgl. kann nicht gefordert werden. Jegliche Aufrechnung mit Ansprüchen gegen die Verpächterin ist ausgeschlossen.

§ 11

Jeglicher Handel, insbesondere der Verkauf und der Ausschank von Alkohol auf den Kleingärten ist verboten. Die Erwirkung einer Verkaufs- oder Schankerlaubnis ist ohne Einfluss auf dieses Verbot. Die Tierhaltung ist untersagt.

Jede Art der gewerblichen Nutzung auf der verpachteten Fläche ist untersagt. Verstöße gegen diese Bestimmungen gelten als kleingartenwidrig und sind entsprechend zu ahnden.

§ 12

Der Zwischenpächter befreit den/die Verpächter(in) von allen Schadensersatzforderungen und sonstigen Ansprüchen, auch dritter Personen, die aus der Inanspruchnahme der Flächen entstehen könnten. Hierzu gehören auch alle Ansprüche, die durch das Auslaufen und Versickern von Schadstoffen in das Erdreich und Gewässer oder Wassergräben entstehen könnten, soweit der Zwischenpächter, sein Verwalter oder dessen Mitglieder dieses zu vertreten haben.

§ 13

Den Beauftragten des/der Verpächters(in) ist jederzeit der Zutritt zu der verpachteten Fläche zu gestatten.

§ 14

Für alle aus diesem Vertrag sich ergebenden Streitigkeiten wird ausdrücklich Bremen als Gerichtsstand vereinbart.

§ 15

Der Zwischenpächter ist für die Pflege der gesamten Anlagen verantwortlich.

Den Anweisungen des Gartenbauamtes ist Folge zu leisten.

Der Zwischenpächter ist berechtigt, die Unterpächter zu den Kosten der Unterhaltung des Pachtgegenstandes, soweit der Zwischenpächter hierzu gegenüber dem/der Verpächter(in) verpflichtet ist, heranzuziehen. Dies gilt insbesondere für die Verpflichtung gemäß §§ 8 und 9 des Pachtvertrages mit der Gemeinde/Stadt . . .

Soweit die Heranziehung nicht im Rahmen der Mitgliedschaft zu einem Kleingärtnerverein erfolgt, ist der Zwischenpächter berechtigt, die hierdurch entstehenden Kosten auf die Unterpächter in angemessener Weise umzulegen. Arbeitsleistungen der

Mitglieder eines Kleingärtnervereins können hierbei – soweit sie verweigert werden – durch eine Geldumlage abgegolten werden. Der Zwischenpächter kann sich eines Kleingärtnervereins als Erfüllungsgehilfen bedienen.

§ 16

Änderungen und Ergänzungen dieses Zwischenpachtvertrages bedürfen der Schriftform.

B. Einzelpachtvertrag[1])

Pachtgegenstand/Parzelle: ....

In der Kleingartenanlage: ....

Pachtvertrag

zwischen dem   Verband der Gartenfreunde

– als Verpächter –

dieser vertreten durch den Vorstand
des Kleingärtnervereins ....

aufgrund einer Verwaltungsvollmacht

und   ...., geb. am ....

....................., geb. am ....

– als Pächter –

wohnhaft   ....

Telefon-Nr.:   ....

---

1) Der hier veröffentlichte Einzelpachtvertrag ist ein „Mustervertrag", der vom Landesverband der Gartenfreunde Sachsen-Anhalt e. V. der Kleingärtnerorganisationen empfohlen wird.

Pachtverträge

§ 1

Gegenstand der Pachtung

Der Kreisverband als Verpächter verpachtet an den Pächter aus dem im Gebiet des **Kleingärtnervereins** . . . . . gelegenen Gelände das Teilstück, **Parzellen-Nr.** . . . . . **von insgesamt** . . . . **m²** zum **Zwecke der kleingärtnerischen Nutzung.** Mitverpachtet ist der auf den Kleingarten entfallende Anteil der Gemeinschaftsflächen. Leerstehende Gärten gelten als Gemeinschaftsfläche.

Der Garten wird in dem Zustand verpachtet, in dem er sich zur Zeit befindet, ohne Gewähr für offene oder heimliche Mängel und Fehler.

Dem Pächter ist bekannt, dass das Wohnen im Garten nicht erlaubt ist. Während der Dauer des Pachtvertrages hat er eine ständige Wohnung nachzuweisen. Jede Wohnungsänderung ist dem Verpächter sofort zu melden.

Bei Nichtbeachtung sind eventuell auftretende Kosten durch den Pächter zu tragen.

Die Beseitigung oder das Zurückschneiden von Allee-, Zier- oder Nutzholzbäumen in den Gemeinschaftsflächen bedürfen der vorherigen schriftlichen Genehmigung des Verpächters.

§ 2

Pachtdauer und Kündigung

Dieser Pachtvertrag beginnt mit der Wirkung vom . . . . und wird (für Dauerkleingärten auf unbestimmte Zeit) für sonstige Kleingärten auf . . . . (Zeit), jedoch längstens für die Dauer des Zwischenpachtvertrages geschlossen. Er endet automatisch mit dem Tode des Pächters. Die Neuverpachtung ist ausschließlich Angelegenheit des Verpächters bzw. dessen Beauftragter.

Das Pachtjahr beginnt mit dem **1. Dezember und endet mit dem 30. November jeden Jahres.** Für die Kündigungen des Vertrages gelten die Bestimmungen des Bundeskleingartengesetzes.

Der Pächter kann den Pachtvertrag zum Ende des Pachtjahres kündigen. Die Kündigung muss spätestens am dritten Werktag des Monats Juli des betreffenden Jahres schriftlich beim Verpächter eingegangen sein. Die Kündigung des Pachtvertrages durch den Pächter löst keine Entschädigungsverpflichtung des Verpächters aus. § 545 BGB findet keine Anwendung.

§ 3

Pachtzins

Der Pachtzins beträgt zur Zeit . . . . DM/m²/Jahr und ist spätestens am 31. Oktober eines jeden Jahres im Voraus an den Verpächter zu zahlen, erstmalig am . . . . Pachtzinsanpassungen erfolgen nach dem Bundeskleingartengesetz.

Ein Erlass des Pachtzinses wegen Misswuchs, Wildschaden, Hagelschlag, Überschwemmung oder dergleichen kann nicht gefordert werden. Die Aufrechnung gegen die Pachtzinsforderung ist nur mit vom Verpächter anerkannten oder rechtskräftig festgestellten Gegenforderungen zulässig.

§ 4

Zahlungsverzug

Bleibt der Pächter mit der Zahlung eines Pachtzinses oder mit seinem Wassergeld, Wegegeld evtl. Verzugszinsen und ähnlichem trotz erfolgter schriftlicher Mahnung länger als zwei Monate im Rückstand, so ist der Verpächter berechtigt, das Pachtverhältnis nach Maßgabe der Bestimmungen des Bundeskleingartengesetzes zu kündigen.

§ 5

Verwaltungskosten

Verwaltungskosten der Pachtsache werden durch den Mitgliedsbeitrag sowie durch Gemeinschaftsleistungen im Kleingärtnerverein abgegolten, so lange der Kleingärtnerverein die Anlage verwaltet. Bei Nichtmitgliedschaft des Pächters im Kleingartenverein bzw. Beendigung der Verwaltungsvollmacht des Vereines sind diese Leistungen in angemessener Höhe durch finanzielle Abgeltung zusätzlich zum Pachtzins und evtl. anderer öffentlich rechtlicher Lasten zu tragen.

§ 6

Nutzung

Der Pächter ist verpflichtet, das Pachtgrundstück im Sinne einer kleingärtnerischen Nutzung ordnungsgemäß zu bewirtschaften und in gutem Kulturzustand zu erhalten.

Der Pächter hat an der Eingangspforte seinen Namen und die Nr. des Kleingartens anzubringen.

Der Pächter darf das Grundstück oder Teile desselben weder weiterverpachten noch Dritten zum Gebrauch oder zum Wohnen überlassen.

Jeglicher Handel, insbesondere der Verkauf und der Ausschank von Alkohol auf dem Pachtgrundstück ist verboten.

Die Erwirkung einer Verkaufs- oder Schankerlaubnis ist ohne Einfluss auf dieses Verbot.

Jede Art der gewerblichen Nutzung des Pachtgrundstückes ist verboten.

Der Bauabstand zu allen Nachbargrenzen muss in jedem Fall mindestens 3,00 m betragen. Abweichungen von dieser Vorschrift bedürfen der besonderen Genehmigung.

Das Errichten oder Erweitern der Gartenlauben oder anderer Baukörper und baulicher Nebenanlagen in den Kleingärten richtet sich nach § 3, Abs. 2 des Bundeskleingartengesetzes und dem Gesetz über die Bauordnung des Landes Sachsen-Anhalt. Vor Baubeginn ist die Zustimmung des Vereins und des Zwischenpächters einzuholen.

Die errichtete Hecke an den Wegen ist einheitlich zu pflegen und zu erhalten. Die Hecken dürfen, sofern vom Verpächter bzw. seinem Vertreter (verwaltender Verein) keine mindere Höhe vorgeschrieben wird, eine Höhe von 1,20 m nicht überschreiten. Die Tierhaltung ist nur mit Zustimmung des Verpächters bzw. seinem Vertreter (verwaltender Verein) möglich. Die Kleintierhaltung darf die Kleingärtnergemeinschaft nicht wesentlich stören und der kleingärtnerischen Nutzung nicht widersprechen.

§ 7

Wege und Gräben

Der Pächter ist verpflichtet, im vereinsüblichen Rahmen die zu der Kleingartenanlage gehörenden und angrenzenden Wege und Gräben in ordnungsgemäßem Zustand zu halten. Soweit die Pachtgrundstücke an öffentlichen Straßen und Wegen liegen, obliegt dem Pächter im Rahmen der Festlegungen des Vereines polizeilich oder sonst wie gebotene Reinigungs- und Streupflicht.

Kommt ein Pächter seinen Verpflichtungen nicht oder nicht ordnungsgemäß bzw. nicht rechtzeitig nach, so ist der Verpächter berechtigt, die erforderlichen Arbeiten ohne vorherige Mahnung auf Kosten des Pächters vornehmen zu lassen.

Außerdem sind die zum Pachtgrundstück gehörenden Gräben jeweils zu den Schauterminen, die in den Tageszeitungen bekannt gegeben werden, ordnungsgemäß aufzureinigen.

§ 8

Verhältnis zum Zwischenpachtvertrag

Auf das Vertragsverhältnis finden die jeweiligen Bestimmungen des zwischen dem Verpächter und dem Grundstückseigentümer bestehenden Zwischenpachtvertrages Anwendung.

Der Verpächter ist berechtigt, den Pächter zu den Kosten der Unterhaltung des Pachtgegenstandes heranzuziehen, soweit er hierzu gegenüber seinem Vertragspartner verpflichtet ist.

Der Pächter ist verpflichtet, an den zur Gesamtgestaltung der Anlage erforderlichen Gemeinschaftsarbeiten auf Anforderung des Verpächters oder Bekanntgabe seines Kleingärtnervereines teilzunehmen. Kommt der Pächter dieser Verpflichtung nicht nach, und stellt er auch keinen Ersatzmann, so hat er die Nichtbeteiligung durch Geld abzugelten. Die Höhe des Abfindungsbetrages wird durch den Verpächter bzw. durch seinen Kleingärtnerverein festgesetzt.

§ 9

Gartenordnung

Die vom Verpächter erlassene Rahmengartenordnung sowie die Kleingartenordnung des Vereines sind in der jeweils gültigen Fassung bindender Bestandteil dieses Pachtvertrages.

§ 10

Parken von Kraftfahrzeugen

Das Parken und Wagenwaschen auf sämtlichen Wegen der Kleingartenanlage und den Gärten selbst ist untersagt. Das Parken ist nur auf ausgewiesenen Stellflächen zulässig.

§ 11

Pächterwechsel

Im Falle der Kündigung des Pachtvertrages durch den Pächter fällt der Garten an den Verpächter zurück und wird von diesem neu verpachtet. Für diese Auseinandersetzungen gelten folgende Bestimmungen:

Der Pächter hat vor Beendigung des Pachtverhältnisses die Pflicht, eine Wertermittlung durch vom Verpächter benannte Wertermittler durchführen zu lassen.

Bei Beendigung des Pachtverhältnisses muss der Garten in dem Zustand zurückgegeben werden, der sich aus der fortlaufenden ordnungsgemäßen Bewirtschaftung ergibt. Verfallene oder unbrauchbare sowie das Landschaftsbild verunzierende sowie über den gesetzlichen Rahmen hinausgehende Baulichkeiten sind von dem ausscheidenden Pächter zu beseitigen. Überzählige oder kranke Bäume und Sträucher sind auf Verlangen des Verpächters zu entfernen.

Die durch die Wertermittlung entstandenen Kosten und noch entstehenden sonstigen Forderungen des Verpächters sind vom abgebenden Pächter zu tragen.

Für den Fall, dass bei Beendigung des Pachtverhältnisses kein Nachfolgepächter vorhanden sein sollte, wird dem Pächter gestattet, bis zu einer Dauer von maximal 2 Jahren nach Beendigung des Pachtverhältnisses sein Eigentum (Anpflanzungen und Baulichkeit) auf der Parzelle zu belassen, soweit es den Bestimmungen des Bundeskleingartengesetzes, der Gartenordnung sowie dieses Vertrages entspricht.

Sollte auch nach Ablauf von 2 Jahren kein Nachfolgepächter gefunden sein, verpflichtet sich der Pächter zur Beräumung des Gartens von seinem Eigentum.

Der abgebende Pächter ist verpflichtet, solange kein Nachfolger für die Parzelle gefunden ist bzw. diese nicht beräumt ist, eine Verwaltungspauschale, die sich mindestens analog zur Höhe des Kleingartenpachtzinses und der öffentlich-rechtlichen Lasten für die Parzelle zusammensetzen muss, zu zahlen.

Der Nutzer ermächtigt den Kleingärtnerverein die Parzelle bis zur Neuverpachtung bzw. bis zur Beräumung in einem solchen Zustand zu erhalten, dass von dieser keine Störungen ausgehen. Der Kleingärtnerverein ist berechtigt, hierfür die im Verein üblichen Stundensätze zu berechnen.

Bei Beendigung des Vertragsverhältnisses durch Verschulden des Pächters gelten die Bestimmungen dieses Paragraphen entsprechend. Der Verpächter ist jedoch berechtigt, den Garten auf Kosten des Pächters ordnungsgemäß instand zu setzen. Der Pächter tritt hiermit unwiderruflich für diesen Fall einen Teil der ihm gegenüber einem Folgepächter zustehenden Ablösesumme in Höhe der Mängelbeseitigungskosten ab.

§ 12

Haftung

Der Pächter verzichtet auf jegliche Haftung des Verpächters für Mängel des Pachtgegenstandes. Für Veränderungen oder Verbesserungen durch den Verpächter an dem Pachtgegenstand wird der Pächter nicht entschädigt. Auch darf er solche ohne Zustimmung des Verpächters nicht wieder beseitigen oder zerstören.

§ 13

Betreten der Kleingärten

Dem Verpächter oder dessen Beauftragten ist im Rahmen ihrer Verwaltungsbefugnisse der Zutritt zum Kleingarten zu gestatten. Bei Gefahr im Verzuge kann der Kleingarten auch in Abwesenheit des Pächters von den o. g. Personen betreten werden.

§ 14

Verstöße und missbräuchliche Nutzung

Bei schwerwiegenden oder nicht unerheblichen Pflichtverletzungen, z. B. bei Verstößen gegen die §§ 6, 7, ist der Verpächter nach Maßgabe der Bestimmungen des Bundeskleingartengesetzes zur Kündigung berechtigt. Der Verpächter ist daneben gegebenenfalls auch berechtigt, die Beseitigung der Mängel auf Kosten des Pächters vornehmen zu lassen.

Strafbare Handlungen des Pächters, insbesondere Eigentumsvergehen und sittliche Verwahrlosung, innerhalb des Kleingartengebietes, berechtigen den Verpächter zur fristlosen Kündigung.

§ 15

Gerichtsstand

Die Pächter sind Gesamtschuldner.

Willenserklärungen werden wirksam, wenn sie auch nur einem Pächter zugehen. Jeder Pächter hat sich Willenserklärungen sowie Verfehlungen so anrechnen zu lassen, als ob sie an seiner eigenen Person entstanden sind.

Erfüllungsort und Gerichtsstand ist Magdeburg.

Änderungen dieses Vertrages bedürfen der Schriftform.

. . . .
Verpächter   Pächter
vertreten durch den Vorstand
des Kleingärtnervereines   . . . .
                                                                    Pächter

Magdeburg, den . . . .

C. Verwaltungsvollmacht[1])

Der Verband der Gartenfreunde .... überträgt die Verwaltung der Kleingartenanlage .... dem Vorstand des Kleingärtnervereines .... auf unbestimmte Zeit.

Es wird vereinbart:

1. Die Erfüllung der sich aus den pachtvertraglichen Regelungen ergebenden Pflichten übernimmt der mit der Verwaltung beauftragte Verein. Sie sind in den Einzelpachtverträgen festgeschrieben und richten sich nach den Bestimmungen des Bundeskleingartengesetzes in seiner jeweiligen Fassung.

2. Der Vereinsvorstand erhält die Befugnis zum Abschluss von Einzelpachtverträgen im Namen des Verbandes.

   Jeweils ein von beiden Vertragsparteien unterzeichnetes Exemplar ist beim Verband zu hinterlegen.

3. Kündigungen von Kleingartenpachtverhältnissen können nur vom Vorstand des Verbandes ausgesprochen werden.

   Sie sind vom Vereinsvorstand zu beantragen und zu begründen.

4. Der Verband ist berechtigt, sich unmittelbar an den Einzelpächter selbst zu halten.

5. Dem Vereinsvorstand obliegt die Einhaltung der vom Verband erlassenen Rahmengartenordnung sowie der Gartenordnung des Vereines in seinem Verantwortungsbereich. Änderungen in der Aufteilung von Gartenflächen sowie Gemeinschaftsflächen bedürfen der vorherigen schriftlichen Genehmigung des Verbandes.

6. Der Vereinsvorstand ist berechtigt und beauftragt, den jeweils gültigen Pachtzins sowie die öffentlich rechtlichen Abgaben bzw. sonstige Geldleistungen für die Gesamtfläche der Anlage von den Einzelpächtern einzuziehen und diese an den Verband weiterzuleiten.

7. Diese Verwaltungsvollmacht kann bei Beendigung der Mitgliedschaft des Vereines im Verband oder durch Entzug bei Zuwiderhandlung durch den Verband beendet werden.

8. Bei Beendigung der Mitgliedschaft des Vereines im Verband zahlt der Verein an den Verband eine Aufwandspauschale mindestens in Höhe des jeweiligen Mitgliedsbeitrages. Der Verein lässt von der Mitgliederversammlung beschlossene Änderungen der Beitragshöhe auch nach Beendigung der Mitgliedschaft im Verband gegen sich gelten.

9. Änderungen dieser Vollmacht bedürfen der Schriftform.

................, den ....

....　　　...
Verband　　　　　　　　　　　　　　　　Kleingärtnerverein

---

1) Die Verwaltungsvollmacht ist eine „Mustervereinbarung", wie sie vom Landesverband der Gartenfreunde Sachsen-Anhalt e. V. den Verbänden und örtlichen Kleingärtnervereinen empfohlen wird.

Gartenordnung[1])

Das Kleingartenwesen dient der Gesundheitsförderung und Erholung der Bevölkerung. Seine Verwirklichung sowie das gemeinsame Miteinander bedingen, dass die Gartenfreunde gut nachbarschaftlich zusammenarbeiten, gegenseitig Rücksicht nehmen und die Parzellen kleingärtnerisch nutzen, wobei mindestens $\frac{1}{3}$ der Gartenfläche dem Anbau von **Obst und Gemüse** vorbehalten bleiben muss.

1. Bebauung

Art und Umfang der baulichen Nutzung ergeben sich aus dem Pachtvertrag, dem Bundeskleingartengesetz, den betreffenden Bebauungsplänen und der Dienstanweisung des Senators für das Bauwesen für Bauten in Kleingärten.

1.1 Vor Errichtung, Änderung oder Erweiterung einer Gartenlaube oder anderer Baukörper und baulicher Nebenanlagen muss die Bauerlaubnis beim zuständigen Bauordnungsamt eingeholt werden und die **Zustimmung durch den Verpächter** erfolgen.

Abweichungen von der genehmigten Bauzeichnung sind unzulässig.

1.2 Die Gartenlaube ist stets in einem gepflegten Zustand zu erhalten.

1.3 Sitzplätze und Wegeflächen dürfen nicht aus geschüttetem Beton bestehen oder ähnlich massiv angelegt sein.

1.4 Die Wasseroberfläche eines Feuchtbiotops oder eines Zier- und Wasserpflanzenteiches kann bis zu 4 m² groß sein, bei größeren Kleingärten maximal jedoch 1 % der Gartenfläche betragen. Zur Anlage des Teiches sind entweder Lehm-Tondichtungen oder geeignete Folien zu verwenden.

Ein Entschädigungsanspruch besteht nicht.

2. Gehölze

Aus der kleingärtnerischen Nutzung, den Standortansprüchen der Obstgehölze und wegen der engen Nachbarschaft ergeben sich Einschränkungen bei der Gehölzauswahl, so dass insbesondere das Anpflanzen von Haselnuss, Hollunder und Walnuss im Kleingarten nicht erlaubt ist.

2.1 Obstgehölze

2.1.1 Auf je 200 m² Gartenland dürfen nicht mehr als 2 Buschbäume auf stark wachsender Unterlage sowie 1 Hoch- oder Halbstamm gepflanzt werden. Der Grenzabstand zu den Nachbargärten muss bei diesen Bäumen mindestens 4 m betragen.

---

1) Gartenordnung des Landesverbandes der Gartenfreunde Bremen e. V.

Gartenordnung

Nur am Hauptweg und an der südlichen Gartengrenze sind 2 m Abstand ausreichend. In Altanlagen sind bei ausdrücklicher Zustimmung des betroffenen Nachbarn Ausnahmen für den bestehenden Altbaumbestand möglich.

2.1.2 Kleinbaumformen auf schwach wachsender Unterlage sowie Beerenobst müssen den nach gärtnerischen Erkenntnissen erforderlichen Pflanzenabstand haben. Die Grenzabstände müssen 1,5 m, bei Beerenobststammformen 1,0 m als Mindestabstand betragen.

2.2 Ziergehölze

2.2.1 Auf je 100 m² Gartenland ist die Anpflanzung/der Stand von 2 Ziergehölzen (Laub- und Nadelgehölze) mit einer absoluten Wuchshöhe bis zu 4 m zulässig. Ein Grenzabstand von 2,50 m ist einzuhalten. Darüber hinaus sind nur solche Gehölze zu wählen, die eine endgültige Wuchshöhe von 2,50 m nicht überschreiten. Für diese ist ein Grenzabstand von 1,50 m einzuhalten.

2.2.2 Großwüchsige Waldbäume – heimische Gehölze – haben ihren Standort ausschließlich in den Anlagen des Gemeinschaftsgrüns.

3. Einfriedungen

3.1 Massive Einfriedungen, Betonpfähle und Stacheldraht sind unzulässig.

3.2 Die Gartenpforte ist in der vom Gartenbauamt erstellten Form zu erhalten und zu pflegen. Ansonsten ist sie in der vom Verpächter jeweils festgelegten Ausführung zu erstellen und zu unterhalten.

3.3 Lebende Hecken sind entsprechend der Pflanzung des Gartenbauamtes zu erhalten, erforderlichenfalls zu ergänzen. Ansonsten sind sie nach den Angaben des Verpächters zu pflanzen. Bei Neuanpflanzungen und Ergänzungen sind heimische Arten zu verwenden. Die bestimmte Heckenform ist einzuhalten.

Eine Heckenhöhe von 1,10 m darf nicht überschritten werden, damit der Einblick in den Garten gewährleistet ist. Heckenbögen über Gartenpforten sind zulässig. Die erforderlichen Pflegemaßnahmen sind ordnungsgemäß durchzuführen. Auf den notwendigen **Vogelschutz** ist dabei zu achten.

3.4 Abgrenzungen zum Nachbargarten durch lebende Hecken sind nicht gestattet. Abgrenzungen bis zu einer Höhe von 0,75 m mit engmaschigem Drahtgeflecht sind jedoch möglich. Entsprechende Stützpfosten müssen in ihren Abmessungen der geringen Zaunhöhe angepasst sein.

4. Umweltschützende Maßnahmen

4.1 Bei der Durchführung von Pflanzenschutzmaßnahmen sind nur nützlingsbzw. bienenschonende Mittel zu verwenden. Sie sind nur im äußersten **Notfall** anzuwenden.

4.2 Der Gebrauch von **Unkrautvernichtungsmitteln** in Kleingärten ist verboten.

4.3 Förderung und Schutz der **Bienenhaltung** ist eine besondere Verpflichtung der Kleingärtnergemeinschaft.

4.4   Der Pächter soll für Nistgelegenheiten und Tränkeplätze für Vögel sorgen. Während der **Brutzeit** ist der Schnitt von Hecken und Sträuchern auf das unbedingte Maß zu beschränken.

4.5   Pflanzliche Abfälle sind zu **kompostieren** und die organische Substanz dem Boden zuzuführen, so dass eine mineralische Düngung der Gartenfläche weitgehend überflüssig wird. Für die Kompostherstellung nicht geeignetes Material muss abgefahren werden. Die Kompostanlage muss durch Abpflanzung vor Einsicht geschützt sein und darf nicht zur Belästigung anderer führen.

4.6   Unrat und Gerümpelablagerungen im Kleingarten sind nicht erlaubt. Das **Verbrennen** im Freien ist verboten.

4.7   Abwässer und sonstige zur **Verunreinigung** führende Stoffe dürfen nicht in die Gräben eingeleitet werden. Bei Grabenreinigungen ist auf Bewuchs und Tiere Rücksicht zu nehmen, wobei die Grabenprofile nicht verändert werden dürfen und der Wasserdurchfluss zu gewährleisten ist. Die Reinigung der Gräben darf nur in der Zeit zwischen dem 15. August und dem 15. November durchgeführt werden. Während der Räumungsperiode ist jeweils nur eine Grabenseite zu reinigen.

       Die Weisungen des Eigentümers, des Deichverbandes und der zuständigen Ämter sowie des Verpächters sind zu befolgen. Das gilt auch für die Benutzung von Deichen.

4.8   Das Entleeren von Fäkalien- und Jauchebehältern darf nur werktags ab 20.00 Uhr erfolgen und zu keiner Belästigung führen.

5.   Wege und Gemeinschaftsanlagen

5.1   Die Pflege und Instandhaltung der an die Kleingärten grenzenden Flächen wie Wege, Hecken, Gräben usw. obliegt dem Pächter, sofern nicht im Einzelfall besondere Vereinbarungen getroffen worden sind. Die eigenmächtige Veränderung dieser Einrichtungen ist nicht erlaubt.

5.2   Die Lagerung von Materialien außerhalb des Gartens darf nicht zur Behinderung anderer führen und ist daher nur bis zu einer Dauer von höchstens 24 Stunden unter Beachtung der üblichen Sicherheitsvorschriften gestattet.

5.3   Bei Benutzung von Kraftfahrzeugen aller Art innerhalb der Kleingartenanlage sind die vom Verpächter getroffenen Regelungen bindend.

5.4   Anschlagtafeln, Hinweis- und Verkehrsschilder, Vereinsheime, Kinderspielplätze, Wasserzapfstellen, Wegschranken und -absperrungen usw. unterstehen dem besonderen Schutz aller Gartenfreunde. Festgestellte Schäden müssen sofort dem Verpächter gemeldet werden.

5.5   Der Verpächter ist berechtigt, die Pächter zu **Gemeinschaftsarbeiten** für die Anlage und Unterhaltung der gemeinsamen Einrichtungen der Kleingartenanlage heranzuziehen. Für nicht geleistete Gemeinschaftsarbeit setzt der Verpächter einen entsprechenden Geldbetrag fest.

6. Ruhe und Ordnung

6.1 Der Pächter ist verpflichtet, auf Einhaltung von Ruhe, Ordnung und Sicherheit für sich, seine Angehörigen und seine Gäste zu achten.

6.2 Eine den Nachbarn belästigende und den Erholungswert beeinträchtigende **Geräuschverursachung** ist verboten. Geräuschverbreitende Gartengeräte können ganzjährig werktags von 8–13 Uhr und 15–19 Uhr benutzt werden. Einschränkungen bleiben dem Verpächter im Bedarfsfall vorbehalten.

6.3 Das Instandsetzen, Waschen und Pflegen von Kraftfahrzeugen ist innerhalb der Kleingartenanlage nicht erlaubt. Zum Parken von Kraftfahrzeugen sind nur die vom Verpächter bezeichneten Plätze oder öffentliche Parkplätze zu benutzen. Das Aufstellen von Wohnwagen und Zelten innerhalb der Kleingartenanlage ist nicht statthaft.

6.4 Jeglicher Handel, insbesondere der Verkauf und Ausschank von Getränken, ist, auch bei Erwirkung einer Verkaufs- und Schankerlaubnis, nicht zulässig.

7. Tierhaltung

Tierhaltung ist im Kleingarten nicht erlaubt. Hunde und Katzen sind in der Kleingartenanlage an der Leine zu führen, vom Spielplatz fernzuhalten und im Garten unter Aufsicht zu stellen. Verunreinigungen auf den Wegen und in der Anlage sind unverzüglich von den jeweiligen Tierhaltern zu beseitigen.

8. Verstöße

Verstöße gegen diese Gartenordnung, die nach schriftlicher Abmahnung mit angemessener Fristsetzung des Verpächters nicht behoben oder nicht unterlassen werden, sind eine Verletzung des Pachtvertrages und können wegen vertragswidrigen Verhaltens zur **Kündigung** des Pachtvertrages führen.

9. Fachberatung

Der Pächter ist gehalten, in allen gärtnerischen Belangen die Fachberater anzusprechen und sich deren Erfahrungen und Ratschläge zunutze zu machen.

10. Schlussbestimmungen

Diese Gartenordnung ist Bestandteil des zwischen dem Verpächter und Pächter geschlossenen Pachtvertrages.

Bewertung von Anpflanzungen und Anlagen

Genehmigung der „Richtlinien des Landesverbandes bayerischer Kleingärtner e.V. für die Bewertung von Anpflanzungen und Anlagen nach § 11 Abs. 1 des Bundeskleingartengesetzes (BKleingG) – Bewertungsrichtlinien – Fassung Oktober 2000 (AllMBl. S. 728)"

Bekanntmachung des Bayerischen Staatsministeriums des Innern vom 23. Oktober 2000 (AllMBl. S. 729)

Richtlinien des Landesverbandes bayerischer Kleingärtner e.V. für die Bewertung von Anpflanzungen und Anlagen nach § 11 Abs. 1 des Bundeskleingartengesetzes (BKleingG)

– Bewertungsrichtlinien –
Fassung Oktober 2000

1.   Allgemeines

1.1   Die im Garten verbleibenden Anpflanzungen und Anlagen werden nur entschädigt und bewertet, soweit sie

1.1.1   nach Gesetz (z. B. § 1, § 3 Abs. 2 BKleingG; Baurecht) und den vertraglichen Grundlagen (insbesondere Pachtvertrag, Gartenordnung) **zulässig** und

1.1.2   im Rahmen der kleingärtnerischen Nutzung **üblich** sind.

1.2   Die Bewertung erfolgt nach dem **Sachwertverfahren**; Ausgangspunkt der Bewertung sind daher die Herstellungskosten (Normalherstellungskosten), wobei die **Arbeitsleistungen** unbeschadet der in Nummer 2.1.4 getroffenen Regelung **unberücksichtigt bleiben**. Es werden nur die normalen Herstellungskosten berücksichtigt, nicht etwaige außergewöhnliche Leistungen.

Beim Sachwertverfahren wird von „Idealwerten" ausgegangen, die nicht überschritten werden können (die in den Tabellen im Anhang genannten Beiträge sind solche Idealwerte). Der Idealwert wird nur eingesetzt, wenn es sich um einen fachlich und gestalterisch einwandfreien Bewertungsgegenstand handelt, z. B. bei einem Obstbaum, bei dem der Standort, die Sorte und der Pflanzenabstand richtig gewählt wurden und der gesund und gut gepflegt ist.

Der Bewertungsgegenstand wird somit seinem Zustand entsprechend mit einem Betrag bewertet, der zwischen Null und dem Idealwert liegt. Dabei ist zu beachten, dass die Herstellung von Kulturen erst abgeschlossen ist, wenn Obstgehölze das Vollertragsstadium erreicht haben und Ziergehölze ihre Funktion voll erfüllen. Nach völlig abgeschlossener Herstellung ist bei Obst- und Ziergehölzen ggf. eine Wertminderung gem. Anlage 1 Tabelle 1 zu berücksichtigen. Bei Gebäuden und Nebenanlagen wird ab dem Zeitpunkt der Fertigstellung ein Abschreibungssatz gem. Anlage 1 Tabelle 6 (für Gebäude) bzw. Tabelle 8 (für Nebenanlagen) angesetzt. Anpflanzungen und Anlagen in gepflegtem und gebrauchsfähigem Zustand, die bereits vollständig abgeschrieben wären oder für die sich ein unverhältnismäßig geringer Restwert ergäbe, können mit einem dem Zustand entsprechenden Restwert angesetzt werden.

1.3 Befindet sich der zu bewertende Garten allgemein in einem schlechten Zustand, ist er etwa stark vernachlässigt, so ist der Gesamtbetrag aus den jeweiligen Einzelbewertungen, die sich nach den nachstehenden Richtlinien ergeben, um einen angemessenen Vomhundertsatz (20 bis 100 v. H.) zu kürzen. Beschränkt sich der schlechte Zustand auf einen Teilbereich der Bewertung (z. B. nur die gärtnerischen Kulturen oder die Nebenanlagen), so kann sich die Kürzung auf diesen Teilbereich beschränken. Gärten ohne jede kleingärtnerische Nutzung (also ohne Obst- und Gemüsekulturen) sind nach dem BKleingG mit 0 zu bewerten. Bei starken Wertminderungen empfiehlt es sich, zur Beweissicherung Fotos anzufertigen.

1.4 Kosten für die Beseitigung von Anpflanzungen und Anlagen, die nach dem Bebauungsplan, der im Kleingartenverband oder -verein gültigen Gartenordnung oder anderen Vorschriften nicht genehmigt und erlaubt sind, werden, sofern nicht der Kleingärtner die Beseitigung vornimmt oder die Beseitigung wegen der künftigen andersartigen Nutzung (vgl. § 9 Abs. 1 Nrn. 4 bis 6 BKleingG) nicht erforderlich ist, von der Bewertungssumme abgezogen, die sich bei der Bewertung im Übrigen ergibt (s. Anlage 2 Blatt 5). Nicht bewertete Gegenstände sind im Bewertungsgutachten als solche aufzuführen (s. Anlage 2 Blatt 5); die Gründe für die unterbliebene Bewertung sind zu nennen.

2. Gegenstand der Bewertung

2.1 Gegenstand der Bewertung sind

2.1.1 Kleingärtnerische Kulturen und Anpflanzungen, die zur Gewinnung von Erzeugnissen für den Eigenbedarf und zu Erholungszwecken dienen. Kostspielige Pflanzen mit Liebhaberwert werden dem Grundsatz der Nummer 1.1.2 entsprechend nur bis zur Höhe des Werts von Pflanzen berücksichtigt, die im Rahmen kleingärtnerischer Nutzung üblich sind.

Unzulässig hohe Gehölze werden in der zulässigen Höhe bewertet. Wenn das Gehölz seiner Art nach unzulässig ist (s. Nr. 2.2), wird es überhaupt nicht bewertet und entschädigt;

2.1.2 Gartenlauben,

die dem – örtlichen – Baurecht entsprechen, bis zu der bei ihrer Errichtung kleingartenrechtlich zulässigen Grundfläche (24 m² einschließlich überdachtem Freisitz bei nach dem 31. 8. 1983 errichteten Lauben, vgl. § 3 Abs. 2 Satz 1, § 22 BKleingG);

Bewertung von Anpflanzungen und Anlagen

2.1.3   sonstige bauliche Anlagen (Nebenanlagen),

im Einzelnen die in Anlage 1 Tabelle 7 aufgeführten Anlagen.

2.1.4   Leistungen des Pächters für die Erstellung von Gemeinschaftseinrichtungen

Die vom Pächter erbrachten Leistungen (Geldleistungen und Arbeitsleistungen) für die Erstellung (nicht Unterhaltung) von Gemeinschaftsanlagen sind Gegenstand der Entschädigung. Der Wert geleisteter Gemeinschaftsarbeit errechnet sich nach dem jeweiligen Stundensatz oder der Umlage, die der Kleingartenverband/Verein in der Mitgliederversammlung durch Beschluss festgesetzt hat. Diese anteilig auf den Pächter entfallenden Erschließungskosten werden in einem Zeitraum von 25 Jahren gleichmäßig abgeschrieben, wenn vertraglich nichts anderes festgesetzt ist (vgl. auch Anlage 2 – Bewertungsprotokoll Blatt 5/Gesamtzusammenstellung der Kosten).

2.2   Gegenstand der Bewertung sind nicht

2.2.1   Anpflanzungen und Anlagen, die im Eigentum des Verpächters stehen oder zu den Gemeinschaftsanlagen zählen;

2.2.2   Laubbäume und Koniferen, die im ausgewachsenen Zustand eine Wuchshöhe von 4 m überschreiten;

2.2.3   Einbauten und festes Laubeninventar; die Übernahme derartigen Inventars bleibt dem nachfolgenden Nutzer des Gartens überlassen; ist der nachfolgende Pächter nicht mit der Übernahme des Inventars einverstanden, so muss die Laube geräumt übergeben werden;

2.2.4   bewegliches Inventar (z. B. Gartenmöbel, Geräte, Partyzelte, mobile Schwimmbecken, mobile Gewächshäuser, mobile Kompostbehälter, mobile Gerätebehälter o. Ä.) einschließlich Installationen von Propangas und elektrischen Anlagen;

2.2.5   Teile baulicher Anlagen oder bauliche Anlagen, die dem Bundeskleingartengesetz oder den baurechtlichen Vorschriften nicht entsprechen oder gemäß den vertraglichen Festlegungen (Pachtvertrag, Gartenordnung) nicht gestattet sind; hierzu können z. B. zählen: Nebenbauten, ortsfeste Gewächshäuser, gewächshausähnliche Konstruktionen zum Schutz der Pflanzen, überdachte Pergolen und Rankgerüste, elektrische Anlagen;

2.2.6   Markisen und Rolläden (sie können vom Nachfolgepächter in freier Vereinbarung übernommen werden);

2.2.7   gemauerte Grillanlagen;

2.2.8   Einfriedungen innerhalb des Gartens;

2.2.9   Anlagen oder Baumaterialien, die über eine Sondermülldeponie entsorgt werden müssen (z. B. Asbestzement) – siehe auch 1.4.

3.   Wertermittlung

3.1   Wertermittler

Die Wertermittlung (Schätzung) wird von einer Bewertungskommission oder von vereidigten Schätzern für das Kleingartenwesen durchgeführt. Die

Bewertung von Anpflanzungen und Anlagen Anhang 7

Zusammensetzung der Kommission kann vom jeweiligen Kleingartenverein oder dem zuständigen Kleingarten- bzw. Stadtverband festgelegt werden, bei Bedarf auch in Zusammenarbeit mit dem Verpächter und/oder der zuständigen Kommune. Sie umfasst in der Regel drei Personen.

3.2 Wertermittlung der Gartenlaube (incl. überdachtem Freisitz, An- und Nebenbauten)

3.2.1 Gartenlaube

Bei der Bewertung ist die Tabelle 6 der Anlage 1 anzuwenden. Entsprechend dem in Nummer 1.1.2 der Richtlinien genannten Grundsatz werden Gartenlauben in aufwändiger Ausstattung nur bis zum Herstellungswert normal ausgeführter, d. h. kleingärtnerisch üblicher Lauben bewertet.

Der zu ermittelnde Zeitwert einer Gartenlaube errechnet sich gemäß Anlage 2 Tabelle 1 unten aus dem Produkt des Normalherstellungswertes (§ 16 der Wertermittlungsverordnung), der Grundfläche und des zu dem Zeitpunkt der Bewertung gültigen Preisindexes für Bauwerke (Baukostenindex) abzüglich einer jährlichen Abschreibung von 2 bis 5%:

Normalherstellungswert x Grundfläche x Preisindex minus Abschreibung = Zeitwert.

Anrechenbar ist die Grundfläche der Gartenlaube, von Außenkante Wand zu Außenkante Wand gemessen. Dachüberstände zählen nicht zur Grundfläche. Der Baukostenindex wird im Verbandsorgan und im Allgemeinen Ministerialblatt veröffentlicht.

Übersteigt der nach der genannten Berechnungsformel errechnete Zeitwert einer Gartenlaube die tatsächlichen Anschaffungskosten unverhältnismäßig, kann der Zeitwert einer Gartenlaube aus dem Anschaffungswert abzüglich einer jährlichen Abschreibung von 2 bis 5% errechnet werden:

Anschaffungswert minus Abschreibung = Zeitwert.

3.2.2 Überdachter Freisitz

Der überdachte Freisitz wird gem. Tabelle 6 der Anlage 1 als Teil der Gartenlaube geschätzt. Der überdachte Freisitz wird von der Außenkante Gebäude bis zur Vorderkante Überdachung als Verlängerung der Gebäudeseiten (nicht des Dachüberstandes) gemessen.

3.2.3 Anbauten

Anbauten sind baulicher Bestandteil der Laube, jedoch aufgrund des Herstellungszeitraumes, der Materialien, der Ausführung und/oder des Zuschnittes als eigenständige Bauteile zu erkennen. Sie werden gem. Tabelle 6 der Anlage 1 entsprechend zur Bewertung der Lauben geschätzt.

3.2.4 Nebenbauten

Nebenbauten sind eigenständige, von der Laube abgesetzte Bauten. Sie werden nur geschätzt, wenn sie zulässig sind, dann jedoch entsprechend zu den Lauben.

3.2.5   Renovierte Lauben incl. An- und Nebenbauten

Für vollrenovierte oder teilrenovierte Lauben kann ein dem Zustand des Gebäudes entsprechender, höherer Zeitwert angesetzt werden.

3.3   Wertermittlung von Nebenanlagen

Nebenanlagen sind mit dem Betrag zu bewerten, der sich unter Berücksichtigung der in den Tabellen 7 (Richtwerte) und Tabelle 8 (Abschreibungssätze) der Anlage 1 genannten Werte ergibt

3.4   Wertermittlung von kleingärtnerischen Kulturen und Anpflanzungen

3.4.1   Bewertung von Obstgehölzen, Strauch- und Beerenobst, Weinreben, Gemüse

Bei der Bewertung nach den Richtlinien sind die Tabellen 1 und 2 der Anlage 1 (für die Wertminderung) sowie die Tabellen 3 und 4 (für die Richtwerte) anzuwenden. Unterkulturen werden nur bewertet, wenn sie pflanzenbaulich sachgerecht angelegt sind.

3.4.2   Bewertung von Zierbegrünung

Bei der Bewertung nach den Richtlinien ist die Tabelle 1 der Anlage 1 (für die Wertminderung) sowie die Tabelle 5 der Anlage 1 (für die Richtwerte) anzuwenden.

3.5   Wertermittlungsprotokoll (Niederschrift)

3.5.1   Über die Bewertung der unter Nr. 3.2 bis 3.4 genannten Kulturen und Anlagen wird ein Wertermittlungsprotokoll erstellt, das als Grundlage für die Entschädigung dient.

3.5.2   Für dieses Protokoll ist die Anlage 2 zu verwenden.

3.5.3   Das Wertermittlungsprotokoll ist von den Mitgliedern der Schätzkommission bzw. vom vereidigten Sachverständigen zu unterzeichnen.

Tabelle 1 – Wertminderungsstufen bei der Bewertung von Gehölzen/Richtwerte

Ausgangspunkt ist eine einwandfreie, fachgerechte Herstellung, wie sie für die jeweilige Funktion erwartet werden kann. Die Alterswertminderung ist bei den in der nachfolgenden Tabelle aufgeführten Kategorien bereits enthalten.

	Wertminderung v. H.
Standort	0% bis max. 100%
Pflanzabstand	0% bis max. 100%
(Grenzabstände gem. Nachbarschaftsrecht sind zu berücksichtigen, also 0,5 m von der Grenze bis 2 m Gehölzhöhe und 2 m von der Grenze bei über 2 m Gehölzhöhe)	
Vitalität	0% bis max. 100%
Pflege	0% bis max. 100%

Hinweis: Die Werte der vier Kategorien werden addiert. Sie können insgesamt 100% nicht überschreiten. Es kann aber z. B. ein Gehölz, das in drei von vier Kategorien als fehlerlos (d. h. mit 0% Abzug) bewertet wird, theoretisch aufgrund einer 100%igen Wertminderung in der vierten Kategorie mit einem Gesamtabzug von 100% bewertet werden.

Tabelle 2 – Durchschnittlicher Standraum für Obstgehölze und
Erdbeeren/Richtwerte

Pflanzart	Angemessene Fläche pro Pflanze/ Zahl der Pflanzen pro m bzw. m^2
Apfel, Birne	
– Hochstamm/Halbstamm	7 m x 7 m
– Spindelbusch/Spalierobst (je nach Erziehungsform)	1,5–2 m x 2 m–4 m
Zwetschgen, Pflaumen, Renekloden, Mirabellen	
– Halbstamm/Hochstamm	8 m x 8 m
– Büsche	4 m x 6 m
Süßkirschen, Sauerkirschen	
– Halbstamm/Hochstamm	7 m x 8 m
– Busch	4 m x 6 m
– Lamberts-Hybriden, schwachwüchsige Unterlagen (Weiroot, Gisela etc.)	2 m x 4 m
Schwarze Johannisbeeren, Josta-Beeren o. Ä.	2 m x 2 m
Rote Johannisbeeren, Stachelbeeren	1,5 m x 1,5 m
Brombeeren	1 Pflanze auf 3 m
Himbeeren	2 Pflanzen auf 1 m
Erdbeeren	8 Pflanzen/m^2

Tabelle 3 b – Bewertung von Obstgehölzen/Richtwerte in EUR[1])

– zu verwenden für Bewertungen ab dem 1. 1. 2002 –

	1	2	3	4	5	6
Art/Sorte	Ø-Kosten der Pflanzware EUR	Bodenvor-bereitung, Vorrats-düngung u. Pfahl EUR	Wert der Jung-pflanzen EUR	Herstel-lungswert ist erreicht nach Jahren	Herstellungs-wert des fertigen Gehölzes IDEALWERT EUR	Wertminde-rungsstufen siehe Tabelle 1 Anlage 1 %
Apfel Halb-/Hochstamm Buschbaum	21,00/St.	7,00/St.	28,00/St.	8	57,00/St.	0–100
Apfel Spindelbusch, Spalierobst	17,00/St.	7,00/St.	24,00/St.	4	36,50/St.	0–100
Birne Halb-/Hochstamm Buschbaum	21,00/St.	7,00/St.	28,00/St.	9	61,50/St.	0–100
Birne Spindelbusch, Spalierobst	17,50/St.	7,00/St.	24,50/St.	6	44,00/St.	0–100
Zwetschgen, Pflaumen, Mirabellen, Renekloden Halb-/Hochstamm	21,00/St.	7, 00/St.	28,00/St.	6	48,50/St.	0–100
Zwetschgen, Pflaumen, Mirabellen, Renekl. (Busch)	17,50/St.	7,00/St.	24,50/St.	6	44,00/St.	0–100
Süßkirschen	22,50/St.	7,00/St.	29,50/St.	9	64,00/St.	0–100
Sauerkischen	15,50/St.	6,00/St.	21,50/St.	6	40,00/St.	0–100
Süß/Sauerkirschen auf schwach-wüchs. Unterlage	17,00/St.	7,00/St.	24,00/St.	4	36,50/St.	0–100
Pfirsich	17,00/St.	6,00/St.	23,00/St.	5	38,50/St.	0–100
Aprikose	15,00/St.	6,00/St.	21,00/St.	6	39,00/St.	0–100
Quitte	20,50/St.	4,00/St.	24,50/St.	6	44,00/St.	0–100
Haselnuss, groß-fruchtige Sorte	11,00/St.	4,00/St.	15,00/St.	6	30,50/St.	0–100

Erläuterungen zur Tabelle 3 b:
Spalte 1 Die Kosten für die Pflanzware wurden nach Katalogpreisen der Markenbaumschulen errechnet.
Spalte 4 Nach Erreichen des Idealwertes muss nicht automatisch eine Alterswertminderung angesetzt werden, wenn das Gehölz nach fachlicher Beurteilung vital und gut gepflegt ist.
Spalte 5 Der Herstellungswert (Idealwert) enthält neben Anschaffungs- und Pflanzkosten auch einen Betrag für Pflegeaufwand (1,53 Euro pro Jahr). Der Herstellungswert ergibt sich aus den o. a. Beträgen, die mit 5% aufgezinst wurden. Der Herstellungswert ist als Idealwert anzusehen (oberste Preisgrenze), der nur bei idealer Pflanzung und Pflege anzusetzen ist. Die Herstellungswerte für Haselnusssträucher gelten nur für großfruchtige Sorten. Gewöhnliche Haselnusssträucher werden meist als Ziergehölze gepflanzt und als solche bewertet.
Spalte 6 Wertminderungsstufen – einschließlich Alterswertminderung – siehe Anlage 1 Tabelle 1.

---

1) Die jeweiligen Tabellen 3 a–7 a enthalten Richtwerte in DM und waren zu verwenden für Bewertungen bis zum 31. Dezember 2001.

Bewertung von Anpflanzungen und Anlagen

Tabelle 4 b – Bewertung von Strauch- u. Beerenobst, Weinreben, Gemüse/ Richtwerte in EUR

– zu verwenden für Bewertungen ab dem 1. 1. 2002 –

Art/Sorte	1 Ø-Kosten der Pflanzware EUR	2 Bodenvor-bereitung, Vorrats-düngung u. Pfahl EUR	3 Wert der Jung-pflanzen EUR	4 Herstel-lungswert ist erreicht nach Jahren	5 Herstellungs-wert des fertigen Gehölzes IDEALWERT EUR	6 Wertminde-rungsstufen siehe Tabelle 1 Anlage 1 %
Johannisbeeren Strauch	4,50/St.	2,00/St.	6,50/St.	3	10,00/St.	0–100
Johannisbeeren Fußstämmchen	8,00/St.	2,00/St.	10,00/St.	3	14,50/St.	0–100
Johannisbeeren Hochstämmchen	9,00/St.	3,00/St.	12,00/St.	3	17,00/St.	0–100
Jostabeeren Busch	4,50/St.	2,00/St.	6,50/St.	3	10,00/St.	0–100
Stachelbeeren Strauch	5,50/St.	2,00/St.	7,50/St.	3	17,00/St.	0–100
Stachelbeeren Fußstämmchen	8,00/St.	2,00/St.	10,00/St.	3	14,50/St.	0–100
Stachelbeeren Hochstämmchen	9,00/St.	3,00/St.	12,00/St.	3	17,00/St.	0–100
Himbeeren	5,00/m	2,00/m	7,00/m	2	9,50/m	0–100
Brombeeren	5,00/St.	2,00/St.	7,00/St.	4	12,50/St.	0–100
Garten-Heidelbeeren mit Topfballen	10,00/St.	7,00/St.	17,00/St.	3	22,50/St.	0–100
Weinreben mit Topfballen	8,50/St.	2,00/St.	10,50/St.	4	17,00/St.	0–100
Kiwi, Weiki o. Ä.	8,50/St.	2,00/St.	10,50/St.	4	17,00/St.	0–100
Rhabarber	3,00/St.	1,00/St.	4,00/St.	3	7,00/St.	0–100
Spargel	1,50/m	2,00/m	3,50/m	3	6,50/m	0–100
Erdbeeren bei 8 St./m²	einjährig 3,50–4,50/m²		zweijährig 2,50–3,00/m²		dreijährig 1,50–2,00/m²	0–100
Gemüse	1,00–2,50/m²					0–100

Erläuterungen zur Tabelle 4 b:

Spalte 1: Die Kosten für die Pflanzware wurde nach Katalogpreisen der Markenbaumschulen errechnet.
Spalte 4 Nach Erreichen des Idealwertes muss nicht automatisch eine Alterswertminderung angesetzt werden, wenn das Gehölz nach fachlicher Beurteilung vital und gut gepflegt ist.
Spalte 5 Der Herstellungswert (Idealwert) enthält neben Anschaffungs- und Pflanzkosten auch einen Betrag für Pflegeaufwand (0,77 Euro pro Jahr). Der Herstellungswert ergibt sich aus den o. a. Beträgen, die mit 5% aufgezinst wurden. Der Herstellungswert ist als Idealwert (oberste Preisgrenze) anzusehen, der nur bei idealer Pflanzung und Pflege anzusetzen ist. Die Herstellungswerte bei Erdbeeren beziehen sich jeweils auf den Zeitpunkt vor der Ernte, d. h., wenn die erste Ernte vorbei ist, sind die Preise für das 2. Jahr zugrunde zu legen.
Spalte 6 Wertminderungsstufen – einschließlich Alterswertminderung und Mängel in der Gartenpflege – siehe Anlage 1 Tabelle 1.

Einjährige (Gemüse-)Kulturen werden nur in Ausnahmefällen, d. h. wenn der Pächterwechsel vor dem Abernten erfolgt, berechnet.

Tabelle 5 b – Bewertung von Zierbegrünung/Richtwerte in EUR
– zu verwenden für Bewertungen ab dem 1. 1. 2002 –

Art/Sorte	1 Ø-Kosten der Pflanzware EUR	2 Bodenvorbereitung, Düngung EUR	3 Wert der Jungpflanzen EUR	4 Herstellungswert erreicht n. Jahren	5 Herstellungswert fertiges Gehölz IDEALWERT EUR	6 Wertminderung s. Tab. 1 Anl. 1 %
Rosen						
Zwergrosen	4,50– 5,50/St.	1,00/St.	5,50– 6,50/St.	2	7,50– 9,00/St.	0–100
Teehybriden, Beetrosen	4,00– 5,50/St.	1,00/St.	5,00– 6,00/St.	2	7,00– 8,00/St.	0–100
Hochstammrosen	13,00–15,50/St.	1,00/St.	14,00–16,50/St.	2	17,00–20,00/St.	0–100
Bodendeckerrosen	5,00– 7,00/St.	1,00/St.	6,00– 8,00/St.	2	8,00–10,50/St.	0–100
Kletterrosen	5,00– 7,00/St.	1,00/St.	6,00– 8,00/St.	3	9,50–12,00/St.	0–100
Strauchrosen	4,50– 6,00/St.	1,00/St.	5,50– 7,00/St.	3	9,00–10,50/St.	0–100
Klettergehölze						
Einfache, wüchsige Klettergehölze (z. B. Efeu, Knöterich, Wilder Wein)	4,50– 5,50/St.	1,00/St.	5,50– 6,50/St.	2	7,50– 9,00/St.	0–100
Blüh-Klettergehölze (z. B. Clematis)	6,00– 7,50/St.	1,00/St.	7,00– 6,50/St.	3	10,50–12,00/St.	0–100
Hochwertige (Blüh-)Klettergehölze (z.b. Wisterie, Pfeiffenwinde)	10,00–15,50/St.	1,00/St.	11,00–16,50/St.	3	15,50–21,50/St.	0–100
Ziergehölze						
Einfache, wüchsige Sträucher, Wildgehölze (z. B. Hasel, Liguster etc.)	2,50– 5,00/St.	1,00/St.	3,50– 6,00/St.	2	5,50– 8,00/St.	0–100
Ziersträucher, Blühsträucher (z. B. Forsythie, Spiräe, Weigelie)	5,00–10,00/St.	1,00/St.	6,00–11,00/St.	3	9,50–15,00/St.	0–100
Hochwert. Sträucher/Ziersträucher (z. B. Flieder, Kolkwitzie, Bux etc.)	10,00–15,50/St.	1,50/St.	11,50–17,00/St.	3	16,50–22,00/St.	0–100
Rhododendren, Azaleen 30/40 cm	20,50/St.	2,00/St.	22,50/St.	4	30,50/St.	0–100
Nadelgehölze						
Schwach-/niedrigwüchs. Arten/Sorten	5,00–13,00/St.	1,00/St.	6,00–14,00/St.	3	9,50–18,50/St.	0–100
Hecken (auch Mischhecken)						
Einfache, wüchsige Hecken, Wildgehölzhecken (Liguster, Hasel)	7,50/m	1,50/m	9,00/m	2	12,00/m	0–100
Zierstrauch-/Blühstrauchhecken (z. B. Forsythie, Spiräe, Weigelie)	13,00/m	1,50/m	14,50/m	3	19,00/m	0–100
Hochwertige (Blüh-)Hecken (z. B. Felsenbirne, Flieder, Bux, Rose)	18,00/m	1,50/m	19,50/m	3	25,00/m	0–100
Stauden						
Prachtstauden, Solitärstauden (z. B. Pfingstrosen, Rittersporn)	4,00– 5,00/St.	0,50/St.	4,50– 5,50/St.	1	5,50– 6,50/St.	0–100
Blüh-Stauden, Wildstauden, Gräser (z. B. Lupinen, Margeriten, Astilben)	2,50– 3,50/St. od. 13,00/m²	0,50/St. od. 2,00/m²	3,00– 4,00/St. od. 15,00/m²	1	4,00– 5,00/St. od. 16,50/m²	0–100
Wasserrandstauden,Wasserstauden (z. B. Iris, Blutweiderich, Froschlöffel)	2,50– 3,50/St. od. 13,00/m²	0,50/St. od. 2,00/m²	3,00– 4,00/St. od. 15,00/m²	1	4,00– 5,00/St. od. 16,50/m²	0–100
Bodendecker und Polsterstauden (z. B. Fetthenne, Thymian, Ziest)	2,00– 2,50/St. od. 7,00/m²	0,50/St. od. 2,00/m²	2,50– 3,00/St. od. 9,00/m²	1	3,00– 3,50/St. od. 10,00/m²	0–100
Seerosen	14,00/St.	1,50/St.	15,50/St.	1	17,00/St.	0–100
Zwiebelpflanzen						
Fläch. Pflanzungen (Tulpe, Narzisse)	2,50– 5,00/m²	1,00/m²	3,50– 6,00/m²	–	3,00– 6,00/m²	0–100
Einzelpflanzungen (Lilien, Dahlien)	2,00– 4,00/St.	0,50/St.	2,50– 4,50/St.	–	2,50– 4,50/St.	0–100
Rasen und Blumenwiesen						
nur bis zu ⅓ der Gartenfläche	0,25–0,75/m²	0,15/m²	0,40–0,90/m²	1	0,50–1,00/m²	0–100

Bewertung von Anpflanzungen und Anlagen

Erläuterung zur Tabelle 5 b:

Allgemein: Rosen, Klettergehölze, Ziergehölze, Hecken und Nadelgehölze werden nur bis zu einem Wert von insgesamt **409,00 EUR** berücksichtigt, Stauden und Zwiebelpflanzen nur bis zu einem Wert von **281,00 EUR**.

Spalte 1: Die Kosten für die Pflanzware wurde nach Katalogpreisen der Markenbaumschulen errechnet.

Spalte 2: Blumenzwiebeln bauen rasch ab und verlieren dann an Wert. Der volle Kaufpreis ist daher nur bei Neupflanzungen gerechtfertigt Einjährige Zierpflanzen (Sommerblumen) werden nicht berechnet.

Spalte 4: Nach Erreichen des Idealwertes muss nicht automatisch eine Alterswertminderung angesetzt werden, wenn das Gehölz nach fachlicher Beurteilung vital und gut gepflegt ist.

Spalte 5: Der Herstellungswert (Idealwert) enthält neben Anschaffungs- und Pflanzkosten auch einen Betrag für Pflegeaufwand (0,77 EUR pro Jahr bis auf Rasen). Der Herstellungswert ergibt sich aus den o. a. Beträgen, die mit 5% aufgezinst wurden. Der Herstellungswert ist als Idealwert (oberste Preisgrenze) anzusehen, der nur bei idealer Pflanzung und Pflege anzusetzen ist.

Spalte 6: Wertminderungsstufen – einschließlich Alterswertminderung und Mängel in der Gartepflege (s. Anlage 1 Tabelle 1).

Tabelle 6 b – Bauklassen für Lauben/Richtwerte in EUR

– zu verwenden für Bewertungen ab dem 1. 1. 2002 –

Bauklasse: **Anmerkung zur Einordnung:** Die angegebenen Kriterien sind Richtwerte (d. h. Orientierungswerte) zur Einstufung der Laube: es müssen nicht alle in einer Bauklasse aufgeführten Kriterien komplett und exakt auf die zu schätzende Laube zutreffen bzw. können auch einzelne Kriterien der unter- oder übergeordneten Bauklasse zutreffen. Maßgeblich ist der Gesamteindruck, also die Summe aller Kriterien für die Einordnung einer Laube in eine bestimmte Bauklasse.	**Normalherstellungswert je m²** (Grundfläche aus Basis 1913) **= 51 EUR/m²**
1 Holzbauweise, auch Alt-/Recyclingmaterial, sehr einfache Ausführung, einwandig, ohne Fundament, Dach mit Dachpappe	2,50– 5,00
2 Holzbauweise, einfache Ausführung, einwandig, einfaches Fundament (Punktfundamente, Schotter-/Kiesunterbau), Dach mit Dachpappe oder vergleichbarer einfacher Eindeckung	5,00–10,00
3 Holzbauweise oder Massivbauweise, einfache Ausführung, einfache Konstruktion, Streifen- oder Ringfundament, Fundamentplatte, einwandig (Holz) oder ½-steinige Wand, einfacher Holz-Fußboden, Dach mit Dachpappe, Wellplatten oder Bitumenschindeln	10,00–13,00
4 Holzbauweise oder Massivbauweise, gute Ausführung, gute Konstruktion, Fundament, Beton- oder Holzfußboden, doppelwandig (Holz) oder mind. ½-steinige Wand, beidseitig verputzt einfache Innenverkleidung, eingezogene Decke, Dach mit Bitumenschindeln, Zinkblech/Wellplatten, einfachen Ziegeln	13,00–15,50
5 Holzbauweise oder Massivbauweise, sehr gute Ausführung, sehr gute Konstruktion, Fundament, Fliesen-, Platten- Langriemenfußboden oder vergleichbar, doppelwandig oder ½-steinige bis 1-steinige Wand, außen verputzt (Massivbauweise) oder mit Wasserschlagbrettern (Holz), höherwertige Innenverkleidung (mit Nut- und Federbrettern o. Ä.), eingezogene Decke, Dach mit Zinkblech, Ziegeln oder vergleichbare Abdeckung, Dachbegrünung	15,50–20,50
6* *Holzbauweise oder Massivbauweise, überdurchschnittliche, aufwendige Ausführung und Konstruktion, Fundament, belüfteter Holzfußboden oder schwimmender Estrich, Fliesen-, Platten- Langriemenfußboden oder vergleichbar, doppelwandig mit Dämmung oder mindestens 1-steinige Wand (Massivbauweise), hochwertige Innen- u. Außenverkleidung (Holz)*	20,50–23,00

Bewertung von Anpflanzungen und Anlagen

bzw. beidseitig verputzt (Massivbauweise), eingezogene Decke, Fensterläden, Türsicherung, Isolierfenster, Dach mit hochwertigen Ziegeln oder vergleichbarer Abdeckung; Dachbegrünung		
Bei Pult- und Flachdachlauben sind die Ausgangswerte um 1,50 Euro/m² zu reduzieren.		
Überdachte Sitzfläche		
1	bei Pult- u. Flachdachlauben, wenn in die Dachkonstruktion einbezogen, bei Zelt-, Walm- und Satteldachlauben, wenn nicht in die Dachkonstruktion miteinbezogen	bis 5,00
2	bei Zelt-, Walm- und Satteldachlauben, einbezogen in die Dachkonstruktion der Laube	bis ⅓ des Normalherstellungswertes der Laube

Anmerkung zur Bauklasse 6*:

Die Bauklasse 6 darf für Lauben, die nach Bekanntmachung dieser Richtlinien im Allgemeinen Ministerialblatt genehmigt und erbaut werden, nicht mehr zur Bewertung herangezogen werden. Der Bewertungsrahmen der Bauklasse 5 kann jedoch um bis zu 2,50 EUR/m² überschritten werden, wenn dies zur Vermeidung einer unbilligen Härte erforderlich ist, um einen von der Gemeinde vorgegebenen Gartenlauben-Typ zu bewerten.

Anmerkung zur Abschreibung:

2% – sehr guter Zustand, keine über den altersüblichen Zustand hinausgehenden Mängel/Abnutzungen

2–3% – guter Zustand, leichte über den altersüblichen Zustand hinausgehenden Mängel/Abnutzungen

3–4% – mittelmäßiger Zustand, deutliche über den altersüblichen Zustand hinausgehenden Mängel/Abnutzungen

4–5% – schlechter Zustand, sehr deutliche über den altersüblichen Zustand hinausgehenden Mängel oder Abnutzungen

5% – sehr schlechter Zustand, baufällig, nicht mehr nutzbar

Bewertung von Anpflanzungen und Anlagen

Tabelle 7 b – Nebenanlagen/Richtwerte in EUR
– zu verwenden für Bewertungen ab dem 1. 1. 2002 –

Zäune	**Ø EUR/m²**
Maschendrahtzaun	15,50
Einfache Holzzäune (ohne Schutzanstrich + Imprägnierung)	18,00
Höherwertige Holzzäune (mit Schutzanstrich + Imprägnierung)	bis 25,50
Sonstige Ausführung (soweit zulässig)	bis 30,50

Die Art der Stützen (Stahlrohre, Betonstützen, Steinsäulen, Holzpfosten o. Ä.) und Betonsockel werden nicht gewertet.

Gartentore	**Ø EUR/Stück**
Gartentore aus Holz	bis 76,50
Gartentore aus Eisen, Stahlrohr	bis 102,50
Sonstige Ausführung (soweit zulässig)	bis 128,00

Stützmauern und Treppen	**Ø EUR/m² oder m**
Stützmauern	20,50–41,00/m²
Treppen	bis 10,00/m

Bewertung in beiden Fällen nur, wenn baurechtlich vorgeschrieben oder lagebedingt erforderlich

Trockenmauern und Trockenbiotope	**Ø EUR/m²**
Trockenmauern	25,50–51,00
Flächige Trockenbiotope	10,00–20,50

Ortsfeste Wasserbecken und Wasserbehälter	**Ø EUR/Stück**
Ortsfeste Wasserbehälter aus Kunststoff, Metall o. Ä.	bis 25,50
Beton-Wasserbecken	
bis 0,25 m³	36,00
bis 0,50 m³	51,00
bis 1,00 m³	76,50
Sonstige Ausführung (Naturstein o. Ä.)	bis 122,50

Wasserleitungen	**Ø EUR/m**
½" Rohrleitung mit Standrohr mit Auslaufventil	bis 9,00
¾" Rohrleitung mit Standrohr mit Auslaufventil	bis 11,50

Pro Garten wird grundsätzlich nur der zur Sammelleitung am nächsten liegende Anschluss bewertet.

Wasserzähler	**Ø EUR/Stück**
mobile Wasserzähler *(zum Einfügen in die Leitung)*	bis 25,50
ortsfeste Wasserzähler incl. aller ergänzenden Anlagen (Schacht etc.)	bis 128,00

Bewertung von Anpflanzungen und Anlagen

Pumpanlagen	**Ø EUR/Stück**
Schwengelpumpe	bis 153,50
Doppelkolbenpumpe	bis 230,00
(incl. aller ergänzenden Anlagen wie Schächte etc.)	
Teiche	**Ø EUR/m²**
	bis 7,50
Befestigte Flächen	**Ø EUR/m²**
Einfache Beläge ohne Unterbauten	
(Kieswege, Rindenwege, wassergeb. Decke)	5,00– 7,50
Betonpflaster- oder Betonplattenbeläge	
mit Unterbau	7,50–12,00
Natursteinpflaster- oder Natursteinplattenbeläge	
mit Unterbau	13,00–18,00
Befestigte Gartenflächen werden nur bis zu 10% der Gesamtgartenfläche	
bewertet. Zwischenwege von Beeten werden nicht angesetzt.	
Wegeeinfassungen	**Ø EUR/m**
Einfache Wegeeinfassungen aus Betonstein,	
Betonkantenstein o. Ä.	2,50–5,00
Hochwertige Wegeeinfassungen aus Naturstein o. Ä.	5,00–7,50
Beeteinfassungen werden nicht bewertet	
Ortsfeste Kompostbehälter/Kompost	**Ø EUR/Stück oder m³**
Holz-, Kunststoffkonstruktionen	30,50–82,00
Drahtgeflecht	30,50–56,00
Geschlossene Kompostsysteme, Betonkonstruktion	
mit abnehmbaren Betonlamellen	128,00–179,00
Komposterde	bis 20,50/m³
Frühbeete	**Ø EUR/m oder Stück**
Holzkonstruktion	bis 46,00/m
Betonkonstruktion	bis 61,50/m
Selbstlüftende Frühbeetfenster	99,50/St.
Kunststoff-, Alukonstruktion zerlegbar	bis 102,50/St.
Kunststoff-, Alukonstr. zerlegbar mit Lüftung	bis 138,00/St.
Rankgerüste und Schutzwände	**Ø EUR/m²**
einfache Holzkonstruktion	bis 10,00
Baustahlgewebe kunststoffbeschichtet,	
Kunststoff-, Stahl- oder Alu-Konstruktion	bis 14,50
Obstspaliere sind Teil der Herstellungskosten	
und werden nicht separat gewertet	
Lärm- und Sichtschutzwände	bis 25,50
werden nur bewertet, wenn baurechtlich vorgeschrieben oder	
lagebedingt erforderlich	

Tabelle 8 – Abschreibungssätze von Nebenanlagen/Richtwerte

Art der Nebenanlage	Unterstellte Nutzungsdauer in Jahren	Abschreibungs- satz v. H.
Drahtzäune, Eisen-/Stahlzäune	20–25	4– 5
Holzzäune ohne Schutzanstrich/ Imprägnierung	5–10	10–20
Holzzäune mit Schutzanstrich/Imprägnierung	10–15	7–10
Gartentore Holz	10–15	7–10
Gartentore Eisen, Stahlrohr	10–15	7–10
Sonstige Gartentore	20–25	4– 5
Stützmauern/Treppen	15–20	5– 7
Trockenmauern	10–15	7–10
Trockenbiotope (flächig)	15–20	5– 7
Wasserbecken, -behälter	20–25	4– 5
Wasserleitungen	20–33	3– 5
Wasserzähler	6	17
Pumpanlagen	10–15	7–10
Teiche mit Lehm- oder Tondichtung	7–10	10–15
Teiche mit anderer Dichtungsart	10–15	7–10
Einfache Wegebeläge und -aufbauten	5–10	10–20
Betonpflaster- oder Betonplattenbelag	20–25	4– 5
Natursteinpflaster- o. Natursteinplattenbelag	25–40	2,5–4
Wegeeinfassungen aus einfachen Materialien (Beton, Holz etc.)	20–25	4– 5
Wegeeinfassungen aus hochwertigen Materialien (Naturstein etc.)	25–40	2,5– 4
Kompostbehälter aus Holz	5–10	10–20
Kompostbehälter aus Beton, Drahtgeflecht, Plastik	15–20	5– 7
Frühbeetkästen aus Holz	5–10	10–20
Frühbeetkästen aus Beton, Alu oder Kunststoff	15–20	5– 7
Rankgerüste aus Holz	5–10	10–20
Rankgerüste aus Metall, Kunststoff, Alu	15–20	5– 7
Lärm-/Sichtschutzwände aus Holz	5–10	10–20
Lärm-/Sichtschutzw. aus Metall, Kunststoff, Alu	15–20	5– 7

WERTERMITTLUNGSPROTOKOLL

gemäß den „Richtlinien des Landesverbandes bayerischer Kleingärtner e.v. für die Bewertung von Anpflanzungen und Anlagen nach § 11 Abs. 1 des Bundeskleingartengesetzes (BKleingG)"

Anmerkung: *Bei Bewertungen bis zum 31. 12. 2001 sind im Bewertungsprotokoll die Geldbeträge in DM, ab dem 1. 1. 2002 in Euro anzugeben. Die Währungseinheit ist jeweils ausdrücklich zu bezeichnen.*

Stadt-/Ortsverband _____ Kleing.-Anlage _____ Parz.-Nr. ____

Länge der Parzelle ____m Breite der Parzelle ____m Fläche der Parzelle ____m²

Pächter(in) _____ Straße _____ Wohnort _____

Tabelle 1 – Bewertung der Gartenlaube (incl. überdachter Freisitz, An- und Nebenbauten)

Gartenhaus

Grunddaten:

Grundfläche _____ m² (Außenkante x Außenkante Wand)

Höhe _____ m

Baujahr / Alter _____

Ausführung:

Fundament: Streifen-, Punktfund., Platte, _____

Sockel: Beton, Ziegel, Naturstein, _____

Holzbauweise: Kantholz, Blockbauweise, _____

Mauerwerk: Ziegel, Hohlblocksteine, _____

Wände: senkr. Bretter verlattet, Wasserschlagbretter, Nut/Feder, _____

Isolierung: Glaswolle, Styropor, _____

Dachart: Pult-/Satteldach, Flachdach, _____

Dachbegrünung: ja/nein, Ausführung _____

Dachdeckung: Pappe, Blech, Ziegel, Welleternit, Bitumenschindeln, _____

Dachrinnen: Eisenblech, Zinkrinnen, Holz, Kunststoff, _____

Ausstattung:

Boden: Bretter, Langriemen, Beton, Ziegel, _____

Innenwände: Nut und Feder, Presspappe, Putz, _____

Bewertung von Anpflanzungen und Anlagen Anhang 7

Decke: Bretter, Nut und Feder, Presspappe, ─────────────────

Fenster: Stck. ─────── mit Stock, ──────────────────

Türen: ──────────────────────────────────────

Zustand: ─────────────────────────────────────

──

──

──

──

Abschreibungssatz gem. Tabelle 6: ───────────────────

Überdachter Freisitz

Fläche ──────── m²
(Berechnung: Breite = Verlängerung der Außenkanten der Laube,
Länge = Vorderkante Überstand bis Außenkante Laubenwand)

einbezogen in Dachkonstruktion ja/nein

Ausführung: ──────────────────────────────────

──

Abschreibungssatz gem. Tabelle 6: ───────────────────

Anbau(ten)
(werden nur separat bewertet, wenn eigenständiger Bauteil der Laube)

Grundfläche ──────────── m² (Außenkante x Außenkante Wand)

Höhe ──────────── m Baujahr/Alter ──────────────

Fundament/Sockel ──────────────────────────────

Wände/Isolierung: ─────────────────────────────

Dach/Dachrinne: ───────────────────────────────

Boden: ──

Türen: ──

Fenster: ──────────────────────────────────────

Zustand: ──────────────────────────────────────

Abschreibungssatz gem. Tabelle 6: ───────────────────

Nebenbau(ten)
(werden nur bewertet wenn zugelassen)

Grundfläche ──────────── m² (Außenkante x Außenkante Wand)

Höhe ──────────── m Baujahr/Alter ──────────────

Bewertung von Anpflanzungen und Anlagen

Fundament: ⎯⎯⎯⎯⎯⎯⎯⎯⎯⎯⎯⎯⎯⎯⎯⎯⎯⎯⎯⎯⎯⎯⎯

Wände/Isolierung: ⎯⎯⎯⎯⎯⎯⎯⎯⎯⎯⎯⎯⎯⎯⎯⎯⎯⎯⎯

Dach/Dachrinne: ⎯⎯⎯⎯⎯⎯⎯⎯⎯⎯⎯⎯⎯⎯⎯⎯⎯⎯⎯⎯

Boden: ⎯⎯⎯⎯⎯⎯⎯⎯⎯⎯⎯⎯⎯⎯⎯⎯⎯⎯⎯⎯⎯⎯⎯⎯

Türen: ⎯⎯⎯⎯⎯⎯⎯⎯⎯⎯⎯⎯⎯⎯⎯⎯⎯⎯⎯⎯⎯⎯⎯⎯

Fenster: ⎯⎯⎯⎯⎯⎯⎯⎯⎯⎯⎯⎯⎯⎯⎯⎯⎯⎯⎯⎯⎯⎯⎯

Zustand: ⎯⎯⎯⎯⎯⎯⎯⎯⎯⎯⎯⎯⎯⎯⎯⎯⎯⎯⎯⎯⎯⎯⎯

Abschreibungssatz gem. Tabelle 6: ⎯⎯⎯⎯⎯⎯⎯⎯⎯⎯⎯⎯⎯

Berechnungsschema Gartenlaube, überdachter Freisitz, An- und Nebenbauten:

Anmerkung: Übersteigt der nach der Berechnungsformel (Normalherstellungswert x Grundfläche x Preisindex minus Abschreibung) errechnete Zeitwert einer Gartenlaube die tatsächlichen Anschaffungskosten unverhältnismäßig, kann der Zeitwert einer Gartenlaube aus dem Anschaffungswert abzüglich einer jährlichen Abschreibung von 2–5 v. H. errechnet werden.

Berechnungsformel:

Normal- *herstel-* *lungs-* *wert*	x	*Grund-* *fläche*	x	*Preis-* *index*	=	*Zwi-* *schen-* *summe*	− *Ab-* *schrei-* *bungs-* *summe*	= *Zeit-* *wert*
Gartenlaube: ⎯⎯⎯		⎯⎯ qm		⎯⎯⎯		⎯⎯⎯	⎯ v. H.	⎯⎯⎯
Überd. **Sitzfläche:** ⎯⎯⎯		⎯⎯ qm		⎯⎯⎯		⎯⎯⎯	⎯ v. H.	⎯⎯⎯
Anbau: ⎯⎯⎯		⎯⎯ qm		⎯⎯⎯		⎯⎯⎯	⎯ v. H.	⎯⎯⎯
Nebenbauten: ⎯⎯⎯		⎯⎯ qm		⎯⎯⎯		⎯⎯⎯	⎯ v. H.	⎯⎯⎯

Gesamtsumme Gartenlaube ⎯⎯⎯⎯

Anlage 2

Tabelle 2 – Bewertung der Nebenanlagen

Art der Nebenanlage	Menge	Einheit	Bewertungskriterien (z. B. Material, Alter, Zustand, Beeinträchtigungen)	Grund-preis	Wert-mind.	Endpreis
Zäune		m²				
		m²				
Gartentür		St.				
Stützmauern/ Treppe		m/m²				
Trockenmauern Trockenbiotope		m²				
Wasserbecken Wasserbehälter		St./m³				
Wasserleitung		m				
Wasserzähler		St.				
Pumpanlage		St.				
Teich		m²				
Befestigte Flächen Einfache Beläge, Betonpflaster, Natursteinpflaster, Unterbauten		m²				
Wegeeinfassungen Beton, Ziegel, Natursteine, Holz		m				
Ortsfeste Kompost-behälter		St.				
Frühbeet Holz, Beton, Alu, Kunststoff, mit/ohne Fenster		m²				
Rankgerüste und Schutzwände		m²				
Sonstiges		St./m/ m²				

Gesamtsumme
Nebenanlagen_____

Anlage 2

Tabelle 3 – Bewertung der gärtnerischen Kulturen

Art der Kultur	Menge	Einheit	Bewertungskriterien (z. B. Art, Sorte, Alter, Zustand, Beeinträchtigungen)	Grund-preis	Wert-mind.	Endpreis
Apfel		St.				
Halb-/Hochstamm		St.				
Buschbaum, Spindel		St.				
Spalier		St.				
Birne		St.				
Halb-/Hochstamm		St.				
Buschbaum, Spindel		St.				
Spalier		St.				
Pflaumen/Zwetschgen		St.				
Mirabellen/Rene-kloden		St.				
Süß-/Sauerkirsche		St.				
Halb-/Hochstamm		St.				
Buschbaum		St.				
Pfirsiche/Apriko-sen, Quitten		St.				
Sonstige Obst-bäume		St.				
Johannisbeeren		St.				
Strauch, Hoch-stämmchen		St.				
Fußstämmchen		St.				
Jostabeere		St.				
Stachelbeeren		St.				
Strauch, Hoch-stämmchen		St.				
Fußstämmchen		St.				
Himbeeren		St.				
Brombeeren		St.				
Heidelbeeren						
Spargel						
Erdbeeren						
Gemüse						

Gesamtsumme
der gärtnerischen Kulturen_____

Anlage 2

Tabelle 4 – Bewertung der Zierbegrünung

Art der Zierbegrünung	Menge	Einheit	Bewertungskriterien (z. B. Art, Sorte, Alter, Zustand, Beeinträchtigungen)	Grundpreis	Wertmind.	Endpreis
Rosen		St./m²				
Zwergrosen, Tee-hybriden		St./m²				
Beetrosen, Boden-deckerrosen		St./m²				
Strauchrosen, Klet-terrosen		St./m²				
Hochstammrosen		St./m²				
Klettergehölze		St.				
Ziergehölze		St./m²				
einzeln, flächig						
Hecken		m				
Nadelgehölze		St.				
Stauden		St./m²				
einzeln, flächig						
Zwiebeln		St./m²				
einzeln, flächig						
Rasen/Wiese max. ⅓ der Garten-fläche		m²				

Gesamtsumme
der Zierbegrünung_____

Anlage 2

ERGEBNIS DER WERTERMITTLUNG

Nicht bewertete Anlagen (mit Begründung für die unterbliebene Wertung, evtl. Ansatz für Beseitigung):

_____

_____

Gesamtbewertung des Gartens / Auflagen

_____

_____

_____

_____

_____

Gesamtsumme Tabelle 1 Anlage 2 (Gartenlaube):   _____

Gesamtsumme Tabelle 2 Anlage 2 (Nebenanlagen):   _____

Gesamtsumme Tabelle 3 Anlage 2 (Gärtnerische Kulturen):   _____

Gesamtsumme Tabelle 4 Anlage 2 (Zierbegrünung):   _____

Leistungen für die Erstellung von
Gemeinschaftseinrichtungen gem. 2.1.4:   _____

Abzug für Beseitigung von Anpflanzungen und
Anlagen gem. 1.4.:   _____

Entschädigung insgesamt: _____

Sämtliche baulichen Anlagen (Gartenlaube, An- und Nebenbauten, Nebenanlagen) wurden entsprechend ihrem äußeren Zustand bewertet ohne Gewähr für heimliche Mängel und Fehler.

Stichwortverzeichnis

Die Zahlen beziehen sich auf die Paragraphen (**fett**) und auf die Randnummern (mager)

::rehm